北京房山年鉴

2017

BEIJING FANGSHAN NIANJIAN

北京市房山区地方志编纂委员会 编

国家图书馆出版社

图书在版编目（CIP）数据

北京房山年鉴.2017 / 北京市房山区地方志编纂委员会编. — 北京:国家图书馆出版社,2018.11

ISBN 978-7-5013-6600-2

Ⅰ.①北… Ⅱ.①北… Ⅲ.①房山区–2017–年鉴 Ⅳ.①Z521.3

中国版本图书馆CIP数据核字（2018）第223152号

国家图书馆出版社官方微信

书　　名	北京房山年鉴（2017）
著　　者	北京市房山区地方志编纂委员会 编
责任编辑	于春媚
助理编辑	潘肖蔷
特邀编审	夏红兵
出　　版	国家图书馆出版社（100034 北京市西城区文津街7号） （原书目文献出版社 北京图书馆出版社）
发　　行	010-66114536 66126153 66151313 66175620 66121706（传真） 66126156（门市部）
E-mail	nlcpress@nlc.cn（邮购）
Website	www.nlcpress.com→投稿中心
经　　销	新华书店
印　　装	廊坊市佳艺印务有限公司
版　　次	2018年11月第1版 2018年11月第1次印刷
开　　本	889×1194（毫米） 1/16
印　　张	33.625
字　　数	725千字
书　　号	ISBN 978-7-5013-6600-2
定　　价	80.00元

编 辑 说 明

一、《北京房山年鉴》为综合性资料工具书。在中共北京市房山区委和房山区人民政府的领导下，由房山区地方志编纂委员会主持编纂，区史志办公室具体实施。

二、本年鉴以马克思列宁主义、毛泽东思想、邓小平理论、"三个代表"重要思想、科学发展观、习近平新时代中国特色社会主义思想为指导，遵循中国共产党十一届三中全会以来的路线、方针和政策，坚持四项基本原则，运用辩证唯物主义和历史唯物主义的观点、方法，科学地反映客观情况。

三、《北京房山年鉴》自1987年开始编辑。以年度断限，逐年记载房山区各项事业的基本情况和主要成就，资料翔实准确，具有权威性和实用性。《北京房山年鉴（2017）》为总第30卷，所收录内容的时限为2016年1月1日至2016年12月31日。

四、本年鉴采用文章和条目两种体裁，以条目体为主。设特载、大事记、概况、地理环境、中国共产党北京市房山区委员会、北京市房山区人民代表大会常务委员会、北京市房山区人民政府、中国人民政治协商会议北京市房山区委员会、纪检　监察、民主党派　工商联、群众团体、政法、国防建设、综合经济管理、财政　税收、工业　园区建设、农业与农村经济、建筑业　房地产业、商业　金融业、旅游业、城乡建设、城乡管理、交通　邮电业、科学技术、教育、文化　文物、广播电视　新闻　信息化建设、卫生　体育、社会建设、人力资源和社会保障、社会生活、乡镇街道概况、主要组织机构及领导名录、附录34个栏目。条目编排一般分类目、分目、子目、条目4个层次。计收入1737个条目。

五、本年鉴资料，主要由各单位采编员撰写并经各单位主管领导审查后采用。所用统计数据，以《北京市房山区统计年鉴（2017）》为准。统计年鉴以外的数据，均以有关业务部门数字为准。照片由房山区新闻中心等单位提供。

六、本年鉴对房山区党政机关、事业单位、部分企业的全称与简称的使用，参见"主要组织机构及领导名录"，随文不再括注简称。

总目录

目 录

中国人民政治协商会议北京市房山区委员会

纪检　监察

政 法

社会治安综合治理

公 安

检 察

国防建设

人民武装

工商行政管理

质量技术监督

财政　税收

财　政

税　收

工业　园区建设

工　业

园区建设

农业与农村经济

农村经济管理

种植业

旅游业

假日旅游

景点建设

城乡建设

城乡规划

城乡管理

国土资源管理

城市管理监察

环境保护

科学技术

教　育

学前教育

基础教育

职业与成人教育

高等教育

文化　文物

群众文化

文化市场

文化交流

文　物

广播电视　新闻
信息化建设

广播电视

卫生　体育

卫　生

社会建设

乡镇街道概况

燕山办事处

城关街道办事处

拱辰街道办事处

西潞街道办事处

良乡镇

周口店镇

主要组织机构及领导名录

附　录

▲ 8月11日，中共北京市房山区委七届九次全体（扩大）会议在区会议中心召开

▲ 12月7日至9日，中国共产党北京市房山区第八次代表大会在区会议中心召开

政治

🔺 12月19日至23日，北京市房山区第八届人民代表大会第一次会议在区会议中心召开

🔺 12月19日至21日，北京市房山区政协八届一次会议在昊天假日酒店召开

政　治

◀　6月19日，2016年北京党史宣传月启动仪式暨"学党史、感党恩、跟党走"房山区纪念中国共产党成立95周年庆祝活动在霞云岭乡堂上村党旗广场举行

▶　4月26日，区总工会举办"永远跟党走"——庆祝五一国际劳动节劳动者风采展示活动

◀　5月30日，区法院举行首批入额法官宪法宣誓仪式

政治

▶ 6月30日，长沟镇举办纪念建党95周年主题党日活动

◀ 5月24日，区直机关"两学一做"知识竞赛决赛

▶ 7月8日，北京榜样故事2016巡讲活动郊区农村专场在窦店民族文化宫举办

◀ 12月20日，百名海外名校博士创业中国行——走进房山

▶ 7月8日，北京中关村南部（房山）科技创新城企业发展服务中心成立

◀ 9月29日，中国房山世界地质公园获联合国教科文组织世界地质公园最佳实践奖

经济

⬥ 12月23日，京投港·长阳购物中心开业

⬥ 10月10日，北京房山国际葡萄酒大赛在青龙湖镇举办

经济

◀ 1月23日，北京大学创业训练营房山基地揭牌仪式在拱辰街道举办

▶ 1月16日，房山区循环经济产业园项目开工启动仪式

◀ 房山区首次引进种植的羊肚菌在琉璃河镇石村海龙食用菌种植基地栽培成功

经 济

▶ 5月，农民专业合作社产品直通超市开业

◀ 6月30日，房山区首届采茶节在霞云岭乡庄户台村举办

▶ 9月30日，房山区第二届秋收节之"薯国争霸"活动在韩村河镇罗家峪村红薯基地举办

🔺 4月18日，中国石化润滑油北京有限责任公司年产53万吨项目奠基仪式

🔺 2016年，阎村镇澎湃汽车主题公园建成

文化

🔺 4月12日，由国家新闻出版广电总局和北京市人民政府共同主办的"2016书香中国·北京阅读季启动仪式"在良乡体育馆举行

🔺 5月7日，北京国际长走大会在长沟镇举办

⬧ 2月1日，房山区2016年春节百姓大联欢活动在窦店民族文化宫举行

⬧ 12月，房山区文化活动中心落成

文化

▶ 9月9日至11日，纪念房山石经与云居寺创建1400周年暨中国佛教协会发掘拓印房山石经60周年国际学术讨论会在云居寺召开

◀ 9月8日，话剧《没有共产党就没有新中国》在房山区首演

▶ 2月2日，北京市首家乡愁馆在韩村河镇龙门生态园开馆

文化

◀ 1月29日，说年道节——北京春节民俗文化展在周口店遗址博物馆开展

▶ 8月20日至21日，2016"舞动北京"全民广场舞大赛房山区海选比赛在"一带一路"国际葡萄酒大赛博览会现场举行

◀ 10月13日，"周口店·幽岚山"第五届红叶节在周口店镇黄山店村坡峰岭景区开幕

文化

◀ 3月21日，房山区举行青少年科技创新动员大会暨2016年科技节开幕式

◀ 11月10日，河北镇开展非遗文化进校园

◀ 史家营中心小学通过聘请外教的方法，开展声乐课程，使山里孩子接受和城里孩子一样的技能培训

🔺 7月20日，武警战士及部队官兵连夜抢筑京港澳高速公路阎村段滑坡大堤

🔺 4月12日，区人力资源公共服务中心CSD长阳分中心与绿地集团联合举办绿地启航入驻企业专场招聘洽谈会

🔺 "5·8"世界红十字日大型宣传活动中，造血干细胞志愿捐献者进行血样的采集

4月22日，"V蓝·北京——我的环保日记"全媒体互动传播公益行动在琉璃河"中粮智慧农场"正式启动

5月31日，百户家庭获房山区"最美家庭"称号

11月8日，区残联举办《同在阳光下》歌曲大赛

特　载

不忘初心　继续前进为全面建设"一区一城"新房山而努力奋斗

——2016年12月7日在中国共产党北京市房山区第八次代表大会上的报告

中共房山区委书记　曾赞荣

同志们：

中国共产党北京市房山区第八次代表大会，是在我国全面建成小康社会决胜阶段、首都建设国际一流和谐宜居之都重要阶段、房山全面转型进入攻坚阶段召开的一次十分重要的会议。大会的主要任务是：深入学习贯彻以习近平同志为核心的党中央治国理政新理念新思想新战略，全面总结区第七次党代会以来的工作，明确未来五年的主要任务，选举产生中共北京市房山区第八届委员会和中共北京市房山区第八届纪律检查委员会，团结动员全区各级党组织和广大党员干部群众，抢抓机遇、攻坚克难，不忘初心、继续前进，为全面建设"一区一城"新房山、打造京保石发展轴桥头堡而努力奋斗！

现在，我代表中共北京市房山区第七届委员会向大会作报告，请予审议。

一、过去五年工作回顾

区第七次党代会以来的五年，是我们在转型发展道路上不断探索前进的五年，也是房山发展史上极不平凡的五年。五年来，在市委、市政府的坚强领导下，区委团结带领全区广大党员干部群众，主动作为、迎难而上，大力弘扬"三敢"精神，有效应对国际金融危机、产业结构调整、非首都功能疏解等多重挑战，成功抗击"7·21"特大自然灾害，圆满完成区第七次党代会确定的目标任务，谱写了房山跨越发展的又一精彩篇章。

过去五年，我们坚持用新精神凝聚思想共识，综合实力迈上新台阶。五年来，我们紧紧围绕落实中央和市委新精神、新要求谋划和推动房山发展，特别是习近平总书记视察北京发表重要讲话以来，我们抓住开展党的群众路线教育实践活动、"三严三实"专题教育和编制"十三五"规划等重大契机，立足融入京津冀协同发展大局，坚持边实践边总结边提升，提出了"生态宜居示范区、中关村南部创新城"的功能定位和"京保石发展轴桥头堡"的奋斗目标，既实现了对房山发展阶段性特征认识的不断深化，又保持了总体思路的延续性稳定性，逐步走出了一条具有房山特色的发展道路。尤为让人印象深刻的是，围绕区委工作思路，在产业转型、城市转型、社会转型进程中，在退低端、引高端、补短板、优生态等硬任务中，全区上下思想统一、步调一致，不折不扣抓贯彻、抓落实，推动房山经济社会实现平稳发展，全区转型发展的路子越走越宽广、步子越迈越扎实。预计2016年地区生产总值达到595亿元，年均增长超过7%；一般公共财政预算收入53.7亿元，年均增长9%；社会消费品零售总额达到246亿元，年均增长10.9%；全社会固定资产投资年均超过500亿元；城乡居民收入年均增长分别为9.5%和10.6%。全区呈现出经济平稳增长、民生持续改善、社会和谐稳定的良好局面。

过去五年，我们主动适应经济新常态，产业转型实现重大突破。面对经济下行压力，我们始终按照稳中求进总基调，自我加压、保持定力，全面加快瘦身健体、腾笼换鸟步伐，产业结构往高转、往快转的态势更加凸显。一方面，清退疏解全面发力。我们克服"舍不得"的纠结，坚决打响了全面清退疏解低端产业攻坚战。千方百计巩固传统资源型产业退出成果，通过建机制、列清单、立台账、严纪律等措施，形成了强大声势，攻克了一批硬骨头，4024家上账无证无照非法类企业全面清退，1139家"散乱污"企业实现关停，1125家工业污染企业淘汰退出，拆除违法建设396万平方米，人口规模得到有效控制，一些地区发生脱胎换骨的巨大变化，为区域发展腾退了空间、优化了环境。另一方面，承接提升全面提速。我们瞄准高精尖，依托中关村，不遗余力推进重大产业项目，产业结构进一步优化升级。以北京石

化新材料科技产业基地、北京高端制造业基地为引领，工业发展开启科技创新新时代，长安汽车等重大项目落地投产，医工交叉创新研究院签约落地；以北京基金小镇为引领，金融产业全面启航，入驻基金规模超过2400亿元，互联网安全金融产业园加紧建设；以中央休闲购物区（CSD）为引领，现代服务业快速发展，奥特莱斯、半岛广场、绿地缤纷城等高端商服全面营业，人气、商气加速聚集；以中国房山世界地质公园为引领，旅游业不断壮大，十渡、坡峰岭、天开花海、乐谷银滩等景区受到百姓青睐，中国房山世界地质公园全票通过再评估，并荣获联合国教科文组织最佳实践奖；以北京农业生态谷为引领，都市型现代农业蓬勃发展，智慧农场建成开园，成功创建农产品质量安全、农业科技等国家级示范区；良乡高教园区、长阳科技园、良乡经济开发区等取得新进展，全区一二三产加速融合、传统与新兴产业良性互动、大中小企业竞相发展的态势更加明显。尤为可喜的是，创新谷、优客工场、北大创业训练营等成为市级乃至国家级众创空间，在建和建成楼宇面积近300万平方米，2100个双创项目加速落地，"大众创业、万众创新"氛围日益浓厚，房山转型发展的信心和勇气越来越足。

过去五年，我们坚定不移走新型城镇化道路，生态宜居水平大幅提升。紧紧抓住首都功能疏解和城南行动计划等重大机遇，统筹推进城市规划建设管理，户籍人口城镇化率达到60%，房山加速崛起的势头更加强劲。城市建设全域推进。长良、燕房、窦店三大城市组团建设成效明显，成为活力四射的黄金板块，拱辰渔儿沟、城关中心区、河北镇等一批棚户区改造项目加快推进，新农村建设继续走在全市前列，新型农村社区建设、"新三起来"成效显著，韩村河村、黄

山店村等被评为"最美乡村"，2300多名山区群众实现搬迁安置，山区乡镇转型步伐不断加快。全区从平原到山区都在"大项目带动小城镇"模式引领下热火朝天地往前发展。智慧城市建设步伐加快，网格化管理、精细化管理水平不断提高，轨道交通房山线、京昆高速、京良路通车运营，轨道交通燕房线、南水北调巡线路等大通道加快建设，水电气热等市政设施不断优化，城市综合承载力明显增强。生态环境大为改观。把优化生态环境作为头等大事，全区总动员，全面实施清洁空气行动计划，全面禁止劣质燃煤，120个村完成煤改清洁能源，燃煤锅炉改造、扬尘治理等有序推进，PM$_{2.5}$浓度明显下降，大气污染治理取得阶段性成果。露天烧烤、违法小广告等城市顽疾得到重拳整治，城市环境更加整洁有序。完成平原造林15.2万亩，实施了16条河道综合治理工程，建成房山新城滨水森林公园、青龙湖森林公园一期、兰花文化休闲公园等一批大公园，百姓休闲又增添许多新去处，山区生态涵养功能进一步增强，城在林中、人在景中的美丽新房山正在加速呈现。

过去五年，我们坚持民生优先，文化社会事业不断开创新局面。把增进民生福祉作为出发点和落脚点，民生投入力度不断加大，全区群众获得感进一步增强。文化发展有声有色。牢牢把握思想文化和意识形态工作主动权，着力弘扬主旋律、传播正能量、提振精气神，通过百姓宣讲、微动画等形式，社会主义核心价值观深入人心，新媒体建设、舆情应对不断增强，新型市民文明教育体系实现全覆盖，精神文明创建成果丰硕，全区人民团结奋进的思想根基进一步夯实。"点单式"文化服务深入开展，文体活动丰富多彩，文艺精品层出不穷，区文化活动中心、良乡体育中心投入使用。文化创意产业发展势头

强劲。特别是成功举办了"一带一路"国际葡萄酒大赛、第四届中国兰花大会、北京农民体育健身运动展示周等大型活动，打造了国际长走大会、长阳音乐节等活动品牌，充分展示了房山城市形象和转型成果，对外知名度和美誉度极大提升。民生福祉持续改善。城镇登记失业率控制在4%以内，就业形势总体稳定。北京四中、黄城根小学、北京四幼等名校分校入驻，义务教育均衡发展通过国家验收，教育水平稳步提升，成功创建学习型示范区。健康房山建设稳步推进，良乡医院晋升为三级综合医院，引入武警总医院、首儿窦店医院，区妇幼等区级医院服务能力全面提升，成功创建国家级慢病综合防控示范区，医疗卫生服务体系更加完善。社会保障体系不断健全，基本实现人群全覆盖，全国社保标准化先行城市加快建设，低收入村户帮扶、民族村扶持等工作力度持续加大，建设筹集各类保障房5.6万套，妇女儿童、老龄和残疾人等事业健康发展。社会更加和谐稳定。平安房山、法治房山建设扎实推进，社会治理水平进一步提高，圆满完成APEC会议、抗战胜利大阅兵等重大安保任务，完善了社会面大防控格局，有效化解了一批社会信访矛盾，强化了反恐防暴措施，严厉打击了违法犯罪活动，视频"天网"巡控不断升级，"六五"普法全面完成，安全生产形势良好，荣获全国双拥模范城、全国无邪教创建示范区等称号，民族宗教关系更加和谐，全区政治安定、社会稳定。尤其让人无法忘记的是，面对突如其来的"7·21"特大自然灾害，全区上下众志成城、风雨同舟，与凶猛肆虐的洪水进行了殊死斗争，奋勇夺取了救灾维稳工作的全面胜利，谱写了一曲感天动地的英雄壮歌，充分展示了房山人民不畏艰难、百折不挠的坚强品格。

过去五年，我们坚持全面深化改革，区

域发展活力持续迸发。坚持顶层设计与基层探索相结合，聚焦重点领域和关键环节，以国家级、市级改革试点为引领，以区级重大改革事项、基层试点为抓手，改革工作迈入全面推进新阶段。国家新型城镇化综合试点工作加速推进，长沟入选首批中国特色小镇，统筹城乡新型城镇化良乡示范区、张坊生态运动休闲小镇等加快实施。公共服务领域改革被确定为市级试点，环卫、供热改革顺利完成，公交改革全面启动，水务、教育等改革稳步推进。企业发展服务中心投入运营，推出"五个一"保姆式服务，设立了7.2亿元创业投资引导基金，以PPP模式推进琉璃河湿地公园等建设，投融资体制改革力度进一步加大，拆迁难、手续难、资金难等问题加速破解。行政审批制度改革不断深化，取消承接行政审批事项109项，非行政许可审批事项全部清理，在全市率先出台权力清单管理办法，"五证合一、一照一码"登记制度全面实行。农村集体经济产权制度改革基本完成，农村土地确权颁证、林权制度改革稳步推进。司法、国企、文化、民主政治等领域改革取得新进展。坚持以开放合作促转型，与中关村、中发展集团等合作力度进一步加大，与保定等周边地区协同发展取得新突破，对口支援、合作交流等工作有序开展，依托大开放、大协同推动自身发展的成效初步显现。

过去五年，我们大力推进全面从严治党，良好的政治生态逐渐形成。五年来，区委始终把抓好党建作为最大政绩，不折不扣落实主体责任，以开展"我的梦·中国梦"大讨论活动、党的群众路线教育实践活动、"三严三实"专题教育和"两学一做"学习教育为主线，大力推进党的建设，区委领导核心作用充分发挥，区四套班子紧密团结，全区上下呈现出齐心协力谋发展、凝心聚力

促转型的大好局面。党风政风焕然一新。从贯彻中央八项规定、市委十五条意见到破除"四风"顽疾、整改不严不实问题都聚焦作风建设，刹住了公车私用、公款消费、公款送礼等许多人认为刹不住的歪风，以整风精神开展批评和自我批评，恢复了严肃的党内政治生活，形成了一大批思想、制度和实践成果，全区广大党员干部普遍受到了震撼的精神洗礼。组织建设更加有力。认真贯彻干部选拔任用工作条例，坚持好干部标准，创新选人用人机制，干部交流渠道进一步畅通，干部考核体系不断完善，干部监督管理全面从严，领导班子和党员干部队伍建设持续加强。出台了引进高层次人才支持办法，实施了一批重大人才工程。全面落实基层党建工作责任制，基层服务型党组织建设、软弱涣散党组织整顿、党建述职评议考核、"第一书记"选派等全面推进，探索推广了"次序动员""连心共建"等基层经验，农村、社区、机关、"两新"组织等各领域党建亮点频现。廉政建设成果显著。坚决落实党风廉政建设"两个责任"，纪委内设机构改革全面完成，全委办案、纪检干部回归主业、区直机关纪检机构派驻全覆盖、巡察制度建立等全部实现，推出了监督志愿队、廉政家书、警示短剧等新形式，先后开展了"为官不为""为官乱为"等十个方面专项整治，坚决查处了小官贪腐等一批违法违纪案件，反腐败工作始终保持高压态势，不敢腐、不能腐、不想腐的氛围更加浓厚。全力支持区人大、区政府、区政协依法履职，鼓励工会、共青团、妇联、科协、文联、残联等群团组织主动创新，统战、武装、老干部、党校、工商联、史志、档案等工作全面提升。

总的来说，过去的五年是房山综合实力提升最快、城乡变化最大、人民受益最多的时期之一，全区各方面工作都发生了积极而

深刻的历史性变化，房山变得更美了、更富了。这些成绩的取得，归功于市委、市政府的正确领导，归功于历届区委和老干部、老同志打下的坚实基础，归功于全区党员干部群众的无私奉献，归功于各部门、各乡镇（街道）的努力拼搏，归功于驻区单位和社会各界的大力支持。在此，我代表中共房山区第七届委员会，向所有关心、支持和参与房山发展的同志们、朋友们，致以崇高的敬意和衷心的感谢！

回顾五年的拼搏实践，我们深切地体会到，做好房山的工作必须紧紧围绕服务首都发展这个大局，始终以习近平总书记系列重要讲话精神为遵循，在对接京津冀、融入首都发展大格局中谋思路、找定位，在坚决落实非首都功能疏解、控制人口规模、治理大气污染等任务中展现房山作为，始终与党中央和市委、市政府保持高度一致；必须紧紧扭住转型这个主题，坚持一张蓝图绘到底，以经济建设为中心，坚定不移走高端引领、创新驱动之路，这是房山实现腾笼换鸟、凤凰涅槃的必然选择；必须紧紧突出生态这一基础，始终高举生态文明建设大旗，下更大力气拆违建、治污染、优环境、补短板，加快绿色崛起步伐，这是房山立区之本、转型之基；必须紧紧把握为民这个宗旨，树立以人民为中心的发展思想，只要有利于人民的事就要主动去做、尽心尽力去做，最大限度让全区百姓共享发展成果；必须紧紧抓住改革创新这个动力，始终坚持问题导向、需求导向，正确处理好政府与市场的关系，以改革创新破瓶颈、解难题、增活力，把一切有利于转型发展的要素充分调动起来；必须紧紧抓好党建这个最大政绩，落实好主体责任，发挥好核心作用，抓班子、带队伍，转作风、严纪律，团结带领广大党员干部把心思和精力用在抓发展、干事业上，这是做好

一切工作的基石。这些宝贵经验是我们在新起点上奋勇前行的强大动力，必须始终坚持好、继承好、发扬好。

在肯定成绩的同时，我们也要清醒地认识到发展中存在的突出问题：经济总量不大、结构不优、动力不足、城乡发展不均衡仍然是房山最大的实际，实现全面转型、创新驱动依然任重道远；城市规划建设管理水平有待提高，城市功能、城市形象和竞争力还需进一步提升；城乡环境改善、基础设施建设、低收入村户增收等工作还需进一步加大力度；一些党员干部作风能力素质与转型发展要求不相适应，还存在一定的自满情绪、守成思想和不作为、乱作为现象，全面从严治党还需进一步加强等等。这些问题，我们必须高度重视、认真解决，努力把房山工作做得更好。

二、面临的主要形势和今后五年的奋斗目标

房山是一座历史悠久、生态优美、文化深厚、充满活力的城市，在首都发展乃至人类发展史上都具有特殊地位。随着内外形势和发展阶段的变化，房山又站在了一个新的历史起点上。在世界经济缓慢复苏、国家经济进入新常态、首都疏解功能谋发展的大背景下，综合分析判断，未来五年房山既处于爬坡过坎、深度转型的关键阶段，也处于大有可为的重要战略机遇期。我们必须始终沿着习近平总书记系列重要讲话精神指引的方向，在把握机遇、应对挑战中努力走出一条具有房山特色的转型之路，不断谱写房山科学发展的新篇章。

在新的发展阶段实现深度转型，必须牢牢把握房山发展面临的多重机遇叠加期，奋力开创各项工作新局面。京津冀协同发展为我们带来了重大机遇。经过近年来的实践探索，我们越来越深切体会到，京津冀协同发

展作为重大国家战略，对房山来说是千载难逢的重大机遇。特别是作为京保石发展轴上的战略起点，房山正在由首都郊区逐渐演变为京津冀世界级城市群中的重要枢纽，"内承外联"作用和高端要素加速集聚的态势越来越凸显。在转型的征程中，我们必须更加自觉地融入京津冀、对接京津冀，时刻把协同发展记在心里、扛在肩上，努力开辟一条以协同发展促进自身转型的发展路径。首都城市战略定位为我们带来了重大机遇。以习近平总书记到北京视察发表重要讲话为标志，首都发展进入了新阶段，正在全力落实"四个中心"城市战略定位，加快建设国际一流的和谐宜居之都。特别是紧紧盯住全国科技创新中心这一核心功能，大力实施创新驱动战略，这是首都未来发展的重要支撑。对房山来说，要实现全面转型，就必须走创新发展之路，这是大势所趋、关键所在。在转型的征程中，我们必须紧紧抓住创新这个牛鼻子，全面推进科技、金融、文化、体制等领域创新，大力推动"大众创业、万众创新"，用创新再造房山转型发展的新动力。国家级试点示范为我们带来了重大机遇。国家新型城镇化综合试点、国家生态保护与建设示范区是房山发展的金字招牌。"绿水青山就是金山银山"。应该说，有山有水有生态是我区得天独厚的优势，也是实现转型发展必须厚植的基础。两个国家级试点示范为我们打造充满生态气息、具备首都功能、富有宜居品位的魅力新城插上了翅膀、提供了支撑。在转型的征程中，我们必须切实用足用活试点示范政策，坚持因地制宜、大胆创新，把生态文明建设大旗举得更高，积极探索具有房山特色的新模式、新路径，不断为房山转型发展增添新活力。首都新机场建设为我们带来了重大机遇。房山紧邻首都新机场，是未来临空经济发展的重要战略承载

区。一方面，有利于我区规划发展临空经济，培育新的经济增长点；另一方面，有利于我们加快完善配套服务功能，提升区域影响力，吸引更多高端要素入驻。在转型的征程中，我们必须牢牢把握紧邻新机场的区位优势，主动对接，全力跟进，追求实现功能效益最大化。

在新的发展阶段实现深度转型，必须牢牢把握房山发展的前进方向和战略选择，在有效应对各种挑战中提升引领转型的能力水平。建设生态宜居示范区对我们提出了更高要求。生态宜居示范区是我们依托自身优势、着眼长远发展提出的城市发展方向。这些年，我们不遗余力地推进生态文明建设，取得了很大成效。但客观地说，我们离生态宜居的标准差距还很大，特色不鲜明、职住不平衡、环境污染、交通拥堵以及违法违规建设等问题日益凸显，补齐基础设施、公共服务、城市文明程度、农村和山区发展等方面短板的要求十分迫切。处理好人口资源环境矛盾的压力越来越大，提高城市规划建设管理水平的任务越来越重。建设中关村南部创新城对我们提出了更高要求。中关村南部创新城是我们顺应国家发展大势提出的产业转型方向。经过几年探索实践，房山已经具备了良好基础，形成了好的态势。但要看到，我区经济可持续发展的根基还不稳固，完成新旧动能转换、实现创新驱动发展还有很长的路要走。尤其是一些领导干部仍在按老思路、老观念推进工作，真正懂创新、善创新的干部人才十分匮乏，迫切需要我们以新理念破除制约转型发展的思想障碍，在"保持中高速、迈向中高端"的进程中，切实增强房山发展的内生动力。打造京保石发展轴桥头堡对我们提出了更高要求。京保石发展轴桥头堡是我们抢抓京津冀协同发展重大机遇提出的奋斗目标。在首都各区乃至

京津冀各地竞争日益白热化的情况下，能不能抓住用好这一重大机遇，克服思想困惑，做好疏解承接的大文章，交出合格的房山答卷，是对我们各级领导干部的重大考验。如果错失良机，我们在协同发展中就可能掉下队来，面临空心化、边缘化、低端化的危险。顺应全区群众过上更加美好生活的新期待对我们提出了更高要求。当前，房山已经进入了社会转型关键期，思想文化、意识形态、社会利益关系等方面更加复杂，百姓诉求更加多元，社会矛盾愈加凸显，历史遗留问题和新问题相互交织。能否解决好百姓最关心、最直接、最现实的问题，让广大人民群众拥有更多获得感、幸福感、安全感，是对全区领导干部执政能力和为民服务水平的巨大考验。

总之，今后五年必将是一段不平凡、更精彩的转型征程。我们面对的是一个既要"退"又要"进"的双重任务，踏上的是一条既要速度又要质量的转型之路。我们必须变被动为主动，化挑战为机遇，始终保持夙夜在公、奋发进取的精神状态，不忘初心、继续前进，自觉肩负起转型重任，不断开拓房山转型发展新境界。

今后五年的指导思想是：深入贯彻党的十八大和十八届三中、四中、五中、六中全会精神，以及习近平总书记系列重要讲话精神，协调推进"四个全面"战略布局，牢固树立五大发展理念，主动融入京津冀协同发展大局，适应经济发展新常态，落实首都城市战略定位，以全面转型发展为主线，统筹推进经济、政治、文化、社会、生态文明和党的建设，全面建设生态宜居示范区和中关村南部创新城，奋力打造京保石发展轴桥头堡，努力为首都建设国际一流的和谐宜居之都贡献力量。

今后五年主要发展目标是：

——京保石发展轴桥头堡地位凸显。"内承外联"功能全面提升，非首都功能有序疏解，与保定等周边河北省地区协同发展成效明显，在产业发展、基础设施、旅游生态等方面率先实现突破，切实发挥桥头堡引领作用，推动京保石发展轴成为京津冀世界级城市群"三轴"中的示范轴。

——生态宜居示范区全域推进。首都核心功能进一步增强，城市宜居性进一步提高，城市服务管理更加人性化、精细化，城乡一体化取得重大进展，农村和山区发展迈上新台阶，国家新型城镇化试点成效明显，户籍人口城镇化率达到63%以上，人口规模得到有效控制。生态环境明显改善，$PM_{2.5}$等主要污染物进一步下降，首都西南生态屏障作用进一步增强，力争把生态宜居示范区打造成为国际一流和谐宜居之都的典范。

——中关村南部创新城加速崛起。经济结构显著优化，科技创新、金融创新、文化创新等实现重大突破，重点功能园区全面提质增效，创新创业氛围更加浓厚，创新驱动水平进一步增强，经济运行保持在合理区间，服务业比重达到50%以上，到2020年地区生产总值和城乡居民人均收入比2010年翻一番，力争把中关村南部创新城建设成为中关村"特区"。

——人民生活水平显著提升。社会主义核心价值观更加深入人心，文化产业和文化事业繁荣发展，群众道德素质、科学素质、健康素质和文明程度进一步提高；覆盖城乡居民的公共服务体系和社会保障体系不断完善，与群众息息相关的就业、就医、就学和居住条件大为改善，低收入村、低收入户全面消除；各方面改革取得明显成效，发展活力进一步释放；社会治理体系更加完善，社会更加和谐稳定。

同志们，"心中有信仰，脚下有力量"。

面对百万房山人民的更高期盼，面对复杂多变的风险挑战，面对千载难逢的历史机遇，全区上下要坚定信心、下定决心，朝着既定目标砥砺前行，奋力谱写好"新城新业新生活"的中国梦房山篇章，在新一轮转型发展中再创新的辉煌！

三、今后五年的主要工作

实现奋斗目标，任重而道远。我们要抢抓机遇、埋头苦干，大力推进"七大任务"，着力推动房山全面转型再上新台阶。

（一）落实协同发展战略，让京保石发展轴桥头堡地位更加凸显

全面对接京津冀、融入京津冀，不断强化机遇意识，切实发挥"内承外联"作用，在应对大考中实现房山转型发展。

一是加快疏解淘汰非首都功能。从可持续发展出发，坚持"严控增量、疏解存量、疏堵结合"，依法依规疏解提升不符合首都发展方向的产业，加快淘汰落后产能，决不能让今天的项目成为明天的负担。建立健全倒逼和激励机制，综合运用经济、法律、行政等手段，进一步加大执法监督力度，健全曝光、举报、追责等长效机制，坚决巩固低端产业清退成果，坚决控制新增低端产业，坚决确保违法建设零增长。要认真做好腾退土地空间综合利用工作，把稀缺的土地资源盘活好、利用好。要加强人口调控与服务管理，促进人口长期均衡发展，坚决完成人口调控任务，建设好长阳承接首都人口疏解示范区。

二是全力承接高端资源要素。立足房山独特区位优势和发展基础，积极承接中心城区外溢的高端科技资源、优质产业资源和公共服务资源，全面提升区域发展层级，实现首都功能由小到大、由弱变强。发挥产业功能区载体作用，大力承接智能制造、生物健康、金融创新等优质产业资源。依托医工交

叉创新研究院、创新谷、超级蜂巢等科技载体和众创空间，大力发展楼宇经济、"互联网+"等新业态，努力把双创产业打造成为经济增长新引擎。立足提升城市品质和功能，大力承接优质教育、文化、医疗、养老等专业化、高端化服务资源。采取项目合作、机构聘任、自主创业等多种方式，着力承接高端创新创业人才和团队资源，让各类高端要素在房山加速集聚。

三是加强与周边地区协同合作。全面落实与保定等地区协同发展协议，进一步深化对接合作机制，在交通、旅游、生态、产业等领域力求率先实现突破，努力形成协同发展合作共赢新格局。强化基础设施对接，加快消除跨区域瓶颈路、断头路，全力打造融入京津冀一体化的交通网络。强化旅游对接，以中国房山世界地质公园建设为抓手，深化区域旅游合作，促进京西南生态旅游带发展。强化生态对接，加强区域环境共治和生态共建，共同搞好大气污染防治、水污染治理等工作，加强对拒马河等跨境河道的治理和保护，合力构建环首都生态圈。要遵循临空经济区发展规律，统筹做好长阳、琉璃河、窦店等邻近地区相关配套规划，力争在融入新机场临空经济区发展建设上实现新作为。

（二）坚持生态立区，让房山更加宜居

绿色是房山转型发展的底色与竞争力所在。要树立"绿水青山就是金山银山"的强烈意识，以国家生态保护与建设示范区为目标，努力建设山水共济、城景相融、宜人宜居的美丽房山。

一是坚决打赢污染治理攻坚战。治理大气污染是政治任务，更是民心工程。要以铁腕措施落实清洁空气行动计划，全面完成压减燃煤和清洁能源改造任务，深入实施工业废气、机动车排气、城市扬尘等防治工程，

平原地区实现无煤化，确保重污染天数大幅度减少，PM₂.₅浓度下降到预期目标，为群众留住更多蓝天。加大水污染治理力度，全面消除黑臭水体，完善污水处理及再生水利用体系，建成节水型社会。加大垃圾污染治理力度，加快建设循环经济产业园。加大工业污染、生活污染、农业面源污染等防治力度，鼓励全民共同参与生态环境保护与综合治理，让全区生态环境更加安全美丽。

二是建设绿色生态新家园。要倍加珍惜独有的山水资源，以优化城市生态空间和提升山区生态涵养功能为重点，全力打造森林城市，让群众望得见山、看得见水、记得住乡愁。坚持生态修复与景观提升并举，不断拓展城市水、绿空间尺度，加快推进永定河等流域治理，高标准建设河流生态廊道，让每一条河流都成为一道风景线。深入推进平原地区绿化和农田景观建设，打造"四季房山·大美田园"，加快建设青龙湖森林公园二期、琉璃河湿地公园等一批环首都大公园，持续实施太行山绿化、京津风沙源治理、矿山生态修复等工程，全力打造首都西南生态屏障，真正让城市掩映在青山绿水中，塑造独具魅力的山水城市之美。

三是全力推动绿色低碳发展。以生态文明建设统领经济发展和城市建设，全面落实环境保护党政同责、一岗双责，完善生态文明绩效评价考核体系和生态环境损害责任终身追究制度，依法从严打击各类环境建设违法违规行为。坚持以生态倒逼产业转型，严格落实北京市新增产业禁止和限制目录，细化负面清单，坚决杜绝高能耗、高水耗、高污染产业项目落地，推进产业生态化、生态产业化。严格执行耕地保护制度，加强土地利用指标统筹和管控，切实提高资源利用效率。大力推进低碳生活方式，发展绿色交通，推广绿色建筑，倡导绿色消费，让绿色低碳发展成为全社会共同的思想自觉和行动自觉。

（三）实施创新驱动战略，让房山产业更加高端

创新是引领转型的第一动力。要坚持创新发展理念，着眼于中关村功能全覆盖，在创新驱动中加速转型，在做大总量中优化结构，全力推动房山在中关村"一区十六园"中率先腾飞。

一是全面优化创新服务环境。把建设中关村房山园作为实施创新驱动战略的突破口，对接中关村，瞄准高精尖，围绕推动科技创新、金融创新、文化创新，全面深化与中关村管委会、中发展集团等合作对接机制，完善人才交流挂职等多渠道合作机制，细化中关村南部创新城行动计划落实举措，重点用好中关村"1+6""新四条"等先行先试政策，努力实现政策效益最大化。要始终高举服务大旗，竭力为企业提供全方位优质服务，扩大用好创业投资引导基金，建立健全促进产学研结合、科技成果转化等政策措施，优化服务企业发展软环境，构建"亲""清"新型政商关系，以最佳的服务吸引高端要素、激发创业热情。

二是推动功能园区转型升级。围绕提升发展质量和效益，着力打造一批高端产业集群，推动功能区全面迈向高精尖。以北京高端制造业基地、北京石化新材料科技产业基地等为重点，大力发展高端智能智造产业，打造达闼科技、驭势科技、海博思创等一批骨干企业和行业领军企业，不断延伸产业链条，推动长阳科技园、良乡经济开发区等园区高端发展，全面提升园区科研水平、配套承载能力和税收贡献度。抓住首都金融功能外溢机遇，加快北京基金小镇建设，强化国家互联网安全金融示范园集聚功能，引进培育金融产业链实体，努力打造国家级金融创

新示范区。以中央休闲购物区（CSD）为龙头，大力发展现代服务业，加快建设奥特莱斯二期等商业设施，提升生产性服务业和生活性服务业品质，不断壮大城市经济规模，以扩大服务消费带动结构升级，打造辐射京津冀的商业强区。要发挥良乡高教园区对人才、技术等高端要素的虹吸力，深化政校企合作，打造智慧产业集聚区。

三是提质增效传统产业。依托中国房山世界地质公园，大力推进全域旅游，加快旅游资源高效整合，与新华联集团合作全面提升十渡景区品质，提速旅游与农业、文化、养老等融合发展，构建"大旅游"产业体系。依托北京农业生态谷、红酒产业基地等，大力发展都市型现代农业，做强葡萄酒、食用菌等产业，积极培育龙头企业和农业品牌，加快建设智慧乡村、智慧农场和农业电商，切实转变农业发展方式。加快房地产、建筑等传统产业转型升级，推动国有企业、非公经济、混合所有制经济健康发展，促进军民融合发展，加大创新型中小微企业支持力度，努力形成"大企业主导、小企业支撑"的发展格局。

（四）坚持城乡统筹，让房山发展更加协调

要抓住国家新型城镇化综合试点重大机遇，坚定不移走新型城镇化道路，全面提升城市功能品质，建设与国际一流和谐宜居之都相适应的城乡发展格局。

一是高标准建设特色小镇。特色小镇建设是我们用好用足试点政策、探索试点经验的关键。要坚持差异化、特色化、精品化，按照业城融合、职住平衡的理念，重点推进长沟、良乡、青龙湖、张坊、周口店、琉璃河等一批试点先行区建设，以点带面推进我区城市化进程。要发挥试点先行区示范引领作用，力争在土地、规划、资金、人口等方面寻求突破、探索经验、试出成效，力求建一个成一个，真正打造一批让人印象深刻的特色小镇。要继续深化"大项目带动小城镇"发展模式，鼓励各乡镇因地制宜探索城市化新途径，加快人口就地就近城市化进程，力争为试点工作多出好经验，争当京保石发展轴上的示范城镇。

二是加快城乡一体化步伐。要把推进棚户区改造作为重要抓手，加快推进城关中心区、拱辰渔儿沟、长阳黄管屯、河北镇等棚户区改造项目，进一步完善棚改项目政策保障机制，鼓励和引导民间资本参与，努力让更多群众早日住进新居。深入推进农村集体土地改革利用，加快西潞北五村、良乡中心区等试点建设，积极探索农村闲置资源利用新模式。要牢牢把握首都郊区"三农"工作规律，加快社会主义新农村建设，深入推进"新三起来"，建设一批美丽乡村，加强新型农村社区建设，完善乡村治理机制，推动城市管理服务向农村延伸，让农民享受更美好生活。要充分发挥山区优势，全面改善山区生态环境，加快山区资源有效整合，推进沟域经济发展，稳步推进山区人口搬迁，推动山区乡镇特色发展，奏响山区转型发展新乐章。

三是提升城市规划建设管理水平。要发挥规划设计引领作用，坚守人口、土地、生态、安全等底线，创新土地高效利用、乡镇规划单元统筹等实施机制，强化城市景观、公共空间、建筑风貌等控制引导，全面加强与中国城市规划设计研究院等合作，以高水平城市规划设计来提升城市宜居性、加快补齐发展短板。要聚焦城市管理短板，充分运用云计算、大数据等技术，以良乡高教园区、长阳镇为试点加快建设智慧城市，不断提升城市精细化管理水平；要以城乡结合部、老旧小区、背街小巷等为重点，持续开展城乡环境综合治理，加快解决怨声最多的车辆乱停乱放、违法违规建设、无序经营等突出问题，确保通过国家卫生区再复审；要理顺城市管理体制，推进城市综合管理与服务改革，大力推动执法权限、执法力量下沉，加快形成新型"大城管"体制。要补齐城乡基础设施短板，以良乡和长沟为试点建设海绵城市，完善地下管网统筹建设机制，加强地下空间开发利用，推动水电气热等基础设施建设；加快108国道二期、京良路西延线、首都新机场连接线等大通道建设，推动轨道交通燕房线通车运营，加快城际铁路联络线西延等规划研究，加紧治理交通拥堵，优化公交线网，大幅提高房山交通对外开放度和内部通畅度，努力实现城市让生活更美好的目标。

（五）实施文化强区战略，让房山发展更加繁荣

要坚持文化自信，发挥文化在转型中的引领作用，推动文化改革创新发展，以文化"软实力"为房山发展凝聚强大正能量。

一是深化社会主义核心价值体系建设。围绕全区转型发展主题，充分利用微动画、百姓宣讲等讲好房山故事、传播房山声音，让社会主义核心价值观深入人心。牢牢把握意识形态主导权，严格落实意识形态工作责任制，坚持正确舆论导向，加强网上思想文化阵地建设，推动传统媒体和新媒体融合发展。加快建设学习型房山，积极开展精神文明创建活动，推进新型市民文明教育体系建设，加强群众思想道德教育，注重家庭、家教、家风建设，深入开展道德模范宣讲、"北京榜样"评选、公共文明引导等活动，推进科普教育，建设诚信社会，塑造健康向上、自强不息、崇德向善的大区心态，培育房山人民共建共享的精神家园。

二是全面发展文化事业。不断完善公共文化服务体系，推动公共文化服务标准化、数字化，加快区博物馆、区非物质文化遗产展示中心及乡村基层公共文化设施建设，让百姓拥有更多文化活动场所。鼓励引导广大文艺工作者加强文艺创作，推出一批展现房山人民精神风貌的精品力作。深入推进文化惠民，开展丰富多样的群众性文化活动。加强非物质文化遗产、文物保护，推动周口店北京人遗址、琉璃河西周燕都遗址公园等建设，加快南窖水峪村等传统村落保护利用。切实发挥史志资政育人作用。推进全民体育健身，促进群众体育和竞技体育协调发展。

三是培育壮大文化产业。发挥历史文化旅游集聚区辐射带动作用，加快云居寺文化景区、绿地文创园等项目建设，积极发展数字动画、会展设计等文化创意产业，培育一批具有核心竞争力的文创企业，不断提升文化创意产业贡献度。深化对房山祖源文化、红色文化、石经文化等独特文化资源的研究利用，拓展文化交流交往，积极促进历史文化与科技、旅游、休闲等产业融合发展。以市场化手段运作长阳音乐节、国际长走大会等活动，全面提升房山对外知名度和影响力。

（六）坚持全面深化改革，让房山发展更具活力

要坚持问题导向、突出重点、强化督察，更加富有成效地推进各项改革落地。

一是着力抓好重点领域改革。积极推动公共服务领域改革市级试点，以降低行政成本、提高服务质量为目标，采取混合所有制、委托运营、股份制等多种方式，推动水务、园林、文化、医疗、教育等方面改革取得实质性进展。加快推进国资国企改革，不断增强国有企业活力。着力深化农村改革，推进农村土地所有权承包权经营权分置，完善农业转移人口市民化成本分担机制。全面落实北京市深化监察体制改革试点工作。统筹推进城市、社会、生态、司法、党的建设等领

域改革。

二是积极推动关键环节改革。以供给侧结构性改革引领新常态，深化经济体制改革，充分发挥市场在资源配置中的决定性作用，创新投融资体制机制，做大做强投融资平台，撬动更多社会资本参与基础设施、公共服务设施和环境建设。加大"放管服"改革力度，深化行政审批制度改革，全面承接好下放审批事项，进一步转变政府职能、提高服务效能。

三是完善改革推进体制机制。聚焦发展短板和体制机制弊端，深入谋划推进一批事关全区长远发展的重大改革事项。进一步理顺改革推进机制，强化领导小组、专项小组、各部门、各乡镇（街道）作用，加快形成上下贯通、层层负责的工作链条。加强改革督察督办，强化改革评估，全力推进各项改革任务落地。鼓励基层改革创新，全力抓好"一乡镇一试点""一部门一试点"工作，使改革更加精准地对接发展所需、民心所向。

（七）坚持共享发展理念，让房山更加和谐

人民对美好生活的向往，始终是我们的奋斗目标。要坚持共享发展理念，牢固树立以人民为中心的发展思想，不断满足群众过上更好生活的新期待。

一是着力保障和改善民生。要把低收入村户增收工作作为重中之重，坚持精准施策、分类指导，千方百计确保35个低收入村1.28万低收入户按节点全部消除。实施更加积极的就业政策，鼓励以创业带就业，坚守零就业家庭"动态为零"底线，让群众能够充分就业、体面就业。坚持教育优先发展，加快引进优质教育资源，全面提升幼小中高职教育水平，努力建设教育强区。深入推进健康房山建设，加快武警总医院等建设，提高基层医疗机构服务能力，逐步构建布局合理、分工协作的医疗服务体系和分级诊疗就医格局。健全基本保障制度，完善覆盖城乡的社会保障体系。完善养老综合服务体系，稳步推进保障性住房建设，健全社会救助体系，认真落实计划生育新政策，统筹推进妇女儿童、老龄、红十字和残疾人事业健康发展。

二是加强和创新社会治理。完善城市服务网格化体系，加快推进城市管理、社会服务、社会治安"三网"融合建设，进一步提高社会服务管理水平。建立新型现代社区服务体系，基本实现"一刻钟社区服务圈"建设全覆盖。完善社区治理模式，加强社会工作人才队伍建设，进一步增强基层自治和服务能力。抓好"枢纽型"社会组织工作体系建设，完善社会志愿服务长效机制，构建全民共建共享的社会治理大格局。

三是全力维护社会和谐稳定。深入推进依法治区，坚持依法执政、依法行政，保证司法公正，加强"七五"普法，营造全民尊法学法守法用法的浓厚氛围。推进"平安房山"建设，加大信访排查化解力度，完善社会矛盾多元调解体系，把信访工作做到群众心坎上。加强立体化社会治安防控体系建设，提高科技创安水平，扩大"天网"巡控覆盖面，率先在全市推广大数据和人脸识别技术，以西潞街道为试点全面推动智慧平安社区建设，严厉打击刑事犯罪，坚决抓好同邪教组织的斗争，毫不放松抓好反恐防暴工作。牢固树立安全发展理念，严格落实安全生产责任制，加大安全监管和安全隐患排查力度，加强消防安全、防灾减灾、应急处置能力，加强食品药品安全管理，有效遏制重特大事故发生。

四、坚决落实全面从严治党要求，为全面建设"一区一城"新房山提供坚强的政治保证

实现未来五年宏伟蓝图，关键在党，关

键在党要管党、从严治党。前不久召开的党的十八届六中全会，聚焦全面从严治党，对新形势下加强党的建设做出新的重大部署，开启了全面从严治党的新时代。我们要把抓好党建作为最大的政绩，大力推进党的思想、组织、作风、反腐倡廉和制度建设，切实发挥党建工作领导小组作用，加快构建大党建新格局，推动党建工作由规范化向精准化、精细化发展，以全面从严治党新成效为全面建设"一区一城"新房山提供坚强的政治保证。

（一）要牢牢抓好思想教育这个根本，为全面建设"一区一城"新房山提供有力的思想保障

思想是行动的先导。要坚持不懈强化理论武装，毫不放松加强理想信念教育，通过理论中心组学习、干部在线学习、干部大讲堂等形式，深入抓好党中央治国理政新理念新思路新战略的学习贯彻，切实增强政治意识、大局意识、核心意识、看齐意识特别是核心意识、看齐意识，教育引导全区广大党员领导干部筑牢信仰之基、补足精神之钙，把智慧和力量凝聚到房山转型发展的新征程上来。要强化核心意识。习近平总书记作为党中央的核心、全党的核心，是众望所归、实至名归，是党心所向、民心所向。作为首都的党员领导干部，我们必须在践行核心意识上做示范、当表率，更加坚定地维护以习近平同志为核心的党中央的权威，在思想上认同核心，在政治上维护核心，在行动上紧跟核心，在大是大非面前旗帜鲜明、立场坚定，始终做政治上的明白人。特别是要深入学习和准确把握习近平总书记系列重要讲话精神实质，坚持学以致用、学用结合，不断用讲话精神完善我区发展思路、指引房山转型发展。要强化看齐意识。在转型发展的攻坚时期，我们要更加自觉地向党中央看齐，向党的路线方针政策看齐，坚决落实首都城市战略定位，把看齐对表的过程转化为理思路、找不足、抓落实的过程，推动房山转型发展始终沿着正确的方向前进。全区各级党组织和广大党员干部要主动向区委工作思路看齐，坚持全区一盘棋、上下一条心，在治理大气污染、构建高精尖经济结构、提升城市品质等实践中敢于担当、主动作为，真正把思想和行动统一到"生态宜居示范区、中关村南部创新城"功能定位和"京保石发展轴桥头堡"奋斗目标上来，在融入和服务全区转型发展大局中实现自身工作再上新台阶。

（二）要牢牢抓好干部人才队伍这个基础，为全面建设"一区一城"新房山提供坚强的组织保障

要加快建设更加适应全区转型发展的干部人才队伍和基层党组织。加强干部队伍建设。严格落实干部选拔任用条例，坚持德才兼备、以德为先，不断提高干部选用科学化水平，进一步优化干部队伍结构，加强后备干部和年轻干部培养锻炼，推进干部交流挂职，把重点功能园区、重大工程项目建设作为锻炼干部、检验干部的主战场，真正把适应房山转型发展需求的好干部选出来、用起来。要进一步完善干部考核评价体系，把绩效考核落实到全区各部门、各系统。坚持从严管理干部，完善干部监督体系，加大干部教育培训力度，落实个人有关事项报告等制度，建立容错纠错机制，推进领导干部能上能下，防止干部"带病提拔"，让干部想干事、能干事、干成事、不出事，不断激发干部投身房山转型发展的热情。加强人才队伍建设。要坚持党管人才，紧密结合金融创新、科技创新、文化创新的转型需求，依托良乡高教园区等资源优势，精心实施"百校千才进房山"等人才工程，引进和培养一批

符合地区转型发展需要的高层次领军人才、海外人才、青年创业人才和农村实用人才。要深化人才工作体制机制改革，进一步完善人才激励政策和评审机制，用好的环境吸引人、好的待遇留住人、好的平台成就人，让每一位投身房山发展建设的人才，都有归属感、荣誉感和自豪感。加强基层组织建设。严格落实基层党建工作责任制，加快建设学习型、服务型基层党组织，推动基层党建工作全面进步、全面过硬。要强化基层党组织服务功能，深入推广"次序动员""连心共建"等基层党建创新品牌，完善基层党建工作经费保障机制，加大软弱涣散基层党组织整顿力度，打通联系服务群众的"最后一公里"，切实增强基层党组织在清退低端产业、百姓增收致富、农转居后社会保障、基层自治管理等方面的战斗堡垒作用。要加强基层党组织带头人队伍和党员队伍建设，加强"第一书记"选派力度，选优配强基层党组织书记，保障村干部薪酬待遇，加强党员教育管理，及时处置不合格党员，强化党内关怀帮扶，着力打造"四讲四有"型党员队伍。要扎实推进非公企业和社会组织党的组织和工作有效覆盖，全面加强农村、社区、机关、企事业、"两新"、园区等各领域党建工作。

（三）要牢牢抓好严明作风纪律这个关键，为全面建设"一区一城"新房山营造良好的政治生态

要把严的要求贯彻到管党治党全过程，深入贯彻《关于新形势下党内政治生活的若干准则》和《中国共产党党内监督条例》，全面推进反腐倡廉建设，努力营造干部清正、政府清廉、政治清明的从政环境。严肃党内政治生活。党要管党必须从党内政治生活管起，从严治党必须从党内政治生活严起。要严格遵守党的政治纪律、组织纪律、廉洁纪律、群众纪律、工作纪律、生活纪律，

认真贯彻民主集中制，用好批评和自我批评的武器，认真组织开展民主生活会、组织生活会，落实好"三会一课"、民主评议党员、谈心谈话等制度，形成又有集中又有民主、又有纪律又有自由、又有统一意志又有个人心情舒畅生动活泼的政治局面。全面加强党内监督。认真履行党风廉洁建设党委主体责任和纪委监督责任，严格落实党风廉洁建设"一岗双责"，运用好监督执纪"四种形态"，实现巡察全覆盖，推动全面从严治党向基层延伸，加强对重大工程建设、社会民生、农村"三资"等方面的监督检查。坚持把纪律挺在前面，坚持有腐必反、有贪必肃，坚持无禁区、全覆盖、零容忍，着力构建不敢腐、不能腐、不想腐的体制机制，严肃查处小官贪腐等违法违纪问题，发挥典型案件警示教育作用，打造忠诚干净担当的执纪铁军，始终保持惩治腐败的高压态势。持续强化作风建设。坚持作风建设永远在路上，巩固党的群众路线教育实践活动、"三严三实"专题教育和"两学一做"学习教育成果，坚决贯彻落实中央八项规定和市委十五条意见，驰而不息反对"四风"，不断完善作风建设长效机制，严厉查处各种不作为、慢作为、乱作为行为，切实解决群众身边的不正之风，真正做到既勤政又廉政、既干事又干净。

要发挥党委统揽全局、协调各方的作用。全面加强党的领导，支持区人大围绕中心依法履职，在服务和保障全区转型发展、推动全面深化改革、推进依法治区等方面有新作为。支持区政府围绕全区转型发展，转变职能、提高效能，建设法治政府、创新政府、廉洁政府和服务型政府，增强政府执行力和公信力。支持区政协创新履职方式，积极建言献策，力求协商民主有新突破、委员履职有新特色、服务发展有新成效。加强和做好调查研究工作，发挥党建研究会作用，

强化转型时期党建引领发展的研究。加强党管武装工作，促进国防后备力量建设，深化双拥共建。支持工会、共青团、妇联、科协等群团组织与时俱进、自我革新，增强工作政治性、先进性、群众性。加强同民主党派、工商联和无党派人士团结合作，做好老干部、统战、对台和民族宗教工作，调动一切有利于发展的积极因素，形成推动房山转型发展的整体合力。

同志们，机遇千载难逢，发展时不我待。让我们紧密团结在以习近平同志为核心的党中央周围，在市委、市政府的坚强领导下，团结带领全区广大党员干部群众，坚定信心、迎难而上，不忘初心、继续前进，全面建设"一区一城"新房山，奋力打造京保石发展轴桥头堡，为谱写"新城新业新生活"中国梦房山篇章、首都建设国际一流和谐宜居之都做出新的更大贡献！

北京市房山区人民代表大会常务委员会工作报告

——2016年12月21日在房山区第八届人民代表大会第一次会议上

房山区人大常委会主任 孙 强

各位代表：

我受房山区第七届人民代表大会常务委员会委托，向大会报告本届常委会五年来的主要工作，并就新一届人大常委会的工作提出建议，请予审议。

五年工作回顾

过去五年，区七届人大常委会在区委的坚强领导下，坚持中国特色社会主义政治发展道路，坚持党的领导、人民当家做主、依法治国有机统一，忠实执行人民代表大会制度，认真履行宪法和法律赋予的各项职权，围绕中心、服务大局，主动担当、积极作为，为推进全区转型发展、民生改善和民主法治建设，有效发挥了地方国家权力机关的作用。

一、认真履行人大常委会职责，努力推动人民代表大会制度在我区的具体实践

常委会坚持把提高人民代表大会会议质量、贯彻执行大会决议、做好闭会期间各项工作，作为坚持和完善人民代表大会制度的重要载体，切实保障人民当家做主的权利。

（一）着力筹备开好历次大会，推动会议各项决议有力落实

五年来，区七届人民代表大会共召开5次会议，审议了37项议题，做出了31项决议。这些决议充分贯彻了中央和市、区委的主张，汇聚了人民的意志和愿望，有效发挥了凝聚各方力量、共促区域发展的作用。为了提高会议质量，常委会采取组织代表会前视察、会前集中活动、开展专题调研等方式，广泛听取群众意见，讨论完善提请大会审议的各项报告，充分表达全区人民的意愿，保障了区人民代表大会依法履行职能。

常委会认真执行区人民代表大会历次会议关于人大常委会工作报告的决议，并监督大会其他各项决议的落实。闭会期间，共召开常委会会议38次，审议议题127项；听取和审议"一府两院"专项工作报告51个，预算、决算和审计情况报告15个；开展执法检查23次；开展专题询问1次；督办议案10项、建议524件；依法做出决议、决定37项；任免国家机关工作人员532人次，有效行使了监督权、重大事项决定权和人事任免权，增强了全区人民凝心聚力建设新房山的积极性、主动性和创造性。

（二）着力推动办好代表议案，促进群众现实利益问题有效解决

在区七届人民代表大会的五次会议上，大会主席团共批准议案10项62件，涉及经济发展、城市建设、饮用水安全、生态环境建设、教育发展、棚户区改造等多个方面，集中反映了全区转型发展的重点，事关人民群众最迫切的利益诉求。常委会认真督办落实，强化事前、事中、事后的全程跟踪，特别是对一些办理难度大、见效周期长的议案进行跨年追踪，取得了较好的效果。

（三）着力搞好人大代表换届选举，保障人民当家做主权利有序实现

人大代表是人大的工作主体和活力所在，选出合格的人大代表，是维护好人民当家做主权利的重要保障。在今年的换届选举工作中，常委会在区委的领导下，充分发扬民主，严格依法办事，扎实做好选民登记、推荐确定代表候选人、投票选举等阶段工作，充分激发选民依法有序参与的政治热情，切实保障人民当家做主权利的有效行使。11月15日，顺利完成新一届区、乡镇两级人大代表选举任务，选出区人大代表271名，乡镇人大代表1142名，为加强基层政权建设、开创人大工作新局面打下了坚实基础。

二、依法行使重大事项决定权，努力提高决策科学化民主化水平

常委会围绕全区具有全局性、长远性、根本性的重大事项，认真行使重大事项决定权，为推进区域经济社会发展发挥了积极作用。

（一）紧扣涉及长远发展的问题行权问政

为推进"十二五"规划实施，常委会专题审议规划实施中期评估情况，充分肯定了规划实施的阶段性成果，并就加快转型发展、优化城市功能等方面提出了意见建议。为提升"十三五"规划编制科学性，常委会多次开展专项调研，提出更新思想观念、提高质量效益、深化改革开放、保障基本民生等意见建议，在区七届人大五次会议上进行充分审议并做出决议，保证了规划更加适应时代要求，更为符合发展规律，更能反映人民意愿。

（二）紧扣涉及影响发展的问题行权问政

重点工程、山区搬迁、棚户区改造等项目是经济发展、民生改善的重要支撑点。常委会围绕这些重点项目，深入调研，细致分析，几年来，先后针对区政府与北京西阳光投资有限公司签订《北京高端制造业基地区域内土地一级开发及定向安置房建设委托协议》的议案、北部山区人口迁移棚户区改造定向安置房项目委托代建资金列入财政预算管理的议案、城关中心区棚户区改造土地开发项目的议案做出了决议，并注重加强后期跟踪，确保决议落实到位，推动了项目建设瓶颈问题的解决。

（三）紧扣涉及保障发展的问题行权问政

常委会依法每年听取预算执行、财政决算和审计工作等报告，审查批准财政决算。在行使决定权过程中，常委会充分开展调研，深入了解预算执行、大额专项资金使用、财政资金绩效管理和政府债务等情况，针对审计中发现问题的整改落实等问题提出了意见。区政府认真研究，出台了区级财政支出绩效跟踪管理办法、部门预算信息公开等文件，提升了财政精细化、科学化管理水平。

三、加强和改进监督工作，努力推进区域经济社会发展和民主法治建设

常委会不断完善工作方式，主动服务，积极作为，为推动"一府两院"依法行政、公正司法做出了积极贡献。

（一）围绕促进产业转型，服务发展大局开展监督

经济发展是社会进步的基础和民生改

善的保障，常委会坚持把服务发展作为重要任务，对全区转型发展涉及的重点方面进行了监督推进。一是高度关注我区产业结构调整。为推动全区产业优化升级、经济提质增效，常委会从重点功能区建设、重点工业项目建设、战略性新兴产业发展、高精尖经济发展、商贸服务业发展等多个侧面对优化升级情况进行了监督。代表们充分肯定了区政府坚持不懈、狠抓落实的做法，并提出强化服务保障、支持创新发展、注重生态环保等方面建议。区政府认真研究，出台并落实了鼓励总部企业入驻和发展实施办法等文件，全区产业结构转型升级取得明显成效。二是高度关注我区融入京津冀协同发展。为推进我区融入协同发展大局，常委会结合"聚焦新发展，代表先锋行"活动，开展了一系列代表座谈，编制完成区七届人大代表关闭淘汰整治项目名录，组织代表对相关行业和工程进行了视察，号召代表在推进协同发展中当先锋、作表率。通过这些活动，进一步凝聚了共识，代表们从自我做起，腾退关闭低端项目300余项，彰显了人大代表的模范作用。三是高度关注"三农"问题解决。常委会把农业、农村、农民问题作为重要关注点，着力推进解决现代农业、沟域经济、红酒产业、平原造林等涉及农民增收、农村发展的重点问题。五年中，共安排这些方面的议题7项，促进各项工作取得明显进展。特别是，在"7·21"特大自然灾害中，常委会积极号召代表参与救灾和灾后重建，并多次进行实地调研，针对河道治理等工作提出了意见建议，推进了重建工作深入开展。

（二）围绕促进民生改善，回应群众关切开展监督

常委会坚持把维护人民群众根本利益，不断改善民生、促进和谐作为履职重点，努力提高人民群众生活幸福感。一是积极推进

民生难点问题的解决。常委会以群众反映强烈的城市建设与管理问题为突破口，对保障房建设、基础设施建设、城管综合行政执法、城市停车场建管、滨河公园建设、中国第四届兰花大会筹建及环境建设等开展了一系列视察活动，并对集中供热工程和供热管网建设及改造情况进行了跟踪监督，进一步夯实了城市现代化的基础。二是积极推进民生热点问题的解决。常委会针对文化教育问题，对学前教育、成人教育、文化体育设施建设等工作进行了监督，推动了一些问题的解决。特别是，常委会就非义务教育与义务教育阶段教师绩效工资差距较大等问题提出审议意见，区政府筹集资金1461万元，基本解决了相关问题，进一步调动了教师工作积极性。三是积极推进民生重点问题的解决。常委会针对医疗卫生问题，对医疗资源均衡化、中医健康发展、精神卫生保健等工作进行了监督。特别是，常委会就群众就医难问题多次进行实地调研，深入探讨解决问题的途径和方法，卫计部门积极落实代表建议，进一步优化了区级医院就医流程。

（三）围绕促进民主法治建设，确保公正司法开展监督

常委会紧扣司法公正这一主题，以监督法律的有效实施和司法权的正确行使为着力点，不断完善方式、创新机制，努力营造良好的法治环境。一是坚持工作监督与法律监督相结合。常委会着力对环境保护、城市规划等方面26项法律法规的落实情况进行了监督，并在工作监督中兼顾法律实施情况，在法律监督中兼顾工作落实情况，进一步增强了法律监督工作实效。二是坚持人大监督和司法机关内部监督相结合。常委会着力对区法院审判管理、司法改革、执行工作机制改革等工作情况，对区检察院行政执法和刑事司法衔接、规范司法行为等工作情况

进行了监督，提出要健全司法机关内部监察等制约机制，加大对行政违法行为和司法活动的监督，努力形成监督合力。法检部门认真落实，确保了审判权、检察权始终在法律规定的权限和程序内有序运行。三是坚持监督法律实施和推进法治宣传相结合。为推动全社会形成办事依法、遇事找法、解决问题用法、化解矛盾靠法的良好环境，常委会对"六五"普法规划实施情况、"七五"普法规划制定情况进行了监督，推动了"六五"普法向纵深发展；同时，着力推进在全区开展大范围、深层次的普法宣传工作，有效促进了依法治区进程。

此外，常委会积极配合市人大立法调研和执法检查工作，参与了大气污染防治、居家养老服务等法律法规条例的意见征集工作，协助市人大对有关决议的落实情况进行了调研，对少数民族村经济发展、居家养老等工作进行了视察。

（四）围绕完善工作方式，提升工作实效开展监督

常委会着眼全面落实监督法，不断在实践中创新，在探索中实践，切实保障人大的法律职责得以落实、监督工作有用有效。一是坚持开展专项工作评议。五年来，对区环保局、区民政局、区水务局、区文委进行了专项评议，内容涉及环境保护、社会保障、水环境治理、文化建设等方面。在开展评议过程中，常委会注重把设置评议小组、开展专项调研、调查总结汇报等多个环节做细做实，使专项工作评议成为提升人大监督实效的重要方式。二是推进专题询问监督方式。常委会制定专题询问暂行办法，从制度层面对询问程序进行设定和规范，并采取在常委会审议工作报告过程中委员进行询问的灵活方式，对我区棚户区改造工程进行了专题询问，实现了我区对监督工作路径的新实

践。三是认真落实宪法宣誓制度。出台国家工作人员宪法宣誓组织办法，在七届人大五次会议上首次进行现场宣誓，标志着该制度在我区正式实施。一年来，常委会共组织19人宣誓，"一府两院"相关人员也分别按要求组织了宣誓，进一步增强了国家工作人员忠于宪法、遵守宪法、维护宪法的宪法意识。

四、支持和保障代表依法履职，努力增强代表工作活力

常委会不断加强和改进代表工作，积极支持和保障代表依法履职，有效发挥了代表在管理国家事务和社会事务中的重要作用。

（一）优化服务保障机制，增强代表履职深度

着眼为代表执行职务提供良好的服务保障，常委会积极探索代表发挥作用的新方法、新途径。一是加强代表履职培训。把学习培训贯穿于代表履职全过程，邀请专业人员针对履职所需的知识能力、工作程序等方面进行培训，为代表有效履职奠定了基础。二是保障代表知情知政。为便于代表履职，常委会通过寄送信息和资料、召开情况通报会、组织代表旁听案件审理、参与案件执行等方式，帮助代表熟悉全区发展情况、区人大常委会和"一府两院"的重要工作。三是搭建代表履职平台。主动邀请代表参加调研和视察检查等活动，注重把活动内容与代表专业背景联系起来，充分发挥代表的专业作用，提升了监督工作质量。制定代表履职通报制度，建立代表履职电子档案，定期对履职情况进行通报。推进代表接待窗口建设，进一步畅通了代表与"一府两院"组成部门沟通渠道。

（二）优化沟通联络机制，增强代表履职宽度

常委会把密切与人大代表、人民群众的联系作为增强工作实效的重要举措，不断完

善代表联系工作机制。一是加强常委会与代表的联系。制定常委会组成人员联系区人大代表安排意见，从制度上规范了代表联系工作。按照专业划分，组建经济、教育卫生、城建、农业与农村等专业代表小组，充分发挥专业优势，围绕常委会和工作委员会重点工作开展活动。主动征询代表参与活动意向和对培训工作的意见，确保活动和培训兼顾工作需要和代表参与意愿，进一步扩大了代表参与度。二是加强市区代表之间的联系。出台房山团市人大代表联系区人大代表实施方案，规范联系工作，确保联系畅通。在此基础上，先后组织市人大代表分别与区人大代表和群众代表座谈，收集需要市级部门协调解决的问题，为提出议案建议、推进房山发展做了大量基础工作。三是加强代表与人民群众的联系。推进乡镇（街道）代表工作室（站）规范化建设，为代表联系选民提供固定场所。开展代表向选民述职活动，不断改进和完善代表述职方式方法。七届人大二次会议以来，有212名代表以不同形式向选民述职，得到广泛的支持和好评。

（三）优化建议督办机制，增强代表履职力度

常委会不断完善建议办理工作路径，在提升办理实效上做出了重要努力。一是加强跟踪。针对往年没有办结、承办部门做出明确承诺的建议，常委会及时与承办部门沟通，并积极引导代表介入，促使建议办实办好。二是及时回访。通过召开座谈会、问卷调查等形式，征询代表对建议办理情况的意见，并及时转交有关部门进一步研究办理。三是健全制度。印发代表建议办理工作意见，并与政府部门积极沟通，把代表建议办理情况纳入区直部门领导班子综合考评体系，增强了承办单位的办理积极性。

五年中，代表共提出建议524件，得到了较好办理，代表满意和基本满意率分别达到63%和32%，其中2016年分别达到65%和31%。在看到成绩的同时，我们还应注意到个别单位领导重视程度不够，代表还不十分满意的情况，必须在今后的工作中予以纠正和改进。

五、大力加强自身建设，努力夯实人大履职的工作基础

常委会不断适应新形势要求，大力加强常委会及其机关建设，努力打造基础扎实、作风务实、运转高效的机关形象。

（一）强化学习引领作用，全面提升干部队伍素质

以加强学习为突破口，依托党的群众路线教育实践活动、"三严三实"专题教育、"两学一做"学习教育及人大机关"人人讲学"活动，并通过举办培训班、研讨会等多种形式，组织党组成员、常委会组成人员和机关党员干部深入学习中共十八大和十八届三中、四中、五中、六中全会精神，学习习近平总书记系列讲话精神和相关法律法规，进一步强化了道路自信、理论自信、制度自信和文化自信，提升了政治理论、法律素质和专业技能水平。

（二）强化作风主导作用，全面提升服务发展效果

充分发挥人大党组领导核心作用，切实加强机关党组织建设、党风廉政建设，把党的领导体现在人大工作各个方面，以优良党风带动机关工作作风。深入做好群众来信来访工作，五年来，共接待来访345人次，接收上访信件417封，常委会认真研究、汇集群众的合法诉求，促进了群众反映问题的解决。坚持理论联系实际，充分发挥调查研究的决策参考作用，强化会前调研、专题调研和综合调研，使人民群众的意愿更好地融入了决策。

（三）强化制度规范作用，全面提升机关工作效率

认真贯彻区委四次人大工作会议精神，推进乡镇（街道）人大主席专职化等工作落实，两级人大工作更加协调有序、坚强有力。对常委会议事制度、机关工作制度、人大代表参会及活动制度等进行梳理完善，制定出台调研视察、执法检查等方面的工作制度，进一步规范了工作运行程序，提高了工作运行效率。

各位代表，回顾和总结过去五年的工作，我们深切体会到，卓有成效地做好人大工作，需要我们把握以下几个方面：

一是必须坚持党的领导的工作方针，牢牢把握正确政治方向。常委会始终坚决贯彻党的路线方针政策，在思想上、政治上、行动上与党中央保持高度一致。始终坚持区委对人大工作的领导，严格执行重大事项请示报告制度，有力保障区委意图和决策通过法定方式有效落实，使人大依法行权的过程成为党领导和支持保障人民当家做主的过程。实践证明，只有坚定不移地坚持党的领导，才能更好地实践人民代表大会制度，才能更有效地开展人大工作。

二是必须坚持人民至上的工作理念，切实维护群众根本利益。人大工作的根基在人民，发挥作用的力量在人民，依法履职的归属也在人民，人大及其常委会作为代表人民行使国家权力的机关，必须以维护群众利益为根本任务。五年来，常委会把关注民生放在突出位置，努力推进解决发展、环境、教育、医疗等人民群众关心关注的问题，使群众共享了发展成果。实践证明，只有维护好人民群众的根本利益，才能充分调动人民群众的积极性、主动性，才能得到人民群众更大的拥护和支持。

三是必须坚持服务大局的工作原则，合力推动全区转型发展。人大对"一府两院"的监督和支持是辩证统一的。一方面，监督是法定职责，人大必须增强责任意识，真正让监督发挥应有作用。另一方面，支持是最终目的，要通过监督发现问题、解决问题，最终达到支持工作的结果。五年来，常委会找准监督与支持的结合点，做到既不越位又不失位，有效推动了"一府两院"工作，共同服务全区发展大局。实践证明，人大只有在监督中体现支持，在支持中实现监督，处理好监督与支持的关系，才能形成同心、同向、同力的良好局面，才能形成促进发展的强大合力。

四是必须坚持依靠代表的工作方法，有效发挥代表主体作用。没有代表的广泛参与，人大工作的民意基础就会削弱，人大联系群众的桥梁就会失去支点。五年来，常委会坚持依靠代表开展工作，通过组织代表参加各项会议及视察检查活动、督办议案建议、开展代表向选民述职等方式，推进代表与常委会组成人员、选民的联系互动，发挥好代表的主体作用。实践证明，只有代表积极主动、广泛深入的参与，才能保持人大工作拥有不竭动力，才能使人大工作更富有成效。

五是必须坚持实践创新的工作精神，充分激发人大工作活力。人大工作不仅体现在严格的制度化和规范化，更重要在于职权的有效运用。五年来，常委会积极探索创新工作方式，在开展专题询问、宪法宣誓等新的领域进行有益尝试，取得了较好的效果。实践证明，只有不断实践创新，才能更好地坚持和完善人民代表大会制度，才能更好地激发人大工作活力。

各位代表，房山区第七届人大常委会取得的工作成效，是在区委坚强领导下，全体人大代表、常委会组成人员和工作机构团结一心，"一府两院"和组成部门密切配合，

广大干部群众和社会各界关心支持的结果。在此，我代表房山区第七届人大常委会，向同志们表示衷心的感谢和崇高的敬意！

回顾过去，我们清醒地认识到，常委会工作与党对人大工作的要求和人民群众的期望相比，还有不少差距和不足，主要表现在：监督工作方式方法还不够丰富，监督落实的效果有待增强；代表履职工作机制还不够健全，服务保障的措施有待改进；常委会自身建设还不够完善，依法履职的能力有待提高。这些差距和不足，我们要在今后的工作中认真研究，努力解决。

今后五年工作任务建议

今后五年，新一届区人大常委会要全面贯彻党的十八大和十八届三中、四中、五中、六中全会精神，以及习近平总书记系列讲话精神，按照"四个全面"战略布局，认真践行五大发展理念，积极落实中央关于监察体制改革的决策部署，以推动人大制度在我区具体实践和人大工作与时俱进为工作主线，以实现全面转型发展和全区人民对美好生活的向往为奋斗目标，进一步增强责任感、使命感和紧迫感，依法履职，团结奋斗，不辱使命，不负重托，努力实现更大作为。

当前，人大工作面临着更加有利的环境和条件，更加殷切的期望和要求。

一是中央对人大工作提出新要求。党的十八大以来，党中央科学判断经济社会发展新形势，在坚持和完善人大制度、加强和改进人大工作方面提出了一系列新的要求。这表明，党中央在维护和推进根本政治制度、支持和保证人民通过人民代表大会行使国家权力的坚定信心和坚强决心。特别是，2015年，党中央转发《中共全国人大常委会党组关于加强县乡人大工作和建设的若干意见》，为促进县乡人大工作指明了方向，对于保证基层人大依法行权，健全组织制度和工作机制，提高工作水平具有十分重要的现实意义。

二是我区转型发展面临新形势。未来五年是我区融入京津冀协同发展大局、实现全面转型发展的重要时期。在国家经济进入新常态、首都疏解功能谋发展的大背景下，我区既处于爬坡过坎、深度转型的紧要关口，也处于大有可为的重要战略机遇期。刚刚结束的区第八次党代会，深入分析了我区面临的主要形势，明确了今后五年的奋斗目标，也为人大工作提供了更加有利的平台。

三是人大工作承载人民群众新期待。随着社会的进步和法治的发展，人民群众的政治意识普遍提高，表达意愿的民主意识、参与意识逐年增强。未来五年，我区在承接非首都功能、推进城市化和转型发展过程中，必然面临着社会阶层结构、人口组成结构的新变化。同时，在互联网时代，各种利益诉求的表达平台无限拓宽，使人民参与管理国家事务和社会事务、管理经济和文化事业等更加便捷，也必然产生对人大各项工作的新期待。

今后五年，建议新一届区人大常委会，要做好以下六个方面的工作。

第一，注重开拓创新、与时俱进，在推进"一区一城"新房山建设方面有新作为。坚持在区委领导下开展工作，站在推进京津冀协同发展和"十三五"规划落实的大局上想问题、干事情，把人大工作与区委的重大决策部署统一起来，不断加大对新时期权力规范运行、决策贯彻执行、经济健康发展、社会有效治理等方面的关注力度，深入研究和拓展人大发挥作用的途径与方式，特别是在那些专业性强的工作领域，要拓展工作思路，主动引进专业智力资源，进一步提升人大工作的效率和质量，为推进"一区一城"新房山建设做出更大努力。

第二，注重科学决策、民主决策，在有效决定重大事项方面有新提高。完善重大事项决定制度，保障经济社会健康运行。坚持把财政预决算、区域发展规划以及涉及全区长远发展和人民群众切身利益的重大投资项目作为重大事项提交人大及其常委会做出决定。健全重大事项协商机制，推进科学决策、民主决策。加强人大常委会与"一府两院"的工作沟通，探索建立对涉及人民群众最直接最现实的利益问题进行听证制度、重大决策前的意见征询和反馈机制，加强与相关人民团体的决策前协商，充分开展对决策议题的调研论证，广泛征求人民群众的意见建议，确保决议决定科学合理可操作。

第三，注重深度监督、精准监督，在推进依法行政和公正司法方面有新突破。科学把握人大监督的工作定位。围绕区委总体布局谋划人大工作，严格按照宪法和法律赋予的职权，认真收集人民意愿，集中表达群众诉求，努力推进民意融入决策。找准人大监督的着力点。紧密结合"一府两院"的工作重点、人民群众反映强烈的问题和法律法规的有效落实选择监督议题，增强监督工作的指向性和精准度。创新和完善监督工作方式。切实把监督工作与决定重大事项、议案建议办理、受理群众信访、决定人事任免相结合，使监督工作贯穿到人大工作的各个环节；完善跟踪监督和落实反馈工作制度，建立监督事项的事后评价机制，适时对监督动态进行公开；坚持专项评议等行之有效的监督形式，探索推进审计问题整改情况向人大报告制度，推动专题询问等监督形式常态化运行；改进"一府两院"及其组成部门向人大报告工作制度，确保每个组成部门届期内至少向人大报告一次工作。

第四，注重保障服务、完善方式，在推进代表工作制度化、法制化方面有新成效。完善机制，服务和保障代表履职。推进乡镇（街道）代表工作站建设，为代表活动、联系选民和基层人大工作创设有利条件；加强代表履职服务，根据代表履职需求，分层分类为代表提供法律及业务培训；完善市、区、乡镇代表和选民四级联动机制，充分发挥代表工作站和代表接待窗口的作用，定期沟通选民利益诉求，为代表参政议政奠定基础；完善代表履职激励机制，建立代表履职评价制度，定期对优秀履职代表进行通报表扬。搭建平台，充分发挥代表主体作用。完善代表活动平台，着力加强专门委员会建设，推动代表团活动制度化，拓展代表发挥作用的新途径；完善监督工作平台，探索重大问题及时向代表通报制度，完善政情民情通报制度，健全议案建议办理考核机制，改进交办、督办等工作环节；搭建代表联络平台，完善常委会组成人员、代表和选民的联系机制，建立健全代表接待选民日等工作制度，坚持代表向选民述职制度，切实增强各方互动。

第五，注重素质建设、工作引领，在增强常委会整体效能方面有新提升。抓学习，健全学习制度，创新学习载体，认真组织党组成员、常委会组成人员、代表中的党员和机关党员干部学习党的主要会议精神、习近平总书记系列讲话精神和法律法规，切实增强政治意识、大局意识、核心意识、看齐意识。抓制度，健全常委会运行机制、议事程序和具体工作制度，坚持靠制度规范工作，营造充满激情、积极向上的良好干事氛围，保证各项工作有序、高效开展。抓服务，强化责任意识、保障意识，努力提升服务代表、服务会议的工作质量，建设优质高效的服务型机关。

第六，注重工作沟通、规范运行，在联系指导乡镇人大工作方面有新进展。认真贯彻《中共全国人大常委会党组关于加强县乡人大工作和建设的若干意见》，深化区委四次人大工作会议精神落实，规范乡镇人大工作程序和运行模式。加强乡镇人大工作机构建设，落实乡镇人大办公室建设要求。加大乡镇人大工作力度，积极与有关部门沟通，推进乡镇人大工作开展情况纳入对乡镇党委整体工作考核范围，增强乡镇人大工作活力。扩大乡镇人大代表对区人大工作参与度，建立健全乡镇人大代表参与区人大常委会重点议题监督和列席区人大常委会会议工作机制。

2017年重点工作

2017年是新一届人大常委会依法履职的第一年，建议在抓好本次大会各项决议落实的基础上，重点做好以下工作：

一、监督工作方面

健全监督工作制度，拓展监督工作方式，完善跟踪监督和落实反馈制度，建立监督事项的事后评价机制，适时对监督进展动态进行公开。

为提升全区经济发展质量，听取和审议财政预决算、审计工作和全区固定资产投资情况的报告，听取全区国土资源管理情况的汇报，对基金小镇等金融产业发展、促进产业转型的议案办理情况进行跟踪检查，对全区旅游产业发展情况进行视察。

为回应人民关切，听取和审议全区2013—2017年清洁空气行动计划落实情况、高教园区建设情况的报告，对全区棚户区改造及安居工程建设、体育产业发展、中医药文化推广、非物质文化遗产保护等工作进行视察。

为促进"三农"工作，以落实所有权、承包权、经营权三权分置为重点，听取和审议全区种植业生态休闲园区创建情况的报告，听取精准扶贫情况的汇报，对红酒产业发展、农村闲置资产利用改造、风沙源治理

等工作进行视察，促进相关政策贯彻落实。

为促进法律法规有效落实和司法工作有效开展，重点对《北京市生活垃圾管理条例》《宗教管理条例》等法律法规进行执法检查，听取区检察院关于司法改革试点工作进展情况的汇报，组织代表旁听区法院刑事案件庭审。

二、代表工作方面

畅通代表联系渠道。加强常委会组成人员联系代表网建设和市、区、乡镇三级代表联系网建设，将三级代表网向村民代表和居民代表延伸，扩大联系范围；推进代表联系选民工作站（点）、代表活动之家和代表接待窗口建设，切实增强各方信息互动。

激发代表履职热情。拓展信息沟通渠道，坚持"一府两院"向代表通报工作制度，实行重大决策征询代表意见制度，为代表知情知政、依法履职奠定基础。完善代表履职信息平台，丰富履职电子档案，对优秀履职代表进行通报表扬，推进代表管理信息化、系统化、精准化。

加强议案建议督办。分阶段推进办理工作，适时提出督办意见，提高办理效率和质量。对建议办理单位进行综合考评，作为年度考核的依据之一。

三、自身建设方面

认真贯彻"四个全面"战略布局，全面落实党的十八届六中全会精神，发挥好人大党组的重要作用，强化党要管党、从严治党，加强人大党组织建设和机关党员干部管理；努力提高服务保障质量和水平，加强对人大代表中的党员的作风引领，充分激发代表的先进性作用；认真抓好机关学习，依托"人人说法"等活动载体，提升机关干部业务能力水平和法律知识素养。健全组织机构，加强干部队伍建设，夯实人大工作的基础。强化制度建设，认真梳理常委会议事程序和机

关工作制度，充分发挥各专门委员会作用，切实增强各项工作的规范性。加强对乡镇人大的联系和指导，围绕业务需求对乡镇人大负责人进行培训，支持乡镇人大依法有序开展工作。

各位代表，房山区第八届人大常委会即将依法选举产生。我们相信，新一届人大及其常委会一定能够在区委的坚强领导下，凝心聚力，奋发有为，更好地坚持和完善人民代表大会制度，更好地推动人民代表大会制度在我区的具体实践，不断开创人大工作新局面，进一步推进"一区一城"新房山建设，打造京保石发展轴桥头堡，为谱写"新城新业新生活"中国梦房山篇章、首都建设国际一流和谐宜居之都做出新的更大贡献！

政府工作报告

—— 2016 年 12 月 20 日在北京市房山区第八届人民代表大会第一次会议上

房山区人民政府代区长　陈　清

各位代表：

我代表房山区人民政府，向大会报告工作，请予审议，并请区政协各位委员提出意见。

2016 年是七届区政府任期的最后一年。一年来，全区上下坚持退低端、引高端、优环境、补短板，真抓实干、攻坚克难，圆满完成了区七届人大五次会议确定的各项任务。预计全年地区生产总值完成 595 亿元，比上年增长 7%。全社会固定资产投资完成 535 亿元，超额实现预期目标。区域税收完成 248 亿元，增长 2%。一般公共预算收入完成 53.7 亿元，增长 7%。城乡居民人均可支配收入分别增长 8.3% 和 8.8%。

七届区政府工作回顾

过去五年是房山发展史上极不平凡的五年。在市委、市政府和区委的坚强领导下，在区人大、区政协的监督支持下，我们积极应对国际金融危机、产业结构调整、非首都功能疏解等多重挑战，深入学习贯彻习近平总书记系列重要讲话精神，全力抢抓京津冀协同发展重大机遇，扎实推进稳增长、促改革、调结构、惠民生各项工作，推动房山步入了转型发展的新阶段。重点做了以下工作：

一、深入落实功能定位，强化区域协同联动，转型发展开启新征程

坚决贯彻落实区委各项决策部署，转型发展的举措更加清晰。发展路径不断完善。始终围绕"一区一城"新房山建设重实践、讲实干，在推动转型发展上不懈探索。区委七届七次全会提出建设"生态宜居示范区、中关村南部创新城"，打造"京保石发展轴桥头堡"以来，坚持创新驱动、生态建设齐头并进，疏解低端、承接高端同步发力，补齐短板、均衡发展统筹兼顾，走出了一条具有房山特色的发展道路。协同发展态势形成。着力推动区域共建，与保定、涿州、沙河等地市签订战略合作协议，建立联系沟通、部门对接和人才交流培训制度，基础设施、产业园区、生态建设等领域合作全面展开。发展基础得到夯实。完成"两线三区"初步划定方案，城乡空间布局持续优化。调整土地利用总体规划，城市周边永久基本农田划定稳步推进。赢得国家新型城镇化综合试点、国家生态保护与建设示范区政策支持，在机遇与挑战的"大考"中迈出坚实步伐。

二、构建高精尖结构，加快产业转型，综合经济实力迈上新台阶

五年来，主动适应经济发展新常态，加快产业转型升级和功能疏解承接，发展内生动力持续增强。创新驱动成效显著。以纳入中关村国家自主创新示范区为契机，全面启动建设中关村南部创新城，列入全市"十三五"规划，地区发展赢得更高站位。做强创新资源承接载体，中关村新兴产业前沿技术研究院建成运营，云端智能机器人、智能互联汽车、医工交叉研究院等项目相继落地。全力推动大众创业、万众创新，双创平台达到22个，创新谷被认定为第三批国家级众创空间，北大创业训练营等5家平台被认定为市级众创空间，青年创业园等4家平台被中关村认定为特色产业孵化平台，吸引双创项目2100个。厚植双创发展优势，建设商务楼宇300万平方米，出台高层次人才引进支持办法，签约10余名千人计划专家，组建中关村南部创新城企业服务中心，设立多项支持引导基金。科技成果加快转化，国家高新技术企业突破200家，技术交易额13亿元。新兴产业加速崛起。主动服务首都金融创新，高标准规划建设北京基金小镇，入驻机构143家，基金管理规模2407亿元，成为首批市级服务贸易示范基地。抢占金融前沿产业制高点，互联网金融安全产业园一期建成，注册企业24家。"5+X"功能区格局全面形成，产业高端化、集聚化态势明显。北京高端制造业基地入驻企业24家，长安汽车产销两旺；石化基地53个项目建成投产，产值效益不断提高；农业生态谷中粮智慧农场建成开园，7大板块集成27项行业领先技术；中央休闲购物区（CSD）品牌深入人心，建成首创奥特莱斯等精品项目；中国房山世界地质公园在地质遗迹保护、科研科普宣传、精品景区建设三大领域成果丰硕，

全票通过联合国教科文组织再评估、荣获最佳实践奖。高教园区、长阳科技园、海聚基地、良乡开发区也竞相发展、不断壮大。产业结构持续优化。区域工业产值突破千亿元，房地产业实施项目87个、面积超2000万平方米，现代服务业不断壮大，文创企业超过7000家。酒庄葡萄酒产业加速迈向国际化，青龙湖、张坊两大主产区渐成规模，全区签约酒庄33家，酿酒葡萄种植2.1万亩，产值8.3亿元，惠及农民近万户，成功举办北京房山国际葡萄酒大赛。会展农业呈现新亮点，成功举办第四届中国兰花大会，接待游客达20万人。休闲旅游业各具特色，石楼景观农业、周口店红叶节、大石窝佛文化、河北户外运动、十渡山水农家、大安山山地运动、霞云岭红色旅游、史家营养生度假等备受市民青睐。

经过五年努力，2016年地区生产总值、区域税收、一般公共预算收入比届初分别增长43%、32.5%、77.5%；人均GDP达到55712元，比届初增长27.2%；全社会固定资产投资累计达到2557亿元；社会消费品零售额达到246亿元，比届初增长67.8%；三次产业结构从届初的3.6：62.4：34调整为2.4：57.5：40.1。

三、坚持生态立区，加强环境治理，环境建设取得新突破

五年来，生态文明建设持续深入，生态环境容量持续扩大。产业转型步伐加快。加大煤矿、非煤矿山等资源型产业退出力度，关闭国有煤矿1家、非煤矿山7家，清退水泥企业26家、石灰企业66家、石板企业860家，彻底结束了资源型企业开采加工史。下大力量淘汰落后产能，提前一年完成173家污染企业退出任务。清退低端成效明显。4000余家无证无照非法类企业全部清退，1139家"散乱污"企业关停退出。始终保持

打非拆违高压态势，拆除违法建设396万平方米，消除市级台账1545处。以功能疏解带动人口疏解，常住人口控制在110万人以内。大气质量持续改善。严格落实清洁空气行动计划，聚焦重点、综合施策，主要污染物浓度大幅下降。减煤换煤力度空前，累计压减燃煤106万吨，改造燃煤锅炉2260蒸吨，基本实现六环路外延一公里范围内村庄"无煤化"、全区"百村无煤化"。建成大气自动监测网络系统，站点覆盖全区。强化机动车污染防治，累计检查大货车130万辆次，处罚违法违章大货车39万辆次，淘汰老旧机动车8.1万辆。道路扬尘明显下降，施工现场扬尘治理做到"五个100%"。生态建设卓有成效。围绕生态、治河、增绿、建园实施"两个100亿工程"。投入百亿元系统治理了16条河道，实行"河长制"管理，启动8条黑臭水体整治。投入百亿元打造林田园，平原造林16万亩，山区造林营林79万亩。建成景观农田2万亩，登山步道38条。建成万亩滨水森林公园、青龙湖森林公园一期、兰花文化主题公园等35家公园，新增城市公共绿地221公顷。

四、统筹城乡发展，坚持建管并重，城乡一体化迈出新步伐

制定提升城市规划建设管理水平意见，全面启动国家新型城镇化综合试点建设，城市发展由外延式扩张向内涵式提升转变，户籍人口城市化率达到60%。城镇建设加挡提速。"三三二"空间布局加速形成，呈现错位互补的发展态势。棚改工作稳步推进，城关中心区、河北镇中心区、拱辰渔儿沟、长阳黄管屯项目相继启动。利用固有资源深化与大企业合作，选取长沟、良乡、青龙湖、张坊、琉璃河、周口店6个乡镇为试点先行区，全面启动特色小镇建设，长沟镇入选首批中国特色小镇。加大城乡结合部治理力度，西潞街道"北五村"改造等项目扎实推进。大力改善群众居住条件，老旧小区改造2.1万户，建成5个新型农村社区，农宅抗震节能改造8.3万户。山区人口迁移建成安置房4327套，人员安置稳步推进。新城承载力持续提升。基础设施建设累计投资650亿元。大通道和公路主干网建设取得突破，轨道交通房山线并入全市轨道交通网络，燕房线建成并进入动车调试阶段，京昆高速房山段、京良快速路通车，新建改造石夏路、良常路二期、黄良路二期、千榆路等31条道路，全区道路总里程比届初增加167公里。城市交通体系不断健全，优化公交线路60条，篱笆房客运枢纽投入使用，新增停车位5万个，投放电动出租车400辆、公共自行车3300辆，实施5项重点路段疏堵工程。城市运行保障能力稳步提高，建设7座集中供水厂、9座污水厂，建成污泥处置中心。老旧小区天然气改造4534户，铺设市政天然气管线60公里，全区集中供热率达76%。供电设施同步跟进，累计实施351项工程。城乡管理迈向精细化。完成市级环境建设项目20项，重拳治理城市顽疾，新城街区环境持续改观。启动循环经济产业园和建筑垃圾资源化项目，垃圾分类达标小区达103个，被评为全国生活垃圾分类示范区。智慧城市建设取得新成效，经济信息港项目荣获中国城市信息化服务创新奖，长阳镇列入第二批国家智慧城市试点。村庄环境整治、农业面源污染治理成效显著，农村污水处理率、清洁能源利用水平不断提高，韩村河村被评为"全国美丽乡村"，窦店村等11个村被评为"北京最美乡村"。

五、坚持以人为本，切实保障改善民生，社会建设取得新成效

五年来，我们着力增进民生福祉，一般公共预算民生支出达626亿元，是上届的2.4

倍。城乡居民收入分别达到 39330 元和 20850 元，比届初增长 57.4% 和 65.2%。就业社保工作扎实推进。城镇新增就业 9.58 万人，促进城乡劳动力就业 9.69 万人，城镇登记失业率始终控制在 4% 以内。社会保险基本实现人群全覆盖，主要待遇标准比届初大幅提高，成为国家级社会保险先行城市。多层次养老服务体系初步形成，启动区级社会福利中心建设。困难群众大病医疗救助制度不断完善，儿童福利服务体系进一步健全，完成 6290 户残疾人家庭无障碍改造。建设筹集各类保障房 55993 套，解决了区内所有经适房、限价房轮候家庭住房需求，承接市区疏解人口 1.7 万人。精准扶贫工作全面启动。社会事业蓬勃发展。义务教育均衡发展通过国家验收，学前教育、中小学建设 2 个"三年行动计划"全部完成，新建、改扩建幼儿园 56 所、中小学 58 所，成功引入 40 家优质教育资源，高等教育、职成教育取得长足进步，学习型房山建设持续推进。良乡医院成为三级医院，区中医院被评为三甲中医院，引入武警总医院和北京首儿窦店儿童医院，成功创建国家级慢病综合防控示范区，人口计生工作有序推进。社会主义核心价值观深入人心，新型市民文明教育体系实现全覆盖。历史文化遗产保护力度空前加大，南窖村和宝水村入选中国传统村落名录。群众文化活动丰富多彩，建成区文化活动中心、良乡体育中心，长沟北京国际长走大会、长阳音乐节等品牌影响力不断提升。圆满完成"北京市农民体育健身运动展示周"承办任务，成功举办第十一届全民运动会。社会治理水平稳步提高。网格化社会服务管理体系覆盖全区，建成"一刻钟社区服务圈"60 个，社区办公和服务用房全部达标，认定 25 家"枢纽型"社会组织，社会动员机制不断完善。安全生产形势总体稳定，积极创建首都安全发展示范区，强化隐患排查治理、责任制考核、信息化支撑，形成了安全生产系统化新格局。食品药品抽检合格率大幅提高，防灾减灾和应急能力不断提升。圆满完成"六五"普法、第九届社区居委会和第十届村委会换届选举。军政军民团结，连续两次荣获全国双拥模范区称号。民族宗教工作持续加强，民族村经济健康发展。深入开展矛盾纠纷排查化解，强化社会治安综合治理，加强反恐防恐，严厉打击各类违法犯罪活动，荣获全国无邪教创建先进区，完成一系列重大活动安保任务。令人难以忘怀的是，面对突如其来的"7·21"特大自然灾害，在市委、市政府和区委的坚强领导下，全区上下万众一心、同舟共济、奋勇拼搏，夺取了救灾抢险、善后恢复工作的全面胜利，用实际行动展示了全区广大干部群众的良好精神风貌和奋发有为的信心决心。

六、全面深化改革，聚焦重点突破，发展活力得到新提升

五年来，推出一系列放权、松绑、减负、惠民的改革措施，316 项重点改革任务扎实推进。行政审批制度改革取得新成效。全面落实"放管服"各项措施，取消和承接行政审批事项 109 项，取消所有非行政审批事项，在公共服务领域全面实行"一会三函"工作流程。实行"五证合一""一照一码"登记制度，新设市场主体比届初增长 44.3%。建立权责清单制度，推行"双随机一公开"监管，完善"互联网+政务服务"，市场环境不断优化。重点领域改革取得新突破。出台 PPP 模式实施意见，在住房保障、基础设施、环境建设等领域全面推开，吸引社会投资 80 亿元。设立金融工作办公室，建立企业统贷平台，有效缓解了企业融资压力。公共服务领域改革列为市级改革试点，政府购买服务范围不断扩大，完成环卫、供

热体制改革，启动公交改革，积极推进水环境治理等领域改革。制定政府购买公共文化服务实施细则，建立区级文化活动中心新型法人治理结构，出台专项小微文创企业扶持政策。深化国资国企改革，国有资产质量效益不断提高，所有者权益从 40 亿元发展到 77 亿元。深化教育综合改革，整体推进考试招生制度改革，素质教育水平稳步提升。推进公立医院改革，试点医药分开，落实医师多点执业，建成四大医联体并实现区域全覆盖。农村改革取得新成果。深入实施"新三起来"工程，农村集体经济产权制度改革基本完成，集体林权制度改革主体任务全面完成，扎实推进农村土地承包经营权确权登记颁证。探索农村闲宅利用开发模式，佛子庄第三空间、周口店黄山店试点村建设成效显著。新型农业经营主体和服务体系不断完善，创建示范合作社 60 个。推行村集体经济事项权力清单，开展农业水价综合改革试点，建立农村集体资产委托监管制度。累计建成一事一议财政奖补项目 225 个，20 万农民直接受益。

各位代表，五年来，法治政府和服务型政府建设也取得了新进展。狠抓作风建设。坚决贯彻执行中央八项规定、市委十五条意见，扎实开展党的群众路线教育实践活动、"三严三实"专题教育和"两学一做"学习教育，突出强化"四个意识"，严守政治纪律和政治规矩，着力强化思想保障、作风保障，为政府履职筑牢了根基、增添了动力。加强制度建设。全面推进政府法律顾问制度，落实宪法宣誓制度，在政府管理服务规范化透明化、政府投资项目资金管理、财政支出绩效考评、重大事项向区政府报告、行政应诉等方面，出台了一系列实施意见，政府权力运行进一步规范。开展政府绩效管理，建立"督考合一"机制，加强效能监察、审计监督和行政问责，抓落实的制度进一步健全。拓展政府信息公开、政务公开内容和范围，确保权力在阳光下运行。强化队伍建设。积极组织实施公务员培训，注重考核激励，着力提高行政效率和执行力。加强政府临聘人员管理，持续优化队伍结构。坚定不移推进党风廉政建设和反腐败斗争，持续保持惩治腐败的高压态势，查处各类违纪违法案件 513 件，处理 367 人。自觉接受各方监督。认真执行区人大及其常委会的决议和决定，自觉接受人大法律监督和工作监督、政协民主监督、社会舆论监督，落实重大事项报告制度，主动邀请区人大、区政协领导列席政府常务会议。加大议案提案办理力度，共办理人大代表议案、建议 551 件，办理政协提案 700 件。

回顾过去五年，是房山确立生态立区、走可持续发展道路、城乡环境面貌持续改善的五年；是深化结构调整、走创新驱动发展道路、综合实力稳步提升的五年；是保障改善民生、社会事业全面进步、人民得到更多实惠的五年。五年的成就来之不易，这是市委、市政府和房山区委坚强领导的结果，是全区人民团结奋斗、社会各界关心支持的结果。在这里，我代表七届区政府，向全区人民，向人大代表、政协委员，向各民主党派、各人民团体和各界人士，向驻区中央、市属企业和部队，向所有关心支持房山建设的朋友们，致以崇高的敬意和衷心的感谢！

回顾过去五年，深切体会到做好政府工作。一是必须始终坚持在大局中谋思路、找定位，坚决把思想和行动统一到中央、市委市政府和区委的决策部署上来，在落实首都城市战略定位中谋求自身发展，深化功能定位，才能推动经济社会步入转型发展的良性轨道。二是必须始终坚持在改革创新中破瓶颈、解难题，把创新摆在发展全局的核心位置，以更加开放的姿态直面机遇挑战，更加注重顶层设计，坚定不移走生态立区、创新驱动内涵式发展道路，才能真正实现科学发展。三是必须始终坚持在共享上找差距、补短板，以增进人民福祉为己任，把以人民为中心、促进人的全面发展作为全部工作的出发点、落脚点，织密织牢民生保障网，更好地发挥人民群众主体作用，才能共同把房山建设好、发展好、管理好。四是必须始终坚持在作风上讲实干、重实效，切实增强政治意识、大局意识、核心意识、看齐意识，持续发扬"三敢"精神，始终以饱满热情和昂扬斗志投身到"一区一城"新房山建设中来，才能不断开创经济社会发展新局面。

回顾过去五年，清醒地认识到房山发展中存在的问题、困难和挑战。一是经济总量不足的问题依然突出，财力水平与刚性支出需求不相适应，需要加快培育新的经济增长点；二是产业转型升级处于关键期，科技、金融、文化等产业支撑作用还不够强，新旧动能转换需要进一步加大力度；三是城乡环境质量总体水平不高，环境污染、交通拥堵以及违法违规建设等问题较为突出，城市规划建设管理的思路标准手段有待改进，特别是在城市精细化管理上还需要下更大力气；四是城乡统筹发展的力度还不够大，城镇、平原、山区之间发展不协调、特色不突出的问题依然存在，开展精准扶贫、促进城乡劳动力充分就业等方面还有大量的工作要做；五是优质公共服务资源的供给承接不足，与快速推进的城镇化进程、人民群众对美好生活的新期待不相适应；六是政府职能转变还不够到位，自身建设需进一步加强，在办事效率、工作作风等方面需加大整肃力度，把握宏观形势、推动科学发展、促进合作发展以及做好群众工作的能力需进一步提升。

今后五年主要工作

未来五年是首都率先全面建成小康社会、加快建设国际一流和谐宜居之都的决胜阶段，是《京津冀协同发展规划纲要》确定的重要节点时期，更是房山实现转型发展的关键阶段。站在新的历史起点上，区第八次党代会客观总结了过去五年房山取得的发展成就，深刻分析了面临的机遇挑战，明确了今后五年工作的指导思想、奋斗目标和重大任务，美好蓝图已经绘就。

未来五年，我们要按照区第八次党代会的要求，牢牢把握用好京津冀协同发展战略实施这一重大历史机遇，加快融入京津冀、对接京津冀，吸引高端人才、高端要素加速聚集，保障"内承外联"作用充分发挥，全力推动京保石发展轴桥头堡建设迈上新台阶；要紧紧围绕首都城市战略定位落实这一重大历史任务，充分发挥首都全国科技创新中心、房山国家新型城镇化综合试点和国家生态保护与建设示范区政策优势，突出抓好生态立区、创新驱动战略实施，加快退低端、引高端、优环境、补短板，全力推动生态宜居示范区和中关村南部创新城建设再上新水平；要积极依托国家和市级重大项目加速向首都南部地区布局这一重大契机，加快谋划构建临空经济，完善以交通为主的公共基础设施，着力提升配套服务功能，突出抓好环首都国家森林公园、永定河生态廊道等重点工程，再筑发展新优势，加速释放发展新动能；要切实聚焦增进民生福祉这一根本出发点、落脚点，解决好群众最关心、最直接、最现实的利益问题，突出抓好精准扶贫、山区转型以及公共服务资源供给不足等热点难点问题，让广大人民群众拥有更多获得感、幸福感、安全感，在迈向小康的征程中共同阔步前进；同时还要清醒看到前进道路上的重重风险挑战，进一步坚定信念信心，瞄准房山发展的前进方向和战略选择，着力提升推动转型发展的能力水平，以坚强党性、科学态度、务实作风保障宏伟蓝图加快变为美好现实。

未来五年，八届区政府工作的总体思路是：全面贯彻落实党的十八大和十八届三中、四中、五中、六中全会精神，深入贯彻落实习近平总书记系列重要讲话精神，不忘初心、继续前进，牢固树立五大发展理念，全面融入京津冀协同发展大局，落实首都城市战略定位，坚持生态为基、转型为要、整治为先、创新为源、惠民为本，全面加快产业转型、城市转型、社会转型，推进"一区一城"新房山建设，奋力打造京保石发展轴桥头堡，圆满完成"十三五"规划各项任务目标，为首都建设国际一流的和谐宜居之都贡献力量。

未来五年，八届区政府要围绕生态宜居示范区全域推进、中关村南部创新城加速崛起、京保石发展轴地位凸显、人民生活水平显著提升，抓好以下工作：

全面实施生态环境建设。坚持把生态作为立区之基，始终在生态保护与安全前提下谋发展。坚决打赢大气污染治理攻坚战，平原地区实现无煤化，重污染天数大幅度减少，PM$_{2.5}$浓度下降到市级要求。加大水污染治理力度，全面消除黑臭水体，污水处理及再生水利用体系逐步完善，污水处理率达到85%，全区跨界断面水质综合达标率达到市下达目标，建成节水型社会。大力倡导绿色低碳发展，严格落实北京市新增产业禁止和限制目录，细化负面清单，坚决杜绝高能耗、高水耗、高污染产业项目落地，万元 GDP 能耗和二氧化碳排放降幅达到市级要求，万元 GDP 水耗下降 15%以上。推进国家生态保护与建设示范区建设，全力打造森林城市，全区森林覆盖率达到32%，林木绿化率

达到 60.5%。坚持生态修复和景观提升并举，建成青龙湖森林公园二期、琉璃河湿地公园等一批环首都大公园，山水林田园生态空间布局更加优化，全力打造首都西南生态屏障。

加快实现转型升级。坚持以经济建设为中心，始终将转型发展作为第一要务，奋力在产业转型、城市转型、社会转型上求突破。以构建高精尖经济结构为方向，加快产业转型。积极承接中心城区外溢的高端科技资源、优质产业资源和公共服务资源，打造一批高端产业集群，确保 GDP 年均增速保持在 7%左右，一般公共预算收入年均增长 7%左右，到 2020 年实现 GDP 和城乡居民人均收入比 2010 年翻一番，服务业比重达到 50%左右。以提升生态宜居水平为方向，加快城市转型。初步形成三大城市组团、特色小镇、新型农村社区、生态村落为支撑的城镇体系，探索形成国家新型城镇化综合试点经验，建成 6 个以上特色小镇，实施 19 个棚户区改造项目，户籍人口城市化率达到 63%以上，常住人口规模控制在 130 万人以内。以加强和创新社会治理为方向，加快社会转型。深化社会主义核心价值体系建设，实现城市管理网、社会服务网、社会治安网等一体化运行，"一刻钟社区服务圈"实现全覆盖，基层自治和服务能力明显增强，法治政府基本建立，全区社会保持和谐稳定。

大力开展环境综合整治。坚持把环境综合整治作为先手棋，打赢攻坚战，在规范有序的城乡环境中促提升。以绿、美、净、畅、智为方向，形成"整治—管护—巩固"的环境建设模式。抓好城乡绿化建设，重点打造一批城市公园，强化绿色生态廊道绿不断线、景不断链，完成绿道建设 200 公里，人均公共绿地面积达到 15.7 平方米。加强城乡美化工作，巩固重要通道环境整治成果，开

展老旧小区、街巷胡同等重点区域环境建设，规范交通秩序、环境秩序、经营秩序、旅游秩序，推进环境薄弱村庄整治，实现环境面貌大改观、景观建设上水平。贯彻循环发展理念，建成循环经济产业园和建筑垃圾资源化处理项目，生活垃圾分类率达到30%，生活垃圾无害化处理率达到市级要求。加快智慧城市建设，信息基础设施更加完善，在城市安全、交通、水、电、热等领域的应用更加广泛，智慧文化、智慧社区、智慧教育等工作取得新的进展。

全面推进创新发展。坚持把改革创新作为动力之源，通过激发集聚各类高端要素促进发展提质增效。突出问题导向，靠敢于担当、改革创新来解决突出问题，注重扬长避短，变劣势为优势，加快完成腾笼换鸟、错位发展。全力推动科技创新，着眼于中关村功能全覆盖，推动功能区转型升级，着力打造一批高端产业集群。整合众创空间资源，优化创新创业生态，全区创新发展能力显著提高，全社会研发投入占GDP比重达到3%左右，国家高新技术企业达到260家以上，专利申请量达到2500件。大力推动金融创新，加快北京基金小镇和互联网金融安全产业园建设，打造国家级金融创新示范区，到2020年，北京基金小镇引进机构超过500家、管理资产总规模超过万亿，互联网金融安全产业园达到百家企业、百亿产值的规模。促进文化创新发展，充分挖掘房山历史文化资源潜力，引导开发具有房山特色的文化产品，培育一批具有核心竞争力的文创企业。全面深化制度创新，加快形成有利于创新发展的市场环境、投融资体制、产权制度、人才培养引进使用机制。深入推进简政放权、优化政务环境、提高政府效能，充分发挥市场在资源配置中的决定性作用。

全力保障改善民生。发展经济的根本目的是更好地保障改善民生，要牢牢抓住以人民为中心这个根本，采取针对性更强、覆盖面更大、作用更直接、效果更明显的举措，集中力量搞好基础性民生建设。坚持抓重点、抓关键、抓薄弱环节，把促进低收入村、低收入户增收工作作为重中之重，精准施策、分类指导，确保35个低收入村、1.28万户低收入户全部按时间节点消除，困难群众生活得到有效保障，城乡居民人均可支配收入增速保持7%以上。实施更加积极的就业政策，每年促进城乡劳动力就业1万人以上。完善覆盖城乡的社会保障体系，确保五项城镇职工社会保险参保人数增长率达到5%，城乡居民养老保险和基本医疗参保率达到98%以上。坚持教育优先发展，加快引进优质教育资源，全面提升幼小中高职教育水平。深入推进健康房山建设，引进2家以上部属、市属综合或专科医院，提高基层医疗机构服务能力，逐步构建布局合理、分工协作的医疗服务体系和分级诊疗就医格局，不断提高群众幸福指数。

2017年工作建议

2017年全区经济社会发展主要预期目标是：地区生产总值同比增长7%左右，一般公共预算收入增长7%左右，城乡居民人均可支配收入增长7%以上，城镇登记失业率控制在4%以内，全社会固定资产投资完成500亿元以上，PM$_{2.5}$年均浓度65微克／立方米左右。

为实现上述目标，全力抓好以下八个方面工作：

一、大力推进生态建设，持续改善城乡环境

高标准打造国家生态保护与建设示范区，加快建设山水共济、城景相融、宜人宜居的美丽新房山。

扩大生态容量。着力建设覆盖全区的

生态网络，实施京津风沙源治理、太行山绿化等工程，完成造林 3 万亩，启动南水北调绿道建设，落实好永定河生态廊道建设任务。推进三、四阶段中小河道治理，抓好生态小流域和大石河水环境综合治理项目。建成青龙湖森林公园、琉璃河湿地公园，加快建设长沟湿地公园，启动霞云岭国家森林公园建设。

打造美丽城乡。加大城市绿地建设力度，完成 15 万平方米代征绿地及 1 万平方米小微绿地建设，实施 6 万平方米绿地提升改造，提高公园绿地 500 米服务半径覆盖率。推进景观农业、休闲农业、会展农业建设，新建 5 条登山步道，创建绿色房山生态品牌。加强农业面源污染治理，减少化学肥料和农药使用，打造安全美丽田园。

保护生态环境。以决战的姿态，采取超常规措施，坚决打赢大气污染治理歼灭战。继续推进减煤换煤工作，完成煤改电、煤改气 110 个村、7.9 万户，改造燃煤锅炉 2670 蒸吨，2016 年采暖季内要完成项目的手续办理，充分利用好非采暖季黄金施工期，确保实现平原地区无煤化。推动大货车整治常态化，强化机动车尾气执法检查，提高新能源车使用比例。加强扬尘污染治理，强化大气治理监管，做好重污染天气应对。加强河湖水系治理管护，基本消除 8 段黑臭水体，施行流域行政区域跨界断面经济补偿制度，与大气污染治理工作共同列入乡镇街道年度绩效考核。

二、大力推进协同发展，加快提升区域竞争力

要以更高站位、更宽视野抓协同、促协同，提速京保石发展轴桥头堡建设。

积极承接优质资源。依托各大产业功能区，以科技、金融、文化、现代服务业等领域为重点，大力引进首都核心区疏解外溢的高端产业。以三大城市组团为载体，吸引更多优质公共服务资源入区，力争新引入 1 所至 2 所三甲医院，加快武警总医院建设。通过名校办分校、城乡教育一体化等方式积极承接市级优质的教育资源，落实好北京工商大学整体搬迁工作，推进高教园区向科教产业基地转变。

推动重点领域联动发展。发挥中关村南部创新城辐射带动作用，加强与协作地区对接，推动成果转化基地、产业园区和研发基地见成效。加快区域交通一体化步伐，抓好京良路西段、丰良路、108 国道三期、良常路南延和胜南路项目，争取启动与新机场联络线、城际铁路房山至大兴段。深化生态保护与修复领域合作，加强大气污染联防联治和水环境联合治理，开展环首都国家公园联合建设试点，实施拒马河环境整治和生态修复。以十渡等自然沟域为节点，协同推进多地间跨区域的沟域景观廊道建设。

强化人口规模管控。以严控流动人口为重点，实行"双调控、双考核"工作机制，发挥好清退疏解低端、城市综合治理对人口的调控作用，增强人口动态监测和预警预判能力，落实户籍制度改革措施，坚决完成市政府下达的人口调控目标。积极与西城等中心城区对接，高标准开展承接规划的编制与实施，启动安置地块拆迁，同步跟进基础设施和公共服务设施配套，实现对接房源 1 万套，打造首都人口疏解示范区。把人才作为促进地区发展的第一资源，加快高端人才引进，完善企业、院校和人才合作交流平台，通过政策引导、项目合作、机构聘任、自主创业等方式促进高端人才汇聚房山。

三、大力推进创新发展，加快构建高精尖经济结构

着眼于中关村功能全覆盖，持续提升创新发展的动力活力。

打造产业发展新引擎。深度对接中关村核心区高端资源，抓好科技研发、成果转化、创业孵化、产业示范、支撑服务等方面合作，加快形成以企业为主体、市场为导向、产学研用相结合的技术创新体系。着力强化自主创新能力，依托中关村新兴产业前沿技术研究院，新引进一批技术前瞻性强、团队影响力大的项目，打造创新策源地。优化创新创业生态，加强对领军企业和潜力企业的精准服务，组织创新资源和众创空间对接，鼓励和发展创新型孵化器。

构建绿色产业新支撑。加快构建首都绿色金融新区，北京基金小镇金融机构力争达到 300 家，推动财富管理产品良性发展，培育基金管理人和资产管理公司，引领基金业健康发展。启动互联网金融安全产业园二期工程，打造"园区＋"产业生态服务体系，为企业提供孵化、人才、法律等全方位服务。加快长阳 05 街区规划审批，启动长阳科技园二期建设，拓展绿色产业承载新空间。

完善现代产业新体系。抢抓《中国制造2025》北京行动纲要政策机遇，培育发展高端智能装备、新材料、新一代信息技术、现代交通等新技术、新产品、新业态、新模式，抓好长安汽车调整升级改造等项目。落实加快生产性服务业发展实施意见，大力发展科技、信息、商务服务等产业。落实提高生活性服务业品质行动计划，积极发展养老健康、文化旅游等服务业。做好房地产市场监管、销售和服务工作，保持平稳健康发展态势。发挥中国房山世界地质公园品牌效应，推进十渡国际旅游度假区建设，提高旅游公共服务水平，发展"全域旅游"。抓好农业生态谷重点项目，创建 30 个区级以上生态休闲农业园区。加快山区转型步伐，推动葡萄酒产业持续健康发展。

四、大力推进新型城镇化，统筹城乡协调发展

落实国家新型城镇化综合试点各项任务，形成一批可复制、可推广的经验。

加强规划统筹。发扬"工匠精神"，提高规划的前瞻性、预见性、科学性，充分融合借鉴开放式街区、海绵城市、园林城市等理念，全面提升城市规划水平。突出规划引领，挖掘独特文化元素，构建城市规划建设管理的"统一坐标系"。强化规划管控，制定差异化"三区"管控政策，探索建立生态用地储备制度，统筹研究腾退工业用地转型方案，优化调整燕山地区空间规划。抓好规划落实，制定工矿产业用地调整规划，吸引社会资本发展养老、休闲旅游、生态公园等绿色产业，供应经营性用地 70 公顷。

抓好城镇建设。坚持整体推进和重点突破相结合，进一步优化城镇布局体系。滚动落实棚改计划，抓好 4 个在建项目，新启动长阳 06、07 街区及琉璃河中心区项目，夯实 8 个储备项目前期工作，同步推进土地整治和上市地块交易。深化与大企业合作模式，用好集体土地试点政策，突出抓好 6 个特色小镇建设，探索农民长期受益机制。抓好城乡结合部改造，推进西潞街道"北五村"项目。

提升城市承载力。确保轨道交通燕房线投入运营，启动周口店支线项目。推进昊天大街等市政道路建设，实施长阳、窑店客运站和大学城公交场站项目。加大公共自行车投放力度，建设一批人行步道，推动慢行系统回归城市。综合治理城市易积水点，消除城市内涝隐患。落实好全市新一轮污水处理设施建设三年行动计划，新建、改造9座污水处理厂。建成南水北调良乡水厂，提升城市供水保障能力。继续实施一批电力改造工程，实现京能涿州热电厂向良乡、拱

辰、窦店、琉璃河等重点镇域供热。启动城关南大街地下人防工程。

加快农村发展。新打造一批美丽乡村，科学引导农村住宅和居民点建设，强化乡村建筑风貌和特色民俗，完成 1 万户农宅抗震节能改造。推动城市服务管理向农村延伸，完成 10 个村社区化建设，聘请高水平公司进行整体设计，加快农村"三站两中心"建设。建立城乡统筹的垃圾处理体系，建成循环经济产业园和建筑垃圾资源化项目，提升垃圾处理水平。实施农村基础设施"六网"改造提升工程，优先做好农村污水处理、供暖和电网改造。推进液化气送气下乡，新增天然气用户 2.2 万户。探索采取减量提质、空间挪移方式，加大山区人口搬迁力度，做好阎村、青龙湖项目二批迁移人员安置，良乡安置房竣工 10 万平方米、开工 14 万平方米。

五、大力推进环境综合整治，提高城市精细化管理水平

以实现城乡环境明显改观、管理水平明显提高、服务能力明显增强、城乡文明程度明显提升为目标，以"疏解整治促提升"十大专项行动为载体，全面开展城乡环境综合整治，在全区推行环境建设标准化，全面治理"大城市病"。要通过疏解腾退空间减少人口、补齐短板、提升功能，通过综合整治消除安全隐患，通过开展专项行动全区上下形成合力，提高工作成效，营造全社会关注环境、共建美好家园的浓厚氛围。

以清退拓展城市空间。实施"散乱污"企业和无证无照企业清理专项行动，突出抓好青龙湖镇、琉璃河镇、良乡镇、周口店镇4 个重点区域、17 个重点行政村"散乱污"企业清理任务，确保退出企业关停到位、转型到位。严格执行北京市新增产业禁限目录，确保禁限项目"零准入"。实施地下空间管控和群租房治理专项行动，加大腾退疏

解力度，保障城市运行安全。

以建设增添城市亮点。实施重点区域整治专项行动，围绕城镇核心区、产业园区、旅游景区、交通廊道抓改造提升，加强景观设计美化，增设道路照明、景观照明等设施，选取西潞大街作为试点打造标准化示范街。创建环境优美社区，开展"百村整治"，确保每个乡镇街道建成一条达标大街、五个达标村庄或社区。实施老旧小区改造、棚户区改造专项行动，完善配套设施，做好建筑外立面色彩规范和屋顶楼面整治，开展城市街面和服务设施清洗粉饰。

以规范祛除城市污点。开展背街小巷整治专项行动，规范街面环境秩序，实现无积存垃圾、无乱堆物料、无违章搭建、无破损设施。开展批零市场专项治理行动，规范经营秩序，重点对集贸市场、家具建材市场环境卫生脏乱、周边摆摊设点、交通秩序混乱进行整治，规范广告牌匾、噪音污染和店外经营行为。要加大力度规范交通秩序，打击非法营运，整治乱停乱放，倡导文明出行。规范旅游秩序，重点治理黑车、黑导游、黑旅游点等损害群众利益的违法违规行为。

以执法打击城市乱点。加强土地执法，开展拆除违法建设专项行动，实施三大组团拆违攻坚战，年内拆除违法建设345 万平方米，坚决遏制新增违法建设，严防反弹回潮。加强道路运输执法，从严查处道路遗撒、垃圾违规运输及乱倾倒等行为。加强对露天烧烤、露天焚烧和秸秆焚烧执法，完善常态化治理模式。强化联合执法，加强对"五小企业、六小场所"整治，切实解决茶炉大灶、经营性小煤炉、餐饮油烟、小广告等群众反映强烈的问题。

以信息化构建智慧房山。搭建"1+4+1"总体架构，即打造智慧城市大脑——绿色云创中心，建设电子政务、信息惠民、城市治

理、信息经济四大应用体系，搭建一个安全保障体系。完善网格化平台，推进"多网"融合发展。打造社会治安立体防控体系，探索"民营资本+公共投入+政府购买服务+保险理赔托底"治理新模式，在西潞、拱辰、长阳等地区试点打造智慧平安社区。推进高教园区国家智慧城市试点建设，启动长阳智慧城市二期和城市综合管理服务系统。抓好重点公共场所免费 Wi-Fi 覆盖，推广"北京通"。

六、大力推进各项改革，激发市场活力和社会创造力

落实全市供给侧结构性改革实施方案，坚持问题导向，聚焦重点领域、关键环节，破除体制机制障碍，不断增强转型发展内生动力。

深化行政审批制度改革。深入推进"放管服"改革，落实市级取消和下放行政审批事项的承接衔接工作，简化优化部门内部审批流程。不断拓展权责清单编制领域，提高"双随机一公开"监管覆盖面。深化商事制度改革，推进"多证合一""一照一码"。完善"互联网+政务服务"模式，推动区综合行政服务中心审批和服务数据与部门共享，健全投资项目在线审批监管平台。

深入推进经济领域重点改革。深化投融资体制改革，探索建立合理投资回报机制，引导社会资本扩大投资。深化国资国企改革，加快建立现代企业制度，积极稳妥发展混合所有制经济，推动国有资本有序进退、合理流动。加大对中小微企业扶持力度，支持非公经济发展。深化预算管理制度改革，加强政府债务风险防控。发挥统计预警监测评价作用，为区政府科学决策提供坚强保障。

深化农村改革发展。落实好中央关于农村土地"三权分置"要求，深入开展农村土地承包经营权确权登记颁证，逐步建立土地承包管理信息系统，探索建立土地经营权流转市场，发展多种形式的适度规模经营，完善农业转移人口市民化成本分担机制。总结推广山区乡镇农村闲宅利用开发模式，健全农村资源进入市场流通机制，多种形式提高集体资产经营效益，鼓励和支持社会资本投入农村发展。

拓展公共领域政府和社会资本合作。借鉴 PPP 模式成功经验，力争在水务、园林、文化等方面实现新突破。以中高考改革为导向，深入推进教育教学综合改革，探索教育集团化、学区化、区域教育联盟体发展模式，实现资源有效整合与共享。推进公立医院综合改革，加大社会资本办医力度，加快构建多元化办医格局。

七、大力推进社会建设，着力保障改善民生

坚持共享发展理念，积极回应群众关切，精准施策补齐短板，努力提高人民群众幸福指数。

推动文化事业繁荣发展。大力培育和践行社会主义核心价值观，创新发展新型市民文明教育体系。健全公共文化服务体系，推进区博物馆、区电影文化中心项目。广泛开展群众文体活动，倡导发展冬季冰雪运动，举办好北京长走大会等品牌文化活动。以对历史负责、对人民负责的态度，高度重视并抓好历史文化遗产和非物质文化遗产保护利用。加强文物保护规划编制，实施一批文物保护修缮工程，深入挖掘文物资源的价值内涵，加强博物馆馆藏资源开发，扩大引导文化消费，培育新型文化业态。打造文物旅游品牌，培育体验旅游、传统村落休闲旅游线路。充分发挥历史文化底蕴深厚的优势，引导社会资本参与文化资源合理开发，打造文化创意品牌，启动琉璃河大遗址公园建设，做好南窖乡水峪村、南窖村等历史文化名村的保护开发工作。

积极做好就业工作。在精准扶贫上聚光对焦，逐村逐户找准"穷根"，建立区级项目库，设立专项保障资金，建立连心共建和社会众筹帮扶机制，打好组合拳，将"七个一批"帮扶政策落到实处。要强化部门协同，集成政策资金，推动民族村经济加快发展。完善就业政策体系，促进城乡劳动力实现就业1.2万人以上。健全创业带动就业扶持政策，引导大学生自主创业。强化市场需求大的通用技能培训，完善职业培训"五单联动"机制。规范人力资源市场，促进城乡公共就业服务均等化发展。

扎实做好社会保障工作。推进社会保险标准化先行城市建设，深化机关事业单位养老保险制度改革，整合城乡居民医疗保险，妥善处置好转居安置人员社保工作，不断提高各项社会保险待遇水平。加快建设区级养老服务管理中心、养老照料中心和养老驿站，建成区社会福利中心，老年餐车覆盖30个社区。设立区级应急救助资金，健全困境儿童分类保障制度。完善残疾人服务体系，提升无障碍设施建设管理水平。做好住房保障工作，竣工各类保障性住房4500套。

促进教育卫生事业发展。办好人民满意的教育，加快长阳西站5号地配套教育设施建设，扩建北师大燕化附中，完成北理工附属中学建设，多种方式增加学位供给。完善终身学习体系，推进学习型房山建设。提升医疗卫生服务水平，加快区第一医院改制和中医院新建，建成良乡医院外科综合楼。继续完善区域医联体，提高药品供应流通安全保障，优化妇幼保健和计划生育服务工作。

全力维护社会和谐稳定。建设区域性社区综合服务中心，培育扶持社会组织，推进社工人才队伍建设。严格落实安全生产责任制，促进安全生产隐患排查体系与信息化深度融合，构建安全生产一个中心、两个平台、一张图、一张网工作格局。强化食品药品安全监管，防止重大食品药品安全事故发生。提升统筹协调和应急处置水平，提高市民防灾减灾能力。推进军地融合发展，巩固军政军民团结。做好民族宗教工作，维护民族团结。落实信访工作责任制，完善社会矛盾多元调解体系，有效排查化解社会矛盾纠纷。提高反恐防恐能力，依法打击违法犯罪活动，全力做好党的十九大等重大活动安保维稳工作。

八、大力推进依法行政、从严治政，进一步加强政府自身建设

全面落实从严治党新要求，切实做到忠诚、干净、担当，努力使政府各项工作更加符合发展的需要和群众的期待。

强化对党忠诚。深入贯彻落实党的十八届六中全会精神，切实增强政治意识、大局意识、核心意识、看齐意识，更加自觉地在思想上政治上行动上同以习近平同志为核心的党中央保持高度一致，坚定不移地推动中央、市委市政府和区委决策部署落地生根。坚持以党的建设统领政府自身建设，全面加强和规范政府系统党内政治生活，营造风清气正的政治生态。政府系统全体党员特别是领导干部，要坚持以身作则，坚定理想信念，遵守党章党规，严守政治纪律和政治规矩。

推进依法行政。依法接受区人大及其常委会的监督，坚决落实各项决议、决定并定期报告工作，自觉接受区政协民主监督，进一步提高人大代表议案、建议和政协委员提案办理质量。完善行政执法和监督体系，健全行政问责机制，严格落实执法责任。严格履行"三重一大"事项法定程序，推行法律顾问、新型智库等制度，促进科学民主决策。抓好政务公开和政府信息公开，进一步畅通社会监督渠道。深入开展"七五"普法，创

新法制教育宣传方式，切实增强全社会、特别是公职人员的法制观念和法制意识。

大力转变作风。严格落实权责清单制度，推动各级各部门全面履行职责。完善"大督查"工作格局，健全政府绩效管理体系，加强绩效考核，确保重大决策部署落实到位。加强公务员队伍建设，巩固"两学一做"学习教育成果，不断提高全体人员政治素质和业务能力，以优良党风政风保障各项工作稳步推进。坚持有责必问、问责必严，严肃整治不作为、乱作为等问题，加大通报、曝光违纪违规行为力度，督促激励全体人员作风持续转变，始终以奋发有为的精神状态尽责履职。

坚持廉洁从政。严守《关于新形势下党内政治生活的若干准则》《中国共产党党内监督条例》等制度规定，遵守政治纪律、组织纪律、廉洁纪律、群众纪律、工作纪律、生活纪律，始终以底线思维敬畏纪律，守住底线防微杜渐。坚定不移推进党风廉政建设和反腐败斗争，认真落实"一岗双责"，深化廉政风险防控，严格执行廉洁自律准则和纪律处分条例。强化行政监察和审计监督，推进公共资金、国有资产、国有资源、领导干部经济责任审计全覆盖。坚持有腐必反、有贪必肃，无禁区、全覆盖、零容忍，切实做到干部清正、政府清廉、政治清明。

各位代表，实干成就过去，奋斗开创未来。让我们在市委、市政府和区委的坚强领导下，解放思想、开拓创新，攻坚克难、真抓实干，加快建设"一区一城"新房山，打造京保石发展轴桥头堡，为首都建设国际一流的和谐宜居之都做出更大的贡献，以优异的成绩迎接党的十九大胜利召开！

中国人民政治协商会议北京市房山区第七届委员会常务委员会工作报告

——2016年12月19日在政协北京市房山区第八届委员会第一次会议上

房山区政协主席 唐淑荣

各位委员：

我受中国人民政治协商会议北京市房山区第七届委员会常务委员会委托，向大会报告工作。请予审议。

一、过去五年的工作回顾

政协房山区第七届委员会任期的五年，是房山区圆满完成"十二五"规划，实现"十三五"良好开局，经济社会发展取得瞩目成就的五年，也是人民政协与时俱进、改革创新，履职能力不断增强、影响力不断提升的五年。五年来，七届区政协在习近平总书记系列重要讲话精神指引下，在中共房山区委的正确领导下，主动适应时代发展新要求和人民群众新期待，坚持履职为民，围绕中心，服务大局，发挥协商民主的重要渠道和专门协商机构作用，积极履行政治协商、民主监督、参政议政职能，为全区经济发展、民生改善、社会进步做出了贡献，谱写了人民政协事业的新篇章。

（一）积极探索、不断践行，协商民主建设稳步推进

中共十八大以来，中央出台了关于加强人民政协协商民主建设的实施意见，明确提出：人民政协是协商民主的重要渠道和专门

协商机构。2016年，区委召开第五次政协工作会议，出台了《关于进一步加强政协协商民主建设的实施意见》。面对新要求，七届区政协提出了"协商民主有突破"的工作目标，开拓进取，扎实工作，使政协协商民主建设逐步走上了制度化、规范化和程序化的轨道。

一是建立了年度协商工作机制。在不断健全完善政协全会、常委会、主席会协商的基础上，认真落实区委决策部署，积极推动协商民主建设，形成了制定、落实区政协年度协商的工作机制。区委将制定和实施政协协商年度计划列入常委会工作要点。区政协每年底，向各参加单位和各界委员征集下一年度在区政协开展的重大协商议题。政协党组研究拟订协商年度工作计划草案并报区委审议决定，并以区委文件形式下发全区贯彻落实，政协研究制订实施方案，明确主体、严格责任、划定时限，确保协商工作落到实处。

二是把协商民主贯穿履职全过程。坚持程序规范化，按照"区委想什么，就调研什么、议什么；政府干什么，就视察什么、帮什么；百姓需要什么，就关注什么、提什么"的原则，把握协商主题的准确性、连贯性、前瞻性。在实践中，每位主席至少牵头1个重点协商议题，确定调研课题，组织常委、委员和各民主党派、政协参加单位开展重点调研视察活动，形成186篇调研视察成果，提出800多条意见建议，分别转化为大会发言、提案、协商议政交流材料，为区委、区政府科学决策提供了重要参考。

三是协商议政成果显著。坚持协商议题和协商形式相匹配的原则。五年来，区政协常委会围绕确定的"十三五"规划编制、京津冀协同发展、房山新城规划建设、棚户区改造、推进经济薄弱村发展和促进低收入农户增收、大气污染和环境治理等重点协商议题，采取常委会专题协商、主席会恳谈协商、专委会对口协商、界别视察协商等形式，举办16次专题协商议政会，150多名委员倾心建言，使全区各界的思想统一到区委决策部署上来，为推动新转型、新发展凝聚了强大合力，取得了政协搭台、委员唱戏、政府倾听、互动交流、商以求同的良好效果。特别是尝试了协商议政和政府听取意见相结合的方式，由区政协主导，与区政府共同组织召开了"十三五"规划编制协商议政会，围绕"十三五"时期的区域功能定位、产业发展、生态环境建设、民生事业发展等重大问题，成立课题组、开展"我为房山区'十三五'规划编制献一策"活动，形成一批高质量建言成果，提出意见建议160多条，为区委最终确定建设生态宜居示范区和中关村南部创新城的功能定位，以及打造京保石发展轴桥头堡的奋斗目标提供了决策参考。

（二）敢于担当、服务大局，全力助推区域发展

七届区政协积极搭建履职平台，不断创新方式，形成了房山政协履职特色，为推动区域经济社会发展，发挥了不可替代的作用。

一是助力京津冀协同发展。常委会认真贯彻习近平总书记视察北京重要讲话精神和京津冀协同发展战略，提出了举办京津冀六区市县协同发展研讨会的倡议，天津北辰、河北涿州、涞水、易县、涞源五区市县政协积极响应、热情参与。分别以"携手新起点，助力一体化""拒马同源——建设母亲河、扮靓母亲河""秉持新理念、引领新发展——推进产城融合、促进新型城镇化建设"为主题，成功举办三届研讨会并取得丰硕成果。在筹备期间，坚持"论与行"相结合，聘请40多名专家学者，围绕产业发展、生态建设、交通网络建设、旅游资源开发等

课题深入调研，撰写论文 27 篇。组织经济界委员、青年企业家到相关市县学习考察；开展百名诗书画家拒马河采风活动，拍摄了"拒马同源"电视专题片。在研讨交流期间，三省市政协领导、专家学者、各界政协委员同台参与，各区市县党政主要领导主旨发言，签署了协同共建京西南生态示范核心区框架协议和友好乡镇协议。由房山区政协提议，拒马河沿岸五区市县政协主席共同签署的"关于加强京冀合作，推动拒马河绿色水岸经济带建设"的联合建议案，被全国政协和市政协立案。国家水利部会同北京市、河北省专题研究部署提案涉及的有关"建立拒马河流域管委会、恢复全水域畅流、建立林业科学布局体系、对流域旅游资源通盘规划"等 4 个问题，并以水利部文件形式报送国务院办公厅、全国政协提案委、北京市政府、河北省政府，全力推进相关工作落实。此举对打造生态宜居示范区和推动京津冀协同发展产生了深远影响。

二是助推山区转型。五年来，七届区政协聚焦山区转型发展，以"十百千"工程为抓手，持续开展了以"调研献计进山区、产业发展助山区、公益活动惠山区"为主题的政协委员山区行活动，成为区政协的品牌。各界政协委员和各民主党派、人民团体联牵 12 个山区村，进村入户了解群众所需所求，帮助联牵村制定发展规划，牵线搭桥引资金、上项目，为经济薄弱村发展注入了生机。在推进山区建设上，促成了蒲洼森水村隧道修缮工程立项施工；帮助建设了周口店云峰寺村"百亩杏林观光采摘园"、协助规划建设了周口店中草药文化小镇，帮助霞云岭下石堡村市级扶贫助残基地、南窖"参山药谷"等项目，有效促进了农民增收。在公益活动惠山区上，各界政协委员和政协参加单位，积极为山区发展捐款捐物，持续开展送医、送药、送文化下乡活动，联牵建立了京郊第一家心理卫生咨询服务站，为残疾人捐赠 200 辆轮椅，受益群众达 15000 人次，彰显了政协的影响力，展示了委员的良好形象。

三是深度参与重点功能区建设。坚持把深度参与重点功能区建设作为履职的重要内容。五年来，在区委的领导和政府的支持下，政协领导协调有关部门合力攻关，破解难题，助推重点功能区发展。先后组织各界委员参观视察重点功能区 20 余次，参加委员 200 多人次，建言 100 多条。目前，北京高端制造业基地优美的环境和"高精尖"产业群，已经成为建设中关村南部创新城的重要载体。中国房山世界地质公园良好的生态环境和在国内外的美誉度，全票通过再评估，并荣获联合国教科文组织颁发的最佳实践奖，成为带动区域转型发展的重要引擎，为建设生态宜居示范区奠定了坚实的基础。

四是带头疏解低端产业。聚焦区委退低端、引高端的战略举措，组织委员开展了系列履职活动。召开推进全面清退疏解低端产业座谈会，工商联界别委员发出倡议，号召全体政协委员在落实《京津冀协同发展规划纲要》中，切实发挥表率作用，主动参与全面清退疏解低端产业行动，为房山融入京津冀协同发展大局、抢占发展先机做贡献。各界委员带头行动，主动瘦身健体、主动解疑释惑、主动视察监督，发挥了很好的示范作用，展现出了委员的政治意识、大局意识，进一步增强了社会各界对政协委员的认可度。

五是积极参与抗洪救灾重建家园。2012 年，北京遭遇了"7•21"特大自然灾害，房山成为重灾区。各界委员以强烈的政治责任感和使命感，与全区人民风雨同舟、共渡难关。委员们不等不靠，积极自救；在救援抢险的第一线，委员们挺身而出、舍己为人；在灾后重建现场，委员们忘我工作、日夜奋战；在受灾群众急需援助的关键时刻，委员们大爱无疆、真情奉献，以实际行动释放传递了巨大的正能量，展现了新时期政协委员的风采。据统计，全区各界委员以个人名义通过区政协向灾区捐款捐物达 1600 余万元，对灾区恢复生产、重建家园做出了积极贡献。

（三）创新形式、拓宽渠道，民主监督职能得到有效落实

民主监督是我国社会主义监督体系的重要组成部分。七届区政协坚持把民主监督与服务发展相结合，创新形式，拓宽渠道，做到在民主监督中服务发展，在服务发展中强化民主监督。

一是创新机制，不断提升提案工作水平。把提案工作作为民主监督的重要形式。以推动区委、区政府决策部署顺利实施为重点，面向社会征集提案线索，编发《提案参考题目》，五年来，各界委员共提交提案 786 件，立案 685 件。建立提案协商办理机制，搭建提案者、承办单位、提案委员会三方协商平台，集中开展协商办理，促进提案工作落到实处。区委将提案办理工作列入年度重点考核指标，区政府将提案交办列入年度工作日程。坚持主席、副主席督办提案机制，组织委员与提案落实责任单位协商沟通，共同研究解决提案办理过程中遇到的困难和问题，使《关于加快山区转型发展》《关于加强湿地保护》等 35 件重点提案得到较好办理。坚持对跨年度重点提案跟踪办理，巩固扩大提案办理成果。与相关部门及山区乡镇召开联席会议，连续多年督办《关于发挥资源优势，打造养蜂富民产业的建议》，使全区养蜂产业在经受"7·21"重创后重现生机，收到一条提案推动一项产业、带动一方农民增收的良好效果。

二是积极实践民主评议政府重点工作。2013 年把民主评议区民政工作确定为民主监督重点，坚持客观公正、严格程序、真诚沟通的原则，围绕低保精细化管理、社会福利事业、退役士兵安置等专项工作，对区政府民政工作进行民主评议。经过深入调查研讨，提出了破解全区民政工作发展瓶颈的对策建议，引起区委、区政府的高度重视，区委领导专门做出批示，要求有关部门专题研究相关建议的落实，有效推动了全区民政事业发展。

三是积极发挥监督员作用。围绕区委、区政府中心工作，积极创新民主监督的形式和内容，全力推进重点工作、重大工程、民生事业发展。强化特邀监督员作用，对区政府职能部门贯彻落实党和国家的方针政策、法律法规情况开展民主监督。五年来，各界委员对全区生态文明建设、"一区一城"新房山建设情况进行了持续监督，以考察、座谈等形式开展监督活动 240 余次，参与委员 800 多人次。各界委员利用社情民意信息参与民主监督活动。五年来，提交各类社情民意信息 386 条，经过梳理归纳，把反映较为集中的问题及时反馈给有关部门，促成了一批民生问题的解决。

（四）协调关系、凝聚力量，促进全区社会和谐稳定

高举爱国主义和社会主义两面旗帜，坚持团结民主两大主题，努力营造履行职能的和谐氛围，促进了和谐房山建设。

一是为促进社会和谐凝聚力量。政协领导通过走访、慰问，征求各民主党派、人民团体的意见建议，就区政协年度工作安排、自身建设等问题进行讨论协商。加强与"归侨、侨眷、台胞、台属"界委员和少数民族宗教界委员的联系，营造了团结民主的浓厚氛围。利用委员在基层的影响力，积极主动

做好新形势下的群众工作，为全区经济社会发展营造了和谐稳定的社会环境。

二是为服务房山发展牵线搭桥。发挥委员联系广泛的优势，区政协领导牵头引进区外优质资源，为房山经济社会发展服务。联牵故宫博物院为贾公祠文博图书馆捐赠珍贵书籍一万余册；与同仁堂集团合作持续开展"革命老区光明行"活动，义务筛查白内障病情，为153名患者免费实施复明手术。邀请市政协有关部门和兄弟区县政协来房山考察交流，宣传推介房山的人文环境优势和改革发展成就，扩大了房山的影响。

三是为委员交流沟通创造条件。创新委员联络方式，届初制定并实施了政协领导、专委会主任联系委员制度，届中推出了《主席联系常委、常委联系委员、委员联系群众的"三联系"意见》。2014年年底开始探索打破界别、按片组织活动的形式，广泛倾听委员心声、把握委员思想动态、了解委员需求、共同探讨破解热点问题，各界委员在广泛交流中增进了共识，形成了合力。建立了政协委员之家，开设了国学、摄影、太极拳等培训班，寓联络沟通于兴趣培养之中。注重文史宣传工作，面向委员和社会各界征集中华人民共和国成立后房山史料，编辑出版了《房山文史资料全编·乙集》（上、下卷）、《首都文史精粹房山卷》和《房山文史资料》第26辑至第30辑，有效发挥了存史资政、团结育人的作用；历时两年多时间，编纂了《房山政协志》，系统总结了房山政协建立35年来的发展历程以及取得的成就。

（五）强化职能、提升素质，服务管理水平不断提升

五年来，七届区政协和各界委员共建政协大家庭。主动适应新形势新要求，创新委员服务方式，积极搭建各党派团体平等协商、通力协作的议政平台，为各界委员发挥主体作用提供了保障。

一是创新委员学习培训方式。在坚持新委员入职培训、全国"两会"会议精神辅导等常规学习培训的同时，着重抓好中共十八大和十八届各次全会，以及习近平总书记系列重要讲话精神以及中央《关于加强政协协商民主建设的实施意见》的学习贯彻，及时举办培训班，联系实际开展交流研讨，使委员的政治意识、大局意识、核心意识、看齐意识不断增强，筑牢了共同的思想政治基础。

二是创新委员管理方式。出台了《加强政协委员队伍建设的规定》，规范委员履职行为。弘扬正能量，坚持每年评选优秀调研成果和提案，在房山电视台、房山报等媒体开设委员风采专栏，宣传了40多名政协委员。突出新媒体服务功能，建立了全新的政协官网，开通了微博、微信，增加了网络互动和网上办公功能。各界委员积极发挥在本职工作中的带头作用、政协工作中的主体作用、界别群众中的代表作用，涌现出了一批在协商议政会上敢建议、在撰写提案上善建言、在公益事业上献爱心的委员典型。五年来，各界委员为全区公益事业捐款捐物折合人民币达2816万余元。有26名区政协委员获得区级以上劳动模范、北京榜样、先进工作者、先进个人等荣誉称号，成为各界委员的优秀代表和政协符号。

三是创新政协机关服务职能。突出专委会的服务职能，与区政府对口部门建立联席会议制度，增强了落实区委、区政府中心工作的合力，扩大了专委会的影响。重视专委会组织建设，不断完善专委会职能，调整充实专委会组成人员，有效发挥了专委会在政协履职中的重要作用。强化政协机关建设。以打造"团结、和谐，求实、创新"的政协机关为目标，深入开展党的群众路线教育实践、"三严三实"和"两学一做"等主题教

育活动，积极创建服务型机关、学习型机关，有效提高了机关效能和服务水平。

各位委员，七届区政协取得的成绩，是中共房山区委正确领导和区人大、区政府及全社会大力支持的结果，是区政协各参加单位、全体委员和机关全体同志团结奋斗的结果。在此，我代表政协房山区第七届委员会常务委员会，向为区政协工作付出辛勤努力的全体委员和各民主党派、人民团体、各族各界人士致以崇高的敬意！向长期以来关心、重视和支持政协工作的中共房山区委、区人大、区政府和社会各界表示衷心的感谢！

各位委员：回顾五年工作，七届区政协在开拓中前进，在创新中发展，成绩有目共睹，经验弥足珍贵。

我们深切体会到区委的坚强领导、区政府的大力支持是政协履行职能的根本保证。中共房山区委始终把发挥好人民政协的作用，作为提高执政能力的重要内容，政治上加强领导，制度上不断完善，条件上充分保障。区委召开的第五次政协工作会，出台了关于进一步加强政协协商民主制度建设的实施意见；明确各乡镇联系政协领导、设立政协联络室；增加了政协机关人员编制，为政协开展工作创造了良好的条件。区政府及各职能部门大力支持区政协履行职能，积极协助政协开展各项活动，认真落实政协建议案和提案。七届区政协常委会自觉接受中共房山区委的领导，主动争取区政府的支持，推动了政协事业的不断发展。

我们深切体会到围绕中心、服务大局是政协履行职能的重要使命。新时期，党和人民赋予了政协更加繁重的任务，只有围绕中心，服务大局，勇于担当，才能不负历史重任。七届区政协主动将各项工作融入全区的发展大局之中，选准切入点，在深度参与"一区一城"新房山建设、助推京津冀协同发展

的实践中，有效发挥了协商民主重要渠道和专门机构的作用，建真言、献良策、出实力，使政协在助推全区发展中提升了地位，扩大了影响。

我们深切体会到积极探索、不断创新是政协履行职能的不竭动力。七届区政协围绕推进区委、区政府中心工作，创新工作思路、拓展工作渠道、改进工作方式，创造性地开展一系列主题实践活动，形成了"京津冀六区市县协同发展研讨""政协委员山区行"等房山政协品牌。把助推发展与展示形象结合起来，使各民主党派、人民团体和政协委员的作用得到了有效发挥，政协工作呈现出蓬勃生机。

我们深切体会到统一思想、凝心聚力是政协履行职能的内在要求。只有坚持团结民主两大主题，才能更好地凝心聚力。七届区政协坚持把团结民主两大主题贯穿履职的全过程，有效发挥各民主党派、人民团体和政协委员的优势，最广泛地联系、团结各界人士、各族群众，着力营造畅所欲言、关系融洽、环境宽松的良好氛围，聚集了各方面优秀人才，形成了推进区域经济社会发展的强大合力。

我们深切体会到发挥委员主体作用是政协履行职能的重要基础。七届区政协积极搭建平台，在继承各届政协经验和成果的基础上，从制度创新入手，为委员履行政治协商、民主监督、参政议政职能创造条件、提供服务，激励委员立足本职岗位履行职责，建功立业，有效调动了委员建言发展、献智出力的积极性、主动性和创造性，使政协工作保持了旺盛的生命力。

在肯定成绩的同时，我们也清醒地认识到，对照新形势新任务的要求，七届区政协的工作仍然存在着一些差距和不足：主要是探索创新履职路径，增强科学履职的能力还

有待进一步提升；发挥各界别、各党派的合力作用，形成政协组织的整体优势还有待进一步加强；科学合理服务委员的措施、办法还有待进一步完善。

二、对今后五年的工作建议

各位委员：今后五年，是我国坚定不移地走中国特色社会主义道路、实现"两个一百年"奋斗目标和中华民族伟大复兴中国梦的重要时期，是北京深入落实"四个中心"城市战略定位、加快建设国际一流和谐宜居之都的关键阶段，也是房山全面贯彻京津冀协同发展战略、不断深化"一区一城"新房山建设、实现转型发展的关键时期。新的形势和任务，为政协工作创造了新机遇、开辟了新空间，也提出了新的更高要求。新一届政协要牢牢把握团结民主两大主题，紧密地团结在以习近平同志为核心的党中央周围，在中共房山区委的坚强领导下，按照思想政治建设取得新成效、协商民主实现新发展、科学履职谋求新作为、团结和谐展现新面貌、自身建设开创新局面的"五新"要求，发挥优势、开拓进取，为实现区八次党代会提出的任务目标贡献出智慧和力量。

（一）统一思想、增进共识，在加强思想政治建设上取得新成效

全区各界政协委员，要把学习贯彻党的十八大、十八届历次全会，特别是十八届六中全会和习近平总书记系列重要讲话精神作为一项首要政治任务，坚持以上率下、务求实效，通过专题讲座、研讨交流等形式，不断将学习活动引向深入。要从政协党组做起、从政协领导干部做起，提高政治站位，增进政治认同，牢固树立政治意识、大局意识、核心意识、看齐意识，更加坚定地维护以习近平同志为核心的党中央权威，更加自觉地在思想上政治上行动上同以习近平同志为核心的党中央保持高度一致。要坚持运用理论来分析判断形势，自觉在"一区一城"新房山建设的大局上来思考问题、找准位置、推动工作，把委员的思想和行动统一到区八次党代会的精神上来，把委员的智慧和力量凝聚到"一区一城"新房山建设的目标上来，始终与区委同心同向、同频共振。要从区域发展实际出发，通过理论思考与实践创新，努力把握发展规律，突出问题导向，建真言、谋良策、出实招。要珍惜政治荣誉，把"今天你以政协为荣，明天政协以你为荣"和"一届政协委员、一生政协情怀"，认同于心，外化于行，牢记委员使命，敢于责任担当，自觉保持良好形象，努力做到爱政协、懂政协、会协商、善议政。

（二）积极实践、大胆创新，在推进协商民主上实现新发展

聚焦新定位，助力新房山。认真贯彻落实中央和市区委关于加强人民政协协商民主建设的实施意见，充分发挥人民政协作为协商民主重要渠道和专门协商机构的作用，不断拓展协商内容、丰富协商形式、规范协商程序、提高协商成效。要广泛开展协商活动，围绕区八次党代会提出的"七大任务"，开展专题协商、界别协商、提案办理协商，推动协商更加广泛多层扎实展开。要推动政协协商民主更加规范有序，在加强与区委、区政府中心工作衔接的同时，认真谋划协商议题的提出、协商活动的组织筹备和实施，不断提升协商民主的整体工作水平。要搭建好协商参与平台，认真吸收借鉴协商民主的成熟经验和有效做法，坚持完善议政性主席会、议政性常委会、协商恳谈会等会议制度，建立协商成果办理报送和反馈机制，努力形成宽领域、多层次、常态化的协商工作格局，使协商民主达到区委重视、政府支持、政协搭台、各方配合、社会关注的良好效果。

（三）围绕中心、服务大局，在科学履职上谋求新作为

中共房山区第八次党代会的胜利召开，赋予了八届政协光荣使命。我们要紧紧围绕区八次党代会确定的生态宜居示范区和中关村南部创新城的功能定位，落实协同发展、生态立区、创新驱动、城乡统筹、文化强区、深化改革、民生共享等"七大任务"，突出优势，科学履职，与全区人民一道，为全面建设"一区一城"新房山、打造京保石发展轴桥头堡的宏伟目标而努力奋斗。要坚持创新、协调、绿色、开放、共享发展理念，始终把助推"一区一城"新房山建设作为政协履职的第一要务，针对"十三五"规划重点任务的落实，综合运用视察调研等形式，努力提出综合性、全局性、前瞻性的意见和建议。要继续在京津冀协同发展中发挥政协独特优势。一方面，要巩固深化六区市县研讨会成果，深入推进相关建议、合作意向的转化落实；另一方面，要围绕推进京津冀协同发展中存在的实际问题，组织专家学者和各界委员，广泛深入开展调研视察活动，努力以合作新成果推动地区协同新发展。要增强民主监督意识，积极落实监督责任，健全监督机制，深入全区发展一线、改革关键环节摸情况、盯重点，认真负责地提出批评性、建设性的意见和建议，推动相关工作的改进，切实做到民主监督有计划、有载体、有成效。

（四）高举旗帜、践行主题，在促进团结和谐上展现新面貌

人民政协是大团结大联合的爱国统一战线组织。要紧扣团结民主两大主题，充分发挥政协代表性强、联系面广、包容性大的优势，积极加强与社会各界的沟通联系，在全区各界群众中广泛宣传党的理论和路线方针政策，广泛宣传市区委的决策部署，特别是区八次党代会精神，扎实做好解疑释惑、协调关系、化解矛盾、凝聚人心的工作，寻求最大公约数，增进最大共识度，形成最大凝聚力，努力促进政党关系、民族关系、宗教关系、阶层关系的和谐。区政协作为区委、区政府联系群众的桥梁与纽带，要牢固树立"人民政协为人民"的工作理念，在思想上尊重群众，行动上深入群众，紧紧抓住群众生产生活中的实际问题，积极协助区委、区政府多建顺民意的真言、多做解民忧的好事、多办得民心的实事，让全区群众共享改革发展成果，促进全区社会和谐稳定。

（五）强本固基、提升能力，在加强自身建设上开创新局面

加强人民政协自身建设，事关政协事业长远发展，是一项非常重要的基础性工作。要加强政协班子自身建设，坚持讲政治、顾大局、守纪律，努力做政治坚定、能力过硬、作风优良、奋发有为的领导集体。政协党组要进一步增强从严治党意识，以党章为根本遵循，以严的要求、严的标准、严的措施，严明政治纪律，严守政治规矩，切实担负起管党治党的主体责任。要加强政协委员队伍建设，认真组织委员的学习培训，着力提高四方面能力：坚定理想信念、提高政治把握能力；树立问题导向、提高调查研究能力；突出履职为民、提高联系群众能力；坚持民主协商、提高合作共事能力。要积极搭建献计出力和服务管理两大平台，委员能够知情明政、认真履职，能够自我约束、自我发展，真正发挥本职工作中的带头作用、政协工作中的主体作用和界别群众中的代表作用，切实使自身充满归属感、责任感和荣誉感。要努力搭建联系服务高端人才的平台，深入高端企业开展座谈走访、调研视察等活动，帮助协调解决高端人才发展中的问题，营造敬才爱才聚才的大环境。积极引导高端人才为

区域发展建言献策，带动全区创新创业，切实在转型发展中发挥引领作用。要大力加强学习型、服务型机关建设，努力造就一支政治坚定、业务熟练、作风扎实、严守纪律的干部队伍，切实担负起新一届政协履行职能的各项工作。要充分发挥专委会的基础作用，加强与党政对口部门的沟通协调，加强与各党派团体的合作交流，努力形成优势互补、成果共享的工作态势。要积极推进政协工作的制度化、规范化建设，完善相关配套制度，细化履职的内容程序，明确具体可行、相互衔接的操作规范，为更好履职奠定基础。

各位委员，宏伟的蓝图已经绘就，前进的号角已经吹响。让我们紧密地团结在以习近平同志为核心的党中央周围，在中共房山区委的坚强领导下，坚定信心、同心同德、扎实工作，为全面建设"一区一城"新房山做出新的更大的贡献！

大事记

1 月

1 月 5 日，区检察院受理房山公安分局移送审查起诉的代替考试罪一案，此案为《中华人民共和国刑法修正案（九）》实施以来北京市代替考试罪第一案。

5 日至 7 日，区政协七届五次会议在昊天假日酒店召开。

6 日至 9 日，房山区第七届人民代表大会第五次会议在韩村河山庄会议中心召开。

6 日，房山区"十三五"规划纲要通过区人代会审议。

7 日，河北镇中心卫生院获 2014—2015 年度国家级"群众满意的乡镇卫生院"称号。北京仅有 4 家。

2 月

2 日，全市首家乡愁馆在韩村河镇龙门生态园开馆。

23 日，中共北京市房山区七届纪律检查委员会第五次全体会议在房山区会议中心召开。

3 月

18 日，中国国家原子能机构与美国能源部共同建设的核安保示范中心投入运行，该中心位于长阳科技园。

3 月，窦店镇党委副书记、窦店村党委书记仉锁忠荣登中国好人榜"敬业奉献好人"榜首。

4 月

12 日，由国家新闻出版广电总局和北京市人民政府主办的"2016 书香中国·北京阅读季"启动仪式在良乡体育中心举行。

4 月起，房山区在各级党组织和广大党员中开展"两学一做"学习教育。

5 月

4 日，共青团北京市房山区第七次代表大会在房山区会议中心召开。

7 日，2016 春季北京国际长走大会暨第二十二届房山旅游文化节在长沟镇举行开幕式，1.8 万余名长走爱好者参与长走。

19日，区科协第四次代表大会召开。大会选举中国工程院院士、北京工商大学校长孙宝国为区科协主席，聘请中国科学院院士王乃彦、中国工程院院士俞梦孙、中国科学院院士江雷、中石化首席顾问华炜教授为区科协名誉主席。

30日，房山区法院93名司法改革后首批入额法官身着法袍举行宪法宣誓仪式。

6月

1日，全国人大常委会副委员长、民建中央主席陈昌智到房山区视察。

15日，区委、区政府印发《北京市房山区服务企业发展体制机制改革实施方案》。

19日，2016年北京党史宣传月启动仪式在房山区霞云岭乡堂上村举行。

23日，房山区新增4件北京市著名商标：韩建河山管业股份有限公司的"图形"商标、"燕都中原"食品商标、"首诚"植物饮料商标、"京一根"食品商标。

28日，房山公安分局举行执法办案管理中心揭牌仪式。

6月，房山区第十届村民委员会选举工作完成。

7月

8日，北京市中关村南部（房山）科技创新城企业发展服务中心挂牌成立。

8日至8月3日，房山区第十一届全民健身运动会在良乡体育中心举行。

9日，中国致公党北京市房山区支部委员会换届大会在房山区会议中心举行。

11日，中共北京市房山区委七届九次全体（扩大）会议在区会议中心召开。

13日，市委副书记、市长王安顺到房山区调研产业转型升级和生态文明建设情况。

7月上旬至9月上旬，区委成立2个巡察组开展首轮巡察工作。发现14大类404项问题，13个问题线索移交区纪委。

8月

29日，大石窝石雕艺术学校校长刘鹏作品《太师椅》获2016年第二届全国石雕石刻设计大赛特邀金奖。

8月，区纪委设立派驻纪检组17个，覆盖75家党政机关和事业单位，实现党政机关派驻机构全覆盖。

8月，窦店镇河口村（翠林花海辣椒）在农业部公布第六批全国一村一品示范村镇认定名单中，获全国一村一品示范村称号。

9月

13日，房山教育大厦启用。

25日，2016年中国·房山世界地质公园京津冀山地越野挑战赛在张坊镇凯步锐石户外运动基地开赛。

27日至30日，在联合国教科文组织的世界地质公园大会上，中国房山世界地质公园获2016年度联合国教科文组织世界地质公园最佳实践奖。这是联合国教科文组织首次设立该奖项。

29日，北京创新谷科技孵化器有限公司的"创新谷"获批国家级众创空间，是房山区企业运营的第一家国字号众创空间，纳入国家级科技企业孵化器管理服务体系。

10月

10日至12日，由比利时布鲁塞尔酒类大奖赛组委会、北京国际酒类交易所、北京市房山区人民政府主办的 2016 "BRWSC" 国际葡萄酒大赛在北京市房山区青龙湖镇国际葡萄酒博览园举办。全球 130 家酒庄、79 个葡萄酒产区、500 余款葡萄酒参展。

14 日，全市首家纳税人权益保护中心成立。

10 月，经住建部、国家发改委、财政部共同认定，北京基金小镇入选首批中国特色小镇，是其中唯一以构筑基金业生态圈为建设目标的中国特色小镇。

10 月，经国家发改委批准，房山区被列为国家农村产业融合发展试点。

10 月，周口店镇黄山店村、蒲洼乡东村获"北京最美的乡村"称号。

11 月

9 日，北京（房山）历史文化旅游集聚区发展促进中心更名为房山区文化创意产业促进中心，隶属关系由北京（房山）历史文化旅游集聚区规划建设管理办公室所属调整为房山区委宣传部所属。

21 日，《房山区"十三五"时期推动京津冀协同发展规划》正式印发。

24 日，北京市委副书记、市长蔡奇一行到北京基金小镇调研。

截至 11 月 26 日，房山区 20 个乡镇完成党委、政府换届工作，选举产生新一届乡镇党委班子成员 220 人，政府班子成员 110 人，人大主席 20 人。

30 日，中央环境保护督察组督察北京市工作房山区动员会召开。

11 月，房山区被农业部评为"全国休闲农业与乡村旅游示范县"。

11 月，房山区中粮智慧农场、莱恩堡酒庄获农业部"全国五星级休闲农业园区"称号。

12 月

3 日，房山区工商业联合会第十一次代表大会在房山区会议中心召开。

7 日至 9 日，中国共产党北京市房山区第八次代表大会在区会议中心召开。会议选举产生中共房山区第八届委员会委员 40 名、第八届委员会候补委员 8 名、第八届纪律检查委员会委员 29 名。

9 日，区纪委八届一次全会在房山区会议中心召开。全会选举中国共产党北京市房山区第八届纪律检查委员会常务委员会委员 29 名，中国共产党北京市房山区第八届纪律检查委员会书记、副书记。

9 日，南窖乡南窖村、蒲洼乡宝水村被住建部、文化部、国家文物局、财政部、国土资源部、农业部、国家旅游局列入第四批中国传统村落名录。

18 日至 21 日，区政协八届一次会议在吴天假日酒店召开。选举赵佳琛为八届区政协主席，吕守军、赵永祥、谢宝元、刘琼、王擎为副主席，王文洪为秘书长，并选举 45 名常务委员。

19 日至 23 日，房山区第八届人民代表大会第一次会议在区会议中心召开。会议依法选举房山区第八届人大常委会主任、副主任、委员，房山区人民政府区长、副区长，房山区人民法院院长，人民检察院检察长。

23 日，长阳镇"京投港·长阳"开业。

30 日，区法院为审结的首批国家司法救助案件申请人发放司法救助金 10 余万元。

31 日，区群众文化活动中心试运行。

2016 年，完成房山区第十届村民委员会选举工作。

2016 年，区纪委做好 20 个乡镇纪委换届的组织协调、人选初核、提名考察等工作，选优配强乡镇纪检干部队伍。

2016 年，全区调整退出污染企业 47 家；全区范围内工业燃煤等高污染燃料锅炉清洁能源改造完成 882.2 蒸吨；清理整治"散、乱、污"企业 1091 家；累计完成 4 个镇村产业集聚区的整治工作。

2016 年，房山区 PM$_{2.5}$ 累计浓度为 83 微克/立方米，同比下降 13.5%（降幅居全市第 4 位），大气污染防治各项措施成效显著。

概　　况

2016 年房山区概况

2016 年年末，全区常住人口 109.6 万人，比 2015 年增加 5 万人。其中，常住外来人口 28 万人，比 2015 年增加 0.6 万人，占常住人口的 26%。全区户籍人口 81.3 万人。全区出生人口 13997 人；出生率 17.22‰，比 2015 年年末提高 8.93 个千分点。死亡人口 4498 人；死亡率 5.53‰，比 2015 年年末提高 0.04 个千分点。自然增长率 11.69‰，比 2015 年年末提高 8.89 个千分点。

全区地区生产总值（GDP）实现 592.9 亿元，剔除价格因素影响，比 2015 年增长 6.7%。其中，第一产业增加值 13.7 亿元，下降 5.3%；第二产业增加值 333.7 亿元，增长 6.2%；第三产业增加值 245.5 亿元，增长 8.3%。

全区财政收入 93.7 亿元，比 2015 年下降 14.3%。其中，一般公共预算收入 53.7 亿元，比 2015 年增长 7.1%。一般公共预算收入中，增值税 14.4 亿元，增长 1.2 倍；营业税 6.2 亿元，下降 57.2%；企业所得税 6.3 亿元，增长 66.5%；土地增值税 3.5 亿元，增长 2.4%。全区财政支出 298 亿元，比 2015 年增长 17.9%。其中，一般公共预算支出 224.2 亿元，增长 22.1%。

全区各项税收 235.7 亿元，比 2015 年下降 2.9%，其中，房山地区 137.6 亿元，比 2015 年增长 25.1%；燕山地区实现 98.2 亿元，比 2015 年下降 26.1%。

全区农林牧渔业总产值 38.2 亿元，比 2015 年下降 5.1%。其中，农业产值 18.0 亿元，增长 4.1%；林业产值 5.4 亿元，下降 20.2%；牧业产值 12.6 亿元，下降 10.1%；渔业产值 0.7 亿元，增长 4.6%；农林牧渔服务业产值 1.3 亿元，增长 0.5%。粮食播种面积 16.1 万亩，比 2015 年减少 2.4 万亩，下降 13%；粮食产量 5.6 万吨，下降 9.7%。全区农业观光园 97 个，比 2015 年减少 13 个。

全区规模以上工业总产值 751.2 亿元，比 2015 年下降 9.8%。全区规模以上工业主营业务收入 783.5 亿元，下降 9.5%。全区规模以上工业利润总额 23.6 亿元。

北京石化新材料科技产业基地完成投资 13.8 亿元，实现规模以上工业总产值

509.7 亿元。北京高端制造业基地完成投资 12.3 亿元,实现产值 203.3 亿元。2016 年年末,2 个市级开发区共有入区企业 95 家,比 2015 年年末下降 2.1%。实现技工贸总收入 32.9 亿元,比 2015 年下降 10.6%。其中,良乡经济开发区年末有入区企业 84 家,与上年持平;实现技工贸总收入 24.5 亿元,比 2015 年下降 2.3%。

全区建筑业总产值 349.5 亿元,比 2015 年增长 0.9%;房屋施工面积 3642.8 万平方米,下降 0.1%;房屋竣工面积 690.4 万平方米,增长 20.5%。其中,区属建筑业总产值 110.1 亿元,下降 0.4%;房屋施工面积 617.2 万平方米,下降 28.8%;房屋竣工面积 239.9 万平方米,增长 11.1%。

全区全社会固定资产投资 536.9 亿元,比 2015 年增长 0.9%。其中,基础设施投资 125.3 亿元,增长 15.2%。按城乡分,城镇投资 386.9 亿元,下降 1%;农村投资 150 亿元,增长 5.9%。按行业分,农、林、牧、渔业投资 10.1 亿元,下降 12.3%;工业 54.4 亿元,增长 4.5%;批发和零售业 0.3 亿元,下降 53%;住宿和餐饮业 0.5 亿元,下降 78.9%;交通运输、仓储和邮政业 31.8 亿元,下降 0.6%;房地产业 341 亿元,下降 4.8%。

全区房地产开发投资 259.6 亿元,比 2015 年下降 3.6%。商品房销售面积 180.5 万平方米,增长 8.9%;商品房销售额 371.3 亿元,增长 45.1%。

全区社会消费品零售总额 248.5 亿元,比 2015 年增长 8%。进出口总额实现 6.8 亿美元。实际利用外资 4074 万美元,比 2015 年增长 13.8 倍。年末"三资"企业达到 584 家。

全区有 A 级及以上旅游区(点)22 家,接待人数 355 万人次,比 2015 年下降 1.7%;营业收入实现 1.5 亿元,下降 2.9%。星级饭店 18 家。

全区金融机构人民币各项存款余额 1416.9 亿元,比 2015 年增长 9.9%;城乡居民储蓄余额达到 749.4 亿元,增长 9.5%;全区金融机构各项贷款余额 343.7 亿元,增长 0.5%。

全区文化创意产业收入 45.8 亿元,比 2015 年增长 47.5%;利润总额 1 亿元,增长 1.3 倍。全区现代服务业收入 428.9 亿元;利润总额 40.3 亿元。

全区公路里程 2955.2 公里。邮政业务总额 1.3 亿元,订销报纸及杂志 15.6 万份,出口函件 786.9 万件,特快专递 7.6 万件。

全区违反治安管理案件 1.3 万起,查处 12872 起。发生交通事故 19646 起,造成直接财产损失 154.4 万元。发生火灾 226 起,造成直接经济损失 206.6 万元。

全区居民人均可支配收入 33322 元,比 2015 年增长 8.7%;城镇居民人均可支配收入 39486 元,比 2015 年增长 8.7%;农村居民人均可支配收入 20849 元,增长 8.8%。全区居民人均消费支出 21918 元,增长 9.8%;城镇居民人均消费支出 25105 元,增长 10.4%;农村居民人均消费支出 15470 元,增长 8.2%。全区百户居民拥有计算机 92 台,其中接入互联网 85 台;百户城镇居民拥有计算机 97 台;百户农村居民拥有计算机 82 台。

城镇登记失业人员实现就业 9660 人,促进 6665 名农村劳动力向二三产业转移就业。城镇登记失业率为 3.57%。全区参加基本养老保险、基本医疗保险人数分别为 27.1 万人和 38.2 万人。参加失业、工伤、生育保险人数分别为 26.4 万人、24 万人和 23 万人。全区享受城乡低保 7865 人。其中,享受农村低保 6203 人。全区收养性单位 47 家,投入使用床位 7323 张。社区服务中心 11 个。

全区有中等教育学校 55 所,拥有在校

生 3.7 万人。其中，普通高中在校生 0.9 万人，初中在校生 1.6 万人；中等职业学校 8 所，在校生 1.3 万人。小学 108 所，在校生 4.9 万人。幼儿园 112 所，在园幼儿 2.7 万人。高考录取率达到 97.94%。

全区确立并实施科技计划项目 115 项，其中列入国家级科技计划项目 1 项，市级科技计划项目 63 项，区级科技计划项目 51 项。全区技术合同成交额 3.3 亿元；专利申请量 2367 件，授权量 943 件。

全区有公共图书馆 2 个，建筑面积 0.8 万平方米，藏书 125.2 万册。区级以上重点文物保护单位 91 处。广播电台播出总时长 6570 小时，其中新闻资讯类 246 小时，专题服务类 1720 小时，综艺类 2800 小时，其他类 1804 小时。电视台播出总时长 8845 小时，其中新闻资讯类 1938 小时，专题服务类 1559 小时，综艺益智类 2431 小时，其他类 2917 小时。

全区有医疗卫生机构 961 个，比 2015 年增加 7 个；卫生技术人员 9653 人，增加 441 人；实有床位 6641 张，增加 282 张。

全区有等级运动员 272 人。参加全国体育竞赛获得金牌 2 枚。参加市级竞技比赛获得金牌 89 枚、银牌 71 枚、铜牌 76 枚。

全区全年平均降水量 845.9 毫米。总用水量 2.9 亿立方米，增长 0.7%。

大气主要污染物细颗粒物（$PM_{2.5}$）平均浓度为 83 微克／立方米，比 2015 年下降 13.7%；可吸入颗粒物（PM_{10}）平均浓度为 102 微克／立方米，比 2015 年下降 9.1%；二氧化硫平均浓度为 15 微克／立方米，比 2015 年下降 3.8%；二氧化氮平均浓度为 57 微克／立方米，比 2015 年增长 1.8%。二氧化硫、氮氧化物、化学需氧量、氨氮排放量比 2015 年分别下降 7.8%、5.1%、11.3%、14.4%。

全区完成造林面积 2992.6 公顷。人均公园绿地面积 15.17 平方米，比 2015 年减少 0.31 平方米；城市绿化覆盖率 49.1%。

全区能源消费总量为 766.6 万吨标准煤，比 2015 年下降 9.84%；万元 GDP 能耗为 1.26 吨标准煤，按可比价格计算，比 2015 年下降 15.5%。

地理环境

自然环境

房山区隶属北京市，位于北京西南。北邻门头沟区，东北与丰台区毗连，东隔永定河与大兴区相望，南部和西部分别与河北省涿州市和涞水县、易县接壤。位于北纬 39°30′—39°55′、东经 115°25′—116°15′之间。全区面积 2019 平方公里，其中山区面积 1048.81 平方公里。地势西北高，东南低，西北部为山区，东南部为冲积平原、洼地、河漫滩。由西北向东南依次为中山、低山、丘陵、岗台地和冲积平原，地貌类型复杂多样。主要山脉有百花山、大房山、大安山、上方山等，其中百花山的主峰白草畔是区内最高峰，海拔 2035 米，最低处在琉璃河镇的立教洼，海拔 26 米。房山区水系分为大清河水系和永定河水系，二级河流有永定河、拒马河，三级河流有小清河、大石河，四级河流有丁家洼河、城关东沙河、挟括河、哑叭河、刺猬河、牤牛河和周口店河。主要河流有永定河、小清河、大石河、拒马河。其中，大石河发源于境内霞云岭乡堂上村，其他 3 条均发源于境外，为过境河。

建置沿革

房山置县始于战国燕时。周初，燕国都城遗址在房山区董家林村。秦时，置良乡县。金大定年间（1161—1189 年），为守护陵寝，析良乡、范阳、宛平 3 县边地置万宁县，明昌年间（1190—1196 年），改万宁县为奉先县。元至元年间（1335—1340 年），改奉先县为房山县。尔后历明、清、民国，良乡县、房山县一直分设。中华人民共和国成立后，1958 年房山、良乡两县合并，建北京市周口店区。1960 年，周口店区更名房山县。1980 年，房山县境内建北京市燕山区。1986 年，撤燕山区、房山县，建北京市房山区，区政府驻地房山城关街道。1998 年 11 月 18 日，区政府驻地迁至良乡（今拱辰街道）。

2016年乡镇（街道）行政区划一览表

表1　　　　　　　　　　单位：个

地　区	社区居委会	村民委员会
全区	145	459
城关街道	21	22
拱辰街道	26	18
西潞街道	14	7
向阳街道	4	
东风街道	9	
迎风街道	11	
星城街道	7	
新镇街道	2	
良乡镇		16
周口店镇	5	24
琉璃河镇	5	47
阎村镇	5	22
窦店镇	8	30
石楼镇	1	12
长阳镇	20	36
河北镇	2	19
长沟镇	1	18
大石窝镇		24
张坊镇		15
十渡镇		21
青龙湖镇	2	32
韩村河镇	1	27
霞云岭乡		15
南窖乡		8
佛子庄乡		18
大安山乡	1	8
史家营乡		12
蒲洼乡		8

注：按《房山区统计用区划代码和城乡分类码（2016年版）》统计标准，2016年房山区村委会实际个数为461个，拱辰街道村委会实际个数为20个。其中，于管营村村委会和徐庄村村委会撤销，待批复居委会。

资料来源：房山区民政局

气　候

【概况】 年内，房山区平原地区平均气温较常年偏高，降水较常年偏多、日照接近常年；西部山区平均气温接近常年，降水较常年偏多、日照接近常年。全年，房山区雾和霾日数明显偏多，平原地区大风日数偏多。

（宋歌）

【气温】 年内，房山区平原地区平均气温（以房山气象站为参考站，下同）为13.0℃，比常年（12.2℃）偏高0.8℃，比2015年（13.2℃）偏低。西部山区平均气温（以霞云岭气象站为参考站，下同）为10.8℃，与常年（10.8℃）持平，比2015年（10.9℃）偏低。平原地区高温日数为6天，接近常年（5.9天）；西部山区高温日数为0天，较常年（2.6天）偏少。年度最高气温37.7℃，出现日期6月25日，年度最低气温-16.7℃，出现日期1月24日。

（宋歌）

【降水】 年内，房山区平原地区降水量（以房山气象站为参考站，下同）为845.9毫米，比常年（539.2毫米）偏多56.9%，比2015年（612.1毫米）偏多38.2%。西部山区降水量（以霞云岭气象站为参考站，下同）为819.1毫米，比常年（628毫米）偏多30.4%，比2015年（582.2毫米）偏多40.7%。年度降水日数71日。

（宋歌）

【日照】 年内，房山区平原地区（以房山气象站为参考站，下同）年日照时数为2425.9小时，接近常年值（2430.1小时）和

2015年值（2366.5小时）。西部山区（以霞云岭气象站为参考站，下同）年日照时数为2067.7小时，接近常年值（2136.5小时）和2015年值（2043.5小时）。

（宋歌）

【高影响天气】 大风 年内，平原地区大风日数偏多。平原地区（以房山气象站为参考站，下同）观测到有14天出现大风，比常年（5.8天）偏多；西部山区（以霞云岭气象站为参考站，下同）观测到有5天出现大风，比常年（8.9天）偏少。

雾 年内，平原地区出现41个雾日，比2015年（49天）偏少。西部山区出现18个雾日，比2015年（16天）偏多。

霾 年内，平原地区出现177个霾日，比2015年（101天）偏多。西部山区出现96个霾日，比2015年（60天）偏多。

初终霜 年内，平原地区无霜期为238天，比2015年（242天）偏少。西部山区无霜期为212天，比2015年（244天）偏少。

（宋歌）

【主要气候事件】 6月30日，全区自西向东出现强对流天气，并伴有冰雹和6级至8级短时大风，冰雹最大直径5厘米左右。全区平均降水量7.3毫米，最大降水量为南窖乡19.2毫米。该次强对流天气造成琉璃河镇、窦店镇、青龙湖镇、城关街道、长阳镇、良乡镇、阎村镇、周口店镇、佛子庄乡、南窖乡、史家营乡、霞云岭乡12个乡镇不同程度受灾。7月19日至20日夜间，房山区普降大暴雨、部分地区达到特大暴雨量级。全区平均降水量为270.0毫米，最大降水出现在北窖村，为441.5毫米。20日房山气象站、霞云岭气象站日降水量突破历史最大日降水量极值。

（宋歌）

【气象防灾减灾科普讲座及宣传】 3月21日，区气象局结合"直面更热、更旱、更涝的未来"的主题，在青龙湖镇水峪村开展气象科普宣传活动。3月22日，组织社区居民到区科技活动中心气象科普馆参观，在长阳体育公园开展气象科普及法制的宣传活动。5月12日，区气象局志愿者到霞云岭中心小学开展气象防灾减灾科普活动，并在阳光邑上小区开展"5·12"防灾减灾气象科普宣传，邀请北京减灾协会客座研究员阮水根在"区地质灾害群测群防员业务培训会"上授课。

（张薇）

【自动站传感器检定工作完成】 6月21日，区气象局完成房山自动站温湿度、风向风速、气压、草温、地温等传感器的检定工作。

（张薇）

【《房山区"十三五"时期气象灾害防御规划》印发】 6月30日，经房山区政府批准，《房山区"十三五"时期气象灾害防御规划》（"十三五"时期气象事业发展规划）由区气象局、区发展改革委联合印发，该规划为房山区"十三五"经济社会发展总体规划目录中一般规划。

（张薇）

中国共产党
北京市房山区委员会

综　述

2016 年，是"十三五"规划开局之年，区委领导班子立足京津冀协同发展大局，紧紧围绕新目标、新定位，以高度的思想自觉和行动自觉，凝心聚力，奋勇拼搏，全面推进经济、政治、文化、社会、生态文明和党的建设。认真贯彻民主集中制，坚持重大问题集体讨论、集体决策。全年，召开区委常委会 47 次，专题研究全区 191 个重要问题。坚持集体学习制度，结合"两学一做"学习教育和中共十八届六中全会精神，组织开展 22 次区委、区政府理论中心组集体学习，推动学习型领导班子和学习型党组织建设。坚持从实际出发，在落实京津冀协同发展战略、首都城市功能定位中抢抓机遇、找准定位，深入研究和思考新时期房山转型发展的重大问题，在第八次党代会报告中进一步明确"一区一城"功能定位和京保石发展轴桥头堡奋斗目标，提出四大目标、七大任务。

2016 年，全区呈现出经济平稳增长、民生持续改善、社会和谐稳定的良好局面。举办"一带一路"国际葡萄酒大赛等重大活动，展示房山崭新的城市形象和丰硕的转型成果。主动适应新常态，清退疏解低端产业，全面清退 4024 家上账无证无照非法类企业，关停 1091 家"散乱污"企业，淘汰 37 家工业污染企业，拆除违法建设 138.6 万平方米。依托中关村，推进重大产业项目。以北京高端制造业基地为引领，长安汽车等重大项目稳步推进，开启科技创新引领发展的新时代；以北京基金小镇为引领，金融产业全面启航，入驻基金规模超过 2400 亿元，加紧建设互联网安全金融产业园；以中央休闲购物区（CSD）为引领，快速发展现代服务业；以中国房山世界地质公园为引领，增强品牌带动效应，发展壮大旅游业；北京农业生态谷、高教园区、长阳科技园、良乡经济开发区等取得新进展，全区一二三产业加速融合、传统与新兴产业良性互动、大中小企业竞相发展的态势更加明显。紧抓被列为第二批国家新型城镇化综合试点地区重大历史机遇，全面提速长良、燕房、窦店三大城市组团建设。加快推进河北镇、城关中心区、拱辰渔儿沟、长阳黄管屯等棚改项目。长沟入选首批中国特色小镇，加快实施良乡新型城镇化示范区、张坊生态运动休闲小镇等。加快建设智慧城市步伐，网格化管理、精细化管理水平不断提高。加快建设轨道交通燕房线、南水北调巡线路等大通道，优化水电气热等市政设施，增强城市综合承载力。全面实施清洁空气行动计划，全面禁止劣质燃煤，积极推进煤改清洁能源，燃煤锅炉改造、扬尘治理等有序推进，$PM_{2.5}$ 浓度明显下降，大气污染治理取得阶段性成果。继续推进太行山绿化、京津风沙源治理、森林健康经营等重点工程，着力推进青龙湖森林公园一期、琉璃河湿地公园等建设，山区生态涵养功能进一步增强。通过百姓宣讲、微动画等形式，社会主义核心价值观深入人心，新型市民文明教育体系实现全覆盖。区群众文化活动中心投入使用，文化创意产业发展氛围日益浓厚。全面完成低收入村户建档工作，加快推进百姓增收致富工作。城镇登记失业率控制在 4%以内，就业形势总体稳定，教育水平稳步提升。全面提升区妇幼等区级医院服务能力，医疗卫生服务体系更加完善。社会保障体系不断健全，基本实现人群全覆盖。保障房建设稳步推进。妇女儿童、老龄和残疾人等事业健康发展。扎实推进平安房山、法治房山建设，社会治理水平进一步提高，完善社会面大防控格局，有效化解一批社会信访矛盾，强化反恐防暴措施，严厉打击违法犯罪活动，视频"天网"巡控不断升级，全面完成"六五"普法，安全生产形势良好，全区政治安定、社会稳定。加快推进简政放权，累计取消承接行政审批事项 109 项，全部清理非行政许可审批事项，在全市率先出台权力清单管理办法，全面实行"五证合一、一照一码"登记制度。加快推动政府购买社会服务，设立创业投资引导基金，创新利用 PPP 模式等引进社会资本。坚持以开放合作促转型，与中关村、中发展集团等合作力度进一步加大，与保定等周边地区协同发展取得新探索，有序开展对口支援、合作交流等工作。公共服务领域改革上升为市级改革试点，完成环卫、供热改革；全面启动公交改革；稳步推进水务、教育等改革；基本完成农村集体经济产权制度改革，稳妥推进农村土地确权颁证、林权制度改革。扎实推进"一部门一试点""一乡镇一试点"，全区初步形成落实顶层设计与基层探索良性互动的生动局面。

坚决落实全面从严治党要求，深入开展"两学一做"学习教育。统筹安排全区学习教育开展，认真梳理查找问题，广泛征求意见，召开民主生活会，深刻剖析根源，认真开展批评和自我批评，并针对问题所在制定相关整改措施。完成区乡村三级换届工作。召开区第八次党代会和区人代会、区政协会，完成换届工作，选出新一届区级领导班子。树立能者上、庸者让、劣者汰的用人导向，调整充实一批领导干部，优化干部队伍的整体结构。提高干部选用科学化水平，优化干部队伍结构，加强后备干部和年轻干部培养锻炼，推进干部交流挂职，把重点功能园区、重大工程项目建设作为锻炼干部、检验干部的主战场，真正把适应房山转型发展需求的好干部选出来、用起来。加强"第一书记"选派力度，完善基层党建工作经费保障机制，推进党建工作创新，深入推进实施"次序动员""连心共建"，整顿软弱涣散基层党组织，增强基层组织的创造力、凝聚力和战斗力。加强党风廉政建设，2016 年，立案 230 件，同比增长 53.33%；给予党纪政纪处分 202 人，同比增长 61.6%；责任追究 18 人违法违纪。

（张伟）

重要会议和活动

【区委常委班子"三严三实"专题民主生活会】 1 月 4 日，按照中央、市委统一部署和区委"三严三实"专题教育安排，区委常委班子召开"三严三实"专题民主生活会。会议由区委书记刘伟主持。班子成员紧扣"三严三实"主题，认真对照检查，深入开展批评和自我批评。刘伟代表区委常委班子作对照检查，梳理出 11 个方面存在的主要问题。针对查找出来的问题，常委班子从党性修养、宗旨意识、规矩意识、担当精神等方面，深刻剖析问题产生的深层次原因，有针对性地提出改进措施。刘伟带头作个人对照检查，认真听取其他人的批评意见和建议。区委常委班子成员逐一作个人对照检查，对照"三严三实"要求，深刻自我剖析。区人大常委会、区政协主要负责人列席会议。

（张伟）

【领导干部大会】 2 月 25 日，房山区召开领导干部大会，市委组织部副部长张革宣布市委决定：曾赞荣任中共北京市房山区委员会书记，刘伟不再担任房山区委员会书记、常委、委员职务。市委常委、市委组织部部长姜志刚，市人大常委会副主任刘伟，区领导曾赞荣、孙强、唐淑荣、李江等出席会议。

（张伟）

【"两学一做"学习教育】 4 月 27 日，全区"两学一做"学习教育工作会召开，会议传达中央和市委"两学一做"学习教育工作会议精神，部署房山区"两学一做"学习教育。4 月起，在全区各级党组织和广大党员中开展"两学一做"学习教育。把握"基础在学、关键在做"要求，坚持以"学党章党规、学系列讲话"为统领，教育引导广大党员把"做合格党员"落到实处。为全区党员和处级以上领导干部配发《习近平总书记系列重要讲话读本（2016 年版）》《中国共产党第十八届中央委员会第六次全体会议文件汇编》等 12 类、36 万余册学习材料，提出"联系镇村、联系企业、联系人才"等具体实践要求，开展"千名领导干部上讲台""千名支部书记讲党课"等具体活动。以基层党支部和支部书记为重点，建立学习计划、明确学习教育示范点，开展"合格党支部建设规范和合格党员行为规范大讨论"活动，以落实中组部提出的基层党建 7 项重点任务为契机，组织全区各基层党组织对照基层党建存在的突出问题抓整改，推动长期未能解决的基层组织建设基础性难题得到有效破解。

（郭珺 刘克龙）

【2016 年北京党史宣传月启动仪式在堂上村举行】 6 月 19 日，2016 年北京党史宣传月启动仪式暨"学党史、感党恩、跟党走"房山区纪念中国共产党成立 95 周年庆祝活动，在《没有共产党就没有新中国》词曲创作地——霞云岭乡堂上村党旗广场举行。活动由北京市委党史研究室主办，分上下两篇，含"星火燎原""春天赞歌""祝福祖国""走向辉煌"4 个章节。房山群众将党史上特别是北京党史上的感人事迹，以原创情景朗诵、独诵、群诵、歌曲的形式呈现给观众。全区各界党员干部学生群众代表 2500 人参加活动，共同诵读红色经典、追忆党的光辉历程、唱响红色主题。

（张伟）

【**区委七届九次全体（扩大）会议**】　8月11日，中共北京市房山区委七届九次全体（扩大）会议在区会议中心召开。会议的主要任务是深入贯彻中央城市工作会议和市委十一届十次全会、全市上半年经济形势分析会精神，总结全区上半年工作，部署下半年任务，研究做好新形势下城市工作，动员全区上下进一步主动作为、真抓实干，在建设"一区一城"新房山、打造京保石发展轴桥头堡进程中迈出坚实步伐，确保实现"十三五"良好开局。会上，区委书记曾赞荣作区委七届九次全会主题讲话，区委副书记、代区长陈清作《关于上半年经济社会发展情况和下半年工作安排的报告》，区委常委、常务副区长吴会杰作关于《中共房山区委房山区人民政府关于全面深化改革提升城市规划建设管理水平的实施意见（讨论稿）》的说明。审议通过《中国共产党北京市房山区第七届委员会第九次全体（扩大）会议决议》。

（张伟）

【**全面深化改革领导小组第五次全体（扩大）会议**】　9月9日，区委全面深化改革领导小组第五次全体（扩大）会议召开。区委书记曾赞荣，区委副书记、代区长陈清出席会议。会议传达中央、市委全面深化改革系列会议精神，分别听取经济体制改革专项小组、区域协同发展领域改革专项小组、新型城市化体制改革专项小组、民主政治和法治建设领域改革专项小组关于2016年改革任务和重大改革问题落实情况的汇报，审议《房山区2016年关于市级"8+2"改革文件落实情况的督察工作方案》。区领导赵佳琛、高云峰、吕守军、苗宗启、曹蕾、翟东、魏广勋、高维魁出席会议。

（张伟）

【**区委七届十次全体会议**】　11月22日，中共北京市房山区第七届十次全体会议召开。区委书记曾赞荣，区委副书记、代区长陈清，区人大常委会主任孙强，区政协主席唐淑荣，区委副书记、政法委书记李江等房山区第七届区委委员和候补委员出席会议。会议听取中共北京市房山区第八次代表大会筹备工作情况报告；审议通过中共北京市房山区第七届委员会工作报告（草案）；审议通过中共北京市房山区第七届纪律检查委员会工作报告（草案）。

（张伟）

【**中共北京市房山区第八次代表大会**】　12月7日至9日，中共北京市房山区第八次代表大会在区会议中心召开。大会应到代表330名，实到代表325名（闭幕323人），有关领导及单位负责人应邀列席会议。大会由区委副书记、代区长陈清主持。大会听取曾赞荣代表中共房山区第七届委员会作《不忘初心　继续前进　为全面建设"一区一城"新房山而努力奋斗》的工作报告，审议通过《中国共产党北京市房山区第八次代表大会关于中国共产党北京市房山区第七届委员会报告的决议》《中国共产党北京市房山区第八次代表大会关于中国共产党北京市房山区第七届纪律检查委员会报告的决议》。会议选举产生中共房山区第八届委员会委员40名、第八届委员会候补委员8名、第八届纪律检查委员会委员29名。

（张伟）

【**中共北京市房山区第八届委员会第一次全体会议**】　12月9日，中共北京市房山区第八届委员会第一次全体会议在区会议中心召开。会议选举于波、王明哲、刘兵、李江、吴会杰、陈清、高云峰、曹蕾、曾赞荣、魏广勋为八届区委常委，选举曾赞荣为八届区委书记，陈清、李江为区委副书记。审议通过中共北京市房山区第八届纪律检查委员会第一次全体会议选举结果的报告。

（张伟）

七届区委常委会

【第 187 次会议】　1 月 18 日，七届区委常委会第 187 次会议在区委 434 会议室召开。会议通报区人大、区政府、区政协党组民主生活会有关情况；听取房山区市人大代表议案建议和市政协委员提案有关情况；会议原则通过追授李进锁为房山区优秀共产党员，并申请北京市优秀共产党员；听取并原则通过关于召开 2015 年乡镇（街道）党（工）委书记抓基层党建工作述职评议考核会的建议方案；听取研究区纪委关于给予 1 名干部纪律处分的请示；传达学习中共中央总书记习近平在中共中央政治局"三严三实"专题民主生活会上的讲话精神、市委书记郭金龙在"学习贯彻习近平同志在中共中央政治局'三严三实'专题民主生活会上重要讲话"会议上的讲话精神和中国共产党第十八届中央纪律检查委员会第六次全体会议公报有关精神。

（张伟）

【第 189 次会议】　2 月 14 日，七届区委常委会第 189 次会议在区政府 426 会议室召开。会议通报 2016 年春节期间相关工作情况；听取并原则通过《房山区 2013—2017 年清洁空气行动计划（实施方案）重点任务分解 2016 年工作措施》；听取房山区棚户区改造工作有关情况，2016 年房山区全社会固定资产投资及重大项目计划安排的汇报；听取房山区 2016 年镇村产业集聚区整治工作和 2016 年低端工业企业疏解退出工作的汇报，会议决定：由李江牵头，继续做好房山区清退低端各项工作。听取中共房山区第七届纪律检查委员会第五次全体会议的筹备情况，会议决定：2 月 23 日在区会议中心召开中共房山区第七届纪律检查委员会第五次全体会议。

（张伟）

【第 192 次会议】　2 月 29 日，七届区委常委会第 192 次会议在区委 434 会议室召开。会议传达《中共中央、国务院关于给予中共天津市委、天津市人民政府通报批评的通知》和郭金龙就《中共中央、国务院关于给予中共天津市委、天津市人民政府通报批评的通知》做出的有关批示精神。会议听取房山区农村土地承包经营权确定登记颁证工作有关情况的汇报，会议决定：区经管站根据常委会意见，对《房山区农村土地承包经营权确权登记颁证工作实施方案》进行修改后，按程序发文。会议审议并原则同意《区人大常委会 2016 年工作要点》《房山区政协2016 年协商工作计划》。会议听取中共房山区委第五次政协工作会议筹备方案（草案），会议决定：由区政协办牵头，做好会议组织、筹备工作。

（张伟）

【第 193 次会议】　3 月 7 日，七届区委常委会第 193 次会议在区委 434 会议室召开。会议审议并原则同意《房山区国家生态保护与建设示范区实施方案（2015—2020）》《房山区国家生态保护与建设示范区 2016 年行动计划》。会议听取房山区党政机关公务用车制度改革工作有关情况，原则通过《房山区党政机关保留公务用车使用管理暂行办法》《房山区关于区级党政机关在本市开展公务活动交通费补助管理暂行办法》《关于房山区机关公务用车制度改革中妥善安置司勤人员的实施方案》《房山区党政机关公务用车制度改革车辆处置办法》。会议听取并原则同意房山区乡镇（街道）机关公务员职务与职级并行工作相关方案，区直部门党组清理规范工作相关方案。会议听取房山区干部赴中关村挂职的有关工作情况，区科协第四次代表大会会议筹备情况。

（张伟）

【第 194 次会议】 3 月 18 日，七届区委常委会第 194 次会议在区委 434 会议室召开。会议研究讨论《房山区重大改革问题清单（讨论稿）》，会议要求：讨论稿要紧紧围绕房山区经济社会发展的重大问题和关键问题，综合施策、精准发力；改革题目的具体提法、领导分工、主责部门要进一步完善，同时适当精简改革题目，重大改革问题原则上一年不超过 20 个。会议听取 2016 年全区干部教育培训计划统筹管理情况。会议听取并原则同意《关于开展巡察工作的意见》，会议决定：区纪委根据常委会意见，对《关于开展巡察工作的意见》进行修改后，按程序发文。会议通报房山区接收"中央 3 部委"安排的青海省 3 名挂职干部的有关情况。

（张伟）

【第 198 次会议】 4 月 18 日，七届区委常委会第 198 次会议在区政府 426 会议室召开。会议听取关于房山 2016 年一季度经济形势分析的汇报，审议并原则同意《房山区水污染防治工作方案》《房山区水污染防治工作方案 2016 年重点任务分解》《房山区不达标水体达标方案》《房山区水污染防治专项实施方案》，听取并原则同意《2016 年区四大部门领导联系基层单位安排表（讨论稿）》。

（张伟）

【第 199 次会议】 4 月 25 日，七届区委常委会第 199 次会议在区委 434 会议室召开。会议听取房山区贯彻落实中央和市委关于统一战线系列重大决策部署调研检查情况的汇报，会议决定：把统战工作列入区委重要工作议事日程，定期向区委常委会做汇报。会议听取并原则同意中国共产主义青年团北京市房山区第七次代表大会筹备方案；会议审议《关于在全体党员中开展"学党章党规、学系列讲话，做合格党员"学习教育的实施方案（审议稿）》《关于做好 2016 年乡镇领导班子换届工作的意见》；会议通报房山区 2015 年度干部选拔任用工作"一报告两评议"结果，房山区 2015 年度处级领导干部年度考核结果；会议传达《北京市贯彻〈推进领导干部能上能下若干规定（试行）〉的实施办法》有关精神。

（张伟）

【第 201 次会议】 5 月 16 日，七届区委常委会第 201 次会议在区委 434 会议室召开。会议听取房山区 2016 年度农村工作会议筹备情况；听取并原则通过《关于进一步推进低收入农户增收及低收入村发展的意见》；听取并原则同意《房山区京津冀协同发展对接推进机制工作方案》、2015 年度政府绩效管理奖预留奖金分配办法、关于调整人民警察警衔津贴标准的汇报。

（张伟）

【第 204 次会议】 5 月 30 日，七届区委常委会第 204 次会议在区委 434 会议室召开。会议听取关于贯彻落实中央市委精神进一步加强全区农村基层党建有关情况的汇报，并原则同意《关于进一步加强农村基层组织建设的若干意见（审议稿）》《关于启动新一轮"连心共建"工程的安排意见（审议稿）》；听取房山区"两新"组织党建工作现状汇报，并原则同意《房山区关于加强和改进"两新"组织党建工作的实施意见》；听取并原则同意《2016 年区委区政府理论学习中心组学习计划（修订版）》的汇报；传达学习《关于当前意识形态领域情况的通报》。

（张伟）

【第206次会议】 6月13日，七届区委常委会第206次会议在区委434会议室召开。会议听取房山区第十届村民委员会选举工作有关情况。会议听取房山区庆祝中国共产党成立95周年相关工作的汇报，会议决定：原则同意《关于召开房山区庆祝中国共产党成立95周年大会暨基层党建工作推进会建议方案》；区委组织部根据常委会意见，对《中共北京市房山区委〈关于表彰房山区优秀共产党员、优秀党务工作者和先进基层党组织的决定〉（审议稿）》进行修改后，按程序发文。会议听取区史志办工作情况和"党史宣传月"活动启动仪式筹备情况，会议决定：6月19日在霞云岭乡党旗广场开展"没有共产党就没有新中国"——2016年北京党史宣传月活动启动仪式暨房山区纪念中国共产党成立95周年庆祝活动，由区委宣传部牵头，做好活动组织、安全、筹备工作。

（张伟）

【第207次会议】 6月20日，七届区委常委会第207次会议在区委434会议室召开。会议听取《房山区2016年农村地区"减煤换煤、清洁空气"行动实施方案》的补充说明；审议并原则同意房山区《城乡结合部重点地区公共安全隐患问题综合整治工作方案》；听取《房山区政府顾问团管理办法》和《房山区顾问团拟聘请专家名单》；听取关于加快实施长阳西站5号地内配套中小学建设的有关情况；审议并原则同意《北京互联网金融安全示范产业园管理委员会人员组成方案》。

（张伟）

【第215次会议】 8月8日，七届区委常委会第215次会议在区委434会议室召开。

会议听取区委七届九次全体（扩大）会议筹备情况的汇报并审议曾赞荣在区委七届九次全会上的讲话、陈清关于上半年经济社会发展情况和下半年工作安排的报告和《中共房山区委房山区人民政府关于全面深化改革提升城市规划建设管理水平的实施意见（审议稿）》，会议决定：2016年8月11日在区会议中心召开区委七届九次全体（扩大）会议。会议听取关于偿还城关街道洪寺村经济适用房项目逾期公积金贷款有关情况的汇报、全区2016年上半年安全生产形势的汇报；听取并原则同意《关于加强房山区纪委派驻机构建设的实施意见》。

（张伟）

【第217次会议】 8月22日，七届区委常委会第217次会议在区委434会议室召开。会议听取区、乡镇两级人大换届选举有关情况的汇报，并原则同意《中共房山区人大常委会党组关于做好区、乡镇两级人民代表大会换届选举工作的意见》《房山区选举委员会建议名单》《房山区选举委员会各分会及乡镇选举委员会组成人员建议名单》，会议决定：2016年8月30日在区会议中心召开房山区区、乡镇两级人大换届选举工作动员部署会。会议听取并原则同意《房山区全面深化改革督察督办工作办法（试行）》。会议听取关于庆祝第32个教师节有关情况的汇报，会议决定：2016年9月8日在区会议中心召开房山区第32个教师节庆祝暨表彰大会，区教委根据常委会意见修改完善《关于表彰房山区教育之星、优秀校长、优秀教师和优秀德育工作者的决定》《关于2016年教师节活动安排的通知》后，以区委、区政府的名义发文。

（张伟）

【第220次会议】 9月12日，七届区委常委会第220次会议在区委434会议室召开。会议听取中共北京市房山区第八次代表大会区委和政府工作报告准备情况的汇报；会议审议通过《房山区国有林场改革实施方案》《关于做好非公有制经济代表人士综合评价工作的意见》。

（张伟）

【第224次会议】 10月31日，七届区委常委会第224次会议在区委434会议室召开。会议听取并原则同意关于《房山区"十三五"时期推动京津冀协同发展规划》的汇报、关于《房山区村民委员会印章使用管理办法（试行）》的汇报；会议听取第八届区人大代表初步建议人选有关情况的汇报；会议审议通过《房山区党委（党组）意识形态工作责任制实施细则》。

（张伟）

【第227次会议】 11月22日，七届区委常委会第227次会议在区委434会议室召开。会议听取2017年农村地区煤改清洁能源项目资金概算有关情况的汇报，会议决定：由孔庆远牵头负责全区煤改清洁能源工作，区农委、区新农村办以及各相关部门全力配合，做好工作。会议听取并原则同意关于《房山区2017年燃煤锅炉清洁能源改造工作方案》的汇报。会议听取并原则同意关于村干部基本待遇和基本保障实施办法的汇报，会议决定：区委组织部根据常委会意见，对《房山区关于村干部基本待遇和基本保障的实施办法（试行）》进一步修改完善后，按程序发文。会议听取并原则同意区第八次党代会筹备工作有关情况的汇报，会议决定：定于2016年12月6日至9日在区会议中心召开区第八次党代会，区第八次党代会筹备情况提请区委全会审议。会议听取并原则同意关于区第八次党代会报告起草情况的汇报，会议决定：区研究室根据常委会意见进一步修改完善区第八次党代会报告。

会议听取并原则同意关于区纪委向区第八次党代会提交的报告起草情况的汇报，会议决定：区纪委根据常委会意见进一步修改完善向区第八次党代会提交的报告。

（张伟）

【第228次会议】 11月28日，七届区委常委会第228次会议在区委434会议室召开。会议听取并原则同意关于新一届区人大常委会组成人员建议人选名单（草案）、专委会组成人员建议人选名单（草案），新一届区政协委员建议人选名单（草案）、常委建议人选名单（草案），政协房山区八届一次会议主席团、常务主席、秘书长、副秘书长建议人选名单（草案）的汇报。会议听取并原则同意关于房山区第八届人民代表大会第一次会议有关情况、房山区第七届人大常委会工作报告起草情况的汇报。会议听取并原则同意关于政协房山区第八届委员会第一次会议有关情况、政协房山区第七届委员会工作报告起草情况的汇报。会议听取并原则同意房山区工商联第十一次代表大会筹备情况的汇报，会议决定：定于2016年12月3日在区会议中心召开房山区工商联第十一次代表大会；区委统战部根据常委会意见，修改完善《关于房山区工商业联合会（商会）换届工作的意见》后，以区委办公室的名义转发全区。

（张伟）

八届区委常委会

【第1次会议】 12月12日，八届区委常委会第1次会议在区委434会议室召开。会议审议通过八届区委常委工作分工，会议决定：按要求将八届区委常委工作分工报市委备案。会议通报北京市党政代表团赴河北省交流考察工作有关情况。会议审议通过《区委关于落实党风廉政建设主体责任自查报告》，会议决定：区研究室根据常委会意见，修改完善《区委关于落实党风廉政建设主体责任自查报告》后，以区委名义上报市纪委。会议听取并原则同意关于《房山区环境保护工作职责分工》的汇报。会议听取并原则同意关于促进低收入农户增收工作的汇报，会议决定：区农委根据常委会意见，修改完善《关于推进低收入农户增收和低收入村发展精准施策工作方案》《关于推进低收入农户增收和低收入村发展工作分工方案》《关于推进低收入农户增收和低收入村发展工作考核办法（试行）》后，以区委办公室、区政府办公室的名义印发全区。

（张伟）

组织工作

【概况】 2016年，全区组织工作从严要求，集中攻坚基层党建的薄弱环节，突破制约人才发展的重点难点问题，提高组织工作科学化水平，为打造"京保石发展轴桥头堡"、建设"一区一城"新房山提供组织保障和人才支撑。组织全区2428个基层党组织6.6万余名党员开展"两学一做"学习教育。建立"1+8+24"督导工作模式，为全区党员和处级以上领导干部配发12类、36万余册学习材料，提出"联系镇村、联系企业、联系人才"等具体实践要求，开展"千名领导干部上讲台""千名支部书记讲党课"等具体活动。以基层党支部和支部书记为重点，明确学习教育示范点，开展"合格党支部建设规范和合格党员行为规范大讨论"活动，重点围绕中组部提出的"基层党建7项重点任务"，组织全区各基层党组织对照基层党建存在的突出问题进行整改。以乡镇换届工作为重点，统筹推进全区领导班子和干部队伍建设。组织全区3000多名科级以上干部签订"四做九不做"承诺书。全年，调整干部10批299人，其中提拔94人（含交流提拔52人），交流、轮岗131人，其他原因调整职务74人。启动第二批赴中关村挂职干部选派工作，做好援助青海玉树干部及赴河北省保定市、湖北省房县挂职干部选配工作和民族边疆地区干部到房山挂职安置等工作。制定印发《2016年全区干部教育培训计划》，开发完成"伟大的平西抗战""感悟忠诚"等区内红色现场教学课程，组织开展处级干部自主选学、机关干部大讲堂、基层干部素质提升行动计划等品牌工程。开展各类教育培训52期，培训干部5700余人次。严格开展个人有关事项报告审核工作，对存在问题的干部，提醒谈话14人，函询116人，暂停选拔任用1人。完成处级干部档案1222卷，科级及以下人员档案7257卷的专项审核工作，对139名干部"三龄两历一身份"等重要信息进行组织认定。在规定时限内清理超职数配备处级、科级干部72人。印发《房山区落实基层党建工作责任制实施办法》，明确区委、区委党建工作领导小组、基层党（工）委、基层党（总）支部等不同层级党组织以及相关领导的职责任务，构筑主体明确、权责明晰的基层党建责任体系。印发《房山区村党组织书记个人有关事项请示报告制度》，出台《房山区村委会印章使用管理办法（试行）》。印发《关于村干部基本待遇和基本保障的实施办法（试行）》，投入经费 5967 万元，逐步建立村干部基本报酬财政托底机制和社会保险财政补贴机制。做好第十届村民委员会选举工作，彻底消灭"白点村"，基本实现市、区提出的"两保持、两提高、两确保、两降低"换届目标。印发《关于启动新一轮"连心共建"工程的安排意见》，选派两批 56 名第一书记驻村工作。完成区第八次党代会，指导 20 个乡镇召开党员代表大会。组织开展庆祝中国共产党成立 95 周年系列活动，做好市、区级先进基层党组织、优秀党务工作者、优秀党员推荐、评选表彰工作。全面推行发展党员实名制批复工作，实名制批复发展计划 940 人。开展全区党员组织关系集中排查工作，对党代会代表和党员违纪违法未给予相应处理情况进行排查清理，指导各党（工）委做好 2008 年 4 月以来党费收缴核查、补缴等工作。落实党员教育培训"五项工程"，开展新发展党员等重要领域的党员培训。做好"基层党建三部曲"成果展演活动，创作完成 6 集党建系列微电影、2 集党建公益宣传片和 4 集先进模范人物电视系列专题片。启动"引支工程"遴选工作，试点建设人才"双创"生态社区，组建北京中关村南部（房山）创新城企业发展服务中心、"北京市院士专家服务中心"，加快推进中关村（房山）高端人才创业基地建设，为中科纳泰等 5 家企业争取中关村政策补贴 197.1 万元。以项目资助的形式投入资金 200 万元左右，培养青年骨干个人 20 名，青年拔尖个人 10 名，青年拔尖团队 2 个，人才工作集体项目 10 个。开展节日关爱、家庭关爱等活动，慰问各类人才 350 余人次，发放慰问金、慰问品 20 万余元。实施"百校千才进房山"行动计划，举办"爱上房山"大学生创新创业论坛暨创新创业大赛、2016（第二届）

全国移动互联"智汇城"杯创新大赛决赛，建成众创空间 138 万平方米，其中 22 家众创空间获区级认定，5 家众创空间获市级认定，4 家众创空间被中关村认定为特色产业孵化平台。完成房山区党建视频纪实、干部任免全流程、人才服务管理平台二期、党员业务管理、组织工作统一门户和文件资料管理系统建设。开展"打造京保石发展轴桥头堡，建设'一区一城'新房山"主题党建调研活动，指导完成区党建研究会 2015—2016 年度 25 个立项课题。开展"第一书记在基层"主题调研活动。在市级以上媒体刊发文章 100 余篇。截至年底，房山区基层党组织共 2577 个，其中党委 82 个、党总支 146 个、党支部 2349 个。全区有中共党员 67765 名，其中 2016 年度发展党员 940 名。

（魏炜）

【"基层党建三部曲"成果展演】　1 月 14 日，由区委党建工作领导小组牵头，举办房山区"基层党建三部曲"成果展演活动。活动主要内容包括《剧•说党建》——房山区党建微小说（剧本）创作大赛优秀作品集首发，《影•视党建》——房山区基层党建系列微电影首映和《讲•演党建》——房山区"基层党建公演大课堂"专场舞台节目首演。全区 200 余名党员干部参加活动。

（吴立华）

【主题走访慰问】　1 月 15 日至 2 月 5 日，房山区开展以"践行'三严三实'做群众贴心人"为主题的走访慰问活动。据统计，参与走访慰问活动的区四大部门领导及乡镇、街道和区直机关干部及农村"两委"干部 8400 余人次，走访重点慰问对象 3.5 万余户，累计投入各类慰问帮扶资金 3342.12 万元。

（郭珺　张凯娜）

【部分基层党组织设置调整】　2 月，中共北京今日东方劳务派遣有限公司委员会成立。8月，中共房山区燕山工业区委员会成立。同月，中共房山区大石窝镇半壁店村委员会成立、中共房山区大石窝镇石窝村委员会成立。

（吴广先 赵高元）

【全区党员组织关系集中排查】 4月起，区委组织部在全区各级党组织中开展党员组织关系集中排查工作。印发《关于开展党员组织关系集中排查的工作方案》，按照摸排查找、管理处置、分析总结工作程序进行集中排查。截至12月底，全区各级党组织经查找取得联系的党员87人，经查找仍无法取得联系的党员145人，未收到回执的党员3159人，经查找确认死亡的党员8人。

（郭珺 张凯娜）

【乡镇换届考察】 4月至6月，区委组织部制定下发《关于做好2016年乡镇领导班子换届工作的意见》和《关于加强换届风气监督的通知》，抽调36人，组成6个考察组，对全区20个乡镇、3个街道的领导班子和领导干部进行组织考察，有1673人参加民主测评、民主评议和领导班子定向推荐，1096人参加个别谈话。

（耿庆华 解美铃）

【"两新"组织、国企领域党建工作】 6月和9月，召开全区"两新"组织党建工作座谈会、"两新"组织"双覆盖"工作推进会。全区非公企业党组织覆盖率为82.2%，社会组织党组织覆盖率为65.2%，达到市委提出的覆盖率要求。贯彻落实全国国有企业党建工作会精神，指导区国资委做好所属基层党组织按期换届排查、将党建工作总体要求纳入企业章程、加强对劳务派遣制员工党员管理等问题。

（吴广先 吴小东）

【选派第一书记到村工作】 7月27日和10月11日，区委组织部分别组织召开第一书记工作座谈会、房山区选派第一书记驻村帮扶工作推进会，听取第一书记、派出单位工作汇报。召开全区第一批选派村党组织第一书记述职评议考核会，并按照述职评议结果进行考核打分。11月14日，召开第一书记工作部署会，选派第二批35名第一书记到全区35个低收入村，做到低收入村全覆盖。对第一书记参照村党组织书记"三维式"考核方式，将其纳入每年两次村级干部民主评议和基层党组织书记述职评议考核范围。建立健全工作日志、联系走访、调查研究、重大事项报告等15项工作制度。帮助第一书记进行村级建设项目申报，包括改电改气、道路修整、产业培育等方面，累计申报项目28个，经过部门会审最终确定重点项目19个。

（吴广先 吴小东）

【党员违纪违法排查清理】 7月，房山区委组织部印发《关于在"两学一做"学习教育中对党代会代表和党员违纪违法未给予相应处理情况进行排查清理的通知》，会同区纪委、区检察院、区法院、房山公安分局、区人大、区政协及全区各党（工）委，对违纪违法党员、党代表、人大代表、政协委员进行排查清理。截至12月底，排查涉及违纪违法党员497人，其中已死亡1人，根据情节严重情况给予相应党纪处分或组织处理的496人。

（郭珺 张凯娜）

【党费收缴专项检查】 7月，房山区委组织部印发《关于在"两学一做"学习教育中开展党费收缴工作专项检查的通知》，组织指导各党（工）委做好党费收缴专项检查工作。2008年4月至2016年12月，全区各党（工）委收缴党费8595.9万元，有47522名党员补交党费6132.6万元。按照留存权限，房山区各党（工）委上缴区委组织部5219.4万元，房山区委组织部上缴市委组织部 1739.8 万元。

（郭珺 张凯娜）

【优秀人才培养项目资助】 7月，按照市委组织部关于开展 2016 年度市级优秀人才培养资助评选工作的通知要求，房山区申报的"国际生态文化创新区"被评为市级优秀人才培养资助集体项目，获资助经费 50 万元；王珍主持的"可见光活性的自清洁玻璃纳米涂层材料研发"、胡博主持的"皮肤科 PACS 系统软件研发"、黄振新主持的"房山区高中学生社会实践活动开发的研究"、车廷菲主持的"构建园所阅读机制，营造园所书香文化"均被评为市级青年骨干个人项目，获资助经费总计 8.8 万元。10月，房山区开展优秀人才培养项目资助工作，资助青年骨干个人项目 18 个、青年拔尖个人项目 10 个、青年拔尖团队项目 2 个、集体项目 12 个，投入资金 227 万元。

（李海燕 刘佳）

【乡镇党委换届选举】 8月至9月底，区委组织部指导 20 个乡镇党委召开党员代表大会，完成乡镇党委换届选举工作。据统计，该次换届共选举产生乡镇党代表 2589 名。其中，各级领导干部代表 1273 名，占 49.17%，比上届降低 14.95%；基层一线代表 1316 名，占 50.83%，比上届提高 14.95%；工人代表 223 名，占 8.61%，比上届提高 4.51%；农民代表 1042 名，占 40.25%，比上届提高 12.71%；妇女代表 851 名，占 32.87%，比上届提高 2.55%；少数民族代表 96 名，占 3.71%，比上届提高 0.63%。选举"两委"委员 220 名，候选人 280 名，选举产生 220 名，选举差额比例为 27.27%，比上次换届提高 3.06 个百分点。

（徐学刚）

【新党员教育培训】 10 月 19 日至 21 日，区委组织部、区委党校在区会议中心举办 2016 年新党员示范培训班。培训内容涉及党章、党史、"两学一做"学习教育、党员教育影片等方面。全区 68 个党（工）委新发展的 554 名预备党员代表参加培训，其中 532 名参训人员考核合格，取得培训结业证书。

（郭珺 贾卓）

【乡镇换届选举】 11 月 26 日，房山区 20 个乡镇完成党委、政府换届工作，选举产生新一届乡镇党委班子成员 220 人，政府班子成员 110 人，人大主席 20 人。

（耿庆华 陈谦）

【基层党建基础保障】 11 月，房山区制定《关于印发〈关于村干部基本待遇和基本保障的实施办法（试行）〉的通知》，逐步建立村干部基本报酬财政托底机制和社会保险财政补贴机制，村干部基本报酬按照平均每村 5 人进行核算，所需资金由市、区财政按比例负担，全区每年投入经费 5967 万元。全年下拨城乡基层党组织服务群众经费 9570 万元、基层党组织工作和活动经费 857.35 万元、正常离退职村党组织书记补贴 455 万余元。

（吴广先 葛大鹏）

【党建工作责任制落实】 年内，召开区委党建工作领导小组会议，对全区 2016 年党建重点工作任务进行专题研究。全年，党建工作领导小组研究党建工作 9 次，其中专题研究基层党建 3 次。落实《关于落实基层党建工作责任制实施办法》，构筑权责明晰的责任体系。召开全区系统党（工）委书记、乡镇（街道）党（工）委书记抓基层党建述职评议考核工作会。

（吴广先 王伟）

【基层党组织整顿帮扶】 年内，根据村"两委"换届选举情况、村级组织运行情况和软弱涣散村党组织整改情况，确定区级软弱涣散村党组织 36 个，指导相关乡镇坚持问题导向，从严制定整改措施，从实强化责任落实。从人、财、物、政策、信息等方面，帮助软弱涣散基层党组织理清思路、完善设施、健全制度、推进整改。

（吴广先　曲长亮）

【第十届村民委员会选举工作】　年内，完成房山区第十届村民委员会选举工作。全区村党组织书记和村委会主任"一人兼" 262 人，村"两委"交叉任职 867 人；新一届村党组织班子成员具有大专以上学历的 685 人；推选出村民代表 15136 人，其中党员 4172 人；各村均实现每个村民委员会中至少有 1 名党员和 1 名妇女成员，彻底消灭"白点村"，村委会班子成员中中共党员 1175 人；村民委员会主任非中共党员的 85 人；村党组织班子成员平均年龄 48.3 岁；村民委员会班子成员平均年龄 49 岁。

（吴小东　曲长亮）

【"连心共建"工程】　年内，区直机关、企事业单位等 134 家单位，与全区 134 个低收入村、软弱涣散村建立结对共建关系，通过组织共建、发展共谋、难题共解等多种方式，创新城乡帮扶新形式，构建城乡共建新格局。"连心共建"工程帮扶困难党员群众 3200 余人，累计投入资金 1000 余万元，解决就业 450 余人。

（王伟　曲长亮）

【党组清理规范工作】　年内，按照市委组织部要求，落实《中国共产党党组工作条例（试行）》，有序推进党组清理规范工作。经清理规范，房山区有党组 52 家，党组性质的党委 1 家。

（吴广先　赵高元）

【老党员生活补贴资金调整】　年内，按照中央、市委有关要求，区委组织部对全区中华人民共和国成立前入党的农村老党员和未享受离退休待遇的城镇老党员生活补贴金额进行调整。按照市、区级补助资金 1∶1 的比例原则，全区 1937 年 7 月 7 日至 1945 年 9 月 2 日入党的老党员补贴标准由每人每月 1200 元提升至每人每月 1310 元；1945 年 9 月 3 日至 1949 年 9 月 30 日入党的老党员补贴标准由每人每月 1000 元提升至每人每月 1090 元。

（郭珺　张凯娜）

【干部教育培训】　年内，区委组织部举办主体班次 2 期，分别为处级干部进修班 1 期和第 23 期中青年干部培训班。举办专题培训班次 11 期，培训干部 1405 人，其中培训处级领导干部 1233 人次。到中国浦东干部学院举办培训班 2 期，培训干部 65 人。举办优秀青年干部师范培训班，培训青年干部 45 人；举办推进重大项目建设专题培训班，培训 97 人；举办组织人事干部培训班 1 期，培训组织人事干部 150 人。组织全区北京干部教育网在线学习人员，参加第 9、10 期学习贯彻"五大发展理念"网上专题轮训班。全年开展各类教育培训 52 期，培训干部 5700 余人次。

（褚萌　赵建新）

【处级领导干部自主选学专题培训班】　年内，区委组织部与中国社科院研究生院、北京理工大学、首都师范大学和北京工商大学 4 所高校联合举办干部自主选学专题班次 6 期，累计培训干部 950 余人次。

（褚萌　赵建新）

【"机关干部进高校"大讲堂活动】　年内，区委组织部、区直机关工委、区委党校、区人力社保局和良乡高教园区管委会与首都师范大学实施校地合作，组织开展"机关干部进高校"大讲堂活动。全年举办 5 讲，培训干部 1470 余人次。

（褚萌　赵建新）

【党建调研活动】　年内，区委组织部在全区开展以"打造京保石发展轴桥头堡，建设'一区一城'新房山"为主题的党建调研活动，收到调研文章48篇。

（沈健）

【《光辉历程》摄制完成】　年内，区委组织部联合区档案局、区史志办制作完成4部反映房山区老一辈先进模范人物事迹的电视系列专题片《光辉历程》。分别是：《岗山青松——吴春山》《擎旗手——徐庆文》《谁说女子不如男——卢翠英》《养猪状元——杜宝珍》。截至年底，完成先进模范人物电视系列专题片6部。

（吴立华　侯有越）

【调整处级干部323人】　年内，房山区调整处级干部323人，其中提拔96人（含交流提拔52人），交流、轮岗144人，兼职、免兼职24人，其他原因调整59人。23个乡镇、街道均配备专职人大主席或人大街工委主任，每个乡镇均配备2名80后处级领导班子成员，乡镇党政领导班子中，至少配备1名"三类人员"（乡镇事业单位负责人、优秀村社区干部、大学生"村官"），所有乡镇党政领导班子中，至少各配备1名女干部。

（耿庆华　王宁宁）

【处级干部档案审核】　年内，区委组织部对全区1210卷处级干部人事档案进行专项审核。抽调专人组成档案审核、核查登记、问题调查、认定把关4个专项小组，对每本档案逐页逐项逐字进行"六核"（即三轮审核加三轮复核）。对档案中缺少的材料，采取不同方式补充收集，做到政策执行不走样。所有档案经手人员签名登记，责任到人。

（陈玉荣　王宁宁）

【个人有关事项核实】　年内，区委组织部对领导干部个人有关事项报告进行抽查核实。对1205名换届相关人员、拟提拔为副处级以上干部、信访及相关人员进行抽查核实，其中重点抽查456人，随机抽查122人，对拟提拔考察对象抽查100人；换届相关人员抽查524人；信访对象查核3人。

（解美铃　梁俊）

宣传思想文化工作

【概况】　2016年，全区宣传思想文化战线把握"围绕中心、服务大局"的根本职责，抓住转型主题，着力服务全局大事、讲好房山故事、办好难事实事、强化看齐意识，为"一区一城"新房山建设提供思想文化保证。围绕推动中共中央总书记习近平系列重要讲话精神融入转型实践，以两级班子中心组为龙头，举办专题报告会、实地调研、主题研讨等各类学习活动；开展"区委六中全会精神"专题宣讲、领导干部大宣讲、"做合格党员"百姓宣讲等各类宣讲活动200余场；推出党史评书《话说房山》等"理论+文艺"作品10余个。开展"第八次党代会""清退低端产业""治理空气污染"等系列主题宣传，创设"转型新看点""扬帆十三五"等专题专栏。在新华社《国内动态清样》刊发《北京房山清退低端将青山绿水变金山银山》等内参报道，与北京电视台合拍大型人文纪录片《大西山》；参与市委宣传部"扬帆十三五""清洁空气在行动""深化改革促发展"等大型联合采访，中国新闻社、《北京日报》等媒体到房山区联合采访40余次，各类媒体全年刊（播）发房山新闻稿件1.5万余篇。依托央视《农广天地》《华夏酒报》等专栏和权威行业媒体，推出"北京·房山国际葡萄酒大赛"；举办"2016书香中国·北京阅读季"启动仪式、"北京党史宣传月启动仪式"、长走大会、长阳音乐节等大型主题宣传活动。创建"房山政务微博发布厅""房山政务微信群"和社会自媒体广泛参与的"网上统一战线"，推介房山变化，传递房山的好人、好事、好前景。"FUNHILL房山"官方微博、微信推出《当房山遇上世界……我无话可说》等一批阅读量"10万+"文章，基层单位微信公众号有"青春房山""学通房山""文化房山"等，"网聚房山"等社会自媒体与区委同频共振、同向发声，各类新媒体传递的"网上房山好声音"覆盖人群1.2亿人次。

（冷冰）

【"区属媒体新闻吹风会"制度制定】 1月，区委宣传部制定"区属媒体新闻吹风会"制度，定于每月月初组织区属媒体主管领导召开座谈会，部署本月宣传重点，交流新闻选题，确保区内媒体宣传目标一致，形成合力，扩大宣传效果。

（路璐）

【党委（党组）中心组秘书培训班】 3月23日至25日，区委宣传部举办房山区宣传思想文化工作暨党委（党组）中心组秘书培训班。邀请市委讲师团团长贺亚兰，北京日报社党组书记、社长傅华等专家学者，系统阐释党委（党组）理论中心组学习、意识形态建设、网络舆情应对、文化创意产业政策等内容。全区100余名乡镇、街道宣传部部长及区直机关宣传工作主管领导参加培训。

（李慧方）

【大型品牌活动报道】 4月12日，"书香中国·北京阅读季"启动仪式上，北京电视台对活动进行全程录制，并分别在中央电视台科教频道、北京电视台卫视频道和文艺频道黄金时间对活动进行全程播出。5月7日，2016年春季北京国际长走大会暨第二十二届房山旅游文化节开幕，北京电视台新闻频道早8:30起，以《房山绿色长走 畅游基金小镇》为题，进行2.5小时的全程直播。6月22日，北京电视台全程录制中国文联文艺志愿服务团走进霞云岭乡堂上村慰问演出，在北京卫视播出。

（路璐）

【"2016书香中国·北京阅读季"启动仪式】 4月12日，由国家新闻出版广电总局和北京市人民政府主办的"2016书香中国·北京阅读季"启动仪式在良乡体育中心举行。启动仪式上，著名播音员、主持人，全国书香家庭、中小学师生及社会各界代表2016人参加。中央电视台、北京电视台、《北京晚报》刊（播）发"2016书香中国·北京阅读季"启动仪式相关新闻。

（宋薇）

【应对"4·19"矿震舆情】 4月19日1时10分，房山区京煤集团大安山煤矿发生2.7级地震，震源深度0千米。针对"4·19"矿震舆情，房山区用好全区网络安全和信息化领导小组的统筹、协调机制，发挥舆情监测反馈平台、新媒体平台的监测、发声作用，全面科学收集各方信息，协调各相关单位发布口径，调度全区网络宣传员主动上网回应，第一时间、步调一致、权威科学、全面深入地应对此次舆情。"FUNHILL房山"政务微博主动发布矿震信息通报两条，收到网友评论700余条，被转发近2000次，抢占舆情应对的主动权和话语权，及时杜绝可能出现的虚假信息、负面信息蔓延，消除群众恐慌情绪，打造政府积极、高效、为民的服务形象，畅通区委、区政府和广大群众互动交流的沟通渠道。

（张靓）

【新华社内参刊发房山区文章2篇】 4月24日，新华社内参《国内动态清样》刊发关于房山区《北京房山清退低端产业将青山绿水变金山银山》文章，主要介绍房山区产业转型方面的具体举措以及生态环境改善带给群众的实惠。6月5日，新华社《新华每日电讯》头版刊发文章《摒弃挖煤采石，"灰姑娘"变"俏佳人"》。

（路璐）

【2016 春季北京国际长走大会暨第二十二届房山旅游文化节开幕】 5月7日，2016春季北京国际长走大会暨第二十二届房山旅游文化节在长沟镇举行开幕式。该届长走大会以"绿色北京基金小镇"为主题，除展示北京基金小镇所在地长沟镇的自然环境外，活动中融入基金、金融元素，让参与者了解基金、金融知识。长走路线安排8公里、16.5公里、21公里3条路线，分别命名"集聚之路""创新之路""合作之路"。证监会、基金公司、银行系统、机关团体以及社会报名的长走爱好者1.8万余名参与长走。

（宋薇）

【《北京日报》刊发专版推介房山】 5月10日，《北京日报》12版刊发专版报道《房山：体验绿色长走 畅游基金小镇》；6月28日，刊发专版报道《房山：红色的记忆》；12月9日，4版刊发专版报道《房山：生态宜居示范区 中关村南部创新城》。

（路璐）

【"外国摄影师拍北京"再次走进房山】 5月25日，由中共北京市委外宣办主办的"2016年外国摄影师拍北京"再次走进房山区，印度尼西亚籍摄影师塞克雷·高（那迪）、加拿大籍摄影师罗杰·杜弗兰和数名国内摄影师分别到石花洞、云居寺等地进行实地拍摄。所拍摄图片通过微信、今日头条等新媒体平台和境内外图片展进行展示，对外推介房山的生态环境和历史文化资源。

（路璐）

【百姓宣讲活动】 6月至9月，围绕"培育和践行社会主义核心价值观"和"纪念建党95周年"等主题，房山区组建"我们的价值观"和"做合格党员"百姓宣讲团，进农村、进社区、进机关、进企业、进学校、进医院，开展大范围巡讲105场，承接市百姓宣讲团、各区百姓宣讲团巡讲13场，直接受众近3万余人。推荐6名优秀宣讲员参加北京市百姓宣讲汇讲，8名优秀宣讲员组成区级宣讲团到全市其他区巡讲8场。房山区推荐的《领路人》和《废纸板上的"童话世界"》两个宣讲故事，入选市级百姓宣讲团。12月，区委宣传部被评为2016年北京市百姓宣讲工作"先进单位"。

（高士军　徐晓颖）

【央视《农广天地》栏目组到房山拍摄】 6月24日至26日，中央电视台军事、农业频道的《农广天地》特别节目《乡村田园京郊记》栏目组到周口店镇和南窖乡拍摄。以主持人和嘉宾共同体验的形式展示京郊房山新面貌。8月，在《农广天地》栏目播出。

（路璐）

【宣传报道庆祝建党95周年系列文化活动】 "七一"前夕，《北京日报》《北京晚报》《北京青年报》等20余家媒体到霞云岭乡，对"唱支山歌给党听"纪念建党95周年音乐会、北京党史宣传月启动仪式、中国文联文艺志愿服务团慰问演出等活动进行宣传报道，关注房山区纪念建党95周年系列文化活动，宣传房山区红色文化历史。

（路璐）

【文化体制改革领导小组工作会】 9月13日，房山区召开文化体制改革领导小组工作会，总结全区文化体制改革工作进展情况，并对网络舆情监测应对、政府购买公共文化服务、文化创意产业与其他行业融合发展等文化体制改革要点内容进行研究部署。区文化体制改革领导小组各成员单位主管领导参会。

（宋薇）

【中国·房山国际葡萄酒大赛报道】 9月，房山区邀请50家主流和葡萄酒行业媒体到房山葡萄酒庄和大赛场地，提前了解大赛场馆和葡萄酒产业发展情况。大赛期间，中央电视台《中国新闻》栏目播发相关新闻报道，《乡土》《农广天地》栏目以产业转型为重点介绍房山区产业转型成果。《华夏酒报》刊出4个相关专版，全景展现大赛。《中国市场》杂志对房山区的酒庄和葡萄种植园进行实地探访，编写专刊。《葡萄酒评论》《中国酒业新闻网》等行业媒体进行专业解读，相关宣传报道在推广大赛活动的同时，不断推介房山葡萄酒品牌，展示房山产业转型向绿色生态发展形象。

（路璐）

【大型纪录片《大西山》播出】 12月5日，由北京市委宣传部主办、北京电视台承制的纪录片《大西山》开播。纪录片以房山秀美自然风光和深厚历史文化底蕴为主要拍摄题材，分为《缘起》《基石》《香火》《烽烟》《园说》《文脉》《魂归》《融流》《家源》《问道》10集，以大量第一手的拍摄信息、鲜活生动的故事，辅以4K数字高清、逐格拍摄与航拍、水下拍摄等技术。北京电视台卫视频道、新闻频道、纪实高清频道同时播出。

（路璐）

【区第八次党代会宣传报道】 12月7日至9日，中共北京市房山区第八次代表大会在区会议中心举行。区委宣传部组织新闻媒体对大会进行报道。大会期间，《北京日报》《北京青年报》《法制晚报》《京郊日报》、北京人民广播电台等市级媒体刊播发党代会相关报道34篇。房山电视台《房山新闻》栏目以消息形式播发党代会开幕式及区委工作报告，

跟踪报道大会主要议程；房山电视台、房山人民广播电台对区委工作报告进行全程录播，开设《党代会特别报道》栏目，解读区委工作报告，提炼核心要点，广泛结合实际，深入分析探讨。《房山报》于8日、12日分别制作党代会专期，通过8个版面对党代会各项议程进行报道，解读报告内容，展示代表风采。房山信息网在首页制作党代会专题，刊发新闻17条、图片报道50条。

（路璐）

【区委、区政府理论学习中心组集体学习】年内，区委宣传部结合"两学一做"学习教育，围绕"五大发展理念""村镇规划创新发展"等重大主题，组织区级理论中心组学习21次。围绕学习贯彻中共十八届六中全会精神，举办区级中心组学习研讨7次。组建"区委六中全会精神宣讲团"，到全区各党（工）委开展专题宣讲36场。

（高士军 徐晓颖）

【领导干部大宣讲活动】 年内，区委宣传部成立由全区14个部门、17名领导干部组成的"领导干部宣讲团"，到基层广泛宣讲，注重将中央、市委精神与房山区情结合起来，注重将各部门工作重点与基层群众关注热点结合起来，采取"订单式选题""互动式融入式"宣讲等方式。

（高士军 徐晓颖）

【"理论家走基层"活动】 年内，区委宣传部借助市委宣传部、市委讲师团的专家资源，结合基层实际，开展"理论家走基层"活动。邀请市级专家进机关、进乡村、进社区、进企业、进学校，开展分众化、对象化、互动化、小型化的宣讲活动，全年举办10场。

（高士军 徐晓颖）

【"周末社区大讲堂"活动】 年内，区委宣传部利用"周末社区大讲堂"等首都市民

学习品牌，面向全区社区居民、企业职工、教师学生、广大机关干部，采取"点单讲座"，开展人文社科知识普及。全年举办 47 场，受众 6000 人次。

（高士军　徐晓颖）

【"丹柯杯"领导干部理论文章评选】 年内，区委宣传部遴选推荐 94 篇处级以上领导干部调研体会和理论文章，参加全市"丹柯杯"优秀研究成果评选，获一等奖 4 名、二等奖 5 名、三等奖 8 名，获奖数量位居各区县前列。

（高士军　徐晓颖）

【发放《理论大讲堂》2400 册】 年内，区委宣传部围绕中共中央总书记习近平系列重要讲话精神、京津冀协同发展、全面从严治党等主题编辑理论学习刊物《理论大讲堂》3 期，向全区委办局主要领导、乡镇（街道）班子成员发放，全年发放 2400 册。

（高士军　徐晓颖）

【FUNHILL 房山官方微信】 年内，FUNHILL 房山官方微信每天推送 4 至 5 条微卡，涉及房山政务、旅游、文化等资讯，发布《当房山遇上世界……我无话可说》《看房山把青山绿水变成金山银山，葡萄酒大赛等你好酒》等文章，阅读量达 10 万+，冲击政务微信排行榜第一名。

（张靓）

【新闻报道数量增加】 年内，区委宣传部组织 40 余次中央、市级媒体联合采访，邀请接待 800 余家境内外各类媒体采访，策划联合采访 40 余次，累计媒体采访千余人次，撰写新闻通稿 60 余篇，刊发专版 10 余个，以房山为报道主体的新闻约 1.5 万篇（含首发与转载）。

（路璐）

【新闻发布会】 年内，区委宣传部召开新闻发布会 4 次，分别为 3 月 2 日"扬帆十三五"市级媒体联合采访新闻发布活动；6 月 7 日"清洁空气在行动"市级媒体联合采访新闻发布活动；10 月 18 日微动画普法宣传片《串啤惹的事》上线新闻发布会；12 月 16 日"深化改革促发展"市级媒体联合采访活动。发布会媒体采访 200 余人次，首发新闻稿件 180 余篇。

（路璐）

【云居寺建寺 1400 周年系列活动报道】 年内，区委宣传部邀请主流媒体到云居寺，宣传报道文物展、佛教音乐会、晒经节、抄写石经等系列活动。邀请北京电视台《这里是北京》栏目拍摄专题片，讲述房山历史和人物故事。《中国文化报》刊发专版报道《让陈列在房山大地上的文化遗产"活"起来》，展现房山区丰富的历史遗存，提升房山区历史文化的影响力。

（路璐）

统战工作

【概况】 2016 年，区委统战部贯彻中央、市委统战工作会议精神，落实《中国共产党统一战线工作条例（试行）》，做好民主党派和无党派人士工作。加强工商联自身建设，发挥非公有制经济工作联席会议制度的作用。加强对非公有制经济和非公有制经济人士引导。围绕推动京津冀协同发展、有序疏解非首都功能，引导非公有制经济发展培育"高精尖"产业。参与非公有制企业党建工作。贯彻落实党的民族方针政策，承办全市少数民族乡村经济现场工作会。贯彻落实全国和北京市宗教工作会议精神，规范和谐寺观教堂创建工作。加强宗教界代表人士队伍建设。携手台湾同胞联谊会和北京台资企业协会共同举办"百个家庭百棵树"公益植树活动，走访慰问驻区台商。年内，接待台湾地区客人 5 批 100 人，审批赴台公务交流 18 批 63 人，有 8 个乡镇、街道和 9 个社区、村与台湾地区对口单位签订 17 份友好合作协议。加大党外干部队伍培养力度，完善区委常委与党外人士结对交友制度，协助区委组织召开民主党派、工商联和无党派人士协商会、通报会、座谈会，完善特约人员工作制度，做好党外后备干部推荐使用工作。强化统战信息工作，编撰《房山统战信息》，为领导科学决策提供依据和参考。

（张放）

【公益植树活动】 4 月 16 日，由北京市台湾同胞联谊会和北京台资企业协会共同主办的"2016 年百个家庭百棵树——在京台胞、台商、台生公益植树活动"，在房山区张坊镇南白岱村台胞林绿化基地举行。300余名在京台胞种植树苗 500 余棵。

（张放）

【市人大常委会调研组到房山区调研】 5 月 17 日，市人大常委会调研组到房山区专题调研少数民族乡村经济社会发展情况。市人大常委会主任杜德印，市人大常委会副主任李昭玲、孙康林、刘伟，副市长王宁，市人大常委会秘书长张清一同调研。房山区委书记曾赞荣，区委副书记、代区长陈清，区人大常委会主任孙强陪同调研。调研组听取窦店村少数民族乡村经济社会发展情况汇报。参加调研的市领导和人大代表就少数民族乡村经济社会发展提出意见建议。

（张放）

【民建中央主席到房山区调研】6 月 1 日，全国人大常委会副委员长、民建中央主席陈昌智到房山区调研，听取房山区经济社会发展情况、统战工作开展情况及民建相关工作情况汇报，到北京高端制造业基地中关村新兴产业前沿技术研究院、中粮智慧农场实地视察项目建设运行情况。

（张放）

【致公党中央副主席到房山区调研】 7 月 5 日，致公党中央副主席兼秘书长曹鸿鸣带队，就多元化纠纷解决机制工作情况到房山区调研。曹鸿鸣一行到区司法局、区法院等地，参观文化建设展板，视察立案前多元矛盾纠纷调解室及诉讼服务阳光大厅，听取致公党房山支部工作情况汇报，以及区法院、区司法局、西潞街道司法所关于开展多元化纠纷解决机制工作及相关情况的汇报；参观房山区窦店镇万科幸福家养老中心、窦店民族文化宫、窦店镇窦店村清真寺、现代管理大学等地，并与致公党房山支部全体党员座谈。

（张放）

【2016 海峡两岸机械工业交流会】 10 月 27 日，2016 海峡两岸机械工业交流会在房山区举行。交流会以"中国制造 2025"和"台湾智慧机械"背景下的转型升级与智能制造（装备）为主题，围绕两岸产业发展情况与展望、机械行业与企业转型升级等热点议题进行研讨。

（张放）

【中国台湾原乡文化社区协会到房山参观】 10 月 29 日，中国台湾原乡文化社区发展协会理事长、金马台彭交流协会会长苏进强等 35 位台湾客人到房山区参观考察。参观青龙湖葡萄酒大会会场、云居寺、韩村河景村、琉璃河中粮智慧农场农业科技示范中心。

（张放）

【"识北京、走山村"主题活动】 11 月 3 日，台盟北京市委组织 25 名在京台商和台生到房山区开展"识北京、走山村"主题活动。参观周口店镇黄山店、北京猿人遗址博物馆。

（张放）

【民主协商会】 11月29日，房山区召开民主协商会，协商政协房山区第八届委员会换届工作相关事宜。听取政协房山区第八届委员会换届工作相关说明；对《政协房山区第八届委员会委员建议名单（草案）》《政协房山区第八届委员会第一次会议主席团成员建议人选名单（草案）》和《政协房山区第八届委员会第一次会议秘书长建议人选名单（草案）》进行民主协商，协商结果均无异议，就上述人选签订联合建议书。区委统战部、各民主党派、工商联、知联会及各人民团体主要领导参加会议。

（张放）

政策研究

【概况】 2016年，区研究室转变作风、改进文风，树立精品意识，写短文、说短话，戒空话、套话。起草全区性综合文稿200余篇，起草重点调研报告10余篇。完成市级重点关注课题"关于房山区加快推进国家新型城镇化综合试点工作的实践与思考""落实创新发展理念加快打造中关村南部创新城"。完成市委、市政府领导到房山区调研时的汇报材料，完成房山区第八次党代会报告起草工作，准备全区重要会议领导讲话60多篇。帮助有关单位完成区四大部门领导牵头的调研课题，加强对二级班子领导牵头课题的调研指导。2016年，确定调研课题170个，其中区四大部门领导25个，区二级班子145个课题。修改和完善区直和乡镇的考核评价办法。恢复《关于2016年房山区调查研究工作安排意见（讨论稿）》上常委会讨论的惯例。加强《房山调研》和《决策参考》两刊建设，刊发《决策参考》51期、《房山调研》6期。组织专兼职调研员培训班和调研工作推进会2次，累计培训调研工作者100余人。系统梳理房山区2年的调研工作成果、统计全区在市级以上刊物发表情况、撰写2年来区委工作总结和全区调查研究工作总结、搜集整理调研成果转化资料、印制申报书册10余种，形成近10万字的申报材料。完成《"一区一城"新房山建设区领导调研报告汇编（2015年度）》和《房山区优秀调研报告汇编（2014—2015年度）》，房山区获2014—2015年度全市调查研究工作先进单位，《关于新常态下推动房山转型发展的实践与思考》获2014—2015年度优秀调研成果三等奖。安排基层专兼职调研干部学习10余人，开展各类培训10余次，参训人数500人。

（王鹏华）

【全区专兼职调研员培训】 6月22日至24日，区研究室在北京凯悦莱温泉会议中心开展全区专兼职调研员培训。该次培训是区委组织部与区研究室联合举办，全区各乡镇的专职副书记、宣传部部长以及区直各部门的主管副职参加开班动员，邀请市委研究室、市政府研究室领导为学员专题讲解综合材料起草和调研报告写作，解读房山区"十三五"规划纲要和区委七届七次全会精神，对2015年全区调研工作进行总结、对2016年调研课题完成情况进行追踪和辅导。全区117个区直单位和乡镇115名学员，以及燕山调研系统的10余人参加培训。

（王鹏华）

【起草房山区第八次党代会报告】 11月，区研究室下发《关于做好近五年工作总结的通知》，获取全区一手资料，与组、宣、纪、燕山等相关领导一同组成起草小组，经过反复讨论、修改，完成房山区第八次党代会报告。

（王鹏华）

【2个市级重点调研课题完成】 年内，区研究室承担区委书记"关于房山区加快推进国家新型城镇化综合试点工作的实践与思考"和区长"落实创新发展理念加快打造中关村南部创新城"两个市级重点关注课题的调研工作。截至年底，两个课题已结题，得到区委、区政府主要领导的认可，并及时转化成区委、区政府的重要决策。

（王鹏华）

机关党建工作

【概况】 2016 年，区直机关工委突出党要管党，从严治党，以"围绕中心抓党建，抓好党建促发展"为主线，开展"两学一做"学习教育，成立组织督导组、宣传教育组和监督检查组，全程抓好全系统 80 个单位的学习教育活动，将党组织关系排查、党费收缴工作专项检查与合格党支部建设规范和合格党员行为规范大讨论等一系列工作贯穿于学习教育中。举办廉政知识测试、青年论坛、网络征文、名师大讲堂等系列活动。各基层党组织根据党员岗位特点和工作实际，实行党员佩戴党徽、挂牌上岗和"双亮制度"，教育引导党员铭记党员身份，尽职尽责。在服务窗口单位设立党员先锋岗、党员示范窗口，亮明办事流程和办理事项、时限等。举办"学党章党

规、学系列讲话，做合格党员"——区直机关"两学一做"学习教育知识竞赛。召开"两学一做"学习教育现场交流推进会。开展"学党章党规、学系列讲话，做'四讲四有'合格党员、做'四铁'合格领导干部"先锋实践主题演讲活动。结合各单位性质、职能和地域分布，按照随机抽查、调阅材料、座谈访谈等固定方式进行督导，采取业务工作与巡回督导相结合的方式进行检查。先后督导检查 3 批 200 余次。根据《房山区直机关党建综合考核办法（试行）》，全面科学考核系统各单位党建工作，建立健全区直机关基层党组织书记述职制度。年内，有 40 名机关党组织书记进行党建述职。出版《房山机关党建》刊物，利用微信公众号，宣传和交流机关党建的创新做法和成功经验。全年调整机关党组织 9个，调整委员 89 人次。规范指导基层党组织按期换届。召开区直机关党代表会议，选举产生 28 名出席区第八次党代会的代表。完成系统内 102 名发展党员工作。与组织部等单位共同举办干部素质提升大讲堂和党务干部培训班。区国税局机关党委、区地税局机关党委等 7 个基层党组织被评为基层服务型党组织创建示范点。党建课题"新常态下党政机关发展党员标准问题的探索和思考"获区党建研究会课题一等奖。完成党员年度统计工作。落实主体责任，加强党风廉政建设。党员干部签订《党风廉政建设责任书》和《党员干部婚丧喜庆事宜承诺书》。深化党建带工建、带团建、带妇建，围绕机关党建中心工作，发挥机关群团组织优势，开展特色活动。

（王倩）

【区直机关党组织书记述职评议会】 3月1日，房山区 2015 年区直机关党组织书记述职评议暨 2016 年区直机关党建工作会

在北京凯悦莱温泉会议中心召开。40 名机关党组织书记进行党建述职，汇报履行党建第一责任人职责情况、工作中的创新做法和成绩，分析存在的不足和问题，明确改进和努力方向。区直机关工委书记、副书记、委员和区直机关 80 个单位机关党组织书记以及部分区党风政风监督志愿者代表参加会议。

（王倩）

【党务干部培训班】 4 月 11 日至 12 日，区直机关工委在房山区委党校举办区直机关 2016 年党务干部培训班。区直机关的 84 名党务干部参加培训。

（王倩）

【入党积极分子培训班】 4 月 18 日至 19 日，区直机关工委在房山区委党校举办入党积极分子培训班。培训党的光辉历史、党的章程、党的基础知识以及理想信念教育和区情、民情及房山抗战史教育。区直机关工委系统 103 名入党积极分子参加培训。

（王倩）

【区直机关"两学一做"知识竞赛】 5 月，区直机关工委举办"学党章党规、学系列讲话，做合格党员，区直机关'两学一做'知识竞赛"。竞赛内容围绕党章党规和中共中央总书记习近平系列重要讲话以及"两学一做"文件精神，设置必答题、判断题、风险题和考察知识应用能力的现场答辩和小论坛环节。有 43 支区直机关代表队参加。区委办等 12 支代表队分获一、二、三等奖，6 名参赛选手获"小论坛风采展示奖"。

（王倩）

【机关工会服务站成立】 6 月，全市首家机关工会服务站成立。指导新建基层工会组织 1 家，为各单位新入职职工办理入会手续和京卡。全年发展会员 100 余名，办理会员出入手续 300 余人次。

（王倩）

【"两学一做"学习教育现场交流推进会】 7 月 28 日，房山区直机关"两学一做"学习教育现场交流推进会在区国税局召开。区国税局、区人力社保局、区财政局、区食品药品监管局 6 名代表作交流发言。房山区"两学一做"学习教育协调小组有关领导、区直机关工委全体干部、区直机关各单位党组织书记、党务工作者 200 余人参加会议。

（王倩）

【"两学一做"先锋实践主题演讲活动】 7 月，区直机关工委开展"学党章党规、学系列讲话，做'四讲四有'合格党员、做'四铁'合格领导干部"先锋实践主题演讲活动。9 月，区直机关工委举办房山区直机关科、处级党员干部"两学一做"先锋实践主题演讲比赛，有 41 名科级党员干部、8 名处级党员领导干部参加比赛活动。经过预赛和决赛，评出一、二、三等奖。10 月，10 名获奖者再次在机关党员干部面前进行"两学一做"先锋实践主题演讲。

（王倩）

【区直机关篮球、羽毛球、乒乓球联赛举办】 9 月至 11 月，区直机关工委先后组织举办房山 2016 年区直机关篮球联赛、羽毛球联赛、乒乓球联赛。有 433 名干部和职工参加，比赛 847 场次。

（王倩）

【区直机关党建工作考核完成】 年内，根据《房山区直机关党建综合考核办法（试行）》，区直机关工委对系统各单位 2015 年党建工作进行全面科学的考核，落实党建责任制，根据考核得分情况和基层党组织实际分层制定跟进措施，解决机关党建工作开展不均衡的问题。

（王倩）

老干部工作

【概况】 2016年，房山区委老干部局开展"两学一做"学习教育活动，解决老干部工作中遇到的重点、难点问题。学习宣传《关于进一步加强和改进离退休干部工作的意见》。举办老干部党校学习班、主题党日活动、形势报告会、研讨座谈、印发学习材料等多种形式的"两学一做"教育活动。在海逸半岛社区成立离退休干部党支部，在区门球协会、区老年书画研究会组建临时党支部，同时为离退休干部党支部书记配备助理员，协助支部书记开展工作。在区老干部大学总校基础上，分别建立区级、乡镇和社区老干部大学分校5所和大学社区课堂22所，制定《房山区老干部大学五年发展规划》。在高龄养老方面，坚持购买服务，继续与社会服务组织牵手，推出"爱心配送""爱心快递"、家政服务等系列项目。在老干部大学成立书法、摄影、民乐、舞蹈、太极5个协会和老干部大学艺术团。先后组织离退休老干部参加纪念红军长征胜利80周年书画摄影作品轮展、歌咏大会，"牵手京津冀、增添正能量"书画作品展。举办"老干部视角看房山""五田六园"摄影大赛。有85名离退休干部担任社区工作指导员。成立老干部宣讲工作领导小组，开展宣讲19场。完成"北京市老干部宣讲团首场报告会"和巡回宣讲活动15场。2016年，获北京市离退休干部工作先进单位和区文明单位标兵称号。在全区部门整体支出绩效评价为绩效等级优秀。

（张文龙）

【正能量短信创作大赛】 6月2日，区老干部局举办离退休干部"集聚正能量 助力'十三五'"主题党日暨正能量短信创作大赛决赛。以"展示阳光心态、体验美好生活、畅谈发展变化"为创作基本立意和主题。大赛领导小组通过对参赛作品前期审核，评选出15个候选作品。经过投票评选，评选出10个正能量短信。

（张文龙）

【2016年健身趣味运动会】 10月18日，区老干部局在良乡体育中心举办房山区2016年离退休干部健身趣味运动会。有羽毛球、飞镖、定点投篮等8个项目。全区80个处级单位580余名老干部参加比赛。

（张文龙）

【纪念红军长征胜利80周年文艺演出】 10月27日，区老干部大学艺术团联合北关东路社区艺术团，在北关东路社区举办纪念中国工农红军长征胜利80周年文艺演出。有诗朗诵、合唱、舞蹈、快板、京剧、葫芦丝等节目。有120余人参加演出。

（张文龙）

党校工作

【概况】 2016年，房山区党校（区行政学院）认真贯彻落实中共中央《关于加强和改进新形势下党校工作意见》和全市党校工作会议精神，以党校、行政学院和社会主义学院3个工作（暂行）条例为准则，坚持党校姓党，突出党的理论教育和党性教育的主业主课地位。主体班次从不同角度解读中共十八届五中、六中全会和中共中央总书记习近平系列讲话精神等党的基本理论，深入开展理想信念、党史国史、反腐倡廉等教育，坚持先进典型示范教育与反面典型警示教育相结合、党性分析与组织生活相结合，加强对违法违纪典型案例的剖析。深入分析当前干部教育培训需求。重点围绕中共中央总书记习近平在北京调研期间的讲话精神、首都经济形势与京津冀协同发展的战略部署等问题，按照岗位需求、组织需求、个人需求相结合的原则，采取下发需求调查表、调查问卷和召开座谈会等多种形式开展干部培训需求调研，科学设计培训内容和具体课程，聘请区有关领导和区直各部门领导针对"一区一城"新房山建设进行详细解读。建立完善干部教育动态师资库。有160余名教授和40余人的干部培训兼职教师队伍。建立健全科学的培训管理制度。坚持严格要求和人性化管理的有效结合；制定授课教师教学质量评估表，参训学员对授课教师进行综合评价打分。创新优化教学方式。加强与异地教学基地合作与交流，通过案例教学、分组研讨、主题论坛，实地调研等教学活动，激发学员的学习热情，增强教学有效性和针对性。3个现场教学专题课（"没有共产党就没有新中国"党性修养和党性锻炼现场教学专题、"产业升级创新驱动——窦店高端制造业基地"和"新型城镇化的长阳模式"）已用于主体班次课堂。坚持质量立校基本原则，以从严治校推动校风学风建设，在教学、教研、培训等主业上不断改革创新，切实发挥"一校两院三中心"职能。2016年，获北京市继续教育先进集体称号。获国家机关事务管理局、国家发展改革委、财政部联合颁发的"节约型公共机构示范单位"国家级荣誉称号。

（王双柱）

【教育培训工作】 年内，区委党校开办培训、轮训班25个，培训2718人。其中，完成党校、行政学院、社会主义学院各类主体班次14个，培训处级、科级、中青年干部1226人；配合区委组织部、区人力社保局、区社工委等委、办、局和各乡镇、街道，完成9个班次1413人的培训任务；培训河北省沧县地区党政一把手县委班子60人；培训新疆第十四师处级干部综合素质提高培训班19人。聘请专家为全区14个单位义务培训25讲。完成在职研究生教育3个班168人560学时的授课任务。完成2016级国学专业53名学员的招录工作和2013级行政管理专业51名学员的毕业工作。

（王双柱）

【教学调研工作】 年内，区委党校教师完成60人次272学时的专题和现场教学授课；开展集体备课10次，研发关于"两学一做"专题，市委全会精神专题，经济发展新常态专题，中共十八届五中、六中全会精神专题，党史专题，行政组织与效率专题等新专题课11个，其中新研发的《公文写作与处理》课程入选国家行政学院网络教育课程；完成调研报告或课题5篇、论文2篇，其中1篇论文获北京市党校、行政学院系统科研成果二等奖，1篇调研报告获区党建研究会年度优秀调研成果二等奖。

（王双柱）

【会议接待工作】 年内，区委党校会议中心接待会议178个，接待34491人次。完成北京市委考察组、市委审计组和外省市领导及北京中关村、沙河，内蒙古，辽宁开原等地挂职干部的接待任务。客房入住5399人次，餐厅接待自助餐95941人次。

（王双柱）

【二期工程建设】 年内，区委党校二期工程建设完成，包括1座学员宿舍楼、1座报告厅和餐厅加建 3 个子项目，总建筑面积 17447.31 平方米。其中，学员宿舍楼建筑面积 10372.05 平方米，内设 156 个标准房间和 10 个套间，可同时容纳 322 名学员住宿；报告厅建筑面积 6357.26 平方米，包含主报告厅 1 个、会议室 7 个、办公室 5 间及配套用房，主报告厅可容纳 728 人参会；餐厅在原有餐厅楼两层基础上加建一层，加建面积 718 平方米。

（王双柱）

【信息化建设】 年内，区委党校信息化二期工程完成，按照国家信息安全三级标准，构建立体安全防护网，对校园网、互联网和政务网、模拟视频系统，对电话系统、移动录播等系统进行全面升级改造，建成核心机房，在新建会议楼、宿舍楼 10 个套间及 15 个标间实现无线网络覆盖，在新楼报告厅安装 3 个手机信号屏蔽器和移动屏蔽器。教室达到投影机、幕布、信号源切换一键控制和名师教授、精品课程的现场录制及直播要求。对校园 24 小时无死角监控，提高安保防范等级。

（王双柱）

精神文明建设

【概况】 2016 年，房山区精神文明建设工作围绕培育践行社会主义核心价值观为主线。加强主题宣传，组织教育培训活动 320 场次，发放各类学习手册 25 万册；组织"北京榜样"故事巡讲活动，宣传"道德模范""北京榜样""身边好人"，聚焦"凡人善举"，深挖"草根明星""乡土贤人"，用身边人讲身边事，以身边事教育身边人；设立"2016北京榜样"主题活动宣传栏 47 个；联合区广电中心录制播出"闪光的平凡"20 期；向首都文明办推荐"身边好人"20 名、"北京榜样"31 名；窦店镇窦店村党委书记仉锁忠、北京凯捷风公交客运公司驾驶员张宏伟分别获北京榜样 6 月和 7 月月榜样，仉锁忠和蒲洼乡中心小学教师李文凤获 2016 中国好人榜。加强联建共建，联手驻区部队和全区单位，建立共建对子 110 个，联系部队、企事业单位、农村 230 个，受益群众近 1.2 万人；联合举办"最美家庭"系列评选活动，评选出国家级 1 户、首都级 12 户、区级 100 户"最美家庭"。开展治理拥堵、文明出行、清洁空气蓝天行动、微承诺微行动微志愿暨绿色生活好市民等系列活动，发放环保宣传品 10 余万册。组织开展"践行传统美德·培育核心价值观——争当'社区文明小使者'"主题教育实践活动和"童心向党"歌咏活动等。评选三星级以上社区文明小使者 800 余名，490 名获首都文明办表彰；推选 10 名美德少年候选人，房山中学刘佳林等 5 名学生被首都文明办评为首都最美少年。在全区 65 个公交及地铁站台采取不同方式进行文明引导，加强文明礼仪宣传，累计发放 2 万封信，好乘客推荐表 2 万份，各类宣传品 3.6 万份，照顾老、幼、病、残、孕等特殊乘客 56 次，劝阻不文明行为 360 起。成立房山区志愿服务联合会，全区注册志愿者 14.3 万人。把新型市民文明教育体系建设作为精神文明建设的载体和平台，创新内容，创新机制，整合资源，形成网络，覆盖全区。2016 年，有 198 所社区（村）分校建设达标，其中 8 所特色分校、8 所特色中心校。

（郭世卿）

【"学雷锋做文明有礼的北京人"系列活动】 3 月 3 日至 11 日，区文明办组织全区公共文明引导员开展学雷锋月系列活动。向过往群众及乘客发放《北京市民文明公约》等宣传材料 600 余份，义务指路 20 余次，劝阻吸烟者等不文明行为 10 余次。清除站台及周边 50 米范围内的非法小广告 1100 余张，清理卫生死角 29 处。擦拭宣传栏 35 块，清洗健身器械 26 台，捡拾垃圾 30 公斤，清理绿地、草坪以及地面 6000 平方米。

（郭世卿）

【清明节志愿服务活动】　3 月 19 日至 27 日，区文明办组织全体公共文明引导员到静安墓园，开展"文明祭扫"志愿服务活动。疏导各种机动车 2800 余辆，引导祭祀群众 6700 余人次，帮扶年迈祭扫老人 25 人次，捡拾垃圾 1100 余公斤。

（郭世卿）

【"绿色出行　做文明北京人"宣传活动】　4 月 11 日是北京市"排队日"，区文明办、协调办组织 200 名公共文明引导员在全区主要公交站台、交通路口、轻轨各站开展"绿色出行　做文明北京人"主题宣传活动。布置悬挂宣传条幅 23 条，发放《房山区市民文明公约》《清洁空气蓝天行动手册》等宣传材料 1430 余份，现场服务咨询市民 57 人次。

（郭世卿）

【全媒体互动传播公益行动启动】　4 月 22 日是第 47 个"世界地球日"，由首都文明办、市环保局、市志愿联合会、北京电台联合开展的"V 蓝·北京——我的环保日记"全媒体互动传播公益行动在房山区中粮智慧农场启动。各区文明办、环保局、志联会的负责人、2015 年度"绿色环保志愿服务组织"及"绿色生活好市民"获奖者代表、NGO 环保组织志愿者、社区居民等 200 余人参加启动仪式。北京新闻广播、交通广播、城市广播对活动进行全程直播。

（郭世卿）

【北京榜样故事 2016 巡讲活动】　7 月 8 日，由市委宣传部、首都文明办共同组织的"平凡中的力量"北京榜样故事 2016 巡讲活动郊区农村专场在房山区窦店村民族文化宫举行。巡讲团成员由"2015 十大北京榜样"、全国最美志愿者、空政文工团退休干部、手风琴演奏家任士荣，"2014 十大北京榜样"、第五届首都道德模范、第五届全国道德模范提名奖、市政协委员、走进崇高研究院副院长廖理纯，"2015 十大北京榜样"、第五届首都道德模范、第五届全国道德模范提名奖、北京华冠商业经营股份有限公司总经理肖英，"2015 十大北京榜样"、北京夏虹公益促进中心负责人夏虹，"2014 十大北京榜样"、北京邮电大学博士生张佳鑫，"2011 十大北京榜样"、第五届全国道德模范提名奖、全国劳动模范、全国技术能手、北京奔驰公司首席技师赵郁 6 名先进典型组成。首都文明办领导、区领导及全区各界群众代表 800 余人参加演讲活动。

（郭世卿）

【张宏伟被评为"北京榜样"年榜样】　12 月 26 日，"北京榜样"大型主题活动组委会在北京电视台大剧院举办"2016 北京榜样"颁奖典礼。房山区凯捷风公交客运有限公司窑上客运站驾驶员张宏伟被评为"北京榜样"年榜样。

（郭世卿）

保密工作

【概况】　2016 年，区保密局贯彻落实《北京市党政领导干部保密责任制实施办法》，与全区各单位一把手签订《房山区 2016—2017 年度保密工作管理责任书》，制定印发《房山区保密警示及约谈制度》。与北京交通大学保密学院签订战略合作协议。开展"保密工作提升年"、保密宣传教育和无线电知识宣传活动。

（赵婷婷　魏杰）

【保密干部培训班】 10 月 18 日至 19 日，区保密局举办房山区保密干部保密业务培训班。业务培训以保密形势教育、保密技术规范指导、实机操作演示为主要内容。120 余名专兼职保密干部参加培训。

（赵婷婷　魏杰）

【"无线电宣传月"活动】 10 月，区保密局在全区组织开展无线电宣传月活动。利用新闻媒体宣传，在《房山报》刊登《中华人民共和国无线电管理条例》和无线电知识宣传画；在城关街道办事处、拱辰街道办事处、西潞街道办事处、燕山办事处等人口密集区域发放无线电知识宣传画。

（赵婷婷　魏杰）

【"保密工作提升年"活动】 年内，区保密局开展"保密工作提升年"活动。印发《房山区保密警示及约谈制度》，对保密警示及领导干部约谈做出具体规定，明确党政领导干部的保密责任；区委保密委员会主任、区委副书记李江与全区各单位一把手签订《房山区 2016—2017 年度保密工作管理责任书》；与北京交通大学保密学院签订战略合作协议，依托保密学院的教学师资优势，加强对全区机关干部的保密培训力度。

（赵婷婷　魏杰）

【保密宣传教育】 年内，区保密局整合利用保密、组织、宣传等多方资源，强化保密宣传教育。在处级干部轮训、司法干部培训、科级干部和初任公务员培训班上开展保密"两识"教育，培训 8 次，受训人数累计

600 余人次；结合中、高考，对相关工作人员进行专题培训 2 次，培训 56 人次。开展"网络及新闻媒体保密宣传"，在房山区门户网站首页、区保密局网站、《房山报》专版登载"新修订《中华人民共和国保守国家秘密法》颁布 6 周年"图片及保密法全文；进行"百辆公交车视频宣传"活动；与城关街道办事处联合，开展"户外保密宣传"活动，悬挂保密宣传条幅、布置展板 20 块，进行现场讲解；印制 400 套涉密文件夹及订购 50 套保密宣传挂图，分发到各单位；组织开展"百题万人答卷"活动，按照领导干部与工作人员两部分开展答卷活动。

（赵婷婷　魏杰）

【中、高考和成人考试期间保密工作】 年内，区保密局对辖区内中、高考和成人考试的试卷加强安全保密措施。成立保密检查小组，制定辖区内中、高考和成人考试的试卷安全保密措施。开展监督检查，在试卷到达前，对保密室保密设施落实情况进行检查，确保各种设备处于正常工作状态；在试卷到达后，每半天对试卷保密室检查一次，直至中、高考和成人考试结束。

（赵婷婷　魏杰）

游子联络工作

【概况】 2016 年，房山区游子宏愿事业发展促进会（简称区游子促进会）围绕区委工作中心，开展游子资源调查、游子联络交流、宣传推介房山、整合提升游子人脉文化和办好事实事等工作，助推房山经济社会发展。

（李中华）

【游子刘艺森引进高科技项目】 6月1日，游子刘艺森引荐北京锐视康科技发展有限公司，入驻北京高端制造业（房山）基地，举办签约仪式。

（李中华）

【游子资源调查】 年内，区游子促进会通过电话、通信、网络等方式开展游子资源调查。新增游子20名。自1977年恢复高考后考入各类学校毕业参加工作为主的各类游子2021名。

（李中华）

北京市房山区人民代表大会常务委员会

综　述

2016 年，区人大常委会深入学习贯彻落实中共十八大和十八届三中、四中、五中、六中全会以及习近平总书记系列重要讲话精神，围绕区委七届七次全会的决策部署和全区工作大局，认真执行区七届人大五次会议决议，依法履行宪法和法律赋予的职能，切实改进工作方式方法，着力加强人大监督工作，全力推动代表工作，努力加强自身建设，不断提高工作规范性和实效性。区人大常委会积极回应人民群众对生态环境建设的重大关切，组织代表对琉璃河湿地公园、长沟泉水国家湿地公园建设情况进行视察。围绕"建设中关村南部创新城"的功能定位，积极促进科技、金融创新平台发展。组织代表对房山区科技项目建设情况进行视察。组织代表对基金小镇建设情况进行专项视察。区人大常委会高度关注房山区经济运行情况，在充分调研的基础上，听取和审议 2015

年财政预算执行及其他财政收支情况的审计工作报告、2016 年财政预算执行情况及预算调整的报告、审查和批准区政府 2015年财政决算、2016 年财政收支预算调整方案，初审 2017 年财政预算（草案）。区人大常委会高度关注棚户区改造进程对加快新型城镇化建设的重要作用。在深入调研论证的基础上，经过认真审议，批准《房山区城关中心区棚户区改造土地开发项目的议案》。区人大常委会组织代表对全区社会保障和就业服务体系建设情况进行视察。听取和审议房山区群众体育工作开展情况的报告，对房山区棚户区改造情况进行专题询问。区人大常委会抓住法律监督工作的特点，重点对《中华人民共和国妇女权益保障法》《物业管理条例》《北京市控制吸烟条例》《道路运输条例》在房山区的贯彻实施情况进行执法检查。区人大常委会积极促进新型农业产业转型发展和农村经济发展。听取和审议全区红酒产业发展情况的报告。区人大常委会坚持党管干部和人大依法行使任免权的有机统一，进一步规范和完善人事任免、宣誓程序。2016 年，任免国家机关工作人员 121 人次，组织 19 人宣誓。11月 15 日，完成新一届区、乡镇两级人大代表选举任务，选出区人大代表271名，乡镇人大代表1142名。推进"人大代表履职管理系统"建设，提高代表履职管理的科学化和系统化水平。开通代表之家微信公众号，坚持执行代表列席常委会会议和参加视察、执法检查制度，为代表依法履职创造条件。组织市、区人大代表参加区法院"感受阳光司法，见证司法改革"系列活动、法庭工作征求意见会等相关活动。2016年，区人大常委会组织代表述职评议11场，31名区人大代表向选民报告履职情况。本届区人大代表有212名代表以不同形式向选民述职，占代表总数78%。区人大常委会按照"办前分工明确、办中透明公开、办后考核通报"的工作思路，分别制定详细的议案和建议办理工作监督检查方案和监督检查工作计划，编印《区七届人大五次会议议案、代表建议办理和监督检查有关文件材料汇编》。

区人大常委会以党组为核心，坚持把党的领导体现在人大工作的各个方面。重要议题主动向区委请示报告，近年来第一次听取区人大常委会全年工作安排的汇报，给予充分肯定和大力支持。对人大常委会的重要工作、重大事项，由党组集体研究决定，提高决策的民主性、科学性。坚持制定党组全年工作要点，加强机关党总支建设和党员教育管理，坚持党组书记与各委室负责人签订党风廉政建设责任书。坚持干部队伍建设，通过学习培训、挂职轮岗、内部交流等方式，锻炼机关干部。区人大常委会坚持规范和完善相关工作制度，强力推动各项工作有序、协调、高效开展。专门两次召集专业委室、基层人大和"一府两院"被监督对象，就强化人大监督工作机制、提高人大监督工作实效性进行专题研究，征求多方面的意见建议，改进监督职责、完善监督制度、增强监督实效。不断拓展监督方式方法，建立《房山区

人大常委会专题询问暂行办法》。对询问的原则、议题、重点及询问的程序等进行规范，为开展专题询问活动，加大监督工作力度提供制度保障。人大常委会积极发挥信访职能作用，畅通信访渠道。2016年共接待来访20人次，接收上访信件45封。常委会针对信访反映的问题进行分析研究，及时转交有关部门办理，并对办理情况进行跟踪督办，为化解矛盾、维护社会稳定起到积极作用。

重要会议与决议、决定

【区七届人民代表大会第五次会议】　1月6日至9日，房山区第七届人民代表大会第五次会议在韩村河山庄会议中心召开。会议审议通过区政府工作报告、房山区国民经济和社会发展第十三个五年规划的纲要（草案）计划报告、财政报告、区人大常委会工作报告、区法院工作报告、区检察院工作报告，并作出相应决议。会议依法选举任正宽、孔庆远为房山区人大常委会副主任。

（陈昕昱）

【区七届人大常委会第二十九次会议】　3月2日，区七届人大常委会第二十九次会议召开。会议传达北京市第十四届人民代表大会第四次会议精神，并通报房山代表团履职情况。审议通过区人大常委会2016年工作要点（审议稿），委员对区人大常委会2016年工作要点（审议稿）给予充分肯定。会议表决通过区政府提请的人事任免事项，依据投票结果，任命童书玮为房山区人民政府副区长。

（陈昕昱）

【区七届人大常委会第三十次会议】 4
月 14 日，区七届人大常委会第三十次会议
召。会议听取和审议区政府关于提请审议
房山区城关中心区棚户区改造土地开发项
目的议案（草案）并作出决议，会议认为，
实施城关中心区棚户区改造项目，将有效
解决和改善辖区住房困难群体家庭的居住
条件，提高百姓生活福祉，拉动区域经济
发展，推动新型城镇化进程，加快"一区
一城"新房山建设具有重要作用。根据《中
华人民共和国人民代表组织法》，经区人大
常委会主任会议研究决定，同意区委书记、
区长曾赞荣辞去房山区政府区长职务。会
议通过无记名投票方式，选举陈清为房山
区政府代理区长。会议表决通过区政府提
请的人事任免事项。

（陈昕昱）

【区七届人大常委会第三十一次会议】 5
月 27 日，区七届人大常委会第三十一次会
议召开。会议听取和审议区政府关于全区
群众体育工作情况的报告。会议认为，区
体育局围绕"一区一城"新房山建设和新
时期首都功能定位，抓好全民健身组织、
全民健身活动、全民健身设施"三个环节"，
不断满足人民群众日益增长的多元化体育
健身需求，群众体育工作取得明显成效。
会议建议，要提高认识，把全民健身当成
大事来抓，要加强对健身器材的管理和维
护，要增加全民健身经费的投入。会议审
议通过房山区人民代表大会常务委员会专
题询问暂行办法（草案）。会议表决通过有
关人事任免事项。

（陈昕昱）

【区七届人大常委会第三十二次会议】 8
月 1 日，区七届人大常委会第三十二次会议
召开。会议听取和审议区政府关于全区红酒
产业发展情况的报告。会议认为，葡萄酒产
业是房山区经济转型的新兴产业，区红酒中
心自 2012 年成立以来，在打造中国规范的
酒庄葡萄酒产区的发展道路上取得明显成
效。会议建议，要打通关节，落实政策；要
将葡萄酒产业与旅游文化产业有机融合；要
提高认识，加强宣传；要打造品牌，推广优
质产品；要加强行业监管，提升红酒行业的
质量意识、诚信意识、安全意识。会议听取
和审议区政府关于 2015 年财政预算执行及
其他财政收支情况的审计工作报告，听取和
审议区政府关于 2015 年财政决算和 2016 年
上半年预算执行情况的报告，审查和批准区
政府 2015 年财政决算。会议表决通过有关
人事任免事项。

（陈昕昱）

【区七届人大常委会第三十三次会议】 8
月 25 日，区七届人大常委会第三十三次会
议召开。会议审议通过区、乡镇人大换届
选举时间的决定，关于任命房山区选举委
员会组成人员的决定和关于任命房山区选
举委员会各分会及乡镇选举委员会组成人
员的决定，区、乡镇人大换届选举工作的
实施方案。

（陈昕昱）

【区七届人大常委会第三十四次会议】
10 月 27 日，区七届人大常委会第三十四次
会议召开。会议审议通过区政府关于全区
重大基础设施建设情况的报告。会议认为，
区政府围绕建设"一区一城"新房山和京
津冀协同发展的战略部署，实施重大基础
设施先行战略，推进道路、交通、能源、
水资源、生态环境等重点基础设施建设，
并建立区级领导牵头重点项目制度，强化
组织实施，狠抓落实，提升城乡基本公共
服务供给能力和保障水平，为房山转型发
展储备基础和动力源泉。会议建议，要促
进重大基础设施建设有序实施，提升基础

设施承载力，拓宽融资渠道，要集中精力，加大路网重大项目推进力度。会议审议通过区政府关于加速北京基金小镇等金融产业发展，促进全区产业转型的议案办理情况报告。会议认为，区政府高度重视议案办理工作，明确承办单位职责，建立与人大的沟通机制，制定督查考核办法。在办理过程中，主动邀请代表参与，认真听取吸纳督办工作中反馈的意见建议，办理工作成效明显。会议建议，要提高认识，强化责任；健全办理工作机制，完善落实体系；突出重点，加大办理力度；要优化服务，强化保障。会议听取和审议区政府关于加强生态文明建设，推动生态宜居示范区建设的议案办理情况报告。会议认为，区政府坚持生态立区，高度重视生态环境和资源保护工作，大力加强生态文明建设和基础设施建设，加大对环境污染防治的力度，提高生态环境质量，议案办理工作成效明显。会议建议，要建立健全工作机制，强化责任意识，切实提高议案办理质量；要充分发挥公众的主体意识。会议审议通过区政府关于"六五"普法规划实施情况和"七五"普法规划制定情况的报告，通过关于开展第七个五年法治宣传教育的决议。会议表决通过有关人事任免事项。

（陈昕昱）

【区七届人大常委会第三十五次会议】 11月8日，区七届人大常委会第三十五次会议召开。会议审议通过关于接受部分人员辞去选委会职务的决定（草案）。会议对棚户区改造工作情况进行专题询问。

（陈昕昱）

【区七届人大常委会第三十六次会议】 11月18日，区七届人大常委会第三十六次会议召开。会议审议通过关于房山区第八届人民代表大会代表资格的审查报告。会议表决

通过有关人事任免事项。

（陈昕昱）

【区七届人大常委会第三十七次会议】 12月5日，区七届人大常委会第三十七次会议召开。会议听取区政府关于2016年1至10月财政预算执行、预算调整及2017年财政预算（草案）的报告；审查和批准区政府2016年财政预算调整方案；初审区政府2017年财政预算（草案）。会议认为，2016年预算执行情况平稳有序，保障全区各项事业健康发展。区政府提出的2016年预算调整方案，符合《中华人民共和国预算法》要求和房山区实际情况。2017年财政预算（草案）贯彻中央及市委市政府经济会议精神和决策部署，符合有关法律、法规及政策的规定，预算的安排基本符合房山区实际情况。为做好2017年财政预算工作，会议建议，要支持经济发展，建立持续稳定的财政收入增长机制；要加强预算管理，增强预算执行的效果；要坚持改革引领，提高财政管理水平；要健全财政监督体系，提高财政监管力度。会议讨论通过区人大常委会向区八届人大一次会议所作的工作报告（审议稿），讨论决定关于召开区八届人大一次会议的有关事项。

（陈昕昱）

【区八届人民代表大会第一次会议】 12月19日至23日，房山区第八届人民代表大会第一次会议在区会议中心召开。会议听取和审议了区政府工作报告、区人大常委会工作报告及区法院、区检察院工作报告，审议了计划报告和财政报告，并作出了相应决议。会议依法选举了房山区第八届人大常委会主任、副主任、委员，房山区人民政府区长、副区长，房山区人民法院院长，人民检察院检察长。本次会议，代表团共提出议案8件，10名以上代表联名提出议案41件，

经大会审议转交区政府办理议案 2 项、共 11 件，其余 38 件作为建议处理。另外代表提出建议、批评和意见 100 件。市人大常委会副主任刘伟，市十四届人民代表大会房山团代表，曾担任过区人大常委会主任的老领导应邀出席了本次会议。区七届政协各位副主席和委员列席了会议；房山区人民政府组成人员和各委、办、局、中心负责人；房山区燕山办事处主任、副主任，燕山地区所属各街道办事处、委、办、分局负责人；市、区双管单位行政正职；非区人大代表的乡镇党委书记、乡镇长、街道办事处主任列席了会议。

（陈昕昱）

重要工作与活动

【市人大到房山区开展全民健身立法调研】 3 月 1 日，市人大常委会到长阳镇夏场村实地调研全民健身活动场地及长阳镇体育公园体育设施建设情况，听取区体育局关于房山区全民健身工作情况的汇报、长阳镇关于全民健身运动开展情况的汇报。市人大常委会教科文卫体办、法制办，市体育局等领导参加调研。区人大常委会主任孙强、副主任任正宽，区政府副区长卢国懿陪同调研。

（陈昕昱）

【市、区人大代表视察社会保障和就业服务体系建设情况】 4 月 19 日，区人大常委会组织部分市、区人大代表实地察看长阳镇社保所、区人力资源公共服务中心 CSD 长阳分中心、人力资源综合服务大厅，并听取相关工作汇报。代表们肯定区人力社保局的工作，并就宣传、社保资金管理、基层社保人员培训等方面提出意见建议。

（陈昕昱）

【区人大代表检查妇女权益保障法贯彻落实情况】 4 月 22 日，区人大常委会组织部分区人大代表察看区妇女儿童活动中心、城关街道"妇女之家"、石楼镇草根堂种养殖合作社，观看关于反家暴微动画视频，听取区妇联关于《中华人民共和国妇女权益保障法》贯彻落实情况的汇报。代表们肯定区妇联的工作，并就加大《中华人民共和国妇女权益保障法》宣传力度，向全区有需要的妇女传播新知识、培训新技能等方面提出意见建议。

（陈昕昱）

【市人大视察少数民族乡村经济社会发展情况】 5 月 17 日，市人大常委会就少数民族乡村经济社会发展情况到北京格瑞拓普生物科技有限公司、窦店清真寺、窦店镇中心幼儿园、窦店老年活动中心、窦店民族文化活动中心、窦店村委会等地实地考察，听取相关情况汇报。区委书记曾赞荣，区委副书记、代区长陈清，区人大常委会主任孙强参加调研。

（陈昕昱）

【人大代表检查《物业管理条例》情况实行】 5 月 31 日，区人大常委会组织部分市、区人大代表实地察看万科长阳半岛、九洲溪雅苑、西潞园小区的绿化美化、环境卫生、设施建设及物业公司和业主委员会运转情况，召开座谈会，听取相关情况的汇报。代表们对区住建委取得的成绩给予肯定，对存在的物业管理体制机制不健全、业主大会组建率低、物业管理发展不平衡等问题，提出意见建议。

（陈昕昱）

【区人大代表到区司法局调研】　7月11日，区人大常委会组织部分区人大代表到区司法局座谈调研。代表们观看"六五"普法成果宣传片，并听取"七五"普法规划制定情况的说明和全区贯彻实施"六五"法治宣传教育规划情况的报告。代表们对普法工作所取得给予肯定，并就"七五"普法规划贯彻实施提意见建议。

（陈昕昱）

【市人大代表（房山团）开展年中集中活动】　7月29日，区人大常委会组织市人大代表（房山团）开展年中集中活动。会议传达市委书记郭金龙在全市2016年上半年经济形势分析会上的讲话，市长王安顺在全市2016年上半年经济形势分析会上的讲话，并征求代表对《北京市全民健身条例（征求意见稿）》《北京市制定地方性法规条例（征求意见稿）》的意见和建议。

（陈昕昱）

【市、区人大代表视察区检察院未成年人刑事检察情况】　8月2日，区人大常委会组织部分市、区人大代表视察区检察院未成年人刑事检察情况。代表们参观区检察院未成年人检察工作室，观看微动画《未未讲自护》，听取相关情况的汇报。人大代表肯定区检察院在开展未成年人刑事检察及合法权益保护方面所取得的成绩，并对今后工作提出意见建议。

（陈昕昱）

【市、区人大代表视察房山公安分局执法办案情况】　9月27日，区人大常委会组织部分市、区人大代表到房山公安分局视察。代表们实地察看执法办案中心，观看房山公安分局工作专题片《决胜》，听取相关工作的汇报，并就提高专业技能，预防和打击犯罪，加大宣传力度，共同维护全区政治、社会稳定等方面提出意见建议。

（陈昕昱）

【人大代表检查道路运输条例贯彻实施情况】　10月18日，区人大常委会组织部分市、区人大代表实地察看篱笆房客运枢纽、兴礼综合检查站内交通导流设施以及交通基础设施建设的运营情况，召开《中华人民共和国道路运输条例》座谈会，听取区交通局关于房山区贯彻落实《道路运输条例》情况的汇报，代表们对取得的成绩给予肯定，并就道路养护、方便群众出行和科学规划方面提出建议。

（陈昕昱）

【市人大到房山区调研危险废物处置和资源化利用工作】　11月2日，市人大常委会领导带领部分市人大常委会委员和市人大代表到房山区就危险废物处置和资源化利用进行调研，到北京生态岛科技有限公司、金隅琉水环保科技有限公司等地，实地察看焚烧、填埋、废弃荧光灯管处置以及飞灰工业化处置示范线运行情况。听取市环保局关于《北京市危险废物污染环境防治条例》立法有关情况和金隅集团关于危险废物处置和资源化利用工作情况的汇报。与会委员和代表们对全市危险废物管理现状以及房山区企业的危险废物处置和资源化利用工作取得的成绩给予充分肯定，并就科学监管、公共安全、企业经营许可等问题和立法方面提出意见、建议。

（陈昕昱）

北京市房山区人民政府

综　述

2016 年，房山区地区生产总值（GDP）实现 593 亿元，比 2015 年增长 6.7%。全区全社会固定资产投资完成 536.9 亿元。各项税收实现 235.7 亿元，比 2015 年下降 2.9%。其中，房山地区实现 137.6 亿元，比 2015 年增长 25.1%。财政收入 93.7 亿元，比 2015 年下降 14.3%。其中，一般公共预算收入完成 53.7 亿元，比 2015 年增长 7.1%。

落实功能定位，区域协同联动，开启转型发展。围绕"一区一城"新房山建设，推动转型发展。与保定、涿州、沙河等地市签订战略合作协议，全面展开多领域合作。完成"两线三区"初步划定方案，城乡空间布局持续优化。调整土地利用总体规划，稳步推进城市周边永久基本农田划定。赢得国家新型城镇化综合试点、国家生态保护与建设示范区政策支持。

构建高精尖结构，加快产业转型。全面启动建设中关村南部创新城，并列入全市"十三五"规划。中关村新兴产业前沿技术研究院建成运营，云端智能机器人、智能互联汽车、医工交叉研究院等项目相继落地。双创平台达 22 个，创新谷被认定为第三批国家级众创空间，北大创业训练营等 5 家平台被认定为市级众创空间，青年创业园等 4 家平台被中关村认定为特色产业孵化平台，吸引双创项目 2100 个。建设商务楼宇 300 万平方米，出台高层次人才引进支持办法，签约 10 余名千人计划专家，组建中关村南部创新城企业服务中心，设立多项支持引导基金。科技成果加快转化，国家高新技术企业突破 200 家，技术交易额 13 亿元。新兴产业加速崛起。高标准规划建设北京基金小镇，入驻机构 143 家，基金管理规模 2407 亿元，成为首批市级服务贸易示范基地。互联网金融安全产业园一期建成，注册企业 24 家。"5+X"功能区格局全面形成，产业高端化、集聚化态势明显。北京高端制造业基地入驻企业 24 家；石化基地 53 个项目建成投产；农业生态谷中粮智慧农场建成开园，7 大板块集成 27 项行业领先技术；中央休闲购物区（CSD）建成首创奥特莱斯等精品项目；中国房山世界地质公园在地质遗迹保护、科研科普宣传、精品景区建设三大领域成果丰硕，全票通过联合国教科文组织再评估，获最佳实践奖。高教园区、长阳科技园、海聚基地、良乡开发区竞相发展、不断壮大。产业结构持续优化。区域工业产值突破千亿元，房地产业实施项目87个，面积超2000万平方米，现代服务业不断壮大，文创企业超过7000家。酒庄葡萄酒产业加速迈向国际化，青龙湖、张坊两大主产区渐成规模，全区签约酒庄33家，酿酒葡萄种植2.1万亩，产值8.3亿元，惠及农民近万户，成功举办北京房山国际葡萄酒大赛。休闲旅游业各具特色，有石楼景观农业、周口店红叶节、大石窝佛文化、河北户外运动、十渡山水农家、大安山山地运动、霞云岭红色旅游、史家营养生度假等。

坚持生态立区，加强环境治理，环境建设取得新突破。产业转型步伐加快。关闭国有煤矿1家、非煤矿山7家，清退水泥企业26家、石灰企业66家、石板企业860家，彻底结束资源型企业开采加工史。提前1年完成173家污染企业退出任务。清退低端成效明显。4000余家无证无照非法类企业全部清退，1139家"散乱污"企业关停退出。拆除违法建设396万平方米，消除市级台账1545处。常住人口控制在110万人以内。大气质量持续改善。累计压减燃煤106万吨，改造燃煤锅炉2260蒸吨，基本实现六环路外延一公里范围内村庄"无煤化"、全区"百村无煤化"。建成大气自动监测网络系统，站点覆盖全区。累计检查大货车130万台次，处罚违法违章大货车39万辆次，淘汰老旧机动车8.1万辆。道路扬尘明显下降，施工现场扬尘治理做到"五个100%"。生态建设卓有成效。投入百亿元系统治理16条河道，实行"河长制"管理，启动8条黑臭水体整治。平原造林16万亩，山区造林营林79万亩。建成景观农田2万亩，登山步道38条。建成万亩滨水森林公园、青龙湖森林公园一期、兰花文化主题公园等35家公园，新增城市公共绿地221公顷。

统筹城乡发展，坚持建管并重，城乡一体化迈出新步伐。户籍人口城市化率达到60%。城镇建设加挡提速。"三三二"空间布局加速形成，呈现错位互补的发展态势。棚改工作稳步推进，城关中心区、河北镇中心区、拱辰渔儿沟、长阳黄管屯项目相继启动。利用固有资源深化与大企业合作，选取长沟、良乡、青龙湖、张坊、琉璃河、周口店6个乡镇为试点先行区，全面启动特色小镇建设，长沟镇入选首批中国特色小镇。西潞街道"北五村"改造等项目扎实推进。老旧小区改造2.1万户，建成5个新型农村社区，农宅抗震节能改造8.3万户。山区人口迁移建成安置房4327套。新城承载力持续提升。基础设施建设累计投资650亿元。大通道和公路主干网建设取得突破，轨道交通房山线并入全市轨道交通网络，燕房线建成并进入动车调试阶段，京昆高速房山段、京良快速路通车，新建改造石夏路、良常路二期、黄良路二期、千榆路等31条道路。优化公交线路60条，篱笆房客运枢纽投入使用，新增停车位5万个，投放电动出租车400辆、公共自行车3300辆，实施5项重点路段疏堵工程。建设7座集中供水厂、9座污水厂，建成污泥处置中心。老旧小区天然气改造4534户，铺设市政天然气管线60公里，全区集中供热率达76%。供电设施同步跟进，累计实施351项工程。城乡管理迈向精细化。完成市级环境建设项目20项。启动循环经济产业园和建筑垃圾资源化项目，垃圾分类达标小区达103个，被评为全国生活垃圾分类示范区。经济信息港项目获中国城市信息化服务创新奖，长阳镇列入第二批国家智慧城市试点。村庄环境整治、农业面源污染治理成效显著，农村污水处理率、清洁能源利用水平不断提高，韩村河村被评为"全国美丽乡村"，窦店村等11个村被评为"北京最美乡村"。

坚持以人为本，切实保障改善民生，社会建设取得新成效。就业社保工作扎实推进。城镇新增就业9.58万人，促进城乡劳动力就业9.69万人，城镇登记失业率控制在4%以内。社会保险实现人群全覆盖，成为国家级社会保险先行城市。启动区级社会福利中心建设。完成6290户残疾人家庭无障碍改造。建设筹集各类保障房55993套，解决区内所有经适房、限价房轮候家庭住房需求，承接市区疏解人口1.7万人。精准扶贫工作全面启动。社会事业蓬勃发展。义务教育均衡发展通过国家验收，学前教育、中小学建设2个"三年行动计划"全部完成，新建、改扩建幼儿园56所、中小学58所，成功引入40家优质教育资源，高等教育、职成教育取得长足进步，学习型房山建设持续推进。良乡医院被评为三级医院，区中医院被评为三甲中医院，引入武警总医院和北京首儿窦店儿童医院，成功创建国家级慢病综合防控示范区，人口计生工作有序推进。社会主义核心价值观深入人心，新型市民文明教育体系实现全覆盖。加大历史文化遗产保护力度，南窖村和宝水村入选中国传统村落名录。群众文化活动丰富多彩，建成区文化活动中心、良乡体育中心，长沟北京国际长走大会、长阳音乐节等品牌影响力不断提升。完成"北京市农民体育健身运动展示周"承办任务，举办第十一届全民运动会。社会治理水平稳步提高。网格化社会服务管理体系覆盖全区，建成"一刻钟社区服务圈"60个，社区办公和服务用房全部达标，认定25家"枢纽型"社会组织，社会动员机制不断完善。安全生产形势总体稳定，积极创建首都安全发展示范区，强化隐患排查治理、责任制考核、信息化支撑，形成安全生产系统化新格局。提高食品药品抽检合格率，提升防灾减灾和应急能力。完成"六五"普法、第九届社区居委会和第十届村委会换届选举。军政军民团结，连续两次获全国双拥模范区称号。民族宗教工作持续加强，民族村经济健康发展。深入开展矛盾纠纷排查化解，强化社会治安综合治理，加强反恐防恐，严厉打击各类违法犯罪活动，获全国无邪教创建先进区，完成一系列重大活动安保任务。

全面深化改革，聚焦重点突破，发展活力得到新提升。扎实推进316项重点改革任务。行政审批制度改革取得新成效。全面落实"放管服"各项措施，取消和承接行政审批事项109项，取消所有非行政审批事项，在公共服务领域全面实行"一会三函"工作流程。实行"五证合一""一照一码"登记制度。建立权责清单制度，推行"双随机一公开"监管，完善"互联网+政务服务"，市场环境不断优化。重点领域改革取得新突破。出台PPP模式实施意见，在住房保障、基础设施、环境建设等领域全面推开，吸引社会投资80亿元。设立金融工作办公室，建立企业统贷平台，有效缓解企业融资压力。公共服务领域改革列为市级改革试点，扩大政府购买服务范围；完成环卫、供热体制改革；启动公交改革，积极推进水环境治理等领域改革。制定政府购买公共文化服务实施细则，建立区级文化活动中心新型法人治理结构，出台专项小微文创企业扶持政策。深化国资国企改革，国有资产质量效益不断提高，所有者权益从40亿元发展到77亿元。深化教育综合改革，整体推进考试招生制度改革，素质教育水平稳步提升。推进公立医院改革，试点医药分开，落实医师多点执业，建成四大医联体并实现区域全覆盖。农村改革取得新成果。深入实施"新三起来"工程，农村集体经济产权制度改革基本完成，集体林权制度改革主体任务全面完成，扎实推进农村土地承包经营权确权登记颁证。探索农村闲宅利用开发模式，佛子庄第三空间、周口店黄山店试点村建设成效显著。新型农业经营主体和服务体系不断完善，创建示范合作社60个。推行村集体经济事项权力清单，开展农业水价综合改革试点，建立农村集体资产委托监管制度。累计建成一事一议财政奖补项目225个，20万人直接受益。

（刘思宇）

重要会议和活动

【中央市级媒体报道房山"清洁空气在行动"】 6月7日，《人民日报》《中国环境报》《北京日报》及北京电视台、千龙网等10余家中央、市级新闻媒体，对房山区"清洁空气在行动"工作开展情况进行联合采访报道。区委副书记、代区长陈清接受媒体采访并就房山清洁空气行动计划整体情况进行介绍。陈清从"减、退、控、转"4个方面全面解读房山在清洁空气行动计划中所做的工作。在召开的集体采访座谈会上，区市政市容委、区住房城乡建设委、区环保局、区交通局等单位对清洁空气行动计划中的具体亮点工作进行发布。

（韩苗苗）

【区政府与北京航空航天大学签署合作协议】 6月19日，房山区政府与北京航空航天大学签署《全面战略合作协议》，共同在窦店镇打造"房山北航小镇"。同时房山区政府与北京航空航天大学、中关村发展集团签署《共建医工交叉创新研究院合作协议》，共建北京航空航天大学医工交叉创新研究院。市委副书记苟仲文，市人大常委会副主任刘伟，副市长隋振江，北京航空航天大学党委书记张军、校长徐惠彬，中关村发展集团董事长许强、总经理周云帆，区委书记曾赞荣，区委副书记、代区长陈清参加签约仪式。

（王占天）

【十渡国际旅游度假区整体合作开发框架协议签署】 6月22日，房山区政府与新华联集团签署《房山区十渡国际旅游度假区整体合作开发框架协议》。根据协议，合作双方将在保护生态环境的前提下重点整合十渡风景名胜区旅游资源，完善交通和市政配套、建设旅游休闲度假设施，提升旅游服务质量和区域旅游品牌，加快景区旅游产业结构转型升级，改变十渡景区局部"脏乱差"的旅游现状，将该区域建成国家AAAAA级景区和世界级旅游目的地。新华联集团董事局主席兼总裁傅军，区委书记曾赞荣，区委副书记、代区长陈清，区政协主席唐淑荣参加签约仪式。

（韩月敏 齐子龙）

【王安顺到房山区调研】 7月13日，市委副书记、市长王安顺到房山区调研产业转型升级和生态文明建设情况。王安顺一行到窦店镇的重庆长安汽车股份有限公司北京长安公司、长沟镇、韩村河镇和青龙湖镇，实地察看房山区产业转型和生态建设工作。王安顺对北京长安公司已建项目在北京和区域经济社会发展中发挥的重要作用给予充分肯定。王安顺指出，在京津冀协同发展中，房山区要高举生态文明的旗帜，吸引更多优质资源落户房山，最终实现产业转型升级。副市长隋振江，市政府秘书长李伟一同调研。房山区委书记曾赞荣，区委副书记、代区长陈清陪同调研。

（张伟）

【房山区政府与北京出入境检验检疫局签署协议】 9 月 27 日，房山区政府与北京出入境检验检疫局签署《国家级出口食品农产品质量安全示范区建设工作框架协议》。示范区将促进房山区葡萄酒产业"规范、安全、优质"的发展，为酒庄葡萄酒房山产区与世界优秀产区相互交流创造平台。北京出入境检验检疫局局长刘德平，一轻集团党委书记、董事长苏志民，房山区委书记曾赞荣，区委常委、副区长赵军参加签约仪式。

（张伟）

【2016 北京·房山国际葡萄酒大赛】 10 月 10 日至 12 日，2016 北京·房山"BRWSC"国际葡萄酒大赛在青龙湖国际葡萄酒博览园开幕。大赛期间，举办"国际葡萄酒大师高端论坛"和"国际高端精品葡萄酒博览会"。该届大赛由比利时布鲁塞尔酒类大奖赛组委会、北京国际酒类交易所、房山区人民政府联合主办，大赛聘请 55 名国际评委和 12 名国内评委参与大赛评比。参赛酒品覆盖 31 个国家和地区，国际参赛酒品有格鲁吉亚、日本、韩国、土耳其、印度、亚美尼亚等"一带一路"沿线国家和地区的 79 个主产区。国内参赛样品来自北京、宁夏、新疆、甘肃、山东、辽宁、内蒙古等 13 个省、自治区、直辖市。采用国际级葡萄酒大赛最高标准，对 31 个国家和地区的千余款参赛酒品进行盲品，评定出大金牌 12 款、金牌 61 款、银牌 106 款。房山产区波龙堡酒庄、紫雾酒庄、仙露堡酒庄、瑞登堡酒庄、龙熙堡酒庄、年度酒庄、沃德酒庄、祥莱堡酒庄、乾元酒庄、莱恩堡酒庄、丹世红酒庄、

佳年酒庄 12 家酒庄的 64 款酒品参加品鉴。北京莱恩堡葡萄酒业有限公司的 2015 年莱恩堡赤霞珠干红葡萄酒、北京波龙堡葡萄酒业有限公司的 2013 波龙堡有机干红葡萄酒获大金奖；北京京沃德酒庄有限公司的 2015 年北红干红Ⅱ号葡萄酒、北京莱恩堡葡萄酒业有限公司的 2013 年莱恩堡品丽珠干红葡萄酒获金奖；北京京沃德酒庄有限公司的 2015 年北红干红 1 号葡萄酒、2015 年北红干红葡萄酒、2014 年北玫干红葡萄酒、2015 年北红北玫半干葡萄酒，北京莱恩堡葡萄酒业有限公司的 2014 年莱恩堡马瑟兰干红葡萄酒、2013 年莱恩堡赤霞珠干红葡萄、2014 年莱恩堡赤霞珠干红葡萄酒、2013 年莱恩堡威代尔干白葡萄酒，北京紫雾采邑酒业有限公司的 2014 紫雾干白葡萄酒，北京波龙堡葡萄酒业有限公司的 2015 年波龙堡桃红葡萄酒，丹世红（北京）葡萄种植有限公司的 2015 丹世红 1 号桃红葡萄酒，北京佳年葡萄种植有限公司的 2015 佳年桃红葡萄酒获银奖。

（刘鹏昊）

【房山区政府与渝北区签署战略合作框架协议】 10 月 13 日，房山区政府与渝北区签署战略合作框架协议。双方本着"真诚友好、扩大开放、优势互补、加强协作、互利共赢"的原则，开展创新、金融、高端制造业、现代物流和商贸流通、人才、企业等合作，建立合作协调机制、定期互访制度、联席会议制度、信息互换通报制度，充分发挥双方的优势和特色，拓展区域发展空间，共创美好未来。渝北区委书记段成刚，渝北区委副书记、区长唐川，房山区委书记曾赞荣，房山区委副书记、代区长陈清参加签约仪式。

（张伟）

【中央环境保护督察组督察北京市工作房山区动员会】 11 月 30 日，房山区召开中

央环境保护督察组督察北京市工作房山区动员会，学习贯彻上级会议精神，对房山区环境保护工作进行再动员、再部署，全力做好中央环境保护督察迎检工作。区委书记曾赞荣，区委副书记、代区长陈清出席会议。会议指出，开展环境保护督察工作是党中央、国务院的重大决策部署，是推进生态文明建设和环境保护工作的一项重要制度安排。中共中央总书记习近平高度重视环境保护督察工作，要求将环境保护督察作为推进生态文明建设的重要抓手，强化环境保护党政同责和一岗双责的要求。要增强看齐意识，深刻认识市委、市政府对大气污染防治和生态环境治理工作坚决的态度，切实把思想和行动统一到中央和市委、市政府决策部署上来。会议强调，各部门、各乡镇（街道）要高度重视，明确职责，并以此为契机，不断发现问题，切实解决好人民群众反映突出的环境问题，更好地促进各项环境保护工作的落实，全面推进房山区的生态文明建设，确保区域环境质量实现进一步改善。区领导吴会杰、刘兵、吕守军、王明哲、曹蕾、魏广勋参加动员会。

（张伟）

七届区政府常务会议

【第 99 次常务会议】 1 月 13 日，七届区政府第 99 次常务会议在区政府 426 会议室召开。会议通报区政府党组"三严三实"专题民主生活会情况。会议对各部门制定并报送 2016 年度重点工作任务计划及实施方案提出要求。会议研究并原则同意房山国土分局提出的《房山区 2016 年度土地储备开发计划建议方案》，由其按照会议要求修改完善后，以区政府名义致函市国土资源局。会议研究并原则同意区统计局、国家统计局房山调查队提出的关于开展房山区第三次全国农业普查工作的意见。会议研究并原则同意区水务局提出的《关于加强公益性水利工程建设管理的若干意见》。

（王宁）

【第 100 次常务会议】 1 月 20 日，七届区政府第 100 次常务会议在区政府 426 会议室召开。会议研究并原则同意区财政局提出的房山区 2016 年税收及一般公共预算收入预期增幅目标及任务分解方案。会议研究并原则同意区发展改革委提出的《房山区人民政府 海淀区人民政府协同发展合作框架协议》，由双方区政府择期共同签署。会议研究并原则同意区环保局提出的《关于进一步加强乡镇（街道）环境保护机构及队伍建设的实施意见》。

（王宁）

【第 102 次常务会议】 2 月 3 日，七届区政府第 102 次常务会议在区政府 426 会议室召开。会议研究并原则同意区政府办提出的《房山区政府 2016 年度绩效管理工作实施方案》，由其按照会议意见修改完善后组织实施。会议讨论房山区棚户区改造工作有关情况的汇报。会议研究并原则同意区环保局提出的《房山区 2013—2017 年清洁空气行动计划（实施方案）重点任务分解 2016 年工作措施》，由其按照会议所提意见修改完善后以区政府名义印发实施，并报市大气污染综合治理领导小组办公室（市环保局）备案。会议讨论房山区 2016 年镇村产业集聚区整治工作和 2016 年低端工业企业疏解退出工作。会议研究房山区中小河道治理任务有关情况的汇报。会议研究并原则同意区教委提出的《房山区高中阶段学校布局调整规划方案》，由其按照会议意见修改完善后组织实施。

（王宁）

【第 103 次常务会议】 2 月 24 日，七届区政府第 103 次常务会议在区政府 426 会议室召开。会议讨论关于加强房山区预算绩效管理工作有关情况的汇报。会议研究并原则同意区商务委提出的《房山区提高生活性服务业品质实施方案》，由其按照会议要求修改完善后，以区政府办名义印发。会议研究并原则同意区经管站提出的《房山区农村土地承包经营权确权登记颁证工作实施方案》，由其按照会议意见修改完善后，提请区委常委会研究审议。

（王宁）

【第 104 次常务会议】 3 月 2 日，七届区政府第 104 次常务会议在区政府 426 会议室召开。会议研究并原则同意区政府办提出的关于 2016 年人大代表建议、政协委员提案办理任务分解方案，以区政府办名义印发《关于成立房山区七届人大五次会议议案办理工作领导小组的通知（审议稿）》。会议研究并原则同意区车改办提出的房山区公务用车制度改革实施方案以及《房山区党政机关保留公务用车使用管理暂行办法》《关于区级党政机关在本市开展公务活动交通费补助管理暂行办法》《房山区党政机关公务用车制度改革车辆处置办法》《关于房山区机关公务用车制度改革中妥善安置司勤人员的实施方案》等配套文件，由其按照会议要求修改完善后，提请区委常委会研究审议。会议研究并原则同意区发展改革委提出的《房山区国家生态保护与建设示范区实施方案（2015—2020 年）》《房山区国家生态保护与建设示范区 2016 年行动计划》，由其按照会议意见修改完善后，提请区委常委会

研究审议。会议研究并原则同意区民政局提出的《关于加强房山区烈士纪念设施保护管理工作的通知》。

（王宁）

【第 105 次常务会议】 3 月 16 日，七届区政府第 105 次常务会议在区政府 426 会议室召开。会议通报市政府办公厅关于 2015 年度房山区政府绩效考评结果，会议研究并原则同意区安监局提出的《房山区生产经营单位安全生产分类分级监督管理办法（试行）》《房山区生产经营单位安全生产分类分级监督管理工作实施方案》《房山区生产安全事故隐患排查治理体系建设推广工作方案》，会议研究并原则同意区法制办提出的《发生储油储气危险化学品爆炸燃烧泄漏事件查处办法（审议稿）》，会议研究并原则同意区审计局提出的《2016 年度审计项目计划》。会议研究并原则同意区金融办提出的《房山区政府与中国银行北京分行全面战略合作框架协议（审议稿）》，由区政府与中国银行股份有限公司北京市分行择期签署。会议研究并原则同意区法制办提出的《房山区公益性公墓建设管理暂行办法（审议稿）》。

（王宁）

【第 106 次常务会议】 3 月 31 日，七届区政府第 106 次常务会议在区政府 426 会议室召开。会议研究并原则同意区审改办提出的《关于建立区政府部门权力清单责任清单制度的通知》《关于取消和调整非行政许可审批事项的通知》。会议研究并原则同意区发展改革委提出的房山区推动京津冀协同发展工作方案及 2016 年重点任务、《房山区人口调控工作专项责任清单》和《房山区 2016 年人口调控目标任务分解》，会议研究并原则同意房山工商分局提出的《房山区 2016 年打击传销工作意见（审议稿）》。会议研究并原则同意区人力社保局提出的临

聘岗位及人员清理工作安排，各相关部门要严格按照清理程序及人员招录规定开展工作。会议决定，由区环保局按照会议意见进一步细化完善《房山区集中式饮用水水源地保护区划定方案》，区政府相关领导择时召开专题会议研究。会议研究并原则同意区体育局提出的《房山区第十一届全民健身运动会整体方案》。

（王宁）

【第107次常务会议】　4月13日，七届区政府第107次常务会议在区政府426会议室召开。会议研究并原则同意区发展改革委关于报审《房山区2016年一季度经济形势分析》的请示，由其根据会议意见修改完善后，提请区委常委会审议。会议研究并原则同意区财政局提出的《关于做好区级部门财政支出进度管理和盘活存量资金有关工作的意见》，以区政府办名义印发。会议研究并原则同意区环保局提出的《房山区水污染防治工作方案》《任务分解》《达标方案》《专项实施方案》4项方案，由其按照会议意见修改完善后，提请区委常委会审议，通过后按要求上报市政府备案。会议研究并原则同意区经管站提出的《2016年一事一议财政奖补项目工作计划》，由其按照会议意见会同有关部门抓好落实。会议研究并原则同意区外事办提出的《中国北京市房山区人民政府与智利圣地亚哥市比尔盖区政府建立友好交流合作关系协议书》，由其按照外事规定履行程序。

（王宁）

【第109次常务会议】　5月4日，七届区政府第109次常务会议在区政府426会议室召开。会议研究并原则同意区发展改革委提出的《建立房山区京津冀协同发展对接推进机制工作方案》，由其根据会议意见修改完善后，提请区委常委会审议。会议研究并原

则同意区发展改革委提出的《房山区清退低端产业腾退土地综合利用的初步意见》，会议研究并原则同意区环保局提出的《房山区燃煤锅炉清洁能源改造方案》。会议研究并原则同意区财政局提出的《房山区燃煤锅炉清洁能源改造补助资金使用管理暂行办法补充规定》，由其按照会议要求修改完善后印发实施。

（王宁）

【第110次常务会议】　5月18日，七届区政府第110次常务会议在区政府426会议室召开。会议听取关于做好"12345"市长热线电话办理工作的汇报。会议研究并原则同意区编办提出的《北京市房山区服务企业发展体制机制改革实施方案》、房山区服务企业发展和产业促进联席会议成员名单及工作职责，由其按照会议意见修改完善后，提请区委常委会研究审议。会议研究并原则同意房山国土分局提出的成立房山区新城投资公司的筹建方案，提请区委常委会研究审议。会议研究并原则同意区人力社保局提出的《2016年度房山区人力资源和社会保障工作目标责任书》《2016年度房山区就业工作目标责任书》，由区政府办、区人力社保局组织好签订工作。会议研究并原则同意区体育局提出的《房山区关于加快发展体育产业促进体育消费实施办法》和《房山区关于加快发展体育产业促进体育消费工作方案》，由其根据会议意见修改完善后，分别以区政府和区政府办名义印发。会议研究并原则同意区审计局提出的申请退出参与区内部分议事协调机构的请示。会议研究并原则同意区民防局提出的《深入推进人民防空改革发展的实施方案》，由其根据会议意见修改完善后，提请区委常委会审议。

（王宁）

【第 111 次常务会议】 6 月 12 日，七届区政府第 111 次常务会议在区政府 426 会议室召开。会议研究并原则同意区政府督查室提出的《房山区人民政府督促检查工作办法》《2016 年房山区政府督查工作要点》。会议研究并原则同意区政府督查室提出的《2016 年房山区绩效考核指标》，由其按照会议意见进行核对修改完善后印发实施。会议研究并原则同意区政府办提出的《房山区开展清理整治违法违规排污及生产经营行为工作方案》，会议讨论房山区治理无照无证餐饮单位工作进展情况，会议讨论关于报审专项领域责任清单编制工作相关文件的请示。会议研究并原则同意区新农村办提出的关于《〈房山区 2016 年农村地区"减煤换煤、清洁空气"行动实施方案〉补贴资金分配等补充说明》，由其按照会议意见修改完善后，提请区委常委会审议。

（王宁）

【第 114 次常务会议】 7 月 27 日，七届区政府第 114 次常务会议在区政府 426 会议室召开。会议研究并原则同意区政府督查室提出的《房山区 2016 年度政府绩效考评任务分工方案》。会议研究并原则同意区发展改革委提出的《全面深化改革提升城市规划建设管理水平的实施意见（讨论稿）》及分工方案，由其按照会议意见修改完善后，提请区委常委会审议。会议研究并原则同意区发展改革委提出的《房山区"十三五"规划纲要重点工作分工方案》，会议研究并原则同意区财政局提出的《房山区 2015 年财政决算和 2016 年 1—6 月份预算执行情况报告》。会议研究并原则同意区审计局提出的《房山区 2015 年度预算执行及其他财政收支情况的审计结果报告》，由其按程序提请区人大常委会研究审议。会议研究并原则同意区人力社保局提出的《房山区机关事业单位工作人员养老保险制度改革实施方案》，并分两批进行，由区人力社保局按照会议意见对方案修改完善后，提请区委常委会研究审议。会议研究并原则同意由长阳镇政府、琉璃河镇政府与国网北京市电力公司签署《良乡北 220 千伏输变电工程投资划分协议》《建设官道 110 千伏输变电工程投资及产权划分协议》。会议研究并原则同意区发展改革委提出的《北京市房山区人民政府与重庆市渝北区人民政府战略合作框架协议》，由其按照会议意见修改完善后，以区政府名义与重庆市渝北区人民政府签署。会议研究并原则同意房山区申报第一批首都公共文化服务示范区创建资格，以区政府名义向市文化局提出申请。会议研究并原则同意区财政局提出的关于 2016 年房山区地方政府债务纳入限额管理的请示，由其按照会议意见修改完善后，提请区人大常委会研究审议。

（王宁）

【第 116 次常务会议】 8 月 24 日，七届区政府第 116 次常务会议在区政府 426 会议室召开。会议研究并原则同意区发展改革委提出的《关于加大人口调控力度确保完成全年人口调控目标的建议》。会议研究并原则同意区发展改革委提出的《房山区"十三五"时期人口调控与发展规划》，由区发展改革委按照会议意见修改完善后发布实施。会议研究并原则同意区科委提出的《房山区"十三五"时期科技发展规划》。

（王宁）

【第 117 次常务会议】 8 月 31 日，七届区政府第 117 次常务会议在区政府 426 会议室召开。会议研究并原则同意区人力社保局提出的《房山区临聘岗位分类管理办法》《房山区新型农村合作医疗管理机构整合工作方案》。会议研究并原则同意区环保局提出的《房山区贯彻落实〈京津冀大气污染防治强化措施（2016—2017年）〉实施方案》，由其按照会议要求修改完善后，报市政府备案。会议研究并原则同意区司法局提出的《在全区开展法治宣传教育的第七个五年规划（2016—2020年）》，由其按照会议要求修改完善后，按程序提请区委常委会研究审议。会议研究并原则同意区水务局提出的《房山区"十三五"时期水务发展规划》。

（王宁）

【第120次常务会议】 9月28日，七届区政府第120次常务会议在区政府426会议室召开。会议研究并原则同意区财政局提出的2016年一般公共预算财政收入全年预计完成情况及所提意见建议，由其根据会议意见修改完善后报区委常委会审议。会议研究并原则同意区审改办提出的《房山区城市环境秩序治理专项责任清单》和《房山区烟花爆竹安全管理责任清单》，由其根据会议意见修改完善后，以区政府办名义印发，并向社会公开。会议研究并原则同意区审改办提出的《房山区2016年推进简政放权放管结合优化服务改革重点任务（审议稿）》，会议研究并原则同意区安监局提出的《房山区生产安全事故隐患排查治理实施办法（草案）》，会议研究并原则同意区水务局提出的《房山区实施河道生态环境管理"河长制"工作细则》。

（王宁）

【第121次常务会议】 10月11日，七届区政府第121次常务会议在区政府426会议室召开。会议研究并原则同意区发展改革委提出的《房山区"十三五"时期推动京津冀协同发展规划》，由其根据会议意见修改完善后，提请区委常委会审议。会议研究并原则同意区发展改革委提出的《推进供给侧结构性改革加快建设生态宜居示范区实施方案》，区经济信息化委提出的《房山区清理整顿低端工业企业工作方案》，区环保局提出的《房山区空气重污染应急预案（2016年修订）》，区市政市容委提出的《房山区国家卫生区复审工作实施方案》。

（王宁）

【第122次常务会议】 10月19日，七届区政府第122次常务会议在区政府426会议室召开。会议研究并原则同意区发展改革委提出的《2016年三季度全区经济形势分析》，由其根据会议意见进一步修改、完善、提炼后，提请区委常委会研究审议。会议研究并原则同意区环保局、区水务局提出的《房山区水环境区域补偿办法（试行）》，区卫生计生委提出的《房山区加强村级医疗卫生机构和乡村医生队伍建设实施方案》。会议研究并原则同意区查违办提出的《房山区违法建设专项治理工作五年行动方案》，由其根据会议意见修改完善后，以区政府办名义印发并上报市专指办。

（王宁）

【第123次常务会议】 11月11日，七届区政府第123次常务会议在区政府426会议室召开。会议讨论《2016年度区政府绩效考评体系指标落实情况》。会议研究并原则同意区减煤换煤办提出的《2017年农村地区煤改清洁能源项目资金概算》和区环保局提出的《房山区2017年燃煤锅炉清洁能源改造工作方案》，分别由其根据会议意见进一步修改完善后，提请区委常委会研究审议。会议研究并原则同意区人力社保局提出的《房山区社会公益性就业组织管理试行办法》，区经管站提出的《加强农村集体经济审计工作的意见》。

（王宁）

【第125次常务会议】 12月14日，七届区政府第125次常务会议在区政府426会议室召开。会议研究并原则同意区应急办提出的《房山区突发事件总体应急预案（2016年修订）》，区经济信息化委提出的《房山区"十三五"时期信息化发展规划（2016—2020年）》。会议研究并原则同意房山国土分局提出的《房山区2017年度土地储备开发供应计划》，由其按照会议意见修改完善后，以区政府名义函告市规划国土委。会议研究并原则同意房山国土分局提出的《房山区开展建设占用耕地耕作层土壤剥离利用工作的实施意见》。

（王宁）

法制建设

【概况】 2016年，房山区法制建设以《法治政府建设实施纲要（2015—2020年）》为主线，围绕"一区一城"新房山建设中心任务，全面推进依法行政。在全区经济社会发展重大行政决策上，保障区政府依法、科学、民主决策；在促进各部门依法履职方面，保障、加强和改善行政执法、强化执法协调配合、简化行政审批、提高办事效率上取得新进展、新突破。区法制办制定《房山区2016年依法行政工作要点》，按照法制工作的总体思路和年度工作任务开展相关工作；起草并以区政府名义印发《2016年区政府常务会议会前学法工作计划》，安排会前学法9次；依法审核区政府重大合同、合作协议53件，总投资额1427.91亿元；完成市法规、规章征求意见稿17件。全年，接到行政复议申请350件，立案审查150件；接待信访复查投诉请求323件次，立案受理61件，立案数量比2015年增长118%。完成市政府

法制办组织的全市重大行政决策案例评查工作，整理报送房山区2014—2016年重大行政决策事项目录，组织区发展改革委整理、撰写房山新城现代有轨电车L1线规划方案和融资方案重大行政决策案例材料，送市政府法制办参加评查。2013年至2016年，房山区连续4年在市政府法制办依法行政信息考核中名列全市前三名。

（赵静怡）

【规范性文件草案审核】 年内，区法制办审核各类文件草案156件。其中，依法审核《北京市房山区人民政府 国开东方城镇发展投资有限公司〈关于建设北京青龙湖国际新型城镇战略合作协议〉补充协议》《北京市房山区人民政府 中国银行股份有限公司北京市分行 全面战略合作协议》等区政府重大合同、合作协议53件，协议投资总额1427.91亿元。向市政府备案行政规范性文件3件；区政府各部门、乡镇、街道办事处向区政府备案行政规范性文件4件。

（赵静怡）

【依法履行执法职责】 年内，区法制办协调解决行政执法疑难问题38件，现场检查4次。协助房山国土分局、区住房城乡建设委、区环保局、区安全监管局等部门理清"限制类、禁止类"产业清单。对区政府本级和30个部门的行政权力进行审核，以政府文件印发全区执行。随机抽查规范事中事后监管工作，负责对各部门双随机事项的审核。

（赵静怡）

【行政复议案件办理情况】 年内，区法制办接到各类行政复议申请350件，其中立案受理150件，案前有效化解90件，告知途径110件。审结行政复议案件199件，其中结转上期49件，制发行政复议建议函2件。复议案件纠错率29.1%。

（赵静怡）

【信访复查工作情况】 年内，区法制办接待各类信访复查投诉请求 323 件次。其中，立案受理 61 件，解答咨询、告知途径、案前调解等案前化解 262 件次。立案受理的复查案件涉及 9 个乡镇、街道办事处，5 个委、办、局。申请人不服区政府复查意见向市政府申请复核 8 件，市复核处已审结 7 件，复核结果均为维持，结审结复查案件准确率 100%。

（赵静怡）

机构编制

【概况】 2016 年，机构编制工作围绕全面打造京保石发展轴桥头堡的奋斗目标、建设生态宜居示范区和中关村南部创新城的功能定位，持续推进简政放权、放管结合、优化服务，不断深化行政管理体制改革，加快政府职能转变，严格控制机构编制，优化执政资源配置，在服务和保障"一区一城"新房山建设大局中开创机构编制工作新局面。制定《北京市房山区人民政府办公室关于推广随机抽查规范事中事后监管工作实施方案》，开展房山区推广随机抽查规范事中事后监管工作。组织召开房山区"双随机、一公开"工作推进会。推行空编使用预审工作制度，将传统的面对面送审方式调整为传真报审，方便服务对象。开展"三定"规定执行情况专项评估工作。落实审批事项精简和市级下放事项的承接工作。编制完成《房山区加强事中事后监管典型经验汇编》《北京市房山区农口系统改革方案》。会同区法制办对相关部

门"双随机、一公开"工作实地督查。在 5 年一次的评选中，区编办被人力资源社会保障部、中央机构编制委员会办公室授予"全国机构编制工作先进集体"称号。

（白甜甜）

【服务企业体制机制改革】 1 至 6 月，区编办研究制定《房山区服务企业发展体制机制改革实施方案》，通过搭建管理架构、重构领导体制、完善运行机制、再造工作流程等，建立联席会议，组建北京中关村南部（房山）科技创新城企业发展服务中心，挂北京市房山区投资促进局牌子。

（白甜甜）

【调整区、街乡综治办机构名称】 2 月，区编办根据市编办《关于区县街乡社会管理综合治理委员会办公室更名的通知》和《关于同意北京市房山区社会管理综合治理委员会办公室更名的批复》，房山区社会管理综合治理委员会办公室更名为房山区社会治安综合治理委员会办公室（简称区综治办），为房山区综治委的常设办事机构，与区委政法委一个机构、两块牌子；各街道、乡镇综治委名称由"××（街道、乡镇名称）社会管理综合治理委员会"更名为"××（街道、乡镇名称）社会治安综合治理委员会"；各街道、乡镇综治办名称由"××（街道、乡镇名称）社会管理综合治理办公室"更名为"××（街道、乡镇名称）社会治安综合治理办公室"。

（白甜甜）

【权责清单编制工作】 3 月，区编办编制公开《房山区政府部门行政强制等权力清单》《房山区行政许可事项清单》和《房山区政府部门行政职权运行通用责任清单》。6 月，编制公开《北京市房山区违法建设治理责任清单》《北京市房山区大气污染防治责任清单》和《北京市房山区建筑工程安全管

理责任清单》三大专项领域责任清单。10月，编制公开《北京市房山区城市环境秩序治理专项责任清单》和《北京市房山区烟花爆竹安全管理责任清单》两大专项领域责任清单。11月，编制公开《房山区服务企业事项清单》。12月，编制公开《北京市房山区环境保护工作职责分工》。

（白甜甜）

【非行政许可审批事项清理工作】 3月，按照《北京市人民政府关于深入推进行政审批制度改革工作的实施意见》，区编办对房山区原暂予保留的111项非行政许可审批事项全面清理，取消和调整非行政许可审批事项，不再保留"非行政许可审批"权力类别。

（白甜甜）

【房山区七渡培训中心撤销】 3月，根据市委、市政府对培训中心整改工作的部署及市编办《关于同意调整设立北京市房山区金融产业服务中心的函》，撤销房山区七渡培训中心机构设置，核销相当副处级领导职数2名。

（白甜甜）

【房山区金融产业服务中心成立】 3月，根据市编办《关于同意调整设立北京市房山区金融产业服务中心的函》，成立房山区金融产业服务中心，为区金融局所属相当副处级财政补助（全额）公益一类事业单位。核定主任1名（相当副处级），核定临时副处级领导职数1名，2018年年底自行核销。同时成立北京互联网金融安全示范产业园管理委员会，机构挂靠在房山区金融产业服务中心，编制统筹使用。

（白甜甜）

【城乡居民基本医疗保险管理体制调整】 8月，根据《市编委印发〈调整完善本市城乡居民基本医疗保险管理体制的方案〉的通知》，由区卫生计生委承担的新农合行政管理及经办职责交由区人力社保局负责，区人力社保局负责全区城乡居民医保管理工作。

（白甜甜）

【区妇幼保健和计划生育技术服务机构调整】 9月，根据市编办《关于调整房山区妇幼保健和计划生育技术服务机构设置的函》，房山区妇幼保健院更名为房山区妇幼保健计划生育服务中心，保留原有"北京市房山区妇幼保健院"牌子，机构性质、处级领导职数不变。

（白甜甜）

【证明清理工作】 11月，区编办开展基层证明和盖章环节的清理工作，落实《关于取消调整74项市政府部门要求基层开具的涉及群众办事创业各类证明的通知》，对应取消调整60项，区级部门设定的基层证明取消调整2项。

（白甜甜）

【卫生和计划生育行政执法机构调整】 12月，根据《市编办关于调整房山区卫生和计划生育行政执法机构设置的批复》，整合房山区卫生行政执法职能和计划生育行政执法职能，房山区卫生局卫生监督所调整为房山区卫生和计划生育监督所（简称区卫生计生监督所），是区卫生计生委所属行政执法机构，机构性质、规格、编制、领导职数均不变；相应调整燕山卫生监督所的机构设置。

（白甜甜）

【核准编制使用1197名】 年内，区编办为全区各单位办理编制核准使用审批291件，核准编制使用1197名，其中审批使用行政编制92名、执法专项编制23名、政法专项编制45名、统计专项编制8名、全额拨款事业编制917名（含参公单位使用的事业编制19名）、差额拨款事业编制112名。

（白甜甜）

【事业单位法人登记管理工作】　年内，区编办完成全区709家事业单位2015年度报告报送工作；完成事业单位法人登记变更登记134家，其中法人变更登记126家、注销登记1家、设立登记7家；完成77家机关、群团单位的统一社会信用代码证书的赋码工作；随机抽取10家事业单位开展实地抽查。

（白甜甜）

外　事

【概况】　2016年，全区办理因公出国团组44批、68人次。完成2016北京·房山国际葡萄酒大赛的外事服务工作。为驻区企业进行国际业务往来提供服务。申办APEC商务旅行卡25张；为北京波龙堡有限公司等5家驻区企业邀请外商来华进行商务谈判和技术合作办理邀请确认函11件。利用外事平台，为房山区中学生创造锻炼展示的机会。

（殷兆伟）

【签署系列教育合作协议】　8月7日至14日，房山区教育代表团参加第二届中芬基础教育高峰论坛。论坛期间，与芬中教育协会签署框架教育合作协议，协议约定在多方面、多层次推进2个国家学生互访，组织建立两地中小学友好学校，合作开展干部教师培训项目，共创中芬教育培训基地等方面展开深度合作。房山区实验中学、房山五中、行宫园学校分别与芬兰不同学段学校缔结成为姊妹校，为2个国家中小学生搭建跨国互访、社会实践、文化交流的平台。

（殷兆伟）

【国际葡萄酒大赛外事服务工作】　年内，区外事办完成2016北京·房山国际葡萄酒大赛境外推介会人员的出国手续办理和国际评委的邀请函办理工作；完成协调副市长林克庆会见法国参议员代表团的各项礼宾和接待工作。

（殷兆伟）

信　访

【概况】　2016年，全区信访工作推进"阳光信访""责任信访""法治信访"建设，发挥信访工作化解矛盾、促进和谐、维护稳定的作用。落实初信初访首接首办责任制，做好群众来信、来访的受理工作。综合梳理2015年以来房山区的重点访54件，主要在拆迁安置、房屋质量、房产证办理、物业管理、劳资福利、历史遗留等方面。其中，42件重点访起草专题情况报告，提出具体工作建议。对已形成的重复信、重复访，逐案建立工作台账，联系涉事单位、责任主体，搭建协调化解平台。落实综治、信访、维稳、公安"四位一体"的矛盾化解机制，认真分析缠访、闹访问题，按照反映诉求推进分类处理，对诉求过高的，采取教育疏导为主，通过联合答复、亲情转化等方式，有效化解。对无理取闹的缠访、闹访人员，依照《公安部关于处置信访活动中违法犯罪行为适用法律的指导意见》等相关规定，依法严厉打击。加强信访积案化解工作。对重点人、重点访加强思想疏导、教育稳控。对逢会必闹、逢会必访人员，建立专班专组，逐一制定稳控方案，组建公安、信访和重点乡镇为主的进京小分队，做好信访末端处置工作。

（赵文琪）

【主题宣传日】 5月5日，房山区开展"信访法治在路上，网上信访更阳光"主题宣传日活动。拱辰街道昊天广场为主会场，各乡镇街道为分会场。发放国务院《信访条例》和《北京市信访条例》宣传折页、海报等宣传品3万余份，悬挂横幅100余条，展板、板报等近500块，向作答信访知识问答小试卷的群众发放纪念品5000余份，咨询110余人次。

（杨硕 赵文琪）

【信访业务培训会】 6月27日至29日，区信访办对全区信访干部开展业务员培训。聘请市、区接访、办信、督查等部门领导，就从如何规范办信、网信、接访、督查业务程序方面进行专题讲解。参训人数100余人。

（杨硕 赵文琪）

【信访信息宣传工作培训班】 10月20日，区信访办举办信访信息宣传工作培训会。就做好信访信息工作的意义，如何撰写信访信息稿件，围绕"及时、准确、全面、严谨、精炼"5个方面要求进行详细讲解。全区各乡镇、街道信访工作人员近30余人参加培训。

（杨硕 赵文琪）

【全年信访量】 年内，全区受理群众信访总量7366件次，比2015年减少12.8%；受理群众来访1198批5894人次，比2015年批次和人次分别减少43.4%和21.4%；到区集体访229批4642人次，比2015年批次和人次分别减少29.8%和10.6%；受理群众来信1472封，比2015年增长56.4%。开展常规排查11次，大排查2次，专项排查3次，排查出重点矛盾纠纷34件，重点人126人。

（杨硕 赵文琪）

应急管理

【概况】 2016年，房山区完善应急体系，修订完成《房山区突发事件总体预案》。落实京津冀协同发展战略，与河北省保定市签订《应急管理工作合作协议》。加强全区应急管理体系建设，初步形成应急管理联动机制。在重要节假日和各类敏感时期，提前下发加强值守应急通知，要求各有关单位加强值守应急、信息报送、应急处置等各项工作。印发《关于加强2016年全国"两会"期间全区公共安全和应急管理工作的通知》，制定《G20峰会期间安保应急工作方案》。编制完成《房山区"十三五"时期应急体系发展规划》。开展防灾减灾宣传周系列活动。妥善处置各类突发事件和突出情况。年内，向北京市应急网报送信息1648条。制发值班快报46期。

（宋东东）

【防灾减灾宣传周】 5月9日至15日，房山区开展防灾减灾宣传周系列活动。11日，北京市防空防灾公共安全宣教示范村在良乡镇刘丈村启动，市民防局、市应急办、市住房城乡建设委和区政府的领导出席活动，志愿者及部分村民参观示范村应急指挥室、物资储备库、医疗室、公共安全宣传广场等示范村建设成果；并启动村级公共安全服务平台；各乡镇街道、各相关部门也按照职责分工，分别开展有针对性的应急演练和宣教活动，发放宣传图册、宣传品10万余份，展板106块，悬挂横幅10余条，受教育群众数万人。

（宋东东）

【《房山区突发事件总体预案》修订】 3月，房山区启动《房山区突发事件总体预案》的修订工作。5月，完成初步修订，书面征求乡镇（街道）、专项指挥部、有关部门等68家单位及房山区应急委领导意见，形成《房山区突发事件总体预案》。12月23日，印发全区，作为指导房山区各乡镇（街道）、各专项指挥部、有关部门和单位修改预案的依据和参考。

（宋东东）

【《房山区"十三五"时期应急体系发展规划》编制】 6月，房山区编制完成《房山区"十三五"时期应急体系发展规划》。该规划是针对"十二五"时期应急体系发展的突出问题和"十三五"时期重点任务，与《房山区国民经济和社会发展第十三个五年规划纲要》及其他专项规划内容进行衔接而编制的。

（宋东东）

【应对"7·20"暴雨】 7月19日6时至21日8时，房山区平均降雨量为258.2毫米，全区最大站点北窖426.6毫米，其中南窖415毫米、上英水401毫米、军留庄381.5毫米。大石河漫水河水文站最大洪峰1080立方米/秒，小清河窖上站最大洪峰500立方米/秒，拒马河张坊水文站最大洪峰166立方米/秒，启动红色汛情预警，组织群众避险转移。霞云岭乡、十渡镇、大安山乡、佛子庄乡、史家营乡、周口店镇、窦店镇、石楼镇、大石窝镇、河北镇等16个乡镇74个村转移385户1020人。

（宋东东）

【与保定市签订应急管理工作合作协议】 7月27日，为贯彻落实《北京市、天津市、河北省应急管理工作合作协议》、深化京津冀三地应急管理工作合作，房山区政府与河北省保定市政府签订《北京市房山区与河北省保定市应急管理工作合作协议》。该协议发挥双方优势，构建条块结合、区域协同、全方位、多层次的应急管理合作工作格局，实现信息互通、预案对接、技术互联、联演联训、资源共享、处置协同等合作交流机制。

（宋东东）

【庄户台村发生山体崩塌】 8月5日5时10分，霞云岭乡庄户台村台儿港片山体发生崩塌。塌方量1万立方米，17间房屋不同程度受损，其中掩埋7间。该片区居民均已提前转移安置，无人员伤亡。事发后现场安排人员看守24小时，严禁人员出入险区，防止次生灾害发生。

（宋东东）

【油罐车泄漏事故】 10月30日3时50分左右，六环路房山段内环97.5公里处发生一起交通事故，一辆载有石脑油的罐车与一辆大货车发生剐蹭，造成油罐车石脑油泄漏，面积约200平方米，未造成人员伤亡。事故发生后，市领导做出批示要妥善处置、做好善后工作。房山区成立临时应急指挥部，及时采取分流、限行、环境监测等措施，未造成较大泄漏，避免衍生灾害发生。至11时，道路现场清理完毕，交通全面恢复。泄漏到路基外的石脑油已由燕东化工公司进行吸附处理，未造成环境污染。该次事故处置出动消防官兵、交通和公安干警200余人，消防车33辆。

（宋东东）

【全年防汛工作】 年内，房山区启动蓝色汛情预警4次，黄色汛情预警5次，橙色汛情预警3次，红色汛情预警响应1次。转移危旧房屋、泥石流易发区、采空区等险村险户4372人次，涉及城关街道、周口店镇、霞云岭乡、十渡镇等24个乡镇398个村。对拱辰、西潞、城关、长阳下凹桥区、低洼易积水路段提前布控，采取交通管制20处次。密切关注全区16条中小河道及8座中小型水库水位上涨情况，做到发现险情，及时报告，及时处置，确保全区水利工程安全运行。防汛期间，出动抢险人员12219人次，出动抢险车辆及设备等1992辆套，区级施工机械抢险队、排水抢险队、森林消防防汛抢险大队共计出动906人次，抢险设备131辆套，其中抢险车辆91辆。

（宋东东）

史志工作

【概况】 2016年，房山区史志工作以创全市、全国一流水平为目标，以资政育人为根本目的，以开门办史志为工作思路，不断构建"大史志"工作格局。策划北京市首家乡愁馆展览，筹建区县第一家方志馆，在霞云岭乡堂上村党旗广场举办全市首次党史宣传月活动启动仪式。开展老党员口述资料征集，编写《中国共产党房山区历史》《北京市房山区重要文件选编（第五卷）》《北京志·云居寺志》，出版《北京房山年鉴（2015）》《房山云居寺画册》。指导编修《元阳水村志》《房山文化馆志》等。与市地方志办合作拍摄专题片《房山花会》《房山高线》。在第二届北京市年鉴编校质量评比中，《北京房山年鉴（2015）》获一等奖。

（王静　刘辉）

【《房山云居寺画册》公开出版】 1月，在房山石经刊刻与云居寺创建1400周年之际，区史志办与云居寺文物管理处联合编辑的《房山云居寺画册》由方志出版社公开出版。画册对寺院历史、殿宇建筑、石经保存、古塔风采、历代碑刻、佛祖舍利等进行全方位的记述，回顾云居寺的沧桑历史，陈述云居寺传奇丰采，突出石经独有之貌和寺院佛教圣地之容，让读者多角度了解云居寺的历史与现状。画册分佛教圣地、寺院殿宇、石经沧桑、塔林风雨、碑刻传奇、佛教圣物、佛事活动7个部分，收录照片468张。

（王静　刘辉）

【全市首家乡愁馆开馆】 2月2日，由区史志办策划的全市第一家以"难忘乡情 家园情怀"为主题的乡愁馆在韩村河镇龙门生态园开馆。该馆以北方农村发展历史脉络为暗线，以房山地区发展为明线，分乡史、乡土、乡韵、乡趣、乡音五大部分，通过图片、文字、实物、影像、泥塑等方式进行展示，展出照片200余张，实物100余件。

（王静　刘辉）

【代表全市参加全国地方志会议】 4月19日至20日，全国地方志基层基础工作会议在四川省凉山彝族自治州西昌市召开。区史志办主任李桂清参会，并从推动"史志出书斋"，融入地区热点全过程；注重"开门办史志"，共用共享史志资源；借助地方志讲好"房山故事"，生动普及史志成果等3个方面代表北京市作交流发言。

（王静　刘辉）

【西藏自治区到房山区调研地方志立法工作】 5月11日，西藏自治区党委党史研究室主任汪德军、西藏自治区政府法制办公室行政立法处调研员陈健坤、西藏自治区政府法制办公室行政立法处副处长王忠琦等5人到房山区调研地方志立法工作。北京市地方志办副主任张恒彬，区委宣传部及区史志办有关人员参加座谈会。

（王静　刘辉）

【区委常委会听取史志工作汇报】 6 月 13
日，七届区委常委 206 次会议召开，会议
听取区史志办工作情况和"党史宣传月"活
动启动仪式筹备情况汇报。区史志办主任李
桂清从史志工作主动融入全区大事要事，积
极发挥资政育人作用，主动融入区域形象外
宣，积极发挥存史传承作用，坚持"开门办
史志"，共用共享史志资源等方面汇报史志
主要工作，并重点汇报全市"党史宣传月"
活动启动仪式工作。

（王静 刘辉）

【《北京房山年鉴》被中国年鉴全文数据库
收录】 6 月，经《中国知识资源总库》编
辑委员会审核同意，区史志办编辑的《北京
房山年鉴》被"中国年鉴全文数据库"全文
收录。中国知识资源总库是"十一五"国家
重大网络出版工程子项目，获首届中国出版
政府奖网络出版物提名奖。

（王静 刘辉）

【《房山花会》专题片制作完成】 9 月，
区史志办与市志办联合拍摄的《房山花会》
专题片制作完成。专题片时长 37 分钟，选
取佛子庄乡的音乐会、狮子会、大鼓会，南
窖乡的中幡会等具有代表性的花会，展现房
山民间花会悠久的历史和房山质朴的民风，
为探寻古音乐、觅迹古习俗提供标本。

（王静 刘辉）

【《北京房山年鉴（2015）》获奖】 12 月，
区史志办编辑的《北京房山年鉴（2015）》
获第二届北京市年鉴编校质量评比一等奖。
该部年鉴 83.8 万字，翔实记载 2014 年度房
山区经济和社会发展成就。

（王静 刘辉）

档案工作

【概况】 2016 年，区档案局（馆）对各
立档单位 2015 年形成的档案及日常工作中
出现的问题进行指导，外出指导 181 次 361
人次，审查划分档案保管期限 36876 卷
（件）。以机关档案工作测评为工作重点，
对有意向开展此项工作的机关单位做好指
导服务。区地税局、区成教中心、窦店镇 3
家单位通过机关档案工作测评。规范指导区
群众路线教育实践活动与"三严三实"教育
实践活动档案的整理与数字化工作。全程跟
踪指导"一带一路"国际葡萄酒大赛的有关
档案资料的收集、整理工作。完成 8 家重点
建设项目档案管理登记工作。协调相关涉农
单位，做好市新农村建设档案工作测评迎检
工作。探索农村档案管理新模式，开展村级
单位档案数字化工作试点。对西潞街道苏庄
村、长阳镇保合庄村室藏文书档案重新鉴定
保管期限，指导 2 个试点村完成档案的规范
整理与数字化工作。做好土地确权登记颁证
档案管理工作。举办全区性大型培训 2 次，
培训专兼职档案员 338 人次。完成 12 个实
地检查单位的行政执法检查工作。接收 20
家立档单位 2007 年以前形成的档案 3 万余
卷(件)。审理开放档案 27655 件，开放 11922
卷。对馆藏 1985 年形成的已满 30 年的文书
档案进行开放鉴定，对 4025 卷进行开放审
查。全年，利用档案 4080 人次，5145 余卷
（册），出证 3351 份。接收 68 个单位公开
信息文件 1169 份。与区广播电台共同制作
30 期《红色记忆》系列广播。编辑完成《记

录房山》。制作推出"纪念红军长征胜利 80 周年暨中国共产党建党 95 周年"专题展。举办以"档案——与你相伴"为主题的第四届"国际档案日"暨北京市第八届"档案馆日"活动。

（何涛）

【档案行政执法检查首次双随机抽取】 4 月 5 日，根据《北京市房山区档案局关于在档案行政执法检查中实行随机抽查的通知》，区档案局从区档案行政执法检查对象名录库和区档案局执法人员名录库中进行随机抽取。该次随机抽取确定的受检单位为区妇联、区园林绿化局、十渡镇。4 至 5 月，对随机抽取单位进行执法检查。

（何涛）

【档案执法员培训会】 5 月 18 日，区档案局召开 2016 年执法员培训会。培训内容为：介绍 2016 年档案行政执法抽查安排与流程；结合《中华人民共和国行政处罚法》《北京市行政处罚案卷标准和评查评分细则（2016）》，评析模拟行政处罚案卷。全局 12 名行政执法人员参加培训。

（何涛）

【"国际档案日"活动】 6 月 13 日至 17 日，区档案局举办 2016 年"国际档案日"暨北京市第八届"档案馆日"活动。活动期间，区档案局开放"走进房山""共和国足迹""激情燃烧的岁月""走进英雄"等展览和影音资料，举办家庭建档讲座，向公众普及档案知识。参加活动的群众体验档案查询利用服务，参观档案库房，观摩档案整理、修复和档案数字化的现场演示，房山区档案馆为参观者免费提供老照片数字化服务。联合房山工商分局、区司法局、区老干部局等 8 家单位向参观群众发放档案法律法规、档

案利用手续和流程、征集"记忆中的房山"折页等宣传材料。

（何涛）

【继续教育培训班】 7 月 6 日至 8 日，区档案局举办房山区 2016 年档案人员继续教育培训班。培训的主要内容有《北京市机关档案工作指南解读》、档案法治工作、档案利用工作、文书档案归档范围和保管期限表的编制、新《会计档案管理办法》解读、档案室安全保管档案的要求、档案安全和应急管理。全区各机关、院校企事业单位 181 名专兼职档案工作人员参加培训。

（何涛）

【"纪念长征胜利 80 周年暨建党 95 周年"图片展】 9 月 29 日，区档案局"纪念红军长征胜利 80 周年暨中国共产党建党 95 周年"图片展在区档案馆二层展厅展出。展览分"战略转移 北上抗日""英雄浴血 转战万里""艰苦卓绝 理想胜天""铭记先烈 点亮心灯" 4 个部分，以时间为线索，以典型战役、重大事件与长征故事为框架，通过 180 余幅图片及大量的文字，多角度、多维度地展现"长征"这部英雄史诗。

（何涛）

【2 个单位通过机关档案工作测评】 10 月 10 日和 11 月 10 日，区档案局组成测评组对窦店镇和区成教中心创建北京市机关档案工作优秀单位情况进行测评。测评组实地查看档案室及档案库房，审核印证材料。通过评议，测评组认为窦店镇、区成教中心的档案工作达到北京市机关档案工作优秀级标准。区档案局向窦店镇、区成教中心颁发市级优秀标牌。

（何涛）

中国人民政治协商会议北京市房山区委员会

综 述

2016 年，区政协主动适应时代发展新要求和人民群众新期待，坚持履职为民，围绕中心，服务大局，发挥协商民主的重要渠道和专门协商机构作用，积极履行政治协商、民主监督、参政议政职能，为全区经济发展、民生改善、社会进步做出贡献。稳步推进协商民主建设，认真贯彻区委第五次政协工作会议精神。按照《关于进一步加强政协协商民主建设的实施意见》要求，建立年度协商工作机制，并制订实施方案，确保协商工作落到实处。把协商民主贯穿履职全过程。全年形成 20 余篇调研报告，分别转化为提案、协商议政交流材料，为区委、区政府科学决策提供参考依据。协商议政成果显著。围绕全区"十三五"规划的实施、京津冀协同发展、棚户区改造、推进经济薄弱村发展和促进低收入农户增收等重点协商议题，分别组织召开常委会专题协商、主席会

恳谈协商、专委会对口协商、界别视察协商等形式的议政会，为推动新转型、促进新发展献良策聚集合力。

全力助推区域经济发展。一是助推山区转型发展。区政协聚焦山区转型发展，持续开展以"调研献计进山区、产业发展助山区、公益活动惠山区"为主题的政协委员山区行活动。各界政协委员和各民主党派、人民团体联牵 12 个山区村，进村入户了解群众所需所求，帮助联牵村制定发展规划，牵线搭桥引资金、上项目，为经济薄弱村发展注入生机。二是助推重点功能区建设。坚持把深度参与重点功能区建设作为履职的重要内容。政协领导积极协调有关部门合力攻关，破解难题，组织 70 多名委员参观视察重点功能区，为功能区发展建言献策，促进北京高端制造业基地"高精尖"产业群建设，促进中国房山世界地质公园建设高标准推进，为建设生态宜居示范区奠定坚实基础。三是带头疏解低端产业。配合全区退低端、引高端的战略举措，召开推进全面清退疏解低端产业座谈会，号召全体政协委员在京津冀协同发展大局中，切实发挥表率作用，主动参与，抢占发展先机。

不断强化民主监督职能。一是创新提案工作机制。以助推区委区政府决策部署实施为重点，建立提案协商办理机制，搭建提案者、提案承办单位与政协提案委员会三方协商平台，集中开展协商办理。编发《提案参考题目》，面向社会征集提案线索，全年委员共提交提案 125 件，立案 117 件，并全部办结。二是积极发挥监督员作用。围绕区委区政府中心工作，积极创新民主监督的形式和内容，全力推进重点工作、重大工程、民生事业发展。强化特邀监督员作用，对区政府职能部门贯彻落实党和国家的方针政策、法律法规情况开展民主监督。委员们对全区生态文明建设、"一区一城"新房山建设情况进行持续监督，以考察、座谈等形式开展监督活动 40 余次，参与委员 150 多人次。各界委员利用社情民意信息参与民主监督活动，提交各类社情民意信息 70 多条，经过梳理归纳，把反映较为集中的问题及时反馈到有关部门，促成一批民生问题的解决。

促进社会和谐稳定。一是为促进社会和谐凝聚力量。政协领导通过走访、慰问，征求各民主党派、人民团体的意见建议，就区政协年度工作安排、自身建设等问题进行讨论协商。利用委员在基层的影响力，积极主动做好新形势下的群众工作，为全区经济社会发展营造和谐稳定的社会环境。二是为委员交流沟通创造条件。继续坚持政协领导联系常委、常委联系委员、机关各室主任联系委员制度，灵活组织多种活动，广泛倾听委员心声、多方了解委员需求、共同探讨破解难题，在交流中增进共识，形成合力。按照存史资政、团结育人的文史工作原则，历时两年多时间，于 9 月编纂完成《房山政协志》，系统总结房山政协建立 35 年来的发展历程以及取得的成就。

有效提升服务管理水平。一是创新委员学习培训方式。在坚持对新委员开展专业培训、进行全国"两会"精神辅导等常规动作的同时，着重抓好中共十八届六中全会和中共中央总书记习近平系列重要讲话精神以及中共中央《关于加强政协协商民主建设的实施意见》的学习贯彻，有效提升委员们的政治意识、大局意识、核心意识、看齐意识，筑牢共同的思想政治基础。二是激发委员履政正能量。在《房山电视台》开设委员风采专栏，宣传展示 8 名委员的风采，在《房山报》连载了 9 名委员的履职事迹。评选出七届政协以来 20 篇优秀调研成果奖和 10 个"最具影响力提案"奖，在 9 月召开的七届政协总结大会上给予表彰。三是创新政协机关服务职能。突出专委会的服务职能，扩大专委会的影响。不断完善专委会职能，调整充实专委会组成人员，有效发挥专委会在政协履职中的重要作用。以打造"团结、和谐，求实、创新"的政协机关为目标，深入开展"两学一做"学习教育，优化机关各室人员构成，积极创建服务型、学习型机关，有效提高机关效能和服务水平。

（邱鸿伟）

重要会议

【区政协七届五次会议】 1 月 5 日至 7 日，区政协七届五次会议在昊天假日酒店召开。会议听取并审议区政协主席唐淑荣代表常务委员会作的工作报告、区政协副主席任振秋作的提案工作情况报告。委员列席房山区第七届人民代表大会第五次会议开幕式，听取并讨论政府工作报告和其他报告；进行大会发言。会议表彰优秀提案、优秀调研成果；审议通过关于常务委员会工作报告的决议和政治决议；补选赵永祥为副主席。市政协副主席蔡国雄，中国石化集团北京燕山石化公司党委副书记、工会主席许光，中国原子能科学研究院党委书记周刘来，区领导刘伟、曾赞荣、孙强、唐淑荣等出席会议；区政协历届老领导、驻区市政协委员、区直有关部委办局及有关乡镇、街道的负责人列席会议。

（刘海峰）

【区政协七届常委会第十六次会议】 1月7日，区政协七届常委会第十六次会议在昊天假日酒店召开。会议审议通过关于七届常委会工作报告的决议（草案）和政治决议（草案）。听取七届五次会议期间提案审查情况的报告；听取并审议选举办法和候选人名单（草案）；审议总监票人、监票人名单（草案）。46名常委参加会议。

（刘海峰）

【区政协七届常委会第十七次会议】 2月25日，区政协七届常委会第十七次会议在区委党校召开。会议审议通过区政协常委会2016年工作要点。常务副主席高维魁主持。区政协主席唐淑荣，副主席李惠英、任振秋、赵永祥、肖武，秘书长游来清等34人出席会议。

（刘海峰）

【区政协七届常委会第十八次会议】 5月11日，区政协七届常委会第十八次会议在区委党校召开。会议征求《关于进一步加强政协协商民主建设的实施意见》（代拟征求意见稿）的意见和建议。区政协常务副主席高维魁主持。区政协主席唐淑荣，副主席任振秋、赵永祥等29人出席会议。

（刘海峰）

【区政协七届常委会第十九次会议】 12月1日，区政协七届常委会第十九次会议在区政府第三办公区召开。会议审议通过关于召开中国人民政治协商会议北京市房山区第八届委员会第一次会议的决定（草案）、委员人选的决定（草案）、主席团人选的建议名单（草案）及大会秘书长人选建议名单（草案）；审议通过建议议程、日程（草案）；决议起草委员会建议名单（草案）、提案审查委员会建议名单（草案）、委员分组办法和各组召集人建议名单（草案）、选举办法（草案）、关于在区政协八届一次会议上作七届常务委员会工作报告和提案工作情况报告人选名单（草案）以及七届常委会工作报告（草案）、提案工作情况的报告（草案）。

（刘海峰）

【区政协八届一次会议】 12月18日至21日，区政协八届一次会议在昊天假日酒店召开。会议听取并审议七届政协主席唐淑荣代表常务委员会作的工作报告、副主席赵永祥作的提案工作情况报告。委员列席区第八届人民代表大会第一次会议开幕式，听取并讨论政府工作报告，讨论其他报告；审议通过主席团成员和大会秘书长名单（草案）、议程（草案）、日程（草案）、决议起草委员会名单（草案）、提案审查委员会名单（草案）。审议并通过常委会工作报告的决议和政治决议。选举赵佳琛为八届区政协主席，吕守军、赵永祥、谢宝元、刘琼、王擎为副主席，王文洪为秘书长，并选举45名常务委员。北京市政协副主席马大龙，区领导曾赞荣、陈清、孙强、唐淑荣、赵佳琛等出席会议。区政协历届老领导、驻区市政协委员、区直有关部委办局及有关乡镇、街道的负责人列席会议。

区委书记刘伟出席并讲话。

（刘海峰）

重要活动

【委员综合素质提升培训班】 3月2日至4日，区政协在区会议中心举办委员综合素质提升培训班。就国际国内形势以及市情、区情等内容进行培训。区政协副主席任振秋主持。区政协委员、各民主党派和工商联成员以及区政协机关干部250余人参加。

（刘海峰）

【政协委员视察区学前教育情况】 3月16日，区政协视察区学前教育发展情况。到良乡双语字母幼儿园、西潞中心幼儿园、幸福泉瑞雪春堂幼儿园，视察幼儿园的办学条件、幼师队伍、幼儿教育、教学管理和后勤管理等方面的工作情况。区政协副主席李惠英、肖武出席活动。

（刘海峰）

【政协常委视察登山步道建设情况】 4月14日，区政协常委视察房山区登山步道建设情况。到佛子庄乡凤凰山登山步道、霞云岭乡清风苑、鸽子台登山步道等地进行视察，并听取情况汇报。区政协主席唐淑荣，副主席赵永祥出席活动。

（刘海峰）

【生态环境建设和大气污染防治情况通报暨工作部署会】 4月15日，区政协召开生态环境建设和大气污染防治情况通报暨工作部署会。区政协主席唐淑荣出席会议，区政协副主席李惠英主持会议。区发展改革委、区农委、区环保局、区园林绿化局等12个区直单位主管领导参加会议。会上，区发展改革委通报房山区生态环境建设工作的开展情况、生态环境建设有待解决的问题和下一步工作安排，区环保局通报全区2015年大气污染防治工作情况和2016年主要任务及进展情况。

（刘海峰）

【政协委员视察中关村南部创新城建设工作】 4月27日，区政协主席唐淑荣带领部分政协委员视察中关村南部创新城建设情况。到中关村新兴产业前沿技术研究院、窦店肉牛现代工厂、窦店中心幼儿园、北京首儿窦店儿童医院等地，听取相关情况汇报。区政协常务副主席高维魁，副主席任振秋、赵永祥参加活动。

（刘海峰）

【政协委员视察社会保障和就业服务体系建设】 6月1日，区政协组织部分政协委员视察全区社会保障和就业服务体系建设情况。到长阳镇社保所、区人力资源公共服务中心 CSD 长阳分中心、人力资源综合服务大厅和流动人员人事档案管理服务中心、区人力资源和社会保障综合服务中心、劳动人事争议仲裁院等地，并听取关于中心建设及就业服务工作等情况汇报。区政协主席唐淑荣，常务副主席高维魁，副主席任振秋、赵永祥、肖武参加活动。

（刘海峰）

【政协委员视察文化遗产保护工作】 6月17日，区政协委员视察房山区文化遗产保护情况。到窦店弘恩寺、琉璃河西周燕都遗址博物馆、琉璃河京绣工厂店等地视察，并听取工作汇报。区政协主席唐淑荣，副主席李惠英、任振秋、肖武参加活动。

（刘海峰）

【第三届京津冀六区市县协同发展研讨会】 6月21日至22日，第三届京津冀六区市县协同发展研讨会在天津市北辰区召开。会上播放《美丽天津北大门》专题片，邀请专家作专题报告，房山区委副书记、代理区长陈清及六区市县领导围绕"推进产城融合、促进新型城镇化建设"主题，作主旨发言。天津市政协副主席朱丽萍，房山区政协主席唐淑荣及天津市北辰区政协主席张金锁，保定市政协主席崔启慧，房山区政协常务副主席高维魁、副主席赵永祥以及河北省涿州市、涞水县、涞源县、易县党政有关领导，政协主席、副主席及秘书长出席会议。

（刘海峰）

【政协委员调研全区发展与改革工作】 6月30日，区政协主席唐淑荣带领部分政协委员调研房山区发展与改革情况，听取区发改委关于2016年上半年工作情况和全区经济形势、"十三五"专项规划编制基本情况、区"十三五"时期京津冀协同发展规划、区"十三五"时期基础设施建设发展规划及区"十三五"时期基本公共服务体系建设规划的汇报。区政协常务副主席高维魁，副主席李惠英参加调研。

（刘海峰）

【推进新型城镇化建设协商议政会】 7月28日，区政协召开房山区推进新型城镇化建设协商议政会。区政协主席唐淑荣，区委常委、常务副区长吴会杰，区政协副主席李惠英、任振秋、赵永祥出席会议，区政协常务副主席高维魁主持会议。会上，10名委员分别就如何加快城市综合交通网络建设、打造引领示范作用的城市群、保留建设有特色自然村、加快新农村建设、推动新型城镇建设、发展乡村旅游产业、推进房山新城公共文化设施建设等主题作发言，提出意见和建议。

（刘海峰）

【推进低收入户、村增收发展专题协商会】 8月2日，区政协召开"推进低收入户、村增收发展"专题协商会。区委副书记、代区长陈清，区政协主席唐淑荣，区委常委、统战部部长吕守军，区政府副区长卢国懿，区政协常务副主席高维魁，副主席李惠英、任振秋出席会议。区政协副主席赵永祥主持会议。会上，区农委介绍房山区低收入户增收和低收入村发展总体情况，政协委员们就"促进低收入户、村发展增收"主题提出意见和建议。

（刘海峰）

【生态环境建设和大气污染防治专题协商会】 8月30日，区政协召开房山区生态环境建设和大气污染防治专题协商会。区政协主席唐淑荣，区政府副区长卢国懿，区政协常务副主席高维魁、副主席任振秋，秘书长游来清出席会议，区政协副主席李惠英主持会议。会上，8位政协委员代表各自的调研小组作重点发言，围绕推进房山区生态环境建设和大气污染防治工作提出意见和建议39条。

（刘海峰）

【送医送药下乡义诊活动】 9月9日、10月28日，区政协组织开展送医送药下乡义诊活动。到霞云岭乡三流水村、韩村河镇孤山口村开展义诊活动。区政协副主席李惠英、肖武参加活动。

（刘海峰）

【七届政协总结大会】 9月23日，区政协召开七届政协总结大会。大会全面总结回顾七届政协为推动全区科学发展、建设"一区一城"新房山做出的重要贡献，并对最具影响力提案和优秀调研成果进行表彰。区政协主席唐淑荣出席并讲话，区委常委、常务副区长吴会杰，区委常委、统战部部长吕守军，区政协副主席李惠英、任振秋、赵永祥、肖武出席会议。

（刘海峰）

【《房山政协志》公开出版】 9月，《房山政协志》由学苑出版社公开出版，该书分上下两册，包括组织机构，政协会议，职能履行，提案、社情民意，学习、文史，党派团体 6 编 18 章，政协大事记和附录，共 124 万字。该书完整、系统展示房山政协 1981 至 2015 年发展的历程，记载历届政协团结带领各民主党派、人民团体和各族各界委员全面履职的足迹。

（刘海峰）

【政协委员视察区棚户区改造工作】 10月 14 日，区政协组织部分城建环保委委员视察房山区棚户区改造工作，实地查看渔儿沟棚户区改造现场，听取关于全区棚改工作的详细汇报。区政协主席唐淑荣，常务副主席高维魁，副主席李惠英、任振秋、赵永祥出席活动。

（刘海峰）

【加强区域合作发展座谈会】 10月25日，房涿政协共同组织召开加强区域合作发展座谈会。会前实地察看码头国际健康产业园规划馆、涿州市质子肿瘤医院、中关村和谷产业园、中关村创业公社——涿州人才港等项目建设运营情况，并听取相关工作汇报。

房山区政协主席唐淑荣、副主席赵永祥，河北省涿州市政协主席李建军出席活动。涿州市政协副主席于雪辉主持座谈会。

（刘海峰）

【视察文化创意产业】 10月31日，区政协组织委员视察文化创意产业发展情况，视察房山区卯田艺创空间、三维六度文创中心，并听取相关工作汇报。区政协副主席李惠英、赵永祥、肖武参加活动。

（刘海峰）

【编印《房山文史资料》第29辑】 12月，《房山文史资料》第 29 辑印刷。全书共 20 万字，刊发文章 42 篇。设"经济史话""军政往事""文卫史料""人物春秋""胜迹寻踪" 5 个栏目。

（刘海峰）

【政协收到提案 125 件】 2016 年，区政协收到提案 125 件，立案 117 件，立案率 93.6%。立案提案中，城建环保类 55 件、经济科技类 20 件、教文卫体类 17 件、社会法制类 12 件、"三农"类 13 件。所有提案均已按照规定时限完成办理回复，并对重点提案进行督办、组织提案征集、对优秀提案进行表彰、组织召开提案办理情况座谈会。

（刘海峰）

纪检 监察

综 述

2016 年，区纪委聚焦监督执纪问责，全区党风廉政建设和反腐败工作取得新成效，党风政风和社会风气进一步好转。持续深化体制机制改革，强化监督执纪问责。推动"两个责任"落实，稳步推进派驻机构全覆盖。强化上级纪委对下级纪委的领导。建立健全纪检监察干部考核评价体系。持之以恒正风肃纪，党风政风持续好转。紧紧抓住重要时间节点，明确纪律要求，加大监督检查力度。探索区级巡察监督方式，将巡视监督触角向基层延伸。深化"为官不为、为官乱为"问题专项治理，开展"整治和查处侵害群众利益不正之风和腐败问题"专项工作，开展执法监察和效能监察。加强换届风气监督，严把"党风廉政建设意见回复"关，建立领导干部廉政档案，加大执纪审查力度，加强信访举报处置工作，推动纪律审查工作规范化建设。充分发挥反腐败协调领导

小组作用，强化问题线索管理，拓宽问题线索来源。强化纪律规矩意识，唤醒党章党规党员意识。加强纪检监察组织建设，配合区委做好纪委换届工作，把政治强、作风硬、德才兼备、敢于担当的干部选拔进纪委。提高自身能力素质水平，开展全系统全员脱产培训，组织全系统干部到中国纪检监察学院学习，着力提升纪检干部把握政策，提升干部的履职能力和业务水平。

（邓玲燕）

重要会议

【区纪委七届五次全会】 2月23日，中共北京市房山区七届纪律检查委员会第五次全体会议在房山区会议中心召开，总结2015年党风廉政建设和反腐败工作，安排部署2016年纪检监察任务。区委常委、区纪委书记高云峰作题为《聚焦监督执纪问责、落实"四种形态"要求，忠诚履行纪律检查神圣职责》报告。区委、区政府、区纪委主要领导分别

与区直单位和乡镇、街道代表签订党风廉政建设主体责任书和监督责任书。全会表决通过《中国共产党北京市房山区第七届纪律检查委员会第五次全体会议工作报告》，表决通过《中国共产党北京市房山区第七届纪律检查委员会第五次全体会议决议》。

（邓玲燕）

【区纪委七届六次全会】 11月25日，区纪委七届六次全会在区政府第三办公区召开。会上，区纪委全体委员观看专题片《正风肃纪在房山》后，对题为《坚守主责　权利担当　深入推进党风廉政建设和反腐败斗争》进行讨论。

（邓玲燕）

【区纪委八届一次全会】 12月9日，区纪委八届一次全会在房山区会议中心召开。全会选举中国共产党北京市房山区第八届纪律检查委员会常务委员会委员29名，中国共产党北京市房山区第八届纪律检查委员会书记、副书记。

（邓玲燕）

重要活动

【警示教育】 1月17日开始，区纪委以"小官贪腐"为主题，重点选取农村地区党员干部违纪违法案例，制作下发16期6.4万张党风廉政建设宣传画，张贴到各村、社区、机关及基层队站所，开展广泛的持续的警示教育，并被市纪委微信公众账号"清风北京"转载。制作警示教育专题片《破碎》，入选2016年北京市正风肃纪教育片选集，向全市推送。制作专题片《聚焦中心、突出主业，不断深化"三转"——房山区纪委2014—2016年工作回顾》，总结回顾3年来深化"三转"工作成效。

（邓玲燕）

【全区纪检监察干部专题培训】 2月23日至26日，为深入学习贯彻中央、市纪委全会精神和新修订的《中国共产党廉洁自律准则》《中国共产党纪律处分条例》，不断强化纪检监察干部监督执纪能力和水平，区纪委组织专题培训班，对全区170余名纪检监察干部进行集中培训。

（邓玲燕）

【合作设计激励体系方案】 3月，区纪委与人民大学公共管理学院签订《纪检监察干部队伍建设研究项目协议书》，为健全纪检监察干部考核评价机制，课题组设计了激励体系方案，将相关成果借鉴到干部管理工作之中。

（邓玲燕）

【开展首轮巡察】 7月上旬至9月上旬，区委成立2个巡察组开展首轮巡察工作。第一巡察组对区环保局进行政治巡察，发现5大类19项问题，3个问题线索移交区纪委。第二巡察组对全区城乡居民最低生活保障资金政策落实、程序执行、资金发放及使用情况开展专项巡察，发现9大类385项问题，10条问题线索移交区纪委。

（邓玲燕）

【纪检监察干部秋季培训】 8月30日至9月4日，区纪委采取委托培训的方式，委托中国纪检监察学院对房山区91名纪检监察干部进行为期1周的集中培训，着力提升全区纪委书记、派驻组长、监察科科长和区纪委机关干部的"四种意识"、纪律规矩意识和监督执纪问责的能力水平。

（邓玲燕）

【深化派驻机构改革】 8月，制发《关于加强房山区纪委派驻机构建设的实施意见》，深化派驻机构改革。设立派驻纪检组17个，其中单独派驻5个、综合派驻12个，覆盖75家党政机关和事业单位，实现党政机关派驻机构全覆盖。撤销24家区纪委派驻纪检组（派出纪工委）、21家区监察局派驻监察机构，不再保留9家区级党和国家机关内设纪检监察机构。

（邓玲燕）

【编印《执纪审查情况》】 11月3日开始，区纪委向全区各单位编制印发《执纪审查情况》，对中共十八大以来全区执纪审查有关情况以及相关典型案例进行通报，要求各级党组织和广大党员干部吸取深刻教训，切实引以为戒。

（邓玲燕）

【党风廉政建设主体责任全程记实制度建立】 11月14日，区纪委印发《中共北京市房山区委办公室关于印发〈房山区领导干部落实党风廉政建设主体责任全程记实办法〉的通知》，建立领导干部落实党风廉政建设主体责任全程纪实制度，深化党风廉政建设主体责任落实。

（邓玲燕）

【党员领导干部廉政档案建立】 11月，区纪委制定实施《中共房山区纪委〈关于建立党员领导干部廉政档案的意见〉的通知》，动态把握全区党员领导干部个人廉洁情况。全区党员领导干部廉政档案信息管理系统初步建成，建立廉政档案1320份，录入党员干部廉情信息6637条。

（邓玲燕）

【开展专项行动】 年内，区纪委对全区行政机关、具有行政管理和公共服务职能的事业单位及其领导干部和工作人员开展"为官不为""为官乱为"问题专项治理工作。针对群众身边的不正之风和腐败问题，开展专项整治工作。通过自查自纠、重点抽查、明察暗访等方式，"五一"国际劳动节、端午节、中秋节、国庆节期间对全区各单位开展"四风"突出问题监督检查。

（邓玲燕）

【党风廉政建设监督检查】 年内，区纪委印发《中共房山区纪委关于开展2016年上半年党风廉政建设监督检查工作的通知》《中共北京市房山区委办公室北京市房山区人民政府办公室关于开展2016年全区党风廉政建设责任制检查考核的通知》，采取听汇报、个别谈话、查阅材料等方式，对各单位落实2016年上半年及全年党风廉政建设主体责任和监督责任情况进行检查。

（邓玲燕）

【拍摄警示教育专题片】 年内，区纪委与区广电中心合作，拍摄制作5集系列专题片《正风肃纪在房山》，并在房山电视台黄金时段播出。

（邓玲燕）

【20个乡镇纪委换届】 年内，区纪委做好20个乡镇纪委换届的组织协调、人选初核、提名考察等工作，选优配强乡镇纪检干部队伍。

（邓玲燕）

民主党派　工商联

民主党派

【概况】　2016年，房山区有民主党派7个。其中，中国国民党革命委员会北京市房山区总支部（简称民革房山总支）下属3个基层支部，党员84人；中国民主同盟北京市房山区总支部委员会（简称民盟房山总支）下属3个基层支部，盟员53人；中国民主建国会北京市房山总支部委员会（简称民建房山总支）下属5个基层支部，会员107人；中国民主促进会北京市委员会房山区支部（简称民进房山支部）会员63人；中国农工民主党北京市委员会房山总支（简称农工党房山总支）下属3个基层支部，党员72人；中国致公党北京市房山区支部委员会（简称致公党房山支部）党员28人；九三学社北京市委员会房山工委（简称九三房山工委）社员110人。

（张京生）

【民盟房山总支开展助学帮扶活动】　4月17日，民盟房山总支联合民盟北京邮电大学委员会、民盟北京体育大学支部到房山区外地打工子弟学校——"希望学校"，开展助学帮扶活动。三方商定：民盟北京邮电大学委员会免费给希望学校建设网站，及时对网站维护更新，并负责对网络管理员培训指导；民盟北京体育大学支部免费给学校提供可用的体育用具、指导体育教学、免费捐赠体育教科书及图书等；民盟房山总支提供免费绘画、书法、义诊、法律指导等；民盟高校支部及房山总支在对学校进一步了解的基础上，对学校进行全方面定位，进行特色教学帮扶。

（张放）

【致公党房山支部委员会换届】　7月9日，中国致公党北京市房山区支部委员会换届大会在房山区会议中心举行。致公党北京市委专职副主委谢朝华，区委常委、统战部部长吕守军，致公党北京市委副主委、房山区副区长卢国懿出席会议。会议听取致公党房山支部上届主委卢国懿所作的工作报告，选举廖春迎为主委，赵圳、杨广泽为副主委的新一届致公党房山区支部领导班子。

（张放）

【九三学社北京市委房山第一届工委委员扩大会】　10月8日，九三学社北京市委房山第一届工委委员扩大会召开。房山区委常委、统战部部长吕守军，九三学社北京市委副主任方炎出席会议。会议对九三学社房山工委领导班子进行调整，听取原主委万金峰所做的工作报告，同意其辞去主委职务，并任命刘琼为主委，苏燕玲为副主委，郭宗凯任为工委委员。

（张放）

【民进房山支部开展温馨助残活动】 11月11日，民进房山支部与中国狮子会到阎村镇社区成人职业学校，开展温馨助残活动。该次活动，开展残疾家庭品质生活大讲堂，以关注残疾人家庭教育为出发点，为残疾家庭的亲子教育方法提供支持和帮助，改善他们的精神文化生活，提高心理健康标准，解决心理压力，协助家长充分挖掘残疾儿童的潜能，提高残疾家庭的幸福指数。同时，为60名残疾人做健康检查，并分别送上米、面、油等爱心关怀。

（张放）

房山区工商业联合会

【概况】 全年，发展企业会员13家，为中小企业融通资金1.5亿多元，有效助推中小企业的发展。年内，提交的人大议案、政协提案38件，其中区政协提案24件，占区政协立案件总数的27.4%。提案内容涉及"一区一城"新房山和打造京保石发展轴桥头堡等方面，其中区工商联团体提案《关于融入京津冀协同发展大局，倾力打造京保石发展轴桥头堡的建议》和发展景观农业、棚户区改造、污水处理、大气治理、疏解交通拥堵、

居家与社区养老等提案得到区委、区政府和相关单位的高度重视。确定劳动协调三方机制，与区人力社保局、区总工会合作，研究协调解决企业劳资等问题，向各类会员企业提供法律咨询与诉讼服务100人次，处理诉讼案件20余件，维护企业的合法权益。与区国税局、地税局合作，建立房山区纳税人权益保护中心。举办或参加20多场次政治思想、政策法规、经济形势、金融知识等专业培训和经验交流活动，近100家会员企业、400多人次非公经济人士参加学习培训。组织13家新会员企业领导及部分老会员代表开展学习交流。参加市工商联新三板拟挂牌企业培训会、北京市非公有制经济人士年轻一代培训班、北京市非公有制经济领域代表人士高级理论研修班、营改增政策解读会、北京市委统战部市工商联"民营企业进廊坊"经贸活动等10多场次的学习培训、政策宣讲和招聘洽商活动活动，30多家会员企业、近100人次参加活动。区工商联会同相关单位开展"2016年民营企业招聘月"活动。组织恒通科技、科泰兴达、奥特舒尔、金利红通、润福通、德润通等企业，参加区委组织部、区人力社保局开展的应届大学毕业生就业招聘周活动。组织北京房山和湖北京山两地工商界座谈会，两地13家工商企业参加活动。召开樟树市和房山区投资合作考察座谈活动，樟树市招商团考察北京恒通科技、燕山集联石化、北京重型电缆等企业，在恒通科技公司与房山区工商联及燕化橡塑、特普丽壁纸、聚源置业、江右盛投资公司等企业领导进行座谈。组织机关干部和部分非公经济人士先后深入润福通、盛通建材、宏联多福、北京重型电缆厂等30多家会员企业，开展走访调研活动。多家企业通过不同渠道，以温暖基金、助困助学、结对帮扶等形式捐款捐物开展公益活动。恒通科技连续5年每年向

区工会温暖基金捐助资金 50 万元。

（景然）

【区工商联召开十届六次执委会议】 1 月 13 日，区工商联在区政府第二办公区召开十届六次执委会议，总结 2015 年工作，安排 2016 年工作。区委常委、区委统战部部长吕守军参加会议并讲话。会上总结工商联 2015 年工作，安排 2016 年工作，会议通报获市工商联系统先进企业情况。

（景然）

【非公经济人士培训班】 3 月 2 日至 4 日，区工商联组织举办非公经济人士培训班，邀请国务院发展研究中心、中央党校及区内专家讲授当前经济形势、首都发展新定位、京津冀协同发展、国际战略形势与中国国家安全、协商民主、房山区"十三五"发展展望等课程，190 人次参加培训。

（景然）

【新会员学习交流会】 4 月 20 日，区工商联召开新会员学习交流会。区委常委、统战部部长吕守军，13 家新会员企业领导及部分老会员代表参加会议。会议学习中共中央总书记习近平 3 月 4 日出席民建、工商联界别联组会上的重要讲话，宣读新会员名单并向新会员颁发证书。13 名新会员和老会员代表畅谈学习心得、介绍企业情况、相互交流经验。

（景然）

【非公有制经济人士理想信念教育实践活动】 5 月 6 日，房山区全面启动以"守法诚信、坚定信心"为重点的非公有制经济人士理想信念教育实践活动，并由区委统战部和区工商联联合制定下发教育实践活动实施方案。2013 年至 2015 年，区委统战部和区工商联连续 3 年在全区开展非公有制经济人士理想信念教育实践活动，取得良好成效。该次教育实践活动的总体要求是：立足首都和房山新的功能定位，引导企业家正确认识和把握经济发展新常态，积极践行创新、协调、绿色、开放、共享的发展理念，适应供给侧结构性改革的新要求，把守法诚信作为安身立业之本，坚定企业发展信心、抓住京津冀协同发展机遇，加快构建"高精尖"经济结构，围绕建设"一区一城"新房山、打造京保石发展轴桥头堡的工作大局，突出工商联基本特征和工作主题，明确任务、抢抓机遇、奋力进取，努力开创工商联工作新局面，为实现全区"十三五"的良好开局做出应有贡献。区工商联及各基层组织和所属会员企业根据各乡镇街道、不同企业的实际情况，确定各具特色的活动主题和形式。

（景然）

【2016 年民营企业招聘月活动】 5 月 11 日和 5 月 25 日，区工商联会同相关单位开展"2016 年民营企业招聘月"活动。分别在西潞街道太平庄文化广场和拱辰街道修造厂文体广场举办 2 场民营企业招聘活动。招聘活动以"帮人才就业，促民企发展"为主题，旨在为民营企业吸纳人才和高校毕业生等各类人才提供就业帮助。区工商联、区人力社保局、区教委、区总工会在招聘现场联合设立咨询服务点，免费发放各类宣传材料，为求职者提供就业、创业指导咨询等服务。北京华冠商贸、科诚中业、亿邦广告、今日东方、汇通百家等多家民营企业和工商联会员企业，提供采编、数控、销售、焊接等就业岗位 3173 个，2300 余人参加活动，达成初步就业意向 680 人。"民营企业招聘月"期间，上述区直单位在青龙湖镇、琉璃河镇及张坊镇举办专场招聘活动，为促进非公有制经济健康发展和非公有制经济人士健康成长做好服务。

（景然）

【北京房山和湖北京山两地工商界座谈会】　6月28日，房山区和湖北京山县两地工商界人士座谈会在房山盛通家居有限公司召开。房山区委常委、统战部部长吕守军，京山县委常委、统战部部长郭志祥参加会议并讲话。京山县工商局、招商局和房山区工商联、工商分局、私个协、青龙湖镇主要领导，湖北承天置业集团、京山美景置业有限公司和房山盛通家居有限公司、京东物资公司、中投汇豪有限公司等两地13家工商企业领导参加座谈会。座谈会上，两地领导分别介绍各自的基本情况、发展思路、招商重点。

（景然）

【北京互联网金融安全示范产业园产业入园暨中关村区块链研究院启动仪式】　9月8日，北京互联网金融安全示范产业园产业入园暨中关村区块链研究院启动仪式在房山区举行，北京市网信办领导，房山区领导曾赞荣、陈清、吴会杰，中关村管委会、中关村发展集团、清华大学五道口金融学院领导出席活动。

（景然）

【十届执委会七次会议】　11月26日，区工商联在区政府第二办公区召开十届执委会第七次会议。会上，区工商联领导传达中共中央统战部和市委统战部关于工商联换届工作的文件精神；通过关于召开房山区工商业联合会（商会）第十一次代表大会的决议；研究召开房山区工商联第十一次代表大会的

有关事宜，对换届工作做出安排部署。

（景然）

【区工商业联合会（商会）第十一次代表大会】　12月3日，房山区工商业联合会第十一次代表大会在房山区会议中心召开。北京市工商联领导到会并讲话，区领导曾赞荣、陈清、孙强、唐淑荣、于波、吕守军、王明哲出席会议。区内各民主党派、各人民团体负责人，各乡镇（街道）统战部部长以及区工商联部分老领导及180名会员代表参加会议。会议听取并审议通过房山区工商联第十届执行委员会工作报告，选举区工商联第十一届执行委员会执委73名。在区工商联第十一届执行委员会第一次全体会议上，选举产生房山区第十一届工商联常务委员会委员、工商联领导班子成员和商会领导班子成员。孙志强当选房山区工商联主席和商会会长。

（景然）

【6家会员企业获工商联非公企业党建示范单位称号】　12月12日，在北京会议中心召开的北京市工商联非公经济组织党建工作推进会上，房山区工商联6家会员企业获"北京市工商联非公企业党建示范单位"称号。6家企业是：北京恒通创新赛木科技股份有限公司、北京房山博源包装制品有限公司、北京房山商贸有限公司、今日东方劳务派遣有限公司、北京盛通家居广场有限公司、北京龙源科建地质工程有限公司。

（景然）

群众团体

房山区总工会

【概况】 2016 年，区总工会组织"北京榜样""中国梦劳动创造幸福"等主题征文活动，以"永远跟党走"为主题开展第六届职工文化艺术节活动，参与职工 7000 余人次。举办庆祝"五一"国际劳动节劳动者风采展示活动，表彰获得全国和首都五一劳动奖章奖状、工人先锋号、模范工人之家、工会优秀干部的先进集体和个人；开展纪念建党 95 周年演讲活动，广泛宣传房山各行各业模范人物的先进事迹和崇高精神；组织全国和市级劳模参加"弘扬劳模精神，共建美好房山"植树活动，营造劳模林。通过一系列特色活动，切实推进社会主义核心价值观建设，为推动房山转型发展提供强大精神动力。开展职工职业技能竞赛，区总工会围绕区内重点产业举办了汽车客运服务员、公共卫生医师、税务行政管理师、汽车装调工等工种职工职

业技能竞赛，2500 多名职工参与。实施人才技能培养，落实市总关于扩大"在职职工职业发展助推计划"要求，67 人取得技师、高级技师职业资格证书的职工发放助推资金。开展创建职工创新工作室活动，评选区级创新工作室 11 家。开展两次厂务公开活动日活动，组织全区民管干部培训班，建立民主管理工作数据库，实现国有、集体企业及事业单位建制率 100%，非公企业建制率 91.09%。2016 年，全区完成签订集体合同 99 份，签订率为 91.65%；签订工资专项合同 98 份，签订率为 93.58%；女职工专项集体合同签订率达到 100%。建立餐饮业行业协商 1 个，百人以上企业独立协商 32 家，百人以上典型示范企业 17 家。举办集体协商指导员培训班，规范集体合同数据库。调解劳动争议案件 575 件，调解成功 346 件。受理"12351"派单 58 件，办结率 100%。2016 年，京卡·互助服务卡办卡 9.71 万人，通过开展持卡会员免费挂号就医、免费抢电影票等项目，服务职工 42.62 万人次，累计投入资金 147.79 万元，取得良好效果。做好困难职工帮扶工作，全区困难职工 359 人，其中 33 人已脱困，脱困率为 9.19%。开展两节送温暖、"三八"

助单亲、慰问劳模、金秋助学等活动，发放金额171.14万元。参加职工互助保障活动六项，覆盖职工5.66万人，全年发生理赔805人次，金额99.14万元。二次报销惠及职工4.25万人次，金额614.72万元。工人俱乐部工作全年接待职工9.5万人次，完成体质测试400余人次；对9个基层工会开展了服务项目下基层，为30余个基层工会提供训练培训场地。在全市首次为22对外来务工人员举办集体婚礼。开展家规家训评选活动，4人获市级优秀奖，"三八"慰问特困单亲女职工56人。基层组建百人及以上新增独立建会完成4家；百人及以上新建单位职工入会率为100%；百人以下新增企业60家；联合工会覆盖小微企业92家；新建独立工会及社区（村）联合工会新吸纳会员3735人。全区基层工会组织1515个，涵盖职工11.25万人，工会会员10.64万人。全力支持基层工会创建职工之家，394家50人以上的单位普遍开展"职工之家"规范化建设，2016年评出区级先进职工之家22家、职工小家9家。截至2016年，全区全国模范职工之家和职工小家各3家，市区级模范职工之家和职工小家223家。

（于飞）

【北京市职业女性缝艺大赛房山赛区比赛】
3月30日，由北京市总工会女职工委员会、中国缝制机械协会家用机分会主办，区总工会、青龙湖镇总工会承办的"快乐相'缝'北京市职业女性缝艺大赛"房山赛区在青龙湖镇开幕，全区50余名选手参加比赛。

（于飞）

【家规、家训展示活动】 4月14日，区总工会举办"传承好家训、建设好家风"家规、家训展示活动。活动从1月开始征集，全区近50个单位2000多名职工参与，征集家规、家训作品2343个。通过专家评选，

评选出50条优秀作品，其中4条优秀作品在全市优秀作品评选中获奖。

（于飞）

【劳动者风采展示活动】 4月26日，区总工会在窦店民族文化活动中心举办"永远跟党走"——庆祝"五一"国际劳动节劳动者风采展示活动暨第六届职工文化艺术节启动仪式。区领导曾赞荣、孙强、于波、吕守军、郭志族、任正宽、任振秋、赵永祥、肖武出席活动。区职工文化艺术节各成员单位，中央、市属驻区单位工会主席，劳模代表，各委局、直属基层工会，各乡镇（街道）总工会主席以及各基层工会职工1000余人参加活动。

（于飞）

【演讲活动】 6月29日，区总工会举办"永远跟党走"——房山区纪念建党95周年"两学一做"演讲活动。区委常委、宣传部部长赵佳琛出席活动。第六届职工文化艺术节领导成员单位、各参演单位主要领导及各委局、直属基层工会，各乡镇总工会工会主席、职工400余人参加活动。

（于飞）

【外来务工人员集体婚礼】 10月18日，由房山区总工会主办，窦店镇总工会协办，长安汽车北京公司承办的"房山有喜 幸福有你"外来务工人员集体婚礼举行。22对新人在现场来宾和亲朋好友的祝福声中，携手开启美好幸福生活。市总工会领导，区委副书记、政法委书记李江，长安汽车北京公司、区总工会领导参加活动。

（于飞）

【区总工会六届三次常委会召开】 11月10日，区总工会召开六届三次常委会。会议审议通过区总工会2016年工作报告及2017年工作重点。

（于飞）

【学习贯彻中共十八届六中全会精神报告会】 12月2日，房山区总工会举办学习贯彻中共十八届六中全会精神报告会。区委学习贯彻中共十八届六中全会精神宣讲团成员、区直机关工委副书记张丽红作宣讲报告。区总工会党总支和龙华公司全体党员参加报告会。

（于飞）

【参与企业停产职工疏解工作】 12月22日，区总工会劳动争议调解中心与区国资委、区人力社保局共同就北京立马水泥有限公司企业停产职工疏解问题，进行安抚和调解工作。安抚和调解涉及职工322人，与企业达成和解，并在调解书上确认签字，避免突发性重大劳动争议事件的发生。

（于飞）

【劳动争议调解员培训班】 12月29日，区总工会举办劳动争议调解员业务培训班，全区各乡镇、街道总工会及基层工会的50余名劳动争议调解员参加培训。培训旨在提升基层调解组织的工作效率，提高劳动争议调解员的综合业务素质，充分发挥基层调解在争议处理中的基础性作用，做好劳资纠纷化解工作，维护劳动关系和谐稳定。

（于飞）

共青团房山区委员会

【概况】 2016年，团区委继承和发扬团的优良传统，团结带领广大青年紧紧围绕"一区一城"新房山建设中主动作为，各项工作都取得新的进展。召开房山区第七次团代会，共青团房山区第七届一次全委会选举产生共青团北京市房山区第七届委员会常委。抓住重要节庆和重大时间节点，广泛开展主题团日、分享会、成人仪式等活动。以"牢记嘱托 健康成长"为主题，组织开展庆"六一"系列活动。开展山区贫困儿童慰问关爱活动，为170名山区贫困儿童送去书包、学习用品等慰问品。组织全区200名家庭困难的学生开展"牢记嘱托 健康成长"欢度"六一"，畅游汽博主题实践活动。联合房山广电传媒网开展"小小画笔·关爱儿童成长"活动。组织驻区高校大学生参与"学党史、感党恩、跟党走"房山区纪念中国共产党成立95周年庆祝活动。高标准做好服务纪念建党95周年、北京国际长走大会、"一带一路"国际葡萄酒大赛等大型志愿服务活动。以"3·5"学雷锋日、"12·5"国际志愿者日为契机，推动志愿服务活动常态化，继续深入开展邻里守望、清洁空气、应急救援、法制宣讲等日常志愿服务活动。成立"青年创业联盟"，完善联盟结构和服务项目，服务会员企业做出更好的判断和选择。同时，与团中央欧美同学会·中国留学人员联谊会合作共建海外人员创业基地、与重点设计企业合作共建创意设计产业街区，依托联盟发展多个外部基地，为青年创业者提供便利和支持，逐步形成"创业"品牌。开展房山青联委员行活动，坚持定期聘请高层次专家，举办各类讲座和培训，开阔委员视野。组织"区内青联委员交流座谈"等活动，通过各种考察、学访、交流活动，开阔委员的视野，与市级青联，外区、外地青联组织加强联系，学习先进经验，开拓思路，增进友谊。围绕全区、各乡镇街道和社区（村）三级架构，以联合会为总枢纽，建立志愿服务联合会分会，加强和培育专业化志愿服务队伍，重点推进文化、法治、教育、卫生等领域专业队伍建设。建设志愿服务领域社区青年汇旗舰店，为全区的志愿服务组织提供资金支持、物资保障、专业培训、管理咨询、项目策划、推介展示、资源对接等服务。发挥学雷锋岗站等志愿服务阵地作用，进一步扩大组织覆盖面和提升全区整体服务效能。建立"志愿房山"APP手机客户端，开展征集全区志愿服务项目，统一管理全区志愿者和志愿团体，集中发布全区志愿服务项目需求，实现志愿服务供需的有效对接。打造"青春房山"微信公众号，区内外影响力不断扩大，覆盖青年、服务青年的能力不断增强。用户总数超5万人，周均阅读量超30万人。打造"青年之声"互动社交平台，反映青年呼声、回应青年诉求、维护青年权益、服务青年成长，使之成为牵手青年，感知青年脉搏的心之桥。全年，社区青年汇开展市级活动12项，区级活动16项，自主活动844项，平均每家青年汇每月开展活动4.6次，参与活动青年达2.56万余人次，青年汇的影响力逐步扩大，活动效果稳步提升。围绕涉诉未成年人、山区贫困未成年人、周末家庭子女这三类重点青少年群体开展1场心理讲座、3场教育讲座、3场亲子活动、5场自护教育活动、个案帮扶、建立2个"普法图书角"6项针对性的帮扶教育，促进重点青少年群体的健康成长。截至年底，房山区有120名青少年获相关奖学金项目资助，发放助学金85万元。

（王宁）

【"云呵护"自护教育活动】 1月7日至11日，团区委"云呵护"自护教育到青龙湖中心小学、周口店镇黄山店小学、周口店镇瓦井小学、周口店镇长沟峪小学、河北中心小学5所山区学校，为小学生开展自护自救安全知识讲座和逃生避险的实践演习活动。该次自护教育活动主要针对火灾、燃放烟花爆竹、冬季防煤气中毒等相关知识进行详细地讲解，结合案例进行分析，介绍相关安全常识和逃生技巧。通过开展"云呵护"自护教育活动，山区的学生们获得更多的安全自护自救常识，提高安全意识，取得很好的教育效果。

（王宁）

【周末家庭子女教育讲座】 3月2日，团区委到南召中心校、琉璃河中心校开展周末家庭子女家长教育讲座。以"与孩子共同成长——家庭教育助力孩子成长"为题，针对家庭教育的重要性、家庭教育存在的问题、亲子关系的重要性、孩子需要什么样的心理营养、鼓励与表扬5个方面内容，结合生动的案例给周末家庭子女的家长们进行讲解，受到家长们的一致好评。该次讲座旨在帮助周末家庭子女的家长们解决教育难题，纠正家长在教育中的错误行为，使家长了解如何爱孩子、教育孩子，有效促进家长与孩子的有效沟通。

（王宁）

【学雷锋志愿服务推动月活动】 3月5日，团区委在燕山文化广场举办"传承雷锋精神 汇聚志愿力量"——房山区2016年学雷锋志愿服务推动月活动。全区60余家机关和企事业单位的志愿服务组织布置服务项目和咨询台，500余名志愿者开展涉及政策宣传咨询、科技普及、绿色环保、便民服务等60余项服务项目。发放应急、金融、医疗、金融防诈骗等各种便民宣传品2000余份，为2000余名居民提供咨询和服务。各级团组织根据自身不同特点，发挥自身优势，开展切合实际的志愿服务活动150余项。

（王宁）

【涉诉未成年人心理教育讲座】 3月11日，团区委在区检察院针对涉诉未成年人及其家长开展以"重生和蜕变"为题的心理教育讲座，区检察院、区法院6组涉诉未成年人家庭参加活动。通过一问一答、团队心理建设游戏等活泼有趣的方式对涉诉未成年人和家长进行思维引导，打开涉诉未成年人与家长的内心，有效促进家长与孩子的有效沟通，提升亲子关系，提高大家营造和谐、健康家庭的能力，互动良好，达到预期效果。

（王宁）

【共青团房山区委第七次代表大会召开】 5月4日，共青团北京市房山区第七次代表大会在房山区会议中心开幕。团市委副书记王洪涛，房山区委书记曾赞荣，区委副书记、代区长陈清，区人大常委会主任孙强，区政协主席唐淑荣，区委副书记、政法委书记李江，区委常委、常务副区长吴会杰，区委常委、组织部部长于波出席会议。团区委书记代表共青团北京市房山区第六届委员会作题为《凝聚青春力量投身改革发展在建设"一区一城"新房山、打造京保石发展轴桥头堡的历史进程中建功立业》的工作报告。报告全面回顾和总结6年来共青团房山区第六届委员会的工作成绩，并提出今后5年房山共青团工作的指导思想和战略任务。

（王宁）

【共青团房山区第七届一次全会召开】 5月4日，共青团房山区第七届一次全委会召开。会议选举产生11名共青团北京市房山区第七届委员会常委。选举李冠华为共青团北京市房山区第七届委员会书记，陈鑫、吕言飞为副书记，王博、张庆为兼职副书记。

（王宁）

【2016春季北京国际长走大会志愿服务活动】 5月7日，2016春季北京国际长走大会暨第二十二届房山旅游文化节在房山长沟镇开幕，团区委招募志愿者2100名，北京理工大学、北京工商大学、北京经贸职业学院、北京理工大学房山分校、区委社会工委、民防救援团。该次志愿服务活动按照区

域划分设置主会场志愿服务组、长走沿线志愿服务组、大咖秀志愿服务组、车辆志愿服务组4个组。下设8个志愿服务岗位，有终点认证，方阵集结，秩序维护，沿线大咖，道路指引，专线车，摆渡车，收容车服务等志愿服务岗。长走大会沿线分布30余个志愿服务点和游戏互动区为参与长走大会的人员提供服务。2100余名志愿者为1.8万名参与人员提供志愿服务，每名志愿者服务6个小时，共计服务1.2万余小时。

（王宁）

【畅游汽博主题实践活动】 6月4日，团区委联合区教委组织全区学生中部分家庭困难的孩子开展"牢记嘱托 健康成长"欢度"六一"，畅游汽博主题实践活动，参加活动学生200余名，团队干部20余名。该次活动培养青少年对汽车工业发展的历史进程、汽车的基本构造、新能源汽车原理的了解，既扩宽眼界，还提高学生们对科学知识的渴望和探究，增强他们对民族汽车工业所获得成就的荣誉感。

（王宁）

【优秀青年干部示范培训班】 6月20日至24日，团区委联合区委组织部、区人力社保局、区委党校共同举办房山区2016年优秀青年干部示范培训班。集中培训采取组织点名调训的方式对全区具有全日制本科及以上学历，36周岁以下的正、副科级优秀青年干部及部分选调生45人进行为期5天的集中培训。培训内容针对青年干部成长成才规律，坚持问题导向，注重能力培养，采取讲授式、体验式、案例式、模拟式等形式，围绕4个模块开展教学。重点开设"对照'两学一做'要求，加强党性锻炼"等课程，到"没有共产党就没有新中国"纪念馆进行现场教学，召开组织生活会，开展党性分析，引导青年干部强化党性修养，扎根平凡的岗位，让党

的事业薪火相传。重点学习"房山区情"和"房山区十三五发展展望",组织学员到中关村新兴产业前沿技术研究院、中粮智慧农场开展现场教学等。开设"协同创新思维"等课程,让青年干部增强团队意识。组织拓展训练、主题辩论赛、趣味竞技比赛等多种形式,使学员发现彼此的优势和差距,激发学习内动力,提高学员团队意识和综合水平。

（王宁）

【青年创业联盟"互联网+新农业"主题沙龙】6月24日,团区委与房山青年创业联盟在北京大学创业训练营房山基地举办"互联网+现代农业"的主题沙龙活动。中国城乡规划研究所副所长、城乡农业专业委员会专家委员、北京世纪君盛咨询有限公司创始人郭乐飞为涉农创业者进行讲座。房山青年创业联盟和北京各地的10余名涉农企业家和创业者们参与。

（王宁）

【"6·26"国际禁毒日志愿服务活动】6月24日,团区委组织20名社区青年汇禁毒志愿者在良乡昊天广场开展"拒绝毒品诱惑、拥抱阳光生活"禁毒宣传活动。通过设立禁毒宣传点、张贴标语、悬挂横幅、设置大型宣传展板等形式开展禁毒宣传活动,志愿者向广大居民群众发放禁毒宣传册和宣传海报1000余份,《禁毒法宣传读本》500余份,禁毒纪念品300余份,通过宣传活动,提高广大人民群众防毒、禁毒的意识,营造"珍爱生命 远离毒品"的良好社会氛围。

（王宁）

【房山区第六届暑期高校大学生社会实践活动双选对接会】7月15日,团区委在北京高校大学生创业园报告厅举办房山区第六届暑期高校大学生社会实践活动双选对接会。30个单位提供科普志愿者、青少年活动项目主管、网格化技术管理、记者等

220余个实习岗位和全职岗位,250余名大学生报名参加社会实践活动,清华大学、北京工商大学、中国社科院研究生院、北京石油化工学校等京内大学生以及房山籍在外上学的学生。100余名大学生与用人单位现场达成意向,签署实习协议。

（王宁）

【"智博会"房山展区志愿服务】7月29日至31日,第二届中国智慧城市国际博览会在北京展览馆举行。团区委组织10名志愿者承担"智博会"房山展区的志愿服务工作。志愿者承担房山展区和专场论坛的咨询引导、宣传册发放以及摆放等志愿服务工作。活动中,发放宣传册1000余份,志愿服务时长120小时。

（王宁）

【2016"一带一路"国际葡萄酒大赛志愿服务】10月7日至13日,团区委为2016"一带一路"国际葡萄酒大赛提供志愿服务活动。团区委联系对接中国社科院研究生院、北京理工大学、北京工商大学、北京经贸职业学院等高校,招募志愿者300名,全程服务大赛的各项活动。其中,侍酒师志愿者100名,英语志愿者30名,普通志愿者170名。志愿服务期间,志愿者为法国、匈牙利、俄罗斯、印度、韩国等国家和地区60多位葡萄酒大师评委提供服务,为23个国家及地区、45个产区的122家酒庄参与展览提供服务。大赛国际组委会主席卜度安·哈佛为参与该次大赛的50名志愿者及服务本届大赛的50名侍酒师代表颁发证书。

（王宁）

【生活困难家庭青少年精准帮扶部署会】10月9日,团区委、区民政局召开房山区生活困难家庭青少年精准帮扶部署会。生活困难家庭青少年精准帮扶工作领导小组成员单位、各乡镇街道主管领导,以及团(工)

委书记或负责人等参加会议。团区委就《房山区生活困难家庭青少年精准帮扶工作实施方案》中提到的帮扶对象、帮扶内容做部署和说明，明确工作进度和各个阶段的任务，并有针对性的介绍房山区开发设计的"青春助跑之无障碍"项目、"青春助跑之与爱同行"项目。

（王宁）

【骨干团干部培训班】 10月16日至21日，举办2016年房山区骨干团干部培训班。培训采取组织点名调训的方式对全区委办局、街道、乡镇、学校骨干团干部44人进行为期6天的集中培训。培训内容主要围绕深化群团改革精神，进一步解放思想、更新观念、开阔视野，借鉴上海市在从事青年工作和少先队服务工作中所取得的宝贵经验和创新思路，采取集中授课、专题交流、现场教学等方式，从理论知识、精神要求，到工作实践、方式方法，进行全面的讲授和指导。

（王宁）

【普法图书角建立】 12月11日，团区委针对涉诉未成年人，整合法律资源，加强未成年人案件审判中教育工作，购买青少年普法读物，为涉诉未成年人在区检察院、区法院建立普法图书角，将涉诉未成年人工作重心放在教育、感化、挽救上。

（王宁）

房山区妇女联合会

【概况】 2016年，区妇联引领广大妇女在适应经济发展新常态中展现作为，在推进妇女创业就业中搭建平台，促进发展，为广大妇女投身大众创业、万众创新提供贴心服务。拓展妇女就业培训。全年开展手工编织、串珠、家居花艺、家庭种植、烹饪、民俗旅游等实用技能培训353场，培训妇女15650人。参加京津冀妇女创业就业基地交流、女性创业电子商务培训班等，提升创业致富带头人的综合素质。举办房山区巧娘手工艺品技能大赛，全区201名巧娘参赛。促进妇女就业增收。通过与区人力社保局、区总工会联合开展"春风行动"专场招聘会，帮助妇女实现就业。举办巧娘手工艺品展卖活动，委托"双学双比"基地和"儿童之家"为巧娘提供展卖平台，促进巧娘增收致富。扶持妇女自主创业。积极争取市级资金120万元，扶持全区9个"妇"字号基地、重点项目及协会建设。争取区级资金50万元，培育扶持10个区级"双学双比"示范基地，鼓励妇女大胆创业，带动周边妇女就业增收。开展家庭助廉手工作品征集活动，征集廉政剪纸、书法、刻纸、手抄报等优秀作品500多幅，并在全区范围进行流动展示。延伸"崇廉尚俭·遵规守纪"为主题的亲情寄语（家书）征集活动，优秀作品通过情景剧的形式展现。深化"书香家庭"建设，向广大家庭发出亲子阅读"四个一"（每天共享一段亲子阅读时间，每周进行一次家庭读书分享，每月走进一次文化场所，每年互写一封家书寄语）行动倡议。开展书香飘万家，家庭阅读传递公益活动。在全区25个乡镇妇联和区直机关妇委会建立流动书包漂流站，配发图书27套。深化家庭教育培训。在原有25个家庭教育指导站的基础上，扶持培育北关东路社区、东风北里社区、苏庄一里社区、保合庄村4个家庭教育示范点。全年共开展家庭教育培训148场，培训1.63万人。开展家庭素质提升培训30期，培训1660人。推进儿童之家创建工作，新命名

11 家区级"儿童之家"。编制房山区"十三五"时期妇女儿童发展规划，以反家庭暴力法的颁布实施为契机，推动妇联工作法治化水平。推动妇联维权机制建设，在区法院设立反家庭暴力绿色通道，联合区司法局成立婚姻家庭矛盾纠纷人民调解指导委员会，并分别在全区各乡镇、街道下设 28 个调委会，102 名人民调解员直接参与婚姻家庭矛盾的纠纷调处。开通"12368"反家暴热线电话，联合区委宣传部制作《遭遇家暴怎么办》反家暴微动画。加强队伍建设，联合司法局对全区婚姻家庭纠纷人民调解员进行培训，提升处理婚姻家庭矛盾纠纷的调解能力。加大普法宣传力度，开展"三八"维权周、"送法下乡"等普法宣传活动，以及各类法律健康讲座，全区各级妇联组织举办普法讲座 22 期，普法宣传活动 90 场，发放普法宣传品及宣传手册 10 万余份。全年，接待信访 123 件，全部得到妥善解决。创建"平安家庭"2000 户，推动"平安房山"建设。积极帮扶弱势群体。投入资金 100 余万元，开展"禾苗救助""两癌"妇女救助、"六一"区四大部门主要领导慰问、"两节"送温暖等。完成全区妇代会换届选举工作和改建妇联试点工作，实现农村妇代会换届与村委会换届同部署、同落实，完成长阳镇 10 个村农村妇代会改建妇联试点工作。开展家庭绿色种植、家庭老人照料、家庭烘焙厨艺、家庭手工 DIY 等内容的培训 32 场。燕山星城街道第二社区作为市妇联开展的"种子计划"房山试点，探索形成"妇工+社工+志愿者+社会组织"四方联动的服务模式。全年，对区、镇、村妇女干部培训 12 期，共计 2100 人次。组织市、区妇女代表参观区内外"双学双比"示范基地及"妇女儿童之家"建设，拓宽市区妇女代表与群众沟通联系的平台

和渠道，发挥代表履职作用。推动新媒体建设，开通"房山女性"官方微信公众平台，服务全区妇女儿童。

（赵翠萍）

【"送法下乡"活动】 1 月 27 日，区妇联联合区司法局、区食品药品监管局、区环保局等单位在张坊镇大集开展春节前"送法下乡"活动。活动现场，设立法律咨询台，悬挂标语，摆放展板，赠送法治对联、普法手册、书籍等形式向群众宣传讲解《中华人民共和国婚姻法》《中华人民共和国妇女权益保障法》，提高妇女的法律意识和维权能力。发放法治宣传手册 1500 册、书籍 50 本、宣传品 200 余份，解答咨询 10 余人次。

（赵翠萍）

【推进反家庭暴力法实施主题系列活动】 3 月 3 日，区妇联与区法院联合开展"反对暴力 构筑和谐"——推进《中华人民共和国反家庭暴力法》实施主题系列活动。市妇联、最高法院女法官协会、区妇联、区政法系统各单位主要领导及市区人大代表围绕构建反家暴联动机制、建立婚姻家庭纠纷调解委员会、未成年人保护等议题进行座谈、研讨；最高人民法院刑一庭审判长围绕该法制定的背景、思路为妇联干部做相关讲座；市妇联领导，区委副书记、政法委书记李江，区法院党组书记、院长邵明艳及区妇联领导为反家庭暴力绿色通道揭牌。现场播放由区委宣传部、区妇联制作的《遭遇家暴怎么办》反家暴微动画片。

（赵翠萍）

【女性健康讲座】 3 月 7 日，区妇联在区妇女儿童活动中心举办"健康女人最美丽"女性健康讲座活动，全区机关、企事业单位及各乡镇、街道的 100 余名妇女干部参加讲座。邀请中国中医科学院广安门医院食疗营养部专家王宜主讲，讲授女性

健康保健与膳食营养之间的关系。

（赵翠萍）

【巾帼先进事迹报告会】 3月8日，区妇联举行庆"三八"国际妇女节暨巾帼先进事迹报告会。会上，区妇联领导宣读2016年北京市三八红旗集体和三八红旗奖章获得者名单，房山区儿童福利院等8个优秀集体和许丽华等15名杰出女性分别获北京市三八红旗集体和北京市三八红旗奖章称号。区广电中心电台副主任朱晶、北京凯捷风公交客运有限责任公司售票员马海侠、拱辰街道北关东路社区居委会主任史淑英、窦店镇北柳村党支部书记林彩霞、房山区儿童福利院副院长徐学军等先进集体和先进个人代表分别讲述巾帼先进事迹。

（赵翠萍）

【农村妇代会换届选举工作培训】 3月21日，区妇联举办农村妇代会换届选举工作培训会。会上，下发《关于做好农村妇代会换届选举工作的意见》，并就农村妇代会换届选举工作进行业务培训。会议强调，各乡镇、街道妇联要提高认识，增强做好女性进村"两委"和农村妇代会换届选举工作的责任感；要加强领导，及时与组织、民政部门沟通协调，争取党组织重视和支持，加强换届工作指导；要把握重点，要切实把好妇代会主任能力关，把优秀女性选到基层妇联工作岗位上。

（赵翠萍）

【"春风行动"专场招聘会】 3月24日，区妇联联合区总工会、区人力社保局举办"搭建供需平台 促进转移就业"为主题的2016年房山区"春风行动"专场招聘会。现场参会单位36家，提供就业岗位638个，吸引参会人员700余人，现场达成初步就业意向256人。截至3月24日，"春风行动"期间，房山区开展各类日常招聘会17场，

参会单位168家，提供就业岗位2869个，参会人员3836人，日常招聘会初步达成就业意向230人。

（赵翠萍）

【房山区婚姻家庭矛盾纠纷人民调解指导委员会成立】 5月12日，房山区婚姻家庭矛盾纠纷人民调解指导委员会成立。区委政法委、区法院领导出席挂牌仪式并为指导委员会揭牌。与会领导向"婚姻家庭矛盾纠纷人民调解委员会"代表单位和"人民调解员"代表授牌及颁发聘书。

（赵翠萍）

【"最美家庭"揭晓】 5月31日，区妇联联合区纪委、区教委等单位举办"崇廉尚俭传承家风立德树人"——房山区"最美家庭"揭晓活动。活动围绕"家"的主题展开，由少儿群诵《诫子书》、最美家庭助廉情景剧、歌曲联唱等节目贯穿始终。活动回顾房山区妇联3年来开展的家庭建设工作情况，全场活动从"孝老敬亲 和睦家庭""明理贤德 教子有方""诚信友善 邻里互助""公益助廉 沁润社会"4个方面践行着普通家庭的责任与义务。揭晓2016年房山"最美家庭"100户，并为"最美家庭"代表颁发"最美家庭"奖牌。

（赵翠萍）

【巧娘手工艺品大赛】 6月7日，区妇联、区总工会联合举办巧娘手工艺品大赛决赛。大赛活动从3月初开始安排部署，经过宣传发动、自愿报名、初赛选拔3个阶段的工作，201人参加巧娘手工艺品大赛决赛。决赛采取现场编织的方式，项目分为韩式奶嘴帽、龙乡九叶帽、龙乡妞妞帽3大类。经过5名专家评委的评比，最后评选出3个比赛项目的一等奖各1名、二等奖各2名、三等奖各3名、优秀奖各5名。

（赵翠萍）

【市、区妇女代表小组活动】 6月12日，区妇联开展市、区妇女代表小组活动。区妇联领导班子成员及市、区妇女代表及儿童之家，双学双比基地负责人等参加活动。代表们参观位于大兴区魏善庄镇的儿童拓展活动基地、世界首座月季博物馆、市级妇字号及双学双比示范基地北京天蜂奇科技开发有限公司。

（赵翠萍）

【北京市第四届职业技能大赛初赛在房山区举办】 7月26日，由市妇联、市直属机关工会主办，区妇联、北京宏圣职业技能培训学校承办的北京市第四届职业技能大赛妇女手工技能大赛市直机关初赛，在北京今日东方居家养老服务站举行。全市23个市直机关的90余名手工艺爱好者参赛。主办方邀请北京工业大学的4名专家担任大赛评委，据参赛选手提交的成品作品和现场制作水平，从手工技艺、色彩搭配、作品完整度、寓意等方面对大赛作品进行评审，最后评选出的优胜者参加北京市决赛。

（赵翠萍）

【妇女干部培训班】 9月13日至14日，区妇联举办全区村级妇女干部培训班。全区各乡镇、街道妇联主席，专职社工及村妇代会主任，共477人参加。培训班上，市妇联副主席常红岩讲解《不忘初心，以改革创新精神做好首都妇女工作》；拱辰街道北关东路社区居委会主任史淑英结合自身工作讲《如何利用自身优势做好妇女之家工作》；金通传媒公司赵安民介绍"房山女性"微信公众号的编辑、使用以及《新媒体的运用及摄影知识》。

（赵翠萍）

【区妇联四届二次执委扩大会】 12月27日至29日，区妇联召开四届二次执委扩大会议。区妇联各执委、妇委会主任和专职社会工作者100余人参加会议。会上，区妇联党组书记、主席王红英做《坚定方向 发挥优势 在房山转型发展中开创妇女工作新局面》工作报告，总结回顾区妇联2016年的工作，研究部署2017年的工作任务。市妇联副局级调研员兼组织部部长孙凤兰围绕《学习贯彻中共十八届六中全会精神，进一步加强妇联系统干部队伍建设，不断提升服务妇女儿童的能力和水平》进行专题培训；区委党校教师李玉军全面解读房山区第八次党代会精神。

（赵翠萍）

房山区科学技术协会

【概况】 2016年，区科协巩固和拓展"全国科普示范区"创建成果，依托"党委领导、政府推动、科协牵头、部门协作、社会参与"科普工作格局，主动作为，搭建平台，努力发挥科协组织在学会学术、科学普及、决策咨询及人才建设等方面的作用，推动全区科协事业在中关村南部创新城建设，打造京保石发展轴桥头堡中更加奋发有为，为实现"新城新业新生活"的房山梦做出新贡献。

（张旭颖）

【"动感科学"体验活动】 1月9日，为丰富青少年课余生活，全面提升青少年科学及身体素质，区科协举办"动感科学"体验活动。良乡五小及社会报名的70名学生及家长参与该次活动。

（陈双）

【"科学小记者+探秘房山"主题科普活动】
1月30日，"科学小记者+探秘房山"活动启动。活动由区委宣传部、区科协、区教委、区旅游委主办，由房山科技活动中心、北京科技报社承办，旨在大力提升未成年人科学素质，培养青少年了解必要的科学技术知识，掌握基本的科学方法，促进校外科技活动与校内科技活动的有效衔接，探索新时期青少年科普教育的新模式和新途径，优化社会科普资源有效配置，提高全区科普工作公共服务水平。同日，小记者到房山世界地质公园博物馆参观。3月12日，小记者们与家长共同到中粮智慧农场参观体验。

（陈双　张如燕）

【青少年科技创新动员大会开幕】　3月21日，由区教委、区科委（区知识产权局）、区科协联合主办的房山区青少年科技创新动员大会暨2016年科技节开幕式在北京四中房山校区举行。科技节以"创新成就梦想，科技引领未来"为主题，通过青少年科技创新动员大会、市区级科技示范校成果展示、百名小小发明家成果展示、课外科技活动展示、高新科技企业产品展示体验、区内科技资源单位展示、科技教师论坛交流等板块，集中展示房山区青少年科技教育成果。

（张旭颖）

【气象科普活动】　3月23日是世界气象日，区科协联合区气象局开展气象科普活动。活动以展厅参观、气象知识讲解、4D影片观看等内容为主，区气象局工作人员在中心气象展厅为居民详细讲解气象观测手段、气象预报的制作、房山气象服务体系，为居民普及气象防灾减灾知识，并为居民准备气象防灾减灾宣传册、气象知识宣传页等。

（陈双）

【打工子弟科技关怀服务项目】　4月6日，房山科技活动中心启动2015年度政府购买社会组织服务——打工子弟科技关怀服务项目第一场活动，科普服务队到城关街道的创唯学校开展打工子弟科技关怀服务，校内一至四年级96名学生参与活动。

（陈双）

【科普宣传咨询活动】　4月26日，区科协同区科委、房山工商分局、区质监局、区广电中心等单位共同开展以"加强知识产权保护运用，加快知识产权强国建设"为主题的科普宣传咨询活动。活动以展板展示、宣传咨询及发放科普资料为主要内容。活动中，区科协向社区居民发放"全家一起学科学"知识手册、"一点绿"绿娃钥匙扣、"云科普"二维码书签、房山科技活动中心宣传册宣传袋等宣传材料500余件，并向居民宣传普及科普知识、生活常识等内容，惠及1000余人次。

（张旭颖）

【"百村农民科学素养提升行动"活动】　5月开始，区科协开展"百村农民科学素养提升行动"活动，到霞云岭乡、石楼镇、韩村河镇、窦店镇、河北镇、琉璃河镇开展科普便民服务，向农民群众广泛宣传农业生产、医疗健康、食品安全等科普知识，全面提升农民的科学素养。

（王婧）

【区科协第四次代表大会召开】　5月19日，区科协第四次代表大会召开。大会审议《房山区科学技术协会第三届委员会工作报告》《房山区科学技术协会管理办法（修改草案）》，听取区政府经济社会形势专题报告，选举产生区科协第四届委员会。大会选举中国工程院院士、北京工商大学校长孙宝国为区科协主席，聘请中国科学院院士王乃彦、中国工程院院士俞梦孙、中国科学院院士江雷、中石化首席顾问华炜教授为区科协名誉主席。

（张旭颖）

【北京市院士专家服务中心授牌仪式】 7月4日，房山区举行北京市院士专家服务中心授牌仪式暨园区科协组织成立大会，大会向区科协授予"北京市院士专家服务中心"牌匾，同时，中国房山世界地质公园等9家园区成立科协组织并被授牌。

（张旭颖）

【大学生双创人才精英训练营开营】 7月15日，2016大学生双创人才精英训练营房山区高校大学生创业园举行开营仪式。活动由北京市科协主办，北京科技咨询中心、北京企业技术开发研究会、区科协、房山良乡高教园区管委会、北京智诚伟业教育科学研究院共同承办，中国光华科技基金会公益支持。训练营有清华大学、北京交通大学、北京化工大学和天津外国语大学等19所高校的33名营员参加，训练营针对大学生创新创业实际需求，设置培训课程，通过专题培训讲座、拓展训练、分组讨论、导师"一带一"指导、营销实践活动、名企创新交流、项目路演等方式展开为期7天的封闭式培训。

（张旭颖）

【区名优农产品博览会】 10月23日，由区科协主办，区农技协、中粮万科长阳半岛广场承办的"区名优农产品博览会"结束。在3天的活动时间里，区科协联合21家农技协会员单位，以"博览名优农产·寻味房山特色"为主题，为广大群众带来包括瓜果蔬菜、红酒、蜂蜜等近百种产品，集中展示推广房山区特色、名优农产品。

（张旭颖）

【区科协四届常委会第二次会议】 10月24日，区科协组织召开四届常委会第二次会议。会议依据区委组织部意见和《北京市房山区科学技术协会管理办法》，表决并通过区科协四届委员会增补委员赵金龙、

王新华等17人，增补常委刘建党、孔军民2人。表决通过出席北京市科协第九次代表大会代表张艳珍、于雷、李娜、刘玉增、姜德勇、韩怀伟6人，通报2016年全区新增基层科协组织情况，听取区科协2017年重点项目报告。

（张旭颖）

【科技老师综合技能培训班】 11月9日至11日，2016年科技教师综合技能培训班在房山科技活动中心举办，全区60余所中小学的80名科技教师参加培训。培训由北京中科院老专家技术中心、北京交通大学、中国科学院自动化研究所、中国关心下一代工作委员会委员、全国创新大赛评委等专家教授为教师进行授课。课程内容包括：智能科学的发展历程、技术现状、应用领域及未来发展趋势；基础教育中的科技教育；STEAM教学的理论知识学习；几何机器人的MSEAP教育理念；几何机器人创新设计概述等讲座内容以及单片机、创客电子设计、创意工程等实践操作课程组成。

（陈双）

【市科协专家组到房山区检查】 12月15日，市科协专家组到房山区2015年度全国基层科普行动计划奖补单位——张坊镇蜜蜂产业协会和长阳镇加州水郡东区社区实地查看奖补单位的建设情况，听取两个项目单位主要负责人的科普工作汇报，对项目单位的科普设施建设情况、科普活动开展情况及奖补资金使用情况进行考核评估。

（田硕）

房山区文学艺术界联合会

【概况】 2016年，区文联在基层组织建设、精品文艺展示、打造全国知名文化名片、文艺交流合作、文艺服务社会等方面取得阶段性成果。搭建活动平台，为打造京保石发展轴和文艺桥头堡奠定基础。会同保定、涿州、易县、涞水、来源等5地（市、县）文联，筹备成立京保石地区的文艺联盟。在拒马河沿线完成5期调研，形成拒马河文艺联盟章程（草案），拟定联盟的初步实施方案。弘扬主旋律，壮大主流意识形态阵地。配合区委宣传部重点安排"理论+文艺"文学作品征集工作，组织作家围绕社会主义核心价值观、房山产业升级、生态建设、城乡建设、党建等12个选题方向，创作诗歌、相声、小品、评剧、情景剧等，推出原创作品20余件；开展"光辉的历程——房山区纪念建党95周年""在阳光照耀下——房山区残联成立20周年征文"文学作品征集活动，完成《光辉的历程——纪念建党95周年》《在阳光照耀下——纪念房山区残联成立20周年》2部征文集；出版《房山农民画》《仇振亮》2部画册。推进基层文联创建，繁荣和发展群众文艺。扩展"文化在乡"的组织基础，在张坊镇、十渡镇、河北镇、北潞园社区成立文联分会，分别组建下属协会，吸纳团体会员近800人。搭建文艺服务平台，助力地区行业文化建设，推进全区文化发展与繁荣。以共同主办、协办、承办等多种方式，开展单项或综合类文艺服务。助力区残联成立20周年纪念活动，搭建文艺

服务平台，以"同在阳光下"为主题，同步开展主题文学征集、摄影图片展、主题歌曲演唱会、书画笔会等系列活动；组织各艺术门类的文艺家队伍积极参与"西潞十年"首届艺术节，通过合作举办文学采风创作、曲艺大赛、民间艺术展示等活动，指导和扶持西潞街道文化建设；积极开展书法艺术进社区、进学校、进机关活动，组织书画家到区直机关工委、北京农业职业学院、房山职业学校、长阳原香小镇社区、北潞园社区、南窑三合村等地开展书法笔会活动20余场；音乐家陈光在北京市文联大厦举办《乡村百姓家》歌曲集发布会暨研讨会；画家王绍华在西城文化中心举办个人作品展；刘铁奇的作品《烟树流声》入选中国美协2016年全国中国画展；区作协与房山教育系统联合推出首个"少年读书会"，鼓励青少年在阅读经典名著的同时，重点阅读房山作家的作品，了解房山的历史文化，了解家乡的建设成就。区诗词楹联学会推出《云水诗抄》《云水诗说》2部成果集；区曲艺家协会联合北京理工大学、北京工商大学、首都师范大学、北京中医药大学成立"良乡高校曲艺联盟"；区音舞协会组织40人参加北京市第六届国标舞大赛，获奖项8个。

（杨春彦）

【劳模人物画册《仇振亮》出版】 1月，由房山区委宣传部、区文联、窑店镇联合制作，反映全国劳模仇振亮生平的人物画册《仇振亮》出版。该画册为纪念全国劳模仇振亮逝世1周年而作。画册精选200余幅图片，设置"生平""风采""荣誉"3部分。

（杨春彦）

【《云水诗抄》《云水诗说》出版】 1月，由房山区文联策划、区诗词楹联学会承办的古典诗词诗作、诗评《云水诗抄》《云水诗说》出版。其中，《云水诗抄》收入"云水诗社"

社员 20 余人的诗词作品 300 余首，由集体编著而成；《云水诗说》主要收入社员的 46 篇创作谈，有学诗写诗感悟，有诗词创作论文，引导诗词爱好者学习古典诗词，对初识诗词者有较大帮助。

（杨春彦）

【京津冀美术名家邀请展】 7 月 18 日，"文化协同 共画发展——京津冀美术名家邀请展"在房山区智慧长阳艺术馆开幕，京津冀三地的 50 余名中国画画家参加。画展展出作品近 150 幅，作品内容主要讴歌党的光辉业绩、展示时代进步和人民美好生活，表达了艺术家对幸福生活的赞美、对人民群众的真挚关怀及对共产主义理想的执着信仰。

（杨春彦）

【《房山农民画》画册出版】 7 月，由房山区文联策划、赵思敬收集整理的《房山农民画》由中外名流出版社出版。该画册收入房山文化馆保存的 200 余幅农民画画作，内容涉及房山地区 20 世纪六七十年代的农业生产、工业雏形、田园风光、政治生态和群众生活等；部分内容是流失画作的黑白照、画作模特照及创作者群体像。

（杨春彦）

【诗词作品集《圣水诗草》出版】 8 月，房山区诗词家姜玉卉的诗词集《圣水诗草》由中外名流出版社出版。该书由房山区文联及区诗词楹联学会共同策划，收入作者诗词作品 160 余首。内容取材广泛，既描绘生活百态、吟咏故乡风物，也评述时政要闻、讴歌民族精神，抒发作者对生活的热爱和爱国主义情怀，文字风格质朴自然、韵味深浓，读来意境悠远、可知可感。

（杨春彦）

【作家凸凹出席中国作协第九次全代会】 11 月 30 日至 12 月 2 日，房山区文联主席史长义（笔名凸凹）作为北京地区的作家代表，在北京人民大会堂参加中国文学艺术界联合会第十次全国代表大会、中国作家协会第九次全国代表大会，并在北京代表团分组讨论会上围绕中共中央总书记习近平讲话精神，以《文学关乎世道人心》做主题发言。

（杨春彦）

【书法美术界第三次代表大会】 12 月 30 日，房山区文联召开书法美术界第三次代表大会，200 余名书法美术家代表参加会议。大会回顾房山区书法美术家协会 10 年工作成果，并完成原协会拆建重组工作，分别成立房山区书法家协会和房山区美术家协会。大会选举侯振海任区书法家协会主席、王书樵任区美术家协会主席。

（杨春彦）

房山区残疾人联合会

【概况】 2016 年，区残联全力做好残疾人康复、教育、就业、培训、维权和文化体育等方面工作。举办"同在阳光下"房山区残联 20 年成就图片展，并以本次图片展为基础，制作《同在阳光下》画册。与区广电中心合作，拍摄《房山区残联 20 年工作巡礼》专题片，总结概括房山区残疾人事业 20 年的发展成果。制作《同在阳光下》歌曲专辑，举办"同在阳光下"残疾人歌曲大赛，举办"同在阳光下"主题征文活动。购买市残联助残服务项目 17 个，助残服务资金 736 万元，实现两年翻两番，在全市远郊区县处于领先地位。在特色教育工作中做到顶层设计、典型引路。举办第三届全区残疾人运动会，622

名残疾人运动员参加 3 个大项 40 个小项的比赛。新成立 11 支残疾人门球队，全区残疾人门球队达 40 支。举行"长安杯"京津冀残疾人门球友谊赛，津冀三地的 32 支代表队 220 多名运动员参赛。各街道、乡镇残联利用温馨家园这一平台，组织各类基层残疾人体育活动。全年，生活困难补助共惠及 13573 名残疾人，补贴金额 6130 万元；护理补贴共惠及 16065 名残疾人，补贴金额 3183 万元；居家养老（助残）服务券共惠及 13615 名残疾人，补贴金额 1476 万元；为 11912 名参加城乡居民养老及医疗保险缴费补贴的残疾人发放补贴资金 1095 万元；元旦、春节期间，走访慰问 6820 名残疾人，投入资金 400 万元；为 239 名残疾人发放扶残助学资金 106 万元。送 219 名残疾儿童到康复机构训练，为 205 人进行白内障复明手术，为 111 名残疾人配发假肢、助听器、助行器等辅助器具。以上政策，累计投入资金约 1.26 亿元，共惠及残疾人 6.28 万人次，通过各项政策的落实，保障残疾人基本生活。房山区"动态更新"应登记底册人数 38115 人，完成登记 37366 人，完成登记比例 98.03%。与区体育局合作举办房山区第三届残疾人运动会；与区文化委合作，出版歌曲专辑，举办歌曲大赛；与区教委合作，开展残疾人扫盲和技能培训工作；与区种植中心合作，配发节能灯管、太阳能手电筒等节能灯具；与区文联合作，举办征文活动；与区门球协会合作，举办京津冀残疾人门球赛；与区摄影家协会合作，举办图片展，制作画册；与社会服务组织合作，共同推动政府采购服务工作开展。年内，招录 40 名专职残疾人工作者，充实到各街道、乡镇残联。完成购买服务申报工作，使全区更多的残疾人得到更好的服务。

（张静）

【市残联、市民政局到房山区送温暖】 1 月 27 日，市残联和市民政局到房山区联合开展走访慰问送温暖活动。走访慰问房山区儿童福利中心、房山区光荣院等机构以及青龙湖镇、拱辰街道和阎村镇的 10 户一户多残、老残一体残疾人家庭，送去慰问款、物。

（张静）

【参观中国盲文图书馆】 3 月 16 日，房山区残联举办"感受现代科技，体验社会文明"暨中国盲文图书馆新馆参观日活动。活动中，盲人朋友参观盲文科技与医学、盲文社科与文艺、有声读物等主题展区，参与视障文化体验、触摸博物馆等互动活动，并与盲文图书馆相关工作人员进行座谈，最后体验口述电影。各专门协会主席及各街道盲人朋友 30 余人参加活动。

（张静）

【春季招聘会】 3 月 24 日，区残联与区人力社保局、区妇联、区总工会在良乡镇共同举办春季招聘会。招聘会有 31 家企业参与，涉及制造业、食品加工业、房地产业、医疗卫生等行业，其中社会单位为残疾人提供库管、后勤等岗位 20 余个，4 家福利企业提供生产操作工、包装工、文职、电脑操作员等 50 余个残疾人岗位。现场设置咨询服务台，为残疾人提供政策咨询，职业指导等服务，发放宣传材料 2000 余份。有 200 余名残疾人到招聘会现场求职，当场有 50 多人与用人单位达成就业意向。

（张静）

【第三届残疾人运动会】 5 月 6 日，房山区第三届残疾人运动会在房山体育场举行。全区 24 个街道、乡镇的 622 名残疾人运动员，参加田径、跳绳和趣味项目 3 个大项共计 40 个小项的比赛。城关街道、长阳镇、周口店镇获团体前 3 名。

（张静）

【爱心捐赠活动】 5月6日，"关爱孤残儿童、让爱洒满人间"爱心捐赠活动在区儿童福利院举行。区残联向福利院捐赠自行车、洗衣机等物品和10万元。

（张静）

【困难残疾人居家服务项目启动】 6月23日，房山区2016年困难残疾人居家服务项目启动仪式在北京今日东方居家养老服务站举行。区残联、北京今日东方劳务派遣有限公司领导出席仪式。2016年的居家服务项目是市残联通过政府购买服务的方式，对全区890名生活特别困难、不能自理的重度残疾人提供为期1年的家政保洁、生活照料、精神慰藉等居家服务。

（张静）

【房山区2016年残疾人门球赛】 6月27日，房山区2016年残疾人门球赛在房山体育场举办。房山区各乡镇的32支队伍100余名运动员参加比赛。

（杨爱平）

【为贫困残疾人配发辅助器具】 7月26日，市残联会同房山区委组织部和房山区残联，实施中国残联彩票公益金项目，为青龙湖镇107名肢体、视力残疾人发放复合型防压疮坐垫、坐便椅、手杖、助行架等辅助器具212件。

（张静）

【京津冀残疾人门球友谊赛】 9月27日至29日，"长安杯"京津冀残疾人门球友谊赛在房山区体育场门球场举行。河北省、天津市、北京市的32支代表队220多名运动员参加比赛。河北廊坊队、天津塘沽队、北京东城一队、房山城关一队等8支代表队获金奖；天津河西一队、河北石家庄一队、北京西城一队、房山拱辰二队等12支代表队获银奖；北京燕化二队、北京门头沟队、房山韩村河队等12支代表队获铜奖。

【全国30个省市就残疾人教育工作到房山调研】10月12日，全国30多个省市的80余名残疾人教育工作者就残疾人扫盲和融合教育工作到房山调研，到青龙湖镇、区成教中心和良乡二小参观并听取汇报。

（张静）

【"同在阳光下"歌曲大赛】 11月8日，"同在阳光下"歌曲大赛在窦店民族文化宫举行，有300余名残疾人及残疾人工作者参加，演唱形式包括大合唱、小合唱、独唱、歌伴舞等。拱辰街道的《同一片蓝天》、石楼镇的《你的笑容最灿烂》等歌曲获奖。

（张静）

【残疾人乒乓球比赛】 11月22日，房山区2016年残疾人乒乓球比赛在碧洲乒乓球俱乐部举行。比赛为个人单打赛制，分为男子肢体组、女子肢体组和男子听力言语组3个组别。城关街道何京中、城关街道王福清、长阳镇王永田获男子肢体组前3名；阎村镇马东辉、琉璃河镇许明明、河北镇张绍义获男子听力言语组前3名；长阳镇郭玉清、青龙湖镇李凤芹、良乡镇陈秀英获女子肢体组前3名。

（张静）

【房山区肢残协会与石家庄肢残协会成为共建友好协会】 11月26日，房山区肢残协会与河北省石家庄市肢残协会共建友好协会签字仪式在房山区举行。房山区肢残协会主席刘玉成与石家庄市肢残协会主席刘来喜在协议书上签字，双方就建立友好协会关系达成协议。

（张静）

【国际助残日法律宣传活动】 12月1日，区残联和北京隗有宝律师事务所共同举办以"维护残疾人合法权益 共筑和谐房山"为主题的法律宣传活动。100余名残疾人及社区居民参加活动。活动现场，向残疾人发放法律援助、残疾人法律救助、残疾人保障法的宣传册、律师联系卡和环保手提袋等纪念品，并对有法律需求的残疾人现场提供咨询、代书服务。

（张静）

房山区红十字会

【概况】 2016年，区红十字会进一步完善应急救援体系建设，与区人力社保局、区直机关工委配合，将应急救护知识培训纳入初任公务员培训和机关干部素质提升大讲堂内容，举办急救员培训班51期，3245人取得急救员证书。开展应急救护培训知识普及讲座65期，受益人数近5万人。举办为期2天的应急救护师资库建设培训班1期，举办地震和火灾应急疏散演练2次，组建房山区首支实名制红十字应急救援辅助队。完善备灾救助体系建设，收到全区机关、企事业单位、学校募集的善款140.4万元。全年，发放救助款物138.64万元，其中元旦、春节"送温暖"活动发放救助款物合计100.59万元，有2596户困难家庭受益；对全区10名患五类大病的少儿实施医疗救助，拨付救助款16万元；对因突发事件及重特大疾病而陷入生活困难的120户家庭发放救助款22.05万元。完善社区志愿服务体系建设，制定《房山区红十字社区（村）服务站建站工作手册》《房山区红十字社区（村）服务站管理办法》等规范性文件；2016年建站的8个街道、乡镇的150个社区（村）服务站验收合格后投入使用。举办造血干细胞捐献大型知识讲座5场，造血干细胞志愿者招募活动26场，招募造血干细胞志愿捐献者405人，完成市红十字会下达指标的202.5%；在全市红十字系统中率先建立由区县红十字会自行建设、自主管理的造血干细胞志愿捐献者短信服务平台。完善红十字文化传播体系建设，举行以"落实发展新理念 人道惠民奔小康"为主题的"5·8"世界红十字日大型宣传活动，开展全区红十字系统工作情况巡回展，制作《房山报》专版1期，印制发放21万份各类宣传材料。组建全市红十字系统首支区县级宣讲团，深入社区、农村、企业、机关进行政策法规、业务知识宣讲5场。制作红十字系统专题片1部，在房山中学、良乡中学进行"探索人道法"项目课程12节。完善红十字组织管理体系建设，聘请法律顾问1名，举办房山区红十字系统专兼职干部培训班1期，举办全区561个社区（村）兼职工作人员培训班3期。完善募捐资金监管体系建设，制定《房山区红十字会为捐赠人服务管理办法》，做好对捐赠人的跟踪服务工作。依据《房山区红十字会人道募捐信息公开管理办法》，募捐款的接收、使用情况定期在区红十字会网站上公示，接受社会监督。

（曹圣楠）

【"送温暖"活动】 在元旦、春节"送温暖"活动中，区红十字会采取入户走访和银行转账拨付慰问金的形式，发放救助款物合计100.59万元，有2596户困难家庭受益。

（曹圣楠）

【红十字事业发展推进会】 2月26日，区红十字会召开2016年度红十字事业发展推进会，全区红十字系统233名工作人员参加会议。区红十字会领导做工作报告；区政府副区长、区红十字会会长翟东与基层红十字会会长签订2016年工作目标责任书。

（曹圣楠）

【率先建立造血干细胞志愿捐献者短信服务平台】 4月，房山区在全市红十字系统中率先建立由区县红十字会自行建设、自主管理的造血干细胞志愿捐献者短信服务平台，通过信息化手段做好志愿捐献者入库回访、知识再普及等跟踪服务，切实提高有效库容量，降低流失率。

（曹圣楠）

【纪念"5·8"世界红十字日系列活动】 5月6日，区红十字会在燕山体育馆举行以"落实发展新理念 人道惠民奔小康"为主题的"5·8"世界红十字日大型宣传活动。在活动期间，区红十字会开展全区红十字系统工作情况巡回展；制作《房山报》专版1期；印制发放21万份各类宣传材料。此外，拱辰街道、西潞街道、琉璃河镇、石楼镇等红十字会采取义诊、健康讲座、志愿服务、应急培训等形式开展宣传活动。

（曹圣楠）

【红十字系统主题演讲会】 8月16日，区红十字系统在区会议中心举办"凝聚人道力量，弘扬红十字精神，做合格共产党员"演讲会。北京市红十字会领导，房山区政府副区长、区红十字会会长翟东，区委组织部、区委宣传部主管领导出席，各乡镇、街道、各红十字工委主管领导，部分社区（村）红十字组织工作人员300人参加演讲会。全区红十字系统的10名演讲员从不同角度、不同岗位讲述讲述工作在最基层红十字专兼职工作者、党员干部的先进典型事迹，弘扬"人道、博爱、奉献"的红十字精神，传递社会正能量。

（曹圣楠）

【全市红十字系统首支区县级宣讲团成立】 9月，区红十字会组建全市红十字系统首支区县级宣讲团，区政府副区长、区红十字会会长翟东为宣讲团授旗。宣讲团成员到社区、农村、企业、机关进行政策法规、业务知识宣讲5场。

（曹圣楠）

【完善、建立红十字社区（村）服务站】 年内，制定《房山区红十字社区（村）服务站建站工作手册》《房山区红十字社区（村）服务站管理办法》等规范性文件，明确服务站的性质、建站的基本条件、工作职责及人员管理等内容。对2016年建站的8个街道、乡镇的150个社区（村）进行前期的摸底调查，经社区（村）服务站建设领导小组办公室实地考察，并报领导小组复核后，为服务站配发服务设备，正式投入使用。

（曹圣楠）

【"探索人道法"课程进校园】 年内，房山区被选为全市红十字系统开设"探索人道法"课程的试点区县，良乡中学和房山中学为项目试点学校，区红十字会在房山中学、良乡中学进行"探索人道法"项目课程12节。"探索人道法"是专门为青少年设计的介绍国际人道法及开展人道教育的项目，旨在探索战争、武装冲突中凸现的道德和人道问题，核心内容是保护人的生命和尊严。

（曹圣楠）

政　　法

社会治安综合治理

【概况】　2016 年，区委政法委统筹推进平安房山建设、法治建设、队伍建设等各项工作，维护辖区大局持续稳定、助推房山转型发展。突出维稳主责，维护大局稳定的能力不断提高。面对日益错综复杂的维稳形势，区委政法委构建大政法工作格局，全面落实维稳责任，健全完善维稳工作机制，推进风险评估工作，强化应急处突，确保辖区社会大局稳定、政治安定。反恐防恐维稳机制进一步完善，按照全市维稳工作部署将反恐防恐工作纳入维稳工作体系，完善情报搜集研判机制、涉恐隐患动态排查机制、重点人员管控机制，重点部位查控机制、反恐处突应急机制，不断磨合演练反恐防恐工作方案和预案，牢牢掌握反恐工作主动权。重大活动安保维稳机制优势更加突出，坚持平战结合、“一判一查五控”工作模式，有效整合各方面资源，完善信息研判、矛盾排查等

隐患预警预防机制，强化社会面防控、重点人稳控、外围卡口查控、公共安全管控、铁路护路巡控，结合战时节点适时启动社会面防控等级和战时维稳会商，发挥专群结合、群防群治维稳优势。社会治安立体化防控体系进一步完善，不断推进完善社会面防控等 7 张网建设。深化平安房山创建，加大科技投入，推动“三网融合”，提高人防、物防、技防水平和综治信息化程度，落实“一村（格）一警”警务前置、警力前移，开展 2016 春夏平安行动，市、区级挂账高发案地区专项整治，严打杀人、两抢一盗、侵财等突出刑事犯罪，全年立案 7730 起，同比下降 2%；广泛组织发动群防群治力量参与社会面防控工作，组织街面秩序联合执法行动，严打黄赌毒和群众反映强烈的治安问题，有效净化街面治安秩序，群众安全感稳步提升。矛盾纠纷多元调解体系更加完善，强化多元调解体系建设，推动人民调解、司法调解、行政调解有效衔接。筹备建立房山区矛盾纠纷多元调解中心，统筹落实三调联动、多元矛盾纠纷调处、部门协调配合联动、区领导接访包案化解等机制，健全规范调解组织，建立单位、行业调解委员会、个人特色调解工作室充实调解队伍；组建 11 人的

"多元调解专家库"，全力打造新的调解工作模式。全区各类调解委员会 626 个，调解处理各类矛盾纠纷 6252 件，调解成功 6188 件，调解成功率 99.0%。突出服务发展，政法保障中心工作水平进一步提高。面对京津冀协同发展战略为辖区全面转型带来重大机遇，政法机关主动适应辖区转型发展新常态，充分发挥政法服务、保障、法治和能动作用，延伸服务保障范畴，为清退疏解低端、人口规模调控，为转型发展保驾护航。服务发展，法治保障更加高效。统筹政法各单位建立服务大局双层对接机制，设立低端产业退出案件绿色通道，成立执行指挥中心破解执行难题，依法妥善处理清退低端、棚户区改造、产业升级、减煤换煤等引发的各类争议、纠纷、资产清算等案件。牵头组织召开案件协调会，依法执行长阳镇经济适用房、石夏路等建设项目拆迁纠纷，保障项目顺利实施。重大决策社会稳定风险评估机制进一步完善，健全完善区、乡镇（街道）两级社会稳定风险评估体系。在风险评估纳入到区委常委会议、区政府会议决策程序基础上，将风险评估向街道、乡镇一级延伸覆盖，落实分级评估制度，推进评估简易程序和第三方介入评估，实现重大决策"应评尽评"，从决策源头减少矛盾隐患，确保了重大项目的落地实施。全年召开风险评估培训会，组织乡镇街道和区直单位进行风险评估业务授课，不断提高认识及业务能力，共报备重大决策 18 项，重大项目 62 项；乡镇、街道报备重大决策 10 项，重大项目 37 项，共 80 项上报市维稳办。清退疏解低端产业取得阶段性成果，在推动辖区转型发展中，区委政法委牵头成立区清退办，突出执法统筹、凝心聚力，依法服务保障清退疏解低端产业，探索基层党建"一核五化"的清退工作模式，取缔无证无照非法类违法行为。全

区动态核录 13 类无证无照非法企业 4024 家，已全部清退销账且持续保持零反弹，劝返疏解低端务工流动人口近万人。流动人口和出租房屋服务管理更加规范，围绕首都疏解人口指标要求，全区从人房基础信息登记、安全隐患排查、重点地区整治、权益维护保障、基层基础建设等方面入手，强化"两管一控"措施，有序推进落实居住证制度，突出以业控人，依托全区转型清退疏解低端行动，清退取缔废品回收大院、废旧木材加工等违法低端产业，有效疏解低端从业流动人员。推进基层流管站和流管员队伍规范化建设，强化队伍素质，创新使用流动人口信息移动采集终端，强化基础信息采集和日常动态监测，确保人房数据登记率和准确率。

（姜山 罗峥）

【督导检查严防个人极端行为工作】 1 月 26 日至 29 日，根据房山区社会管理综合治理委员会办公室《关于严防个人极端行为确保房山区安全稳定的督查工作方案的通知》，区委政法委组织区流管办、房山公安分局、区人力社保局、区住房城乡建设委等成员单位对全区乡镇、街道严防个人极端行为工作开展情况进行督导检查，督查组以听取汇报、实地查看为主。

（罗峥）

【流动人口和出租房屋安全隐患排查整改工作部署会】 1 月 28 日，区流管办召开流动人口和出租房屋安全隐患排查整改工作部署会。会上，提出"五项措施""三个到位"全面开展流动人口和出租房屋安全隐患排查整改工作。"五项措施"：一是抓住重点，集中力量迅速开展隐患排查；二是强化落实流动人口和出租房屋安全管理措施；三是加强安全防范宣传工作；四是加大基础信息登记力度；五是加强组织领导和责任落实。"三个到位"：一是思想认识到位；二是

措施落实到位；三是督导检查到位。

（姜山）

【督导检查流动人口和出租房屋安全隐患防范集中宣传及隐患排查整改工作】 2月3日至4日，房山区第二督查组组织区流管办、房山公安分局、房山消防支队、区住房城乡建设委、区民防局等成员单位对琉璃河镇、窦店镇、石楼镇、周口店镇、城关街道、阎村镇、良乡镇、长阳镇流动人口和出租房屋安全隐患防范集中宣传及隐患排查整改工作进行督导检查，督查组以听取汇报、实地查看为主。

（姜山）

【区流管办工作会议】 2月25日，区流管办组织召开工作会议，对2016年度流管工作进行安排。各乡镇（街道）流管办主管领导、专职副主任，派出所主管副所长，各流管基层服务站站长、流管员350人参加会议。

（姜山）

【政法工作会议】 3月1日，房山区召开政法工作会议，学习传达中共中央总书记习近平对政法工作的重要指示精神，总结2015年的政法工作，分析研判辖区面临的新形势，安排部署2016年政法工作，包括防控各类风险、服务转型发展、破解基层难题、推进司法改革、建设过硬队伍等方面。

（罗峥）

【专职流管员和治安员汇报演练】 4月22日，区流动人口专职管理员、村庄社区化专职治安员和铁路专职护路联防员在北潞园学校操场举行军训成果汇报演练。参加汇报演练仪式的还有区委政法委主要领导，区直各有关单位主管副职以及各乡镇（街道）主管领导、综治办常务副主任、流管办专职副主任和派出所主管副所长。

（姜山）

【交通安全宣传周活动】 5月9日，为增强流动人口的安全出行意识和文明交通观念，预防和减少流动人口交通事故的发生，区流管办、区交通安全办在全区范围内开展为期一周的交通安全宣传周活动。

（姜山）

【基层骨干力量业务培训班】 5月17日，为进一步推进"平安房山"建设，维护社会稳定，加强辖区流动人口、社会治安综合治理，铁路护路安全各项工作，提升基层队伍的业务水平和能力素质。区委政法委分两批开展基层骨干力量业务培训班。区委副书记、政法委书记李江出席开班动员会。各乡镇（街道）综治办常务副主任、维稳办副主任、流管办专职副主任、专职流管员、专职治安员骨干，铁路护路信息联络员参加培训。

（姜山）

【流动人口食品安全宣传周活动】 6月15日，为加强辖区内流动人口自我保护能力，促进健康饮食理念，提高食品安全意识，使广大流动人口支持和参与食品安全工作，区流管办组织各乡镇（街道）流管办在全区范围内启动流动人口食品安全宣传周活动。该次宣传，紧扣德治与法治两大宣传主线，以"尚德守法——共治共享食品安全"为主题，全面面向广大流动人口开展宣传。

（姜山）

【防汛宣传】 8月1日，各乡镇（街道）流管办采取定点宣传和入户宣传相结合的方式，开展防汛避险宣传。同时，加强入户检查频率，确保防汛知识深入人心，安全隐患早发现、早排除。发放《抗洪救灾科普知识》《致广大来京人员一封信》等宣传材料5万余份，悬挂横幅40余条，摆放展板30余块，排除出租屋内各类安全隐患50余件。

（姜山）

【政法宣讲团成立】 9月28日，房山政法宣讲团成立暨"讲述政法身边事、传递社会正能量、做合格共产党员"主题宣讲启动仪式在区法院举行。市委政法委政治部主任余飞为房山宣讲团授旗。区政法系统各单位干部职工200余人聆听8名宣讲员的首场宣讲，故事主人公在平凡的岗位上做出不平凡的事迹，彰显政法人敢于担当、公正执法、清正廉洁、服务为民的朴实形象。

（罗峥）

【"七五"普法宣传】 12月5日，为深入贯彻中共十八大和十八届四中、五中、六中全会精神，全面落实"七五"普法规划和区人大常委会决议，深入宣传以宪法为核心的中国特色社会主义法律体系，增强市民法治观念，推动社会树立法治意识。在拱辰街道昊天文化活动广场开展以"大力弘扬法治精神，推进'四个全面'战略布局"为主题的国家宪法日宣传活动。活动中，区流管办通过现场悬挂横幅、摆放展板、发放宣传材料等方式向广大辖区群众进行法治宣传和安全宣传教育。

（姜山）

【督导检查煤炭使用情况】 12月19日，为切实加强大气污染防治工作，严格管控辖区内违法违规燃烧、使用、经营劣质燃煤等行为。根据全区劣质燃煤使用监测情况，按照区委、区政府相关工作要求，区政府办会同区环保局、区流管办、区减煤换煤办分成3组对良乡镇、窦店镇、琉璃河镇就违规使用劣质煤情况进行督导检查，重点走访各乡镇（街道）流动人口和出租房屋取暖情况。

（姜山）

公　安

【概况】 2016年，房山公安分局及时预警非正常访328批3739人次，实现了市重点地区群体访预警率100%的工作目标。全年，预警辖区内重大敏感行动性、煽动性线索40余条。整理涉稳研判材料31篇，形成维稳专刊15篇。发现流转各类网上违法情报信息3500余条。核录数据340万条，从中抓获网上逃犯及临控人员149人。组织开展反恐演练20场、对抗式检查32次。固化100名警力24小时处突备勤机制。全年，立案9075起，同比下降13.3%。其中，八类严重刑事案件发案同比下降14%；破获刑事案件3546起，百警破案数全市局排名第5；刑事拘留1962人，百警刑事拘留人数全市局排名第3；行政拘留2537人，百警行政拘留人数全市局排名第9。连续6年保持命案侦破率100%。查证涉枪涉爆线索190余条，打掉有组织犯罪团伙26个，抓获犯罪嫌疑人426人。破获侵财案件2716起，抓获侵财违法犯罪嫌疑人639人、网上逃犯264人。转递各类有效线索175条，破案160起，抓获嫌疑人53人。推广电动自行车防盗装置，破案298起，抓获嫌疑人244人，全区电动自行车盗窃警情同比下降32%。破获各类经济案件184起，打掉制假售假窝点17个，为群众挽回经济损失3.8亿元。破获涉毒案件44起，刑事拘留72人，收治收戒涉毒人员499人，收缴各类毒品2399.16克。打掉赌博窝点21个，拘留处理违法人员177人，打掉卖淫窝点19个，拘留违法人员83

人，查处收缴赌博机 234 台。开展街面秩序整治 101 次，查处黑车、黑摩的非法运营 805 起，查获违法人员 360 人，清理无照商贩 128 人次。清退低端产业 3979 家，召开行业场所管理会 15 次，开展行业人员集中培训 5 次，检查各类场所 955 家次，取缔黑开场所 16 家，处罚问题场所 17 家。组织检查物流寄递企业 220 家次，发现整改问题企业 13 家，核录人员 1.2 万余人，从中发现前科人员 38 人，安检货物 6.4 万余件。强化全区社会面整体巡控，查获各类犯罪嫌疑人 33 人。查扣黑摩的 126 辆，协助查扣处罚大货车 275 辆。视频巡控平台协助破案 226 起，及时发现上报群体集访等街面突发事件 349 起。外围防线核录信息 290 万条，抓获作拘留处理违法犯罪人员 698 人，查获网上逃犯及一级临控人员 287 人、涉访重点人 1413 人、重症精神病人 147 人，查缴毒品 3054.27 克、仿真枪 10 把、盗抢车辆 4 辆，收缴汽柴油 1411.79 公斤以及各类刀具 1173 把等一大批违禁物品。检查单位 6164 家次，督促整改火灾隐患问题 2989 处，罚款 169.9 万元，拘留违法人员 91 人。完成大型活动安保 44 场和二级以上警卫任务 16 次。对全区 121 家危险品从业单位加强日常检查指导，检查涉危单位 896 家次。深化缉枪治爆管刀专项行动，发放宣传材料 30 万份，收缴各类枪支 21 支、弩 13 支、猎弹 35 发、炸弹 1 枚，拘留处理违法人员 40 人。驻村（格）民警 438 人全部深入社区，化解各类矛盾纠纷 716 件次，提供违法犯罪线索 100 件，协助抓获违法犯罪嫌疑人 13 人。开展"社区防范大讲堂"等活动 516 场次，受众 6.3 万人。新登记流动人口 77030 人，核销 63817 人，列管关注人员 1743 人。对重点地区开展围点核录 295 次，处理违法人员 84 人，抓获网逃及一级临控人员 15 人。

办理居住证 3.4 万件、居住卡 3.8 万件。推动解决无户口人员落户问题 3400 件，受理异地身份证办理申请 1620 件，办理农转非 246 户。受理信访案件 2356 件，结办 2319 件，结办率 98.4%。出入境接待群众 15 万余人次，受理出入境证件申请 101127 件。查处涉外案（事）件 248 起。累计新建、整合高清数字监控探头 3149 路，辅助抓获违法犯罪嫌疑人员 818 人；建设监测点 81 个，监测道路断面 246 条，提供数据支撑 1200 余次，辅助破案 210 起，查获盗抢、套牌车辆 15 辆。受理核查信访举报案件 72 起，立案查处民警违纪案件 2 起 2 人，有 8 名在职领导干部因队伍发生违规违纪问题被问责。出动督察警力 1600 人次，现场督察各类执勤点位 4000 个次、民警 8000 余人次。新摸排涉权事项 77 项、风险点位 191 个，细化落实防控措施 213 条。投入资金 1300 万元，推进执法办案管理中心建设，收审各类违法犯罪嫌疑人 1602 人，成功押解至看守所 1273 人。推动"金点子"成果转化，"房山朋友圈""民警健身防卫操""在公安网上为全体民警开通网盘"被市局评为百优"金点子"，"在嫌疑人手套印上提取脱落细胞"项目入围市局第十二届青年民警科技创新奖。情行一体化平台共开展全网核查反馈突出警情 500 余件，落地查人 290 余人次，为实战单位提供情报查询 2600 余次、线索轨迹 7000 余条，搜集上报涉稳涉恐研判材料 400 余份。接收市局 2 批次前置警力 45 人，全部投入基层派出所。推进执法突出问题集中整治，共发现问题 1810 件，整改 1732 件，整改率 95.7%。全年举办专项培训班 14 期。建立心理健康保护"114"工作平台、"警务卫生功能社区"，建成"民警健康小屋"55 个。全年，启动维权机制 99 次，查处侵害民警执法权益人员 128 人，其中刑事拘留

91 人、治安拘留 34 人、批评教育 3 人。

2016 年，房山交通支队发布指挥调度指令 6.3 万余条；各级路面指挥领导上路 7124 人次，检查岗位 5376 人次。全年，接各类报警 80315 起，其中事故报警 47947 起，拥堵报警 3176 起，其他警情 29192 起。全区发生各类交通事故 19620 起。其中，简易程序处理交通事故 19384 起，占事故总数的 98.8%；一般程序处理交通事故 236 起。伤 215 人，死亡 124 人，同比起数上升 65%、伤人数上升 99%、亡人数上升 27%。全年，新建标志 825 面，施复划交通标线 26318 米，道路隔离护栏 3217 米，增设路口信号灯 16 处，防撞桶 107 个，太阳能爆闪灯 18 套。故障报修 312 次，协调公路、园林部门修剪遮挡交通标志的路树 83 处。

（张永红　孙兆国）

【"110"宣传日活动】　1 月 10 日，是全国第 30 个"110"宣传日，也是北京"110"设立 20 周年。房山公安分局开展以"群众的 110，携手筑平安"为主题的宣传活动，相关部门根据活动主题，结合自身工作性质特点，在主会场和分会场就防恐反恐、防盗、防诈骗、防火等安全常识开展现场宣传。宣传活动期间，300 余名民警走上街头，悬挂宣传标语 31 条，设置宣传展板 121 块，发放各种宣传材料 1 万余份，接受群众咨询 3 万余人次。

（张永红）

【"金点子"工作会】　1 月 13 日，房山公安分局召开"金点子"工作阶段总结暨首批立项推广应用推进工作会。与会人员实地参观了出入境管理中队"金点子"孵化应用成果，讲解员分别对"金点子"推广应用已取得初步实效的"一号通"和"高拍仪"点子实战应用情况进行介绍。对"关于构建房山'朋友圈'的设想"的"金点子"推广情况

进行汇报演示，房山公安分局"点子之星"长沟派出所政委刘壮志、刑侦支队技术中队民警张震州进行"金点子"推广交流发言，政治处副主任龚永贵围绕分级点子推动应用工作，通报房山公安分局"金点子"工作情况并部署下一阶段工作。

（张永红）

【"平安房山之星"风采展活动】　1 月 15 日，由房山区委宣传部、房山公安分局共同举办的第六届"平安房山之星"风采展活动在窦店民族文化宫举行。房山公安分局刑侦支队技术中队民警张震洲、青龙湖派出所社区民警刘国良、长沟派出所警长高阳、看守所医疗民警马振兵、西潞派出所社区民警杨国庆、拱辰派出所治安民警赵振龙、经侦大队探长刘建光、刑侦支队情报中队副中队长杨江浩以及巡警支队外围治安查控防线工作组的 5 名代表，被评为 2015 年度"平安房山之星"。

（张永红）

【开展反恐防恐宣传活动】　2 月 2 日，房山公安分局在全区组织开展《中华人民共和国反恐怖主义法》主题宣传日活动。活动通过 LED 屏滚动播放反恐宣传动漫片、反恐公益宣传片和悬挂展板、现场解说等形式，就如何规避危险、自救和互救以及防范恐怖袭击等内容对群众进行宣传。发放《公民防范恐怖袭击手册》《群众举报涉恐涉暴线索奖励办法》等宣传材料 1.28 万份，发放《反恐宣传动漫片》DVD 光盘 2680 张，接受群众咨询 950 人次。

（张永红）

【郭声琨检查房山区环京"护城河"安保工作】　2 月 29 日，国务委员、公安部部长郭声琨一行到房山区检查环京"护城河"安保工作，并召开视频调度会就全国"两会"安保工作进行再动员再部署。副市长、市公

安局局长王小洪，房山公安分局局长鹿进宝、政委李宝虎及有关领导参加活动。

（张永红）

【全区反恐怖工作会议】 3月1日，区委常委、房山公安分局局长鹿进宝组织召开全区反恐怖工作领导小组扩大会议，全区65家反恐怖领导小组成员单位主管领导参加会议。

（张永红）

【房山公安分局入围市局"金点子"展示活动】 3月31日，市公安局举办首都公安民警科技创新"金点子"展示活动，局属21家单位36个科技创新"金点子"参加展示。市公安局党委书记、局长王小洪带领市局党委班子对房山公安分局政治处吴云龙的"民警健身防卫操"、出入境管理中队耿岩的"多环节一号通叫号系统"、拱辰派出所赵拓的"在公安网上为全体民警开设网盘"的3个"金点子"进行检阅，其中吴云龙团队进行"民警健身防卫操"的现场展示。

（张永红）

【规范执法专题讲座】 4月14日，房山公安分局举办加强民警规范执法提升现场应对处置能力专题讲座。法制处处长陈天和以近期基层单位民警办理的典型的疑难、复杂、敏感案件为例，围绕如何规范处置拆迁引发的警情，如何防止或减少投诉和行政诉讼的发生，如何提升民警应对处置疑难、复杂、敏感案事件现场的能力；治安支队处置中队中队长刘洪重点结合群体访处置工作经验，就基层民警应如何在群体性现场处置中做好与群众的对话工作、争取最佳对话效果等，介绍在实践中总结提炼的一系列具体的工作方法。

（张永红）

【旅游文化节安保工作完成】 5月7日，房山公安分局完成2016春季北京国际长走

大会暨第二十二届房山旅游文化节安保工作，市、区领导及长走爱好者2万余人参加该次北京国际长走大会，出动安保警力210人。

（张永红）

【联合组织反恐处突演练】 5月10日，为切实加强重点单位部位反恐处置能力，进一步提升反恐处突能力，结合2016年反恐怖演练计划，按照区反恐领导小组和房山公安分局党委的重要部署，房山公安分局与广电总局某广播电台联合开展反恐处突演练，全区35家反恐领导小组成员单位主管领导参加观摩。

（张永红）

【全区反恐宣传活动】 6月23日，房山公安分局会同区委政法委在良乡影剧院门前广场组织开展反恐防恐宣传活动。活动通过滚动播放反恐宣传动漫片、反恐公益宣传片和悬挂展板、现场解说等形式，就如何规避危险、自救和互救以及防范恐怖袭击对群众进行深入宣传。其间，发放光盘、围裙、书包、《中华人民共和国反恐怖主义法》海报等各类反恐宣传材料5000余份，接受群众咨询600余人次。

（张永红）

【建党95周年暨表彰大会】 6月24日，房山公安分局"做党的优秀儿女，铸共和国之坚盾"庆祝建党95周年暨"七一"表彰大会在房山公安分局多功能厅举行。局属各单位领导和受到表彰的先进党支部代表、优秀党务工作者、优秀共产党员、2016年春夏平安行动先进集体与个人代表，部分离退休党员代表、党员发展对象、优秀民警代表260余人参加会议。

（张永红）

【办案中心揭牌】 6月28日，房山公安分局举行执法办案管理中心揭牌仪式。该中

心负责对全局办案场所进行统一管理监督，负责承接全局拟做行政拘留及采取刑事强制措施案件的集中办理，负责为基层单位执法办案提供一站式服务和支撑保障，负责对重大疑难复杂敏感及团伙案件开展合成研判会商，负责对全局受理、立案工作进行监督管理"五大核心职能"。

（张永红）

【抢险救灾工作】 7月19日至21日，北京地区普降暴雨，房山区局部地区达到400毫米。房山公安分局民警全体停休，组织300人备勤，启动积水看护方案，开展防汛抢险救援工作。其间，转移、救助危房、洼地、住房进水群众1000余人。

（张永红）

【"北京马拉松赛"安保任务完成】 9月17日，由中国田径协会主办的"2016北京现代北京马拉松赛"在北京举行。按照市公安局的统一部署，房山公安分局对口支援海淀公安分局，负责西三环新兴桥至航天桥段安保工作。房山公安分局下属26个单位100名警力参加支援执勤，勤务于9时40分结束。

（张永红）

【司法鉴定中心通过评审】 11月30日，市质监局专家评审组到房山公安分局开展公安司法鉴定中心资质认定现场评审工作。燕山质监分局、刑侦总队有关领导及刑侦支队领导，鉴定中心全体民警参加评审活动。经过评审，评审组一致认为房山公安分局公安司法鉴定中心符合《检验检测机构认定评审准则》相关要求，通过现场评审。

（张永红）

【民警执法资格考试】 12月11日，房山公安分局在北京工商大学良乡校区考点举行2016年下半年人民警察基本级执法资格考试。441名领导干部和民警报名参加考试，

实际参考435人。

（张永红）

【执法办案平台应用培训】 12月8日至14日，房山公安分局分9批开展执法办案平台专项培训工作。局属各办案单位的三级管理员及办案民警270人参加培训。

（张永红）

【破获假冒注册商标案】 1月初，王某某报案称：其在一个自称张某的男子处购买34845元的酒均为假酒，要求公安机关查处。经工作，逐步发现藏匿在房山区长阳镇、拱辰街道梨村2个制售假酒窝点，并于1月18日将制售假酒的张某、涂某某等10人查获，并从其租住处查获牛栏山陈酿、海之蓝、五粮液等大量假冒白酒3000余瓶，假冒商标标识1万余个，空瓶8万余个，造假工具1台。该10人均被刑事拘留。

（张永红）

【破获涉枪寻衅滋事案】 1月29日，房山公安分局接报：在城关街道九州兴达A区洪义祥足疗店底商有人被打，且对方手中持有枪支。接报后，房山公安分局刑侦支队立即会同市局刑侦总队、十二总队、城关派出所组成专案组共同开展工作。经现场了解，受害人郑某某因琐事与李某某等人发生打斗，其间霍某某从自己车内拿出一把消防枪在足疗店门口冲天击发想借声响叫停双方打架。1月30日，专案组将涉案人员李某某、霍某某等7人全部抓获，并在涉案车辆内起获消防枪2支，消防弹2枚，镐把子9根。经工作，霍某某交代，其使用的消防枪和消防弹是在2015年11月左右在网上花费100元购买的。李某某、霍某某等7人因涉嫌寻衅滋事被房山公安分局刑事拘留。

（张永红）

【破获一起故意杀人案】 8月31日3时44分，房山公安分局刑侦支队接房山公安

分局布警，鲁某某报：在房山区开古庄村，自己将前女友的母亲及弟弟砍伤，自己马上到十三里的大桥上准备跳桥。接此情况后，房山公安分局刑侦支队组织重案中队精干力量赶往现场开展工作。经工作，将正欲跳桥的犯罪嫌疑人鲁某某擒获。经工作查明：鲁某某与女友黄某恋爱7年，近期黄某提出分手，鲁某某心有不甘。为报复黄某，鲁某某持刀窜至黄某的暂住地，将黄某的弟弟黄某砍伤，后将黄某的母亲王某某砍伤。造成黄某的母亲王某某和弟弟黄某死亡。经工作，犯罪嫌疑人鲁某某对自己的犯罪事实供认不讳，该人被刑事拘留。

（张永红）

【破获"9·8"重大故意杀人案】 9月8日23时54分，魏某某报警称：全家遭到杨某某杀害。接报后，房山公安分局刑侦支队、窦店派出所民警立即赶赴现场，迅速查明报警人魏某某等5人被杀害、杨某某2人被砍伤。案发后，公安部副部长、市公安局局长王小洪，市公安局副局长姜良栋、陶晶第一时间率市公安局相关部门到现场指挥侦破工作。房山公安分局刑侦支队会同市公安局勤指、外宣、情报、网安、刑侦、技侦、特警、治安、文保等部门及窦店派出所成立专案组，开展案件侦破工作。经工作，专案组认定此案为一起因感情纠纷引发的故意杀人案件，并锁定重大嫌疑人杨某某即为犯罪嫌疑人。在专案组统一部署下，将杨某某列为A级通缉犯，并通过互联网平台"平安北京"公众号在全市发动群众开展查控；同时，在全区范围内开展巡防布控，严防嫌疑人逃窜出京。9月10日，专案组在房山区窦店镇袁庄村附近将犯罪嫌疑人杨某某抓获。经工作，杨某某对犯罪事实供认不讳，该人涉嫌故意杀人罪被刑事拘留。

（张永红）

【破获一起特大诈骗案】 10月27日，房山公安分局接事主绳某某报案称：其购买治疗糖尿病和其他保健药品被骗67万元。接报后，刑侦支队开展专案攻坚。11月4日，抓获王某某、王某、吴某等22名犯罪嫌疑人，当场起获涉案电脑30余台，电话机30余部。经工作，该犯罪团伙成员对冒充北京某知名医院以及财政局、药监局工作人员进行诈骗的行为供认不讳。该团伙19名主要成员被刑事拘留。

（张永红）

【破获特大跨区盗窃车内财物团伙】 4月开始，房山公安分局连续接报在房山区拱辰、长阳等地区的大型商市场停车场内，频繁发生无痕迹盗窃车内财物警情，被盗车辆众多，金额巨大且盗窃手段隐蔽。经工作，初步锁定以谢某某为首的盗窃团伙，并发现该团伙在丰台区、大兴区、朝阳区、昌平区、石景山区等地区也有涉案轨迹，专案组立即将此情况上报市刑侦总队，纳入重点挂牌督办案件。11月17日，在丰台区百草洼村东一饭店内，将谢某某、闫某某、李某某、薄某、谢某某5名盗窃团伙成员抓获，同时在石景山区将收赃人员张某某抓获，起获作案车辆3辆、实施盗窃的汽车干扰器2台、被盗手机8部、平板电脑1台、现金6000元。经工作，犯罪嫌疑人在北京市各区共涉及盗窃车内财物案件200余起，该6人被刑事拘留。

（张永红）

【破获A级督办"11·4"盗窃案】 11月4日，房山区文物保护所报案：长沟镇坟庄村唐代刘济墓院内的一对清代石鼓，一块明代石佛龛被盗，被盗文物属三级文物。案发后，市公安局将此案列为A级督办案件。房山公安分局会同市刑侦总队三支队成立专案组重点攻坚。由于案发单位管理漏洞，文物长期无人看护，相关安防技防设备已被拆除，导致无法确定文物被盗的时间，给破案工作带来困难。经工作，初步确定黄某某、刘某某、张某、顾某某4名犯罪嫌疑人组成的盗窃文物团伙。12月6日17时，专案组兵分三路先后在城关街道某平房、阎村镇北坊村和周口店镇周口村将黄某某、顾某某、张某、刘某某抓获。经工作，4人对盗窃刘济墓院内文物的犯罪事实供认不讳，该4人被刑事拘留，专案组在河北省警方的配合下追回失窃的3件文物。

（张永红）

【破获一起微信网络投注诈骗案】 12月18日19时许，房山公安分局接事主罗某报案称：2016年10月，事主罗某被拉进一个名为"金牌娱乐城"的微信群，被该群群主以网上押注重庆时时彩的形式，通过微信转账和银行卡转账骗走10.5万元。接警后刑侦支队立即开展工作，12月21日，侦查员在燕山金百万饭店附近将犯罪嫌疑人冷某某、朱某某当场抓获，2名嫌疑人被刑事拘留。

（张永红）

【破获市局挂牌督办寻衅滋事案】 11月26日2时47分许，房山公安分局接陈某报：在青龙湖镇西石府村内，有20余人持砍刀要打架，原因不详，有人受伤。经民警工作了解，11月25日22时许，陈某受其朋友项某委托给任某某打电话调解两人矛盾。通话中，陈某、任某某发生争执，23时许，任某某纠集10多名男子，手持棍棒、砍刀到青龙湖镇西石府村陈某的家中进行谈判说和，将陈某、杨某等5人打伤后逃跑；后又返回陈某家中，将家中的监控设备抢走。该案发生后，市公安局"高峰·2017平安行动"专项办将此案作为挂牌督办案件重点督办，房山公安分局刑侦支队会同市刑侦总队

二支队成立专案组，对该案开展攻坚。专案组通过前期工作，锁定犯罪嫌疑人。11月29日11时许，犯罪嫌疑人殷某某到公安机关投案自首，后被刑事拘留。其余犯罪嫌疑人在案发后选择更换电话号码等方式，逃避公安机关打击。12月28日，专案组在市局刑侦总队、十二总队的配合下，严密部署，展开收网行动，将犯罪嫌疑人高某某、任某某、郑某某、闫某某、栾某、赵某某抓获，并起获案发时任某某等人抢走的监控硬盘。该6人对所犯罪行供认不讳，因涉嫌寻衅滋事罪被刑事拘留。

（张永红）

【破获蒙面抢劫案】 11月22日21时许，冯某某等人在房山区长阳镇夕照家园暂住地休息时，被持械闯入的七八名蒙面人抢走现金1万余元及多部手机。案发后，市公安局"高峰·2017平安行动"专项办将此案作为挂牌督办案件重点督办，房山公安分局成立专案组专案攻坚。12月20日，经工作，专案组确定韩某某、张某某有重大嫌疑。专案组立即围绕该线索开展工作。12月29日，专案组在刑侦总队和十二总队的配合下分两路对该团伙展开全面抓捕，一路在朝阳区将犯罪嫌疑人韩某某和高某抓获，另外一路在河南省洛阳市将犯罪嫌疑人张某某和马某某抓获。经工作，犯罪嫌疑人韩某某等人对上述犯罪事实供认不讳，4人被刑事拘留。

（张永红）

【2016年交通安全工作】 3月1日，房山区召开2016年交通安全工作暨全国"两会"交通安保动员部署会。区交通安全委员会领导出席并讲话。房山公安分局、区交通局、区安监局、区交通支队、区城管局等部门领导参加，各街道、乡镇主管领导、各交通大队干警及先进单位代表150余人参加会议。

（谢雨琦）

【车管站获"全国优秀县级车辆管理所"称号】 4月，房山交通支队车管站以优良的办公环境、优越的软硬件设施和优质的服务水平，在全国争创优秀车辆管理所的活动中，被公安部第三次授予"全国优秀县级车辆管理所"称号。

（谢雨琦）

【交通安全宣传活动】 5月7日，2016春季北京国际长走大会在房山区长沟镇举行。房山交通支队在集结广场设立交通安全宣传站开展广泛宣传。发放各类宣传品6000余件，回答群众各类咨询1400余人次，在长走沿线共悬挂交通安全横幅23条、摆放交通安全展板40块，受教育群众近万人。

（于洪金）

【交通安全宣讲比赛】 6月22日，房山交通支队与区交通安全委员会、区文明办、区广播电视中心联合举办房山区"治理拥堵、文明出行"交通安全宣讲比赛。经过角逐，房山区妇幼保健院赵晓义获一等奖，代表房山区参加全市比赛。9月20日，2016年北京市"疏堵治乱，文明出行"交通安全宣讲活动决赛在北京市丰台区世界花卉大观园多功能厅举办，房山参赛选手赵晓义获市级二等奖。

（许伟）

【长阳音乐节交通疏导维护工作完成】 8月26日至28日，2016年长阳音乐节在房山区长阳镇音乐主题公园举行，房山交通支队出动执勤力量207人（其中出动民警114人、协警30人、交通协管员63人）确保参加音乐节6万余名观众的交通安全畅通。

（王建队）

【"一带一路"国际葡萄酒大赛交通疏导维护完成】 10月7日至13日，2016年"一带一路"国际葡萄酒大赛在青龙湖镇举行，房山交通支队出动执勤力量207人（其中出动民警123人、交通协管员84人），完成交通疏导维护任务。

（王建队）

【"12·2"全国交通安全日活动】 12月2日是第五个全国交通安全日，房山区在良乡中心小学设立主宣传站点，各乡镇、街道、各大队设立26个分宣传站点，在全区范围内开展以"社会协同治理、安全文明出行"为主题的交通安全宣传活动。

（谢雨琦）

【缓堵治堵】 年内，结合缓堵治乱总体思路，联勤联动日常化，先后组建治安、城管、巡警、交管部门综合整治小组，围绕秩序乱点、舆情热点等重点地区每天不少于1次联合执法；以"巡逻警务站民警参与停车秩序管理"为契机，与重点区域内的5个警务工作站建立静态交通秩序管理联动机制，扩充停车秩序管理队伍。开展"春夏平安行动""交通秩序大整治波次行动"等常态化治理措施，坚持部门配合参与午查、夜查违法整治行动，定时、定点、定职责设置专项岗位；协调属地乡镇、街道组建、投入专门力量，对执法部门治理后的重点区域实施"阵地值守"，以"前方打击、后方值守"的战略措施，达到"整治、清理、净化"的明显效果。结合辖区交通堵点、乱点阶段性治理重点，按照治理计划，完成辖区北潞园东门路口、京周路松林路口、碧桂园路口及保健园北口等处交通信号灯配时调整，路口拥堵情况有效得到缓解。通过上述措施，缓堵阶段登记挂账的交通乱点秩序显著好转，全部销账，"122"交通拥堵报警起数同比下降12%，人大代表、政协委员、群众来信有关秩序乱、道路堵问题同比下降36%。

（王闯）

【重要活动及节假日秩序整治】 为做好全国"两会""五一""十一"等重要活动及节

假日期间秩序整治防控工作，有效维护辖区道路交通秩序平稳有序，交通科在制定方案措施的基础上，依托缓堵治堵工作，主动把握"春夏平安行动""交通秩序大整治"等阶段性波次行动有利契机，针对酒后、涉牌、货车等重点违法行为，科学调整警力，突出显性执法，强化路面秩序严管严控，切实发挥好了"以外保内、以面保点"环京护城河作用。其间，安排维护力量1.2万人次，检查进京车辆10.1万辆，劝返不合格车辆3700余辆，消除安全隐患610余起。

（王闯）

【违法停车专项整治见实效】 年内，房山交通支队通过对辖区停车乱点实地考察，与区交通局进行协调沟通，研商工作措施，新增停车位440个，征得属地政府支持，在长阳半岛周边、绿地缤纷城商圈、阎村路口周边增加步道护栏、机非护栏1720米。同时，组建5支交通协管员队伍严管街巡逻岗，撤除路口维护岗，改为执法岗位贴条，配合民警对违规停放车辆采取劝离、粘贴违法停车单管理措施。全年，处罚违法停车6.7万余笔，同比上升31%。

（王闯）

【货运车辆整治工作】 年内，房山交通支队以"治超治限"工作为牵引，在惩治违法运输行为打击力度和战术形式上采取新举措，联动区城管、治安、住建、市政、环保、公路、交通等部门抽调执法力量300名、执法车辆30辆，分成6个流动巡查组，每组执法车辆5辆、执法人员50名，统一调动和指挥，采取"阵地战、运动战、游击战、歼灭战"等战略战术，对辖区内重点地区和路段进行全覆盖监督管控和执法整治；检查货车、渣土车10.4万辆，查扣货运车辆违法1407辆，其中"百吨王"37辆，拘留违法司机15人，实现全区道路日均违法运输

车辆从治理前期2000辆次左右下降到300辆次左右，境内双超违法行为得到有效遏制，全区境内未发生桥梁垮塌事故和重特大交通事故，交通事故同比有明显下降、拥堵报警同比下降84.58%。

（王闯）

【交通秩序大整治】 年内，为全面落实《严执法强管理交通秩序大整治工作总体方案》，深入推进2016年缓堵行动计划，房山交通支队在强化各类交通违法常态管控基础上，突出"三项措施"（突出"整治点"净化路口交通通行秩序，突出"整治线"净化重点大街停车秩序，突出"整治面"净化城区总体秩序环境）。依托大整治工作平台安排整顿组68处次、开展自主整治和大规模专项整顿34次、出动警力1480人次、纠正交通违法行为1.3万余起，其中违法停车11396起（联动巡逻警站处罚643起）、查扣超载超限货车122辆、涉牌1152起、改装车1112起、闯禁行789起、酒后221起（醉酒9起）、拘留38人。

（王闯）

检 察

【概况】 2016年，区检察院批准逮捕432件535人，提起公诉924件1141人。落实《中华人民共和国刑法修正案（九）》新修条款要求，办理北京市代替考试第一案、北京市校车超载危险驾驶第一案，维护考生合法权益和学生生命安全。树立风险防控意识，依法办理蒋某某非法经营小产权房案、张某某等27人非法组织卖血案、周某针扎幼童、范某

某猥亵儿童 30 起等一批涉众型经济纠纷、劳务纠纷和群众关切的敏感案件，真正将法律效果、社会效果和政治效果有机统一。深化未成年人刑事检察工作，不捕率、不诉率分别达到 44.4%、50%，实现京冀两地未检部门首次附条件不起诉异地协作，破解异地帮教难题。区检察院未检部被市妇联、市总工会、市人力资源与社会保障局评为"北京市三八红旗集体"。保持反腐高压态势。全年立案侦查贪污贿赂犯罪 20 件 21 人、渎职侵权犯罪 2 件 2 人，其中大案 22 件、要案 1 件，打出反腐声威。深化治理"不作为"，针对某镇财政所会计 5 年贪污公款千万元背后的监管失职问题，立案 2 件 2 人，在全区党员干部中引起震动，为少数"为官不为"的基层干部敲响警钟。严肃查处"乱作为"，聚焦"小官贪腐"，办理该类案件占全年立案数的81%，重点查办征地拆迁、涉农惠民等发生在群众身边的犯罪，立案侦查了某乡农村合作医疗办公室办事员王某挪用公款 93 万元案和某镇村民李某、郭某与村党支部书记共同贪污小清河改造拆迁补偿款案等一批群众关切的案件，有效化解基层矛盾。深化法律监督效果。转变重办案轻监督的思想，以诉讼与监督适当分离，单设侦查监督部、刑事审判监督部为契机，强化监督主业意识，着力解决人民群众反映强烈的司法不公、执法不规范问题。加强刑事立案、侦查活动监督。全年依法监督侦查机关立案 3 件，对遗漏的犯罪嫌疑人追捕 12 人、追诉 33 人，对侦查活动违法提出书面纠正意见 4 份；对行政执法机关制发《建议移送涉嫌犯罪案件函》5 份，并就房山区黄山店怪石山景观石被喷涂红色字迹的网络热议事件，就其中可能涉嫌的违法犯罪问题，启动立案监督，助推完善相关工作机制，探索以参与社会综合治理的方式履行监督职能，该做法被《检察日报》

刊载。深化对刑事审判活动的监督。开展一审案件跟庭监督 34 次、同步审查 318 份未生效的一审刑事判决书，提出刑事抗诉 3 件；办理张某某抢劫、盗窃案以及顾某某等 3 人贪污案被评为全国检察机关"优秀刑事抗诉案件"。做好对刑事执行活动的监督。针对刑事执行不规范现象对海淀区法院等单位提出书面纠正意见，通过检察建议对司法行政机关应当提出而未提出撤销假释案件进行监督。开展公益诉讼试点工作，对区环保局提供的 434 件行政处罚案件进行排查，筛选出企业重金属排污等部分具有公益诉讼价值的案件线索并开展前期工作，立案民事公益诉讼 4 件、行政公益诉讼 1 件。深入开展司法改革，严格把握法定证据标准，全年不批捕 244 人、不起诉 137 人，切实做到不枉不纵；不断加大公诉介入侦查力度，及时把证据标准传导到侦查环节，深化与房山公安分局签订的《公诉介入侦查引导取证工作办法》，明确具体介入标准，对 31 件敏感、疑难案件开展提前介入工作。深化刑事案件速裁试点工作，平均审查起诉周期缩短至 7 日左右，庭审时间平均为 10 分钟，一审判决生效率100%，无一上诉，确保了司法效率与公正相统一。区检察院人员编制 224 人，实有在编人员 202 人。在编人员中包括：检察官 57 人，检察官助理 75 人，书记员 9 人，检察技术人员 5 人，法警 15 人，司法行政人员 21 人，事业干部 14 人，新招未定级人员 6 人；中共党员 187 人；大学本科以上学历 198 人，其中硕士学历 64 人、博士学历 1 人。另有聘用制司法辅助人员 22 人。

（姜鹏　赵悦　王欣桐　张克锋）

【对北京市首起代替考试案提起公诉】　1月 5 日，区检察院受理房山公安分局移送审查起诉的犯罪嫌疑人谢某某等 4 人涉嫌代替考试罪一案，此案为《中华人民共和国刑法修正案（九）》实施以来北京市代替考试罪第一案。

（董莹）

【《未未讲自护》微动画首映仪式】 1月15日，区检察院在北潞园学校举办"助力美好房山梦、培育自护小公民——《未未讲自护》"微动画首映仪式。该部微动画以检察官的视角，选取社会普通关注的针对儿童的多发犯罪类型——性侵、虐待、拐卖，参考实践中常见的刑事案例，以小朋友喜爱的动画片形式，展现在一些常见情景中如何避免不法侵害。区委常委、常务副区长、妇女儿童工作委员会主任吴会杰，区检察院党组书记、检察长孙玲玲，市检察院领导以及区委政法委、区委宣传部、区妇联、区教委、区文明办、团区委的领导，区内多所学校的校长、北潞园学校学生、家长代表，《法制晚报》《北京晚报》《新京报》、正义网等媒体参加首映式活动。

（赵新越）

【公检法司联席会】 2月23日，为应对以审判为中心的诉讼制度改革新要求，公检法司联席会议在区检察院召开。会上，区检察院公诉一处处长介绍了区检察院开展刑事速裁工作的基本情况和在实践中遇到的问题，各方进行交流并达成两点意见：一是要进一步推进刑事案件速裁程序工作，明确刑事速裁案件的适用条件、证明标准，细化刑事速裁案件的量刑规则；二是要探索开展"认罪认罚从宽"制度，建立检察环节辩护律师参与下的认罪、量刑协商制度。

（宋娟红 王亚楠）

【两法衔接工作会】 2月26日，区检察院与区食品药品监管局、区人力社保局、区环保局召开行政执法与刑事司法衔接工作会，并达成3个方面共识：以个案为切入点，

严格落实行刑衔接移送抄备制度，确保抄备工作的及时、高效。开展实务培训，共同提高业务能力。区检察院将就如何适用法律、如何把握刑事案件证据标准及如何提高行政机关取证能力开展系列培训，同时也将邀请行政机关对区检察院办案人员就案件可能涉及食品、药品等知识领域进行培训，提高办案人员专业水平。加强沟通协作，稳步推进工作开展。各单位要定期召开联席会议，加强联络员之间的点对点对接，相互通报行政执法及刑事司法工作情况，确保专项立案监督工作落到实处。

（郭月霞 隋丹）

【专项资金使用协调机制签字仪式】 3月1日，区检察院与城关街道办事处联合举行城关中心区棚户区改造项目专项资金管理使用领域工作协调机制签字仪式。区检察院党组书记、检察长孙玲玲，城关街道办事处班子成员及棚改村党支部书记等领导参加签字仪式。会上，城关街道办事处领导介绍了棚改项目基本情况，副检察长王建明与城关办事处主任高武军共同签订《关于建立城关中心区棚户区改造项目专项资金管理使用领域工作协调机制的意见》，明确了工作的指导思想、组织机构、原则和任务。

（高文远）

【首次开展附条件不起诉异地协作】 4月20日，区检察院与河北省涿州市人民检察院签署附条件不起诉案件跨省合作帮教考察协议，实现北京市检察机关与河北省检察机关在未检工作异地协作方面所作的首次尝试。

（姜鹏）

【在北京市检察机关精品案评选中获奖】 4月25日，区检察院承办的"闫某某受贿案"及"孔某某滥用职权案"分别在北京市检察机关反贪部门、反渎部门精品案评选活动中

被评为"十大优质案"。闫某某受贿案系区检察院查处的一起发生在医药购销领域的典型商业贿赂案件。在该案办理过程中，侦查人员在受贿人与行贿人均翻供的不利情形下，察微析疑、攻坚克难最终定案，同时，区检察院还及时向发案单位发出检察建议，帮助堵塞管理漏洞，从源头上防范医务人员职务犯罪的发生，取得良好社会效果。孔某某渎职案是房山区第一起村干部渎职犯罪案件。经区检察院侦查查明，孔某某利用负责村里征地情况统计的工作职务之便，通过指使他人多报迁坟数量的方式骗取迁坟补偿款，致使国家利益遭受重大损失。该案件的办理先后被《法制晚报》、中国新闻网等媒体报道，震慑村干部渎职犯罪的发生。

（徐林　巫建军）

【两案件获全国检察机关"优秀刑事抗诉案件"】　5月18日，在最高人民检察院院组织的全国检察机关"优秀刑事抗诉案件"评选活动中，区检察院办理的张某某抢劫盗窃案、顾某某等人贪污案获评全国检察机关"优秀刑事抗诉案件"。张某某案中，区检察院对区法院没有认定入户抢劫情节和盗窃罪量刑过轻两个方面问题提出抗诉，二审改判加重刑罚。顾某某等人贪污案中，区检察院对区法院以私分国有资产罪判处3人缓刑的判决提出抗诉，获二审法院支持，并改判为贪污罪。

（宋娟　王亚楠）

【司法体制改革试点工作动员部署会】　6月16日，区检察院召开司法体制改革试点工作动员部署会，区委政法委领导，区检察院领导班子成员及全体干警参加会议。会上，区检察院政治处主任顾建军详细解读了《北京市房山区首批计入检察官员额工作方案》。

（朱成林）

【建立信息快速查询协作机制协议书签订】　7月13日，为进一步规范银行查询工作，提高侦查信息化水平，解决因银行查询程序繁琐、反馈时间过长且难以保密等影响侦查效率和效果的问题，区检察院院与北京农商银行房山支行签订《房山区人民检察院与北京农商银行房山支行关于建立信息快速查询协作机制协议书》，在全市范围内率先与银行系统建立快速查询协作机制。

（李楠）

【《关于建立北京基金小镇暨长沟镇北部浅山区土地一级开发项目专项资金管理使用领域工作协调机制的意见》签订】　7月14日，为创造基金小镇建设的良好法制环境，确保基金小镇专项资金依法管理和使用，区检察院与长沟镇政府签订《关于建立北京基金小镇暨长沟镇北部浅山区土地一级开发项目专项资金管理使用领域工作协调机制的意见》，并明确成立北京基金小镇项目专项资金管理使用领域工作协调机制小组，共同负责专项资金使用中廉政风险防范工作，通过深入开展预防宣传和警示教育、建立市场廉洁准入合作制度、形成推进廉政风险防控管理工作机制、联合开展专题调研、加强情况通报和信息交流等方式迅速搭建监管专项资金依法使用的合作平台，确保专项资金规范使用和管理。

（张霞）

【《关于建立河北镇棚户区改造项目专项资金管理使用领域工作协调机制的意见》签订】　7月29日，区检察院与河北镇政府共同签订《关于建立河北镇棚户区改造项目专项资金管理使用领域工作协调机制的意见》。双方通过成立棚户区改造项目专项资金管理使用领域工作协调机制小组、开展预防宣传和警示教育、建立市场廉洁准入合作制度、联合开展专题调研等方式，加强沟通协作，促进河北镇棚户区改造项目顺利推进，降低项目专项资金使用风险，服务保障重点项目建设。

（高文远）

【首例组织考试作弊案获法院判决支持办理】 8月11日，区法院就区检察院提起公诉的被告人匡某某涉嫌组织考试作弊罪一案进行一审开庭审理，并以被告人匡某某犯组织考试作弊罪判处有期徒刑8个月，并处罚金人民币1.5万元。该案为《中华人民共和国刑法修正案（九）》生效以来全市首例组织考试作弊案，引发社会广泛关注，《检察日报》、中国教育电视台、北京电视台等多家媒体对此案进行了报道。

（张霞）

【开展附条件不起诉异地协作】 7月28日，区检察院受理房山公安分局移送审查起诉的犯罪嫌疑人王某某涉嫌盗窃罪一案，根据《北京市检察机关附条件不起诉适用标准》，结合案件具体情况，经检委会研究，决定对犯罪嫌疑人王某附条件不起诉，考验期为6个月。考虑到案发后王某某已回到原籍河北省磁县工作，为保证帮教效果，体现诉讼效率，区检察院在做出不起诉决定的同时，与河北省磁县检察院联系，向其说明案件相关情况并了解当地附条件不起诉的开展情况，并最终与涿州市检察院签署跨省合作帮教考察协议。协议规定，两院指派专人负责联系沟通，对王某某进行考察帮教，考察内容包括：参加义工劳动，提交思想、工作、生活等近况汇报材料，参加法律知识培训，定期沟通联络、谈心谈话等。9月6日，区检察院与河北省磁县人民检察院就王某某附条件不起诉案件签署跨省合作帮教考察协议。

（李春琳）

【深度战略合作备忘录签署】 9月20日，为推动检察工作创新发展，吸收借鉴优势资源，发挥合力，区检察院与广州市南沙区人民检察院、微反应（北京）科学研究院签署《深度战略合作备忘录》。区检察院党组书记、检察长孙玲玲，南沙区院党组书记、检察长赵剑，微反应（北京）科学研究院院长姜振宇，以及区检察院部分班子成员、中层干部参加签约仪式。签约仪式上，三方分别介绍各自工作情况。孙玲玲介绍房山区情、区检察院院情及司法改革、职侦工作、新媒体宣传、科技强检等方面；赵剑介绍南沙区区情、南沙检察院概况以及该院在服务自贸区建设、刑事案件速裁、认罪从宽协商办法等方面所开展的工作；姜振宇介绍其团队在微反应领域研究的发展阶段及辅助办案的工作情况。随后，孙玲玲、赵剑、姜振宇代表三方签订《深度战略合作备忘录》。

（刘博洋　张小雪）

【北京市首例虐待被看护人案】 10月12日，区检察院党组书记、检察长孙玲玲出庭公诉北京市虐待被看护人第一案，引领广大检察官落实检察官办案责任。中央电视台《今日说法》《庭审现场》，北京电视台《法制进行时》《首都经济报道》《庭审纪实》等栏目，《法制晚报》《北京晚报》《新京报》《京郊日报》《方圆》杂志，中央人民广播电台、正义网等主流媒体到现场进行采访报道，区检察院当日推送微信《北京首例虐待被看护人案开庭审理检察长出庭支持公诉》并获取高人民检察院转发。

（黄杰　王亚楠）

【派驻检察室揭牌】 12月21日，区检察院在房山公安分局执法办案管理中心举行派驻检察室揭牌仪式。副区长、房山公安分局党委书记、分局长李宝虎出席揭牌仪式。

（李锦阳　贺瑜　郭月霞）

审 判

【概况】 2016 年，区法院收案 34012 件，结案 31181 件，同比分别增长 9.99% 和 15.43%；结案率 91.68%，综合指标排名全市第 3，完成全年审执任务。完善"多样化快审"繁简分流机制，刑事、民事、商事、行政、执行等庭室均成立速裁团队，各民商事速裁团队结案 5573 件，占民事结案量 41.2%，刑事速裁结案 344 件，适用率 38.1%。注重"繁案精审"，成功审理《中华人民共和国刑法修正案（九）》实施后全市首例组织考试作弊罪、虐待被监护人罪等新类型案件，做出全市首例反家暴人身安全保护令，入选媒体关注的北京法院十大案件。妥善审理商品房预售合同纠纷、涉灾房屋安置补偿类纠纷等涉民生群体性案件，建立涉辖区重大工程案件风险评级机制，审结涉轨道交通纠纷 430 余件；构建"十五公里诉讼服务圈"，加强巡回办案力度。与行政机关建立多方协调机制，妥善审理涉北部山区人口迁移、良乡新城拆迁、棚户区改造、河道治理等重点工程案件，保障区域经济发展建设，多次获区领导批示肯定。深化"提前介入、联动化解"的群体性劳动争议处理机制，化解涉史家营资产经营中心等群体性劳争纠纷 400 余起。深化未成年人审判专业化机制，开展"阳光青少年"培养计划，帮扶罪错青少年平稳回归社会，审理的案件入选北京法院校园暴力犯罪典型案例。积极落实家事审判改革试点任务，推进家事审判"五化"（规范化、专业化、特色化、社会化、人性化）建设，建立家事调查员、诉前财产申报、离婚冷静期等制度，审理的案件被央视《经济与法》《生活提示》栏目报道。完善破产清算合议庭建设，推动清理僵尸企业，妥善审理涉 P2P 网络借贷等新型金融纠纷 320 余件，服务基金小镇等创新产业良性发展。推行"互联网+执行"模式理念，依托执行指挥中心，建立以网络查控为主、线下查找为辅、信用惩戒为补充的新型办案模式，通过网络查控系统发起查询 37571 次，查冻划扣可执行财产 9467 次，公布失信被执行人 1298 人，采取限制出境、高消费、招投标措施 3546 人次。成立"爱心调解室""马志敏调解室"，共调解成功 2592 件案件，调解率 39.4%，速裁 327 件，委托行业性调解组织调处纠纷 132 起。强化院庭长办精品案、开示范庭、带头接访、带头调研、带教导师职责，院庭长全年结案 7489 件，占全院结案量 24%。落实诉访分离的改革要求，稳步推进涉诉信访案件终结，探索引进信访案件听证制度，召开首例涉诉信访案件听证会；庭长带头接访、首问负责，三成以上来访事项得到当场答复，初访化解率达 95%。升级完善阳光诉服大厅、"12368"语音热线、诉讼服务网，开通"连法官答疑热线""厉莉爱心团队法律志愿服务热线"，打造"24 小时便民服务亭"，全天候、立体式为当事人和群众服务。深化司法公开"三大平台"管理应用，公开 30131 起案件的 116362 个流程节点信息，公开裁判文书 10266 件，文书上网率 99%，全市排名第一；推进庭审公开第四平台建设，开展庭审网络直播 114 次，召开新闻通报会发布典型案例 12 批。完善"天平论坛"调研工作平台，完成重点调研课题 26 项，开展 6 期司法改革"天平论坛"，促进业务提升和调研骨干成长。

（安蔚）

【首例人身安全保护令】 3 月 1 日,《中华人民共和国反家庭暴力法》正式实施,区法院巡回审理一起涉家庭暴力的离婚纠纷案件并召开新闻发布会,根据当事人申请做出首例人身安全保护令,新华社、中央电视台、《法制日报》等 20 余家新闻媒体对该案进行现场报道。3 月 3 日,区法院与区妇联联合启动"反对暴力、构筑和谐"——推进"反家庭暴力法"实施主题系列活动,区委政法委及区相关部门领导、最高法院刑一庭法官、市妇联领导及部门市区人大代表等上百人参加此次活动。该院开通"12368"反家暴咨询服务热线,组织专人接听并答疑解惑。3 月 17 日,中央电视台《新闻联播》在头条位置,以"改革追踪看落实"为主题报道该案。4 月 7 日,《新闻联播》以"反家暴法实施月余,初见成效"为主题,对该案再次予以报道。该院"反家暴人身安全保护令第一案"入选 2016 年"媒体关注的北京法院十大案件"。

(安蔚)

【建立"三员多专"立案前多元调解机制】 3 月,区法院被北京市高级人民法院确定为立案前多元调解工作试点法院,在院内成立诉调对接中心,在各人民法庭分设 6 个诉调对接组,组建 "三员"(人民陪审员、人民调解员、退休法官)调解团队,形成纠纷过滤、诉前调解、委托调解、司法确认、诉调对接、小额速裁"六位一体"的综合性工作平台,依托该平台共导出案件 6585 件,调解成功 2592 件,调解率 39.4%,速裁 327 件。与区建设工程商事纠纷调解委员会、道路交通事故调解中心、劳动争议调解委员会等专业性调解组织搭建"多专"诉调对接平台,联动调处纠纷 132 起。8 月 16 日,在北京法院完善多元化纠纷解决机制推进会上,区法院被北京市高级人民法院确定为"北京多元化纠纷解决机制示范法院"并作经验介绍。

(安蔚)

【《房山法院 2015 年度案例评析汇编》完成】 3 月,区法院完成《房山法院 2015 年案例评析汇编》,收录该院各审判执行业务庭有审判资格的在岗法官 2014 年裁判(含 2015 年生效)案件的评析作品,共计 89 篇,其中刑事类 9 篇,民事类 49 篇,商事类 13 篇,家事类 2 篇,知产类 1 篇,劳争类 3 篇,行政类 4 篇,执行类 8 篇,集中展示该院法官职业水平和工作成果。

(安蔚)

【两批法官入额工作完成】 4 月 7 日,区法院召开法官首批入额工作方案落实会,对《房山法院司法体制改革试点工作实施方案》进行深入解读,并阐明《房山法院法官首批入额工作实施方案》及《房山法院法官首批入额考核(考试)办法》。5 月 30 日,在区法院党组书记、院长邵明艳带领下,93 名司法改革后首批入额法官身着法袍举行宪法宣誓仪式。9 月 2 日,区法院举行第二批入额法官宪法宣誓仪式。

(安蔚)

【"普法巴士"基层法治宣传模式启动】 5 月 6 日,区法院邀请区人大常委会第五代表团的部分人大代表参与"普法巴士"启动仪式暨新闻发布会。"普法巴士"借助"小乐说法"、巡回审判、官方微博、微信公众号等平台,在社区、乡村、学校、部队等地开展点对点普法宣传,启动以来共计驶出 8 站,受众上万人。

(安蔚)

【"系民心 铸法魂"文化建设主题展览】 5 月 27 日,区法院"系民心 铸法魂"文化建设主题展览开展,展览共包括主题展板、弧形 LED 大屏、大型触摸展示屏 3 部分。展板内容从典型品牌、亲民爱民、党建创新、廉洁司法、队伍建设、科学管理6个维度呈现该院各方面工作亮点。弧形LED大屏可播放院史等宣传片，大型触摸屏定期更新该法院干警摄影作品。主题展览自筹备到竣工历时近1年，共用照片270余张，成文1.3万字。河南长葛市法院、广西南屏县法院、北京市丰台区法院等相关领导先后到该院调研交流文化建设工作。

（安蔚）

【家事调查员制度建立】 6月，区法院被确定为全国家事审判改革试点法院。8月31日，该院家事审判庭首设家事调查员制度，高效审理1起法定继承纠纷案件。该制度是指法官指派一名专门调查员，对当事人的婚姻状况、身心状况、家庭关系、经济状况等必要事项进行走访调查，探明矛盾根源，形成调查报告提供给法官，为调解、审判工作做准备。9月21日，中央电视台《经济与法》系列节目对该案予以报道。

（安蔚）

【强制腾退保障重点工程项目】 8月11日，区法院对区住房城乡建设委申请执行高某某腾退房屋一案进行强制腾退措施。该案涉及房山区石夏路东延工程建设项目，该项目规划范围内最后一家住户高某某拒不腾退，严重影响项目进展。该案执结保障了区内重点道路工程进度。

（安蔚）

【全市首例组织考试作弊罪审结】 8月11日，区法院党组书记、院长邵明艳担任审判长，公开开庭审理《中华人民共和国刑法修正案（九）》实施后北京市首例涉嫌组织考试作弊罪案件并当庭宣判，充分发挥院庭长带头办理疑难、复杂、新类型案件的示范带头作用。部分市、区人大代表，房山公安分局、检察院干警，媒体记者等100余人观摩旁听了案件庭审过程。中国教育电视台、北京电视台、房山电视台等10余家媒体对该案进行报道，中国法院手机电视、北京法院庭审直播网等对案件审理进行同步视频直播。

（安蔚）

【引进涉诉信访案件听证机制】 10月14日，区法院就李某长期信访案件召开首例涉诉信访案件听证会，邀请区人大代表、区政协委员、特邀监督员、人民陪审员、律师参加。听证会上，审判法官针对李某的问题当场释明，并进行判后答疑。参会听证代表也向李某发问并发表意见，对其进行教育疏导。听证会取得息访服判的效果，形成矛盾纠纷化解的社会合力。

（安蔚）

【"年底六十天执行会战"取得阶段性成果】 11月1日，区法院执行局开展"重拳出击 打击拒执——年底六十天执行会战"，通过集中执行、联合执行、"错峰"执行、不定期开展夜间突袭行动等手段，历时2个月共执结案件2529件，发还案款4912.42万元。其中，执结群体性涉民生案件286件，涉案标的524万余元，执行难工作取得阶段性成果。

（安蔚）

【"爱心调解室""马志敏调解室"成立】 11月10日，区法院成立"爱心调解室""马志敏调解室"并召开新闻发布会，该院相关领导、区人大代表、政协委员、司法所所长、基层调解组织负责人及部分群众代表参加该发布会。"爱心调解室""马志敏调解室"依托该法院志愿服务品牌——厉莉爱心团队、马志敏工作室成立，主要负责立案阶段调解、立案诉讼服务、法律志愿服务3个方面内容，区法院机关、6个人民法庭设立7个"爱心调解室"、1个"马志敏调解室"，试运行过程中调解案件1603件，速裁194件，调解成功率44.9%。北京青年报社、房山电视台、房山广播电台、房山报社、房山广电传媒、网聚房山等媒体对发布会进行采访报道。

（安蔚）

【单名被告人盗窃次数最多案审结】 12月1日,区法院审结有史以来单名被告人盗窃起数最多的刑事案件。被告人张某因入户抢劫、入户盗窃287起被房山区检察院提起公诉,该院历经4天庭审,认定被告人张某犯抢劫罪,275起盗窃罪,且盗窃数额巨大,判处张某有期徒刑15年,剥夺政治权利2年,并处罚金7万元,被告人张某表示服从判决。

（安蔚）

【首批国家司法救助案件审结】 12月30日,区法院为审结的首批国家司法救助案件申请人发放司法救助金10余万元。首批审结司法救助案件共5案5人,均是因道路交通事故等民事侵权行为造成人身伤害,无法通过执行获得有效赔偿的困难当事人。该院成立司法救助委员会并出台《房山区人民法院国家司法救助工作实施细则（试行）》,建立困难申请人司法救助机制,以实现"救助制度法治化、救助案件司法化"。

（安蔚）

【打造"立体式"诉讼服务体系】 年内,区法院以"大服务、大平台"理念为指导,建立阳光诉服大厅、"12368"语音服务热线、诉讼服务网"三位一体"的立体式诉讼服务体系。对诉讼服务大厅进行全面升级改造,围绕"两长廊一中心"（便民长廊、休闲长廊、综合诉讼服务中心区）功能区建设,增设冷热水净化饮水机、ATM自动取款机、自助售货机、打印复印传真机等便民设备,开通E自助服务区,提供免费Wi-Fi和自助查询打印服务。打造人民法庭"环十五公里诉讼服务圈"。开通"连法官答疑热线""厉莉爱心团队法律服务热线",建立24小时便民服务亭并投入使用,实现诉讼服务全天候

在线。

（安蔚）

【公益救助长效合作机制建立】 年内,区法院与北京光彩公益基金会进行合作,建立公益救助长效合作机制,运用社会资金破解无财产可供执行案件的执行僵局,通过层级把关、联合评审、检察院监督规范公益救助运行。机制运行以来,执结案件79件,救助申请执行人80名,发放救助款100万余元。

（安蔚）

司法行政

【概况】 2016年,区司法局在职人员147名,其中公务员129名、参照公务员管理3名、工勤人员6名、全额拨款事业编制人员7名、自收自支事业编制2名。下设8个科室:办公室、政治处、基层工作管理科、社区矫正和帮教安置科、法制宣传科、公证律师工作管理科、法律援助工作科、法制科。全区有27个司法所,9家基层法律服务所,2家公证处,23家律师事务所。推进覆盖全区的法律援助网格化建设,在全区27个乡镇（街道）建立法律援助工作站34个、援助工作联系点582个。选派5名律师从事"12348"热线接听工作,免费为群众提供法律咨询。全年办理各类法律援助案件510件,接待来访群众692人次,接听群众"148"热线电话咨询1144人次。办理各类公证14040件（其中涉外公证2008件,经济类公证1769件,国内民事公证10263件）,代写法律文书794件。51名基层法律服务工

作者为基层政府和村（社区）、各类经济组织担任常年法律顾问 74 家，累计参与诉讼代理 801 件，非诉讼代理 293 件，主持调解案件 212 起，解答法律咨询 4928 件（次），代写法律文书 1429 份，提供法律援助 227 件。全年业务收入 119.68 万元。各乡镇街道、普法成员单位开展"送法下乡"活动 117 次，其中，送法进市场活动 12 次，法律进村（社区）活动 61 次，法律大讲堂活动 28 次，法治文艺活动 16 场。设立法治宣传咨询点 89 个，发放各类法制宣传资料 20 万份，悬挂张贴法制宣传标语 200 余幅。

（胡曦）

【冬令营活动】 1 月初，区司法局为配合北京共青团 2016 年"两节送温暖"工作整体安排，落实团市委书记会提出的将"两节送温暖"与长效帮扶机制相结合的要求，矫正帮教科组织符合条件的服刑人员未成年子女在北京富来宫会议中心参加"新天新地'心'接触"冬令营活动。

（胡曦）

【"新春"入监帮教】 2 月 3 日，区司法局及城关街道办事处工作人员赴延庆监狱对 15 名城关籍服刑人员进行入监教育。

（胡曦）

【霞云岭乡敬老院公益法律援助律师聘任仪式】 3 月 29 日，房山区法律援助中心携手霞云岭乡敬老院举行霞云岭乡敬老院公益法律援助律师聘任仪式。霞云岭乡敬老院院长王兆星为北京市智远律师事务所王永贵和李子光律发放聘书。

（胡曦）

【第十届村委会换届选举宣传活动】 4 月初，区司法局局自制"村委会换届选举知识问答"主题宣传折页 3 万份，主题宣传展板 23 套 253 块，通过普法大篷车将宣传材料送至广大村居民手中。组织全区 23 个乡镇街道司法所开展集中宣传活动 150 余场，受教育群众 10 万人次。

（胡曦）

【法律援助工作协议签订暨法学教育实践基地揭牌仪式】 4 月 20 日，房山区司法局与北京理工大学法学院举行合作开展法律援助工作协议签订暨法学教育实践基地揭牌仪式。会上区司法局局长陆大勇和北京理工大学法学院书记杨海共同签署协议书并为法学教育实践基地揭牌。

（胡曦）

【婚姻家庭矛盾纠纷人民调解指导委员会成立】 5 月 12 日，区司法局联合区妇女联合会在区司法局举行房山区婚姻家庭矛盾纠纷人民调解指导委员会成立揭牌仪式，区委政法委、区法院领导揭牌。区司法局、区妇联及各乡镇街道主管领导，各乡镇街道司法所所长、妇联主席，基层人民调解员代表等近 100 人参加会议。

（胡曦）

【建设工程商事纠纷人民调解指导委员会成立】 5 月 26 日，区司法局联合区住房城乡建设委在房山区北方温泉会议中心举行房山区建设工程商事纠纷人民调解指导委员会成立揭牌仪式，该委员会是房山区建立的首家以建设工程商事组织名义设立、并具有合法性的人民调解组织。区内建筑行业协会专家及建设工程商事纠纷调委会成员近 60 人参加会议。

（胡曦）

【依法治区领导小组办公室主任会议】 6 月 2 日，房山区依法治区领导小组办公室主任会议召开，审议通过房山区《法治宣传教育的第七个五年规划（2016—2020 年）》。

（胡曦）

【世界环境日宣传活动】 6 月 5 日，区司法局与区环保局联合在昊天广场开展环保法律宣传活动，印制 2 万份宣传材料，并在房山普法网开展"环保法律法规有奖问答活动"。

（胡曦）

【依法治区领导小组全体会议】 6 月 21 日，房山区依法治区领导小组全体会议召开，审议通过房山区《法治宣传教育的第七个五年规划（2016—2020 年）》，区委副书记、政法委书记、区依法治区领导小组组长李江出席会议。

（胡曦）

【良乡镇工业基地人民调解委员会成立】7 月 14 日，根据北京市房山区良乡镇司法所的请示，经研究同意在北京市房山区良乡镇工业基地成立北京市房山区良乡镇工业基地人民调解委员会。

（胡曦）

【法律援助案件质量评查工作完成】 9 月 23 日和 10 月 26 日，房山区法律援助中心分别对 2015 年已结法律援助案件进行第一次和第二次法律援助案件质量评估。第一次评估由以律师隗有宝为组长的 7 名律师组成的专家的专家组对 21 件法律援助案卷进行评查，第二次评估由律师杨玉春为组长的 5 位律师组成的专家组对 97 件法律援助案卷进行评查，2 次共评查案件 118 件，占 2015 年全年法律援助案件的 14.88%，符合市局要求评查比例不低于全年结案量的 5%的规定。该次共评查出优秀卷 8 本，良好卷 9 本，合格卷 101 件，无不合格案件。

（胡曦）

【电子监管启动工作会议】 9 月 30 日，区司法局局召开房山区电子监管启动工作现场会。全区司法所所长参加会议，会议就《关于对社区服刑人员实施电子监管的暂行办法》以及执行过程中的工作进行学习和部署。暂行办法明确各部门在电子监管工作的职责分工，理顺协调配合机制，初步构建社区服刑人员电子监管的执法体系，形成各部门各司其职、齐抓共管的整体合力。明确违反制度的惩罚措施，实现与上位规章制度的有效衔接。暂行办法明确社区服刑人员拒不接受电子监管和违反电子监管规定应当受到的惩罚措施，并与《北京市社区矫正实施细则》中有关司法惩处的措施有机结合，使其与上位规章制度紧密衔接，强化制度的权威性和可操作性，形成社区服刑人员日常监管的闭合回路。

（胡曦）

【全面实施电子监管】 10 月 1 日以后，为新接收的社区服刑人员佩戴电子手环，全面实施电子监管，在接收社区服刑人员时明确告知其电子监管的相关规定及违反规定的后果，确保 24 小时动态监管到位。电子监管的实施，更好地完善社区矫正工作的监管力度，推动社区矫正工作创新，提高教育矫正工作的质量。

（胡曦）

【普法系列丛书出版】 10 月初，区司法局与民主法治出版社联合出版《房山区"七五"普法系列丛书》，丛书每套分为农民学法用法读本、职工学法用法读本、社区居民未成年保护学法用法读本、领导干部学法用法读本和宪法知识学法用法读本 6 册，印制 3000 套，发至全区各乡镇街道办事处和区直各部门。

（胡曦）

【人民调解员培训】 12 月 1 日至 2 日，区司法局举办人民调解员培训班，全区司法所所长、人民调解骨干 166 人参加培训。邀请区法院法官助理刘长林和北京师范大学教育培训中心特聘心理讲师洪进鹏进行授课，并结合近年来在调解工作中的实例，对民间纠纷的调解程序、法律运用进行讲解。

（胡曦）

【"七五"普法启动大会】 12月3日，房山区召开"六五"普法工作总结暨"七五"普法启动大会。市司法局领导，区领导曾赞荣、陈清、孙强、唐淑荣、李江出席会议。

（胡曦）

【爱心调解室成立】 12月28日，区司法局联合区法院、周口店镇政府在周口店司法所举行城关法庭驻周口店司法所爱心调解室揭牌仪式。区司法局、区法院、城关法庭、周口店镇领导出席揭牌仪式，并就"爱心调解室"职能作用发挥方面展开深入交谈。

（胡曦）

【推进品牌调解室建设】 年内，区司法局以完成区委社会工委培育孵化品牌调解室项目为契机，全面加强人民调解品牌建设，分别成立河北镇"维邻调解室"、城关街道"王伟调解室"、史家营乡"百合调解室"和蒲洼乡"证明满调解室"，并相继投入运行。

（胡曦）

【法治宣传教育】 年内，区司法局通过房山普法网、普法微博、微信向全区市民征集"七五"普法规划意见、建议；先后召开普法成员单位、乡镇（街道）、村（社区）、人大代表、政协委员等多层次的座谈会8次，就普法面临的新形势、热点难点问题等进行调研。结合《房山区国民经济与社会发展第十三个五年规划纲要》和《京津冀协同发展纲要》等文件，起草完成《在全区开展法治宣传教育的第七个五年规划（2016—2020年）》，经依法治区领导小组主任会议、依法治区领导小组会议、第117次区政府办公会议、第219次区委常委会议分别审议通过，以区委、区政府名义下发。按照突出重点，责任到位，严格考核的思路，制定《房山区"七五"规划目标任务分解表》和《法治宣传教育责任书》，将普法工作指标分解落实到各个单位的"一把手"身上，纳入目标考核，将法治宣传教育工作落到实处。

（胡曦）

【村居公益法律服务工作】 年内，区司法局继续推进村居公益法律服务工作。年初，与区财政局协调全部经费到账，由9家中标的律师事务所的54名律师为全区588个社区、村提供公益法律服务工作，并签订《村居公益法律服务协议》，形成全区"一村一居一法律顾问"服务工作格局。律师每月到结对社区、村上门开展不少于一次的法律服务，围绕村居委会公共管理和村居民最关心、最直接、最实际的法律问题开展"顾讲询调训"。全年律师到签约社区、村提供法律服务7000余次。

（胡曦）

【社会矛盾纠纷排查化解工作】 年内，区司法局按照"调防结合、以防为主"的工作方针，组织全区669个基层调解组织在"两节""两会"等重点、敏感时期，围绕群众关心、关注的多发矛盾纠纷开展全面、深入、细致的社会矛盾纠纷排查化解活动。做好社会矛盾信息收集、形势研判和情况反馈工作；完善工作台账，从源头上预防和减少社会矛盾，为区域经济社会和谐发展营造优质的社会环境。

（胡曦）

国防建设

人民武装

【概况】 2016年，区人武部以新时期强军目标为统领，深入学习贯彻中共中央总书记习近平一系列重要论述，围绕"五部"（应急应战的指挥部、地方党委的军事部、后备力量的建设部、同级政府的兵役部、军民融合的协调部）新职能定位，抓思想铸忠诚，抓中心强能力，抓稳定促改革，全面建设有了新的进步。

（卢晓光）

【注重自身建设】 1月，区人武部依托预备役某部开展冬季适应性训练。开展徒步行军、摩托化行军，完成疏散隐蔽、通过沾染地段和急行军等课目演练。10月，分两批参加北京卫戍区人武部现役军官集训，系统学习参谋等基本内容，机关干部综合素质得到明显提升。

（卢晓光）

【加强双拥共建工作】 春节和"八一"前夕，区主要领导带队慰问驻区部队，给部队送去慰问品和慰问金。各乡镇（街道）采取召开军地座谈会、送慰问品进军营等形式，广泛开展拥军活动，进一步融洽军民关系。区人武部协调部队与蒲洼乡中心小学开展共建活动，延续22年共建之情，组织师生到海军某基地参观。

（卢晓光）

【全国"两会"安保】 全国"两会"期间，区人武部安排民兵开展执勤工作，通过广泛发动和组织民兵巡逻防控，加强社会面情报搜集，为全国"两会"召开创造良好社会环境。

（卢晓光）

【协调部队参加地方建设】 3月，区人武部协调部队投身地方植树造林活动，为首都绿化美化工作做贡献。4月，部队官兵参加地方政府组织的"全国读书日"活动。10月，协调部队官兵参加区委宣传部组织的宣讲活动。组织区委宣传部的宣讲团到军营开展宣讲活动，丰富军营生活。"五一"期间，区人武部与部队共同开展净空安全知识宣传活动，提高军民净空安全知识水平。

（卢晓光）

【建实民兵队伍】 5月至7月，区人武部每月组织一次民兵应急分队及乡镇基干民兵轻武器实弹射击。为确保整个活动安全有序，从靶场设置、武器弹药取送、射击前培训、人员分工等均做出明确安排和要求。有效提升民兵队伍的实战化能力。

（卢晓光）

【民兵应急抢险救灾】 6月，区人武部根据全区年度防汛形势，协调区水务局、区园林绿化局和部队组织夏季防汛训练演练活动，提高民兵应急能力。7月20日，全区突降大雨，在接到区防汛指挥部关于长阳碧桂园小区和北京四中门前积水严重，特别是京港澳高速出京方向28公里处道路塌方的灾情后，区人武部立即启动应急预案，协调解放军某部防化团立即赶赴现场救援，经过昼夜抢修，受灾地段全面恢复，累计搬运沙石（土）600立方米，清淤150立方米，确保人民群众的生命及财产安全。

（卢晓光）

【征兵任务完成】 2016年，房山区征集新兵260人，大学生征集比例为56.5%，比北京市征集指标高6.5%。区征兵办加大组织领导力度、宣传动员力度、政策优抚力度，组织较大规模宣传活动27场，发放宣传资料2万余份。区政府及时出台普遍增加优抚金、明确进藏兵优抚规定等政策，激发应征青年积极性。严密组织政治考核和身体检查，严把定兵、送兵等主要环节，确保为部队输送兵员的质量。

（卢晓光）

预备役

【概况】 2016年，在卫戍区和师党委的领导下，在区委、区政府和各委办局及乡镇的大力支持下，预备役部队按照"举旗铸魂、聚焦打赢、依法治理、强基固本、创新推动、坚强核心、军民融合"的思路抓建设谋发展，着眼政治建军、改革强军、依法治军，抓首位铸忠诚，抓中心强能力，抓安全保稳定，抓创新求突破，圆满完成各项任务。

（魏会钊）

【专题教育】 年内，预备役部队抓好"改革强军"主题教育落实，结合实际在全团官兵中开展"强军路上为你点赞"主题演讲活动，引导广大预任官兵坚定改革强军的决心信心。

（魏会钊）

【"四个阵地"建设】 年内，预备役部队开展经常性"四反"教育，建立与城关派出所军警联防机制，搞好社情民情监控，强化做好意识形态领域斗争的责任感使命感。

（魏会钊）

【战备训练】 年内，预备役部队按照"四个随时保持"的战备要求，组织现役应急分队针对防袭击、防爆炸、防火灾等科目进行训练演练，强化战备意识，确保遇有情况及时有效应对。

（魏会钊）

【实战化训练演练】 年内，预备役部队依托娄子水民兵训练基地，利用45天时间，组织1个预备役部队和1个民兵组织进行专业训练。完成部队远程机动、体验射击和考核射击等科目的演练，取得弹迹全优的好成绩。

（魏会钊）

【基层基础建设】 年内，预备役部队结合"政工网+"文件精神，按照勤俭节约、因地制宜的原则，先后投入30余万元，对团微机室25台电脑进行更换，安装LED显示屏、为勤务队修建互联网网络学习室。

（魏会钊）

人防工程

【概况】 2016年，区民防局编制并执行《房山区关于推进人民防空事业改革发展的实施方案》，制定工作台账，落实工作责任，加快信息化条件下"空中、地面、地下"多位一体的人防体系建设。坚持规划引领发展，主动对接房山城市发展规划，聘请北京清华同衡规划设计研究院专业人员完成民防"十三五"建设发展规划编制，启动人防工程建设规划和开发利用规划修订工作。坚持项目统筹推进，完成北京西南人口疏散指挥中心地面保障用房建设和市政、道路相关收尾工作。以融合发展为途径，提升城市承载能力，服务全区转型发展。强化城市防护体系建设，重点结合城市发展和功能区建设，推进城市综合防护体系建设。建设人防工程，提高全区城市综合防护能力。强化人防工程监督管理，开展人防工程安全管理培训6次，组织演习演练30余次，出动执法检查人员960余人次。强化人防工程开发利用，利用人防工程建设地下停车位。以服务民生为根本，发挥民防资源优势，助力平安房山建设加强应急指挥能力建设，完成良乡镇、南窖乡民防指挥所和窦店山水汇豪高点监控建设。完成全区开展鸣响任务，先后组织短波通信、卫星通信、超短波通信、4G无线通信和有线网络通信等演练30余次。加强应急保障能力建设，组织机关干部、人防专业队伍和志愿者队伍进行集中训练，增强民防队伍的应急保障能力。参与京港澳护坡塌陷抢险救援，高标准履行应急支援使命任务。加强公众安全能力建设，推进防空防灾公共安全知识进学校试点工作。组织防空防灾知识进学校巡展11所，组织平安大讲堂30场。组织全区主管安全的骨干教师进行专题培训，组织良乡四小300余名师生进行防空警报试鸣疏散掩蔽演练。组织社区干部开展防空防灾培训，5000余人参观民防宣教中心。建成刘丈公共安全宣传示范村，组织村民开展防汛应急演练。以素质提升为重点，强化机关自身建设，保障事业科学发展。

（张艳艳）

【防空防灾公共安全宣教示范村启动】 5月11日，区民防局、区应急办在良乡镇刘丈村启动防空防灾公共安全宣教示范村。市民防局、市应急办、市住房城乡建设委领导，各区民防局领导、区人武部、各乡镇（街道）领导，志愿者及部分村民200余人参观示范村应急指挥室、物资储备库、医疗室、公共安全宣传广场等示范村建设成果，并启动村级公共安全服务平台。随后，以主汛期发生强降雨为背景开展防汛应急演练，启动村级防汛应急预案，民防志愿者对居民进行紧急疏散，公共安全设施抢险抢修，村民、伤员自救互救等内容。

（张艳艳）

【跨区支援通信拉动演练】 6月27日至7月1日，房山区民防局、大兴区民防局联合开展人民防空指挥通信跨区（京津冀）联合演练。演练共设置通信组织指挥、集结开进、通信枢纽开设与撤收、组网通信、废墟搜救、野外宿营等演习科目8个，用时5天，总计往返行程1100公里，途经天津市静海区、河北省阜平县、山西省原平市及灵丘县4个地区。

（张艳艳）

【"现代空袭与人民防空"知识培训】 7月5日，区民防局联合区教委组织全区教育系统 120 余名教师，开展"现代空袭与人民防空"民防知识培训活动。贯彻落实《中华人民共和国人民防空法》《北京市人民防空条例》和第七次全国人民防空会议精神。

（张艳艳）

【"京港澳"抢险】 7 月 20 日，区民防局接到区政府指令迅速派出 13 名应急抢险队员和 4 台应急救援车装备车辆，赶往京港澳高速出京方向 28 公里处的护坡坍塌位置对京港澳出京方向开展抢险支援工作。经过各抢险队伍 7.5 小时奋战，21 日 1 时 30 分京港澳高速出京方向 28 公里护坡得到修复。

（张艳艳）

【防空警报试鸣】 9 月 17 日是第 16 个全民国防教育日，区民防局开展防空警报试鸣工作。15 时，市民防局发布警报试鸣命令，警报控制分中心工作人员按照指令迅速启动警报鸣响系统，全区包括燕山地区警报全部鸣响，依次试鸣预先警报、空袭警报、解除警报，每种警报鸣放时间 3 分钟、间隔 7 分钟，15 时 23 分试鸣结束，用时 23 分钟，全区警报鸣响率 100%。

（张艳艳）

【地下空间安全检查】 9 月 26 日至 27 日，区民防局联合相关部门对重点区域地下空间进行联合检查。对地下空间人防设备、消防设施、安全制度落实及应急疏散标志设置等方面进行重点检查。该次联合检查发出隐患整改通知书 5 份，其中限期整改 2 份，立即整改通知书 3 份。

（张艳艳）

【安全知识进校园】 10 月 14 日，房山民防志愿救援团为增强学校师生应对自然灾害的自救互救能力在北京石油化工学院燕山校区开展公共安全知识进校园宣传活动。活动中，房山民防志愿救援团利用手摇报警器组织该院师生进行防火疏散演练，在民防志愿者的引导下，学生们有序地进行紧急疏散。防火疏散演练结束后现场讲解演示医疗急救知识、防空警报识别、民防应急救援破拆工具及绳索自救互救结绳使用方法。

（张艳艳）

【"人民防空创立日"系列宣传活动】 10 月 31 日，区民防局在长阳国际城举行民防进社区宣传活动。此次活动出动工作人员及民防志愿者 30 余人，悬挂宣传横幅 3 条，放置宣传展板 20 块，展示救援设备 40 余台套，发放房山报民防专版、《防空防灾知识宣传手册》《民防知识漫画集》、民防知识折页等宣传材料 900 余份，现场受教育群众 300 余人。

（张艳艳）

综合经济管理

发展改革管理

【概况】 2016 年，区发展改革委密切跟踪经济形势，做好经济分析调度工作；全面贯彻落实京津冀协同发展战略，促进区域产业结构转型升级；加强固定资产投资管理，助推全区经济社会持续快速发展；加大基础设施建设，推进城乡一体化发展；加大生态环境建设和山区替代产业发展；着力推进节能减排，转变经济发展方式；抓民生，办实事，努力提高社会公共服务水平；积极推进改革工作。完成 1 个乡镇 27 户露地蔬菜常规汇总调查、9 户种植意向专项调查、9 户农资购买情况专项调查工作，并写出分析报告上报市发展改革委。全年 GDP 增长 6.7%；固定资产投资一季度和上半年均为负增长，三季度实现由负转正，全年完成约 536.9 亿元，比 2015 年增长 0.9%。

（李永智）

【房山区"十三五"规划纲要编制完成】 1 月 6 日，房山区"十三五"规划纲要通过区人代会审议。为宣传"十三五"规划纲要，使社会各界深入了解规划内容，推动规划实施，区发展改革委多渠道多形式开展宣传工作，印制纲要单行本 6000 多册，发至全区所有委办局及各乡镇（街道），保证每个班子成员人手一份；开展宣讲活动，区发展改革委领导先后到区委党校培训班、区政协、区委组织部、区质监局和部分乡镇等解读纲要内容，特别是就"一区一城"新定位以及"十三五"期间战略任务进行深入阐释，受到各单位的一致好评。全区 53 项"十三五"区级专项规划基本完成，按全市统一部署陆续发布。

（李然）

【殡葬服务及殡葬用品专项检查】 2016 年清明节期间，根据北京市物价检查所《关于开展清明节价格专项检查工作的通知》精神，区发展改革委依法对房山区殡仪馆和静安公墓两家殡葬服务单位进行重点检查，抽查 12 家殡葬用品经营单位，督促经营者严格执行政府规定标准。

（宫彩云）

【房山区推进国家生态保护与建设示范区】 4 月，《北京市房山区国家生态保护与建设示范区实施方案》《北京市房山区国家生态保护与建设示范区 2016 年行动计划》由区发展改革委印发全区执行，指导全区示范区建设。在"十三五"期间，通过加强生态红线区域保护，巩固既有生态成果，创新生态建设机制和生态协同机制 4 个方面入手，着力推进覆盖山区、丘陵和平原地区的生态网络建设，构建多元化、精品化、联片化的综合生态服务环境，打造全域化的园林城市，确保生态系统高起点、高水平支撑生态休闲新城建设和特色化生态服务产业发展。

（田金鹭）

【北京南窑产业转型基础设施建设工程初步设计概算获批复】 4 月 27 日，北京南窑产业转型基础设施建设工程初步设计概算获市发展改革委批复。该项目建设地点位于房山区南窑乡中窑村。主要建设内容及规模包括建设改造农村公路 6012 米，车行道宽 5 米，建设钢筋混凝土圆管涵 28 道，改造宽度为 1.5 米的步行道 2753 米，整修梯田 463 亩，新建生态环保厕所 6 座，绿化总面积 4000 平方米，配套建设护栏等相关附属设施。项目总投资为 4854 万元，由市政府固定资产投资安排资金 4368 万元，截至 2016 年年底累计投资 3900 万元。

（刘盼）

【周口店镇迎风峪沟和宝金山旅游基础设施建设项目初步设计概算获批复】 5 月 4 日，周口店镇迎风峪沟和宝金山旅游基础设施建设项目初步设计概算获市发展改革委批复。该项目建设地点位于房山区周口店镇黄山店村。主要建设内容及规模包括新建 1.5 米宽步道 24290 米，车行道 3924.94 米，安全护栏 21375 米，涵洞 4 道；新建绿化工程 6000 平方米，景观平台 13 处共 6735 平方米，环保型公共卫生间 4 座；新建给水管道 4512.6 米，雨水收集池 7 座，设置太阳

能路灯 195 盏，以及标牌等相关设施。项目总投资为 4798 万元，由市政府固定投资安排资金 4318 万元，截至 2016 年年底累计投资 1486 万元。

（刘盼）

【制定实施房山区重大改革问题清单】 5 月，按照区经济体制改革专项小组会议精神，经区经济体制改革专项小组批准，区发展改革委制定实施《房山区重大改革问题清单》，下发到小组 8 个成员单位。

（陈文娟）

【史家营马金台生态休闲养生谷旅游道路工程项目建议书（代可行性研究报告）获批复】 7 月 23 日，史家营马金台生态休闲养生谷旅游道路工程项目建议书（代可行性研究报告）获市发展改革委批复。该项目建设地点位于房山区史家营乡秋林铺村、莲花庵村、曹家房村、史家营村和青林台村 5 个村。主要建设内容及规模包括整修和完善 5 条农村公路共 11473.03 米，8 条 2 米宽人行步道共 14060 米，5 处停车场共 2.05 万平方米，环保厕所 7 处，钢筋混凝土盖板涵 22 道，同步建设相关配套工程。项目总投资 4933.38 万元，由市政府固定资产投资安排资金 4440 万元，截至 2016 年年底累计投资 530 万元。

（刘盼）

【佛子庄乡西班各庄村旅游文化商业项目获批复】 8 月 3 日，佛子庄乡西班各庄村旅游文化商业项目获市发展改革委核准批复。该项目建设地点位于房山区佛子庄乡西班各庄村西南。主要建设内容及规模包括咖啡厅、精品超市等商业用房 7251 平方米，摄影展厅、阅览室、放映厅等文化用房 6241 平方米，客房、餐厅等旅游配套用房 23840 平方米，市政设施用房 1122 平方米。项目总投资为 18460 万元，资金来源全部为企业

投资。

（刘盼）

【房山区电影文化活动中心项目取得项目建议书（代可研）批复】 9月26日，房山区电影文化活动中心项目取得项目建议书（代可研）批复。该项目建设地址位于房山区城关街道青年南路 1 号，主要建设电影院、VR 虚拟现实体验厅、多功能厅以及配套附属用房等。项目总建筑面积 15514 平方米，总投资 9212.56 万元，全部由项目单位自筹解决。

（王琼珊）

【房山区"十三五"时期基础设施建设发展规划印发】 9月30日，《房山区"十三五"时期基础设施建设发展规划》印发全区。该规划是房山区"十三五"规划体系的重点专项规划，全文从规划背景、发展战略、主要任务、保障措施 4 个方面阐述全区"十三五"时期基础设施建设发展规划，为房山区"十三五"时期基础设施建设提供支撑和引领。

（梁思佳）

【北京恒泰园投资有限公司鑫凯苑大酒店建设工程获批复】 10月20日，北京恒泰园投资有限公司鑫凯苑大酒店建设工程获市发展改革委核准批复。该项目建设地点位于房山区琉璃河镇二街村西街 8 号。主要建设内容及规模包括酒店客房及停车场。项目总投资 8536.4 万元，资金来源全部为企业投资。该项目的建成将大力推进房山南部地区旅游基础设施高端化，提升旅游业的接待能力和服务水平。

（刘盼）

【房山区被列为农村产业融合发展试点】 10 月，经国家发展改革委批准，房山区被列为国家农村产业融合发展试点。结合经济社会发展实际，房山区立足"创新、协调、绿色、开放、共享"新发展理念，区发展改革委围绕"产城融合发展型"的房山区新型城镇化的特征和要求，优化农村产业与空间布局，发挥乡镇统筹利用集体建设用地的体制优势，推进城乡社会结构转型，缓解人口资源环境矛盾的大城市病，全面提升城市化和城镇化质量。

（田金鹭）

【大安山乡越野体验基地及大寒岭旅游观光区基础设施建设工程获批复】 11 月 14 日，大安山乡越野体验基地及大寒岭旅游观光区基础设施建设工程获市发展改革委决算批复。该项目建设地点位于大安山乡瞧煤涧、宝地洼村，建设内容及规模包括新建旅游观光步道 4816 米，新建停车场联络线 245 米；排水工程包括钢筋混凝土管涵 14 道，截水沟 1670 米，排水边沟 4764 米，急流槽 266 米；交通工程包括道路两侧划线 4575 米，新建标志牌 190 块，波形梁护栏 3990 米；新建太阳能路灯 212 套；防护工程包括旅游观光道路防护和停车场联络线防护；停车场工程包括修建停车场 3 座 5845 平方米。项目总投资 4790.16 万元，由市政府固定资产投资安排资金 4311.14 万元，截至 2016 年年底，市政府投资全部到位。

（刘盼）

【《房山区"十三五"时期推动京津冀协同发展规划》印发】 11 月 21 日，《房山区"十三五"时期推动京津冀协同发展规划》正式印发。根据《北京市"十三五"时期推动京津冀协同发展规划》统一部署，细化落实疏解非首都功能、保障首都核心功能、推动重点领域率先突破、促进创新驱动发展、公共服务共建共享等重点任务。结合房山区经济转型压力和城市化基础薄弱等实际情况，强化高端承接和筑巢引凤，加快人口调控和疏解转移，着力推动重点领域协同发展率先突破，在更大的空间平台上实现跨越式转型。充分发挥房山区接壤河北省、链接中心城、地处京冀生态屏障等空间优势，考虑三地资源比较优势，找准交通、生态和产业协同发展的重点任务，强化重点项目部署和长效机制设计。依托各乡镇、重点功能区的发展基础以及生态资源优势，结合房山区城镇化建设的空间安排，进一步明确各乡镇、重点功能区在协同发展中的重点任务，构建科学合理的协同发展空间布局。区发展改革委编制规划并分别经区政府常务会、区委常委会审议通过《房山区"十三五"时期推动京津冀协同发展规划》。

（张天天）

【扶持保定市涞水县发展】 12月10日至11日，区发展改革委随同北京市党政代表团赴河北省张家口市学习考察，京冀双方签署《全面深化京冀对口帮扶合作框架协议》，要求进一步加强两地交流合作，推进区域协同发展。北京市13个区分别与张家口、承德、保定16个受帮扶县（区）签署《携手奔小康行动协议书》。其中，房山区与河北省保定市涞水县确定为结对帮扶关系，助推涞水县到2020年前实现稳定脱贫。

（陈文娟）

【青港百碾沟域基础设施建设项目获批复】 12月13日，房山区青港百碾沟域基础设施建设项目获市发展改革委决算批复。该项目建设地点位于南窖乡水峪村、三合村。主要建设内容及规模包括建设道路28873米，其中混凝土道路10803米，步行道18070米；建设涵洞32道；水利工程包括新建集雨池7座，敷设给水管线4893米，新建泵房4座，配套节水设施114万平方米；停车场工程包括新建停车场8处共4500平方米；新建环保厕所12座。项目总投资4663.01万元，由市政府固定资产投资安排资金4196.71万元，截至2016年年底，市政府投资已全部到位。

（刘盼）

【国家新型城镇化综合试点建设】 12月，区发展改革委编制完成《北京市房山区国家新型城镇化综合试点建设实施方案》，指导试点建设。"十三五"时期，房山区坚持整体推进和重点突破，以就地就近城镇化为主，以特色小城镇建设为核心，采取"新城城市化+乡镇特色化+新农村社区化"相结合、相带动的试点建设模式，并提出选取长阳、良乡等6个基础较好、特色鲜明的区域作为试点先行区，努力破解城乡二元结构城镇化建设难题，加快形成高端引领、创新驱动、绿色低碳的新型城镇化发展格局。

（田金鹭）

【压减燃煤和清洁能源建设考核目标完成】 年内，区发展改革委为贯彻落实《房山区2013—2017年清洁空气行动计划（实施方案）重点任务分解2016年工作措施的通知》，进一步加大大气污染治理力度，制定《房山区2013—2017年压减燃煤和清洁能源建设2016年任务措施》，以区政府文件下发全区，分解下达35个责任部门及各有关乡镇，建立行业主责、属地配合的责任制，采取定期会商、逐月跟踪等形式，实时掌握、协调推进各项任务，确保任务目标超额完成。

（郭庆）

【绩效考核工作完成】 年内，区发展改革委承担市级绩效考核包括GDP增长6.5%左右、固定资产投资完成530亿元、年度人口调控指标110万人、能源消耗总量和强度指标及单位GDP能耗指标、削减燃煤67万吨以上、党政机关燃煤锅炉清洁能源改造100蒸吨以上，以上所有市级考核指标全部完成。

（李然）

统　计

【概况】　2016 年，区统计局对全区 150 余人进行区级统计人员岗位知识培训，完成农业普查国家级综合试点工作，撰写《第三次全国农业普查国家级试点技术总结》，对普查方案的内容、指标解释等提出 10 大类 67 条建议，撰写专题报告 16 篇。完成区、乡（镇）、村（社区）三级普查领导小组、办公室和村级普查小区的组建工作，全区选聘普查人员 6165 人，其中普查指导员 700 人，普查员 4330 人。开展区域划分、清查摸底及登记阶段业务培训近 6147 人次。开通"房山农普"微信公众号，利用微信平台提高公众关注度。完成 2016 年北京节能减排补贴政策追踪调查、北京高校学生创新创业及就业意愿调查、北京市落实"网约车"新政民意调查、北京市区县反腐倡廉建设民意调查；立足全区民生需要，开展 2016 年房山区食品安全调查、老年人生活状况调查、公共自行车使用情况调查、"生育二孩"意愿调查等专项调查工作。利用统计执法、各类专项调查、下基层调研、统计巡查和农普下基层检查等契机共开展法律"六进"活动 200 余次，开展会议讲法 100 余次，开展普法培训 3 次，发放普法宣传材料 1 万余份。利用《房山报》"统计视角"栏目刊登普法文章、在房山信息网制作宣传飘窗等方式，加大普法宣传教育。对全区 230 家单位开展执法检查，对违法情节较重的 20 家企业予以立案；全面做好"双随机、一公开"工作，按照市、区文件要求，采取随机抽查的方式规范事中事后监管工作，切实规范统计监管行为。在全市率先建立"五有"标准的村级（社区）统计站。全区 23 个乡镇 459 个行政村 133 个社区全部建立村级（社区）统计站，并通过市统计局审核验收，做到有人员、有职责、有制度、有场地、有经费。

（王海星）

【部署第三次全国农业普查】　1 月 15 日，区政府印发《房山区人民政府关于开展第三次全国农业普查工作的通知》，要求根据《全国农业普查条例》和《北京市关于开展第三次全国农业普查的通知》，做好房山区第三次全国农业普查工作。通知指出，农业普查是全面了解"三农"发展变化情况的重大国情国力调查，调查范围广、任务重、参与部门多、技术要求高，为加强对普查工作的组织领导，房山区成立由 38 个委办局组成的第三次全国农业普查领导小组，负责组织和领导全区农业普查工作，协调解决普查中的重大问题，普查领导小组组长由副区长卢国懿担任。通知从普查目的和意义、普查对象和范围等方面对房山区做好第三次全国农业普查工作进行部署和安排。要求区、乡两级普查机构高度重视农业普查工作，要求区发展改革委、区财政局、区农委等领导小组成员单位按照各自职能、各负其责、通力协作，确保普查工作顺利进行。要求各乡镇（街道）政府要切实履行职责，加强对普查工作的组织领导，切实解决普查工作中遇到的困难和问题。通知强调，区、乡两级普查机构要按照北京市政府统一部署，认真做好组建机构、普查宣传、选聘普查人员、业务培训等普查准备和保障工作。普查所需经费按照分级负担的原则，由市、区、乡镇（街道）人民政府共同负担，并列入相应年度的财政预算。区、乡两级财政部门要积极支持农业普查工作，确保普查经费按时拨付到位。第三次全国农业普查标准时点为 12 月 31 日。房山区区级农业普查领导小组办公室组建完毕。

（周英华）

【首次将工业形势预判常态化】 2 月，区统计局首次将工业形势预判常态化，加强对重点企业监测，不断提高新形势下数据预警预判的前瞻性和准确性。早动手，充分调研握实情。为详细掌握房山区工业运行变化与走势，房山局队早动手，主动联合相关部门、统计所分层次、多角度共同建立区重点企业调研机制，强化与企业面对面、点对点的沟通，深入了解企业排产、订单情况、产值变化原因以及生产经营中存在的主要问题及所需帮助。

（雷泽瑜）

【实施投资统计企业零距离工程】 6 月起，区统计局实施"投资统计企业零距离"工程，深入项目、深入企业、深入园区，帮助企业纠正各类错误，全面提高基层数据质量。通过网络验收，通过电话催报一直是最基本的统计工作方法，然而传统的做法并不是面面俱到的。通过"企业零距离"工程将工作作风和工作方法进行调整，真正接触企业统计人员，了解统计工作在基层中的难点，进而在今后的工作中进一步拉近与企业间的距离，最大化的减少统计工作开展中遇到的困难。利用年中时间对北京高端制造业产业基地内的 10 多个产业项目企业进行培训，与企业深入交流，帮助企业纠正错误，完善投资依据。

（李维）

【首次开展区域建筑行业"一带一路"项目情况调查】 7 月，区统计就开展区域内建筑业行业境外工程情况及"一带一路"工程情况调查。此次调查对象从全区所有资质内建筑业中选择有境外营业收入的企业，以便有针对性的缩小调查范围，提高调查效率，同时依据境外收入的形式和内容设计出 2 张报表，分别统计境外项目情况和涉及"一带一路"沿线国家的项目，这样可以全面掌握区域范围内境外经营企业和其中符合"一带一路"范畴内项目的情况，使调查结构更加合理，结果更加科学。在该次调查前，指定 65 个国家和地区作为"一带一路"沿线国家，以 2013 年 10 月"一带一路"概念的提出作为时间节点，划清调查数据的范围。对项目合同额、营业额、工程承揽方式和性质等内容进行培训，保证数据的真实、有效。此次调查共涉及全区 5 家建筑业企业，该项目 20 余个，合同额超过 7 亿美元(截至 2015 年年底数据)，其中涉及"一带一路"项目 2 个，涉及合同额 7000 万美元。该次调查摸清全区建筑业企业参与"一带一路"建设的规模。

（李维）

【首次开展北京基金小镇统计监测】 8 月，区统计局开展北京基金小镇统计监测工作，对北京基金小镇的企业入驻情况、分布情况等进行详细调研，并在此基础上研究形成一套北京基金小镇统计监测体系，力争做到以金融助推产业升级，充分发挥金融业在经济转型中的驱动器作用。

（王雪霜）

【首次开展产业疏解情况调查】 8 月，区统计局首次开展 2016 年度全区产业疏解情况调查。该次调查范围包括全区所有乡镇（街道），全面覆盖所有在区经营的工业企业，其中重点对水泥生产、专业设备制造等重工业企业进行调查，对淘汰企业的个数、分布和企业去向进行合理统计，保证数据的真实、全面。此次调查主要倾向于产业疏解前后各行业的数据变化，一方面要掌握能源消耗下降、排放减少等良性影响，另一方面也要关注疏解后带来的劳动力就业水平下降、税收减少等阵痛反应，从正反两方面分析产业疏解前后的各项变化。此外，调查也对新成立、新迁入的工业企业进行重点调查，对被疏解企业和新入住企业的能耗、排放、效益水平等重点指标进行对比分析和汇总，从而更加直观的体现疏解成果，进一步提高调查结果和调查数据的服务效力。把此次调查结果与房山工业企业发展的变化、企业经营效益状况变化以及等数据进行匹配和分析，并尝试将产业疏解与人口疏解中的部分内容进行比对、分析，查找其中的内在联系，加强统计产品的服务水平，力争为区领导的科学、正确决策提供更为真实、可靠的数据支撑。

（李维）

【第七届统计开放日活动】 9月20日，区统计局举办第七届统计开放日活动。该次活动以"农业普查 福到农家"为主题，通过播放宣传短片、制作《房山报》专版、开展现场咨询等形式，图、文、声、像并茂地向社会公众介绍农业普查，拉近统计与公众的距离，提升统计影响力。现场咨询问答活动，设立咨询台，由工作人员向社会公众系统介绍全区农业普查工作开展情况，使社会公众更加全面、真实、立体地认识和了解全区农业普查工作并虚心听取社会公众对普查工作的意见建议。现场向社会公众发放农普宣传折页，折页以图文并茂的形式，用简单易懂的表述让公众了解农业普查的目的、时点、内容、范围、方式、坚持依法普查等内容，并邀请公众关注"房山农普"微信公众号，增加受众。

（王海星）

【开展法人单位经营情况调查】 9月，区统计局利用村统计站工作职能，有效完成单位的查找、数据录入和审核等相关工作，从

基层把控源头数据质量。将调查单位分配到乡镇（街道）和村（社区），整理进度监测和数据审核，并负责拟上限单位的信息提取工作。乡镇（街道）统计所负责指导村统计站的单位查找、数据初步审核工作和《法人单位经营情况表》的录入审核。村统计站发挥人地熟络的优势，负责单位查找、信息核实和填表登记。

（邢德飞）

【大型综合体统计方法研究启动】 年内，区统计局为全面掌握区内商业综合体发展现状，为区委、区政府经济决策提供参考，研究综合体的统计方法，更好地做好综合体的统计工作已势在必行，主动适应新型经济业态，建立商业综合体数据监测平台，探索综合体统计方法。充分研讨，制定研究方案，制定周密的实施方案，指导各项工作有序进行。多方沟通，取得第一手资料。与区商务委沟通，全面了解全区大型综合体基本资料。与区商务委联合召开综合体统计主管和统计人员会议，对大型综合体内商业设施基本情况摸底调查表进行详细讲解，要求综合体就内部经营实体的性质、行业、主要经营活动、是否统一收银、营业面积、销售额、从业人员等进行详细调查。与综合体人员就其内部统计情况以及存在的问题进行全面交流，确保取得详尽的资料。实地走访，多方对接。联合区商务委、街道走访辖区内商业综合体，摸清入驻商户信息，共同研究具有可操作性的解决方案，为研究综合体整体数据出报的统计方法做好各方面的资料支持。全面评估，探索新型商业综合体统计方法。

（丁慧萍）

【首次实施督导检查意见书制度】 年内，对于部分2016年接受督导检查的区内建设领域企业在督导检查后1周内收到1份由区统计局下发的《国家统计局房山调查队督导

检查意见书》（以下简称《意见书》），搭建与企业的良性互动。《意见书》将企业部门之间、项目部之间配合问题和各级领导对统计工作的重视程度问题作为主要内容。它要求企业领导积极协调数据收集渠道，帮助统计人员第一时间掌握准确的统计数据，同时要求各部门、各项目部认真配合单位内部的统计工作。

（司维）

【基层统计专题网站建设】　年内，区统计局为加强基层统计工作的宣传和服务，着手建设基层统计专题网站。网站建设坚持以基层需求和公众需求为出发点，将网上统计服务延伸至村和社区，为乡镇（街道）统计所、村和社区统计站搭建了宣传平台，解决网上统计服务的"最后一公里"。

（王晓宁）

【首次开展工业生产经营景气状况调查回访】　年内，区统计局首次在区域内开展规模以上工业企业生产经营景气状况调查回访工作，此次回访工作重点关注 3 个问题：密切关注产能过剩问题；认真摸清库存积压原因；全面梳理计划外迁企业。在京津冀协同发展的新模式下，针对此次调查中选择"年内有外迁或者在异地新建生产基地的计划"的企业开展严密监测、重点跟踪，第一时间掌握其外迁规模和外迁形式，分析其外迁后将影响全区工业经济的效果，进行分析研判，有针对性地服务于区域产业疏解和结构调整。

（马凯）

【首次开展重点能源经销商品基础数据自查】　年内，区统计局首次就全区重点能源经销企业开展基础数据自查工作。以能源品种为基础，确保自查工作的专业覆盖性。受燕化公司影响，房山区能源经销企业数量较多，涉及能源品种较多，为确保数据自查工作的全面性，以能源品种为基础，就 2015 年全年数据进行分类，整理出各品种中购进和销售量较大、省际流转较为复杂的企业，针对这类重点企业开展基础数据自查工作，夯实经销企业能源购进、销售与库存月报的基础数据质量，为按供应端核算能耗总量打好基础。以重点指标为核心，及时掌握能源品种的流转状况。

（陈娟）

审　计

【概况】　2016 年，区审计局主动适应新常态，有效履行审计监督职责，持续开展重大政策措施落实跟踪审计，不断加大对安居保障房、市政基础设施、征地拆迁、环境保护等重点工程的审计监督力度，全年组织完成审计项目 63 个，查出违规和管理不规范金额 24.17 亿元，直接节约财政资金 12.3 亿元，提交审计报告和信息 148 篇，提出审计整改建议 176 条，较好发挥审计"免疫系统"功能。

（李晓鹏）

【乡镇内部审计工作交流活动】　10 月 11 日，区审计局以推动内部审计工作更好地适应新常态、践行新理念，成为国家法律的维护者，健全完善内部控制的推动者，绩效提升的促进者为主题，组织开展乡镇内部审计工作交流会。全区 21 个乡镇（街道）的 21 个内审负责人参加活动，交流学习内部审计效果的经验与做法，为充分发挥内部审计工作职能，起到良好的促进作用。

（李晓鹏）

【聘用社会中介参与审计监督】 10月18日，市审计局调研员郑善民到房山区审计局就"审计机关聘用社会中介参与审计监督研究"进行调研，并对房山区审计局的工作给予肯定，同时提出要加强对聘用社会中介参与审计监督工作的研究，不断总结经验，规范管理，以便更好地履行审计监督职责。

（李晓鹏）

【审计业务知识培训】 11月29日，区审计局组织各乡镇政府、街道办事处、区直部门内部审计负责人及内审人员390人开展审计业务知识培训。结合当前工作实际，围绕内部控制审计、经济责任审计的重点与问题进行讲解，并通过审计案例对审计工作中的方法和技巧进行实务分析，提升内部审计人员职业技能及专业素质，为更好地发挥内部审计作用注入新动力。

（李晓鹏）

【制定2016年度审计项目计划】 年内，根据审计署和市审计局的工作部署，围绕打造京保石发展轴桥头堡、建设生态宜居示范区和中关村南部创新城的战略部署，结合审计工作实际，在广泛征求各方面意见的基础上，制定2016年度审计项目计划，确定178项审计任务。经区政府第105次常务会议讨论批准后，组织实施。

（李晓鹏）

【财政预算执行审计】 年内，区审计局按照新版《中华人民共和国预算法》的要求，突出全口径和决算草案编制的审计，重点对公共财政预算、基金预算及国有资本经营预算安排和使用情况，以及决算草案编制的真实性、合法性。同时，强化预算管理，提高财政资金使用绩效，对区交通局、区教委等10个部门预算执行情况进行审计，揭示部分单位超预算支出，财务核算不规范等问题，促进部门规范预决算管理。

（李晓鹏）

【新农合交接工作审计】 年内，区审计局按照市区整合城乡居民医疗保险制度工作要求，实现城镇职工医保、城镇居民医保、新农合"三保"统筹管理，对新型农村合作医疗交接工作进行审计，为新农合平稳交接发挥保驾护航的作用。

（李晓鹏）

【经济责任审计】 年内，区审计局对9名处级领导干部开展经济责任审计。查处并收回应缴财政款及税收183.57万元，向被审计单位提出审计建议26条。撰写的审计调研报告《领导干部自然资源资产离任审计初探》分别被《北京审计》及《中国内部审计》杂志采用。

（李晓鹏）

【自然资源资产离任审计】 年内，区审计局为推进自然资源资产离任审计工作，研究制定"积极推进、实用为先、明确责任、方法为主"工作思路，抽取山区乡镇开展自然资源资产离任审计工作，将党政正职经济责任审计与任职期间土地资源资产工作进行审计，并充分利用地理信息系统（GIS）、Google earth等软件，结合国土部门地籍资料，对数据进行计算机辅助分析，提高土地审计的效率、效果。通过审计，梳理出乡镇土地管理职责的法规库，并建立适合乡镇领导干部的评价指标体系，为全面开展自然资源资产离任审计打下基础。

（李晓鹏）

【违法违纪案件的查处】 年内，区审计局对审计发现的严重损害国家和群众利益的重大履职不到位、重大损失浪费和重大违法违纪问题，采取零容忍。及时将减煤换煤、兰花大会和土地开发审计过程中发现的重大违法违纪案件线索移送有关部门处理，较好地发挥审计在反腐倡廉建设中的作用。

（李晓鹏）

【农业与资源环保审计】 年内，区审计局为规范专项资金的管理和使用，督促建立各项制度，确保防汛工作有效开展，完成对房山区防汛抗旱指挥部办公室 2012 至 2015 年防汛物资储备管理情况的审计工作。审计发现管理不规范金额 37.57 万元，提出审计建议 3 条，并对该项目的审计结果进行公开。

（李晓鹏）

【民生资金项目审计】 年内，区审计局完成对 2013 至 2015 年度农村地区减煤换煤项目的审计工作，并将该次审计项目与区纪委专案组调查工作进行结合，采取联合作战的方式同步进行，协助专案组核查涉嫌违法违规单位的财务问题。在审计过程中审计组及时将涉嫌违纪违法的问题线索移交区纪委专案组进一步调查处理。同时，对发现的疑点线索出具审计移送处理书，审计组提出审计建议 3 条，撰写《审计纪检联手，揭开骗取财政资金内幕》的审计案例一篇。

（李晓鹏）

国有资产管理

【概况】 2016 年，房山区国资系统国有资产质量稳步提升，国资国企改革进一步深化，国资监管效能不断提高，各项工作呈现出良好的发展态势。截至年底，区国资系统拥有资产总额 357.07 亿元，同比增长 1.9%；所有者权益 791.26 万元，同比增长 10.9%。全年实现营业收入 352.11 万元，同比下降 0.8%；实现利润总额 35.92 万元，同比下降 0.6%；已缴税金 158.33 万元，同比增长 15.9%；资产负债率为 77.8%，同比下降 1.8%。

（李丹婷）

【北京房开控股集团有限公司股权整合】 4 月 1 日，区国资委整合北京房开控股集团有限公司股权，由国资公司收购泰华公司所持 10%股权，并无偿受让昊远隆基所持 5%股权。房开集团股东由 9 家调整为 7 家，国有股权比例由 50%增加到 60%。

（李丹婷）

【房山新城投资有限责任公司成立】 7 月 8 日，房山区国有资产监督管理委员会根据七届区委常委会第 202 次会议精神出资 10 亿元，成立北京市房山新城投资有限责任公司。经营范围：项目投资、资产管理、财务咨询（不得开展审计、验资、查账、评估、会计咨询、代理记账等需经专项审批的业务，不得出具相应的审计报告、验资报告、查账报告、评估报告等文字材料）、投资管理、房地产开发、销售商品房、专业承包、物业管理、酒店管理、技术开发、技术咨询（中介除外）、技术服务、土地前期开发、土地一级开发。

（李丹婷）

【北京市嘉安汽车驾驶学校公司制改革完成】 9 月 19 日，北京房山燃气开发集团所属企业北京市嘉安汽车驾驶学校改制为国有独资有限责任公司，新公司注册资金 166.07 万元。经营范围：机动车驾驶员培训。企业依法自主选择经营项目，开展经营活动；机动车驾驶员培训以及依法须经批准的项目，经相关部门批准后依批准的内容开展经营活动；不得从事北京市产业政策禁止和限制类项目的经营活动。

（李丹婷）

【房山区建筑勘察所公司制改革完成】 10月18日，房山区建筑勘察所改制为国有独资有限责任公司，更名为北京房勘金地工程勘察设计有限公司，注册资金102.6万元。经营范围：工程勘察设计，建设工程项目管理，测绘服务，电脑图文设计及制作，电力供应。

（李丹婷）

【北京铭誉盛投资公司增加注册资金1000万元】 10月21日，良乡经济开发区对全资子公司北京铭誉盛投资公司追加投资1000万元，使其注册资金由4000万元达到5000万元。

（李丹婷）

【房安公司与北京新月联合公司实现股权合作】 11月8日，北京新月联合汽车有限公司（民营企业）以增资扩股方式入股北京房安出租汽车有限责任公司，新公司注册资本金2897.96万元。其中，新月公司出资1477.96万元，持股比例51%；北京房山国有资产经营有限责任公司出资620万元，持股比例21.39%；重庆长安汽车股份有限公司出资600万元，持股比例20.70%；国网北京市电力公司出资200万元，持股比例6.91%。

（李丹婷）

【文资泰玺资本管理有限公司增资完成】 文资泰玺公司根据七届区政府第120次专题会议精神，注册资本金由1亿元增至2亿元，股东按照持股比例相应增资。11月8日，房城投公司作为股东之一，在原出资额人民币3200万元的基础上，增加资金3200万元，持股比例为32%。

（李丹婷）

【《房山区域公交合作协议》签订】 11月26日，房山区政府、北京公共交通控股（集团）有限公司、北京八方达客运有限责任公司、北京凯捷风公交客运有限责任公司共同签订《房山区域公交合作协议》，由北京八方达客运有限责任公司接收北京凯捷风公交公司全部运营线路、公交相关资产和符合条件的人员，职工与北京八方达客运有限责任公司建立劳动关系，执行北京八方达客运有限责任公司工资制度，纳入北京八方达客运有限责任公司客运体系，实现区域公交合作。

（李丹婷）

【北京房堪金地工程勘察设计有限公司增资】 12月13日，北京房堪金地工程勘察设计有限公司工程勘察资质由乙级升级至甲级，按照相关部门资质升级要求，注册资本由102.6万元增至302.6万元。

（李丹婷）

【上缴国有资本收益】 2016年，国有资本收益2484.28万元，同比增长183%。按照《房山区国有资本收益上缴公共财政实施方案》规定，2016年上缴一般公共财政预算657.65万元。

（李丹婷）

【国有资本预算资金1800万元反哺企业】 2016年，国有资本经营预算支出1800万元。其中，用于支持国有企业资本性支出8家，共计1700万元；国有企业费用性支出1家，共计100万元。

（李丹婷）

【3家小额贷款公司放贷4.49亿元】 2016年，大方、龙盛源、中金福3家国有控股小额贷款公司为房山区"三农"和小微企业发放贷款264笔，金额4.49亿元。

（李丹婷）

【政府采购节约资金478005.73万元】 2016年，区政府采购中心完成政府采购42次，其中公开招标32次，竞争性谈判2次，单一来源1次，竞争性磋商5次，协议供货1次，询价1次。42次采购预算资金2052231.33万元，实际采购金额1574225.6万元，节约资金 478005.73 万元，节约率 23.29%。

（李丹婷）

安全生产管理

【概况】 2016 年，区安全监管局出台《房山区安全生产工作综合考核管理办法》，依托房山区安全生产综合考核信息化系统，实行过程监督、痕迹监管，构建房山区安全生产工作"4+1"综合动态考评体系。继续开展"千名领导干部联系千家重点企业"活动，继续实施区领导包乡督查机制。全区各级各部门党政同责、"一岗双责"的安全生产责任意识不断提高，上下齐抓共管的安全生产综合监管能力不断增强。全区累计完成三级安全生产标准化评审达标 456 家，小微安全生产标准化岗位达标 6840 家。受理许可申请 380 家，检查生产经营单位 1251 家，下达责令限期整改指令书 689 份，查出各类安全隐患 1984 项，立案 76 起，罚款 212.7 万元。各乡镇（街道）专职安全员检查生产经营单位 47140 家，下达责令整改通知书 14075 份，查出各类安全隐患 48870 项。全区发生生产安全事故 6 起，死亡 6 人。危险化学品（烟花爆竹）、工业企业、人员密集场所等重点行业领域安全生产状况基本稳定。针对电力、水务、市政市容、园林绿化、通信等行业领域建设工程承、发包活动骤然增多，安全生产事故易发、多发态势，经区政府批准，集中开展工程承发包安全生产专项整治。在全区范围内组织开展百家中央、市属及区属企业安全生产专项执法检查。根据区委、区政府关于疏解非首都功能、调控人口规模、治理"大城市病"的战略部署，区安全监管局牵头开展城乡结合部重点地区安全生产整治工作。开展危险化学品专项整治，组织"飓风二号"执法检查专项行动。

（任国鹏）

【第一轮次危险化学品大检查】 1 月 18 日至 22 日，区安全监管局联合属地政府，对全区危险化学品生产、油库、工业气体和烟花爆竹批发单位进行年度第一轮次大检查。此次检查，区安全监管局抽调业务骨干，组成 3 个执法检查组，每组配备 2 名专家，对 11 个重点乡镇的 58 家危险化学品从业单位进行严格检查。重点查看各单位落实冬季安全管理措施、反恐怖防范、安全生产教育培训、设备设施操作规范、原料和产品库房安全管理、节日期间应急值守和保障等工作情况，检查出动人员 432 人次，车辆 54 辆次，下达执法文书 36 份，查出隐患 123 条。针对检查中发现的问题，区安全监管局组织严格复查，对不达标的依法严肃处理，确保春节、"两会"期间危险化学品行业安全稳定。

（李杰）

【联合大检查】 1 月 21 日，区安全监管局联合区消防支队、区内保处、北京高端制造业基地管理委员会、窦店镇安全科、窦店镇派出所、窦店镇城管分队等部门，对北京高端制造业基地内各投产企业进行安全生产大检查。联合检查组共出动执法人员 20 余人，执法车辆 5 辆，检查 5 家大型企业。联合检查组查看生产车间、危险品库房、中控监控及配电室等重点部位。通过联合检查，消除基地内的各类隐患，为房山区制造业基地内年度安全生产零事故目标奠定工作基础。

（傅星铭）

【白酒制造业隐患治理专项行动】 2 月 23 日，区安全监管局组织召开会议，对全区白酒企业隐患治理专项行动进行具体安排部署。此次专项行动分为动员部署、隐患治理、总结验收3个阶段，针对白酒制造业在安全生产工作中存在的突出问题，组织有关部门和专家，对全区白酒制造企业进行检查，对安全隐患严重的企业，责令停产、停业整顿，并进行挂账。区安全监管局按照治理整改、疏解转移、主动退出3条路线，严格落实安全生产法律法规和标准规范，深入排查治理安全隐患，改善安全条件，促进全区白酒制造企业的安全发展、科学发展，为推进京津冀一体化，疏解非首都功能，调整产业结构，促进和谐宜居之都建设做出贡献。

（贾建飞）

【春季安全生产工作】 2月，针对春季气候干燥、易发火灾等季节特点，区安全监管局采取强化措施，做好春季安全生产工作，确保全区安全形势持续稳定。强化企业主体责任。督促辖区企业严格落实安全生产责任制，完善安全生产、消防安全、应急疏散等制度和预案，定期开展演练，重点强化员工灭火技能培训，提高企业安全管理水平。强化安全隐患排查治理。开展以安全疏散通道、消防设施设备、用火、用电、用气、用油等环节为主要内容的隐患排查治理工作，及时整改消除隐患。对一时难以消除的隐患，要做到整改责任、措施、资金、时限和预案五落实。强化应急处置，做好安全生产应急值守工作，严格执行领导干部到岗带班和24小时值班制度，确保遇突发事件，能够做到信息畅通、反应迅速、指挥有力、处置有效。强化监督检查。严格执法，加强安全生产综合监管，充分发挥乡镇专职安全员作用，及时发现、反馈、整改检查中发现的安全生产和消防安全隐患，严防各类事故。强化宣传教育。结合日常检查，大力宣传安全生产和消防知识，针对消控中控室操作人员、电焊工、危化品车辆驾驶员、押运员等特殊、重点岗位，重点宣传安全用火、用电、用气、用油和灭火、逃生自救等常识，切实提高安全意识和操作技能。

（安东）

【推动"一企一标准一岗一清单"编制工作】 3月7日至8日，区安全监管局举办专题培训班，各乡镇有关负责人和300家编制工作试点企业参加培训，对编制工作进行具体部署，要求各单位推动清单编制，确保按时完成各阶段任务。

（刘爽）

【安全生产委员会第二次会议】 3月23日，房山区召开隐患排查治理体系推广暨安全生产委员会第二次会议。各乡镇（街道）、有关安委会成员单位主管领导、安全生产科室负责人，专职安全员检查队负责人，部分重点企业主要负责人共150余人参加会议。会上，中国安全生产科学研究院专家介绍房山区隐患排查体系建设情况，并解读《房山区生产经营单位安全生产分类分级监督管理办法》；北京安宏睿业科技有限公司专家简要讲解隐患排查体系信息化系统；区安全监管局部署隐患排查治理体系建设有关工作及第二季度安全生产重点工作。

（安东）

【"创建首都安全发展示范区纪实"展览】 3月23日，由区安全监管局主办的"房山区创建首都安全发展示范区纪实"展览在区政府第三办公区举办。展览以"安全发展永远在路上"为主题，用纪实图片和文字说明的形式，客观展示房山区在创建首都安全发展示范区过程中所做的各项工作，以及全区各界对创建工作的支持和努力。纪实展览分为"安全红线，领导重视""创建示范，强化基础""注重创新，推进标准""专项整治，持续改进""经验分享，合作共建""寓教于乐，文化宣安""安全生产书画作品"7个部分，全面反映中共十八大以来房山区坚决贯彻落实中共中央总书记习近平系列重要讲话精神，以"创建首都安全发展示范区"、争创"全国安全发展示范城市"为抓手，努力构建安全责任体系、隐患排查治理体系、安全预防控制体系等，全力确保城市安全运行和人民群众安居乐业。

（郑德雨）

【"3·8"事故协调会】 3月24日，区安全监管局会同区交通局、房山交通支队、燕山办事处、燕山运管处、阎村镇政府召开事故协调会。会议传达区领导的批示精神，听取各部门对此次事故的处理意见。会议决定由区安全监管局、区交通局、房山交通支队、燕山办事处、燕山运管处组成事故调查组，下设办公室在区安全监管局。事故调查组按照区领导批示精神，深入调查、找出原因、明确责任、举一反三，防止类似事件发生或酿成更大的事故。同时，依法对事故单位进行严肃处理。

（李会健）

【安全生产应急志愿服务队成立】 4月21日，区安全监管局联合团区委举行志愿者服务队成立仪式，志愿者代表在仪式上作表态发言，并邀请北京市志愿服务联合会教师对志愿者进行培训。依托300名乡镇（街道）专职安全员，组建房山区安全生产应急志愿者服务队，下辖18个大队，队内设立应急知识宣教员、事故信息报送员、事故先期处置协作员和事故灾后服务疏导员。队伍成立后，主要服务于本地区安全生产应急工作。

（安东）

【危险化学品行业专项执法检查】 4月26日至5月20日，在全区范围开展危险化学品（烟花爆竹）行业执法检查专项行动，即"飓风二号"行动。行动坚持问题导向，深刻吸取近期国内危险化学品行业事故教训，通过严格执法，迅速排查、整改、消除全区危化行业安全隐患。为确保行动取得实效，区安委会办公室于4月25日印发工作方案，协调指挥区安监、公安、消防、工商行政管理、市政、环保、质监、交通等职能部门以及属地政府，对分管及所辖的危险化学品（烟花爆竹）生产、经营、储存、运输、长输管道、液氨使用等行业企业进行100%覆盖的执法检查，并将行动开展情况纳入二季度安全生产综合考核。执法检查针对各企业重点部位、重点环节、重点人员、重点时段，由职能部门、属地政府、行业专家共同参与，以最严肃的态度、最严格的标准、最严厉的措施，彻查问题隐患。对非法违法行为和重大安全隐患一经发现，坚决采取"四个一律"和停产、停建、停电、停供、扣押、关闭等强制执法措施予以打击。同时，发挥专职安全员基层延伸作用，扩大巡查范围，不留死角；充分发挥媒体宣传引导作用，树立先进典型，曝光反面案例，确保全区危险化学品（烟花爆竹）行业安全稳定。

（安东）

【长走大会周边生产经营单位安全生产专项执法检查】 5月5日，区安全监管局联合长沟镇政府组成3个检查组，对2016年春季北京国际长走大会周边生产经营单位开展安全生产大检查。联合检查组共出动人员16人，重点检查长走大会沿线的人员密集场所、建筑施工工地、加油站等11家企业，发现各类安全隐患20项，下达责令限期整改指令书7份，现场处理措施决定书1份。检查组要求各单位要严格落实安全生产主体责任，切实遵守各项规章制度，强化企业安全管理，做到安全投入到位、教育培训到位、基础管理到位，确保长走大会顺利举办。

（傅星铭）

【有限空间作业大比武活动动员会】 5月12日，区安全监管局召开房山区有限空间作业大比武活动动员会。共有25个乡镇（街道）及7个委办局、4个有限空间作业企业的负责人参会。会议组织学习并下发《2016年房山区有限空间作业大比武活动方案的通知》《北京市房山区安全生产委员会办公室关于加强2016年夏季有限空间安全生产工作的通知》。

（杨雪峰）

【完成违法违规排污及生产经营行为工作】 6月开始，区安全监管局为强化安全生产监管，消除生产安全事故隐患，按照区委、区政府集中清理整治任务要求，开展清理整治违法违规排污及生产经营行为专项行动。截至10月18日，对计划重点整治的136家生产经营单位，完成121家的安全生产整治工作（其中关停80家），完成计划的89%，超额完成全年70%的任务目标。

（傅星铭）

【安监系统廉政教育报告会】 6月17日，区安全监管局召开房山区安监系统廉政教育报告会，会议邀请区检察院反贪局局长张广新为全体机关干部和乡镇（街道）专职安全员上警示教育课。报告会上，张广新讲述预防职务犯罪的有关知识，并针对安监系统工作者可能触及的职务犯罪行为及预防措施进行讲解。

（任利慧）

【职能部门专职安全员上岗工作会】 7月1日，区安全监管局召开职能部门专职安全员上岗工作会，区文化委等16个部门主管副职参加会议。会议传达《北京市人民政府办公厅关于建立区县职能部门安全生产专职安全员队伍的通知》，通报专职安全员招聘和上岗情况。该批上岗的85名专职安全员是区政府通过购买服务的方式公开招聘，

经过报名、资格审查、笔试、面试、体检、岗前培训、取证考证等环节精选招录的，分配至全区16个职能部门，用以协助开展安全生产监督管理有关工作。会议明确指出，即日起85名区职能部门专职安全员全部正式上岗，对所辖行业的生产经营单位安全生产情况开展监督检查，包括检查各项安全生产法律法规在本行业领域内贯彻落实的执行情况，并针对具体事项对本行业领域内生产经营单位安全生产情况开展专项督察检查等。为更好地开展工作，区安全监管局为专职安全员统一配发电脑、照相机、摄像机、录音笔、笔记本等办公用品，各职能部门为专职安全员解决办公场所、用餐等问题实际问题，确保专职安全员有序开展工作。

（敖俊华）

【危化企业汛期安全工作检查】 7月21日，区安全监管局到北京燕山石油化工有限公司检查汛期安全工作，听取企业负责人汛期安全管理工作汇报，实地察看厂区安全环境、生产装置、监控室，详细询问企业应急职守和安全管理等重点工作情况。

（安东）

【乡镇（街道）安全生产检查队长第一次述职报告会】 7月27日，区安全监管局召开乡镇（街道）安全生产检查队长第一次述职报告会。听取各检查队长入职以来学习和工作情况汇报，分析工作中不足，并提出改进措施。汇报结束后，区安全监管局各副局长、科室负责人分别对队长述职情况提出意见建议。

（敖俊华）

【专职安全员系列教育培训活动】 7至12月，每周开设2期课程，内容围绕专职安全员岗位所涉及的专业知识、能力素质、沟通技巧、心理健康等开展，专职安全员可结合自身实际，选择上课时间和课程。在教育培

训过程中，区安全监管局根据专职安全员需求，有针对性地安排课程内容，从而更加有效地提高安全生产专职安全员队伍的业务素质和工作作风，切实加强履职能力。

（敖俊华）

【职业卫生突击夜查】　8月4日，区安全监管局对城关街道办事处的中煤北京煤矿机械有限公司（下达责令改正指令书）、良乡镇的北京富凯玻璃有限责任公司（下达责令改正指令书）、窦店镇的北京新发盛家具有限公司、北京重兴酒店家具有限责任公司4家涉及职业危害因素企业开展夜间突击检查，查出未按规定佩戴劳动防护用品、职业卫生警示标识不足、职业卫生告知卡不符合要求3个方面的5项问题。执法人员依法下达责令整改通知书，责令企业限期改正，区安全监管局将在规定时间内对问题企业进行复查。通过突击夜查，对心存侥幸的违法企业起到震慑作用，区安全监管局将建立职业卫生夜间突击检查的长效机制，加强监管力度，依法严厉打击违法违规行为，保障劳动者合法权益。

（杨雪峰）

【清理两处非法储存工业气体窝点】　8月9日，区安全监管局联合良乡镇政府对良乡辖区内城乡结合部进行执法检查。在检查中，工作人员发现两处未经许可，擅自储存工业气体的非法单位，区安全监管局当场采取强制措施，责令停止非法储存和销售行为，向当事人宣讲危险化学品安全生产法律法规，并要求立即改正，彻底消除安全隐患。8月12日，区安全监管局再次对上述单位进行突击检查，经查，两家单位非法储存的工业气体已经妥善处置。

（李杰）

【危险化学品专项整治工作】　8月12日起，区安委会办公室组织全区集中开展危险化学品专项整治工作。截至8月24日，区安全监管局共出动执法人员31人次，检查企业33家，下达执法文书11份，查处各类问题隐患29项，其中已整改18项。针对检查中发现问题，区安全监管局要求各企业严格落实主体责任，全面加强安全管理，依托房山区安全生产信息化系统，进一步做好隐患排查治理及标准化运行工作，积极排查治理隐患，确保企业安全稳定。

（李杰）

【对危险化学品在施工程进行现场督查】　8月24日，区安全监管局对辖区内两家油库在施工程进行现场督查。重点针对施工方案、施工单位资质以及施工现场安全管理进行监督检查。要求两家油库严格按照《化学品生产单位特殊作业安全规程》（GB 30871-2014）狠抓施工环节的安全保障措施，并按照审查的设计方案进行改造，有效推进施工过程的安全、质量、进度。

（马振）

【加油站贯标改造工作推进会】　8月25日，区安全监管局召开辖区内未开展贯标改造工作加油站改造工作推进会，会上对贯标改造工作进展情况、存在问题进行通报，传达市、区政府及相关部门关于此项工作的具体要求，要求各单位高度重视，严格按照工作要求，按时完成此项工作。截至8月底，全区143家加油站中有52家开展贯标改造工作，41家单位完成贯标改造工作，区安全监管局严格按照市、区两级政府工作要求，根据各加油站的换证周期和涉及改造内容，合理规划改造时间，有序推进改造工作，在2018年年底前完成全部改造任务。

（马振）

【危险化学品安全专项整治网上再培训再督导工作】　8月25日，区安全监管局对25个乡镇进行网上再培训再督导工作。各乡镇要强化监督专项整治检查力度,全面排查事故隐患,严格落实整改措施,确保专项整治工作开展;按时上报相关检查数据至信息平台,建立顺畅的沟通交流机制,提高专项整治工作力度和效率。

(李杰)

【对燕化公司油品升级改造项目进行安全条件审查】 8月29日,区安全监管局召开中国石油化工股份有限公司北京燕山分公司连续重整联合装置油品升级改造项目安全条件专家评审会。会议邀请北京市安全生产监督管理局、燕山安监分局参与审查。与会专家对项目现场进行勘察,听取项目评价单位对《连续重整联合装置油品升级改造项目安全条件评价报告》进行介绍,专家组和相关单位经过讨论和审议通过项目安全条件审查,并要求燕化公司强化项目原有装置设施拆除过程中施工现场安全管理工作,评价机构完善项目对策措施,为项目下一步安全设施设计提供依据。

(马振)

【G20峰会期间危险化学品安全管控工作】8月29日至9月7日,区安全监管局为确保G20峰会期间首都安全稳定,采取措施全面加强危险化学品(烟花爆竹)安全管控工作。加大反恐防范力度,要求各涉危企业严格执行危险化学品流向管控制度,采取有效的人防、物防、技防措施,全面落实反恐怖防范标准;同时,加强企业内部应急值守和隐患排查工作,及时发现并消除安全隐患。各乡镇(街道)结合本地区实际,制定G20峰会期间危险化学品专项检查工作方案并严格落实,依托专职安全员检查队,对辖区涉危实体企业做到全覆盖的安全检查。通过短信平台、微信公众号等信息化手段,加强部门、属地政府和涉危企业三方之间的沟通,随时上传下达有关工作,营造紧张有序

的安全氛围。

(李杰)

【人员密集场所夜间联合检查】 9月1日起,区安全监管局联合区商务委开展为期2个月的"夜鹰"专项执法行动,重点加强人员密集场所夜间监督检查工作。为有效强化人员密集场所安全管理工作,该次专项行动坚持三有原则,确保四个100%(即:有指标、有处罚、有考核;重点企业检查率、复查率、执法文书下达率、问题隐患整改率均达到100%),采取突击夜查的方式,重点检查企业安全管理、消防安全、应急保障等8大类35项工作的落实情况。对发现的问题隐患坚持立行立改,情节严重的,依法严肃查处,决不姑息。

(傅星铭)

【危险化学品企业自动化系统专项执法检查】 9月26日至10月14日,区安全监管局组织市级自动化专家对全区危险化学品企业(重大危险源)进行自动化系统专项执法检查。将"8·12"危险化学品专项检查自动化部分,即18家危险化学品企业(油库)和1家危险化学品企业(烟花爆竹仓库),共计19家单位检查完毕。查出隐患115条,其中中控室值班人员值班记录填写不规范、可燃气体检测仪、液位报警开关检定记录不完善、集成控制系统远控操作比较复杂、视频监控系统摄像头维护不到位等问题比较突出。区安全监管局将针对存在问题,组织自动化专家对全区危险化学品重大危险源企业自动化系统使用进行专题培训。同时,加大对企业自动化系统(PLC、DCS)日常管理的执法检查力度,确保企业自建系统有效应用,预防事故发生。

(李杰)

【"一企一标准一岗一清单"编制工作完成】9月,区安全监管局完成300家试点企业清

单编制工作。在编制过程中，指导企业使用企业安全生产管理平台按照岗位清单内容开展安全生产隐患排查治理工作。该次清单编制工作，在 5 家安全生产中介服务机构帮扶指导下，投入专家 37 人，培训试点企业 1388 家次，培训乡镇（街道）专职安全员及企业员工 1815 人次。

（韩佳琪）

【推进 2016 年"消隐工程"工作】 10 月 13 日，区安全监管局组织 9 家乡镇（街道）和 10 家符合条件企业召开房山区 2016 年"消隐工程"推进会。会议要求 10 家符合条件整改企业要逐个消除隐患，确保整改彻底，不留隐患、不留死角。保证和正规单位签订合同，保留正规发票，确保审计审查合格。乡镇要充分发挥监管职能，督促企业在 12 月 15 日前完成整改。会议强调：一是要强化跟踪问责，扎实推进整改，加强组织协调，及时掌握工作动态，组织对重大事故隐患整改进展情况督查、验收，确保挂牌督办重大隐患全部按时保质整改到位。二是要完善各项制度，推进长效管理，健全立案、指导、跟踪、督办、验收等工作台账，完善挂牌督办重大事故隐患整改工作档案。

（陈莉莉）

【房山区安全生产标准化创建进展顺利】 2016 年是房山区安全生产标准化创建（小微企业岗位达标）收官之年。按照既定工作安排，区安全监管局采用公开招标的方式，委托 8 家技术服务单位对房山区进行安全生产标准化创建（小微企业岗位达标）工作。截至 10 月 14 日，完成 3615 家生产经营单位的首轮咨询工作，完成市安全监管局规定任务的 172%。在工作中共查出隐患 30818 条，提出隐患整改建议 30818 条；出动评审人员 6079 人次；出动车辆 715 辆次。充分发挥隐患排查治理工作社会化服务模式的优势。

（杨文龙）

【率先出台生产安全事故隐患排查治理实施办法】 11 月 1 日，区安全监管局在全市率先出台《房山区生产安全事故隐患排查治理实施办法》。明确要求生产经营单位要落实安全生产主体责任，每半月至少登录一次房山区企业安全生产管理平台开展隐患排查治理工作，及时将排查情况录入信息系统，并形成电子档案。其中，明确生产经营单位主动通过企业安全生产管理平台开展隐患排查治理工作，及时整改隐患，整改后形成隐患排查治理电子档案的，不作为行政处罚依据。鼓励企业主动排查治理隐患，消除企业因怕公开隐患接受处罚的顾虑，使房山区安全生产隐患排查治理体系建设工作取得实效。

（刘爽）

【双随机检查确保旅游旺季安全】 年内，根据年初制定的执法检查计划，区安全监管局对十渡镇 8 家"双随机"企业进行安全生产执法检查，下达指令 4 份。通过检查发现，普遍存在从业人员安全生产教育培训计划制定不规范，安全生产教育培训记录不完善等问题。执法人员下达限期整改指令书，责令被检查单位按期整改，区安全监管局如期复查，督促企业消除隐患，确保旅游旺季安全。

（陈莉莉）

【专职安全员队伍规范化管理】 年内，区安全监管局为贯彻落实专职安全员管理制度，实现队伍管理的科学化、规范化、高效化。建立《房山区乡镇（街道）专职安全员管理办法实施细则（试行）》《房山区乡镇（街道）安全生产专职安全员工作例会制度》《房山区乡镇（街道）安全生产专职安全员请销假规定》《房山区乡镇（街道）安全生产检查专用章管理规定》《房山区安全生产专职安全员轮岗交流管理办法》等制度规范，并印制成册，发放给各乡镇（街道）、有关职能部门，为专职安全员请假和双管模式提供便利。自工作例会制度下发后，区安全监管局共组织召开工作例会6次，涉及"职业卫生月""安全宣传月""工作纪律""1月至5月检查情况通报""全区安全员轮岗交流工作""安全生产检查队队长述职""'技协杯'初赛情况通报"等39项议题，为安全生产工作有序开展提供保障。7月，根据《轮岗交流管理办法》，对22个乡镇（街道）68名专职安全员进行轮岗交流，其中有队长4人、副队长18人。轮岗交流人员服从安排，主动适应新环境工作要求，共享工作好方法、好经验。

（敖俊华）

【开展"双随机、一公开"工作】 年内，区安全监管局为深入推进安全生产监督检查随机抽查工作，规范监管行为，不断创新监管方式。成立以局长任组长的随机抽查推进工作领导小组；制定并印发《房山区安全生产监督管理局推进安全生产监督检查随机抽查工作的实施方案》，确定具体工作分工和完成时限；建立由具有执法资格的27名执法人员组成执法名录库和专项执法名录库；按照不同行业领域和监管重点，确定了包含818家生产经营单位总名录库，其中危化专项库149家、烟花爆竹专项库76家、综合专项库255家、工业专项库194家、职业卫生专项库144家；编制区安全监管局随机抽查事项清单20项，明确抽查主体、依据、抽查方式，确定抽查检查所确定的行业和抽查比例不低于总任务量的30%等相关内容；根据"谁执法、谁确定""谁执法、谁抽取"的原则，先行确定由执法科室自行随机确定抽查对象和执法检查人员的方式，在各监管

行业内开展随机抽查工作；按照计划，每月及时向社会公开随机抽查情况。截至10月17日，区安全监管局开展随机检查企业345家，下达责令限期整改指令书296份，发现隐患901处，立案10起，罚款20.1万元。

（杨茹）

【危险化学品贸易单位安全生产大检查】年内，区安全监管局联合城关街道办事处对北京石油交易所在册会员单位开展安全生产大检查。房山区危险化学品贸易单位主要集中在北京石油交易所，在册会员单位300余家。危险化学品贸易单位具有票据经营、无实际储存的特点，为防止岁末年初突击销售、超范围经营等行为，该次大检查坚持"四见"原则：见法人见安全员，确保企业安全管理人员掌握本单位安全生产工作；见资质见证照，确保企业合法经营；见票据见流向登记册，确保企业无超范围经营行为；见培训见制度，保证企业培训到位。截至11月，共检查贸易单位120家，发现超范围经营单位2家，区安全监管局将依法对其进行行政处罚。

（马振）

【隐患排查治理体系信息化建设】 年内，房山区隐患排查治理信息化建设"运用系统化思维，采用信息化手段，一体化设计政府端和企业端，以隐患排查治理体系带动全区安全生产工作"。融合"法治化、标准化、信息化、社会化"要求，建成为政务工作电子化、业务功能全覆盖、区乡村企业四级监管信息一体化的房山区安全生产监管平台和企业安全生产管理平台，实现互联网+安全的理念。同步推出政府端、企业端移动终端（政安通、企安通），通过对重点部位张贴二维码标签，利用手机APP扫码功能，和GIS系统的网格化应用，实现线上、线下均可查报隐患。系统纵向贯穿区安全监管局、25个乡镇

（街道）、1.8 万家生产经营单位，横向扩展到房山区 26 个行业管理部门和 2 个专项监管部门，初步建成"一个中心、两个平台、三方应用、九大系统"。经过两年多的建设与应用，信息化效果初见成效，得到国家安监总局和市安全监管局的肯定，2016 年有 17 个单位到区安全监管局调研交流。

（刘爽）

【安全生产标准化创建工作】 房山区安全生产标准化创建工作历经 3 年，于 2016 年进入收官之年，区安全监管局采取有力措施，确保该项工作完成。继续坚持咨询和评审相分离的工作原则，通过公开竞标，选聘安全技术服务单位，实现咨询和评审分离，确保创建工作质量；明确工作模式，区安全监管局标准化办公室统筹全区创建工作，行业主管部门和属地乡镇"双管齐下"负责所属所辖行业三级标准化创建工作，各乡镇（街道）负责所辖小微企业岗位达标工作；分行业组织开展标准化三级企业自评员培训班共 9 期，培训人员 1200 余人；完善服务平台，建立标准化服务微信、QQ 群，为创建企业提供实时、专业、高效的在线服务。年底前，全区工矿商贸行业完成三级标准化创建，小微企业 100%实现岗位达标。

（杨文龙）

工商行政管理

【概况】 2016 年，全区有效注册商标 7920 件。"12315"投诉举报系统接待消费者咨询 828 件，投诉 570 件，为消费者挽回经济损失 117.06 万元；受理举报 627 件，属实立案 133 件。房山区消协系统受理解决消费者投诉 359 件，为消费者挽回经济损失 270.5 万元。2016 年，房山工商分局被北京市法治宣传教育领导小组、中共北京市委宣传部、北京市人力资源和社会保障局、北京市司法局联合评为"2011—2015 年北京市法治宣传教育先进集体"。

（李天文）

【预防煤气中毒专项整治工作会】 1 月 5 日，房山工商分局召开预防煤气中毒专项整治工作会，消保科、各工商所负责人参加会议。会上，各工商所分别汇报预防煤气中毒专项整治工作进展情况，消保科通报炉具抽检结果，总结近期对民用炉具经营主体的巡查情况，对下一步预防煤气中毒工作进行部署。

（李天文）

【农村消费维权服务活动】 1 月 15 日，房山工商分局会同区烟草专卖局、区种植中心种子管理站，在房山城关大街开展 2016 年农村消费维权服务宣传活动，300 余名消费者参与。

（李天文）

【春节前市场检查】 1 月 20 日至 22 日，为确保春节期间市场秩序安全稳定，房山工商分局对辖区华龙、城东、永安、万宁鸿发等农副产品市场开展节前专项检查，确保广大市民安全消费。严格市场准入，规范经营行为。对节日期间销售量较大的商品进行专项检查。督促市场主办单位抓好节日期间安全保卫和火灾防控工作，做好经营风险和火灾隐患的排查。

（李天文）

【区域性推荐合同文本制定培训会】 1 月 20 日，房山工商分局召开区域性推荐合同文本制定小组培训工作会。会上，对区域性推荐合同文本制定的概念、目的及制定原则进行详细介绍，对文本的制定规程及推荐文本调研报告、试用报告的撰写要求和撰写过程中的注意事项做细致解说，并对制定中的文本条款逐条释义的编写要点进行说明。

（李天文）

【生活服务类企业即时信息抽查】 1月21日，房山工商分局为贯彻落实《企业信息公示暂行条例》，做好市场秩序保障相关工作，开展2016年第一次企业公示信息定向抽查工作。此次抽查对象为2014年10月1日至2015年11月30日期间开业的餐饮、住宿、居民服务、娱乐等生活服务类企业。

（李天文）

【烟花爆竹安全监管】 1月22日，房山工商分局对北京汇源北路工贸有限责任公司进行实地检查。详细了解公司烟花爆竹进销货情况，实地检查经营场地，督促企业要依法经营，严格落实安全管理责任制，提前介入，把好运输、存放、销售关，把隐患消灭在萌芽状态，确保烟花爆竹销售期间的安全稳定。

（李天文）

【"关注农业安全、送法下乡"宣传活动】 1月28日，房山工商分局联合区农业局、区质量技术监督局、区养殖服务中心、区种子管理站在琉璃河镇官庄村开展"关注农业安全、送法下乡"宣传活动。活动中，发放《农产品质量安全生产消费指南》《北京市农业机械监理总站农机安全生产教育篇》等各类宣传手册、材料2000余份。

（李天文）

【诚信示范市场创建工作会】 1月28日，房山区诚信示范市场创建工作会暨北京市诚信示范市场授牌仪式在房山工商分局召开，辖区商品交易市场负责人参加会议。会上，房山工商分局部署房山区诚信示范市场创建工作，宣读北京市工商行政管理局、首都文明办、北京市市场协会《关于命名2014年度北京市诚信示范市场的决定》，随后与会领导为3家获北京市诚信示范市场的主办单位举行授牌仪式。

（李天文）

【房涿涞商标、广告联合监管协作机制启动】 3月1日，京冀"房涿涞"地区商标、广告联合监管协作机制启动仪式在房山工商分局举行。房山工商分局、涿州市市场监督管理局、涞水县工商局领导，以及3个局主管商标广告的负责人、房山工商分局相关负责人共26人参加活动。会上，房山工商分局与涿州市市场监督管理局、涞水县工商行政管理局共同签署《"京冀'房涿涞'地区商标、广告联合监管合作机制"协议书》，三方交换各局制作的普法宣传资料，移送案件线索7件，就下一步协作的意向达成一致意见。

（李天文）

【取缔一制作加工洗洁精黑窝点】 3月7日，房山工商分局根据举报线索，启动应急执法程序，在良乡镇梨村查处一制作加工洗洁精黑窝点，现场查获灌装洗洁精102桶以及大量罐装工具。

（李天文）

【"3·15"宣传活动】 3月15日，房山工商分局会同区消协及相关理事单位、绿色通道企业和房山区美容美发行业协会共同在华冠购物中心、加州水郡广场开展以"新消费、我做主"为主题的系列宣传活动。通过悬挂标语、摆放展板、发放宣传材料、现场解答等形式营造宣传氛围，向广大消费者宣传新《中华人民共和国消费者权益保护法》《中华人民共和国侵害消费者权益处罚办法》等法律法规，为市民普及消费维权知识和安全消费、理性消费等常识，动员和推动社会各界依法履行消法所规定的各项责任和义务。发放宣传材料2000余份，接待消费者咨询 100 余人次。

（李天文）

【农用薄膜抽检】 3 月 24 日，房山工商分局联合北京市塑料制品质量监督检验站对辖区农资经营企业所销售的农用棚膜开展质量抽检工作。先后从北京市农康商贸中心、北京昊普丰农商贸有限公司抽检聚乙烯吹塑微、棚膜等商品样本 3 个。检查中，执法人员对商户营业执照及相关手续进行检查登记，要求落实"两账、两票、一卡、一书"、农资商品入市备案登记和索证索票等制度，确保进货渠道规范、农资供应质量安全、农资经营行为规范。

（李天文）

【清明祭扫用品市场规范】 3 月 29 日，房山工商分局对永静公墓、静安公墓、万宁公墓周边开展专项检查。检查中，工商执法人员及时清查、排除祭奠过程中的风险因素，加大对丧葬用品经营户的指导力度，查看是否存在无照经营、兜售违禁品等违法经营行为，净化祭扫用品市场。

（李天文）

【农资市场联合检查】 4 月 19 日，房山工商分局联合区农业局、房山种子管理站、区种植业服务中心、区质监局等部门组成检查督导组，对房山区农业生产资料经营情况进行联合检查。执法人员先后对北京丰泰民安生物科技有限公司、北京禾农农业生产资料有限公司、北京鑫润稼祥农业技术推广站等 5 家涉农企业进行检查。检查中，要求各单位要进一步推行"两账、两票、一卡、一书"制度，完善农资商品入市备案登记和索证索票制度，将供销合同签约等内容落实到位，确保农资经营户进货渠道规范、农资供应质量安全、农资经营行为规范。

（李天文）

【诚信示范市场创建工作专项指导】 4 月 25 日至 26 日，房山工商分局对辖区中大瑞祥百货市场、盛通家居广场、客赛思服装市场以及鑫特隆百货市场中心等商品交易市场进行专项指导。该次指导，执法人员向市场主办单位下发《北京市诚信市场创建标准》，要求市场开办者对照检查，就如何实现"优化环境、深入教育、优质服务、严格管理、良好经营、高效维权"的目标提出合理化建议。

（李天文）

【"4·26"世界知识产权日宣传活动】 4 月 26 日，房山工商分局为增强全区市民知识产权意识，营造"尊重知识，崇尚创新，守法经营"为核心的知识产权文化氛围，在拱辰大街昊天广场开展以"加强知识产权保护运用，加快知识产权强国建设"为主题的宣传咨询活动。活动中，共展出新《中华人民共和国商标法》宣传展板 4 块，发放《注册商标基础知识》《如何注册商标》《如何申请驰名、著名商标》《保护商标专用权》《中华人民共和国商标法解读》等各类宣传资料 2800 余份，解答群众咨询 39 人次，受到群众的一致好评。

（李天文）

【"北京市诚信示范市场"考核验收】 5 月 12 日至 13 日，市文明办、市工商局市场处、北京市市场协会等相关部门组成考核组，对房山区申报的 2015 年度"北京市诚信示范市场"进行实地考核验收。考核组分别对北京良乡盛通家居广场市场有限公司等 6 家大型商场进行考评，对市场组织机构、管理制度、经营秩序、治安秩序及文明诚信活动开展情况进行综合评定，对未达到"北京市诚信示范市场"考核认定标准的项次逐一指出，并提出整改意见。

（李天文）

【流通领域商品质量抽检】 5 月 25 日，房山工商分局联合国家建筑材料质量监督检验中心，对房山区家装建材商品市场进行专项抽样检查。此次抽检，对北京奥美博雅建材市场有限公司内的 5 家商户进行抽样检测，共抽检家装建材类商品样品 10 个。检查中，执法人员对商户营业执照及相关手续进行检查登记，对家装建材商品的进货验收、索证索票台账登记的落实情况及不合格商品退市等情况进行严格检查，有针对性地开展行政指导。

（李天文）

【集中办公区企业年报工作推进会】 5 月 25 日，房山工商分局召开集中办公区企业年报工作推进会，各集中办公区负责人参加会议。会上，房山工商分局介绍辖区集中办公区入驻企业概况，部署集中办公区 2015 年度年报工作重点，宣读集中办公区企业年报数据，并布置《2016 年第十二次全国私营企业调查表》填报工作，就开发区企业网络监管和年报工作提出具体要求。

（李天文）

【新增 4 件北京市著名商标】 6 月 23 日，北京市工商局下发《北京市工商行政管理局关于认定谷雨等 199 件商标为 2015 年度北京市著名商标的通知》，其中北京韩建河山管业股份有限公司的"图形"商标、"燕都中原"食品商标、"首诚"植物饮料商标、"京一根"食品商标被认定为 2015 年度北京市著名商标。截至 2016 年，房山区有北京市著名商标 29 件。

（李天文）

【7 家企业获全国"守合同重信用"企业称号】 7 月 14 日，国家工商总局发布 2014—2015 年度全国"守合同重信用"企业公告，房山区北京特普丽装饰装帧材料有限公司、康莱德国际环保植被（北京）有限公司、北京市房山城建集团有限公司、北京韩建河山管业股份有限公司、北京润福通石油化工有限公司、北京送变电公司、中润通石油化工有限责任公司 7 户企业获 2014—2015 年度全国"守合同重信用"企业荣誉称号。

（李天文）

【绿色通道企业专题培训】 8 月 15 日，房山工商分局通过绿色通道 QQ 群对 100 多家绿色通道企业进行《互联网广告管理暂行办法》培训。该次培训，主要对《互联网广告管理暂行办法》的具体内容、广告主体责任、对第三方网络交易平台承担的责任、处罚原则等进行详细解读，对绿色通道互联网企业提出的一些问题进行解答，受到绿色通道企业的一致好评。

（李天文）

【严查违法销售电动三轮车行为】 8 月 24 日，房山工商分局对城关街道办事处辖区销售自行车的 12 家商户进行入户检查，通过核查经营资质，调取进销货台账，对经营主体开展行政指导。检查中，发现违法销售电动三轮车 8 辆，对违法车辆予以暂扣，向涉嫌违法销售电动三轮车的 5 家商户下达询问通知，并进行立案查处。

（李天文）

【流通领域建材商品质量抽检】 8 月 26 日，房山工商分局联合国家建筑材料质量监督检验中心，对房山区建材家具市场进行专项抽样检查，重点对市场内销售的坐便器、卫生软管、白乳胶等商品进行抽样检测。检查中，执法人员认真查看产品包装、批号、产品合格证书、生产厂名厂址等标识，检查市场经营户的相关经营证照、进货检查验收管理制度落实情况。共抽查商户 6 家，抽检样品 10 个。

（李天文）

【商场超市促销活动执法检查】　9 月 13 日，房山工商分局对绿地缤纷城永辉超市、中粮万科半岛广场、国泰商场等商场超市中秋节前促销活动进行检查。该次检查主要针对虚构原价打折促销、低于成本价销售和虚假宣传等违法行为进行检查规范。针对促销行为检查人员要求超市严格按照国家法律规定开展促销活动，不得出现商业欺诈和虚假宣传等违法行为。

（李天文）

【查获一酒类制假窝点】　10 月 1 日，房山工商分局根据群众举报，对位于良乡镇官道村一假酒生产黑窝点进行检查，现场查扣仿冒 20 世纪 80 年代茅台酒 123 瓶、五粮液酒 24 瓶，以及大量仿冒茅台酒、五粮液包装、勾兑原材料和包装工具。由于案情重大，案件移送公安部门依法处理。

（李天文）

【"网上登记注册预约平台"上线】　10 月 8 日，房山工商分局启用"网上登记注册预约平台"，通过预约平台可以实现"在线预约""预约查询""预约取消"等事项。

（李天文）

【2016 年投诉分析暨"双十一"行政指导工作会】　11 月 2 日，房山工商分局组织召开 2016 年投诉分析会暨"双十一"行政指导工作会，辖区 12 家商业企业、9 家电商企业参加会议。会上房山工商分局对辖区 2016 年度消费投诉情况进行分析通报，对无照经营、登记管理、广告问题、商标问题等分类逐一进行分析；组织对《网络商品和服务集中促销活动管理暂行规定》进行学习；对需要进一步完善的商品质量管理员制度、商品购销台账制度等进行提示；对落实《房山工商分局关于完善消费环节经营者首问和赔偿先付制度切实保护消费者合法权益实施方案》进行通报并提

出明确的要求。

（李天文）

【联合执法行动】　11 月 7 日，京冀房山区、任丘市两地保护知识产权，查处侵犯注册商标专用权联合执法行动取得重大战果，通过两地工商协同行动，查获侵犯"壳牌"等知名品牌润滑油、防冻液 18939 桶，润滑油外包装 8000 余套，涉案金额 260 万元。

（李天文）

【优化市场消费环境建设联席会】　11 月 16 日，2016 年房山区优化市场消费环境建设联席会在房山工商分局召开，区发展改革委、区质监局、区旅游委、区住房城乡建设委、区商务委、区司法局等牵头单位负责人参加会议。会上，与会单位对房山区政府下发的《关于进一步优化市场消费环境的实施方案》进行系统学习；牵头单位就 2016 年工作完成情况、存在不足及 2017 年计划，向联席会进行通报；并围绕加强房山区优化市场消费环境建设联席会相关工作进行讨论发言，确定下一次召开联席会议的时间、地点、参加人员、议题等。

（李天文）

【车用润滑油、防冻液专项检查】　11 月 22 日，房山工商分局联合"长城""壳牌"商标权利人对北京大南郊汽车配件市场有限公司开展专项检查。重点检查经营者主体资格、商品质量、虚假广告宣传等行为。检查市场内经营车用润滑油、防冻液商户 27 家，查扣问题润滑油 2 桶、防冻液 5 桶。

（李天文）

【"打击传销　规范直销"两法宣传进社区活动】　11 月 29 日，房山工商分局和房山区行宫园社区居委会联合开展"打击传销　规范直销"两法宣传进社区普法宣传活动。活动中，工商行政管理人员向社区的居民介绍当前打击传销形势以及工商行政管理部

门在打击传销过程中的职责，讲解传销常见形式和常用的欺骗手段，以及传销和直销的区别、传销和诈骗的区别，提醒社区居民避免误入传销的陷阱造成经济损失。

（李天文）

质量技术监督

【概况】 2016 年，区质监局开展老旧电梯的检测和风险评估，检测完成 4 个老旧小区、3 个交通枢纽及学校医院等单位电梯设备 140 台。落实市、区清洁空气行动计划，对 2 家生产企业开展监督检查 34 家次，抽取煤炭样品 12 批次，经检验全部合格。加强燃煤锅炉改造监管，截至 10 月底，全区共注销燃煤锅炉 221 台。对辖区内 94 家企业进行产品质量监督检查工作，未发现企业有超范围生产及其他违法行为。推进质量发展工作，起草《房山区贯彻质量发展纲要实施意见 2016 年行动计划》，经房山区政府审核发布。全区又有 11 家企业申报第二届北京市政府质量管理奖，推荐 5 家企业申报品牌价值工作，组织 15 家小微企业参加卓越管理知识培训，动员 5 家企业编写并主动向社会发布企业质量信用报告，开展地理标志产品房山磨盘柿国家标准复审和专项检查。2 家企业获批中关村国家自主创新示范区标准创新第三批试点单位。全区 5 家单位 7 项标准获房山区科技创新专项资金补助 150 万元。推进农村改革标准化工作，张坊镇美丽乡村综合改革标准化试点建设获批，该项目是北京市唯一一家参加 2016 年全国美丽乡村建设项目。由于标准化工作成果突显，

在 2016 年北京市标准化工作会议上房山区作为典型介绍经验，在第 39 届 ISO 大会期间，区域农业标准化经验文章在《中国标准化》海外版发表。核实 300 家企业行政许可信息，开展清理整顿低端综合执法专项行动。指导第八批国家酿酒葡萄综合标准化示范区项目通过终期验收；指导国家鲟鱼高效节水养殖标准化示范区通过第九批国家级农业综合标准化示范区项目评审。服务节能减排，对 2 家未开展能源计量基础能力建设的重点用能单位进行约谈，并对其能源计量工作开展监督检查，督促企业节能降耗；对区内 9 个供热计量改造竣工工程开展联合验收，检查工程中安装的热能表生产单位资质和热量表的首检情况，确保热量表受检率100%。强化产品质量安全风险管理，开展许可证生产企业监督检查 230 起、3C 强制性产品认证生产企业监督检查 49 次，处置存在质量安全风险的产品 40 种。强化重点行业、重点区域特种设备安全监察，将特种设备安全纳入房山区网格化管理体系；督促协调完成北京欣奥天兴液化气销售中心送气下乡惠民工程的 6 万只气瓶到期检验；完成房山区凯捷风公交客运有限公司到期的 80 辆天然气公交车的车载气瓶的定期检验工作。召开区内 4 家输油气压力管道权属单位负责人会议，油气输送压力管道及燃气压力管道定期检验率达到 100%；督促重点单位开展特种设备应急演练活动，做好春节、全国"两会""五一"等重要时期特种设备服务保障工作，完成 2016"一带一路"国际葡萄酒大赛期间特种设备安全保障任务。全年，检查特种设备 3954 台件，发出特种设备监察指令书 50 份。强化民生领域计量行政监督，推动公平秤地标实施，8 家规模较大的农贸市场按规范配置公平秤及明显标识。组织辖区内物流快递企业召开计量法

规宣传贯彻会，开展邮政物流快递行业强检法律告知。开展定量包装生产企业净含量市级监督抽查10批次，合格率100%。加强对加油站、医疗机构、商场（超市）、集贸市场、资质认定检验检测机构、计量授权单位等与百姓生活密切相关的重点领域计量执法检查，累计检查计量器具使用单位208家次。全局出动行政执法人员2703人次，行政执法活动1096起，完成全年任务的118%，完成行政处罚案件104件，罚没款共计351461.2元。落实"双随机"抽查工作，共出动执法人员254人次，完成"双随机"现场检查、核查企业127家次。做好投诉举报工作，受理协查函6件，转办函3件，"12345""12365"等投诉举报473件，回复率100%。全年行政服务窗口受理转市局办理行政许可事项99家，受理特种设备使用登记许可268家单位1512台件，受理特种设备开工告知281家单位929台件，受理企业标准备案95家216份，办理组织机构代码注销192份。强检计量器具1.75万台件、燃气表首检2.8万块、电能表检定2300块，行政事业性收费255万元，经营性收入200万元。特检所完成特种设备法定检验7414台，行政事业性收入580万元，经营性收入89万元，均提前超额完成任务。

（孙颖）

【滑雪场特种设备安全检查】　1月1日，区质监局特种设备安全监察人员对辖区内滑雪场的索道等特种设备安全运行情况开展专项检查。监察人员重点查看特种设备注册登记、检验检测、人员持证和日常维护保养记录等资料；实地检查在用特种设备的运行情况。从检查的情况看，各项资料齐全，应急制度完善，设备运行正常。监察人员督促企业严格落实安全主体责任，提高设备维护标准，加强操作人员安全培训，定期开展应急救援演练，加强应急值守，严防事故发生，保障特种设备的安全运行。

（孙颖）

【优质燃煤替代工作监督检查】　1月14日，区质监局及时对区内2家新增燃煤配送企业的煤质情况进行实地监督检查，确保燃煤质量安全可靠。执法人员分别到区内新增的燃煤配送企业，天津北方宇良科技有限公司和北京通煤盛昌燃料有限公司的配送点对煤质进行抽样检查，并就相关法律法规、地方标准向企业负责人进行宣传贯彻，告知企业质量义务，督促其落实燃煤质量主体责任。抽取的样品已送质检机构进行检验。

（孙颖）

【加油站计量专项执法检查】　2月13日至3月10日，区质监局对辖区内加油站开展计量专项执法检查。该次专项执法检查重点查看在用加油枪是否依法申请检定并在有效期内使用，实地查看加油机流量计及主板的铅封是否完好并与检定证书登记编号一致。检查22家加油站，加油枪等计量器具211台（件），检定合格率和铅封完好率均为100%。从检查情况来看，各加油站对计量工作高度重视，计量制度落实较好，且能在法定检定周期中自觉开展企业自检，未发现计量违法行为。

（孙颖）

【全国"两会"期间特种设备安全执法检查】2月27日至3月2日，房山区质监局执法人员对辖区内液化气充装企业和商场超市等人员密集场所开展特种设备安全执法检查。检查中查阅设备注册、检验资料及人员持证情况，对企业应急预案、事故演练等资料进行调阅；现场检查特种设备运行状况，尤其是对急停开关、通信对讲等应急安全装置逐一进行测试；督促负责人落实好企业安全主体责任，增强做好"两会"期间特种设备安全工作的政治责任感，细化预想预案，强化应急值守，确保特种设备安全运行。

（孙颖）

【商场超市计量专项执法检查】 3月3日至9日，区质监局计量执法人员对辖区内较大型商场超市开展计量执法监督检查。执法人员重点检查在用电子计价秤、电子天平是否依法申请检定并在有效期内使用；现场抽取部分预包装商品及金银饰品，检查其称重量与结算量之差是否在国家规定允差范围内；使用标准砝码核验超市的公平秤。此次，共检查大型超市6家、金银首饰销售商18家，检查电子计价秤131台、电子天平18台。各超市在用电子计价秤均在检定有效期内使用，对个别使用未检定合格电子天平的金银首饰销售商，执法人员依据相关法规对其进行处理。

（孙颖）

【农资产品获证生产企业监督检查】 3月8日至9日，区质监局执法人员对辖区内农资产品获证生产企业开展监督检查。执法人员重点查看企业生产资质是否在有效期内、生产设备及检测设备是否符合要求；原材料有无检验报告；是否存在使用劣质原材料或偷工减料等违法生产行为。该次共检查农药生产企业1家、复混肥生产企业1家，检查中执法人员要求企业落实质量主体责任，从源头上把好农资产品质量关，检查未发现问题。

（孙颖）

【2016年工业产品生产许可证年审工作会】 3月24日，区质监局召开辖区工业产品生产许可证获证企业年审工作会，全区56家获证企业相关负责人参加会议。该次会议，区质监局部署年审工作程序，并讲解该次获证企业年度自查报告报送方式、时间以及注意事项。通报在获证企业日常巡查中发现的问题，并学习《中华人民共和国工业产品生产许可

证管理条例》，要求各企业以年审为契机，加强法律法规以及管理知识学习，自查查找工作中的不足，加强日常管理，提高企业管理水平，提升产品质量自控能力，持续保持保证产品质量的必备条件。

（孙颖）

【日用消费品专项检查】 3月30日至4月5日，区质监局组织执法人员对区内纸巾纸、卫生纸、沐浴露、洗手液等日用消费品生产企业开展专项整治工作。执法人员重点查处假冒伪劣、无证生产、不符合强制性标准、"三无"标注等质量违法行为和制假黑窝点。出动执法人员24人次，检查企业6家次。对检查发现的北京洁雪纸制品加工厂涉嫌伪造厂名厂址问题进行立案调查，对检查发现的阎村镇西坟村一场所无照生产纸巾纸问题，区质监局会同房山工商分局和当地政府进行联合执法，现场扣押纸巾纸180提，抽纸48箱。

（孙颖）

【强制性产品认证企业专项检查】 4月1日至10日，区质监局执法人员对房山区安全玻璃、低压配电柜等强制性产品认证企业开展专项检查。执法人员重点围绕企业资质、管理职责、原辅材料质量控制、生产过程控制和成品质量控制5个方面进行检查，共检查区内16家企业，检查中发现个别企业存在生产记录不规范等问题，要求企业立即整改，未发现其他违法行为。

（孙颖）

【2016年物流快递行业计量法规宣贯会】 4月6日，区质监局召开2016年房山区物流快递行业计量法规宣传贯彻会，辖区内物流快递企业及相关单位参加会议。会上，执法人员向企业普及计量法律法规的意义及重要性；为企业讲解《中华人民共和国计量法》《中华人民共和国计量法实施细

则》等相关法律法规，并对涉及物流快递行业的条款进行详细解释；就有关计量器具检定等问题进行答疑。

（孙颖）

【房山区第八批农业综合标准化示范项目通过终期验收】　4月12日，由市质监局带队的考核专家组对房山区第八批农业综合标准化示范项目——国家酿酒葡萄综合标准化示范区开展终期验收工作。区质监局、区园林绿化局、区葡萄种植及葡萄酒产业促进中心、区葡萄与葡萄酒协会、区葡萄苗木良种推广站以及6家酒庄负责人共同参加验收工作。首先，考核专家组听取项目承担单位房山区葡萄与葡萄酒协会的项目建设情况汇报。详细地向专家们介绍国家酿酒葡萄综合标准化示范区3年建设期间的任务完成情况、项目资金使用情况、标准化综合体搭建情况，并充分阐明该项目所带来的经济效益、环境效益、人文效益。随后，抽取莱恩堡酒庄实地考察酒庄项目建设与运行情况，查看该酒庄在葡萄种植；葡萄酒酿造流程；葡萄酒储存方面的情况以及标准化体系运行的原始记录材料。最后，考核专家组对国家酿酒葡萄综合标准化示范区项目建设内容进行核实，向项目承担单位进行提问，并要求提供相关证明材料。最终，专家组对该示范项目任务完成情况进行综合评分，得出绩效考核94.9分，目标考核97分，整体成绩优秀的评价。该项目通过终期验收。

（孙颖）

【燃气安全生产大检查工作】　4月21日至27日，区质监局对辖区内液化气充装企业开展安全执法检查。检查过程中，执法人员对企业资质、设备登记、人员持证、应急预案、事故演练等资料进行调阅，现场查看设备运行情况并要求企业：贯彻落实《中华

人民共和国特种设备安全法》，强化充装单位安全主体责任；认真做好液化气充装登记工作；专人执守，加强应急演练，切实保证特种设备安全生产。同时与液化气充装企业签订《气瓶充装单位安全责任告知书》。截至4月27日，出动执法人员10人次，共检查液化气充装单位5家，检查压力容器17台（套）。

（孙颖）

【高风险电梯安全评估工作会】　5月13日，区质监局组织辖区内140部高风险电梯所涉及的18家电梯使用、维保单位负责人，召开高风险电梯安全评估工作会议，部署有关工作。会议向各单位传达市质监局《2016年高风险电梯安全评估工作方案》，并要求各单位高度重视此项工作，对评估范围内的电梯进行认真细致的检查和维护，依据《中华人民共和国特种设备安全法》和方案要求，积极搞好配合，确保该项工作圆满完成。

（孙颖）

【"5·20"世界计量日宣传服务活动】　5月20日，为纪念第17个世界计量日，区质监局在良乡昊天广场以"动态世界中的计量"为主题开展宣传咨询服务与免费检测活动。执法人员重点向广大群众宣传计量在衣、食、住、行、用等日常生活中的普遍性和重要性，宣传和普及计量法律法规和科普知识，发放关于民用四表、出租汽车计价器、计量与生活等计量知识的宣传材料以及印有计量知识的购物环保袋、小团扇等宣传纪念品；为在场群众免费检测血压计（表）等家用计量器具；接受群众的现场咨询。该次活动发放各种宣传材料1000余（册）份，环保购物袋100余个，小团扇100余个；现场接受咨询30余人次；免费检测血压计20余台。活动当日，在华冠购物中心和华冠天地电子屏幕上滚动播

放"计量宣传片",以扩大计量的社会认知度。该次宣传服务活动邀请房山电视台、房山报社全程跟踪报道。

（孙颖）

【夏季消防安全相关产品执法检查】 5月17日至30日,区质监局对辖区内涉及消防安全的低压电器及电线电缆企业进行专项检查。执法人员对北京良安电器厂、北继德泰电气成套有限公司、兴业建达电气有限公司、德山线缆有限公司等8家企业的相关资质、防火设施、消防器材、电力技工人员持证上岗、电气防火技术检测和自查自检,老化、破损电气线路和电器产品更换以及电器产品生产、流通环节安全质量管理等工作进行严格检查。在检查的基础上,对企业管理层及其员工现场传达市、区两级的夏季消防精神,要求企业加强法律意识,严格落实主体责任,确保产品质量,从源头上把好产品质量关。

（孙颖）

【旅游行业特种设备突发事件应急救援演练】 6月3日,区质监局在安全生产月期间组织北京拒马娱乐有限公司开展特种设备突发事件应急救援演练。救援演练地点为十渡麒麟山,实施紧急救援演练的设备为北京拒马娱乐有限公司双承载单牵引往复式索道。救援演练模拟往复式索道突发故障造成紧急停车,主、辅电机不能启动,游客被困空中,启动应急救援预案,实施垂直救护。

（孙颖）

【排查解决加油机锁定情况】 8月10日,区质监局针对个别加油站反映加油机锁死的情况,在确认无违法行为的前提下,为企业排查解决加油机锁死问题。执法人员接到加油站反映此问题后,立即联系计量所技术人员共同前往现场,在确认加油机无私自破坏铅封、人为改装以及异常加油等情况后,使用解锁卡为加油机解锁,并由计量所检测人员现场测试无异常后,准许该加油机继续投入使用。截至8月11日,执法人员为4家加油站解决加油机锁死问题,其中1家有5笔异常加油情况,经仪器读取数据,实际出油量大于加油机显示值,消费者未发生亏量现象,区质监局告知该加油站联系厂家修理,并要求其在修理后经检定合格方可使用。

（孙颖）

【汽车及其配件专项执法检查活动】 8月1日至10日,区质监局根据《2016年"质检利剑"行动工作方案》计划安排,对辖区内汽车及其配件生产企业进行专项检查。执法人员重点检查企业是否存在不符合标准、以次充好、以假充真、伪造或者冒用他人厂名厂址、未按要求取得生产许可证或强制性认证等违法行为。经查,辖区内生产企业整体状况良好,但也存在台账不完善等问题。针对检查发现的问题,执法人员就如何规范建立台账进行现场指导,限期进行整改。

（孙颖）

【纸制品生产企业专项监督检查】 8月19日至24日,区质监局集中开展纸制品生产企业专项监督检查活动。此次监督检查范围为全区餐巾纸、面巾纸、卫生纸等纸制品生产企业。通过查看企业原料库、生产车间、检验室、成品库等重点场所,查阅企业生产记录、检验记录、销售台账等相关资料,重点检查企业生产过程控制、产品质量保障措施及产品标注标识等情况,规范企业生产行为,提高企业质量安全主体责任意识,消除质量安全隐患,切实维护消费者健康权益。该次专项监督检查共出动执法人员20人次,检查纸制品生产企业5家,未发现质量违法行为,对个别标注标识不规范等问题提出来整改意见。

（孙颖）

【节前重点单位特种设备安全检查】 9月9日，为保障中秋、国庆双节期间特种设备安全运行，区质监局到区内重点监察单位北京市液化石油气公司储备分公司、北京程盛新泰燃气有限公司进行双节前特种设备安全检查。检查人员首先与使用单位特种设备管理人员进行会谈，询问日常设备管理情况，查阅设备档案、检验信息等相关资料，之后针对特种设备运行情况前往现场查看特种设备。主管领导强调，在中秋、国庆双节来临之前，特种设备管理人员应加大力度保障特种设备日常管理及安全值守，做好维护保养，强化使用单位主体责任，加强事故隐患监督管理，确保设备安全运行。此次检查压力容器36台，检查中发现北京程盛新泰燃气有限公司10台移动式压力容器检验后尚未领取检验报告，检查人员当场催促其尽快领取检验报告，上传检验信息。

（孙颖）

【2016年"质量月"现场宣传活动】 9月14日，区质监局在瑞雪春堂小区开展质量知识进社区暨2016年"质量月"宣传咨询活动。每年的9月是全国统一的"质量月"。2016年"质量月"主题为"深化供给侧结构性改革，建设质量强国首善之区"。活动现场，设立宣传台、咨询台、计量器具免费检测台，制作宣传标语、宣传展牌，张贴全国"质量月"宣传海报，发放标准、计量、工业产品生产许可证的产品分类及特种设备安全常识等宣传资料1600余份，接待群众咨询130余人次。

（孙颖）

【国庆节前检查商场超市特种设备安全】 9月28日，区质监局为保障国庆期间特种设备安全运行，检查区内大型商场、超市特种设备安全运行情况，使用单位负责人及安全管理人员陪同检查。重点检查商场超市落实安全主体责任、安全管理体系运转以及"三落实、两有证、一检验、一预案"落实情况。检查中查看超市日常巡检和维护保养记录、专项应急预案等资料。共检查电梯19部，在用电梯均在检验合格有效期内，运行良好，未发现问题。根据检查情况及当前特点，要求使用单位：结合节日特点把电梯安全作为公共安全突出出来；应急管理常态化，加强基础管理。

（孙颖）

【电线电缆生产企业专项监督检查】 10月18日至21日，区质监局区内4家电线电缆生产企业开展专项监督检查。执法人员重点围绕企业资质、管理职责、原辅材料质量控制、生产过程控制和成品质量控制5个方面进行检查，要求企业严格落实产品质量主体责任，严把产品质量关，此次检查未发现企业有违法行为。

（孙颖）

【25家农业标准化基地通过市优级标准化基地考核验收】 9至10月，由市级相关业务部门组成的验收小组，本着公平、公正、公开的原则，对由区质监局、区农业局推荐申报的2016年度市优级标准化基地进行考核验收。考核组对王家磨村委会林下养殖基地、北京惠南庄兴旺养殖场等25家企业进行实地检查、查阅标准化相关资料并听取汇报。考核组对25家企业标准化基地建设情况给予充分肯定，25家企业全部通过考核验收。

（孙颖）

【商品条码执法检查】 10月26日至11月3日，区质监局开展商品条码监督检查活动。执法人员主要检查北京京房美廉美超市有限公司等6家商品经销单位，重点查看厂商识别代码是否在有效期内、是否有冒用、伪造商品条码等现象。为提高商家条码使用的法律意识和责任意识，对涉嫌存在违法行为的 7 种商品进行样品抽样，送北京市商品条码检测中心进行检验。

（孙颖）

【张坊镇美丽乡村综合改革标准化试点建设项目获批】 2016 年年底，张坊镇美丽乡村综合改革标准化试点建设项目获国家标准委批准，成为北京市首批、也是唯一一个获国家第二批农村综合改革标准化试点的项目。该项目以张坊镇大峪沟村为试点村庄，建设期限为 3 年。试点项目以制定并实施乡村设施建设标准、磨盘柿特色产业标准、环境保护和生态建设标准、美丽乡村村容维护标准为主体。通过一系列美丽乡村标准体系的运行，有效改善当地的基础设施和生态环境，扩大磨盘柿品牌力度，提高地方特色产业优势，增加当地农民收入，促进村庄经济发展，摸索出一条美丽乡村标准化建设的新路径，并通过试点项目的示范带动作用，推进美丽乡村建设在全镇的可持续发展。

（孙颖）

物价管理

【元旦期间市场价格检查】 2015 年 12 月 21 日至 2016 年 1 月 6 日，区发展改革委开展为期 15 天的 2016 年元旦市场价格监督检查，共出动人员 152 人次，检查单位 72 家，涉及商场、超市、宾馆、饭店、停车场、飞机火车票代售点，检查商品 3100 余种，涉及 5200 余个规格，检查服务项目 1400 余项，纠正价格违法行为 6 个。

（宫彩云）

【春节期间市场价格秩序良好】 1 月 25 日至 2 月 13 日，区发展改革委检查商场超市、药品、旅游景点等单位 79 家，受理价格举报 11 件，政策咨询 15 件。检查结果显示全区粮油、肉、蛋、菜、奶等生活必需品市场繁荣，购销两旺，价格基本稳定，市场秩序良好。商业零售促销价格行为规范，机动车停车场、机动车检测场、烟花爆竹市场秩序良好，未发现价格异常波动和重大价格违法案件。

（宫彩云）

【收费价格监督检查】 1 至 12 月，区发展改革委共出动人员 2138 人次，检查 981 家单位，查处价格违法案件 10 件，协调退款 8 件，纠正价格违法行为 116 件；经济制裁总金额 279808 元（退款 251628 元、罚款 28180 元）。

（赵艳霞）

【受理和办理价格咨询举报】 1 至 12 月，区发展改革委共受理区政风行风热线、"12345" 非紧急救助中心、"12358" 价格举报平台等各类价格咨询举报案件 885 件。主要反映停车场收费、商场超市、网络购物、药品医疗等问题。各类价格咨询举报案件办结率、回复率均达到 100%。

（赵艳霞）

【"两会"期间市场价格监督检查】 3 月 3 日至 16 日，区发展改革委重点对全区商场超市、餐饮行业、旅游景点、停车服务等经营单位进行监督检查。共检查各类经营单位 64 家，纠正不规范明码标价行为 9 件，答复价格政策咨询 10 件，办理价格举报 8 件。

（宫彩云）

【病历复制、复印收费检查】 3 月，区发展改革委对 15 家重点医疗机构进行检查，病历复印收费都做到明码标价，并严格执行每张 0.4 元的收费标准，对票据不规范等问题已当场纠正。

（宫彩云）

【"五一"期间市场价格监督检查】 2016年"五一"小长假期间，区发展改革委组成2个检查组，出动人员32人次，重点对居民生活必需品价格，景区景点公园门票、机动车停车场收费执行情况，商业零售企业、餐饮业明码标价执行情况等进行监督检查。共检查16家单位，未发现价格违法行为，未接到群众举报。

（宫彩云）

【端午节期间市场价格监督检查】 2016年端午节期间，区发展改革委组成2个检查组，出动人员26人次，检查13家单位，未发现价格违法行为。

（宫彩云）

【旅游景点收费专项检查】 7至12月，区发展改革委对区内的33家旅游景区进行价格检查，绝大部分景区能够严格执行明码标价的规定，严格落实针对特殊人群的优惠措施，仅个别景区门票明码标价不规范，对此问题及时予以纠正。

（宫彩云）

【涉农收费专项检查】 8月，区发展改革委对区内3个部门（国土局、交通局、民防局）以及12个重点单位进行价格专项检查，检查内容为各部门针对企业的收费是否依规合法收费，是否存在自立项目收费等违法行为。通过检查进一步规范收费行为，减轻企业负担。

（赵艳霞）

【药品零售企业价格专项检查】 8至10月，区发展改革委对2家药品生产企业、32家药品零售单位开展专项检查。通过检查，规范医疗机构和药店的经营行为，为群众看病营造良好的就医环境。

（宫彩云）

【机动车停车场和物业服务收费专项检查】 8至11月，区发展改革委对区内51家机动车停车场、25家物业服务企业进行价格检查，纠正7家停车场和物业公司不按规定明码标价的行为，并现场交流，加强指导。

（赵艳霞）

【建材市场价格专项检查】 9至11月，区发展改革委对良乡盛通家居、良乡向阳林建材、裕恒通建材3家规模较大市场内的600家商户进行专项检查，绝大部分商户均严格执行明码标价规定，价格公示清晰醒目，只有极少数商户不标价或标价不规范，未发现其他价格违法行为，对存在的问题已当场纠正。

（宫彩云）

【中秋节期间市场价格监督检查】 2016年中秋节期间，区发展改革委共检查商场超市、月饼销售点、旅游景点、机动车停车场等单位38家，受理价格举报3件，价格政策咨询5件。

（宫彩云）

【国庆节期间市场价格监督检查】 2016年国庆节期间，区发展改革委共出动人员80余人次对区内的37家单位进行检查，其中超市12家、农贸市场4家、机动车停车场8家、旅游景点1家、餐饮6家、药品医疗5家、宾馆1家，检查中未发现价格违法问题。

（宫彩云）

【教育收费专项检查】 10月，区发展改革委与区教委、审计、财政等部门联合开展秋季教育收费专项检查。共检查10所中小学、幼儿园，纠正不规范收费行为5项，确保各学校依法收费、规范收费。

（赵艳霞）

【房地产经纪公司商品房销售专项检查】 10至11月，区发展改革委为配合"9·30"

调控房地产新政，平抑房地产价格上涨势头，依法对辖区内房地产企业 22 家、房地产经纪公司 68 家进行检查，要求各公司严格执行明码标价规定，杜绝价格欺诈行为，从检查情况看，各房地产经营单位均能落实价格政策，规范经营，未发现重大价格违法行为。

（赵艳霞）

【非居民生活垃圾专项检查】 11 月，区发展改革委对 2015 年、2016 年的非居民生活垃圾、餐厨垃圾、建筑垃圾收费情况进行集中检查，三类垃圾收费均符合规定标准，未发现超标准收费等价格违法行为。

（赵艳霞）

【价格认定工作】 区发展改革委遵循依法、公正、科学、效率的原则，按照规定的标准、程序和方法，开展涉案财物价格认定工作。2016 年，办理价格认定案件 5543 件，出具《价格认定结论书》2618 份，鉴定总金额 3862.4 万元。出具《不予受理通知书》1774 份，出具《补充材料通知书》1151 件。

（张新文）

【市场价格监测】 2016 年，区发展改革委重点对农贸市场、大型超市粮油肉蛋菜价格进行监测，准确把握市场价格变动情况，及时掌握分析市场价格动态，PDA 日报和市信息平台监测品种上报率 100%。

（李永智）

【行政事业性收费和经营性收费管理工作】 2016 年，区发展改革委审批旅游景点收费 7 家，核准机动车停车场收费标准 3 家，办理民办非学历教育机构收费价格备案 36 家。根据市发展改革委、市财政局关于取消收费许可证制度等有关问题的通知，调查统计全区 126 家收费单位 2015 年收费情况。

（李永智）

食品药品管理

【概况】 2016 年，区食品药品监管局做出行政许可 3017 件，其中食品经营许可 2523 件，药械类 494 件。食品药品抽检 7063 件，其中食品监督抽检 2614 件，快速检测 3332 件，药品监督抽检 808 件，药品快速检测 190 件，药包材抽样 14 件，医疗器械监督抽检 25 件，化妆品监督抽检 80 件。接收各类投诉举报 2283 件，所有投诉举报初查率、按期回复率和办结率均达到 100%，案件转换率为 15%。做出行政处罚决定 822 件，其中简易程序 182 件，一般程序 640 件；罚没款合计 729.85 万元（其中罚款 702.70 万元，没收违法所得 22.15 万元），比上年度增长 70%。全年收回药品零售企业 GSP 证书 4 张，上报市食品药品监管局收回药品生产企业 GMP 证书 1 张。隐患大排查，构建网格化三级隐患排查系统，提供区域性行业风险预警。在全区 24 个乡镇（街道）584 个村和社区，全面开展网格化三级隐患排查和风险评估工作，共排查出普遍性风险 3 个、行业性风险 11 个，无证照经营、农村家庭自办宴席、小饭桌服务、集期性自发农贸集市、网络食品药品销售等风险点 1500 余个，形成《房山区 2016 年食品药品隐患排查风险评估报告》。在无证无照餐饮专项整治中，制定并下发《房山区治理无照无证餐饮单位工作部门职责分工及协调议事规则》。各乡镇（街道）为无照无证餐饮单位整治工作，配备专业安保人员、拆除作业人员、运输人员等 2429 人次，出动 1185 辆次，采取"一条龙"的治理方式，统一指挥、统一行动，提高工作效率，强化治理效果。此外，每周两次在夜间和清晨等时段，在重点地区开展错峰执法行动130余次，查抄违法食品经营工具设备2000余件，立案处罚50余户次。以"反复抓，抓反复，绝不松懈"的姿态，强化对无照无证餐饮单位的巡查力度，密切监控，防止非法餐饮单位新增和反弹，全面巩固无证无照餐饮单位治理工作成果。多渠道宣传，营造"食品安全，人人有责"良好氛围。在全区主要街道悬挂主题宣传标语5000余份、开展食品药品各类培训70余次、开展现场咨询宣传等活动860余场次，面对面宣传群众达5万余人次。利用LED广告屏，播出食品药品安全知识宣传片、公益广告、微动画计200余次，其中系列食药安全知识微动画《小康说》在2016年北京市法治微电影展映征集评选中获三等奖。年内，区食品药品监管局出动执法人员上万人次、执法车辆上万辆次、对辖区上万家监管单位进行全方位监督检查，开展食品药品专项整治行动30余项，有效打击各类违法行为，先后共向房山公安分局、区检察院移送、抄备药品类涉刑案件13件，食品类涉刑案件3件，配合公安部门抓获犯罪嫌疑人22名，确保人民群众的饮食用药安全。

（梁雅淇）

【春节前食品安全大检查】 2月4日，副区长赵军带队，到长阳首创奥特莱斯、永辉超市绿地缤纷城店和上影国际城，就春节前食品市场进行检查。2月6日，区委书记刘伟带队对永辉超市绿地店食品安全情况进行检查，区委、区政府及拱辰街道办事处相关领导陪同检查。刘伟听取永辉超市负责人的情况介绍。

（梁雅淇）

【打击冷冻肉走私集中行动】 3月起，区食品药品监管局在全区范围内开展为期3个月的打击冷冻肉品走私集中行动。首先，针对在市场内设立的冷冻肉品仓储冷库等场所，重点检查冷冻肉品的进货渠道、检验检疫证明或进口冷冻肉品的入境货物检验检疫证明、生产日期和保质期。其次，加大对经营进口冷冻肉品的商场超市、便利店、食杂店、食品贸易商的检查力度。重点检查进口冷冻肉品是否具有出入境检验检疫部门签发的入境货物检验检疫证明、海关通关证明文件。未发现无入境货物检验检疫文件、证明文件与货物不符、来源不明的进口冷冻肉品。共监督检查食品流通环节经营户312家次，下发责令改正通知书4份及行政提示12次，要求其限期整改。

（梁雅淇）

【集中销毁过期糕点】 3月11日，区食品药品监管局组织辖区21家糕点生产企业，在长阳垃圾处理场将2.7吨过期糕点及原料以无害化处理方式进行销毁。

（梁雅淇）

【定制式义齿生产、使用专项监督检查】 为及时消除辖区义齿使用环节质量安全隐患，3月26日至6月10日，区食品药品监管局对辖区义齿生产、使用单位进行全面整治检查。检查辖区义齿生产企业3家次；定制式义齿使用单位71家次，出动执法人员228人次；现场警告1家，责改5家；立案查处3家，其中义齿生产企业1家，义齿使用单位2家；同时对存在问题的单位进行跟踪检查，有效消除辖区定制式义齿生产、使用安全隐患。

（梁雅淇）

【越南酸奶排查工作】 4月，针对媒体曝光的非法进口的越南酸奶，区食品药品监管局高度重视，快速采取措施紧急排查辖区流通环节酸奶制品。紧急排查，不留死角。此越南酸奶属于非法进口产品，食品流通科及各食药所对辖区大型商场超市及食品集中交易市场进行检查，深入排查是否有越南酸奶销售。加强监管，降低风险。监督经营者落实进货查验、索证索票等责任和义务，严禁食品生产经营者购进、销售、合法来源的酸奶制品。加强宣传教育，引导社会监督。加大宣传教育力度，使食品经营者增强法律意识，掌握安全管理技能，切实守法诚信从业。排查未发现相关问题产品。

（梁雅淇）

【辖区冷库执法检查工作】 4 月，区食品药品监管局对辖区市场内冷库开展专项执法检查。执法人员对在市场内设立的冷冻肉品仓储冷库等场所，重点检查冷冻肉品的进货渠道、检验检疫证明或进口冷冻肉品的入境货物检验检疫证明、生产日期和保质期。辖区永安批发市场、华龙市场、城东市场内设有冷库的经营者共 31 户，涉及的主要品种为猪肉、禽类肉制品及水产品，其中华龙市场中有 2 户经营的猪肉制品为进口冷冻肉品，来自加拿大，入境货物检验检疫证明资质齐全。

（梁雅淇）

【城乡结合部重点地区专项整治】 5 月开始，区食品药品监管局以 8 个市、区挂账村（社区）为重点，多措并举开展城乡结合部重点地区专项整治工作，取得较为明显的成效。年内，8 个挂账地区共清理无照无证食品经营企业 15 家，立案查处案件 3 件。在挂账外其他地区立案查处 12 件，罚没款 50.67万元，查处 6 个食品黑窝点。取缔 6 个制售假药黑窝点，涉案金额 100 万元，均移送公安部门办理。

（梁雅淇）

【小餐饮一条街整体改造提升】 5 月 6日，区食品药品监管局与拱辰街道食品药品监管所联合对良乡楸树街小吃一条街的 8 家小餐饮单位集中进行食品经营许可现场核查。良乡楸树小吃一条街地处华冠购物中心东侧，属于良乡中心地带，虽不临街，路口较小，但由于其经济实惠及地理位置优越，吸引不少人到此就餐。长期以来由于店小人多，经营餐饮人员素质较差等原因造成后厨环境脏乱差的现象，经过政务中心及拱辰所工作人员现场耐心指导，因地制宜，使其改造有变化，提升有亮点。经现场核查员督促整改后 8 家餐饮单位就餐区域舒适美观，后厨环境干净整洁，设备设施齐备，每家单位都按照要求新设立库房和更衣室，一次性投入到位，整体环境较以前大有改观。

（梁雅淇）

【过期药品回收志愿者队伍成立】 5 月20日，区食品药品监管局走进行宫社区，开展主题为"回收过期药品，净化用药环境"的宣传活动，在拱辰街道行宫社区设立现场宣传点。过期药品回收志愿者在活动现场进行宣誓仪式，志愿成为过期药品回收志愿者，承诺尽其所能，普及过期药品回收知识，参与过期药品回收行动。活动现场收取社区居民的家庭过期失效药，参会领导和志愿者、社区居民一起，在"红色药品绿色回收铿锵承诺看我行动"的条幅上签名，拉开活动全民参与的序幕。现场活动后，宣传组和志愿者走访两家普通百姓家庭，志愿者对居民进行安全用药指导，并帮助群众清理家庭小药箱，受到群众的好评。

（梁雅淇）

【环境监测点周边无证照餐饮整治】 6 月起，区食品药品监管局对区政府周边 3 平方公里内的拱辰大街、昊天大街、政通路等地区，开展无照无证餐饮单位整治，通过3项举措整治监测点周边无照无证餐饮。一是高度重视，及时督办。二是加大宣传，分步实施。第一阶段通过开展实地宣传法律法规，开展办证业务咨询、对27家无证餐饮企业逐家发放《违法行为告知书》等工作，使11家企业取得《食品经营许可证》，2家企业成功转行。第二阶段是强制清理，对拒不改正，仍然违法经营的14家企业，区食品药品监管局联合良乡工商所、拱辰街道城管执法队、拱辰派出所等部门，予以集中清理。并在其经营的门面上张贴"无证取缔"标识，向消费者进行公示。三是加强巡查，严防反弹。为防止被清理商户复开，采取错峰执法、每天安排2名执法人员开展巡查，联合工商行政管理、城管等部门适时开展联合执法等形式，加强对监测点周边的检查，严防反弹。该地区27家无照无证餐饮企业中均被有效处理。其中，引导办证11家，成功转行2家，14家拒不改正、仍从事经营的企业被集中清理。

（梁雅淇）

【"食品安全进校园"活动】 6月13日，区食品药品监管局在北京市第十二中学朗悦学校举行"小喇叭"食品安全知识共享暨"食品安全进校园"活动。工作人员对中学生进行饮食安全知识辅导，倡导自觉养成科学饮食、合理饮食、安全饮食的意识和爱惜粮食的好习惯，要以安全为前提，以营养为目标，有决心有毅力去拒绝路边小商贩兜售的零食和"垃圾食品"。区食品药品监管局建议学校通过黑板报、校内广播、知识竞赛等形式，寓教于乐，向学生广泛深入传播食品安全知识，并以扎实有效的校园饮食安全保障工作。该次活动在校学生发放《食品安全手册》300余册。

（梁雅淇）

【食品安全宣传周活动启动】 6月14日，区食品药品安全委员会联合中国医药报社在拱辰街道北京送变电公司社区广场举行以"尚德守法 共治共享食品安全"为主题的食品安全宣传周启动仪式。中国医药报社、区食品药品监管局、房山公安分局、房山工商分局、城管、卫生计生委、农业局、种植中心、区质监局等食品药品安全委员会成员单位负责人及社区居民400余人参加启动仪式。区食品药品安全委员会办公室联合中国医药报社制作、摆放食品药品安全知识展板，同时发放1000余份宣传资料，现场聘请专家为社区居民现场进行咨询解答食品药品安全知识。多种形式的互动交流，受到群众的好评，凸显"德治"和"法治"并重，全面展现2016年食品安全宣传周的主题。

（梁雅淇）

【便民社区监测点公示牌设立】 6月，食品安全周前夕，区食品药品监管局在辖区药品零售企业、社区设立的便民社区监测点以及所在乡镇（街道）食药所制作发放统一的食品药品便民监测工作公示牌。公示牌明确快速检测工作开放时间、快速检测工作的目的、检测项目及可检测食品药品类别等。

（梁雅淇）

【市场内销售活禽行为排查】 6月，区食品药品监管局立即制定市场活禽检查专项行动方案，开展针对食品集中交易市场的专项检查工作。执法人员对市场内是否有销售活禽的行为进行排查，对食品批发市场、零售市场、集期市场及早市进行全面排查，督促禽类制品经营者认真遵守进货查验记录和采购索证索票等制度，要求购入或销售的禽类制品符合食品安全标准和国家动物检疫有关规定，严格采购和销售无合法来源、不符合动物检疫规定或不符合食品安全标准的禽类制品。出动执法人员 152 人次，检查食品集中交易市场和集贸市场 29 家次，检查市场内经营单位 88 家，未发现活禽销售情况。

（梁雅淇）

【食用油生产环节塑化剂专项检查】 6月，区食品药品监管局组织辖区内所有食用油生产企业召开食用油中塑化剂专项检查会议，明确要求企业严格落实主体责任，对原料、设备和包装材料等关键环节进行细致排查，发现问题要及时消除隐患，确保产品食用安全。会议要求企业对自查中发现问题认真整改，并将自查整改情况上报。根据企业报告情况，区食品药品监管局开展专项监督检查，重点检查企业是否整改到位，是否严格落实原料进货查验制度，加强原辅料中塑化剂的检测和控制，防止使用被塑化剂污染的原料。专项检查中，企业均按要求完成自查，出动执法人员 18 人次，检查食用油企业 6 家，除 2 家食用油企业已停产外，其他食用油企业均已抽样，共抽取样品 5 件，送检验机构对塑化剂项目进行风险监测。

（梁雅淇）

【夜查市场确保夏季食品安全】 7月15日 4时 30 分，市食品药品监管局、区食品药品监管局执法人员冒雨对华龙批发市场食品安全状况进行突击夜查。在检查中发现个别经营户存在超出《供应北京市场畜禽产品屠宰加工企业目录》采购猪胴体、检验检疫数量与实际供货数量不符、进货查验记录不完整等问题，执法人员当场责令经营者改正。该次夜查出动执法人员 20 人次，检查市场内肉类经营户 35 家，执法人员现场抽取猪肉、羊肉、牛肉样本 14 个，现场进行快速检测，主要检测是否含有瘦肉精等项目，经快速检测均未发现问题。执法人员现场抽检 6 个样品，送第三方检验机构进行检验。

（梁雅淇）

【复原乳标签标识专项监督检查】 8月，区食品药品监管局开展乳制品标签标识专项整治工作，辖区共有 2 家乳制品生产企业，产品均为发酵乳。执法人员对企业进行监督检查和抽检。检查内容包括：检查原副料库和生产场所，有无存放乳粉或复原乳；查看企业进货账目明细票据和生产记录，有无采购、使用乳粉或复原乳的记录；检查产品标签标识，是否符合食品安全法和国家标准的规定；抽检企业产品，进行全项检验。经查，辖区 2 家乳制品生产企业均以鲜牛乳为原料生产酸奶，标签内容符合要求，未发现其他违法行为。

（梁雅淇）

【新食品安全法颁布1周年宣传活动】 10月1日，《中华人民共和国食品安全法》颁布 1 周年。10月14日，区食品药品监管局在拱辰街道宜春里社区开展《中华人民共和国食品安全法》实施 1 周年宣传咨询活动。活动中，执法人员向群众宣传新食品安全法颁布 1 周年取得的成果，讲解食品安全相关知识，并发放宣传材料 600 余份，接受群众咨询 50 余人次。

（梁雅淇）

【集中销毁3000余公斤回收月饼】 中秋节后，陆续有月饼从经销商处退回生产企业，为防止过期月饼再次流入市场，区食品药品监管局要求各企业做好回收月饼的处置工作，严禁使用回收月饼作为原料用于生产各类食品，详细记录回收数量和处置情况。10月10日，区食品药品监管局组织辖区月饼生产企业，在长阳镇垃圾处理场，将 3477.5 公斤回收月饼进行集中销毁。

（梁雅淇）

【"五小企业、六小场所"清理整治】 11月 25 日起，区食品药品监管局整治"五小企业、六小场所"中的无证食品经营单位。

11月26日至27日，区食品药品监管局组织执法人员,联合区环保局、房山工商分局、区城管执法监察局、区查违办、区综治办、房山公安分局对"五小企业、六小场所"进行清理整治。该次行动出动车辆20余辆次，人员40人次，检查3个乡镇内的8个村，检查食品药品经营商户37家，查出无证餐饮单位5家。执法人员当场清理1家，其余4家由属地食药所进行调查处理。

（梁雅淇）

【城乡结合部医疗器械使用环节整治】 年内，区食品药品监管局医疗器械监管科联合拱辰、长阳等市、区两级城乡结合部重点区域的食药所对属地医疗器械使用环节开展整治检查。该次检查，根据辖区城乡结合部实际情况，主要采取科所联动、突出重点等方式集中力量对城乡结合部的门诊部、个体诊所和乡村卫生院（室）医疗器械使用管理的监督检查。该次检查重点查看医疗机构购进使用的医疗器械进货渠道是否合法，相关资质的索取是否齐全，是否对采购的医疗器械进行验收，特别是对植（介）入类医疗器械的进货验收记录，储运条件是否符合产品标签及说明书的要求等。检查医疗机构6家，8家次，医疗器械抽样2批次，出动执法人员30人次，下达责改2家，立案1起。

（梁雅淇）

【疫苗和中药饮片使用环节专项整治】 年内，为保障辖区群众疫苗使用安全，区食品药品监管局举全局之力，以"快、准、严"工作节奏，推进梯度监管，严密杜绝问题疫苗流入辖区。全区有医疗机构900余家，小、散、多是其主要特点，为提升监管效率，全力保障辖区疫苗使用安全，区食品药品监管局以风险为导向，将辖区医疗机构划分3个梯度，周六、周日不间断全面开展疫苗风险排查。检查预防接种单位24家次，中药饮片使用单位78家次，出动执法人员192人次，抽检中药饮片8件。对现场检查发现的药品存储不符合规定、供应商资质留存不齐全等问题，现场要求被检查单位立即整改。检查未见其他违法违规行为。

（梁雅淇）

【知识大讲堂系列讲座】 区食品药品监管局继续加强与高校的合作，充分利用大学城高校的科研和专业技术力量，建立校政合作机制。携手开展宣传培训，聘请北京工商大学专家教授担任业务授课专员，开展保健食品化妆品知识大讲堂系列活动。区食品药品监管局联合区妇联、拱辰街道、西潞街道、新镇街道、韩村河镇，邀请北京工商大学化妆品专业教授何聪芬及保健食品专业副教授肖俊松分别以"如何正确选择和使用化妆品"及"如何购买和使用保健食品"为主题的专题讲座，并针对网络销售、会议销售等形式进行系统讲解，有效避免消费者购买违法产品。年内，共联合北京工商大学组织"进社区""进机关"系列讲座7期，参训人员约500余人，发放《保健食品化妆品宣传手册》500余册。

（梁雅淇）

【启动药品使用环节监管能力"提升链"行动】 年内，针对辖区基层社区医疗卫生服务机构和个体诊所小、散，管理水平差异大的现状，区食品药品监管局启动药品使用环节监管能力"提升链"行动，着力提升辖区药品使用环节监管的专业能力和监管水平，确保辖区群众享受更高水准的药品安全保障。开展系统性培训，主动提升基层执法队伍专业素质和履职水平，综合运用理论讲座、现场带教、实地观摩、交流答疑等培训方式，确保培训工作的针对性和实用性；推进标准化监管，研究建立医疗机构日常监管指南和笔录模板，细化检查要点，逐条列出检查事项，明确检查要求；深化特色型监管，全面推动监管工作的多样化和精细化，不但坚持传统的优秀经验和做法，继续发挥乡医例会、票据管理的作用，并且保持执法高压态势，以及针对突出问题开展专项整治等。

（梁雅淇）

烟草管理

【概况】 区烟草专卖局（公司）成立于1998年3月19日，位于房山区良乡长虹东路南侧。实行"统一领导，垂直管理、专卖专营"的经营管理体制，接受北京市烟草专卖局（公司）和房山区委、区政府的双重领导，主要职责是依据国家烟草专卖法律法规，负责全区烟草专卖管理和卷烟批发经营工作，研究制定全区烟草经济发展规划和专卖管理、卷烟销售、营销信息网络建设规划及措施，贯彻落实行业发展目标，保证北京市烟草专卖局（公司）宏观决策、宏观调控等各项任务落实到位。2016年，销售卷烟46452箱，实现税利25742万元，查处各类涉烟违法案件335起，查获违法卷烟1396.78万支，案值760.84万元，辖区零售户2409户。办理各类行政许可1476项，其中许可类新办343项、延续560项、变更33项，管理类停业94项、歇业158项、注销268项、恢复营业20项。辖区烟草专卖零售许可证总数2409户。

（李春平）

【"蓝盾一号"市场净化行动】 3月1日至6月30日，在全市范围内开展"蓝盾一号"市场净化行动，集中力量治理公开摆卖和私藏暗卖假私非卷烟行为。房山烟草公司查处各类涉烟违法案件107起，无证运输案件6起；查处各类涉案违法卷烟243.7万支，案值63.57万元。

（李春平）

【"3·15"国际消费者权益日宣传】 3月15日，房山烟草公司参加由房山工商分局及区消协组织的以"新消费 我做主"为主题的两场消费维权宣传活动。活动分别在良乡华冠购物中心以及长阳加州水郡广场举行。工作人员通过现场真假烟展示、发放打假宣传单、宣讲烟草专卖法律法规知识、教授简易的卷烟真伪鉴别小技巧等方式，引导消费者合法维护自身权益。活动接待消费咨询50余人次，向消费者发放宣传材料400余份。

（李春平）

【联合破获一起无烟草专卖品准运证运输烟草专卖品案】 3月18日，房山烟草公司执法人员根据前期连续蹲守所获线索，在辖区一重点涉烟集贸市场截获一起无烟草专卖品准运证运输烟草专卖品案，当场查获违法嫌疑人吕某正在非法运输的卷烟钻石、白沙等10个品种15.24万支，案值3.33万元；随后，房山烟草公司联合丰台烟草公司对吕某位于丰台某地的卷烟库房进行打击，起获非法囤积的违法卷烟67个品种51.68万支，案值20.67万元。两案合计查获违法卷烟66.92万支，案值24万元。

（李春平）

【"5·15"打击防范经济犯罪宣传日】 5月15日，房山烟草公司与房山公安分局经侦支队在良乡昊天广场进行"5·15"打击和防范经济犯罪宣传日活动。活动中，房山烟草公司围绕"防范风险 护航发展"的宣传主题，宣传《中华人民共和国烟草专卖法》

《中华人民共和国烟草专卖法实施条例》及《烟草专卖行政处罚程序规定》等相关法律法规，向广大消费者通报 2015 年打击烟草经济犯罪的成果、举措，揭露各类犯罪手法的社会危害性，同时征集社会各界对烟草专卖执法工作的意见和建议。

（李春平）

【"金剑一号"卷烟打假打私专项行动】 9 月 1 日至 12 月 31 日，北京市烟草专卖局、北京市公安局决定在全市范围内集中组织开展"金剑一号"卷烟打假打私专项行动。房山烟草公司查处各类涉烟违法案件 109 起，无证运输案件 23 起；查处各类涉案违法卷烟 846.92 万支，案值 596 万元。

（李春平）

【破获"9·11"特大囤积销售走私烟案件】 9 月 11 日，在市公安局、市烟草专卖局的指挥下，房山烟草公司、房山公安部门联合行动，在青龙湖镇一库房内，破获一起特大囤积销售走私烟案件。捣毁卷烟囤积库房 3 处，查获违法卷烟 641 万支，涉案金额约 437 万元。其中，走私烟 625 万支，案值约 429 万元；查扣卷烟烫码设备 1 套、车辆 3 台，刑拘涉案人员 3 名，主犯王某某于 12 月 6 日投案自首。

（李春平）

【无证户治理】 年内，以"一治一理"为手段破解无证户治理难题，与工商行政管理部门探索实践网格对接式无证经营联合治理模式。在"一治"方面，年度查处无证经营案件 51 起，查获无证经营卷烟 132.36 万支；在"一理"方面，办理短期零售许可证 74 户，实现销量 1287.2 箱。

（李春平）

财政 税收

财 政

【概况】 2016 年，区财政局一般公共预算收入超额完成年度任务，全区一般公共预算收入实现 53.7 亿元，增长 7.1%，超额完成预决算报告中增长 7% 的任务目标。其中，税收收入完成 43.31 亿元，增长 13.7%，在一般公共预算收入的比重提高 4.7 个百分点。非税收入实现 10.39 亿元，下降 14%，占一般公共预算收入的 19.4%。加快财政支出，保障全区重点工作平稳推进。区财政围绕区委、区政府的决策部署，切实加强预算支出管理，加快预算执行进度和效率，确保重点项目、重点工程资金投入，全区一般公共预算支出完成 224.19 亿元。其中，节能环保支出 31.33 亿元，全面支持生态环境建设；教育支出 34.75 亿元，重点改善中小学办学条件；社会保障和就业支出 19.93 亿元；医疗卫生与计划生育支出 11.84 亿元，有效发挥财政对经济社会发展的支持和保障作用。截至 2016 年年底，全区累计盘活财政存量资金 79 亿元，消化 2015 年年底存量资金的 94.4%。加强与部门、单位沟通协调，不断提高项目审核效率；对结转项目确定在原规定项目无法使用的前提下，将按其用途、使用范围，调整到其他同类项目。发挥市场作用，做好财政改革工作。加速 PPP 项目落地，围绕区政府确定的 PPP 重点项目，从项目报送、财政评估、组织评审、政府采购等一系列流程，全程跟踪项目进展，做到发现问题及时解决，快速推动项目落地。房山区实施琉璃河湿地公园、大石河水环境综合治理、河北镇棚户区改造及环境整治 3 个 PPP 项目，吸引社会资本 80 亿元。其中，琉璃河湿地公园项目被评为财政部第三批 PPP 示范项目。征集筛选 14 个储备 PPP 项目，涉及金额 83.03 亿元。全面推进政府购买服务。完善指导性目录。2016 年，印发《2016—2017 年区级政府购买服务指导性目录》，将棚户区改造服务纳入购买范围。指导性目录涉及 13 类 101 项内容，比 2015 年增加 1 类 8 项。2016 年，执行 23 个项目，涵盖教育、文化、农业等领域，累计支出 1.7 亿元。强化监督管理职能，确保财政资金安全。指导预算单位加强内控管理，全区

91 家一级行政事业单位完成《内部控制手册》编制工作。加强项目评审，严把各道关口，2016 年评审项目 999 个，评审资金 86.01 亿元，审减资金 11.32 亿元，平均审减率 13.16%，节支增效成效显著。巩固国库集中支付改革成果，确保改革落到实效。在资金监管上，分阶段对财政资金进行专项检查，实现财政投资项目监督检查全覆盖。推进市对区专项转移支付资金的重点监控管理，依托办公平台，构建专项转移支付资金监控预警核实流程，明确办理流程和办理时限，实现网上审核、全程留痕，同步监督。同时，对全区纳入资产管理信息系统的行政事业单位，进行动态监管，确保新增资产及时入账。完成全区 396 户行政事业单位的国有资产清查，323 户事业单位、15 户事业单位所属企业的产权登记工作。加大信息公开力度，在完善内控制度、规范工作程序的同时，积极主动接受区人大、区政协和社会各界的广泛监督，认真听取各方面的意见和建议，不断规范和改进财政管理工作。加强群众重点关注的"三公"经费等内容的公开，努力提高财政工作透明度。落实财政"六五"普法任务，被财政部评为出席"全国财政系统'六五'普法先进单位"。规范行使财政行政处罚裁量权行为，提高财政行政执法水平，召开专题会议，研究制定《房山区财政局行政处罚裁量基准》，编制《房山区财政局违法行为处罚裁量基准表》，统计 598 项裁量基准，涉及法律法规规章 19 部。通过细化、量化行政处罚自由裁量权，加强法治财政标准化建设。为有效防范财政风险和廉政风险，制定《房山区财政局内部控制基本制度》，并在此基础上，出台涉及法律、政策制定、预算编制、预算执行等 9 类专项风险管理办法，建立健全财政内部控制体系，完善财政系统监管机制。

（孙立军）

【会计从业资格无纸化考试完成】 3 月 19 日至 23 日，2016 年上半年会计从业资格无纸化考试工作在房山区成人教育中心举行。该次考试，应到考生 2979 人，实到考生 2425 人，缺考 554 人，参考率 81.5%，三科通过率 23.53%。10 月 29 日至 11 月 1 日，下半年会计从业资格无纸化考试在房山区成人教育中心举行。该次考试，应到考生 3186 人，实到考生 2413 人，缺考 773 人，参考率 75.73%，三科通过率 24.92%。

（孙立军）

【"营改增"全面推开】 5 月开始，"营改增"全面推开以来，区财政局制定《房山区营业税改征增值税工作方案》，成立"营改增"组织机构，协同区税务部门树立科学化、精细化、专业化的管理要求，认真贯彻执行国家各项改革相关政策，抓好组织政策的落实与管理，热情服务企业和群众，完成"营改增"工作。

（孙立军）

【落实"营改增"财政扶持资金】 2016 年，区财政局加强各部门间的沟通协作和对试点企业的服务和辅导，严格扶持资金申报资料的审核，积极落实 2015 年度"营改增"扶持资金 656 万元，涉及试点企业 30 户，减轻税制改革所造成的企业税赋资金压力，有力地促进财税体制改革的平稳推进和全区经济结构的转型升级。

（孙立军）

【推广运用 PPP 模式】 2016 年，区财政局按照"规划在前、有序实施"的原则，征集筛选 14 个储备 PPP 项目，涉及金额 83.03 亿元。按照财政部《关于在公共服务领域深入推进政府和社会资本合作工作的通知》要求，对已纳入 PPP 储备库的市政、旅游、林业、水利、能源等项目，要尽快确定实施方案，促进项目落地。其中，琉璃河湿地公园项目入选财政部第三批 PPP 示范项目。

（孙立军）

【预算管理】 2016 年，区财政局进一步强化财政预算管理，加强预算刚性约束，坚持先有预算、后有支出，强化预算的严肃性。同时，将工作关口前移，延伸到乡镇，不断加大对乡镇预算的指导工作力度，规范乡镇财政预算管理，避免出现"赤字预算"，确保预算平衡。扩大国库集中支付改革资金的监控范围，不断完善预警机制，提高系统预警的智能化、精准化。在年底前启动国库集中支付电子化改革，将乡镇财政性资金纳入改革范围。全面推行内控制度建设，强化对工作业务及管理风险的事前防范、事中控制、事后监督和纠正。

（孙立军）

【推进政府购买服务】 2016 年，房山区印发《2016—2017 年区级政府购买服务指导性目录》，并将棚户区改造服务纳入购买范围。指导性目录涉及 13 类 101 项内容，比 2015 年增加 1 类 8 项。在此基础上，将政府购买服务细化到三级目录，进一步明确购买范围，推动社会力量进入公共服务领域。2016 年，按照年初预算安排，政府购买服务涉及全区 15 个行政事业单位，确定 23 个购买服务项目，支出购买服务费用 1.7 亿元。

（孙立军）

【预决算信息公开】 按照财政部《关于深入推进地方预决算公开工作的通知》要求，区直部门负责本部门预算信息公开工作。部门"三公"经费预算公开的内容为"三公"经费预算拨款分项金额及总额，即因公出国（境）费用、公务接待费、公务用车购置及运行维护费。其中，公务用车购置费及运行维护费要细化公开为购置费和运行费。2016

年，除 2 个涉密部门外，全区 72 家一级预算单位全部公开部门预算。

（孙立军）

税　收

【概况】 2016 年，区国税局累计组织税收收入 62.62 亿元，同比增加 20.47 亿元，增长 48.55%，超收 10.88 亿元。完成市局下达中央级计划 30.88 亿元的 128.45%，超收 8.79 亿元；完成市局下达地方级计划 20.86 亿元的 110.02%，超收 2.09 亿元；完成区级财政计划 10.66 亿元的 107.69%，超收 0.82 亿元。区国税局主动作为，促进区域经济发展。将税务部门职能与疏解非首都功能、促进区域发展深度结合，切实为经济转型升级、可持续发展服务。积极落实各项惠民政策，大力宣传高新、小微、双创企业税收优惠政策，释放政策红利。国、地税联合开展"税银互动"，与工商银行北京房山支行签订合作框架协议，共同为房山区中小微企业解决融资难问题，实现企业、银行、税务三方共赢。与地税、工商联联合成立房山区纳税人权益保护中心，实现纳税人权益保护管理规范化、活动常态化，将维护纳税人权益落实到实处。加大力度规范个体管理，利用北京市国税局网上开票管理平台系统做好数据分析、应用，严格市场代开发票管理，助力清退低端工作。扎实推进依法治税，对外公开税务行政许可事项；清理 62 个税收规范性文件；完成 4 件重大税务案件审理；清理 61 户稽查积案；深入落实税收执法责任制，追究执法过错责任人 35 人次，有效推进区国税局依法治税工作。区国税局深入贯彻落实《深化国税、地税征管体制改革方案》，结合《国地税合作规范（3.0版）》升级项目，在原有工作基础上大胆探索国地税合作新形式，积极深入推进国、地税合作工作。全年完成和分步实施区局层级74项国地税合作项目中的70项，取得丰硕结果。在营改增工作中，与区地税局充分发挥合作优势，成立联合营改增协调办公室，建立联席工作机制，联合开展户数清理、政策宣传、企业座谈，联合创意营改增主题手绘漫画，使房山区的营改增工作运行顺畅。国地税联合确定稽查对象、联合进户检查，共同对4户企业联合开展税务稽查，共同向公安机关移送税收违法案件2件，通过联合税务稽查，增加税款215万元，联合开展2次打击发票犯罪活动。召开区域税收合作启动仪式，签订房山、保定两地4个局区域税收合作的意向性、框架性协议，实现征管科、纳服科、办公室、人事科、监察室的部门对接，并就金税三期上线经验交流、京津冀税务稽查协作协议、人才互派学习、合作开展税收分析等合作项目进行磋商，有序开展区域税收合作工作。将全面营改增工作当成"一号工程"来抓，其间共开展595人次参加的内部培训27场；6555户次参加的外部培训43场；发放《分行业政策指引》等纸质材料4万余份；平稳实现6145户纳税人的税制转换。设立临时办税服务厅，为纳税人提供从信息采集到发票领用的一站式服务。做好征前审核，一线税收管理员吃透政策、熟练报表填写，在纳税人首次申报前对申报表进行预审辅导，缓解大厅压力。中层发挥力量，除落实局领导值班制度外，安排全体中层轮流在办税服务厅为纳税人值班答疑，服务纳税人的同时也促进中层干部自身能力的提升。种种做法有效推动营改增改革任务在房山区的顺利落地。

2016年，区地税局发挥税收职能作用，面对全面推进营改增制定16条组收措施，强化重点税源跟踪指导，依法全力组织收入。落实20条征管措施，持续夯实征管基础，着力强化行业税种管控，税收征管效能显著提高。落实便民办税春风行动，推进办税服务平台建设，完善纳税服务投诉管理规程，税收征纳环境不断优化。分析营改增后收入变化情况，研究其他税种管理措施，确保改革平稳过渡，圆满完成营改增试点任务。持续推进国、地税合作，积极落实稽查体制改革，强化干部教育培养，切实加强党的建设和队伍建设，行政管理工作持续改进，税收法治水平稳步提升，圆满完成以税收为中心的各项工作任务，为经济社会发展提供可靠财力保障。全年完成各项税费收入74.9亿元，同比增加7.1亿元，增长10.5%。税收规模居北京市地税系统第12位，占全系统税收比重为1.9%。其中，完成地方公共财政预算收入54.3亿元，完成市局下达年度计划53.7亿元的101%；完成区级公共财政预算收入23.6亿元。

（郦文婷　王晶晶）

【风险防控工作】 1至6月，推送风险任务涉及纳税人1194户，风险分析识别命中率76.36%。入库税款5328.71万元，调减留抵185.94万元，弥补亏损2800.48万元。坚持以风险管理为导向、以信息手段为支撑、以绩效为抓手，做实三级风控工作。依靠专业团队，科学分工、有序互动、分类应对，提升税收风险防控工作质量。通过引入联席会议制度、评估任务竞标机制、评估结果集体审议制度等工作机制，不断开创风控工作新局面。细化具体操作办法，完善相关管理制度，建立全区风险监控工作管理体系。创建以"联席会议"为依托的运行管理机制，以"重大风险监控项目竞标"为创新的任务推送机制，以"集体审议"为保障的风险监控结果监控机制。完善数据情报管理，强化数据情报深度应用。全面提升风险监控工作成效，加强绩效评价，建立科学风险监控考评体系。严格按照"9、7、5、3"要求推进工作：风险监控完成率达90%以上；风险监控有效率达70%以上；坚持"一年一户一次"原则开展跟踪质疑，总体跟踪质疑率不低于5%；税收风险监控直接入库成效对税收收入贡献率3%以上。

（郦文婷）

【携手开展税收合作】 8月30日，区国税局、区地税局、保定国税局、保定地税局4家单位联合签署区域税收合作协议书，从税收征管、税务稽查、队伍建设、纳税服务、税收分析、基层党建、廉政文化建设等方面开展合作。

（郦文婷）

【助力企业发展】 10月13日，区国税、地税局与中行、工行签署"税银互动 助力诚信企业发展战略合作协议"。签约仪式上传达党中央、国务院关于促进小微企业发展的战略部署及国家税务总局、银监会开展"税银互动"活动的相关要求，三方联合签署战略合作协议。区国、地税局按照纳税信用级别评价的方法和指标，共评选出区A级纳税人53户，实现纳税信用数据的共享应用，有效解决企业融资难等实际问题，帮助诚信企业实现更快发展。

（郦文婷）

【纳税人权益保护中心成立】 10月14日，区国税局、地税局与房山区工商业联合会联合成立北京市房山区纳税人权益保护中心，聘请13位代表为纳税维权监督员，共同打造纳税人权益保护工作新平台。房山区纳税人权益保护中心的成立是区国税局贯彻落实国、地税合作工作规范的重要举措，标志着房山区国、地税纳税服务工作迈上一个新的台阶，对实现纳税人权益保护管理规范化、活动常态化，快速回应纳税人意见、建议和权益诉求，维护税法的公平公正和纳税人合法权益，构建和谐的征纳关系，推动国、地税及社会各界进一步深入合作具有十分重要的意义。

（郦文婷）

【落实小微企业减半征税优惠政策】 年内，对各税务所主管所长、所得税业务骨干及办税服务厅人员进行"点对点"专项培训。根据一到三季度申报数据筛选出潜在受益纳税人50户，设置专岗负责企业后续申报管理的同时，对政策变化和不同时间段成立企业的申报表填报进行延伸辅导、反复演练。通过办税服务厅公告栏、液晶显示屏、区国税局门户网站、微信、短信平台，办税前台发放《小微企业所得税优惠政策指南》等途径，广泛宣传小型微利企业所得税优惠的政策变化。

（郦文婷）

【推行办税人员实名制】 年内，印发《纳税人办税实名制》宣传资料，供纳税人了解实名制的背景及办理方法、渠道。在纳税人办理业务及时告知纳税人自3月1日将推行实名办税，提示纳税人关注并及时采集。组织相关人员进行系统学习，确保政策落实到位。

（郦文婷）

【推行二维码一次性告知服务】 年内，制作二维码一次性告知事项宣传展架，摆放在办税服务厅显著位置。通过办税服务厅导税台人员和接听咨询电话人员主动引导、帮助纳税人更好的理解和使用二维码。通过房山国税微信平台主动推送二维码相关信息，并在微信公众号中增加二维码一次性告知事项板块。

（郦文婷）

【宣传纳税信用等级评定】 年内，利用办税服务厅电子屏、公示公告栏等宣传渠道，对纳税信用等级评价的政策变化、考评内容进行宣传；增派税收管理员到办税服务厅值班，面对面进行讲解，引导纳税人重视信用等级。在"纳税人学堂"课程里增加诚信教育内容，重点宣传税务机关根据纳税人纳税信用等级施行分级管理，按需送政策、开展"绿色通道"，发挥纳税信用等级评价的导向作用。以全面开展"营改增"培训为契机，做好纳税信用等级宣传，举办7天14场"营改增"专题培训会。上门走访了解纳税人需求，对纳税信用等级较高的纳税人开展走访活动，为纳税人提供贴身"跟进式"服务。

（郦文婷）

【税收协同共建项目】 年内，依据《京津冀协同发展规划纲要》，区国税、地税与保定国税、地税"四局联动"开展税收协同共建项目。落实京津冀税务稽查协查协作协议。建立京津冀税务稽查合作联席会议制度、发票协查专员和举办案件联合执法会议3项机制，共同推进税务稽查协作机制落实。启动人才互派的学习交流机制。建立互派干部学习机制，推动协同发展各项任务的落实。挂职干部在实践锻炼期间实行双重管理，以实践单位管理为主，派出单位管理为辅，并将此作为派出单位绩效考评和干部选用的依据之一。建立协调联动机制和联席会议制度。明确合作项目、对接部门及具体负责人，确定任务完成时限并定期进行项目进度情况通报。通过不同类别的联席会议制度，实现多层面联系与沟通，不断推进区域税收事业的健康发展。

（郦文婷）

【探索非居民动态跟踪管理新模式】 年内，区国税局加强非居民动态跟踪管理，积极探索风险管理新模式，取得明显效果，实现企业所得税税款入库686万元。根据"走出去"企业清册和发生的非居民企业经营业务，开展重点跟踪工程，对重点企业及时了解相关业务的发生情况，及时了解、通知企业进行申报缴税，确保税款及时入库。加强非居民企业相关政策宣传工作，拓宽政策宣传途径，以办税服务厅为实体契机，以房山微信平台为沟通网络，扩大政策宣传影响面，助力企业工作开展。深入重点企业开展走访工作，借助税收宣传月的宣传渠道，以多种方式、多措并举了解企业需求、政策盲点，开展有针对性的政策指导。

（郦文婷）

【服务纳税信用A级企业】 年内，采用办税服务厅电子屏幕进行公告、在各基层税务所办公场所进行公示、通过房山国税微信公众平台进行公布等形式向社会各界开展纳税信用A级企业宣传，树立正面典型。在区国税局政通路办税服务厅，纳税信用A级企业在取号机取号排队时享有优先资格，可通过绿色通道直接办理相关涉税业务。及时向企业宣传税收新政策，为辖区内纳税信用A级企业举办个性化业务培训，使纳税信用A级企业及时享受新政策带来的"红利"。积极为纳税信用A级企业提供"预约服务""延时服务"等多元化服务方式，对纳税申报、退税、减免税审批事项等涉税事宜，及时提醒企业办理，提高纳税信用A级企业的获得感。

（郦文婷）

【基金小镇税收政策培训】 年内，区国税局与区地税局联合为基金小镇的入驻企业量身打造"税收政策专项培训"。培训前有针对性地对受众企业进行情况摸排，调查分析企业面临的涉税难点，找准企业管理的薄弱环节，明确培训工作具体实施步骤，归集企业关心的涉税疑点及政策解答。对增值税抵扣的基本规定、各种抵扣凭证的抵扣方式、抵扣相关操作、不得抵扣的情形和进项税转出的规定进行讲解，并对企业的供应链和财务管理方式升级提出合理建议。授课人员针对企业提出的不动产、房租、水电费等项目抵扣的热点关注问题进行详细解答，扫清政策盲点，打消企业疑虑。

（郦文婷）

【"税法进园区"活动】　3月3日，区地税局与区国税局联合组织辖区内高端技术企业开展"国地税联手，税法进园区"活动。区国、地税局介绍国地税进一步强化税务合作、税务深度融合的情况，并详细向纳税人讲解所得税汇缴、税收优惠政策、税收申报等内容。

（王晶晶）

【营改增税收政策辅导解答】　4月13日至4月21日，区地税局与区国税局联合举办3场营改增税收政策解答座谈会。在听取乡镇、企业有关税收政策问题的基础上，就房地产业、建筑业等企业营改增前涉及的营业税问题、营改增后属地征收以及营改增相关政策等问题进行详细解答。通过倾听企业诉求，解答企业疑虑，帮助企业尽快熟悉营改增试点政策及管理要求。

（王晶晶）

【开具第一张存量房交易增值税发票】　5月1日，区地税局先后顺利完成第一张存量房交易增值税发票、第一张个人出租房屋增值税发票和第一笔代征税款入库，标志着房山区顺利实现税制转换。

（王晶晶）

【非首都功能疏解工作】　7月21日，区地税局与房山国土分局、区住房城乡建设委联合召开疏解非首都功能产业工作协调会。会上就推进《房山区人民政府关于收回（或征收或准予转让）国有土地使用权（房屋所有权）的确认函》事项办理、建立统一协商机制进行讨论，打通疏解工作的绿色通道。区地税局及时掌握首批37家企业疏解情况，确保税收优惠政策落实到位。

（王晶晶）

【金税三期系统成功上线运行】　8月8日，金税三期系统在区地税局单轨上线成功。区地税局12个税务所均顺利登陆金税三期系统，可正常受理业务。

（王晶晶）

【签署"税银互动"合作框架协议】　10月13日，区地税局举行"税银互动，助力诚信企业发展"战略合作协议签约仪式。区地税局、区国税局分别与中国工商银行股份有限公司北京房山支行、中国银行股份有限公司北京房山支行签署《"税银互动"合作框架协议》，共同为房山区小微企业解决融资难问题，实现企业、银行、税务三方共赢。房山区20家纳税信用A级企业受邀参加签约仪式。

（王晶晶）

【全市首家纳税人权益保护中心成立】　10月14日，区地税局与区国税局、房山区工商业联合会联合举行纳税人权益保护中心成立暨揭牌仪式，成立全市首家纳税人权益保护中心。聘请13名各界人士担任维权顾问和权益保护监督员，监督机构规范运行。通过建立纳税人权益保护工作机制，快速响应纳税人合法权益诉求，调节税收争议，维护纳税人知情权，实现纳税人权益保护常态化、规范化。

（王晶晶）

【"12·4"国家宪法日税法宣传活动】　12月5日，区地税局组织开展以"弘扬宪法精神增强法治观念"为主题的"12·4"国家宪法日主题宣传活动。通过悬挂横幅、发放宣传材料、现场咨询、播放公益广告等形式，把税收法律法规送到纳税人身边，提高纳税人的依法纳税意识和税法遵从度。活动现场为60多名群众讲解个人所得税、车船税等税收征收方式，以及偷税漏税的界定方法，发放宣传手册共1000余份。

（王晶晶）

【依法组织收入】 2016年，区地税局积极落实各项组收措施，面对区域经济发展放缓、营改增政策全面推开等不利因素的影响，深入了解营改增、房地产业政策变化，始终坚持依法组收、应收尽收的原则，确保各项收入同口径下的稳定增长。根据市、区两级任务指标和税务所实际情况，编制、分解、落实年度收入计划，从收入规划、税源税种管理和稽查检查等方面制定16条组收措施，贯穿全年组收工作。建立收入目标动态调整机制，实时监控收入进度，及时调整目标计划。制定《重点联系企业税收管理工作方案》，每季度开展重点税源户走访调研，实现重点税源跟踪指导、重大建设项目跟踪监控。全年完成各项税费收入74.9亿元，同比增收7.1亿元，增长10.5%。其中，企业所得税累计入库税款23.0亿元，同比增收12.9亿元；个人所得税累计入库税款10.5亿元，同比增收1.9亿元；契税累计入库7.8亿元，同比增收3.2亿元；残保金累计入库1.2亿元，同比增收0.5亿元；营业税入库13.5亿元，减收14.1亿元。

（王晶晶）

【国地税合作事项扩围】 2016年，区地税局继续深入推进国地税合作。贯彻落实《国家税务局 地方税务局合作工作规范（3.0版）》，合作事项全面推进，成立国地税深化征管体制改革领导小组，建立3项工作制度。持续推进60项涉税事项的深度融合。联合办好纳税人学校，开展培训33期，涉及企业3970户次。联合开展区域税收专项整治，组织共同管辖纳税人案件检查。联合区国税局与保定市国税、地税局共同签订区域税收合作协议，形成综合治税的长效机制。

（王晶晶）

【税收调研分析】 2016年，区地税局采取座谈、走访等形式，加强与政府部门和园区、企业的沟通，积极提供税收政策支持，局领导带队到乡镇（街道）、园区、企业走访调研20余次。抓好税收分析预测，开展好重点调研课题研究，为各级领导决策提供信息和数据支持，有效提升服务决策水平，及时研提建议，全年完成税收分析和联合专报38篇，实现调研成果转化22项，得到上级领导批示18次。

（王晶晶）

【纳税服务体系建设】 2016年，区地税局不断完善纳税服务体系建设。推行12项便民办税举措。实现存量房交易、税务登记等22项业务的全市通办。利用手机二维码，实现一次性电子化告知。针对辖区1253户企业开展"问需求、优服务、促改革"专项活动。整合服务厅资源，实现办税厅统一领导、统一平台、统一标识、统一标准，规范办税服务厅管理。不断完善网站服务功能，做好功能模块优化和信息更新工作。启用微信办税厅，开展微信预约服务。完善"小呼中心"建设，制定工作管理规程和服务规范，承担部分低等级风险应对职责。

（王晶晶）

【税收征管工作】 2016年，区地税局持续夯实征管基础，着力强化行业税种管控。落实20条征管措施，加强申报入库管理，完成2010—2014年度申报未入库清理工作。建立大额退税、减免税专题审议制度，规范大额减免、退税管理。通过依法阻止法人代表出境、限票和强制扣款措施，加大清欠力度，全年清缴欠税7228万元。加强税收遵从风险管理，开展区、所两级税务约谈，全年补缴税款及滞纳金7064万元，同比增长17.2%。主动作为追征二手房相关税款，强化重点行业管理。初步建立企业所得税完工产品差异调整税款评估模型，制定《土地增值税清算管理规程》，强化重点税种管理。

（王晶晶）

【税收法治建设】　2016年，区地税局推进税收法治建设。依托法治示范基地，开展多层次普法教育，提升干部规避执法风险的意识和能力。坚持用法律手段解决实际问题，

妥善处理行政复议案件9起、行政诉讼案件1起，严格依照程序开展应诉工作。针对11个项目开展执法督察，认真查纠税收执法问题，严格执法过错责任追究，有效规范税收执法行为，组织追缴入库1200余万元。

（王晶晶）

【发挥稽查工作职能】　2016年，区地税局落实稽查全覆盖要求，根据片区下发任务分解指标，落实领导办案责任制和分级审理制度，强化案件查办全过程的组织管理和监督责任。加强与公安机关的合作，注重做好偷税疑点案件证据资料搜集。全年，查补各项税费4132万元，入库4448万元，入库率和有问题率均达100%以上。

（王晶晶）

工业　园区建设

工　业

【概况】 2016 年，全区规模工业实现总产值 929.6 亿元，同比下降 6.5%；完成工业税收 123 亿元，占全区税收总量的 52.2%。其中，区属企业发展势头良好，实现产值 405.3 亿元，同比增长 10.5%。

（刘晓会）

【低端产业调整退出】 2013 至 2016 年，全区调整退出污染企业总任务为 173 家，2016 年任务为 37 家，实际完成 47 家。2016 年，全区范围内工业燃煤等高污染燃料锅炉清洁能源改造任务为 820 蒸吨，实际完成 882.2 蒸吨。2016 至 2017 年，清理整治"散、乱、污"企业总任务为 1213 家，2016 年任务为 849 家，实际完成 1091 家。累计完成 4 个镇村产业集聚区的整治工作。

（刘晓会）

【双创载体建设】 绿地启航国际一、二、三期和中关村新兴产业前沿技术研究院一期、北京互联网金融安全示范产业园一期等双创载体建成，天洋超级蜂巢、北京智汇时代广场等双创载体加快建设中，中粮健康科技产业园开工建设，全区建成双创载体面积 138 万平方米，在建双创载体面积 151.7 万平方米。

（刘晓会）

【双创服务平台建设】 2016 年，创新谷获国家级众创空间、北京市众创空间、中关村特色产业孵化平台、中关村高端人才创业基地 4 项认定；三维六度、新金融创业港获北京市众创空间认定；智汇城科创园、青年创业园、首诚生物健康产业园获中关村特色产业孵化平台认定；优客工场、北大创业训练营、柠檬空间等 22 家众创空间单位获房山区众创空间认定。全年为 19 家双创服务平台争取 2016 年度中关村现代服务业创业孵化试点资金 2376 万元。

（刘晓会）

【高端项目人才集聚】 年内，驭势科技无人驾驶技术、达闼科技云端智能机器人、锐视康 PET/CT 医学影像中心、海博思创新能源汽车动力电池检测系统等高精尖项目陆续入驻房山，黄晓庆、胡志宇等 10 余名"千人计划"专家和吴甘沙、任秋实等 20 余名行业领军人才集聚房山。北斗应用技术服务中心、中国源创科技基地、中关村房山智能制造公共服务中心、智能网联汽车公共服务平台等项目正在洽谈和推进中。

（刘晓会）

【海聚工程高科技产业园】 2016年，飞航吉达航空材料、永华晴天设计包装和意中意教育装备3个项目竣工投产。海聚科技孵化中心正式运营，面积2万平方米；综合服务中心正在进行室内外装修，面积2万平方米。

（刘晓会）

【良乡高教园区】 2016年，智汇城科技创业园入驻中科泰纳、圣谷智汇等7家高新企业；与市教委合作的首个市级"大学生创业园"——北京高校大学生创业园（良乡园）揭牌，遴选引进大学生创业团队近50个；投资人毛大庆创办的优客工场落户园区，入驻萌熊科技、盒而特科技等双创企业33家。

（刘晓会）

【良乡物流基地】 2016年，良乡物流基地入驻天洋超级蜂巢国际创新示范区、中融安全印务基地、京煤化工总部基地3个项目。超级蜂巢国际创新示范区启动区占地14.8万平方米，规划面积43万平方米。

（刘晓会）

【信息化基础设施建设】 年内，房山区完成从市到村四级电子政务外网的互联互通；宽带网络覆盖所辖全部乡镇、行政村，光纤入村和接通宽带上网的村456个，全区光纤入户率55%；3G网络覆盖率96%，4G网络覆盖率亦96%；高清交互推广数186265户，有线电视注册用户数249635户，高清交互电视用户占全区有线电视用户的75%；物联网数据专网基站建设数量达6个。

（刘晓会）

【电子政务工作】 2016年，房山区建成"数字房山地理空间框架"；构建全区统一的信息资源共享交换平台，年数据共享交换量达到7万条；"房山区政务服务专栏"系统实现553项服务事项的在线办理，全程在线办理的事项比例为66.73%；建成区电子监察平台；完成党建智慧管理、非紧急救助和领导决策等全区重点应用系统建设。

（刘晓会）

【数字化城市管理体系】 2016年，房山区整合全区网络、技术、人才、设备，建立互动管理与资源共享平台，全区城市管理网与社会服务管理网覆盖率达100%；搭建北京市西南交通枢纽综合管理平台和交通地理信息系统；建设区水量数据采集中心和供水水质监测平台；打造房山区基本药物电子监管系统和房山区药品追溯系统；建立化学品监控平台与重大危险源管理体系；完善防汛抗旱、地震、民防等领域应急指挥体系；建成区大气、水质等环境要素的自动检测网络，对全区45家重点污染源进行在线监控，覆盖率达100%。

（刘晓会）

【信息惠民工作】 2016年，房山区基本建成覆盖全区的社会服务管理网格化体系，形成2253个网格，梳理400余项事件；全区社保卡累计发放439210张；建成覆盖区二级以上医疗机构的电子病历系统；全区居民个人电子健康档案建档率超过73%；建设区高端人才网与高端人才数据库；完成全区教育信息网络优化升级；完善公共文化信息服务体系；打造一批"一刻钟社区服务圈"；实现全区主要景区无线网络全覆盖。

（刘晓会）

【两化融合】 全区软件和信息服务业产业规模达4500万元；打造"房山经济信息港"，推进"青云计划、助企腾飞"工程，实现关键信息化的规模以上企业比例达80%；开展"工业云"创新服务培训，提升企业的产品创新能力和核心竞争力；开展农业物联网试点，积极推进中小企业发展电子商务，鼓励企业发展包括电子商务在内的企业信息化建设项目。

（刘晓会）

【无人机合作项目】 无人机合作项目由区科委引进介绍，经过近 1 年的调研，2016年由北一良工公司通过增资扩股向北京金朋达航空科技有限公司定向增发股份，实现金朋达公司及其子公司对北一良工公司的重组。重组后，由北京金朋达公司对北一良工公司进行全面改造，并引入特种飞机制造技术、专用装备和市场，实现北一良工公司产业转型、生产力再造以及企业重生。

（郝亚丽）

【低端产业退出】 2016 年，区工业总公司完成橡胶塑料厂、龙门福利铸造厂、锻压机床厂、昊天绘料助剂厂的资金申报审核工作（获政策补贴资金 550 万元）。

（郝亚丽）

【燃煤锅炉退出】 2016 年，区工业总公司全系统所有燃煤锅炉全面退出，共计 12台炉、53.5 蒸吨，其中涉及居民取暖 3 台炉、4 蒸吨、217 户。对于煤改气过程中涉及的废旧锅炉，全部采用公开招投标形式进行资产处置。

（郝亚丽）

【北京德麦特捷康科技发展有限公司获 7个发明专利和 5 项软著】 年内，北京德麦特捷康科技发展有限公司获 7 个发明专利和 5 项软著，并在四板挂牌。7 个发明专利：USB 数据线检测装置，隔离电源测试装置，一种自动调节充电速度的充电器，一种皮肤镜的 LED 控制电路，一种便携式电子皮肤镜的 10 倍镜头，一种移动式电子皮肤镜，一种便携式电子皮肤镜的 20 倍胶合镜片镜头。5 项软著证：皮肤镜图像质量评测系统，

皮肤镜图像处理系统，皮肤镜图像存储管理系统，皮肤镜图像共享管理系统，皮肤镜图像对比系统。3 月 25 日，在北京股权交易中心（四板市场）挂牌上市。

（刘冰）

【"创新谷"建设】 年内，"创新谷"引入优秀创新创团队，在中关村创业大街及上海、深圳、成都等地建立展示区，进行拓展工作。创新谷新引进金融、互联网、智能产业、节能环保等行业的注册企业 543 余家，其中在孵企业 36 家。自"创新谷"成立以来，注册企业 703 家，在孵企业 51 家，其中 90 余家优质企业取得北京股权交易中心展示资格、4 家企业办理四板挂牌。"创新谷"为 8 个企业项目融资 5130 万元。

（刘冰）

【北京中科华誉热泵设备制造有限公司获多项证书】 年内，北京中科华誉热泵设备制造有限公司获全国工业产品生产许可证换证、ISO 14001 环境管理体系认证、实验室能力评定证书、中关村高新企业证书等，并在新三板挂牌上市，正式登陆资本市场。

（刘冰）

园区建设

北京石化新材料科技产业基地

【项目规划现场办公会】 3 月 2 日，石化新材料基地管委会召开产业项目规划现场办公会。邀请房山规划分局建管科工作人员及相关专家，对入驻基地重点建设的中石化

润滑油搬迁改造项目、奥得赛电子封装新材料项目和中植医药重大多发性疾病通用名药物产业化项目进行现场技术服务和指导。会上，润滑油、奥得赛和中植医药3家公司就项目规划设计情况及需要房山规划分局协调解决的工作进行详细汇报。房山规划分局建管科根据各项目具体情况，对项目规划手续的办理逐一进行指导、解答，并提出切实可行的意见和建议。通过本次"定制式、一对一服务"的现场指导方式，帮助企业进一步明确下一阶段工作重点，增强企业项目建设的信心，为项目快速推进手续办理工作指明方向。

（罗雪青）

【北京环宇京辉京城气体科技有限公司获国家高新技术企业认定】　3月6日，北京环宇京辉京城气体科技有限公司通过北京市科学技术委员会、北京市财政局、北京市国家税务局及北京市地方税务局审核，认定为"北京市高新技术企业"。该公司是继新材料基地18家国家级高新技术企业认定后，又一获此项殊荣的企业。

（罗雪青）

【节前安全大检查】　4月27日，石化新材料基地管委会联合燕山安监分局、消防处、食品药品监管局、住房城乡建设委、劳动局、环保监督站等部门共同对核心区东区入驻企业、基础设施工程项目进行安全大检查，有效防范和遏制安全生产事故，保障入驻基地企业安全生产形势平稳。联合检查组实地查看B5街区污水泵站工程、中石化润滑油、环宇京辉、八亿时空、迅邦物流及中石化催化剂等9个项目现场，听取相关负责人对企业安保工作开展情况的汇报后，检查组针对企业项目的安全制度、施工现场、环保扬尘、消防安全、食品卫生以及劳动监察等方面问题进行详细

询问及检查，查出隐患及问题24条，及时向各单位提出并责令其限期整改落实，同时节后将进行复查。要求各企业单位建立健全安全管理责任制并落实到位，在建施工项目确保进行全面且有针对性的安全技术交底，不断加强安全管理工作。

（罗雪青）

【服务企业项目推进政策法规培训活动】　5月5日至7日，石化新材料基地管委会组织召开服务企业项目推进政策法规培训会，邀请房山规划分局、区经济信息化委、燕山经济信息化委相关负责人授课，针对北京市科委及房山区科技企业产业扶持政策、中关村和中关村南部创新城系列政策、中关村高新技术企业证书服务平台操作以及建设项目规划审批流程等内容进行讲解培训。地区19家重点企业相关负责人以及基地管委会全体干部职工参加培训。

（罗雪青）

【环宇京辉一氧化碳设备一次试车成功】　5月9日，入驻基地重点企业环宇京辉气体公司的100立方米/小时一氧化碳设备启动试车，并一次性成功，生产出的产品高纯一氧化碳符合设计纯度标准。公司采用硫酸、甲酸脱水的方法制取一氧化碳，该套脱水反应器拥有安全、环保、原材料可循环利用等诸多优势，为国内首例，现已申请国家技术专利保护。

（罗雪青）

【脱硝催化剂项目取得建设工程施工许可证】　5月10日，中石化催化剂（北京）有限公司投资2.5亿元建设的6000m^3/a脱硝催化剂生产项目取得建设工程施工许可证，标志着该项目完成全部行政审批手续，具备全面开工建设条件。该项目依据国家《节能减排"十二五"规划》的安排部署，为满足中石化集团公司内部燃煤电厂、催化裂化装置

再生烟气以及其他工业炉尾气脱硝达标排放的相关要求，率先通过建设一套 6000m³/a 脱硝催化剂生产装置。

（罗雪青）

【获 2016 "中国产业园区营商环境百佳、新材料产业十佳" 称号】 6 月 26 日，第二届 "一带一路" 园区建设国际合作峰会暨第十三届中国企业发展论坛在北京全国政协礼堂举行，北京石化新材料科技产业基地获 2016 "中国产业园区营商环境百佳、新材料产业十佳" 称号。

（罗雪青）

【安全生产联合大检查】 8 月 5 日，石化新材料基地管委会联合燕山消防处、燕山安监局、燕山住房城乡建设委、燕山劳动局等各相关职能部门，针对石化新材料基地核心区东区在建项目施工现场开展安全生产联合大检查。检查过程中，重点对现场安全工作档案资料、消防安全设施、劳动保护、环保及防尘工作等方面进行详细询问和检查，及时指出存在的安全隐患问题，并就发现的问题当场发出整改通知书。检查组要求企业加强安全生产责任意识，对此次检查过程中发现的问题要及时整改，各部门将对整改情况逐一进行跟踪、复查，直至整改到位、完善，保障各在建项目建设工作安全、有序推进。

（罗雪青）

【服务企业安全、环保、应急管理培训班】 9 月 1 日，石化新材料基地管委会举办以安全、环保、应急管理为主题的服务企业发展培训班，邀请安全生产和应急管理领域专家以及相关业务主管部门负责人授课，针对企业安全生产、北京市防洪及防汛应急实践以及环境保护等相关内容进行讲解培训。地区重点企业相关负责人、燕山办事处相关部门以及基地管委会干部职工参加。培训会上，授课人针对企业安全生产、环保、应急管理

工作总体情况、最新要求、案例分析以及未来趋势进行有针对性的剖析阐释，深化对安全环保工作重要性的认识，明确企业开展安全生产、应急管理工作的重点和方向。通过培训交流，切实提高基地管委会安全环保管理服务水平和企业安全环保工作水平，以及突发安全环保事件应急处置能力，确保基地安全、稳定、可持续建设和发展。

（罗雪青）

【节前安全生产联合大检查】 9 月 28 日，新材料基地管委会联合燕山消防处、燕山安全监管局、燕山住房城乡建设委等相关职能部门针对基地核心区东区内生产企业及在建项目施工现场开展国庆节前安全生产联合大检查。联合检查组到生产车间、在建工地等，针对安全管理制度、消防安全设施、劳动保护、环保及防尘工作等方面问题进行详细询问及检查，查出隐患及问题 13 条，及时向各单位提出并责令其限期整改落实，同时节后将进行复查。

（罗雪青）

【燕山路南110千伏变电站主变增容及其配套供电系统改造项目竣工】 10 月 12 日，北京石化新材料科技产业基地组织燕山石化公司发展计划部、机动部、热电厂、燕山工业区管委会等单位对燕山路南变电站主变增容及配套供电系统改造工程开展竣工验收。经检查验收，各单位认为改造工程质量达标，各项建设资料齐全，各设备设施运转稳定、安全，符合竣工验收标准，同意交付使用单位投入运行。增容改造后的燕山路南变电站的供电能力由原 5 万千瓦/小时，提升为 10 万千瓦/小时，确保新材料基地建设发展用电需求，有效缓解燕山地区居民和公共服务场所用电紧张问题。新建基地核心区东区开闭所供电能力约为 1.2 万千瓦/小时，有效保障中石化润滑油、脱硝催化剂等入驻基地项目

的电力能源供应。新建燕化第七开闭所为路南站子开闭所，专为迎风街道提供民用电力能源。隐患治理后的工业区开闭所总供电能力由原 2000 千瓦/小时，提升为 1.2 万千瓦/小时，为工业区的进一步发展提供坚实电力保障。

（罗雪青）

【启动重污染天气应急预案紧急会议】 10月 19 日，根据北京市空气重污染预警相关要求，石化新材料科基地管委会立即响应，组织在建项目建设单位及相关企业，召开启动重污染天气应急预案紧急会议。会上，基地管委会就重污染天气预案实施工作对企业进行部署，要求各项目建筑工地土石方及喷涂、电气焊等作业全部停止施工，区域内物料堆场、土方石块要进行全面覆盖，并对车辆清洁和道路洒水降尘等工作进行周密安排。

（罗雪青）

【核心区东区 B5-10（2）地块挂牌交易公告发布】 10 月 24 日，北京石化新材料科技产业基地核心区东区 B5-10（2）地块在北京市国土资源局网站发布挂牌交易公告，挂牌竞价起始时间为 11 月 14 日。B5-10（2）地块总面积 57769 平方米，规划用途为工业用地。

（罗雪青）

【在建项目施工现场开展环保联合大检查】 10 月 25 日，石化新材料基地管委会针对近期重污染天气情况，联合燕山住房城乡建设委、环保监察队等相关职能部门到基地核心区东区 4 家在建项目施工现场进行联合大检查。检查重点以空气重污染应急预案响应、施工现场土堆物料覆盖、车辆清洁以及道路洒水降尘等工作为主。此次检查发现问题 26 条，及时向相关单位进行告知，并责令其限期整改。

（罗雪青）

【北京环宇京辉京城气体科技有限公司竞得 B5-10（2）地块】 11 月 28 日，北京环宇京辉京城气体科技有限公司通过北京市工业用地国有建设用地使用权挂牌方式竞得北京石化新材料科技产业基地核心区东区 B5-10（2）地块，地块面积 57769 平方米。

（罗雪青）

【北京迅邦润泽物流有限公司新建标准厂房及配套附属用房项目通过规划技审会】 12月 27 日，石化新材料基地管委会与北京迅邦润泽物流有限公司参加房山规划分局组织召开的新建标准厂房及配套附属用房项目规划技审会。房山规划分局相关科室负责人参加会议。会上，房山规划分局各科室负责人在对该项目设计方案进行审查和讨论后，同意该项目设计方案，并要求迅邦公司在项目过程中融入海绵城市设计理念。

（罗雪青）

北京高端制造业（房山）基地

【北京锐视康科技发展有限公司落地协议签订】 6 月 1 日，北京锐视康科技发展有限公司落地协议签订。该公司为中关村高新技术企业，获国家级高新技术企业称号，主要从事高端医学影像设备（PET/CT）的研发、生产。

（施薇韵）

【北京海博思创科技有限公司落地协议签订】 7 月 8 日，北京海博思创科技有限公司落地协议签订。该项目为中发展集团重点推荐项目，海博思创动力电池系统、电池管理系统生产基地及电池检测平台项目落户基地 01 街区标准厂房。11 月 8 日，首条电池生产线启动试生产。

（施薇韵）

【北京天仁道和新材料有限公司框架协议签订】 7 月 29 日，北京天仁道和新材料有限公司框架协议签订。该项目为基地承接市级高端资源型企业，总公司北京天宜上佳新材料股份有限公司位于北京市海淀区上庄镇，拟选址基地 01 街区北控北侧工业用地，建设高速列车基础制动材料研究院及智能制造示范基地，面积 5.53 万平方米。

（施薇韵）

【驭势科技（北京）有限公司落地协议签订】 11 月 4 日，驭势科技（北京）有限公司落地协议签订。该项目为中关村管委会重点关注项目，经中关村管委会推荐至房山区，经企业多番考察后最终确定落户中关村新兴产业前沿技术研究院，租赁研究院 1 号研发楼，面积 3000 平方米，投资设立无人驾驶项目，进行自动驾驶解决方案项目研发及产业化。

（施薇韵）

【达闼科技（北京）有限公司落地协议签订】 11 月 4 日，达闼科技（北京）有限公司落地协议签订。该项目为中发展集团重点推荐项目，达闼公司租用中关村新兴产业前沿技术研究院 4 号楼，面积 5500 平方米，用于从事云端机器人运营级别的安全云计算网络、大型混合人工智能机器学习平台以及安全智能终端和机器人控制器技术研究工作。

（施薇韵）

【驭势科技智能汽车示范运营启动】 11 月 5 日，驭势科技智能汽车示范运营启动暨智能网联汽车产业发展战略合作签约仪式在研究院综合会议楼三层多功能会议厅举行。仪式上，区委副书记、代区长陈清与驭势科技公司董事长吴甘沙签订"智能网联汽车产业发展战略合作协议"。中关村管委会、市经信委、市科委、中关村发展集团，房山区政府、区经济信息化委、区科委、区交通局等市、区相关单位领导参加。

（施薇韵）

【北航医工交叉创新研究院入驻】 12 月 30 日，房山区与北京航空航天大学、中关村发展集团合作的北航医工交叉创新研究院入驻北京商端制造业（房山）基地。

（施薇韵）

中央休闲购物区

【房山中央休闲购物区长阳核心区科学技术协会成立】 2 月 25 日，北京房山中央休闲购物区长阳核心区科学技术协会成立，中央休闲购物区内有高新技术企业 5 家。

（游世岭 马卓妮）

【中美核安保示范中心运行】 3 月 18 日，中国国家原子能机构与美国能源部共同建设的核安保示范中心投入运行，该中心位于 CSD 长阳核心区长阳科技园内，总建筑面积 2.75 万平方米，核安保交流与培训中心，配备是亚太地区核材料分析、核安保设备测试、响应力量训练及演练等方面的设备，以及功能齐全的教学与国际交流配套设施，主要发挥核安保、核材料管制、核进出口管理以及核安保领域国际交流合作的四大平台作用，并承担核安保领域的教育培训、测试认证和先进技术展示等任务。

（游世岭 马卓妮）

【第十二届中国（北京）国际房车露营展览会】 3 月 24 日至 27 日，以"发现房车世界"为主题的第十二届中国（北京）国际房车露营展览会暨 2016 中国（北京）国际户外露营展览会在 CSD 长阳核心区北京房车博览中心·房车世界举行。旅游房车露营展览会包括"品牌·制造·发展"2016 中国房车露营产业发展论坛、中国国际房车零配件与房车制造高峰对话会、房车家族音乐节等活动。展会规模 5 万平方米，400 余家参展商、5 万余名参观者及 300 余家主流媒体参加。

（游世岭 马卓妮）

【第十三届中国（北京）国际房车露营展览会】 9 月 8 日至 11 日，第十三届中国（北京）国际房车露营展览会暨第七届中国国际房车露营大会在长阳镇举办。350 余家参展商现场展出近千辆房车及众多户外露营配套产品，吸引观众 5.2 万人次，成交房车 700 余辆，总成交额 3.8 亿元，比 2015 年增长 23%。中央电视台、北京电视台等 300 余家主流媒体采访报道展会。

（游世岭 马卓妮）

【互联网金融风险专项整治行动】 9 月 12 日至 14 日，由中央休闲购物区投资服务中心牵头，按房山区 2016 年打击非法集资暨互联网金融风险专项整治行动工作领导小组统一部署，对 CSD 核心区内 333 家涉及互联网金融安全企业逐一排查，并将全部企业详细信息及走访中遇到的问题通过手机 APP 上传。在全面摸底调查的基础上，区专项整治办对发现问题和涉嫌违法的企业采取相应措施。

（游世岭 马卓妮）

【北京首创奥特莱斯二期工程开工】 12 月 15 日，北京首创奥特莱斯二期工程开工仪式在北京首创奥特莱斯举行。北京首创奥特莱斯二期项目建筑面积 8.8 万平方米，与一期奥特莱斯形成优势互补，带来更为丰富的娱乐生活体验及高品质的生活配套服务，成为京西南地区的大型商业。

（游世岭 马卓妮）

【京投港·长阳购物中心开业】 12 月 23 日，位于"中央休闲"购物区核心区域内的"京投港·长阳"购物中心开业，建筑面积 5.3 万平方米，是全市首个 TOD 商业物业项目，包含餐饮、服装等类别。当日客流量 4 万人，

销售额 135 万元，从业人员 482 人。该项目依托轨道交通资源优势与轨道交通房山线长阳站无缝连接，"轨道+商业"的模式开创北京地区商业开发的新纪元。

（游世岭 马卓妮）

中国房山世界地质公园

【联合国教科文组织到中国房山世界地质公园考察】 1 月 15 日至 19 日，联合国教科文组织国际地球科学与地质灾害防控处主任、国际地球科学计划与地质公园计划秘书长帕特里特·麦基弗，世界地质公园网络执行局主席尼古拉斯·邹若思带领联合国教科文组织世界地质公园网络执行局全体成员、地质公园相关专家教授及国际地质公园管理与发展培训班全体学员到中国房山世界地质公园考察参观。区领导曾赞荣、唐淑荣、魏广勋陪同考察。

（王丽丽）

【手机随身拍作品征集】 4 月 15 日，中国房山世界地质公园管理处开展"我眼中的公园，镜头里的世界"走近房山世界地质公园手机随身拍作品征集活动。截至 11 月 30 日，征集到京津冀地区各行业手机摄影爱好者拍摄的作品 805 幅。经过筛选、初审、摄影专家复审和八大园区评委最终评审，有 48 幅作品获奖，其中一等奖 3 幅、二等奖 5 幅、三等奖 10 幅、优秀奖 30 幅。

（王丽丽）

【雁荡山世界地质公园管委会到房山考察】 5 月 12 日，雁荡山世界地质公园管委会一行 8 人到中国房山世界地质公园考察学习，为 2017 年雁荡山世界地质公园中评估工作做准备。考察团实地考察石花洞园区、地质公园博物馆和周口店园区，对地质遗迹保护、科研科普和地学旅游发展等方面进行学

习和沟通。

（王丽丽）

【联合国教科文组织官员到房山世界地质公园考察】 5月15日，联合国教科文组织科学助理总干事弗莱维亚·施莱格尔、联合国世界水资源评价计划主任斯蒂凡·厄本布洛克、驻华代表处自然科学项目官员汉斯一行到中国房山世界地质公园考察，交流世界地质公园建设成果和经验。国土资源部地质环境司副司长陈小宁，副区长、中国房山世界地质公园管理委员会副主任魏广勋陪同考察。

（王丽丽）

【延庆世界地质公园考察团到房山世界地质公园考察】 5月16日至17日，延庆世界地质公园管理处一行6人到房山世界地质公园考察学习，为延庆2017年世界地质公园中评估工作做好准备。考察团实地考察房山世界地质公园周口店园区、地质公园博物馆、野三坡园区及白石山园区，主要对公园标识体系建设、博物馆展览展示、科普读物设计出版等地质公园软硬件建设方面进行考察学习，并就世界地质公园中评估准备工作进行座谈交流。

（王丽丽）

【中国房山世界地质公园被认定为首批北京市服务贸易示范基地】 6月1日，在京交会"北京主题日"上，中国房山世界地质公园被北京市商务委认定为首批北京市服务贸易示范基地。服务贸易示范基地将优先享受北京市商务委的宣传推广平台，可以为园区内相关企业的发展提供政策和资金支持。

（王丽丽）

【中国房山世界地质公园科学技术协会成立】 7月4日，在"北京市院士专家服务中心授牌仪式暨房山区园区科协组织成立大会"上，中国工程院院士、房山区科学技

术协会主席孙宝国为中国房山世界地质公园授牌。至此，中国房山世界地质公园科学技术协会正式成立。

（王丽丽）

【雷琼世界地质公园考察团到房山考察】 7月10日至11日，由海口市国土资源局副调研员邢国明带队的海口雷琼世界地质公园考察团16人到中国房山世界地质公园考察交流。考察团实地考察周口店遗址及博物馆、云居寺景区、房山世界地质公园博物馆以及石花洞景区。

（王丽丽）

【房山历史文化旅游产业研究课题研讨会】 7月21日，房山历史文化旅游产业研究课题研讨会在集聚区办公室召开，北京工业大学文化创意产业研究所相关工作人员参加。会上听取北京工业大学文化创意产业研究所关于"一带一路"与京津冀协同发展背景下的房山历史文化旅游产业研究课题的汇报并进行研讨。

（李明丽　王艳华）

【规划编制工作会】 7月21日，集聚区办公室召开规划编制工作会，投资北京投资顾问有限公司、中国传媒大学文化发展研究院相关工作人员参加。会议听取投资北京投资顾问有限公司关于《"十三五"时期房山文化旅游功能区建设及发展规划》编制情况的汇报，以及中国传媒大学文化发展研究院关于《北京市房山区"十三五"时期文化创意产业发展规划（2016—2020）》编制情况的汇报。会议就下步如何推进规划出台做出工作部署。

（李明丽　王艳华）

【《房山区"十三五"时期文化旅游功能区建设发展规划》通过专家评审】 8月23日，在投资北京国际有限公司，召开房山区"十三五"时期文化旅游功能区建设发

展规划专家评审会，会议邀请中央财经大学文化经济研究院院长魏鹏举等 5 位专家组成评审组，对功能区规划进行评议。经评议，与会专家一致认为该规划达到委托方预期要求，同意结项。

（李明丽　王艳华）

【中国房山世界地质公园获联合国教科文组织世界地质公园最佳实践奖】　9 月 27 日至 30 日，联合国教科文组织世界地质公园大会在英国理耶维拉世界地质公园举行。会议的主题为通过创造性和积极性参与，实现地质公园健康、可持续发展。全球 120 家世界地质公园代表，以及联合国教科文组织官员、相关政府代表、科学家、学者 1000 余人参加会议。中国房山世界地质公园在会议上做"房山世界地质公园科普工作案例分析"演讲。会议期间，经联合国教科文组织世界地质公园网络执行局票决，中国房山世界地质公园获 2016 年度联合国教科文组织世界地质公园最佳实践奖。这是联合国教科文组织首次设立该奖项，旨在奖励在世界地质公园建设与管理上取得突出成就和为世界地质公园网络做出积极贡献的地质公园。

（王丽丽）

【中国房山世界地质公园与法国普罗旺斯世界地质公园签订姊妹公园协议】　10 月 1 日至 2 日，受联合国教科文组织世界地质公园网络执行局秘书长、法国普罗旺斯世界地质公园管理委员会主任盖·马提尼的邀请，中国房山世界地质公园对法国普罗旺斯世界地质公园进行互访交流，并与普罗旺斯世界地质公园签订姊妹公园协议。双方约定今后将在地质公园建设管理以及旅游、文化等领域开展全方位、多层次的交流与合作，共同促进地质公园的健康、可持续发展。同时，中国房山世界地质公园邀请法国迪涅市市长和普罗旺斯世界地质公园明年到房山世界地质公园进行考察交流。

（王丽丽）

【文博会房山分会场开幕】　10 月 21 日至 22 日，第十一届北京文博会房山分会场在超级蜂巢举办。作为此届北京文博会的重要组成部分，房山分会场由房山区委宣传部主办，集聚区办公室协办，北京天洋蜂巢科技有限公司承办。区委常委、宣传部部长赵佳琛出席并宣布分会场开幕，同时分享房山区文创产业的下一步规划及目标，并诚挚欢迎优秀企业走进房山，共同分享房山"文创产业红利"，共同成长、合作共赢。10 月 22 日为分会场公众免费开放日。

（贺泠淇　王艳华）

【文化创意产业协会筹备成立大会】　10 月 26 日，在绿地启航国际三期 11 号楼三层会议室召开房山区文化创意产业协会筹备成立大会，集聚区办公室领导及 31 家初始会员企业参加会议。会上通报协会前期筹备情况报告，宣读并审议通过《北京市房山区文化创意产业协会章程》《北京市房山区文化创意产业协会会费收取标准及管理办法》《北京市房山区文化创意产业协会选举办法》和协会视觉形象系统以及北京市房山区文化创意产业协会会长、副会长、秘书长、副秘书长、监事长、副监事长建议名单。随后，新当选的会长光合（北京）文化创意股份有限公司董事长赵兴朋，法人、监事长北京智慧长阳文化传媒有限责任公司董事长杨昆作表态发言。大会结束后，召开北京市房山区文化创意产业协会会长团与监事长团第一次会议，研究协会组织架构、职责分工等相关问题。

（贺泠淇　王艳华）

【参加第十一届中国北京国际文化创意产业博览会】　10 月 27 日，为期 4 天的第十一届中国北京国际文化创意产业博览会在中国国际展览中心开幕。房山展区以"生态宜居示范区 中关村南部创新城"为主题，突出展示近年来全区文化创意产业发展成果，集中亮相全区 10 个文化创意产业园区。在房山展区内，观众可以了解到房山区情、发展规划、文化创意产业优惠政策，领取由房山元素设计制作的创意纪念品，还可体验 VR 互动等活动。

（贺泠淇 王艳华）

【文化创意产业培训班】 10 月 31 日，由北京（房山）历史文化旅游集聚区管理办公室主办的"2016 年房山区文化创意产业培训班"开班，全区各乡镇（街道）主管文创的领导和文创企业高管共 120 人参加培训。该次培训内容理论性、针对性、实践性较强，包括开班前组织学员到北京文博会现场教学 1 天，课堂教学 5 天和课堂外的交流讨论。培训围绕贯彻创新驱动发展战略，推动房山区文化创意产业持续健康发展等内容展开，邀请国内著名高校和专业研究机构的专家、学者以及业内的资深人士授课，针对企业所关心关注的管理、营销、项目运作以及专项资金申报等方面热点进行详细解读。同时，聘请文创企业成功代表分享案例，传授经验。

（贺泠淇 王艳华）

【房山区文化创意产业促进中心成立】 11 月 9 日，房山区机构编制委员会办公室经研究并发文同意北京（房山）历史文化旅游集聚区发展促进中心更名为房山区文化创意产业促进中心，隶属关系由北京（房山）历史文化旅游集聚区规划建设管理办公室所属调整为房山区委宣传部所属。

（贺泠淇 王艳华）

【房山区小微文创企业发展专项资金评审汇报会】 11 月 10 日，文化创意产业领导小组办公会在区政府 426 会议室召开，会议听取集聚区办公室关于 2016 年房山区小微文创企业发展专项资金评审实施方案和初审结果的汇报，区委常委、宣传部部长赵佳琛，副区长曹蕾出席会议并讲话。会议要求各相关部门要进一步梳理评比标准，严格把关，确保专项资金用在"刀刃"上，充分发挥其支持、鼓励作用；在此基础上，由集聚区办公室和区财政局联合第三方评审机构，尽快确定评审结果，及时拨付财政资金，通过财政资金带动全区文创产业发展。

（贺泠淇）

【房山区与北京文投集团合作】 11 月 10 日，区委副书记、代区长陈清主持召开专题会，研究与北京文投集团合作方案，区委常委、常务副区长吴会杰，副区长曹蕾参加会议。区政府办、区发展改革委、区经济信息化委、区科委、区金融办、区集聚办、区国税局、区地税局、区财政局、区综合行政服务中心、长阳镇政府、北京市文化中心基金公司、房城投基金等单位主要领导参加会议。听取集聚区办公室"与北京文投集团合作方案"汇报，审议通过"文心房山文创产业发展基金组建方案"和"智慧长阳文创产业园运营方案"。

（贺泠淇 王艳华）

【"十三五"时期文化创意产业发展规划结题评审会】 12 月 22 日，房山区文化创意产业促进中心召开《北京市房山区"十三五"时期文化创意产业发展规划（2016—2020年）》结题评审会，魏鹏举、张京成、李昶、肖永亮、黄斌 5 名专家和中国传媒大学文化发展研究院参加。与会专家听取课题组汇报，并进行质询评议，专家组一致同意该规划结题。

（贺泠淇 王艳华）

中国北京农业生态谷

【嘉民电子商务园开工】　4月12日，嘉民电子商务园项目开工建设，项目位于园区E-04地块，占地18.47万平方米，总建筑面积约18万平方米，定位为高端电子商务模式。

（刘红怡）

【"V蓝·北京——我的环保日记"公益行动】4月22日是第47个"世界地球日"，首都文明办、市环保局、市志愿服务联合会、北京电台在中粮智慧农场联合开展的"V蓝·北京——我的环保日记"全媒体互动传播公益行动。中粮智慧农场作为此次"V蓝·北京——我的环保日记"全媒体互动传播公益行动的举办地，始终坚持绿色、生态、健康、环保的理念，为北京市民提供一个健康、环保的都市休闲度假目的地。

（刘红怡）

【2016年全国青少年高校科学营活动】　7月20日至21日，2016年全国青少年高校科学营活动中，来自北京营"粮农专题营"和常规营的学员到中粮智慧农场，探索智慧农业的神奇魅力。

（刘红怡）

农业与农村经济

综 述

2016 年，全区农林牧渔业总产值实现 38.2 亿元，同比下降 5.1%。其中，农业产值实现 18.0 亿元，同比增长 4.1%；林业产值实现 5.4 亿元，同比下降 20.2%；牧业产值实现 12.65 亿元，同比下降 10.1%；渔业产值实现 0.7 亿元，同比增长 4.6%；农林牧渔服务业产值实现 1.3 亿元，同比增长 0.5%。周口店镇黄山店村、南窖乡水峪村被农业部评为"全国最美休闲乡村"。营林造林面积 20.83 万亩，平原地区重点区域绿化 1898.2 亩，新增城市绿地 7.8 万平方米。加大河道生态治理，区管 16 条骨干河道全部防洪达标，4 条黑臭水体得到综合治理，大石河水环境综合治理 PPP 项目持续推进，"河长制"管理职责有效落实。落实"清洁空气行动计划"，完成"煤改电""煤改气"共计 14 个乡镇 90 个村 45324 户，优质型煤配送入户 17.3 万吨。启动青龙湖森林公园、长沟国家泉水湿地公园、琉璃河湿

地公园建设，打造长沟湿地"水岸花田"、韩村河"天开花海"、琉璃河"古桥荷苑"、周口店"迎风花谷"等景观农田 2 万亩。获评国家现代农业示范区、全国农产品质量安全示范区、国家农业科技园区、全国休闲农业与乡村旅游示范县称号。坚决清退农业领域小散低、高污染、高耗能产业，清理关闭禁止类 10 家畜牧养殖和 12 家水产养殖企业，六环以内基本禁绝种养产业。完成"两田"划定，确定基本农田 10 万亩，菜田 4.8 万亩。新增 3 家市级龙头企业，市级以上农业龙头企业达到 19 家，北京首诚航天农业生物科技有限公司、北京凯达恒业农业技术开发有限公司等 6 家企业获中关村高新技术企业称号。新增大石窝镇、周口店镇为北京都市型现代农业（高效农业）示范创建乡镇，全区示范创建乡镇数量达到 9 个。窦店镇河口村翠林花海辣椒获全国一村一品示范村称号，全区总数达到 8 家。新增"燕都中原""首诚""京一根"3 件北京市著名商标，全区北京市著名商标达到 12 件。北京利民恒华农业科技有限公司的"皇城货郎"电商平台获北京创新型农业电商及最受农民喜爱的十大农业电商称号；北京臻味坊食品有限公司的"臻味"电商平台获最受农民喜爱的十大农业电商称

号。"三品一标"认证数量增长到 245 家，位居全市首位。重点打造霞云岭绿海红歌沟域，新建峪壶峰、三水及林云山等 10 条登山步道，总数达 38 条，长度 300 公里。举办"一带一路"国际葡萄酒大赛。农村土地确权颁证涉及 18 个乡镇 258 个村，确权颁证土地面积 22 万亩。在周口店镇黄山店村、张坊镇穆家口村开展闲置农宅改造利用试点。房山区农业水价综合改革全国试点工作完成，建立"农业水量总控、提补奖相结合"改革创新模式。推进农业金融服务创新，启动《房山区 2016 年度农业担保贷款贴息实施方案》，投入 1000 万元资金用于开展农业担保贷款贴息，累计发放涉农贷款 23 笔，撬动社会资金 1.8 亿元。精准识别和建档立卡工作完成，确定低收入村 35 个、低收入农户 12854 户、低收入人口 29934 人。实施"七个一批"工程，精准施策、分类指导，确保 35 个低收入村、1.28 万户低收入户全部按时间节点消除，困难群众生活得到保障。推进政策性农业保险全覆盖，实现农民愿保尽保；组织实施"一事一议"奖补项目，涉及 19 个乡镇 61 个村集体 61 个项目；加大农村实用人才培养和新型农民培训，完成农产品产销服务平台建设，开通"房山农事通"手机 APP，扶持发展农民专业合作社、专业大户、家庭农场，建设农民专业合作社联合社。

（苗雨晴）

【新增 7 家市级农民专业合作社】 1 月，经专家组评审和市相关部门联合审定，房山区共有 7 家农民专业合作社被评为第四批北京市农民专业合作社示范社，分别是北京黄土坡种植专业合作社、北京金冠种植专业合作社、北京书平绿圃食用菌专业合作社、北京御蜂堂蜂业专业合作社、北京金利农机服务专业合作社、北京龙乡腾飞种植农民专业合作社联社、北京三岔民俗旅游专业合作社。

（苗雨晴）

【政策性农业保险工作部署会】 3 月 21 日，房山区召开 2016 年政策性农业保险工作部署会。区财政局、区农业局、区园林绿化局、区种植中心、区气象局相关负责人，各乡镇主管农业副乡镇长、农发办主任，各承保公司负责人和农险全体工作人员参加会议。2016 年，全区将开设政策性农业保险险种 26 个，其中纳入北京市统颁条款险种 25 个，创新特色险种 1 个。

（苗雨晴）

【生态建设议案办理工作会】 4 月 20 日，为进一步落实区七届人大五次会议确定的关于"加强生态文明建设，推动生态宜居示范区建设"议案，召开生态建设议案办理工作会。区人大常委会副主任任正宽、各成员单位负责人参加会议。会议对"加强生态文明建设，推动生态宜居示范区建设"议案进行情况说明，区农委领导对《房山区生态建设议案》办理工作进行安排部署。

（苗雨晴）

【新增 3 家市级农业产业化重点龙头企业】 5 月 4 日，北京市农业产业化工作会在首农香山会议中心召开。会议公布北京市第四批农业产业化重点龙头企业评定结果，房山区北京首诚航天农业生物科技有限公司、北京德润通农业科技发展有限公司、北京琦彩鸿农业发展有限公司 3 家企业获市级龙头企业认定。

（苗雨晴）

【2016 年农村工作会】 5 月 21 日，房山区召开农村工作会。区领导曾赞荣、陈清、唐淑荣、于波、吕守军、任正宽、卢国懿、赵永祥出席会议，区直单位、农口及基层站所、各乡镇（村）有关领导和农业企业、合作组织、保险公司、培训基地代表共 700 余

人参加会议。副区长卢国懿作题为《提升城乡发展一体化水平，努力服务"一区一城"新房山建设》的工作报告，总结回顾 2015 年"三农"工作，分析当前"三农"面临的形势，安排部署 2016 年工作。区委常委、统战部部长吕守军作题为《统筹城乡，合力攻坚，精准帮扶，推进低收入农户增收和低收入村发展》的低收入增收工作报告，会议传达中央、市关于低收入增收工作精神，分析低收入增收面临的形势，明确新一轮低收入增收工作思路及目标。区委、区政府与乡镇代表签订低收入农户增收及低收入村发展责任书。

（苗雨晴）

【农民培训和实用人才培训班】 6月6日至8日，由区委组织部、区农委共同组织的房山区 2016 年农民培训和实用人才培训班开班，该次培训主要针对涉及此项工作的组织部门和培训机构，重点围绕"三农"发展形势、创意农业、京津冀一体化、合作组织发展、美丽乡村建设进行专题培训。区农广校、区农机学校、区职业学校及农口各单位 100 余人参加培训。

（苗雨晴）

【新增3件涉农北京市著名商标】 6月14日，北京市工商局下发《北京市工商行政管理局关于认定谷雨等 199 件商标为 2015 年度北京市著名商标的通知》，其中房山区"燕都中原"食品商标、"首诚"植物饮料商标和"京一根"食品商标被认定为 2015 年度北京市著名商标。

（苗雨晴）

【2 家企业获北京十大农业电商称号】 6月16日，2016 年北京农业电商产业发展峰会暨最受喜爱的农业电商评选颁奖盛典在北京召开。北京利民恒华农业科技有限公司的"皇城货郎"电商平台获北京创新型农业电商及最受农民喜爱的十大农业电商称号；北京臻味坊食品有限公司的"臻味"电商平台获最受农民喜爱的十大农业电商称号。

（苗雨晴）

【"6·30"雹灾农业救灾工作部署会】 7月8日，房山区召开"6·30"雹灾农业救灾工作部署会。该次灾害造成房山区农业受灾面积 8.27 万亩，经济损失 1.3 亿元。为支持受灾镇、村、农户尽快恢复农业生产，市、区两级共划拨资金 2000 万元，用于农业生产救灾工作。

（苗雨晴）

【新增4家北京市休闲农业星级园区】 7月，在北京市休闲农业星级园区颁牌仪式上，房山区 4 家园区获评第二批北京市休闲农业星级园区。芦西园（北京泰华芦村种植专业合作社）为 5 星级园区，张坊野竹林生态园（北京珍奇苕苑养殖有限公司）为 4 星级园区，北京金冠果业采摘园（北京金冠果业有限公司）、张坊镇薰衣草庄园（北京爱琴海农业观光有限公司）为 3 星级园区。

（苗雨晴）

【河口村被评为全国一村一品示范村】 8月，农业部公布第六批全国一村一品示范村镇认定名单，窦店镇河口村（翠林花海辣椒）获全国一村一品示范村称号。

（苗雨晴）

【新增 2 个北京都市型现代农业示范创建乡镇】 9月，北京市农委公布第三批创建北京都市型现代农业（高效农业）示范乡镇名单，房山区大石窝镇、周口店镇获该项称号。

（苗雨晴）

【2个村获评"北京最美的乡村"】 10月，北京市委农工委发布 2015—2016 年"北京最美的乡村"评选结果，房山区周口店镇

黄山店村、蒲洼乡东村被评为"北京最美的乡村"。

（苗雨晴）

【房山展团参加第十四届中国国际农产品交易会】 11月8日，在云南昆明举办的第十四届中国国际农产品交易会上。房山展团现场贸易额5700万元，现场零售额50.2万元。北京德蜂堂健康科技有限公司"德蜂堂"蜂胶液获该届农交会金奖产品称号。

（苗雨晴）

【房山区获评"全国休闲农业与乡村旅游示范县"】 11月，农业部公布2016年全国休闲农业和乡村旅游示范县认定名单，房山区名列其中。

（苗雨晴）

【2园区获"全国五星级休闲农业园区"】 11月，农业部社会事业发展中心公布《2016年全国十佳休闲农庄、中国最美休闲农庄、星级示范企业创建名单》，房山区中粮智慧农场、莱恩堡酒庄获"全国五星级休闲农业园区"称号。

（苗雨晴）

【低收入农户和低收入村动态监测部署会】 12月28日，房山区召开"2016年低收入农户登记卡发放暨低收入农户和低收入村动态监测部署会"。23个乡镇（街道）主管镇长、科长和经管科科长参加会议。

（苗雨晴）

【低收入精准帮扶工作】 年内，区农委按照"稳定第一、实事求是、严格程序、严格标准、民主公开"原则，根据工作方案、时间节点开展精准识别工作。成立联合督察组，严格执行认定标准，在乡镇入户核查达到100%的基础上，聘请第三方公司按20%至30%入户抽查核实。印发《关于进一步推进低收入农户增收和低收入村发展的意见》，明确精准施策内容，细化帮扶措施，

建立低收入增收区级项目库，落实村级公益事业"一事一议"财政奖补项目优先安排低收入村，计划到2019年实现低收入村"一事一议"项目全覆盖。建立区级统筹、乡镇一把手负总责的领导机制和区领导包乡镇、委办局包村，民主党派、无党派、工商联、党代表、人大代表、政协委员、处级以上领导干部包户帮扶制度，同时把低收入增收工作落实情况作为党政一把手绩效考核的重要内容之一，双签责任书，实行双线考核。确保低收入农户人均可支配收入年增速高于全区农民平均水平，每年按不低于20%的比例减少低收入农户、低收入村。

（苗雨晴）

农村经济管理

【概况】 2016年，区经管站有序推进农村土地承包经营权确权登记颁证工作，组织召开全区农村土地承包经营权确权登记颁证工作电视电话动员会，对全区工作进行安排部署，印发《房山区农村土地承包经营权确权登记颁证工作方案》《房山区农村土地承包经营权确权登记颁证资金管理办法》，全区18个乡镇258个村开展该项工作，涉及土地面积22万亩，超过市级要求的任务目标。探索新经营主体建设，重点跟进良乡新型城市化示范区、张坊运动休闲小镇、霞云岭乡上石堡村"翻泉沟"休闲度假项目、青龙湖森林公园等项目建设中涉及农村集体资产的开发、利用及收益情况，撰写分析调研文章，录制访谈节目，逐步明晰农村集体资产"重构"的工作思路。推进村级集体

经济事项权力清单工作，完成西潞街道8个试点村的宣传工作，完成制作20集《房山区村集体经济事项权力清单》原创动画，编印下发《村级集体经济事项管理手册》和《房山区村集体经济事项权力清单》，累计培训镇、村干部和财务人员1751人次。通过组织培训、实地指导、入户核查加强业务指导，建立低收入电子档案，完成信息录入，布置低收入农户动态监测工作。为全面掌握"三资"监管情况，及时发现和解决"三资"监管中的突出问题，在2015年"三资"监管检查的基础上，重新划定145项审计重点及风险点，制定审计方案，外聘审计单位对全区23个乡镇34个村的"三资"监管情况进行审计，完成问题整改。编制"三资"监管员岗位说明书，建立统一的岗位职责。开展农村财务档案管理和财务规范落实情况的检查工作，印发《关于进一步加强农村集体经济审计工作的意见》，明确农村集体经济审计责任主体、审计重点以及相关结果的应用，首次提出鼓励政府外聘审计机构的，编印《农村集体经济审计操作规范》，为各项农村集体经济审计提供统一的内容规范和专业的技术指导。组织23个乡镇开展村干部任期和离任经济责任审计工作。依托"在线审计"系统，对财务公开数据进行审计。组织23个乡镇开展新型集体经济组织、村级组织正常运转专项补助资金审计、集体经济组织征地补偿费管理使用情况审计和村干部任期经济责任绩效考评工作。做好产权制度改革前期准备工作，对乡镇级集体经济组织及其所属机构设置、人员、组织登记情况，集体资产的管理与经营状况，集体企业经营规模情况等内容进行全面调查，完成村集体经济组织成员（股东）台账管理、备案工作。深化乡村集体经济体制改革，加强集体资产管理，方便农村集体经济组织作为经济主体身份开展各项经营活动，落实农村集体经济组织登记证书换证工作，完成对526家乡村两级集体经济组织换发加载"统一社会信用代码"新证书，成为农村集体经济组织的新"身份证"。开展"一事一议"财政奖补工作，2015年分两批共启动61个建设项目，项目总投资7058.29万元，建设项目主要集中在与民生直接相关的道路修建、村内排水等工程。接待群众来电来访151起454人次。受理土地承包纠纷19起，其中调解18起，正在履行仲裁程序1起；参与、指导乡镇纠纷调解员调解纠纷82起。完成"12345"非紧急救助转来信访复查案件22起。开展合作社"五化"建设工作，7家农民专业合作社被评为市级示范社，5家市级示范社成为全市合作社信用评价体系首批试点。举办合作社理事长培训班、合作社财务管理人员培训班，要求市级以上示范社、"五化"建设试点社要逐步使用该系统代替手工记账，力推财务电算化。完成"三资"监管平台升级改造的测试工作，举办农村管理信息化村级信息员培训班，对23个乡镇459个村的信息员进行业务培训。

（赵育嘉）

【"房山农经"微信公众号开通】 1月13日，区经管站官方微信号开通，公众只需搜索"房山农经"或通过二维码扫一扫即可关注。"房山农经"微信公众号是房山区经管站打造的新媒体宣传平台，立足"信息发布、政务服务、业务互动"的定位，紧贴经管工作职能，突出重点、聚焦热点、关注重点，及时、准确地发布经管部门服务农村经济发展、服务农民致富增收、深化农村改革、推进城乡一体化的相关信息。

（赵育嘉）

【春秋两季农民负担监督执法检查】 3月和9月，区经管站采取乡镇自查为主，区级组织抽查的方式，重点对涉农乱收费、村集体负担、2016 年村级公益事业专项补助资金拨付使用情况、"一事一议"筹资筹劳等工作进行检查，未发现超标收费、乱摊派及乱收费问题。同时发放新一轮的农民负担监督卡。

（赵育嘉）

【农村"三资"监管员任职培训】 4 月 19 日，区经管站举办农村集体"三资"监管员任职培训班。培训对象主要是各乡镇"三资"监管服务中心新增招的监管员和未参加区经管站组织的任职资格培训的现在岗人员。培训内容涉及农村集体资金、资产、资源监管的相关政策、法规，农村集体资金、资产、资源监管的方法程序及实际操作，农村财务管理、合同管理知识，农村经济审计实务等方面。

（赵育嘉）

【产权制度改革前期调查】 4 月至 5 月，区经管站开展对全区 23 个乡镇集体经济组织及其所属机构基本情况的专项调查工作，重点对乡镇级集体经济组织及其所属机构设置、人员、组织登记情况，集体资产的管理与经营状况，集体企业经营规模情况等内容进行调查。5 月底，完成村集体经济组织成员（股东）台账管理、备案工作。

（赵育嘉）

【农村土地承包经营权确权登记颁证】 5 月 12 日，区经管站召开全区农村土地承包经营权确权登记颁证工作电视电话动员会，按照先山区后平原逐个推进的思路，对全区工作进行安排部署，印发《房山区农村土地承包经营权确权登记颁证工作方案》《房山区农村土地承包经营权确权登记颁证资金管理办法》，成立房山区确权颁证工作领导小组，建立颁证事项会商机制，接受市农委和区人大的检查和指导。年内，全区 18 个乡镇 258 个村开展该项工作，涉及土地面积

22 万亩，超过市级要求的任务目标。

（赵育嘉）

【低收入精准识别及建档立卡工作完成】 5 月 20 日，区经管站召开低收入农户和低收入村精准识别及建档立卡工作部署会，对新一轮低收入农户确认工作进行部署。为确保工作顺利实施，编写《房山区低收入户、村识别工作方案》、工作手册、《房山区低收入档案管理办法》《房山区低收入农户登记卡发放工作实施方案》《房山区低收入工作监测实施方案》。通过组织培训、实地指导、入户核查加强业务指导。建立低收入电子档案，完成信息录入。撰写低收入农户及低收入村分析报告、《房山区低收入农户、低收入村情况调研报告》《房山区收入较低村调研报告》供区领导参考。

（赵育嘉）

【农村管理信息化村级培训】 5 月 23 日至 6 月 3 日，区经管站对全区各村信息员进行业务培训，培训内容主要包括北京市农村"三资"监管平台和北京市低收入农户建档立卡信息系统的具体应用及操作。

（赵育嘉）

【农村土地承包经营纠纷调解仲裁培训】 9 月中旬，区经管站举办全区农村土地承包经营纠纷调解仲裁培训班，培训的主要对象是区级仲裁员、各乡镇（街道）经管科长和农村土地承包纠纷调解员、合同管理员。培训班对调解仲裁业务、工作能力培养、调解技巧和有关法律法规等内容进行详细讲解。学员学习《中华人民共和国农村土地承包法》《中华人民共和国农村土地承包纠纷调解仲裁法》《农村土地承包经营纠纷仲裁规则》等法律法规，听取全国十佳仲裁员刘海亮传授的仲裁经验和调解技巧。农业部和市中级人民法院有关领导，分别从仲裁调解角度和依法办案角度，对

土地承包纠纷实际案例进行讲解。

（赵育嘉）

【农民专业合作社财务管理人员培训】 9月底，区经管站组织全区规模合作社财务管理人员、乡镇辅导员进行合作社规范建设的专题培训。主要对"北京市农民专业合作社综合管理系统"的应用进行讲解并开展实际操作练习，要求市级以上示范社、"五化"建设试点社要逐步使用该系统代替手工记账，力推财务电算化。针对合作社规范发展中现存的问题，安排合作社规范建设重点环节解析及案例分析、如何规范档案管理、各类报表专题解析、经验交流等内容。

（赵育嘉）

【印发《关于加强农村集体经济审计工作的意见》】 11月中旬，区委办、政府办印发《关于加强农村集体经济审计工作的意见》。意见以明确部门职责、强化审计发现问题的整改、重视审计结果应用、严肃审计问题移交等为主要内容，在审计的体制机制上有所突破，同时实现审计监督、审计结果应用、执纪问责等方面的常态化。

（赵育嘉）

【5家市级示范社成为全市合作社信用评价体系首批试点】 12月7日，北京市召开农民专业合作社信用评价体系建设项目暨首批试点启动大会，房山区周庄慧田、御蜂堂、书平绿圃、韩继养殖、金立农机5家市级示范社成为首批试点。

（赵育嘉）

【"一事一议"财政奖补项目完成】 年内，全区共确定61个"一事一议"财政奖补项目（含美丽乡村项目21个），投资总额7058.29万元，其中财政奖补资金6638.78万元，村级自筹419.51元。12月，51个项目完成三级验收，其余10个项目因天气等原因预计2018年完成施工。完成路面硬化8.4公里，新建及整修排水沟10.1公里，铺设排水管道5.56公里，新修护坡4.5公里，新修小型沉淀池雨水井504座，新增垃圾池8座，绿化及新增草坪2000平方米。

（赵育嘉）

【农村集体资产"重构"】 年内，区经管站为探索新经营主体组建工作，重点参与西潞街道北三村新经营主体构建设计、特色小镇重点项目的建议及指导；到丰台、通州等区交流学习，拓宽对新型经营主体的认识；整理汇编17篇资产经营典型案例；撰写《关于农村集体资产重构的实践与思考》《关于房山区新型城镇化建设中几个问题的认识》等6篇调研文章，完成《农村集体资产重构路线图》；与房山电视台合作制作《新引擎》《农村集体资产"重构"访谈》。

（赵育嘉）

【推进村级集体经济事项权力清单】 年内，区经管站为进一步明晰村干部在经济事项中的权力和责任，明确权利边界，推进权力清单工作，编印下发《村级集体经济事项管理手册》《房山区村集体经济事项权力清单》，制作20集《房山区村集体经济事项权力清单》原创动画，完成西潞街道8个权力清单试点村的宣教工作。对全区镇、村干部和财务人员1751人次进行培训。年底，部署全区权力清单推进工作。

（赵育嘉）

【化解农村土地承包矛盾纠纷】 年内，区经管站受理土地承包纠纷19起，其中调解18起，正在履行仲裁程序1起；参与、指导乡镇纠纷调解员调解纠纷82起。完成"12345"非紧急救助案件22起。

（赵育嘉）

种植业

【概况】 2016年，全区粮食播种面积16万亩；粮食总产量56379.1吨，其中夏粮14521.9吨，秋粮41857.2吨。食用菌栽培面积5548亩，总产量24754.5吨，产值3.17亿元。蔬菜播种面积6.76万亩，总产量15.5万吨，产值3.31亿元。62所农民田间学校共计开展培训、观摩、技术交流和现场指导等活动620余次，惠及农户1.21万人次。开展新型农民培训120余期6000余人次。开展科技下乡、科普赶集等活动22次，惠及农户2100人次。农作物病虫害统防统治覆盖率达到36%，测土配方施肥技术物化落地率达到90%，"三品"基地督导检查、产地环境和产品监测覆盖率均达100%。在窦店、琉璃河等乡镇打造永久性小麦籽种生产繁育基地，以窦店镇2万亩旱涝保收高标准农田示范区为核心，辐射全区全面落实节水技术。完成京津风沙源0.65万亩人工种草治理项目和小麦、玉米直补面积的审核上报工作。基本菜田补贴创建类项目建设完成，北京颐景园种植专业合作社被确定为2016年农业部蔬菜标准化基地创建单位。城市农业主要围绕"一老（养老院）、一小（幼儿园）、一社区（大中型社区）"开展农业服务工作，项目对接单位为房山区域内大中型社区20余家、幼儿园10余家、养老院2家、老年餐车进社区27家、成教中心、孤儿院、救助站等。羊肚菌引进种植成功。邀请市农林科学院、市农业技术推广站等对食用菌企业开展技术指导、服务和培训。完成《中药材产业发展指导意见》，采用"公司+基地+农户"产业化运作模式，加大对订单中药种植，着力培养和支持农民专业合作社，提高药农组织化程度。

（蔡晓文）

【首次引进羊肚菌栽培成功】 2月，区种植中心农科所在琉璃河镇石村海龙食用菌种植基地，首次试验种植羊肚菌，引进3个优良羊肚菌菌株，2015年12月播种，经过70多天的栽培，于2016年2月中旬出菇，10余天后能够采摘。羊肚菌，其菇体上部呈褶皱网状，既像个蜂巢，也像个羊肚，因而得名，是一种珍稀的食、药两用真菌，被收录在李时珍《本草纲目》中，羊肚菌"性平、味甘"，具有益肠胃、消化助食、化痰理气、补肾、壮阳、补脑、提神之功能。

（赵娜）

【参加第二届北京草莓之星评选活动】 3月9日，在第二届北京草莓之星评选活动中，京郊53家草莓种植园的参赛选手参加评选，参赛草莓样品共有101个，包括51个草莓果品、30个新品种、12个草莓包装和8个深加工产品。房山区推荐3个园区参加果品和创意产品2项区域的评选，参赛果品品种为"红颜"；创意产品是草莓酱。经过角逐，房山区的北京中天洋森农业科技发展有限公司获"五星奖"，北京龙乡杰合鹏种植中心获"优秀奖""加工创意展品奖"。

（赵娜）

【林下中草药除草剂筛选试验】 4月27日，区植保站开展林下中草药除草剂筛选试验。试验在石楼镇草根堂中草药种植基地进行，主要针对林下中草药草害发生地块进行试验，该次试验使用不同除草剂防治阔叶性杂草，查看防治效果的同时对林下中草药进行药后检测，以做出保证中草药品质的同时筛选出高效的除草药剂。同时，还为基地提供生物、植物源杀虫剂以及物理防治杂草的黑色地膜，并与基地负责人交流在种植中草药过程中病虫害发生情况。

（赵娜）

【窦店村二农场小麦亩产 673.8 公斤】 6 月 17 日，区种植中心农科所邀请北京市农业技术推广站专家对窦店镇窦店村二农场的小麦进行实收测产，该籽种示范田经收割机实收测产 3.525 亩，平均亩产达到 673.8 公斤，仅次于 2014 年创造的最高纪录 681.8 公斤，也是北纬 40° 地区小麦单产历史第二高。

（赵娜）

【释放生物天敌防治玉米螟现场会】 7 月 25 日，区植保站在窦店镇窦店村开展释放生物天敌防治玉米螟现场会，技术人员现场向农户讲解赤眼蜂投放方法，"以虫治虫"。区植保站在窦店镇、琉璃河镇、石楼镇等 8 个玉米主要种植乡镇开展统防统治，共释放 5 亿头松毛虫赤眼蜂，有效控制区内二代玉米螟发生危害，同时减少农药使用量。

（赵娜）

【秋收工作】 截至 10 月 9 日，房山区完成 11.1 万亩秋收工作，秋种面积 3.06 万亩。区种植中心组织技术人员到乡镇指导种植户做好收、种工作，投入优质小麦种子 70 万公斤，化肥 1050 吨，秋播小麦杀菌剂、杀虫剂等拌种农药 2.8 吨；投入各类农机具 1100 台件。

（赵娜）

【5 个区联合开展农机事故应急处理演练】 11 月 4 日，区种植业服务中心联合大兴、丰台、门头沟和石景山 4 个区的农机监理部门，在琉璃河镇庄头村开展农机事故应急处理现场演练活动。5 个区的农机监理部门 17 人参加，分成 2 组，采取现场实际操作的形式，模拟农机监理部门接到报案后，启动四

级应急响应的过程。各应急小组成员奔赴现场，按照各自职责开展伤员救护、事故现场隔离以及后续的事故现场勘查等工作，现场演练持续 100 分钟。

（赵娜）

【市人大代表视察京西贡米保护区】 11 月 23 日，市人大代表中国科学院地理科学与资源研究所研究员闵庆文、市农业局及中科院地理所相关负责人视察房山区京西贡米保护区建设情况。区人大常委会副主任任正宽，区农委、区财政局、区种植中心等单位领导以及大石窝、石楼、长沟、十渡保护区有关领导陪同视察。闵庆文一行首先对大石窝镇高庄村保护区现场视察，随后就房山区京贡米文化遗产保护与发展情况进行座谈。区种植中心就房山区对保护区的保护管理情况及下一步工作打算进行详细汇报，区直单位从各自的职能出发提出保护区管理意见，核心保护区各乡镇也结合各地实际谈了保护与发展工作的开展情况。闵庆文对房山区在遗产地保护管理以及发展方面所做的工作给予肯定，同时对下一步工作提出指导意见。

（赵娜）

养殖业

【概况】 2016 年，房山区牧业产值 12.6 亿元，同比下降 10.1%。全区备案的规模畜禽养殖场 151 家。渔业产值 7184.0 万元，同比增长 4.6%；渔业养殖面积 4115 亩。加快优化农业产业结构，清理低端。制定《房山区农业局关于养殖业清退、疏解工作的指导意见》，

完成禁止类中高耗水、高污染的 10 家畜牧养殖和 12 家水产养殖企业的关闭清理任务。房山区人民政府关于印发《房山区畜禽养殖禁养区划定方案的通知》，将周口店孙玉山养殖场（禁养区仅此一家）内所有畜禽全部清除。在周口店、琉璃河等 6 个乡镇的 10 家规模养殖场开展粪污治理项目，采用厌氧发酵沼气模式处理，投产后 10 家规模养殖场每年共可节约用水 2 万吨，新增污水处理能力 2.4 万吨。在长阳、石楼等乡镇的 23 家养殖场开展规模畜禽场种业提升建设项目，通过配备自动化喂料、环境控制等设施设备，提高养殖场标准化生产水平。落实基本菜田补贴。制定《房山区 2015 年度基本菜田蔬菜生产补贴实施方案》并召开工作会，全区共发放菜田补贴 2215.22 万元，补贴面积 4.11 万亩。通过农业部考核组对房山区"国家农产品质量安全示范县"的复审工作。推进"三品"认证和标准化基地建设。完成"三品一标"认证、换证、扩项 70 家，使"三品一标"认证率达到 56.3%。对全区 215 家农业标准化基地开展备案工作，实施动态管理。全年新建市优级标准化基地 25 家、区级标准化基地 20 家、北京市全程农产品质量安全标准化基地 2 家。为强化源头治理，将全区 37 家种养殖基地和 30 家农资经营店纳入监管平台，逐步实现"区—乡镇—基地"三级信息数据的传输以及农业投入品使用、流通的信息化监管。实施本土农产品安全品牌战略。落实"房山区初级农产品加工能力提升项目"和"农产品品牌店建设项目"，在北京利民恒华农业科技有限公司和北京中科天利水产科技有限公司两家企业建设完成蔬菜初加工生产线和鱼子酱加工生产线，在北京卓宸清真食有限公司、北京燕都利民屠宰有限公司等重点农产品生产加工企业新建 24 个"房山农业"安全农产品直销品牌店，健全产加销一体化机制，打造

房山区优质农产品品牌。加大执法宣传力度。投资 1368 万元完成农产品质量安全综合质监站改造提升项目，可开展种养殖环境检测、药残检测等 300 余项；制定《2016 年农产品质量安全检测计划》，共完成检测任务 3 万余个，配合市局抽检样品 772 个。以《2016 年农产品质量安全专项整治方案》等 9 个整治方案为抓手，出动执法人员 2700 余人次，行政处罚立案 30 起，罚没款 6.82 万元。加快生态节水农业发展，持续开展增殖放流。在青龙湖等乡镇 5000 余亩自然水域投放鲢鱼、鳙鱼等优质苗种 45.5 万尾；在 1000 平方米的水面上实施"生物浮床净水技术"，净化水体，美化环境。加快产业提档升级。成功申报北京中科天利水产科技有限公司国家鲟鱼高效节水养殖标准化示范区（水产行业北京市唯一一家）；在 3 家渔业企业和 5 家设施农业园开展休闲农业改造提升项目，拓展农业休闲功能。发展节水农业，完成琉璃河 2 家渔业企业及广阳大地、慧欣恒泰等 5 个设施农业园区的节水改造，推进农业生产高效节水。强化动物防疫工作，强化动物防疫监管。开展牲畜口蹄疫等 6 种重大动物疫病强制免疫 485.06 万羽（只），动物疫病监测 22.86 万羽（只），猪丹毒等 17 种指导性免疫 810.2 万头（只、羽、条）次，各类动物的免疫密度均达到应免动物的 100%；产地、屠宰检疫动物 4149.4 万头（只），实现产地、屠宰检疫率 100%；检查消毒进京运输动物及动物产品 3 万余车次，检查动物 373.1 万头（只）、动物产品 5.4 万吨，确保首都地区动物食品安全。强化病死动物无害化处理。在备案规模养猪场建设 77 个病死动物收集库、15 个大型冷冻冰柜，第一批 23 个规模养殖场冷库建设项目完成验收。强化动物防疫体系建设，完成长阳等 7 个防疫站、琉璃河官方兽医室和区疫控中心的基础设施建设。培养新型农民队伍，

加大新型农民培训力度。以田间学校、创新团队为平台，开展现代经营理念、高效节水农业等知识培训4200余人次，发放技术资料6000余份，咨询服务4500余人次，解决农民技术难题500余个。通过开展科技下乡、一对一服务等形式，不断提升农民生产管理水平。开展科技示范户培养。通过实施基层农技推广体系改革与建设补助项目，以蔬菜、食用菌和精品渔业为切入点，培育科技示范户240户，培训种养殖大户2000人次，推广主导品种20个，技术13项。提升全科农业技术人员为农服务水平。通过实地观摩、经验交流等方式，培训农业技术人员近千人次。同时，创建短信平台和农业科技网络书屋，通过向全科农技员及时发送自然灾害预警、应时应季病虫害防治等信息，全方位提升为农服务水平。

（郑宇）

【启动生猪全链条可追溯标签项目】 3月2日，生猪可追溯标签项目实施，对于建立生猪全产业链可追溯体系具有重要作用，可以有效遏制生猪养殖、屠宰、加工、销售等各个环节中存在的饲用抗生素残留、注水猪肉、病死猪肉等问题。房山区作为北京市农业局该项目的试点单位，区动监所加强对生猪供应商的动员、培训工作，并逐步完善其信息登记备案工作。在生猪屠宰企业——北京燕都立民屠宰有限公司安装溯源设备，严格履行把关作用，对无全链条可追溯标签进厂的生猪，将视情况一律拒收。在窦店、琉璃河公路动物防疫监督检查站试点安装标签扫描设备，加强对供应北京生猪查证、验物、车辆消毒和签章准入，按照"预防为主、风险管理、严格准入、强化监管"原则，对检查结果不符合要求的，不予签章准入。

（郑宇）

【设施蔬菜园区高效节水改造项目启动】区农业局联合区水务局、区种植业服务中心整合部门资源优势，建成惠欣恒泰、中天洋森等5家设施蔬菜高效节水示范园区。3月11日，联合召开设施蔬菜园区节水改造座谈会。会议首先参观北京慧田蔬菜种植专业合作社蔬菜生产情况，特别是2015年实施节水改造后的节水效果，为开展节水改造的基地提供借鉴。会上，各基地均介绍各自基地的生产情况及改造需求。区水务局、区种植业服务中心等负责人表示将根据基地提出的节水改造需求，完善方案，在项目开展过程中扬长避短，力争使改造后的节水设备及节水技术能最大限度服务于基地的蔬菜生产，提高生产效率。

（郑宇）

【农产品质量安全信息化监管平台建设项目启动】 3月，区农业局启动农产品质量安全信息化监管平台建设项目，该项目投入资金590万元，积极探索农产品质量安全信息化监管工作模式，构建房山区区级、乡镇和生产基地三级农产品质量安全信息化监管系统，通过相关软件开发和硬件设备配备，实现三级信息数据的实时传输，以实现对农产品生产与流通全过程的监管，逐步实现农产品质量安全监管数字化、信息化和便捷化，进一步提升农产品质量安全监管水平。项目已完成37家种植养殖基地和30家农资经营店的建设任务。

（郑宇）

【清理河道违法网具专项行动】 4月19日，区农业局渔政站联合区水务局水政监察大队对拒马河流域开展"清理河道违法网具专项行动"。该次行动，共出动渔政、水政执法人员9人次，执法车3辆。检查中，执法人员发现违法捕捞工具地笼400余米，均已打捞上岸并就地销毁，渔获物当场放生。同时，向周边村民宣传相关法律法规，提高全民知法、守法意识。

（郑宇）

【推广"中草药"防治鱼病技术】 4月25日，区农业局水产技术推广站开展"中草药"防治鱼病技术推广工作。技术人员在石楼镇、琉璃河镇、河北镇、窦店镇等发放中草药制剂400公斤，推广水面面积645.5亩。并对中草药的使用方法进行讲解，下发使用说明。实践证明，应用中草药制剂可有效预防鱼病发生，降低水环境污染，减少换水量，达到节水目的。该项技术的推广能够引导养殖户科学用药，增强无公害用药意识，有效保障水产品质量安全。

（郑宇）

【狂犬病强制免疫】 5月1日至7月10日，实施狂犬病强制免疫工作，分为调查摸底、广泛宣传、集中免疫、单位自查4个阶段。区农业局下发《关于开展2016年狂犬病强制免疫工作的通知》，由区动物疫病预防控制中心提供疫苗、抗体监测评价，区动物卫生监督所负责监督管理，各乡镇负责组织，各基层动物防疫站具体实施，对所有犬只实施狂犬病疫苗全面免疫。对于已接种狂犬病疫苗的犬只，配发和加挂免疫标识，发放《北京市犬只狂犬病免疫证明》，并且将接种后犬只的免疫信息及时上传到北京市犬防疫信息管理平台，及时掌握全区狂犬病免疫数据和犬防疫基础信息。在狂犬病强制免疫工作过程中，区农业局采用广播、横幅、展板、宣传页等宣传方式，宣传狂犬病的危害、防治知识以及相关法律法规，在全社会营造狂犬病防控全民参与、人人有责的良好氛围。同时，区农业局为全区从事防疫的工作人员和村级动物防疫员购买意外伤害保险，减少在防疫过程中由于犬抓伤咬伤造成的经济损失。

（郑宇）

【推广渔业微生态制剂应用】 5月12日，区农业局水产技术推广站在石楼镇吉羊村"北京现代渔业创新园"举办微生态制剂应用现场会。技术人员现场讲解微生态制剂的作用原理和使用方法，并现场演示、答疑解惑。为石楼镇、琉璃河镇、窦店镇、十渡镇的40家养殖户发放微生态制剂250公斤，推广水面面积约1250亩。

（郑宇）

【兽药实现"二维码"溯源管理】 5月16日，区农业局动监所举办兽药行业二维码追溯体系培训会。对《兽药管理条例》《中华人民共和国农业部公告 第2210号》等法律法规进行解读，要求4家兽药生产单位在规定时限内完成兽药产品的赋码、扫码，及时、准确上传产品信息。执法人员现场指导养殖者，如何通过手机APP扫描兽药包装上"二维码"，以辨别真伪及查询产品相关基础信息。

（郑宇）

【推广站示范匙吻鲟养殖】 5月23日，为加大名优品种推广力度，进一步调整房山区水产养殖结构，区农业局水产技术推广站示范推广养殖匙吻鲟3000尾，平均规格8至10厘米/尾。分别在石楼镇北京大路广翼水产研究中心、北京现代渔业创新园及琉璃河镇赵德旺养殖场，以精养和套养两种模式开展养殖示范工作。

（郑宇）

【2016年农业部水产品抽检工作完成】 5月24日，农业部水产种质监督检验测试中心（江西分中心）对房山区进行产地水产品质量安全抽样检测，市、区渔政站执法人员一同参加抽检工作。该次抽检范围涉及全区5个水产养殖单位，现场抽取10个样本，其中草鱼样本4个、鲤鱼样本6个，抽检人员将每个样本分成正、副样本，分别为检测样本和备检样本，每个样本由抽检人员、渔

政执法人员和养殖单位负责人签字后现场封存备检。

（郑宇）

【兽用疫苗专项整治活动】 5月24日，区动物卫生监督所开展全区兽用疫苗专项整治活动。该次专项整治活动实行属地管理，针对本辖区内兽用疫苗经营企业、动物诊疗机构及规模养殖企业进行拉网式排查。执法人员通过查看养殖档案、疫苗仓库、仓储设备及疫苗购进发票和使用记录等，检查企业是否存在经营无产品批准文号、走私进口、过期失效疫苗和"自家苗"，或无兽药经营许可证、超范围经营疫苗等违法行为。未发现兽用疫苗在经营中有如上违法行为出现。

（郑宇）

【农资打假专项治理行动】 5月，区动物卫生监督所开展农资打假专项治理行动。通过严格市场准入、加强市场监管、加强质量监督抽检、强化案件查处、开展放心农资下乡进村、建设诚信责任体系、推进社会共治7项工作，加强对重点品种、重点时段、重点区域、重点对象的监管力度，实现农资生产经营单位现场检查覆盖率达到100%，重大假劣农资案件查处率达到100%，假劣农资投诉举报案件查处率和反馈率达到100%，上级督办案件查处率达到100%，涉嫌犯罪案件移送率达到100%。

（郑宇）

【农产品质量安全暨农业标准化工作培训班】 6月2日，区农业局举办农产品质量安全暨农业标准化工作培训班，全区23个乡镇（街道）相关工作人员、部分获农业标准化基地称号的生产企业或合作社负责人、全科农业技术人员等近300人参加培训。培训班为学员讲授"关于农业标准化基地农业标准体系的制作与更新""房山区农产品质量安全

形势与任务""新形势下农业发展与特点"等课程。

（郑宇）

【养犬管理联合督导检查】 6月20日，房山区开展养犬管理联合督导检查工作。督导检查组由公安、农业执法、工商行政管理、城管组成，分4组对房山区养犬登记、年检、无证养犬、免疫、检疫等工作进行督导。督导组首先听取区养犬联席会议办公室成员单位区治安支队、区农业局、房山工商分局、区城管执法监察局和属地政府、派出所、动物防疫站等部门工作汇报，对档案材料进行查阅，并到大石窝、佛子庄、拱辰、城关等派出所、动物防疫站和相关村委会进行实地检查。区养犬管理联合督导检查组充分肯定房山区养犬年检、免疫等各项工作。

（郑宇）

【"安全生产月"主题宣传活动】 6月21日，区农业局开展"安全生产月"主题活动。石楼镇、琉璃河镇、区动物卫生监督所、区渔政站等单位参加活动。主题活动包括宣传及应急演练两部分。宣传活动在石楼镇吉羊村举行，以"强化红线意识，护航安全房山"为主题，宣讲市、区关于安全生产工作系列指示精神及安全生产法律法规，普及畜禽、水产、蔬菜3个行业生产过程中的安全生产常识及相关注意事项，活动共悬挂横幅5条，发放农业安全知识、动物疫病预防、食品安全等各类手册、宣传单2000余份，为群众提供政策法规、安全常识、防护用品使用等方面的咨询服务100余人次。"设施农业防汛应急演练活动"在琉璃河镇东南召村惠欣恒泰设施观光园举行，内容涉及极端天气应急预警信息发布、应急响应、启动防汛应急预案、防汛救灾等。通过防汛演练，对农业系统防汛物资储备、隐患排查、预警信息

发布、应急响应等各项工作进行大检查。

（郑宇）

【应对冰雹灾害】 6月30日凌晨，房山区部分乡镇出现雷雨及短时冰雹天气。据初步统计，农业受灾面积8.27万亩，琉璃河镇、窦店镇、长阳镇部分村受灾比较严重，林果业、设施农业、露地蔬菜、粮食作物受灾面积较大。冰雹灾情发生后，区农业局立即行动，奔赴受灾现场，了解灾情，并指导当地农民开展生产自救，力争把损失减少到最低程度。根据受灾实际情况，区农业局采取应对措施，进行分类指导，提出相关技术措施。设施农业棚膜严重损坏的，要及时更换；玉米、蔬菜受灾严重的，及时补种；轻度受损的，及时进行田间菜秧整理、修复，适时中耕松土和培土，增加土壤通透性，适当追肥，促进蔬菜生长。提醒菜农密切关注近期天气变化，做好生产设施加固，避免暴雨、大风天气造成二次灾害。提醒广大农户与保险公司联系，评估灾情，留存资料，符合条件的进行定损理赔，减少灾害损失。

（郑宇）

【推广优质锦鲤养殖】 6月，区农业局水产技术推广站引进锦鲤水花100万尾，分别在石楼镇、窦店镇、琉璃河镇开展养殖推广工作，并定期深入养殖场提供技术指导。区水产技术推广站结合养殖户需求和市场状况，与北京市观赏鱼创新团队开展合作，引进推广优质锦鲤苗种，逐步形成本地区特色的养殖品种，提升观赏鱼产业经济效益，为房山区休闲渔业发展奠定基础。

（郑宇）

【一例行政处罚案卷获农业部典型案件】 7月6日，农业部办公厅下发《关于2015年度查处兽药违法行为典型案件的通报》，对2015年度兽药违法行为查处工作成绩突出的兽医管理部门予以通报表扬，"房山区

农业局查处××种猪有限公司使用假兽药案"位列其中。区动物卫生监督所自2009年成立以来，认真履行兽药监管职责，严格贯彻落实《兽药管理条例》及农业部公告第2071号中从重处罚要求，加大兽药监督执法力度，从重处罚触及红线、底线的违法行为。截至2016年年底，共查处兽药违法行为15起，罚没款金额共计11万元，销毁假劣兽药258.5公斤。

（郑宇）

【加大渔政执法力度保汛期安全】 7月下旬，房山区普降大到暴雨，河水水位暴涨，不少水库、河道周边村民不顾安全进行违法捕捞，严重威胁人民群众生命财产安全。为保证安全度汛，区农业局渔政站联合区水政监察大队、公安派出所和相关乡镇政府有关部门对辖区内拒马河、大石河、小清河、崇青水库等自然水域开展联合执法巡查。检查中现场查获违法捕捞工具地笼120米，阻止劝退垂钓人员200余人，发放宣传告知材料100份。同时区农业局通过电视、报刊、网络等形式提醒广大市民，汛期河水水位上涨，请不要进入河道、水库从事捕捞活动。

（郑宇）

【生态浮床技术推广】 7月，区农业局水产技术推广站在石楼镇、良乡镇、窦店镇推广"生态浮床治理池塘富营养化"技术，应用面积960平方米，栽培空心菜、千屈菜、美人蕉、水生鸢尾等水生蔬菜、花卉3.5万株。

（郑宇）

【生鲜乳专项整治行动】 8月19日，区动物卫生监督所开展为期20天的生鲜乳专项整治行动。严格按照《中华人民共和国动物防疫法》《乳品质量安全监督管理条例》等法律法规规定，专项行动以规模养殖场及生鲜

乳运输车辆为检查重点，采取日常检查、不定期巡查、监督抽查等监管方式，对11家规模奶牛养殖场的基础设施、人员资质、规章制度、档案记录、防疫条件、免疫情况、卫生条件、检测手段、运输车辆的驾驶员资质、车辆运载能力、运输范围、冷藏、卫生条件等方面进行监督检查和指导。此次专项整治行动，共出动执法人员40人次、车辆15辆次，检查规模奶牛养殖场11家、生鲜乳运输车14辆，养殖场和运输车辆检查覆盖率达到100%。养殖及运输车辆抽检生鲜乳32批次，监测合格率达100%，未发现有非法添加违禁物质行为，生鲜乳质量安全总体良好。

（郑宇）

【屠宰企业"瘦肉精"专项风险监测】 8月25日至9月15日，区动物卫生监督所开展屠宰环节"瘦肉精"风险监测工作。该项工作依照《动物及动物产品兽药残留监控抽样规范》，严格任务细化分工、责任落实到人，对北京燕都利民屠宰有限公司、北京卓宸清真食品有限公司、北京窦店益生清真食品有限公司进行现场采样，共采集待宰生猪、牛、羊尿样900份，重点对"瘦肉精"3项盐酸克伦特罗、莱克多巴胺、沙丁胺醇实施官方检测。通过检测，样品合格率100%。同时，指定专人作为专项监督检测联络员，将该次检测结果上报市级动物卫生监督部门。

（郑宇）

【2015年度基本菜田蔬菜生产补贴工作会】 8月30日，房山区召开2015年度基本菜田蔬菜生产补贴工作会，副区长卢国懿及区农委、区农业局、区财政局、区种植业服务中心领导出席会议，23个乡镇的主管领导及农业科科长参加会议。会议通报全区2015年度基本菜田蔬菜生产补贴工作情况，传达北京市"两田"补划会议精神。会议强调，2015

年度全区共申报菜田补贴面积4.1万亩，其中露地菜田2万亩（含蔬菜工厂化折合面积），设施菜田2.1万亩。覆盖全区20个乡镇400余个村，补贴资金2215.2万元，惠及全区广大蔬菜生产者。

（郑宇）

【房山区通过创建全国农产品质量安全区县核查】 9月14日，农业部、北京市农业局的11名专家到房山区核查创建全国农产品质量安全县工作。副区长卢国懿及区农委、区农业局、区种植中心、区食品药品监管局、区质监局主要领导参加检查。考评组对房山区区级农产品监测站、泰华芦村种植专业合作社等单位进行现场检查，听取区农业局的创建工作汇报。房山区考评的所有关键项均符合要求，考核总分为97.6分，专家组一致建议通过全国农产品质量安全区县核查。

（郑宇）

【20家农业标准化基地通过验收】 10月13日，区农业局、区质监局、区园林绿化局等单位组成联合验收组，对房山区2016年申报的20家（其中种植业12家、畜牧业6家、水产业2家）农业标准化基地的创建情况进行考核验收。区农业局为各创建单位配备电脑、打印机、档案柜、投影仪、培训桌椅、摄像头等办公设备，设立橱窗，建立健全各项制度并上墙明示。验收组依据区级农业标准化基地的建设要求，对各建设单位的组织管理、标准体系建立、标准的贯彻实施等情况进行现场检查，审阅标准体系文本、生产记录等相关资料，听取项目单位负责人关于项目建设情况的汇报。验收组同意20家创建单位通过验收。

（郑宇）

【秋季动物防疫工作完成】 10月中旬，区农业局完成秋季动物防疫工作。完成禽流感、口蹄疫等 7 种重大动物疫病强制免疫 118.47 万只（头、羽）次，开展新城疫、猪丹毒等指导性免疫 133.71 万只（头、羽）次；加强动物疫病科学监测，随机采集畜禽血样 6019 份进行疫病监测，对监测不达标的场户，及时下发补免通知单督促其进行补免，秋防期间共发放检验报告 135 份、补免通知单 87 份；开展流行病学调查，实地走访养殖户 2120 个，查看奶牛 1.2 万头、猪 16.8 万头、羊 6.9 万只、禽类 38.4 万羽，出具流行病学调查报告 1322 份；开展养殖环境治理，技术人员对辖区内 7772 个养殖场（户）开展集中消毒，共发放消毒药 4 种 9.3 吨，消毒面积 1903.2 万平方米，进行统一灭鼠，共计发放鼠药溴敌隆 910 公斤。

（郑宇）

【增殖放流工作结束】 11 月 2 日，区渔政监督管理站完成 2016 年度增殖放流工作任务，同时全程负责放流苗种的检查、验收，确保放流苗种质量。本年度增殖放流水域为崇青水库、龙门口水库、龙泉湖等 6 处水域，共 5000 余亩水面，共投放鲢鱼、鳙鱼、草鱼、鲂鱼优质苗种 4.55 万公斤，成活率达到 99% 以上。整个放流工作在区渔政站的监督检查下，完全依照程序进行，充分保证将优质苗种投放到放流水域。

（郑宇）

水 务

【概况】 2016 年，区水务局进行河道、治污、供水、农水等工程项目建设，完成社会固定资产投资 16.1 亿元；全区用水总量控制在 29054 万立方米，其中新水用量 24015 万立方米，万元 GDP 水耗同比下降 6.55%；污水处理率达到 80.52%，再生水利用量 4800 万立方米；累计治河 197 公里，区管 16 条骨干河道全部防洪达标，并在"7·20"特大暴雨中发挥基础保障作用；治理水土流失面积 20 公里。确保全年水务重点工程建设稳步推进：完成三、四阶段拒马河下游段等 5 条河、41.2 公里防洪主体建设；完成周口店镇、河北镇 2 座再生水厂及 1 座区级污泥处置中心工程的建设并投产使用，全区污水处理厂由 2012 年 9 座增加到 16 座，污水处理能力达到 27.8 万立方米/日，污水处理率由 2012 年的 71.32% 提高到 80.52%；完成吴店河等 4 段黑臭水体治理，推进琉璃河湿地公园建设，与碧水源专业公司开展 PPP 合作，探索解决大石河流域水环境问题；完成崇青水库大坝加固及生态环境提升工程；发展农业节水灌溉面积 1 万亩，治理水土流失面积 20 公里，成功打造韩村河镇圣水峪村香椿苗产业基地。保障城乡安全运行，完善落实区防总、12 个分指、各乡镇（街道）三级防汛指挥机构和责任制，建立防汛抢险常态化训练机制和重点积滞水点和排水沟日常清理机制；持续监控旱情发展，共组织调拨应急供水车 23 辆、配套水泵 22 台套，紧急解决 68 个村 3.43 万人临时吃水问题，并对缺水情况进行全面摸排，编制长效供水方案，保障群众日常生活用水。强化水资源管理约束：在全市率先印发《推进节水型社会建设实施方案》及《房山区实行最严格水资源管理制度考核办法》；发布《房山区"十三五"时期水务发展规划》和节水、防洪、供水、排水 4 个专项规划；创建节水型单位 70 个、节水型小区 10 个，安装花洒、节水配件 9756 套，铺设西潞园小区四里透水砖等；在全区范围内全面推行农业水价综合改革，安装智能计量设施 2828 套，率先对 11 个村进行农业用水收费，建立"农业水量总控、提补奖相结合"的改革创新模式；加强水政执法和巡视检查，全年共计 3500 余次，立案 124 起。进一步探索水务改革机制：发布深化推行河道"管养分离"改革；实施全区河道四位一体日常巡查监管机制，初步建立"河长制"组织体系和工作机制，维护养护水平得到逐年提升；统筹推进供排水一体化管理，着力实现城乡基本服务均等化；提高管水员待遇、农民用水协会统一管理、优化管水员队伍，完善基层水务站—片级管水员—村级管水员三级日常监管考核机制等一系列改革措施；印发《关于开展水影响评价审查、土地储备及一级开发项目和建设项目涉水事项意见办理及后期监管工作的指导意见》，强化水影响评价审查办理及批复建设项目的事中事后监管；建立督查督办责任倒查机制，支持所有水利工程纪检监察全面介入，全区水务管理水平得到稳步提升。

（张慧慧　刘燕）

【天开莓园水库移民后期扶持工程通过竣工验收】　1 月 12 日，天开莓园水库移民后期扶持工程通过竣工验收，并正式移交水库移民接收村。工程主要建设内容：灌溉管线 1790 米，浆砌石 2000 米，园路 810 米，上山路 150 米，植草砖 1350 平方米。该工程于 2014 年 4 月开工建设，2014 年 11 月底完工。

（张慧慧　刘燕）

【大峪沟小流域综合治理工程主体工程完工】　大峪沟小流域综合治理工程主体工程位于张坊镇大峪沟村，治理面积为 8 平方公里，工程投资 520 万元。截至 1 月 25 日，完成 2 处污水处理站建设，分散污水处理设施 28 户，布设垃圾桶（箱）1682 个，治理河岸带 600 平方米，清理沟道 2184 立方米，整修梯田 1260 米。主体工程基本完成，并完成绿化美化。

（张慧慧　刘燕）

【周口店河综合治理工程进场施工】　3 月 11 日，周口店河二站村段施工队率先进场施工。房山区第三、四阶段中小河道治理工程包括拒马河、大石河、周口店河、东沙河、西沙河 5 条河（段）41.2 公里，工程总投资 9 亿元。涉及 6 个乡镇（街道）30 个行政村。

（张慧慧　刘燕）

【马鞍沟防洪治理工程通过市级竣工验收】　4 月，马鞍沟防洪治理工程通过市级竣工验收，该工程的实施使马鞍沟的行洪能力全面提升。马鞍沟防洪治理工程治理总长 5.95 公里，共涉及 3 个乡镇 4 个行政村。工程主要内容包括：蒲洼主沟原有建筑物拆除，改建 1 号、2 号桥，桥上下游护砌 25 米，河道疏挖及新建挡墙砌筑 14 座；支沟挡墙砌筑 600 米，河底清淤 58 米，河道疏浚 260 米，水土保持支沟段、卧龙村段、马安村段、十渡村段全部清淤。该工程 2015 年 8 月 14 日开工，2016 年 4 月 20 日完工。

（张慧慧　刘燕）

【3 条生态清洁小流域通过竣工验收】　4 月 20 日，房山区芦子水、元阳水、云居寺 3 条生态清洁小流域综合治理工程通过竣工验收，涉及蒲洼乡芦子水、鱼斗泉、东村 3 个村，史家营元阳水村及大石窝北部。共治理水土流失面积 30 平方公里，主要建设内容：封禁标牌 11 块、梯田整修 22.61 公顷、树盘 1701 个、节水灌溉水源工程 1 处、护坡 320 米、村庄绿化美化 3 块、垃圾桶 2064 个、垃圾处理站 2 座、污水处理系统 2 处、科普馆及附属设施建设等工程。

（张慧慧　刘燕）

【万景仙沟小流域综合治理工程通过竣工验收】 4月28日，万景仙沟小流域综合治理工程通过竣工验收。万景仙沟小流域治理面积23平方公里。主要修建封禁标牌5块、树盘5748个、梯田整修106公顷、建设步道1698米、护坡2432平方米、沟道清理4657立方米、沟道挡土墙366米、浆砌石护脚494米。

（张慧慧 刘燕）

【青龙湖镇集中供水厂工程完工并试运行】 5月4日，青龙湖镇集中供水厂工程完工并试运行，该供水厂位于青龙湖镇02街区，占地面积3454.72平方米，设计日供水量1万吨，建设内容包括原水输水管道、原水溢流管道、原水加压管道及管道附属设施等4部分。通水后，为青龙湖镇坨里、石梯等村村民提供优质饮用水，满足青龙湖镇日益增长的用水需求，缓解用水供需矛盾。

（张慧慧 刘燕）

【高效节水型生活用水器具推广补贴项目启动】 5月25日，房山区2016年高效节水型生活用水器具推广补贴项目在拱辰街道北关东路社区居委会举行启动仪式。该项目计划为2000年以前建成的3个老旧社区，安装高效节水花洒4500多套。每个花洒年可节水6吨，项目完工后，全年可节约生活用水2.7万吨，能有效提高居民的生活用水效率，推广节水效率2级及以上的用水器具的广泛应用，进而推动节水型区建设。

（张慧慧 刘燕）

【推进水环境治理】 修复重要水生态系统，完成二阶段丁家洼等6条河共计81.2公里河道建设及9.4公里截污管线铺设；同时加速推进三、四阶段大石河下游段等5条河共计41.2公里河道治理工程及7.47公里截污管线铺设。全力打好污水治理"攻坚战"。6月底前建成房山区污泥处置中心并投入运行，10月底前建成周口店镇、河北镇2座污水处理厂；同步推进第二个《三年治污行动方案》，完成长阳、青龙湖、十渡3座污水处理厂的立项等前期工作。新建污水管线16公里、再生水管线17公里，改造雨污合流管线2公里。推进大石河水环境综合治理。计划年内完成刘李店、燕都利民、百草洼等共计8座污水处理站；5月，开工建设窦店镇田家园污水厂，同步实施韩村河镇、琉璃河镇污水处理厂提级改造工程；6月，将大石河河道内垃圾清理完毕。开展黑臭水体治理。通过控源截污、垃圾清理、水质净化等综合措施，开展4条河流和2条排洪沟共8段，总长度55.63公里的黑臭水体治理。年内完成东沙河等4条河段23.47公里黑臭水体治理工作。加强农村治污。在投运6个乡镇11个村的13处小型污水处理站的基础上，加强109座村庄污水处理设施的维护管护，并积极探索深化研究农村治污全覆盖的相关事项。严格日常管理。年内制定完成《房山区污水处理设施管理考核办法》及考核细则，将管理进一步精细化；针对餐饮、洗浴排水及河道排污口每天进行巡查，查处后依据法律法规处高限罚款，严禁污水直排。

（张慧慧 刘燕）

【上汛后房山区首场降雨】 6月6日8时至6月7日8时，全区平均降雨2.5毫米，平原平均降雨3.0毫米，降雨量最大的站点为军留庄26.5毫米；山区平均降雨2.0毫米，降雨量最大的站点为堂上7.0毫米。该次降雨为小雨量级，平原略强于山区。平原局地降雨达到大雨级别。截至6月7日8时，房山区累计平均降水48.7毫米，比2015年同期减少57.5毫米。

（张慧慧 刘燕）

【房山区水资源监测能力建设项目开工】 房山区水资源监测能力建设项目，主要工程任务包括布设74处地下水水位自动观测站、35 处地下水水质人工监测站以及 61 处地表水水质监测断面、57 处水位监测断面；并与时有水位、水质观测站进行数据整合。在前期摸底调查的基础上，自 6 月 30 日起，开始开始安装监测设备，年底前完工。

（张慧慧 刘燕）

【房山区中央财政小型农田水利重点县建设通过竣工验收】 7 月 12 日，房山区中央财政小型农田水利重点县建设通过竣工验收。该工程共改善节水灌溉面积 16463 亩，涉及韩村河镇、琉璃河镇、南窖乡、窦店镇、良乡镇 5 个乡镇 17 个村。主要工程内容包括管道安装 143.9 公里，机井更新 6 眼，新建泵房 76 座，首部设备安装 76 套，控制间 7 座，蓄水池 7 座。该工程实施完成后，可实现节水、节能、省工、增产等效益，年可节水 213.18 万立方米，促进农业生产布局和品种结构调整，带动周边地区节水型农业的发展。

（张慧慧 刘燕）

【"7·20"灾情核查统计组到房山区核查】 年内，市交通委、市民政局、市农委、市发展改革委、市国土分局、地质研究所、市防办领导 10 人到房山区开展"7·20"灾情核查工作。核查组实地察看佛子庄乡西班各庄村道路、桥梁冲毁情况，到史家营乡杨林水村实地察看农作物受灾及房屋院落倒塌情况、史家营村道路塌陷情况，听取佛子庄乡、史家营乡负责人的现场汇报。听取全区和史家营乡受灾情况汇报。核查组对房山区"7·20"灾情统计工作予以肯定，同时指出，在做好抢修应急建设工作的基础上，切实加快水毁设施修复工作开展，建立好隐患台账，做好实施方案，科学安排工期，做到有效恢复生产。

（张慧慧 刘燕）

【金鸡台沟道治理项目开工】 10 月 18 日，史家营乡金鸡台沟道治理项目开工建设，该

项目主要建设内容包括沟道清淤 1.25 公里，新建防护挡墙 0.5 公里，塘坝 1 座，小截流工程 8 处；修复塘坝 1 座；垃圾清理及绿化工程等。

（张慧慧 刘燕）

【"河长制"工作细则正式执行】 10 月 24 日，《房山区实施河道生态环境管理"河长制"工作细则》正式执行。"河长制"健全房山区河道生态环境管理体制机制，明确各级行政首长对河道生态环境管理的主体责任，区长为区级"总河长"，分管水务工作的副区长为区级"副总河长"，区委、区政府相关领导分别担任房山区 17 条河道的区级"河长"，河道流经的各乡镇的党委书记和镇长共同担任属地的乡镇（街道）"河长"。同时明确各级"河长"的"三查""三清""三治"责任，并提出"河长制"的工作机制及相关保障措施。该工作细则的实施可以克服以往在河道生态环境管理中多头执法的弊端，地方行政首长综合运用多项机制和措施，全面提高水环境管理的效能和水平，采取预防性措施，整体提升辖区水生态环境质量，从而达到至 2020 年度，全区水生态环境质量显著提高，主要河道实现水清、岸绿、安全、宜人，重要河道、湖泊等水功能区水质达标率提高到 77% 以上。

（张慧慧 刘燕）

【水库移民接收村后期扶持项目进场施工】 12 月 6 日，房山区 2016 年水库移民接收村后期扶持项目进场施工。该项目完善韩村河镇上中院村，青龙湖镇焦各庄村、崇各庄村基础设施。主要建设内容包括路面修复 2.45 万平方米，残墙修复 2338 米，文化墙饰面 2725 平方米，安装路灯 935 盏等。

（张慧慧 刘燕）

【云居寺水土保持科技示范园通过国家级评定】 12 月 26 日，云居寺水土保持科技

示范园通过国家级评定,评定为国家水土保持科技示范园区。房山区云居寺水土保持科技示范园区从 2010 年开始建设,经过科学规划论证、选址、规范建设。示范园区面积为 16.96 平方公里,核心区 1.7 平方公里(含科学试验区 0.2 平方公里),周边形成 8 条生态清洁小流域,面积达 79 平方公里。园区将北京市水土保持工作取得的经验与生态清洁小流域的发展方向相结合,建成功能齐全、交通便利、特色突出、管理规范,集水土保持科学研究、水土保持科普及新技术宣传、水土保持综合治理为一体的水土保持科技示范基地,能够持续开展与水土保持相关的科学研究、科技推广、宣传教育、休闲观光等活动的园区。

(张慧慧 刘燕)

【水质监管】 年内,区水务局严格监管13 家集中供水厂的供水水质监测平台,定期组织具有资质的检测机构对全区 438 处村级供水站及 15 座集中供水厂进行常规检测及应急检测。严格污水处理厂监管。对全区 14 家污水处理厂采取定期检查和不定期抽查的方式加强监管,并要求每年进行 2 次出水水质全面检测。加大联合检查力度。会同房山公安分局、区卫生计生委对全区集中供水单位、村级供水站进行定期进行供水全面检查;联合区环保局、水政监察大队对河道非法排污行为进行不定期排查,及时查处违法排污行为。

(张慧慧 刘燕)

【农田水利建设】 年内,区水务局加强农田水利基础设施建设力度。开展农业节水灌溉工程、小型农田水利重点区工程建设,发展和改善农业节水灌溉工程面积 3.39 万亩;以发展节水灌溉为主,集中资金投入,连片配套改造,改变小型农田水利设施滞后的现状。加大雨水集蓄利用力度。汛前完成 20

个乡镇(街道)157 个村庄的 200 条村庄排水沟道的安全隐患排查工作;新建农村雨洪利用工程 7 处,增加蓄水 12.91 万立方米。加大生态清洁小流域治理力度。完成陈家坟等 3 条小流域 20 平方公里,能有效涵养水源和保护下游水质,推动流域生态农业发展。

(张慧慧 刘燕)

【确定黑臭水体整治范围】 年内,房山区按照市级相关工作要求,结合中小河道治理、现场调研、实验室监测等情况进行排查、识别与确认。黑臭水体涉及 4 条河流和 2 条排洪沟,共 8 段,总长度 55.63 公里。分别是:大石河芦村至兴礼 3.68 公里;大石河红领巾公园至苏村 7.15 公里;大石河田家园至芦村 16.55 公里;六股道沟六股道村南至东南召村东段 4.26 公里;窦店沟七里店村至芦村南段 7.67 公里;东沙河凤凰亭下至化四工厂东入大石河段 5.14 公里;西沙河迎风坡村至 9 场路段 6.06 公里;吴店河龙华苑北侧至金地朗悦小区北侧段 5.12 公里。房山区遵循以"水环境容量为本,截污优先,分类、分区、分期治理,污染源治理和生态修复相结合,治理与管理兼顾"的长效治理原则,开展黑臭水体环境问题诊断,分析黑臭成因,核定污染物负荷,确定控制目标,制定黑臭水体治理实施方案,实施污染源控制及治理,水动力改善及水力调控及生态修复,加强综合管理及工程运行与维护等工作,使水体还清,水环境有效改善。

(张慧慧 刘燕)

【提升区域再生水利用】 年内,区水务局实施再生水厂新建项目,新建再生水厂 1 座、污水管线 36.9 公里、再生水管线 14.9 公里,新增污水处理能力 4 万吨/日。拟在房山新城、长阳组团、良乡组团和燕房组团部分地区增加冲洗道路再生水加水点 46 处,建成 24 处。对全区污水处理厂污水处理量、出水水质等进行系统监管，全区污水处理能力达到 25.9 万立方米/日，污水处理率达到 78.2%。

（张慧慧　刘燕）

【5个农民用水协会被评为社会组织 4A 等级】　年内，区民政局邀请专家对房山区 5 个农民用水协会，即城关农民用水协会、琉璃河农民用水协会、张坊农民用水协会、河北农民用水协会、长阳农民用水协会，进行评估，5 个农民用水协会被评为社会组织 4A 等级。

（张慧慧　刘燕）

【全区供水水质保障】　年内，区水务局加强对 6 个区级集中式饮用水水源地保护，清除污染源，优先处理所在地污水、垃圾；引导农民科学使用化肥、农药；对保护区内的新建项目严格控制。保障出水水质：加快推进青龙湖镇集中供水厂、房山新城良乡组团输配水主干管（圣水大街段）工程建设等供水基础设施建设，同时严格监管 13 家集中供水厂的供水水质监测平台，为居民提供优质水。严格监督检查：组织具有资质的检测机构对全区 438 处村级供水站及 15 座集中供水厂进行常规检测及应急检测，常规检测半年 1 次，应急检测为不定期检测，根据突发事件、水质举报等水样检测需求进行。

（张慧慧　刘燕）

【2016 年节水工作】　年内，区水务局编制完成《房山区"十三五"时期水资源规划利用及节水型社会建设规划》，合理规划南水北调水调配 8800 万立方米，科学指导全区节水工作的开展。建设节水型社会。按照《北京市人民政府关于全面推进节水型社会建设的意见》，房山区必须在 2018 年建成节水型区，在 2020 年建成节水型社会。综合协调各街道办事处、乡镇人民政府和各部门共同开展节水型社会建设，按时按量完成

建设任务。完善基础信息系统。启动房山区水资源监测能力建设项目，新建 74 处地下水水位观测站、35 处地下水水质监测站，布设 61 处地表水监测断面，建设水资源业务管理平台，建立房山区地下水数值模型。开源节流，高效利用再生水。全力推进各再生水厂建设工程，"十三五"期间可新增再生水生产能力 5.93 万吨/日，新建再生水管网 69 公里，再生水加水点 22 座。同步提升，节约农业用水。计划年内发展农业节水灌溉万亩左右；在全区推广农业水价综合改革，建立农业节水水费征收、监督、考核、评比、奖励与节水补偿制度。

（张慧慧　刘燕）

【河道治理】　年内，区水务局完成第二阶段 7 条河 86.2 公里中小河道治理工程。实施第三、四阶段 5 条河（段）41.2 公里中小河道治理工程，4 月 20 日前，5 条河道拆迁工作全部完成，完成汛前河道清淤疏浚任务目标，保障安全度汛。在中小河道治理过程中，建设气盾坝、橡胶坝跌水等，形成水面 581 万平方米，可拦蓄水 1423 万立方米，形成长达 112 公里的水景观长廊。利用再生水回补河道景观用水，有效调节局部小气候，改善生态水环境。加大绿化建设力度，种植乔、灌、草及水生植物，绿化面积 861 万平方米，形成绿色景观带 189 公里，有效保护水土流失，净化河道内水质，改善周边生态环境。在绿化美化的基础上，在重要节点布置文化景观区域，同步建成污水截流管线 7.66 公里，在建 16.87 公里。实现雨污分流，避免污水直接入河。

（张慧慧　刘燕）

【农业水价综合改革】　年内，区水务局建成技术支持平台，聘请专业技术人员提供专业技术服务，完成高标准智能化计量设备安装 1841 套，建设气象站 7 套、土壤墒情系

统 24 套、地下水位观测系统 73 套。建成数据平台，实现刷卡灌溉，用户信息上传村级平台并汇总到区级平台，实现数据共享管理。平台可以实时监测地下水位、土壤墒情、机井用水量、动水位以及农户信息等。建成服务平台，形成区水务局、流域农民用水协会、村级农民用水协会、专业维护公司四级服务平台，保障技术人员在 24 小时内到位解决问题，确保用水户的利益。

（张慧慧　刘燕）

【构建灌溉服务管理新模式】　年内，区水务局建立健全以实时监控、灌溉管理的灌溉方式，促使作物灌溉方式向最优、最少、最合理用水方向发展。通过刷卡取水，计量收费，超出部分征收水资源费等措施，计量准确，提补奖相结合，促进农业灌溉节约用水。建成地下水动态监测井 73 眼，完善监测网络，健全地下水动态数据库，为水资源配置及灌溉管理提供决策依据。

（张慧慧　刘燕）

【集中式饮用水水源地保护区划定方案通过审查】　年内，房山集中式饮用水水源保护区划定方案通过市环保局、市水务局的审查。根据《北京市水污染防治条例》及《北京市人民政府关于印发北京市地下水保护和污染防控行动方案的通知》，结合房山区供水实际情况，开展集中式饮用水水源地保护区划定调整工作。该次调整磁家务水源地、娄子水水源地、上万水源地 3 个区县级集中式饮用水水源地保护区范围，划定张坊应急水源地、窦店高端制造业基地水源地 2 个区县级集中式饮用水水源地保护区范围和长沟集中水厂水源地、阎村镇供水厂水源地、韩村河集中水厂水源地、晓幼营水厂水源地 4 个乡镇级集中式饮用水水源地保护区范围。

（张慧慧　刘燕）

【实施生态清洁小流域综合治理工程】　年内，区水务局实施生态清洁小流域综合治理工程。蓄水保土，坚持山、水、林、田、路综合治理，累计完成 48 条小流域治理；在施 4 条小流域治理面积 26 平方公里，4 条小流域治理完成后，全区完成治理小流域 515 平方公里，有效蓄水保土。通过封禁治理、沟道清理整治、污水处理等措施实施污水、垃圾、厕所、河道及环境的五同步治理，构筑"生态修复、生态治理、生态保护"三道水土保持防线，改善流域生态环境。在污水排放集中区域建立污水处理站，污水排放分散区域建立分布式污水处理设施。经处理后的污水达标后，全部用于绿地、粮田和苗木灌溉，达到净水清源的作用。依据《中华人民共和国水土保持法》和《北京市水土保持条例》，生态清洁小流域竣工后，列明小流域工程和设施清单，与管护单位签订管护协议，严格已经建成的小流域的管护。

（张慧慧　刘燕）

【农村污水治理】　年内，城关、良乡等大中型污水处理厂通过扩大管网覆盖范围，接纳处理周边村庄污水。通过修建镇与村之间的连接管线，接纳镇中心区周边村庄的污水入镇级污水处理系统。对于地理位置临近的村庄，通过修建村与村之间的连接管线，实现污水统一收集处理。对不具备接入城镇污水处理系统及联村建站条件，人口规模较大的村庄，单独建设污水收集处理设施。对于不具备单村集中建站条件的，但人口较多的村庄，分片建设污水收集处理设施。对于位于深山区的村庄，受地形、地质条件限制，居民居住较为分散，集中收集较困难，采用单户分散处理工艺。

（张慧慧　刘燕）

【高效节水型生活用水器具推广补贴项目完工】 年内，房山区高效节水型生活用水器具推广补贴项目完工。该项目涉及韩村河镇的韩村河村，窦店镇的于庄社区、鑫山矿社区等 10 个社区，安装节水花洒 4756 套。项目实施后，每年可节约生活用水 2.8 万吨，能有效提高居民的生活用水效率，进而推动节水型区建设。

（张慧慧 刘燕）

【房山区节水型社会建设初见成效】 全年，房山区节水型社会建设初见成效。注重水资源源头保护，加强磁家务、娄子水及张坊应急备用等区级水源地保护；实施地下水保护与污染防控，封填 305 眼废弃机井；以源头保水为重点，推进万景仙沟、二道河等 28 个生态清洁小流域治理，治理面积 276 平方公里，有效保障水源安全。在全市率先编制水务改革发展的实施意见和推进节水型社会建设的实施方案，落实最严格水资源管理制度，年用水总量严格控制在 2.9 亿立方米以内。落实"节水优先"战略。建成全市首家区级节水教育基地，换装节水器具 6 万套，城镇节水器具普及率达到 99%，改善高效节水灌溉面积 8.8 万亩，累计高效节水灌溉面积达到 26.96 万亩，并在全区范围内推广农业水价综合改革工作。

（张慧慧 刘燕）

【生态清洁小流域综合治理工程完工】 全年，房山区生态清洁小流域综合治理工程主要涉及平各庄、中干沟、陈家坟 3 条小流域，重点治理琉璃河镇周庄村、佛子庄乡陈家坟村和北峪村，治理面积 20 平方公里。工程于 4 月底开工，12 月 1 日完工。整修梯田 15.13 公顷，种植经济林灌溉 14.33 公顷，砌筑树盘 600 个，改善经济林节水灌溉 2 公顷，修田间生产道路 1581 米、甬路 460 米、人行步道 454 米，栽植园林乔灌木 18731 株，

撒播草籽 18819 平方米，铺透水砖 1505 平方米，建设休闲设施 4 处，建雨排水工程 2580 米，清理整治沟道 6441.7 立方米，排水沟岸坡治理 5952 平方米。

（张慧慧 刘燕）

林 业

【概况】 2016 年，房山区完成平原地区重点区域绿化面积 158.18 公顷，种植各类乔灌木 8.2 万株，完成 2014 年平原造林工程 3706.67 公顷的养护移交工作。完成京津风沙源治理、太行山三期绿化等新造林 2866.67 公顷，栽植苗木 317.79 万株。完成封山育林 4000 公顷、彩叶工程 200 公顷、播草盖沙 333.33 公顷、森林健康经营 6000 公顷，公路河道绿化工程 30 公里。房山区园林绿化局管辖的城市绿地总面积为 1217.3 公顷。包括公园 24 个（含长阳公园、迎宾公园等 9 个注册公园），公园总面积 257.3 公顷。全年新建绿地 50.18 公顷。屋顶绿化 6180 平方米，栽摆花卉 200 万盆。安装城市园林冬季防寒挡盐板 25.5 万延米，年绿化灌溉用水量 350 万吨。共收回代征绿地 27.4 公顷。受理回复"12345"和"政风行风热线"245 件。全区有 28 万人履行植树义务，新植苗木 15 万株，义务植树多种形式折合完成 54.5 万株；接待社会单位、家庭个人 68 家约 4000 人。全年争创首都绿化美化花园式单位 4 个、首都绿色村庄 5 个、首都绿化美化花园式社区 2 个。完成林木有害生物防治 9.39 万公顷。其中，飞机防治 3.18 万公顷，飞行 955 架

次；人工地面防治 6.21 万公顷，投入人工 1.78 万次。释放周氏啮小蜂等天敌昆虫 4.3 亿头。新建瞭望塔 4 座、检查站 4 座，新增防火公路 13.4 公里，开设防火隔离带 116.56 万延长米，清理林间可燃物 33.5 万亩，累计发放宣传画和宣传信共 11.5 万张。区森林公安处共接警情 325 件，办结案件 223 起；处罚责任单位 17 个，违法行为人 119 人，追究刑事责任 12 人；罚款 73.9 万元，补种树木 0.74 万株。"爱鸟周"进行保护野生动物宣传活动 5 次，发放各种科普宣传材料 1.1 万张，积极救助各类野生动物 26 只。新发展果树 86.47 公顷，栽植各类果树 24.58 万株，推广有机化栽培 880 公顷、施用有机肥 22.4 吨；果品产量 29936.7 吨，果品产值 1.71 亿元。全区 110 个观光果园采摘量 1220 吨，采摘收入 1450.05 万元，接待游人 31.49 万人次。完成全区 15 个乡镇 2015 年退耕还林的年度复查验收汇总工作，经核查全区退耕地还林保存面积为 5363.86 公顷，面积保存率为 98.01%。全区育苗单位 156 家，办证面积 1.76 万亩。总产苗量 1939.55 万株，其中针叶树 481.39 万株，阔叶树 389.99 万株，花灌木 1068.17 万株。花卉种植面积为 134 万平方米，产值 7685 万元，鲜切花产量 36.6 万支，盆栽植物产量 1852 万盆，花卉企业 24 个，花卉市场 3 个，花卉从业人员 517 人。发放授粉蜂箱 2000 套、巢蜜盒 4.8 万个。全区蜂群总数 3.07 万群，蜂蜜产量 41.3 万公斤，总产值达到 1097.46 万元。生态效益补偿资金的发放共计 3721.7 万元。共审核审批征占用林地及林木、树木伐移许可 403 件，征占用林地面积 28.1 公顷，批准伐移树木 10.71 万株。实施科技项目 6 个（延续 1 个、新立 5 个）。组织专家下乡活动，开展培训 52 期，培训 3112 人次，发放培训资料 5000

份，推广新技术 14 项。组织和参与 8 次宣传咨询推介活动，摆放展板 70 块、发放宣传彩页等资料 1.94 万份、横幅 30 条，受益人数近 2.8 万人次。上方山国家森林公园景区实现直接接待游客 9 万人次，旅游直接收入 213 万元。

（刘腾）

【房山区、涞水县 2016 年度森林防火工作联防会】 2月2日，区园林绿化局召开房山区与河北省涞水县 2016 年度森林防火工作联防会。房山区园林绿化局与涞水县林业局签署 2016 年度森林防火工作联防协议。

（王艳平）

【世界湿地日宣传活动】 2月2日，区园林绿化局组织开展世界湿地日宣传活动，活动会场悬挂横幅 3 条、野生动植物相关展板 10 块，发放宣传材料 5000 份，宣传品 2000 件。

（赵雪梅）

【房山区被授予保护森林和野生动物植物资源先进集体】 2月23日，房山区园林绿化局被国家林业局评为"保护森林和野生动植物先进集体"。

（赵雪梅）

【全民义务植树活动】 4月2日，房山区四大部门领导与解放军官兵、区直机关干部等 1000 人到青龙湖一期工程内参加义务植树。栽植油松、侧柏、黄栌等树木 600 多株。区领导曾赞荣、孙强、唐淑荣等参加植树活动。

（李萍）

【保护野生动物宣传月活动】 4月26日，由北京市园林绿化局主办，房山区园林绿化局和十渡镇政府联合承办的 2016 年"爱鸟周""保护野生动物宣传月"宣传活动暨"爱鸟人家"授牌仪式在十渡镇举行。北京市园林绿化局与房山区园林绿化局、十渡镇相关领导，十渡镇各村代表，野生动物保护志愿者及社会各界爱鸟人士100余人参加此次活动。蔡丰永夫妇被授予"爱鸟人家"牌匾。

（赵雪梅）

【房山区太行山绿化三期工程春季造林完成】 5月16日，房山区太行山绿化三期工程人工造林2万亩主体任务完工，栽植油松、华北落叶松、侧柏、白桦、黄栌、元宝枫、山杏、栓皮栎、核桃等各类苗木148万株。

（王思思）

【古树名木保护管理责任书签订】 5月，区园林绿化局与乡镇及管护责任单位（人）三方共同签订"十三五"古树名木保护管理责任书223份。建立健全古树名木保护管理长效机制，细化工作各方养护、管理、监督检查的责任，强化保护意识。

（姜雪梅）

【《林业生态建设与保护协同发展合作协议》签署】 9月13日，房山区园林绿化局与保定市林业局共同签署《林业生态建设与保护协同发展合作协议》。

（杨娟）

【《平原林木养护技术服务协议》签署】 11月9日，房山区园林绿化局与北京市中山公园共同签署《平原林木养护技术服务协议》。北京市公园管理中心相关领导参加签约仪式。

（张伯一）

【上方山国家森林公园营改增工作完成】 年内，根据税务部门的要求，北京市房山区上方山国家森林公园完成营改增工作的税种核定、网上备案、发票领取、门票印制等工作。

（徐进）

附：2015年度首都绿化美化先进集体、先进个人

首都全民义务植树先进单位
中国原子能科学研究院地区事务管理处
北京电力设备总厂有限公司
冀北电力有限公司管理培训中心
燕山市政市容委员会

首都绿化美化先进单位
大石窝镇人民政府
长阳镇人民政府
佛子庄乡人民政府

首都绿化美化积极分子
康海剑　刘　征　张　雷　梁丽芳　丁友全
王阔昶　吴政颂　周　超　王林生　张学武
曹　宁　李国震　张　勇　李建山　马京生
李秀利　陆　涛　董华影

首都绿化美化园林小城镇
房山区南窖乡

首都绿化美化花园式社区
房山区拱辰街道瑞雪春堂社区
房山区迎风街道六里社区

首都绿化美化花园式单位
房山区鸿顺园供热厂
房山区吴店供热厂
房山区城中供热厂
房山区城西供热厂
房山区史家营乡教育中心
康莱德国际环保植被（北京）有限公司
北京莱恩堡种植专业合作社
房山第四中学
房山区城关第三小学

北京环卫集团房山有限公司
北京金杏湾生态农业科技有限公司
北京紫竹苗木有限公司
房山区琉璃河镇周庄村委会大院
北京猫耳山旅游资源开发有限公司
北京迅帮润泽物流有限公司
房山区河北水务中心站
房山区窦店镇北柳村委会大院
房山区窦店镇社区卫生服务中心

大石窝镇郑家磨村
周口店镇黄山店村
长阳镇军留庄村
河北镇三福村
张坊镇千河口村
张坊镇穆家口村
霞云岭乡堂上村
蒲洼乡芦子水村

首都绿色村庄

琉璃河镇周庄村
韩村河镇郑庄村

北京市人民政府
首都绿化委员会
2016 年 3 月

建筑业　房地产业

建筑业

【概况】　2016 年，房山区区域建筑业企业完成建筑业总产值 349.5 亿元，同比增长 0.9%；开复工面积 3642.8 万平方米，同比下降 0.1%；新开工面积 636.1 万平方米，同比下降 7.7%；竣工面积 690.4 万平方米，同比增长 20.5%。商品房销售面积 180.5 万平方米，同比增长 8.9%。商品房销售额 371.3 亿元，同比增长 45.1%。保障房建设任务提前超额完成。基本建成保障性住房 11629 套，完成全年任务的 146%。为北京市城区筹集房源，与西城区对接房源 633 套，并通过对接偿还高佃三村和洪寺村经济适用房公积金贷款 2.35 亿元。完成保障房资格审核 1040 户，资格核查 5205 户；发放公租房补贴 233 户，补贴金额 304 万元；对 3301 户公租房申请家庭摇号配租，投放房源 3226 套。2016 年，房山区 2015 年市政府追加的老旧小区建筑节能综合改造任务竣工，面积 10.26 万平方米。完成 2012 年抗震翻建的 25 栋楼居民回迁工作。协助乡镇完成中国特色小镇申报工作，长沟镇被认定为第一批中国特色小镇。完成窦店镇望楚村村级道路等 6 个小城镇基础设施项目建设工作。农村危房改造 179 户，其中社救对象 152 户、优抚对象 27 户，全部开工。建筑节能减排落实居住建筑 75% 节能设计标准，万科长阳半岛住宅区达到绿色居住建筑运行三星标准。2016 年新增新建居民住宅太阳能光热系统建筑应用面积 52.26 万平方米。公共建筑电耗限额管理工作稳步推进，组织 7 家两年电耗超限 20% 的企业参加培训并要求其开展能源审计。从统筹规范全区拆迁政策的高度，研究起草《集体土地房屋拆迁补偿政策补充意见》《房屋周转费补助标准指导意见》《集体土地非住宅拆迁补偿指导意见》，完成公众征求意见、专家论证及社会稳定风险评估工作。建立提前介入、综合协调、联动会商、专人负责和教育培训 5 个机制，推动拆迁工作的进展。全区共核发拆迁许可证 5 个，涉及住宅户数 279 户，住宅建筑面积 5.6 万平方米，共完成拆迁 3192 户。轨道交通燕房线国有土地上房屋征收工作完成。开展房地产中介专项执法检查，检查房地产经纪（分支）机构 156 家，重点检查发布虚假房源、以不实价格信息招揽业务，限购政策执行情况及经纪机构和人员资格情况，共发责令整改通知书 8 份，对 1 家经纪机构进行处罚。做好房地产经纪登记备案工作。全区有经纪机构 343 家，其中总公司 135 家，分支机构 208 家。积极调解和处理房地产交易中的各种纠纷，及时化解矛盾。受理并处理房地产经纪行业投诉 47 起，主要涉及定金纠纷及合同纠纷。

（兰婷）

【房山高教园公共租赁住房项目竣工】 房山高教园区公共租赁住房项目位于房山区良乡大学城范围内中央设施区西区南，毗邻西南六环。项目四至：东起学园北街（良乡高教园十六号路），西至阳光南大街，南起知兴西路（良乡高教园七号路），北临高教园规划商业金融用地。项目规划总用地面积 72246.32 平方米，其中建设用地 55460.14 平方米，代征道路用地 14446.19 平方米，代征绿地 2339.99 平方米。项目规划总建筑面积 181246.74 平方米。1 号楼地下二层，地上 19 层，剪力墙结构；2 号楼地下二层，地上 18 层，剪力墙结构；3 号楼地下二层，地上 18 层，剪力墙结构；4 号楼地下二层，地上 14 层，剪力墙结构；5 号楼地下二层，地上 14 层，剪力墙结构；6 号楼地下二层，地上 19 层，剪力墙结构；7 号楼地下二层，地上 18 层，剪力墙结构；8 号楼地下二层，地上 20 层，剪力墙结构；9 号楼地下二层，地上 20 层，剪力墙结构；10 号楼地下二层，地上 14 层，剪力墙结构；11 号楼地下二层，地上 14 层，剪力墙结构。工程总投资 1277326840.91 元，2011 年 3 月开工，2016 年 9 月 9 日竣工。北京市保障性住房建设投资中心建设，北京市建筑设计院设计，北京房地集团有限公司施工，北京英诺威建设监理有限公司监理。

（尹鹏）

【阎村镇 7 个住宅楼项目竣工】 阎村镇 04-0084 地块 R2 二类居住用地项目 4 号住宅楼等 7 个项目工程位于阎村镇南梨园村，总建筑面积 72913.27 平方米，工程总投资 47960 万元（含地价款）。2014 年 6 月 15 日开工，2016 年 3 月 14 日竣工。北京天恒乐活城置业有限公司建设，北京东方华太建设监理有限公司监理，北京市建筑设计研究院有限公司设计，江苏江都建设集团有限公司施工。

（尹鹏）

房地产业

【房建集团一项目获"北京市结构长城杯银杯奖"】 8 月，由房建集团长阳分公司施工的房山区拱辰街道办事处及长阳镇 09-05-03 地块商业金融项目，被北京市优质工程评审委员会评选为"北京市结构长城杯银杯奖"。该工程施工中存在多处高大模板支撑体系，针对施工方案的要求，结合现场实际情况，收集整理分析，运用统计方法对施工质量进行逐一排查，确保超限模架体系搭设安全、稳定、经济，一次性验收合格。

（余士玲）

【房山城建集团获北京市工程建设优秀质量管理小组优秀奖】 年内，长阳镇 04-2-04 二类居住用地项目位于稻田村南。该项目用地 23310.97 平方米。1 号楼、2 号楼、5 号楼、6 号楼住宅楼为地下 1 层、地上 11 层，3 号楼为地下 1 层、地上 7 层，4 号地下车库为1层。该项目为现浇钢筋混凝土剪力墙结构，建筑高度最高33.1米。该工程外墙保温材料采用硬泡聚氨酯，最大厚度80毫米，防火等级为B1级，外墙饰面为涂料。该QC小组以"提高外墙聚氨酯泡沫保温施工质量"为该次活动的课题，成立"现场型"QC小组展开PDCA循环活动。

（王丹）

【房山城建集团技术部QC小组发布《提高SF-Ⅲ克帮屋面防水保温施工质量》】 年内，城关街道东街村、丁家洼村定向安置房项目7号楼工程为保障性住房项目，地下1层，地上21层，结构形式为现浇钢筋混凝土剪力墙结构，建筑面积15498.07平方米，建筑高度59.85米，标准层高2.8米。屋面防水设计等级为二级防水，防水面积约1000平方米，采用SF-Ⅲ克帮屋面整体防水保温隔热施工方法，该工程屋面为不上人屋面。

（王丹）

【城建集团获6项荣誉】 7月，房山城建集团有限公司被国家工商行政管理总局评为全国"守合同重信用"企业。8月，被北京银建资信评估事务所评为"信用等级AAA级"企业。10月，被北京质量协会评为"用户满意企业"，被北京市建筑业联合会评为"北京建设行业AAA诚信企业"。11月，被北京市建筑业联合会评为"2015年度北京建设行业诚信企业"。12月，被北京市企业诚信创建活动秘书处、北京企业评价协会评为"北京市诚信创建企业"。

（王丹）

【龙建集团获奖情况】 4月，龙建集团有限公司荣辰分公司庞文军获"首都劳动奖章"；5月，商务综合楼（房山区拱辰街道办事处15-13-01地块商业金融用地项目）项目获北京市文明安全工地工程；6月，获全国"安康杯"优胜企业，连续14年获该

奖项；7月，获"北京建设行业诚信企业"荣誉称号；获北京建设行业AAA诚信企业荣誉称号；1号楼（养老服务设施）等10个项目（房山区社会福利中心建设工程项目）被评为北京市文明安全工地工程；8月，地铁房山线稻田站定向安置房项目南区7号、8号住宅楼获2016年度长城杯银质奖；8月，北京龙建集团有限公司施工管理部刘海龙获北京市优秀建造师荣誉称号，北京龙建集团有限公司龙基伟业分公司闫志军获北京市优秀项目经理。

（任丽娜）

【一号平房仓等2项（北京市延庆康西粮食收储库改扩建）工程】 一号平房仓等2项（北京市延庆康西粮食收储库改扩建）工程位于昌平区延庆县康庄镇。建筑面积2804.7平方米，工程总投资2026.43万元。2015年12月30日开工，2016年11月17日竣工。该项目由北京市延庆康西粮食收储库建设，北京智博慧建筑设计院设计，北京龙建集团有限公司杨九江项目部施工，北京中景恒基工程管理有限公司监理。

（任丽娜）

【商务综合楼商业金融用地项目】 商务综合楼（拱辰街道办事处05-13-01地块）商业金融用地项目工程位于拱辰街道办事处。建筑面积15078.82平方米，工程总投资8280.33万元。2015年1月15日开工，2016年7月7日竣工。该项目由北京良乡城市建设开发有限公司建设，北京中机十院国际工程有限公司设计，北京龙建集团有限公司郭宗凯项目部施工，北京蔷薇工程监理有限责任公司监理。

（任丽娜）

【张坊镇易地搬迁工程】 房山区京津风沙源管理二期工程2014—2015年项目（张坊镇易地搬迁工程）位于张坊镇南白岱村，

工程总投资 2130.57 万元。2016 年 7 月 25 日开工，2016 年 12 月 31 日竣工。该项目由北京市房山区生态环境建设办公室建设，中国电建集团昆明勘测设计研究院有限公司设计，北京龙建集团有限公司第十二分公司施工，北京中景恒基工程管理有限公司监理。

（任丽娜）

【良乡三街 22 号楼改扩建工程】 拱辰街道良乡三街 22 号楼改扩建工程位于拱辰街道良乡三街，工程总投资 1349 万元。3 月 26 日开工，7 月 24 日竣工。该项目由拱辰街道三街村经济合作社建设，北京龙建集团有限公司第八分公司施工，北京天泰长富建筑装饰有限公司设计。

（任丽娜）

【长海御墅项目二期开工】 5 月 18 日，由吴远隆基房地产开发总公司开发建设长海御墅项目二期开工，位于长沟镇，总建筑面积 21 万平方米，其中一期别墅项目全部竣工，已售出房源 41 套（含认购 20 套）。此次正式开工建设的项目二期定位为托斯卡纳风格的花园洋房，其中包括部分社区商业配套，总建筑面积 4 万平方米。项目二期命名为"云舒苑"，总占地 2.3 万平方米，共计 9 栋楼（339 套房屋），面积在 40 平方米至 138 平方米之间，全部设计为 6 层电梯花园洋房，另外配有 4700 平方米的商业配套。7 月 16 日，长海御墅项目二期项目开盘"长海御墅·云舒苑"。开盘当天，到现场看房客户 1000 多人，160 套预售房源认购售罄。

（陈娇）

商业　金融业

商　业

【概况】 2016 年，全区社会消费品零售额 248.5 亿元，同比增长 8%。在城市发展新区中，总量位列第五位，增速排名第四位。全区共注销市场营业执照 9 家，变更市场营业执照 13 家，升级改造 25 家，疏解商户 112 个，疏解人口 389 人。全区实现外贸进出口总额 6.8 亿美元，同比下降 25.2%。其中，实现出口额 2.65 亿美元，同比下降 47.8%；实现进口额 4.15 亿美元，同比增长 3.4%。实际到位外资 4074 万美元，比 2015 年增长 13.8 倍。全年出动执法人员 2630 人次；检查各类经营单位 630 家次，指导企业整改各类安全隐患 195 起，没收假冒伪劣食盐 328.5 公斤，办理一般行政处罚案件 7 件，简易处罚案件 158 件。开展联合执法 6 次、专项执法 4 次；组织企业开展应急演练 109 家次，开展大型人员密集场所应急演练 1 次。新设立外商投资企业 8 家，增资 3 家。协议总金额 2.51 亿美元，协议外资额 2.06 亿美元。截至年末，共设立外商投资企业 584 家。协议总金额 32.5 亿美元，协议外资额 14.51 亿美元。实际利用外资 7.24 亿美元。

（胡光宇）

【《房山区提高生活性服务业品质实施方案》发布】 2 月 25 日，区商务委制定的《房山区提高生活性服务业品质实施方案》发布。该方案以"便民、利民、为民、惠民"为宗旨，着眼于提高城乡居民生活便利度和消费满意度，通过增加服务有效供给、扩大服务消费需求、提升服务质量水平等措施，加快推进生活性服务业"规范化、连锁化、便利化、品牌化、特色化"发展，形成布局合理、功能完善的行业体系。

（胡光宇）

【2 园区被认定为第一批"北京市服务贸易示范基地"】 5 月 26 日，房山区"中国房山世界地质公园"和"北京基金小镇"被市商务委认定为第一批"北京市服务贸易示范基地"。全市共有 12 个区的 27 个园区通过该次认定。

（胡光宇）

【《北京市房山区"十三五"时期商贸服务业发展规划》发布】 9 月 5 日，区商务委联合区发展改革委印发《北京市房山区"十三五"时期商贸服务业发展规划》。该规划围绕京津冀协同发展战略、首都及房山区城市战略新定位，主动适应经济发展新常态，以"惠民生，提升生活性服务业品质""调结构，大力发展现代服务业""促联动，主动融入协同发展""稳增长，扩大内需促进消费"为主要任务，重点打造"一主""两副""多点"的产业空间格局。

（胡光宇）

【《北京市房山区人民政府关于全面落实粮食安全区长责任制的实施意见》发布】 11月29日，区商务委员会制定的《北京市房山区人民政府关于全面落实粮食安全区长责任制的实施意见》发布。该意见建立区政府粮食安全监督考核机制，完善粮食流通管理体制，为提高全区粮食安全保障能力和水平提供指导意见。

（胡光宇）

【3家大型商业设施运行情况】 年内，首创奥特莱斯、中粮万科半岛广场、绿地缤纷城3家大型商业设施合计实现零售额22.8亿元。首创奥特莱斯商城入驻品牌851个，开业率97%；绿地缤纷城入驻品牌105个，开业率96.3%；中粮万科半岛广场入驻品牌167个，开业率98.5%。

（胡光宇）

【再生资源回收市场升级改造】 年内，全区完成198家合法再生资源回收企业清退工作；完成拱辰街道良乡飞机场、西部回迁区、阎村工业开发区等62个社区及单位的智能再生资源回收柜的铺设工作；成立房山区再生资源回收企业联盟，年内签约企业23家。

（胡光宇）

【生活性服务业品质提升工作】 年内，房山区新建及规范商业便民网点94个（家），其中便利店（超市）16个、早餐网点13个、蔬菜网点16个、美容美发店7家、洗染网点1家、家政服务1家、再生资源回收网点31个、末端配送网点9个。社区便民网点连锁化率提升3.43%，达36.56%；8项便民服务功能全覆盖率达50.34%。

（胡光宇）

【5000平方米以上大型商业设施达49家】 截至2016年，全区5000平方米以上的大型商业设施49家，总建筑面积与营业面积分别达到103.9万平方米、77.5万平方米，比2015年分别增加8.2万平方米、3.9万平方米。按业态划分，49家大型商业设施中，购物中心6家，百货店12家，专业专卖店2家，家居建材市场8家，商品交易市场21家。

（胡光宇）

【启动服务企业发展体制机制改革】 6月15日，区委、区政府印发《北京市房山区服务企业发展体制机制改革实施方案》。为优化服务企业发展软环境，加快政府职能转变，推动中关村南部创新城建设，建立领导体制，建立高规格的服务企业发展和产业促进联席会议制度，统筹领导和协调全区服务企业各项工作；搭建两个服务平台，政府服务平台和社会服务平台；建设服务专厅，在区综合行政服务大厅调整建设服务企业专厅；健全工作机制，建立健全高层领导决策协调机制、平台内部运行协调机制等。6月22日，房山区召开服务企业发展体制机制改革工作会。

（焦然）

【北京中关村南部（房山）科技创新城企业发展服务中心成立】 6月29日，根据区编办《组建北京中关村南部（房山）科技创新城企业发展服务中心的通知》，机构级别为区政府全额拨款正处级事业单位，挂北京市房山区投资促进局（简称区投资促进局）牌子，与北京市房山区综合行政服务中心合署办公。7月8日，北京中关村南部（房山）科技创新城企业发展服务中心挂牌成立。

（焦然）

【"高精尖"项目集中签约入驻房山区】 8月10日，北京利比奥环保科技有限公司等6家企业分别与区内柠檬VC孵化器、青创动力孵化器、中英孵化器以及绿地集团签订合作协议。区委常委、副区长赵军，区政协副主席、服务企业发展和产业促进联席会办公室主任赵永祥出席签约仪式。联席会议成员单位，首批签约的项目单位负责人，区综合行政服务中心窗口单位的主要领导，重点园区、孵化器、企业的主要负责人参加会议。该次签约的6个项目中有4个项目的主要研发负责人均为国家"千人计划"专家，代表行业最前沿的科学技术成果和世界顶尖水平。

（焦然）

【北京大学创业训练营文创产业特训班暨北大校友企业家房山行活动】 12月8日至11日，为加大房山区对外宣传力度，提高房山区与北京大学合作水平，不断引进高端人才到房山区投资兴业，促进房山区创新创业发展。房山区与北京大学深入合作，组织"北京大学创业训练营文创产业特训班暨北大校友企业家房山行"活动。区委副书记、代区长陈清，区委常委、宣传部部长曹蕾，北京大学校友会秘书长李宇宁出席仪式。

（焦然）

【百名海外名校博士创业中国行——走进房山】 12月19日至20日，欧美同学会携百名海外名校博士走进房山，加入到房山创新发展的行列中。欧美同学会•中国留学人员联谊会副会长夏颖奇为欧美同学会海归创业学院北京房山学院授牌，同时，房山

海外人才公共服务平台（APP）正式上线，中英科技创新孵化中心正式启动。房山区领导曾赞荣、陈清、吴会杰、刘兵、赵永祥出席房山站的启动仪式。

（焦然）

【中华全国供销合作总社领导到房山区调研】 6月20日，中华全国供销合作总社监事会副主任汤益诚到房山区供销总社开展为农服务新成果调研，全国总社领导对房山区供销社开展的各项工作给予肯定。

（张文通）

【中融安全印务房山项目一期工程开工】 3月30日，物流基地内中融安全印务房山项目一期工程开工。项目总占地面积6.67公顷，总建设面积12.52公顷，总投资15亿元。该项目分3期建设，包括新建标准厂房及附属设施，建成后中融公司新区将形成集综合安全印务、号码机生产、印钞应急油墨、生产服务及创意文化为一体的综合型功能区。

（翟璐）

【中国北京国际文博会房山分会场相关活动】 10月21日至22日，在物流基地内知识经济（北京房山）国际创新示范，举办中国北京国际文化创意产业博览会超级蜂巢"智能新媒体"房山分会场相关活动。该活动由房山区委宣传部主办，北京（房山）历史文化旅游集聚区规划建设管理办公室、阎村镇人民政府、物流基地管委会办公室协办，北京天洋蜂巢科技有限公司承办，以"智能新媒体"为主题，突出VR、智能娱乐、新媒体、大数据等领域的成果展示和体验，结合论坛等形式，进一步激发文化创造活力，引导和扩大文化消费，示范带动文化产业结构优化升级和创新发展。

（翟璐）

【京煤集团总部基地项目开工】 11月18日，物流基地内京煤集团总部基地项目开

工。项目总占地面积 4 公顷，规划总建筑面积 6.12 公顷，总投资 3.2 亿元，是集京煤化工集团总部办公、民爆研发、培训中心和芯片生产为一体的综合基地。

（翟璐）

【大石河报废汽车解体厂新址投用】　11月 18 日，大石河报废汽车解体厂新址试运营。按照《房山区低端产业清退疏解整治工作方案》，北京京房国鑫物资有限责任公司下属公司大石河报废汽车解体厂由阎村澎湃汽车城迁至韩村河镇检查站东，新址占地面积 28531 平方米，地上建筑面积 13803.48平方米。砖混结构车间 5 座，钢结构车间 4座，办公楼及配套用房共计 3195.58 平方米。厂区地面全部经过硬化防渗处理，设有 145立方米防火池 1 处，消防管道覆盖全厂。厂区按照报废车辆生产流程分为停放区、卸油区、待验区、监销区、拆解区。

（葛丽伟）

金融业

【概况】　截至 2016 年年底，全区人民币各项存款余额 1416.9 亿元，比 2015 年增长 9.9%。累计投放贷款 343.7 亿元，比 2015年上升 0.5%。贷款主要投向个人消费和建筑业。北京基金小镇已入驻机构 146 家，管理规模 2414 亿元。北京基金小镇是北京市推进京津冀协同发展重点项目，被列入北京市"十三五"规划，被北京市商务委认定为首批北京市服务贸易示范基地，并入选第一批中国特色小镇，是唯一以构筑基金业生态圈为建设目标的特色小镇。此外，获 2016 北京国际金融博览会暨北京国际金融投资理财博览会组委会颁发的"最佳金融服务平台奖"。北京互联网金融安全示范产业园入驻企业达 53 家，其中入园 37 家、创新类企业 16 家。园区引入行业组织与研究机构，引入北京市网贷行业协会、万向区块链实验室等机构 5 家。房山创业投资引导基金已累计设立参股基金 6家，募集资金 9.07 亿元。通过各支基金共投资支持项目 59 个，投资总额 29099.44万元，落户房山区的资金管理规模共计 5.6亿元。房山区成立 2 家融资性担保公司，截至 12 月底，北京燕鸿融资担保有限责任公司新增担保业务 512 笔，新增金额 535390 万元，在保 591 笔，在保金额 659648万元；北京中投国泰融资担保有限公司新增担保业务 14 笔，新增金额 1.36 亿元，在保业务 12 笔，在保金额 1.26 亿元。房山区已发展设立 10 家小额贷款公司，区内小额贷款公司共发放 660 笔，全年累计贷款金额 90705 万元。

（郑晓慧）

【为监外服刑人员提供意外保障】　1 月 1日起，中国人寿保险股份有限公司北京市房山支公司与房山区司法局合作为全区 400余名监外服刑人员提供 1 年期人身意外伤害保险保障。该项目的开办促进社会和谐与稳定。

（马梅）

【北京互联网金融安全示范产业园管理委员会成立】　2 月 5 日，区政府办印发《关于加快北京互联网金融安全示范产业园建设实施意见的通知》，北京互联网金融安全示范产业园管理委员会成立。

（郑晓慧）

【小额意外险保障民生】　国寿农村小额意外伤害保险是中国人寿保险股份有限公司

北京市房山支公司与区民政局针对全区低保低收入人群开办的一款保险项目。保障责任为全区低保家庭人身意外伤害，体现政府对低收入和弱势群体的关怀。2016 年 2 月，韩村河镇五保户刘某某因意外身故，生前北京市民政局及区民政局分别为其投保该险种，共获赔款 14 万元。

（马梅）

【北京基金小镇列入北京市"十三五"规划】3 月，北京基金小镇列入《北京市国民经济和社会发展第十三个五年规划纲要》，是北京市推进京津冀协同发展的重点项目。

（郑晓慧）

【北京基金小镇当选北京市服务贸易示范基地】 5 月，北京基金小镇通过北京市商务委在产业结构、企业规模、营商环境、公共服务水平、资源配置功能和经济辐射带动能力等方面的认定，成功申报成为北京市服务贸易示范基地（第一批）。

（郑晓慧）

【计划生育家庭意外伤害保险为群众提供专属保障】 6 月，蒲洼乡一名村民骑三轮车从桥上经过时意外摔下，经医院抢救无效死亡。按照条款规定，死亡者生前缴纳保费 60 元，共获死亡赔偿金 4 万元。计划生育家庭意外伤害保险是中国人寿保险股份有限公司北京市房山支公司与房山区卫计委合作开办的低投入高保障的一款报销产品。

（马梅）

【人保财险房山支公司承保民生保险项目】6 月，人保财险房山支公司中标 2016 年度民生保险项目，保费收入 155.40 万元，全区 103.6 万人得到保障。

（齐琰琰）

【承办中国首届阿拉善"骆驼行走——公益长征"活动】 7 月 2 日，近百家金融机构的 1300 余名金融人士齐聚北京基金小镇，参加 2016 中国首届阿拉善"骆驼行走——公益长征"北京冲刺活动，传承"长征精神"、参与环保事业。

（郑晓慧）

【北京基金小镇参加中国智慧城市国际博览会】 7 月 29 日，北京基金小镇参展中国智慧城市国际博览会，展示自身风貌，研讨北京基金小镇长远规划。

（郑晓慧）

【北京基金小镇承办"私享汇"论坛】 8 月 3 日，北京基金小镇承办中国证券投资基金业协会"私享汇"论坛，弘扬私募基金投资文化，交流分享市场观点，商讨行业发展大计。

（郑晓慧）

【产业入园暨中关村区块链研究院启动仪式】 9 月 8 日，北京互联网金融安全示范产业园产业入园暨中关村区块链研究院启动仪式举行。出席该活动的有北京市网信办党组书记、主任佟力强，北京市金融工作局副巡视员沈鸿，房山区委书记曾赞荣、房山区委副书记、区长陈清，房山区委常委、副区长吴会杰，清华大学五道口金融学院教授谢平，中国股权投资协会常务副会长衣锡群，大成基金首席经济学家姚余栋，北京市网贷行业协会秘书长郭大刚，中国互联网金融创新研究院院长黄震，互联网金融安全研究院创始人柳二月，房山区各委办局相关领导以及诸多企业家代表。

（郑晓慧）

【房山区创业投资引导基金】 10 月 12 日，区政府委托北京市房山城市投资发展有限责任公司与天使汇签订《北京天使极融投资管理中心有限合伙协议》，总计规模 5000 万元，房山区财政出资 2000 万元，社会资本出资 3000 万元。双方将重点关注符合房山区产业发展定位的高技术制造业和战略性新兴产业的创新创业企业，如新能源汽车、3D 打印、新能源材料、工业互联网及其他符合房山产业发展定位的领域。截至 2016 年年底，房山创业投资引导基金已累计设立参股基金 6 家，募集资金 9.07 亿元。通过各只基金共投资支持项目 59 个，投资总额 29099.44 万元，落户房山区的资金管理规模共计 5.6 亿元。

（郑晓慧）

【与重庆渝北区签署战略合作协议】 10 月 13 日，房山区人民政府与重庆市渝北区人民政府签署战略合作框架协议，双方将合作建设重庆·北京基金小镇，开全国先河构建跨地域基金业生态圈。

（郑晓慧）

【获"2016 年全国村镇银行支农支小先进单位"称号】 10 月 23 日，第九届中国村镇银行发展论坛发布《全国村镇银行业务发展情况暨全国百强村镇银行排名活动报告》。北京房山沪农商村镇银行在资产规模分项排名中名列前茅，获"2016 年全国村镇银行支农支小先进单位"称号。

（雷倩）

【参展第十二届北京国际金融博览会】 10 月 27 日，第十二届北京国际金融博览会在北京开幕，北京基金小镇、北京互联网金融安全示范产业园亮相展会。展会期间，接待来访咨询 2000 余人次，北京基金小镇获年度"最佳金融服务平台奖"。北京互联网金融安全示范产业园总经理马小兰在"2016中国金融年度论坛"上发表题为《服务金融创新 做好安全保障》的主题演讲。

（郑晓慧）

【北京基金小镇入选首批中国特色小镇】 10 月，经住房城乡建设部、国家发展改革委、财政部共同认定，北京基金小镇入选首批中国特色小镇，是其中唯一以构筑基金业生态圈为建设目标的中国特色小镇。

（郑晓慧）

【北京基金小镇参加京港会】 11 月 3 日，北京基金小镇参加第二十届北京·香港经济合作研讨洽谈会，加强京港两地在金融基金领域的合作。

（郑晓慧）

【北京基金小镇·中国量化基金指数发布】 11 月 19 日，召开北京基金小镇·中国量化基金指数发布会暨中美量化投资人才研讨会，促进行业的标准化和规范化，填补国内量化投资行业指数体系空白。

（郑晓慧）

【"金融·科技·安全 2016 论坛"】 11 月 30 日，由北京互联网金融安全示范产业园主办，北京市网贷行业协会、互联网金融千人会协办的"金融·科技·安全 2016 论坛"在北京金融街威斯汀大酒店举行。该次论坛以金融、科技、安全为主题，汇聚行业前沿动态与思想。2000 余名观众报名参加，中国台湾地区、新加坡等地也有观众参与。

（郑晓慧）

【人保财险房山支公司承保诉讼保全责任险】 12 月 17 日，人保财险房山支公司出具诉讼财产保全责任保险第一单，保费收入 4245.28 元。

（齐琰琰）

【中国绿色发展指数报告发布会】 12 月 24 日，北京基金小镇与北京师范大学经济与资源管理研究院、西南财经大学发展研究院、国家统计局中国经济景气监测中心共同举办"2016 中国绿色发展指数报告发布会暨中国绿色发展高端论坛"。

（郑晓慧）

【北京基金小镇入驻机构 146 家】 截至 12 月 31 日，北京基金小镇入驻机构 146 家，注册资本金 329 亿元，管理规模 2414 亿元。

2016年，新增入驻机构89家，注册资本金72亿元，管理规模1047亿元，保持稳定的机构入驻速度。

（郑晓慧）

【北京互联网金融安全示范产业园入驻企业53家】 截至12月31日，北京互联网金融安全示范产业园入驻企业达53家，其中创新类企业16家。入园企业中，金融类企业15家、科技类企业18家、其他4家。

（郑晓慧）

【支持实体经济发展】 北京房山沪农商村镇银行作为房山区唯一的一家村镇银行，始终坚持"扎根房山 服务城乡 富有特色 优质高效"的经营特点，以服务"三农"和小微企业为己任，全力支持区域内实体经济发展。截至12月底，该行的各项贷款合计7.97亿元，支持的对象全部为房山区内企业和个人，支持区内中小企业的发展，作为区域内唯一的法人银行，因决策链条短、审批效率高，得到客户的一致认可。

（雷倩）

【房山农业发展银行贷款余额67528万元】 截至2016年年底，各项贷款余额67528万元，比年初减少54602万元；各项存款余额51881万元，比年初减少3823万元；中间业务累计收入129万元，同比增加83.6万元；国际业务营销额3898万美元，同比增加701万美元；账面利润2375万元，同比增加1334万元。继续做好粮棉油信贷资金的供应和支持产业化龙头企业稳步发展。做好省级储备粮贷款发放及展期工作。全年共发放省级储备贷款2笔，金额3041万元，展期7笔，金额20146万元，收回粮食销售回笼款7170万元。做好市级储备粮轮换贷款发放工作。及时发放市级储备贷款1270万元，展期8笔，金额6689万元，收回贷款1180万元。向北京卓宸畜牧有限公司发放产业化龙头企业短期流动资金贷款6000万元，保证企业资金的流动周转，确保企业生产经营的正常运行。

（付德荣）

【送金融知识下乡活动】 年内，北京房山沪农商村镇银行开展"支付系统宣传月""反假货币宣传月""金融IC卡普及宣传""防范打击非法集资宣教活动"等宣传活动，送金融知识下乡，支持新农村建设。组织员工到周边村镇、社区进行现场宣传，主要宣传内容包括反假币、个人征信、防范打击非法集资等金融知识，累计组织30余次宣传活动，发放各类宣传用品1万余份，同时，通过营业网点及重点区域集中宣传、官方网站及微信等多媒体宣传不断扩大受众群众，提高百姓的防诈骗意识以及对个人征信记录的重视，促进百姓对金融知识的学习和了解。

（雷倩）

【支持棚户区改造】 2016年，农行房山支行为拱辰街道渔儿沟村棚户区改造项目审批贷款1.9亿元，该项目是农行北京分行首笔政府购买服务贷款。

（郭彦刚）

【农行个人住房贷款投放】 2016年，农行房山支行为长海御墅、天资华府、观山源墅等3个纯按揭楼盘发放购房贷款，实现接单3.3亿元，放款1.06亿元。

（郭彦刚）

【治理电信网络诈骗】 2016年，农行房山支行开展辖内16家网点防范电信网络诈骗活动，内容包括布放防范电信网络诈骗宣传材料、张贴相关公告以及加强电信网络诈骗相关培训，同时强化保障，按时完成技术升级维护和客户服务工作，切实提升客户防范电信网络诈骗的意识。

（郭彦刚）

【农商行房山支行机构改革】　2016年，北京农商银行房山支行管辖支行组织机构改革，综合管理部与人力资源部合并，为综合管理部。加州水郡分理处与碧桂园分理处合并。

（郭帅）

【农商行房山支行资产质量稳步提升】2016年，北京农商银行房山支行加快抵债资产处置，持续压降不良贷款，提高操作风险和信用风险的管控水平，加大内控合规和案件防控工作力度，全力促进支行稳健可持续发展。全年处置抵债资产1宗，收回处置款1050万元；收回表外贷款本金及利息173.06万元；年末五级不良贷款余额85.15万元，比年初下降31.87万元，无新形成不良贷款，不良率为0.02%，资产质量稳步提升。

（郭帅　刘芳）

【解决小微客户"融资难"问题】　北京房山沪农商村镇银行为解决小微客户"融资难"的问题，在现有产品基础上加强创新，推出专门针对"三农"和小微客户的"惠众贷"及"公司+农户"融资模式，解决了部分小微客户贷款难的问题。2016年，为响应监管部门促进新消费金融领域的要求，该行推出由家庭成员提供担保的"家庭贷"业务，该业务突破传统贷款担保方式，拓宽客户的融资渠道。

（雷倩）

【关爱女性，保障生命】　国寿关爱女性生殖健康团体疾病是中国人寿保险股份有限公司北京市房山支公司和房山区卫计委合作开办的1年期健康保险，以交费低、保障高深受群众的欢迎。2016年，该险种累计赔付22件，赔款总额达190万元。

（马梅）

旅 游 业

综 述

2016 年，全区旅游接待总人数完成 760 万人次，同比增长 5%。综合收入完成 43 亿元，同比增长 5%。旅游产业转型升级步伐不断加快，产业规模持续壮大。全区有旅游企事业单位 291 家，其中旅游景区 47 家（A 级景区 23 家）、星级饭店 30 家、社会旅馆 162 家、旅行社及分社 52 家。星级民俗户 296 户，星级民俗村 13 个，新型业态 7 类 49 家。《没有共产党就没有新中国》纪念馆、平西抗日战争纪念馆等 12 家景区被评为红色旅游景区。产业融合进一步拓展，探索旅游产业与红酒产业的融合，制定《房山区葡萄酒庄旅游建设指导意见》，协助编制《北京市乡村旅游特色业态葡萄酒庄标准及评定》，确定波龙堡葡萄酒庄、丹世红葡萄酒庄、莱恩堡葡萄酒庄等 10 家酒庄为葡萄酒庄旅游试点，力争打造红酒主题旅游景区，拓展旅游市场的发展。同时，新增首诚航天

农业生物科技有限公司和盛妆家化有限公司为旅游日社会开放单位，打造农业旅游和工业旅游试点。重点项目建设快速推进，完成《房山区旅游业"十三五"发展规划》编制工作。积极推进了十渡景区精品化建设、霞云岭红色旅游区建设和传统村落"五个一"项目建设。区域协同发展步伐加快，加强双方在重大旅游节庆活动方面的合作。互邀参加了 2016 北京葡萄酒节暨房山葡萄酒庄旅游体验季、"一带一路"国际葡萄酒大赛、"京畿胜境 醉美保定"暨河北"京西百渡休闲度假区"（北京）旅游推介招商会、河北省首届旅游产业发展大会等重大旅游活动。加强旅游宣传营销方面的合作，开展房保旅游导览图、一册通编印和宣传片拍摄等工作，并在双方咨询站、游客服务中心等放置对方旅游宣传资料，推介特色旅游资源。同时，鼓励和引导两地旅游企业开展旅游商品展示展卖，拓展旅游市场。开展旅游执法协助工作，在北京市旅游委的支持下，房山区与保定市在旅游质监执法方面积极开展了协助调查、委托调查、信息共享等合作。围绕"山水文源，乐享房山"主题，组织开展国际长走大会暨第二十二届房山旅游文化节，2016 北京葡萄酒节暨房山葡萄酒

庄旅游体验季等特色旅游活动 40 余项。强化媒体宣传，通过中央人民广播电台、北京广播电台等电台频段，北京电视台《美丽乡村》《天气预报》和房山电视台《周末旅游好去处》《FUNHILL 面对面》等电视栏目，《旅游》《北京晨报》《北京旅游》等报刊杂志开展主题宣传 40 余期。与乐途网合作，积极利用微博、微信发布旅游资讯近 200 条，"游遍房山"荣登北京市政务微信"新媒体指数上升榜"。开发特色旅游线路和产品，策划推出春季踏青赏花线路 17 条，房山区葡萄酒庄旅游线路 7 条，房山保定+葡萄酒庄游线路 2 条。举办"第六届房山旅游商品大赛"，并参加 2016 "北京礼物"旅游商品大赛，其中锦和家国粹创意生活系列获创意生活类优秀作品奖，菊花白酒包装盒和鲜品屋天天坚果获特色食品类入围奖。旅游服务保障体系建设取得新成果，旅游公共服务设施建设进一步完善。启动 A 级旅游景区沿线道路导览标识、石花洞风景名胜区登山步道提升改造、南窖乡南窖村和水峪村旅游标识系统提升改造等项目建设。完成旅游厕所改造 55 座、标识牌 6 处、无障碍设施 1 处。旅游市场监测体系进一步健全，不断完善旅游监测体系建设，丰富旅游资源数据库，及时全面地掌握旅游市场变化情况。景区（点）监测率达到 70%，住宿业监测率达 90%，旅行社及分社监测率达到 100%，乡村旅游监测率达到 100%，全行业监测率达到 90%。加强旅游咨询服务工作。完成长沟、沃联福、佛子庄、水峪等咨询站改造提升工程，咨询站服务游客功能进一步完备。加大咨询服务规范的贯彻执行力度，咨询服务质量和满意度进一步提升。加强旅游市场监管，加强市场秩序整治。联合市政、公安、交通、城管等部门开展旅游市场秩序检查和十渡风景区、石花洞周边旅游市场环境秩序专项整治，全年共计开展各类

秩序整治 73 次，检查企业 169 家，完成行政处罚 9 件。在房山旅游政务网公布旅行社"黑白名单"。强化行业安全维稳。联合消防、安监、公安等部门开展安全生产大检查等 18 个专项检查，改造提升假日旅游指挥中心监控，完成全国"两会"、7 个节假日等重要时间节点的安全服务保障工作。开展行业防汛、防地质灾害、防火、防恐等应急演练 7 次、培训 5 期。建立"双随机"执法检查机制，全面梳理行业监管范围，建立数据库及管理平台，建立健全"双随机"执法检查机制，全年开展各类检查 162 次，开具执法意见书 338 份，对存在的 330 项进行挂账督促整改。

旅游市场

【推出京卡优惠活动】 5 月 1 日起，区旅游委携手区总工会推出京卡·互助服务卡优惠活动，工会会员刷京卡可在石花洞、云居寺、上方山等 3 家景区享受门票 8 折优惠，每张京卡每天限购 1 张优惠门票。

（龚明顺）

【调研京津冀旅游协同发展工作】 5 月 4 日，市旅游委委员、工会主席邹伟南带队到房山调研京津冀旅游协同发展工作进展情况。区委常委、副区长赵军陪同调研。

（龚明顺）

【对接对口支援综合帮扶】 5 月 19 日，湖北省巴东县委常委、宣传部部长、统战部部长陈平财，旅游局局长李前兵等一行，就对口支援综合帮扶与区旅游委进行对接。房山区与巴东县，坚持"立足当前、着眼长远、

科学务实、互补双赢"的原则，加强跨区域旅游经济交流合作，在旅游资源开发、旅游宣传营销、旅游目的地构建、策划特色旅游线路等方面开展全面战略合作，共同推进房山区与巴东县的旅游交流与发展，实现互惠共赢。

（龚明顺）

【列入第四批中国传统村落名录】 12月9日，南窖乡南窖村、蒲洼乡宝水村被住房和城乡建设部、文化部、国家文物局、财政部、国土资源部、农业部、国家旅游局列入第四批中国传统村落名录。

（龚明顺）

旅游管理

【加强网络新媒体宣传】 3月17日，区旅游委与区广电中心就网络新媒体宣传合作事宜进行座谈，共同致力于网站、微博、微信等新媒体宣传合作。区旅游委提供及时最新旅游信息，区广电中心发挥技术优势，双方共同努力为游客提供旅游要素、资源展示、旅游指南等信息服务。

（龚明顺）

【推进星级饭店清洁能源改造】 3月25日，房山区星级饭店燃煤锅炉改造工作会召开，区旅游委对房山区星级饭店燃煤锅炉改造工作方案进行部署，区环保局对企业燃煤锅炉改造要求、相关支持政策及有关法律法规进行解读。

（龚明顺）

【房山保定旅游协同发展】 4月11日，区旅游委与保定市旅游委召开协同发展联席会。双方就房山保定两地旅游一体化重点工作进行讨论并决定，互相参加"一带一路"国际葡萄酒大赛和河北省第一届旅游发展大会等重大旅游活动，双方合作制作旅游地图、互换旅游宣传品、互卖旅游商品、合作拍摄旅游宣传片等。

（龚明顺）

【参加旅游推介招商会】 4月15日，"京畿胜境 醉美保定"暨河北省"京西百渡休闲度假区"（北京）旅游推介招商会在北京世纪莲花酒店举办。该次活动由河北省委宣传部、河北省旅游局、保定市人民政府、北京市旅游发展委员会联合主办。区旅游委与保定市旅游委联合推出保定·房山二日游、三日游特色旅游线路各2条。

（龚明顺）

【参加北京国际旅游博览会】 5月20日，2016北京国际旅游博览会在全国农业展览馆开幕。博览会由市旅游委主办，展会时间为5月20日至22日，展览面积达2.2万平方米，81个国家和地区、国内24个省（自治区、直辖市）的近千家旅游机构和企业参展。区旅游委在博览会现场设置活动展台，并组织石花洞、周口店北京人遗址、上方山、云居寺、东湖港等10余家景区参加活动，向外宣传推介房山旅游资源和特色产品。

（龚明顺）

【入选北京红色旅游景点】 6月，市旅游委推出10大主题23处红色旅游景点。房山区《没有共产党就没有新中国》纪念馆入选"红色纪念馆"主题红色旅游景点。

（龚明顺）

【参加中国北方旅游交易会】 7月1日至3日，2016第二十一届中国北方旅游交易会（NCTF）在唐山南湖国际会展中心举办。该次展会由北方10个省（自治区、直辖市）

旅游局（委）联合主办，范围延伸至全国各省（区、市）和境外多个国家或地区，引起海内外旅行商、旅游企业的广泛关注和积极参与。区旅游委组织周口店北京人遗址、石花洞、十渡东湖港、十渡拒马乐园、上方山等区内重点旅游企业参加。交易会期间，为游客提供现场咨询 5000 余人次，免费发放《房山旅游导览图》《游遍房山一册通》及各景区宣传资料 2 万余份。

（龚明顺）

【旅游专线推广活动】 7 月 16 日，湖北省巴东县与房山区联合举办"巴·山情牵 惠·享之旅"专线推广活动。该次活动以路演的方式，通过播放北京市对口支援巴东汇报片、《壮美三峡·秘境巴东》旅游宣传片、具有土家民族特色的原生态情景歌舞演出，宣传、展示秘境巴东浓郁的风土人情，推广为房山区乃至北京市民量身定制的旅游产品，承诺游览巴东县内 A 级旅游景区门票全免，入住三星级以上酒店实行成本价。

（龚明顺）

【做客 FM103.9《1039 慧旅行》栏目】 7 月 21 日，区旅游委做客北京交通台 FM103.9《1039 慧旅行》栏目，重点介绍房山区"十三五"旅游规划，并从"北京之源、神奇秀地、地学摇篮、休闲家园"4 个方面宣传房山的旅游资源。

（龚明顺）

【房山葡萄酒庄旅游体验季活动启动】 9 月 2 日，市旅游委联合房山区政府在青龙湖镇举办 2016 北京葡萄酒节暨房山葡萄酒庄旅游体验季活动启动仪式。区领导赵佳琛、卢国懿出席启动仪式，相关部门、部分驻华使馆外宾和国内外媒体参加活动。该次活动通过宣传片展示、传统民俗表演、红酒品鉴等多种形式宣传北京葡萄酒庄的发展情况，为 10 月 10 日在房山区

举办的"一带一路"国际葡萄酒大赛提供有力支撑。启动仪式上，区旅游委发布《房山区葡萄酒庄旅游建设指导意见》，并为波龙堡、丹世红、莱恩堡等 10 家葡萄酒庄试点授牌。同时，还推出葡萄酒庄游、葡萄酒庄+、房山·保定+三类旅游产品。

（龚明顺）

【"周口店·幽岚山"第五届红叶节开幕】 10 月 13 日，"周口店·幽岚山"第五届红叶节在周口店镇黄山店村坡峰岭景区开幕，该次红叶节从 10 月 13 日开始，11 月 15 日结束。其间，推出"红叶漫坡峰 秀美幽岚山"2016 年首届网络摄影大赛、山货大集市、"大闹快活林"歌王争霸赛、"欢乐秋老虎"亲子农事体验项目、"手工酸枣汁"万人品尝活动、登山彩虹跑等十余项红叶节系列活动。

（龚明顺）

【"红叶随手拍"活动】 10 月 15 日，区旅游委联合区广电中心，启动"红叶随手拍，开心赢奖金"活动。游客通过关注"游遍房山"微信公众号，上传参赛图片；评委会选出 100 幅优秀作品，参加网络评选；游客通过"游遍房山"微信公众号投票，最终评选出一等奖 2 名、二等奖 4 名、三等奖 6 名、优秀奖 60 名。

（龚明顺）

【参加北京国际旅游商品及旅游装备博览会】 10 月 22 日至 24 日，由市旅游委主办第五届北京国际旅游商品及旅游装备博览会在中国国际展览中心（老馆）举办。区旅游委在博览会现场设置特色展台和宣传展板，并组织波龙堡、凯达恒业、伊仟叶花语等旅游商品生产企业参加现场展示。

（龚明顺）

【星级饭店复核工作完成】 10 月底，星级饭店复核工作完成。房山区共有星级饭店

30 家，其中四星级 4 家、三星级 10 家、二星级 14 家、一星级 2 家。

（龚明顺）

【A 级景区复核工作完成】 10 月底，A 级景区复核工作完成。房山区共有 A 级景区 23 家，其中四星级 5 家、三星级 12 家、二星级 6 家。

（龚明顺）

【"老宋发面饼"获奖】 11 月 30 日，由市旅游委主办、市旅游行业协会餐饮分会承办的"2016 年度京郊旅游特色美食品鉴活动"在通州台湖北京星湖园温泉度假酒店举行。房山"老宋发面饼"获"十佳主食"称号。

（龚明顺）

【参加 2016 成都国际旅游展】 12 月 2 日至 4 日，2016 成都国际旅游展在成都世纪城新国际会展中心举办。区旅游委组织周口店北京人遗址、云居寺 2 家景区参展，首次面向以成渝为核心的西南地区进行旅游市场推广。展会期间，发放各种旅游宣传资料 5000 余份，接待咨询人数 1000 余人次。

（龚明顺）

【乡村旅游复审工作完成】 2016 年，新评旅游新业态 10 家、星级民俗村 3 个、星级民俗户 15 户。全区共有养生山吧、乡村酒店、采摘篱园、休闲农庄等新型业态 7 类 49 家，星级民俗村 13 个，星级民俗户 296 户。其中，四星级民俗村 1 个，三星级民俗村 12 个；一星级民俗户 73 户，二星级民俗户 132 户，三星级民俗户 76 户，四星级民俗户 15 户。

（龚明顺）

【列入市级爱国主义教育基地】 2016 年，通过企业申报、乡镇把关、区旅游委初审、市旅游委复审等环节，房山区 12 家单位被确定为市级爱国主义教育基地，分别是周口店北京人遗址博物馆、《没有共产党就没有新中国》纪念馆、西周燕都遗址博物馆、韩村河景村、房山世界地质公园博物馆、平西抗日战争纪念馆、蒲洼乡蒲洼村八路军修枪所、蒲洼乡森水村萧克疗伤地、南窖乡水峪村、石经陈列馆、百花山旅游景区、圣莲山景区。

（龚明顺）

【推进传统村落建设】 2016 年，区旅游委完成南窖乡南窖村、水峪村传统村落"五个一"项目建设，编制《水峪村旅游开发策划》，完成登山步道、旅游服务中心、观景休息亭、停车场等配套设施建设，实现传统村落的有效保护与合理开发。

（龚明顺）

假日旅游

【元旦假日旅游】 元旦期间，全区共接待游客 4.3 万人次，实现旅游综合收入 430.25 万元，同比分别增长 32.3% 和 39.6%。

（龚明顺）

【春节假日旅游】 春节期间，全区策划推出冰雪体验、假日游园、民俗过年、温泉养生 4 大类春节特色旅游活动，共接待游客 11.11 万人次，实现综合收入 987.18 万元，同比分别增长 11.8% 和 16.5%。未发生旅游安全事故和重大旅游投诉，假日旅游工作安全有序平稳。

（龚明顺）

【清明节假日旅游】 清明节期间，全区共接待游客约 17.5 万人次，实现旅游综合收入约 2319 万元。

（龚明顺）

【"五一"假日旅游】 4月28日，2016年"五一"假日旅游工作会召开。区委常委、副区长赵军出席会议，并对假日旅游工作提出要求。"五一"假日期间，共接待游客58.04万人次，实现综合收入6828.91万元，同比分别增长7.2%和5.4%，未发生旅游安全事故和重大旅游投诉，假日旅游工作安全有序平稳运行。

（龚明顺）

【端午节假日旅游】 端午节期间，全区共接待游客34万人次，实现旅游综合收入3453.75万元，同比分别增长6.5%和5.6%。

（龚明顺）

【中秋节假日旅游】 中秋节假日期间，全区共接待游客26.32万人次，实现旅游综合收入2235.14万元。

（龚明顺）

【国庆节假日旅游】 国庆节期间，全区策划推出登山健身、文化游园、金秋采摘3大类11项旅游特色活动，在北京电视台《美丽乡村》节目对房山葡萄酒庄旅游进行专题宣传。国庆节期间，全区共接待游客81.3万人次，实现旅游综合收入8427.01万元，同比分别增长1.8%和1.3%，未发生旅游安全事故和重大旅游投诉。

（龚明顺）

景点建设

【石花洞管理处安装界碑界桩】 4月初，为使风景名胜区资源得到有效保护，石花洞管理处对风景名胜区的边界进行重新核定，并加装风景名胜区界碑5块、中国房山世界地质公园界碑2块。

（薛文岳）

【百家旅行社走进石花洞旅游推介会】 6月6日，"百家旅行社走进石花洞旅游推介会"第一站活动在石花洞旅游服务中心举行。河北省唐山市的50余家旅行社领导参观石花洞，听取石花洞风景名胜区重点旅游资源介绍和推介。各旅行社与石花洞旅游服务中心签订旅游合同。

（薛文岳）

【石花洞管理处拆除违法建筑】 6月23日，石花洞管理处会同河北镇人民政府，将风景名胜区内他窖村一处违法建筑拆除。该违建有木屋11座、钢架大棚3间，共计1100平方米。

（薛文岳）

【七夕主题文化旅游节】 8月9日，2016首届石花洞—黄土坡七夕金银花文化旅游节暨民俗旅游与金银花产业创新发展论坛，在石花洞风景名胜区举行。旅游业、中医药业以及民俗文化领域的专家学者参加论坛，共商民俗旅游与农村产业跨界营销、创新发展的思路和模式。

（谢卫东）

【智慧景区建设】 2016年，石花洞风景名胜区管理处委托天津市铧萃传媒技术有限公司对石花洞旅游服务中心的线下购票系统进行改造，同时开发线上网站售票和微博、微信运营推广平台，配合线下售票模式的改造，建立综合管理平台。该平台采用计算机网络技术、通信技术、数据库技术和IC卡等技术，实现对景区的智能管理，形成完整、高效、可靠的工作环境。线上通过网站、微博和微信平台进行宣传，及时更新景区动态和新闻，完成线上线下的整合宣传推广，智慧景区的构建初步完成。

（薛文岳）

城乡建设

城乡规划

【概况】 2016 年，房山规划分局核发规划许可及其他事项 439 件。核发《建设工程规划许可证》102 件，总建筑规模 260.79 万平方米。核发《建设用地规划许可证》29 件，总用地规模 217.84 公顷。核发规划意见复函 50 件；核发临时建设工程规划许可证（施工暂设）33 件；核发各类规划条件 44 件；核发各类《规划选址意见书》16 件，总用地规模 182.97 公顷；核发规划许可有效期延续 3 件；核发规划监督验线验收 123 件；核发建筑物名称核准及道路命名 24 件；核发不予行政许可决定书 15 件。

（刘小芸）

【房山区 108 国道至京昆高速连接线（石水路）道路工程设计方案获市规划委批复】 2 月 23 日，房山区 108 国道至京昆高速连接线（石水路）道路工程设计方案获市规划委批复，该道路起点设于 108 国道四合村转弯处，跨越大石河，经四合村、安子沟、榆树沟、榆树窑村、沙地村、东关上村后转向东南，经黑牛水村、化塘沟村，从云居寺风景区以北穿过京原铁路，经周张公路向南至终点云居寺路，道路全长约 18.9 公里。项目建成后，对房山西部地区旅游及产业发展、全面改善山区居民出行条件发挥重要带动作用。

（刘小芸）

【长阳社会福利中心项目规划许可工作完成】 3 月，房山规划分局完成长阳社会福利中心项目规划许可工作，该项目位于房山区长阳镇温庄子村南，东至长龙苑小区，南至规划大宁二号路，西、北均至规划商业金融用地边界，规划总用地面积 2.06 公顷（其中建设用地 1.93 公顷、代征道路用地 0.13 公顷），规划用地性质为其他公共服务设施用地（福利院）。规划总建筑面积约 2.98 万平方米（地上 1.36 万平方米、地下 1.62 万平方米）。规划床位数 420 张。主要建设内容为养老福利设施及附属用房。

（刘小芸）

【琉璃河中心区 0202 街区 FS06-0202-0002 等地块控制性详细规划获市规划委批复】 5 月 5 日，琉璃河中心区 0202 街区

FS06-0202-0002 等地块控制性详细规划获市规划委批复，该地块规划范围东至京保公路，南至琉陶路，西至镇中心区 0202 街区边界，北至用地边界。规划研究范围总用地面积约 1.18 公顷（该次批复用地面积 0.78 公顷），总建筑面积 1.43 万平方米。

（刘小芸）

【青龙湖镇晓幼营村新型农村社区项目 38 个单体乡村建设规划许可证核发】　5 月 10 日，房山规划分局核发青龙湖镇晓幼营村新型农村社区项目 38 个单体乡村建设规划许可证。青龙湖镇晓幼营村为 2011 年北京市 10 个市级新型农村社区试点之一。总用地面积 4.59 万平方米，总建筑面积 5.7 万平方米（地上建筑面积 5.4 万平方米）。

（刘小芸）

【10 千伏充电桩外电源项目建设项目审查工作完成】　6 月 3 日，为推进新能源汽车外部配套基础设施建设，房山规划分局加快国网北京房山供电公司2016年10千伏充电桩外电源项目建设项目审查工作，主要在阎村镇、长阳镇、长沟镇、周口店镇、河北镇、大石窝镇、张坊镇、青龙湖镇、窦店镇、蒲洼乡、霞云岭乡、佛子庄乡、南窖乡范围内，新立电杆 12 基、新架设绝缘线 1530 米，新铺设电缆 2535 米、光缆 3035 米，为周口店文化广场、天湖国际酒店、娄子水村等现状用地内的新建充电桩提供外电源。项目建成后，可为房山区电动车充电提供便利，为节能、环保起到重要作用。

（刘小芸）

【良乡镇中心区定向安置房项目规划设计方案审查意见核发】　6 月，房山规划分局核发良乡镇中心区定向安置房项目规划设计方案审查意见，项目位于良乡镇邢家坞村，规划总用地面积 14.87 公顷，其中规划建设用地（二类居住）面积 8.13 公顷、代征道路用地面积 4.92 公顷、代征绿化用地面积 1.82 公顷。主要安置邢家坞村、南庄子村拆迁农（居）民共计 3251 人。规划总建筑面积 24.76 万平方米，其中地上 16.25 万平方米、地下 8.51 万平方米。

（刘小芸）

【石花洞国家级风景名胜区旅游公共服务设施项目建设项目选址意见书核发】　7 月 13 日，房山规划分局核发石花洞国家级风景名胜区旅游公共服务设施项目建设项目选址意见书，该项目位于河北镇，东至规划路，南至规划石花洞路，西至磁家务村，北至规划建设用地。总用地面积 2.77 万平方米，其中建设用地面积 1.97 万平方米、代征道路用地面积 0.57 万平方米、代征水域用地面积 0.23 万平方米。总建筑规模 2800 平方米。

（刘小芸）

【良乡水厂（一期）工程管线工程建设工程规划许可证完成】　9 月 8 日，房山规划分局完成北京市南水北调配套工程房山良乡水厂（一期）工程管线工程建设工程规划许可证，工程位于青龙湖镇，南水北调主干线以南、崇青东干渠以东、良乡机场西北侧，占地面积约 12.29 公顷，水厂（一期）规模 15 万立方米/日，远期规模 42 万立方米/日。水厂输、配水干管管径为 DN1000—DN1800 毫米，管线总长 12791 米。项目建成后，可为提升良乡组团和窦店镇中心区供水能力提供有力保障。

（刘小芸）

【长阳镇 04 街区 FS10-0104-0001 至 0002 地块控制性详细规划获批复】　10 月 9 日，房山区长阳镇 04 街区 FS10-0104-0001 至 0002 地块控制性详细规划获市规划国土委批复，该用地规划范围东至规划防护绿带、南至现状学校、西至沿堤东路、北至规划纬一路。规划总用地面积 3.45 公顷，总建筑面积 2.17 万平方米。

（刘小芸）

【房山区京津风沙源治理二期工程 2017 年项目规划意见审查工作完成】 房山区京津风沙源治理二期工程 2017 年项目，林业措施涉及韩村河镇、十渡镇、张坊镇、周口店镇和霞云岭乡 5 个乡镇。为推进治理工作落实，10 月 9 日，完成该项目的审查工作，工程建设项目包括林业措施、农业措施、水利措施 3 类。农业措施全部在韩村河镇，水利措施工程涉及蒲洼乡蒲洼沟 1 条小流域。工程项目包括困难立地造林 5000 亩，人工种草 2000 亩，小流域治理 10 平方公里。项目建成后，可为京津风沙源治理起到重要作用。

（刘小芸）

【核发房山区电影文化活动中心项目规划条件】 10 月 17 日，房山规划分局核发房山区电影文化活动中心项目规划条件，该项目位于房山区城关街道青年南路 1 号。东、北至青年南路，南至楮榆树家园，西至房山区城关小学。总用地面积约 6510 平方米，其中建设用地约 6087 平方米。总建筑规模约 9131 平方米。

（刘小芸）

【服务医疗、企、事业单位等 28 项清洁能源改造工程规划审查工作完成】 10 月 25 日，房山规划分局为推进 2016 年房山区清洁能源改造工作，加快完成房山区服务医疗、企、事业单位等 28 个工程项目清洁能源改造工程规划审查工作，共新建 400 千伏安箱变 3 座、500 千伏安箱变 4 座、630 千伏安箱变 7 座、电杆 24 基、电力线路 3818 米、燃气管线 9533 米。项目建成后，将对全区节能减排、环境保护、清洁空气起到重要作用。

（刘小芸）

【北京农业生态谷蒙牛乳业新建标准厂房及配套附属用房项目规划许可工作完成】 北京房山蒙牛乳业有限公司拟建的新建标准厂房及配套附属用房项目位于琉璃河镇中心区 E-04 地块内，东至规划路，南至规划横五路，西至规划兴南路，北至规划琉陶路。规划建设用地（一类工业）面积 13.8 公顷，规划总建筑面积约 9.05 万平方米。本着支持农业生态谷园区发展，房山规划分局提供便捷的规划服务，召开该项目规划设计方案初审专题会、技术审查会，2016 年 10 月完成该项目设计方案审查技术服务、建设用地规划许可证及全部建设工程规划许可证。

（刘小芸）

【北京高端制造业基地投资开发有限公司标准厂房等 3 项通过规划验收】 11 月 17 日，北京高端制造业基地投资开发有限公司标准厂房等 3 项通过房山规划分局规划验收，该项目位于房山区窦店镇高端制造业基地内。规划总用地面积 53186 平方米，总建筑面积 34223.78 平方米。

（刘小芸）

【石楼镇双孝村村庄规划获批复】 11 月 17 日，石楼镇双孝村村庄规划获区政府批复，双孝村位于石楼镇东北部，西北为城关街道顾册村、东北为城关街道东坟村，西南为支楼村，东南是坨头村，村域面积 1.13 平方公里。双孝村规划人口 856 人，规划村庄建设用地 12.84 公顷。

（刘小芸）

【长沟镇中心区 FS12-0100-6001 至 6012 地块（农民安置地块）控制性详细规划获批复】 11 月 24 日，长沟镇中心区 FS12-0100-6001 至 6012 地块（农民安置地块）控制性详细规划获市规划国土委批复，该用地规划范围东至天宝大街、南至玉粟大街、西至广聚大街、北至云居寺路。规划总用地面积约

34.28 公顷，总建筑面积约 43.39 万平方米。

（刘小芸）

【南窖乡南窖村保护发展规划通过市相关部门及专家联合审查】 11 月 22 日，为加快推进南窖乡南窖村申报第七批中国历史文化名村工作，市规划国土委组织市相关部门和专家对《房山区南窖乡南窖村保护发展规划》方案进行联合审查。会议认为，该规划方案思路清晰，程序正确，技术路线合理，内容满足要求。

（刘小芸）

【核发韩村河镇中心区 04-0001 等地块项目土地储备前期整理规划条件】 11 月 21 日，房山规划分局核发韩村河镇中心区 04-0001 等地块项目土地储备前期整理规划条件，该项目位于韩村河镇中心区 04 街区，为工业用地项目。东至规划工业用地东边线，南至规划路及规划工业用地南边线，西至现状路，北至岳李路。总用地面积 34.91 万平方米，其中建设用地面积 20.91 万平方米，代征绿化用地面积 7.54 万平方米，代征道路用地面积 5.31 万平方米，代征水域用地面积 1.15 万平方米。

（刘小芸）

【阎河路（大件路—京良路西延）改扩建工程设计方案获批复】 11 月 25 日，阎河路（大件路—京良路西延）改扩建工程获市规划国土委批复，该道路是进入北部山区的进山通道，是大件路、京周路、良坨路、京昆高速的重要连接线，该道路南起大件路，线位沿现状路向北，经崇青西干渠、规划五路、规划四路、大窦路（燕良路）、规划二路、京石二通道、规划一路，终点至京良路西延，该道路按一级公路标准设计、设计速度 60 公里/小时，道路全长约 5.2 公里。项目建成后，可对联系房山区良乡组团、阎村中心区、青龙湖坨里组团城市发展及区域公路网完善与连接、贯通、带动北部山区旅游发展起到重要作用。

（刘小芸）

【房山区海绵城市规划研究工作完成】 12 月底，房山规划分局组织规划编制单位完成房山区海绵城市规划研究工作。该研究体系由全区海绵城市建设规划研究以及良乡镇、长沟镇 2 个试点地区海绵城市建设实施方案研究组成。房山区海绵城市规划研究基本建立由生态廊道、斑块及单元组成的"一轴、三横、四纵、三片、多点"的海绵城市总体格局，对水安全、水环境、水生态、水资源进行系统规划，并重点针对近期建设范围进行详细设计与规划。试点地区海绵城市建设实施方案结合镇域特色及存在问题，建立海绵城市规划体系，研究深度落实在控规尺度上，指导每个地块、每条道路等源头、传输末端控制设施建设，使其满足规划要求。

（刘小芸）

【房山轨道交通稻田站 C 地块自住型商品房项目建设工程规划许可证完成】 该项目为 2016 年保障性住房计划开工项目之一，位于房山区长阳镇 02 街区，建设用地面积 67925 平方米，总建筑面积 246756 平方米，其中地上建筑面积 163840 平方米、地下建筑面积 82916 平方米。建设单位为北京稻香四季房地产开发有限公司，建设内容住宅、商业及商务办公等，其中配建自住型商品房 2.2 万平方米，260 户。此前，房山规划分局已核发该项目建设用地规划许可证、规划设计方案审查意见复函，12 月完成全部住宅楼部分建设工程规划许可证，许可总建筑面积 157969 平方米（地上 108630 平方米、地下 49339 平方米）。

（刘小芸）

市政设施建设

【概况】 2016 年，区市政市容委完成固定资产投资 18 亿元。完成"一带一路"国际葡萄酒大赛、国际长走节等重大活动环境保障工作。完成环境卫生及垃圾处理重点工作任务，90%以上行政村农村生活垃圾得到有效治理。房山区循环经济产业园项目取得施工登记意见书和完成场地平整工作。全区控烟工作取得优异成绩，完成 187 处油气输送管道隐患整治。供热体制改革全面完成，完成 58 座锅炉房 736.5 蒸吨清洁能源改造任务。城市道路及附属设施实现精细化管理。

（赵立群）

【油气输送管道隐患整治攻坚战取得阶段成果】 2015 年开始，房山区开展油气输送管道安全隐患整治攻坚战。2015 年至 2016 年，共完成 174 处石油天然气管道安全隐患整治和 13 处城镇燃气管道隐患整治，拆除占压建筑面积 14983 平方米，清理砂石料 1.5 万立方米。

（赵立群）

【重大活动保障和城乡环境建设工作完成】 年内，通过集中突击整治、实施重点区域管控、强化常态管理、加强应急保障等措施，完成"一带一路"国际葡萄酒大赛、国际长走节、北京党史宣传月、国庆节等环境保障工作。组织开展道路环境沿线专项整治行动，全面优化道路沿线环境，组织协调相关单位开展联合执法 650 次，街面秩序突出问题得到有效管控；完成"一带一路"国际葡萄酒大赛环境综合

提升项目，完成窦店中心区、良乡中心区、政通路区域环境综合提升工程，推进实施长沟镇中心区、周口店北京人遗址区域环境整治提升工程和红南路环境达标大街工程，开展月华大街、独义三路等区级重点道路及西潞东里等 3 个老旧小区综合整治，区域环境面貌显著提升。

（赵立群）

【环境卫生及垃圾处理重点工作任务完成】 2016 年，新增新工艺作业车辆 26 台、新能源车辆 3 台，新工艺作业覆盖率达到 87%，机扫率达到 88%，新能源车累计占比达到 45%。再生水使用范围扩大到机械清扫、机械清洗、步道冲刷、小广告清除等专业作业领域。建立一级道路清扫保洁台账，明确房山区达标道路 52 条。道路专业化清扫保洁面积达到 1031.72 万平方米，机械清扫保洁 727.61 万平方米。全区垃圾分类达标小区达到 103 个，共开展垃圾减量垃圾分类宣传、指导员培训活动 119 场次。引进启迪桑德回收联盟公司，借助于线上 APP 和线下回收箱，降低垃圾分类回收门槛，引导和鼓励居民对垃圾进行分类回收和定点投放。启动房山区首个"互联网+分类回收"试点，在 60 个居民小区开展"互联网+"试点工作。

（赵立群）

【农村地区生活垃圾治理】 年内，调查房山区农村生活垃圾收运情况，摸清底数，制定《房山区 2016 年农村生活垃圾治理工作实施方案》《房山区 2016 年生活垃圾无害化处理任务分解通知》《房山区 2016 年生活垃圾临时堆放点治理工作方案》，完善《房山区农村生活垃圾治理台账》，集中开展农村生活垃圾治理情况拉网式检查，检查覆盖全区 23 个乡镇、街道，发现整改问题 484 处，完成河北镇檀木港村北垃圾治理，部分大型垃圾临时堆放点治理工作正按时间节点推

进。全年无害化处理生活垃圾达到 27.06 万吨，全区 90% 以上的行政村生活垃圾得到有效治理。

（赵立群）

【9 家单位被评为首批北京市控烟示范单位】 2016 年，区检察院、区档案局、区成教中心、拱辰街道、窦店镇、周口店镇、歌华有限公司房山分公司和房山燃气集团 9 家创建单位通过市专家组的考核验收，成为首批北京市控烟示范单位。区教委、区交通局、区卫生监督所和韩村河镇 4 家单位被评为北京市控烟先进单位。

（赵立群）

【推进循环经济产业园项目】 房山区循环经济产业园项目位于佛子庄乡陈家坟村北，工程规划占地约 16.6 万平方米，建设日处理生活垃圾 1000 吨的垃圾焚烧系统，并配套建设炉渣综合利用等设施。2016 年年底，取得施工意见书和完成场地平整工作。

（赵立群）

【送气下乡工程】 2016 年，区市政市容委为全区 23 个乡镇（街道）、459 个行政村、25.6 万户居民提供液化石油气供应服务，共提供液化气钢瓶 847547 瓶，折合压减燃煤 20179 吨。

（赵立群）

【城市道路及附属设施实现精细化管理】 2016 年，房山区维修城市道路 3.31 万平方米、人行便道 2.99 万平方米、路灯 2075 盏、景观灯 240 盏、灯管 32 根、景观桥灯 40 套、扶手灯 70 米、更换电缆 2.22 万米、油饰灯杆 946 根、控制箱 7 座、维修护栏 10860 米、油饰护栏 61860 米，确保道路及附属设施完好率在 95% 以上，主干道和次干道的亮灯率均达到 98% 以上。政通路、拱辰大街公共服务设施完成 19 种、368 处二维码设置工作。

（赵立群）

【供热体制改革全面完成】 年内，房山区市政市容管理委员会、北京京能房山热力供应有限公司和北京华源热力管网有限公司三方签订《房山区市政市容管理委员会供热发展合作政府采购合同》，注册成立了北京京能集团房山热力供应有限公司；完成资产清查、人员安置等工作，房山区市政市容管理委员会与北京能源投资（集团）有限公司签订《房山区供热发展合作协议》、公布新的班子成员等，房山区供热发展体制改革工作完成。

（赵立群）

【110 千伏水碾屯变电站扩建工程竣工投产】 年内，房山供电公司完成 110 千伏水碾屯变电站改扩建工程，该工程投资 5091 万元，新增 110 千伏变电容量 5 万千伏安，新建 110 千伏电缆线路 7.6 公里，该项工程的竣工投产，满足房山新城地区负荷增长需要，提高电网供电能力。

（邓洁）

【35 千伏张坊、元庄变电站增容扩建改造工程竣工投产】 年内，房山供电公司完成 35 千伏张坊、元庄变电站增容扩建改造工程，分别投资 685 万元和 816 万元，该项工程的竣工投产，解决变电站重载问题，增容后可有效缓解用电紧张的局面。

（邓洁）

【100 个村 4 万户"煤改电"改造任务完成】 年内，房山供电公司在良乡、阎村、青龙湖等 12 个乡镇，投资 7.57 亿元，实施 100 个村 4 万户"煤改电"工程，新建架空线路 43 公里，变压器 812 台，实现区政府提出六环内及外延 1 公里采暖"无煤化"的目标。

（邓洁）

【16 座充电站、150 台直流快充桩建设任务完成】 年内，房山供电公司在城关、周口店、长沟、佛子庄、霞云岭等地区，投资

3016.15 万元，建设并投入使用 16 座充电站、150 台直流快充桩，推进清洁空气行动计划有效落实。

（邓洁）

【房山区燃气管网建设工程指挥部成立】 3 月 11 日，为加强对房山区燃气管网建设工作的领导，区政府决定成立房山区燃气管网建设工程指挥部。指挥部下设办公室，设在区燃气开发中心。

（张立春）

【燕山石化公司民用供气、供热业务分离移交意向书签约仪式】 8 月 23 日，在燕山石化公司三楼会议厅召开燕山石化公司与房燃集团关于《燕山石化公司民用供气、供热业务分离移交意向书》的签约仪式，区委常委、副区长赵军，区市政市容委、区发展改革委、燕山办事处、区国资委、燕山石化公司及房燃集团部分领导出席会议。房燃集团本着"全面合作、统一规划、分步实施、平稳过渡、整体推进"的原则，2016 年至 2018 年实施共计 33 个小区 4.3 万户燃气改造任务及 310 万平方米的供热任务，为燕山地区的经济发展提供高质量、高效率的运营服务，有效推动房山区域城市基础设施的优化与整合。

（张立春）

【燃气工程】 2016 年，房山区完成燃气入户 8765 户，公共服务项目 46 个；铺设低压管线 30.84 公里，中压管线 63.87 公里。公共服务食堂 147 家，燃气锅炉 22 台，直燃机 19 台，壁挂炉 60 台。2016 年新增压缩天然气用户 397 户，公共服务单位 4 个（琉璃河商业步行街 5 号商业楼、房山区供暖所琉璃河锅炉煤改气、金隅学校锅炉燃气管道改造、云岚山庄）。全年为房山区 25.6 万户居民提供液化气服务 79.5 万瓶。供暖面积 33 万平方米，运行供暖面积 15.5 万平方米，其中居民供暖面积 11.5 万平方米，公共服务供暖面积 4 万平方米，收取供暖费 480 万元。完成农村地区市政天然气用户 4978 户，燃煤锅炉煤改管道气 22 项、64 台、383.5 蒸吨，实施燃煤锅炉煤改压缩气 3 台、16 蒸吨。

（张立春）

城乡管理

国土资源管理

【概况】 2016 年，房山区土地储备工作有序推进，成交土地 9 宗，土地面积 42.53 公顷，土地出让收入 57.93 亿元，其中土地收益 40.11 亿元。土地整治及耕地占补平衡工作成效显著，研究制定《房山区开展建设占用耕地耕作层土壤剥离利用工作的实施意见》《关于进一步加强土地整治和耕地占补平衡工作的实施意见》，建成高标准基本农田 4.25 万亩；验收新增耕地 3100 余亩；解决了 31 个民生、重点项目的耕地指标共计 1200 余亩；完成固定资产投资 1.06 亿元。山区生态环境恢复和地质灾害防治成效明显，有效预测霞云岭乡庄户台村发生的一起山体崩塌，提醒督促霞云岭乡政府提前做好群众避险转移和安置工作，保证群众的生命财产安全。退低端、打非拆违成效显著，2016 年，土地执法工作以年度、季度卫片为抓手，重点开展清理整治。优化组合、重心下移。实现了 2015 年度卫片免除约谈、问责，2015 年第三季度暂缓拨付、2016 年一季度及二季度暂缓拨付达到验收标准，通过市级验收，避免土地收益被暂缓拨付。审计、督察整改等专项工作有序开展，督察整改通过阶段性验收，并将房山区作为北京市督察整改先进典型上报国土部。基本农田补划和土地利用总体规划调整进一步完善，完成土规实施评价工作，完成城市周边永久基本农田补划工作，完成全域永久基本农田划定方案编制工作。2016 年，推进区内重点项目，完成用地预审 78 件，用地总规模约 1320 万平方米；上报市规土委 23 宗征转项目，总面积 706.67 万平方米，全市排名第一。配合完善房山区未供即用项目的土地供应手续，保障公共公益项目落地实施，完成供应土地面积约 51 万平方米。不动产登记平稳有序，受理各类登记业务 7.5 万件，颁发不动产权证及证明 6.21 万本，协助司法机关查封不动产 1656 件，提供绿色通道服务约 3000 次，收到群众赠送锦旗 5 面、表扬信 6 封。2016 年获北京市"青年文明示范岗"称号。

（张贺楠）

【违法用地违法建设整改工作部署会】 3 月 9 日，召开违法用地违法建设整改工作部署会。房山国土分局领导及执法队相关工作人员参加会议。会上，房山国土分局汇报2015年度卫片、三季度暂缓拨付工作进展及目前数据情况。

（张贺楠）

【主动服务推进长沟基金小镇项目】 3月16日，为加快长沟镇新型城镇化建设北部浅山区（基金小镇）项目推进，房山国土分局邀请市国土局规划处、规划中心、区发展改革委、房山规划分局到长沟镇进行现场办公。市国土局相关领导就基金小镇项目现场进行实地勘察，听取项目情况汇报。针对占用耕地及基本农田等重点问题，市国土局规划处、规划中心提出相应解决方案，为项目后续工作开展提供安全保障。

（郭东）

【检查违法建设整改现场和警示约谈】 4月23日，为严厉打击涉地违法建设，加大各乡镇控违拆违力度，实现违法建设零增长，区领导曾赞荣、高云峰、于波、魏广勋率领区委办、区政府办、区委督察室、区政府督察室、区查违办、房山国土分局等部门负责人和相关乡镇党政一把手，对2015年度国土部及2015年北京市三季度违法占地项目卫片、审计督察整改项目排名靠前乡镇进行现场拉练检查和警示约谈。对控违拆违力度大、成效显著的乡镇给予表扬，对于整改进度缓慢的乡镇一把手进行警示约谈，该次共检查青龙湖、阎村、张坊、大石窝、长沟、窦店、长阳7个乡镇，12个违法整改项目。

（陈涛 李树东）

【"5·12"防灾减灾日宣传活动】 5月12日，房山国土分局开展"5·12"防灾减灾日宣传活动，主会场设在良乡西门。活动现场向过往群众宣讲地质灾害防治知识并普及常见的地质灾害防御措施，搭建公众咨询平台，针对群众感兴趣的问题进行现场咨询服务。同时，向民众免费发放《北京市突发地质灾害宣传手册》《北京市突发性地质灾害避险》等宣传资料及宣传品。

（任薪宇）

【房山区2016年土地储备供地计划专题调度会】 7月28日，区委副书记、代区长陈清主持召开会议，专题调度房山区2016年土地储备供地工作。会议听取房山国土分局关于2016年土地储备供地项目进展情况的汇报。经梳理2016年下半年房山区重点推进土地供应的项目14个，总用地面积约200公顷，主要位于拱辰、西潞、良乡、长阳、青龙湖、韩村河、周口店、长沟等街道、乡镇，各有关单位正在按任务分解抓紧推进各项工作。会议指出，土地储备是事关房山区发展的重要工作，在推进城市化建设、固定资产投资、税收及改善民生等方面发挥重要作用，房山区上下要高度重视。会议要求，各相关单位加快工作进展，确保2016年供地任务全面完成。紧抓机遇，往前赶，提早行动，想方设法推进各项工作；内引外联，积极做好与相关企业对接工作；紧密配合，主动服务，做好协调和指导，保障各项手续顺利取得。

（芦鑫）

【24个废弃矿山生态环境修复治理项目通过验收】 11月15日至18日，由专家组成的验收组对房山国土分局承担的北京市废弃矿山生态环境修复治理项目中的北京市周口店双山峰石板开采厂治理区、房山区张坊镇废弃红砂岩矿治理区、北京市房山区大安山乡大安山村永春煤矿治理区、示范工程后石门治理区等24个治理区进行现场验收。验收组通过实地查看项目建设，测量治理面积，勘测树种规格，现场听取房山规划分局、施工单位、监理单位的汇报。验收组提出完善意见并一致同意房山区24个治理

区通过现场验收。

（林晓晶）

城市管理监察

【概况】 2016年，区城管执法监察局受理各类举报19439件，同比增长10.99%；查处各类违法行为9.53万起，同比增长27.46%；结案处罚5483件，同比下降2.77%；罚款总额613.32万元，同比下降21.93%；案由数同比增长56.9%。向属地政府及相关部门派发监管通知单2493件，解决问题2693件，同比均略有减少。协调开展联合执法2488次，同比增长88.48%，解决问题58289件。行政诉讼复议案件同比下降44.0%，市局、区法制办抽查案卷优秀率均100%，接待群众来信来访60件，承办区人大建议1件，政协提案2件，并均已办理完结。

（王俊杰　李彦坤）

【城管执法协调领导小组2016年第一次全体会议】 3月2日，房山区城管执法协调领导小组2016年第一次全体会议在区政府召开。会议简要回顾2015年工作，分析当前形势及存在问题，并对2016年工作进行部署。区相关委办局、各乡镇（街道）负责人参加会议。

（刘超）

【严厉打击露天烧烤专项行动协调会】 6月3日，房山区严厉打击露天烧烤专项行动协调会召开。区城管执法监察局领导汇报全区露天烧烤的基本情况、采取的主要措施、存在的问题及下一步工作建议，并部署行动工作方案。会议要求各单位要高度重视，属地负责，积极调配执法力量，采取针对性措施，同时加大宣传力度，营造良好的社会氛围。各委办局、乡镇、街道负责人参加。

（刘超）

【严厉打击露天烧烤违法行为专项行动启动仪式】 6月6日，房山区严厉打击露天烧烤违法行为专项行动启动仪式在府前广场举行。公安、城管、流管、环保、工商行政管理、食药等部门以及乡镇、街道负责人参加。

（刘超）

【严厉打击露天烧烤违法行为专项行动总结会】 11月3日，房山区严厉打击露天烧烤违法行为专项行动总结会在区城管执法监察局召开，各成员单位主要领导参加会议。会上，区城管执法监察局汇报全区严厉打击露天烧烤违法行为专项行动的初步成效、存在问题以及如何建立长效机制、固化整治成果的思考和建议。与会成员单位领导围绕全区露天烧烤整治工作展开座谈。

（刘超）

【普法宣传片获奖】 12月5日，2016年北京市法治动漫微电影征集展映颁奖大会在首都图书馆举行，由区城管执法监察局主创的微动画普法宣传片《串啤惹的事》获动画类一等奖，普法宣传画《常吃烧烤十大惊人危害》获宣传画类二等奖，电视宣传片《城管——城市美丽的呵护者》获公益广告类二等奖。

（刘超）

【空气重污染预警响应】 年内，区城管执法监察局根据蓝、黄、橙、红4个空气重污染预警等级，第一时间分级启动空气重污染防治预案11次，在施工工地、露天烧烤、露天焚烧、道路遗撒等管理方面采取应急措施，做好空气重污染条件下的应急管理。

（王俊杰　李彦坤）

环境保护

【概况】 2016 年，房山区清洁空气行动计划措施显成效，推动全区大气污染防治工作向纵深挺进。房山区大气主要污染物细颗粒物（PM$_{2.5}$）平均浓度为 83 微克/立方米，同比下降 13.7%；降尘量为 4.0 微克/立方米，比 2012 年同期下降 36.5%。开展大气污染专项执法季行动，共出动执法人员 600 人次，检查排污单位 1225 家次，处理群众投诉举报 913 件，监测单位 229 家次，发现环境违法行为 111 家，其中行政处罚 89 家，行政处罚金额 339.5 万元；查封排污设备 22 家。完成房山区"十二五"环境质量报告书编制工作。成立环境保护专家组，为房山区环境保护工作建言献策。开展燃气（油）锅炉低氮改造资金补助工作。完成 2016 年土壤环境监测工作。与中国环境科学研究院签订大气环境保护战略合作框架协议，为房山区大气污染防治工作的管理决策提供科技支撑。完成 2016 年专项监测工作，完成 374 家企业建设项目环境保护验收监测；完成 2 家重点工业污染源氨排放监测；完成区内长期运行锅炉、80 多台燃气锅炉烟气监测；完成 2 家废水和 3 家 VOC 减排核算专项监测；完成区内施工工地扬尘监测 23 家次；完成区内污染物排放监督抽测，群众信访监测，配合监察部门做好日常执法检查监测，排污收费监测等。排污收费征收显成效，全年排污申报登记 3312 家，排污费征收单位 480 家，征收金额 8411.6 万元。

（万璐）

【重点监控企业调整工作完成】 2016 年，全区重点监控企业 202 家（含国控、市控企业 60 家），其中重点工业企业 120 家、污水处理厂 17 家、垃圾处理厂（场）3 家、危险废物处置经营许可单位 4 家、重点医院 8 家、规模化畜禽养殖重点监控单位 50 家。针对重点监控名单，加强污染源管理、环境监察、环境监测等工作；加大监管力度，做好监察执法、监督性监测、排污申报登记和环境统计等相关工作；监察、监测一体化，擅自停运污染防治设施、偷排、超标排放等违法行为，一经发现要严格依法查处；督促重点监控企业进一步健全企业环境管理制度，做好信息公开、严格危险废物管理，开展清洁生产和污染治理，减少污染物排放。

（万璐）

【大气污染专项执法季行动】 2015 年 11 月 1 日至 2016 年 3 月 31 日，区环保局在全区范围内开展大气污染专项执法季行动，加强对燃煤使用单位、挥发性有机物排放行业的监管力度，严厉查处锅炉超标、露天烧烤、露天焚烧、使用劣质煤、使用经营性小煤炉等违法行为，促进清洁能源改造，持续改善区域空气质量。大气污染专项执法季工作期间，区环保局共出动执法人员 600 人次，检查排污单位 1225 家次，处理群众投诉举报 913 件，监测单位 229 家次，发现环境违法行为 111 家，其中行政处罚 89 家，行政处罚金额 339.5 万元；查封排污设备 22 家。

（万璐）

【工业园区管理机构环保岗位设置工作完成】 5 月至 6 月，房山工业园区（东、西区）、良乡工业开发区、北京高端制造业基地、石化新材料产业基地工业园区等 5 个工业园区相继完成管理机构环保岗位设置工作，落实园区各项环保工作。根据《北京市水污染防治方案》等文件要求，环保岗位履行 6 项主要职责：宣传环境保护法律、法规、标准、政策，督促园区内企业严格落实各项环境保护要求及措施；掌握污染源排污状况；协助各园区内环境保护开展巡查工作；协助区环保局及其他负有环境保护监督管理职责的部门开展日常环境执法检查工作；协助开展重大环境污染事故的调查处理工作，参与突发环境事件的应急处置，负责空气重污染应急期间各项应急措施落实情况的监督检查；做好上级环境保护部门和所在乡镇（街道）安排的其他环境保护工作。

（万璐）

【"6·5"世界环境日宣传活动】 6月5日是第45个世界环境日，2016年世界环境日的主题确定为"为生命呐喊"，中国主题为"改善环境质量 推动绿色发展"。房山区组织开展大型宣传咨询活动纪念此次世界环境日。房山区在昊天广场开展世界环境日主题宣传活动，通过悬挂横幅、摆放展板、发放材料、提供业务咨询等形式，向公众宣传、普及环保法规和环保知识。区内环保、城管、交通、市政、水务、园林、住建、司法等部门参加该次活动。燕山地区举办"绿色燕山梦"环保主题宣传活动。该次活动共有1000余人参加，发放各类宣传材料4万余份，并在《房山报》制作世界环境日专版，房山电视台进行专题宣传，努力营造全民参与环保的良好氛围，呼吁全社会改善环境质量、共建绿色房山。区环保局与区司法局联合，利用凯捷风公交传媒车载视频系统、房山普法网、普法微博（@房山普法）和微信（房山普法）开展环境保护法律法规宣传，同时开展网上环保法规有奖答题活动。

（万璐）

【燃气（油）锅炉低氮改造资金补助】 按照《北京市环境保护局、北京市财政局、北京市质量技术监督局关于印发〈北京市燃气（油）锅炉低氮改造以奖代补资金管理办法〉的通知》要求，房山区开展燃气（油）锅炉低氮改造资金补助工作，补贴资金最多为总投资的三分之一。2015年7月1日，北京市实施新的锅炉排放标准，2017年4月1日后的新建锅炉执行30毫克/立方米的排放限值；对于位于高污染燃料禁燃区内的在用锅炉，2017年4月1日起执行80毫克/立方米的排放限值。该标准总体上严于欧洲锅炉排放标准。燃气（油）锅炉业主单位通过采取更换低氮燃烧器、整体更换燃气锅炉等方式，有效降低氮氧化物排放浓度，根据治理效果，实行差别化的资金补助政策。在减排幅度大于等于50%的前提下，氮氧化物排放达30毫克/立方米以下的，政府计划按改造投资额的三分之一给予补贴；排放达30毫克/立方米至80毫克/立方米之间的，政府计划按改造投资额的四分之一给予补贴。

（万璐）

【土壤环境监测工作完成】 2016年第三季度，区环保局开展农村土壤监测工作。选取旅游型村庄十渡镇西关上村和生态型村庄长沟镇西长沟村开展农村土壤环境质量监测，完成pH、阳离子交换量、铅、汞、镉、砷、铜、铬、锌、镍共10个项目的监测工作，监测结果全部合格。

（万璐）

【大气环境保护战略合作框架协议签订】 12月8日，房山区环境保护局与中国环境科学研究院签订"关于共同推进北京市房山区大气环境保护战略合作的框架协议"，并委托其开展达标研究工作，为房山区大气污染防治工作的管理决策提供科技支撑。按照协议，中国环境科学研究院将利用约1年的时间，对房山区大气环境质量做出科学分析研究，将研究成果转化成科技支撑决策工作建议报告，以便房山区有针对性的及时开展下一步大气污染防治工作。同时，为确保研究的科学性、客观性，中国环境科学研究院在房山区建立北京市远郊区县首处大气细颗粒物和臭氧综合监测平台，11月底正式运行。

（万璐）

【沥青厂粉尘治理环保技改项目完工】 年内，北京市政路桥建材集团有限公司房山沥青厂粉尘治理技改项目完工。该项目位于房山沥青厂，对时有生产设施进行粉尘治理的环保技改项目，主要包括地面硬化、设备除尘、加装罩棚。该项目实施后，除尘设备排放的废气中粉尘浓度低于15毫克/立方米，粉尘的去除效率大于85%；料场罩棚可减少露天堆放料场的粉尘无组织排放，以年产30万吨沥青混合料计算，年减排量为240吨。

（万璐）

【专项监测工作完成】 年内，区环保局完成专项监测工作。完成374家企业建设项目环境保护验收监测；完成2家重点工业污染源氨排放监测；完成区内长期运行锅炉、80多台燃气锅炉烟气监测；完成2家废水和3家VOC减排核算专项监测；完成区内施工工地扬尘监测23家次；完成区内污染物排放监督抽测，群众信访监测，配合监察部门做好日常执法检查监测，排污收费监测等。

（万璐）

【清洁空气行动计划措施显成效】 年内，全区PM2.5累计浓度为83微克/立方米，同比下降13.7%（降幅居全市第4位），大气污染防治各项措施成效显著。全年共压减燃煤69.3万吨。完成燃煤锅炉拆除和清洁能源改造1648.5蒸吨，超额完成市政府下达的800蒸吨任务。农村地区完成74个村35373户"煤改电"工程和15个村7549户"煤改气"工程，共安装空气源热泵28849户、蓄热式电暖器7442户、燃气壁挂炉7549户；清洁

能源未覆盖地区完成炉具安装10509户，优质型煤配送入户共计17.3万吨。严控环境准入环节，否决340个不符合产业发展、布局以及环保要求的项目；淘汰退出不符合首都功能定位的污染企业37家，提前1年完成5年173家的淘汰退出任务；开展清退疏解低端产业专项行动，完成1091家违法违规排污及生产经营行为的清理整治工作；启动环保技改项目13项，完工9项，提前超额完成全年启动10项的任务指标；削减挥发性有机物271吨，超额完成减排任务；5家单位通过强制性清洁生产审核评估，超额完成市级3家任务指标。全年淘汰更新老旧车21537辆，提前超额完成8000辆的任务；更换出租车三元催化器3266个；新增电动出租车200辆、新能源环卫车3辆，投放公租自行车2700辆；开展大型货车运输秩序专项整治行动，检查货运车辆227503台次，按照交叉执法、严厉处罚的原则综合查处违法、违章车辆1773辆次，各部门累计查处大货车违法行为62142起，罚款1431.38万元；与保定联合出台《房山区、保定市联合治超工作方案》，建立属地案件移交、责任倒查和信息资源共享机制，强化外埠进京车辆管控。全年降尘量为4吨/（平方公里·月），比2012年同期下降36.5%。组织工地联合执法446次，检查工地5182家次，立案104起，罚款91.2万元，住建、城管、环保部门联合约谈建筑施工项目参建方3起，确保施工工地达标率达到97%以上。严查"三烧"，累计查处违法行为76起，罚款8.36万元，规范违法行为2715起，罚没炉具929套；受理举报1927件，比2015年同期3414件下降43.6%。新建再生水加水站点12处，累计使用量达到11.96万立方米。建成"区—镇—村"三级大气环境监测网络，共建24个乡镇（街道）PM2.5标准自动监测站点

及 550 个简易自动监测站点；安装 3 处机动车尾气固定遥感监测装置，对过往车辆进行 24 小时不间断监测；招聘 198 名环保员，并派驻到全区各个乡镇、街道，实现监管重心下移。全年，查处环境违法行为 1960 件，行政处罚金额 1044.3 万元；运行新环保法查封排污设备 32 件。排污申报登记 3312 家，征收金额 8411.6 万元，同比增长 18.1%。

（万璐）

【排污收费征收显成效】 年内，区环保局重点做好施工工地扬尘排污费征收工作，继续严格落实阶梯式、差别化排污费征收政策，做到依法严格核定、全面足额征收，充分发挥排污费征收经济杠杆调节作用，督促企业自觉治污减排。全年，排污申报登记 3312 家，比 2015 年增加 185 家；排污费征收单位 480 家，征收金额 8411.6 万元，排污费征收家数及金额比 2015 年同期分别增长了 51.9%、18.1%。

（万璐）

防震减灾

【概况】 2016 年，区地震局扎实推进监测预报工作，做好地震监测预报，切实加强震情跟踪，积极应对大安山塌陷地震；多举措宣传防震减灾知识，升级科普教育展厅、丰富宣传产品，认真部署全区防震减灾宣传教育，继续加强示范单位建设工作；提高地震应急处置能力，强化地震应急值守，做好防震减灾公益短信平台信息更新与维护，积极指导地震应急疏散演练活动和应急预案的制定，为全区防震减灾事业科学发展提供强有力保障。

（王春景）

【大安山塌陷地震应急机制启动】 4 月 19 日和 11 月 3 日，中国地震台网分别发布大安山乡附近发生非天然地震的速报（分别为 2.7 级和 2.0 级），接到通知后，区地震局及时启动应急机制，与市地震局核实情况后上报区应急办并与大安山乡政府联系，同时派出监测预报工作人员到大安山乡现场进行调查，确认无人员和财产损失。为不使人民群众造成恐慌及谣言发生，密切关注网络舆情，并与"青春房山"等微信公众平台联系，做好正面宣传引导，为广大群众解疑释惑，也借此向广大市民广泛宣传普及地震科普知识。

（刘殿来 王春景）

【"5·12"防震减灾宣传日活动】 5 月 12 日，由房山区燕山工委、燕山办事处、房山区地震局共同举办的燕山地区"5·12"防震减灾宣传日活动在燕山文化广场举行。燕山工委、燕山办事处、房山区地震局及燕化公司相关领导出席活动。活动首先宣讲"5·12"防灾减灾日的由来和重要意义，旨在进一步唤起公众对防灾减灾工作的高度关注，增强全社会防灾减灾意识，推进经济社会平稳发展，构建和谐社会。北京市地震局宣教中心高级工程师张晓楠结合"5·12"汶川地震等实例作地震逃生知识讲座，从家庭避震、公共场所避震、户外避震等方面，讲解地震应急逃生知识，内容切合实际、深入浅出，引起在场群众的广泛共鸣。燕山地区迎风街道、向阳街道、东风街道、星城街道群众代表 300 余人倾听讲座。讲座结束后，房山区地震局为燕山地区学生代表赠送《青少年防震减灾知识读本》，并向社区群众发放《防震减灾实用手册》及防震减灾宣传购物袋、削皮器、扇子、围裙等宣传品共计 2000 份。

活动现场共摆放防震减灾知识宣传展板 50 余块，宣传横幅 10 余条，广场的大屏幕不断地循环播放防震减灾科普宣传片。

（刘洁 王春景）

【房山第三中学被认定为防震减灾科普示范学校】 12 月，房山区地震局、区教委按照相关要求，对申报 2016 年度房山区防震减灾科普示范学校的单位进行评审和实地考察，认定房山第三中学为房山区防震减灾科普示范学校。12 月 27 日，举行"房山区防震减灾科普示范学校"授牌仪式。

（刘洁 王春景）

【房山区防震减灾科普教育基地展厅升级改造】 2016 年，房山区地震局在时有防震减灾科普教育基地展厅的基础上，加盖阳光顶盖，增加展陈面积，新增沉浸式全景地震体验展示、灾后现场展现、旋转通道展现、地震小屋展现、地震知识问答展现等互动性较强的创新展项，用以更好地宣传防震减灾知识，使防震减灾教育深入人心，增强防震减灾意识和提升公众自救互救能力，使其真正发挥宣传普及防震减灾的重要作用。

（王春景）

新农村建设

【房山区成立专职机构助推减煤换煤工程】 年初，为做好"减煤换煤、清洁空气"行动实施工作，房山区按照"五个一批"的总体要求，加强领导、突出重点、全面推进，坚持"整村推进、区域覆盖、因地制宜、分步实施"的原则，全力推进减煤换煤各项工作有序开展，为促进农村地区环境改善和建设生态宜居示范区做出贡献。成立减煤换煤领导小组办公室，由 1 名区领导挂帅，从各部门抽调 32 人，专门从事此项工作。制定实施方案，针对以往煤改电、煤改气工作中遇到的困难和问题，以入户调研和召开村干部座谈会、乡镇（街道）干部片会等形式，研究制定《房山区 2016 年农村地区"减煤换煤、清洁空气"行动实施方案》和实施细则，提出适合房山区的具体操作措施。各项补贴资金预算基本落实，房山区已将减煤换煤资金纳入预算，共安排专项资金 10 亿元。蓄能式取暖器在市补贴 2200 元的基础上提高到 1.2 万元；空气源热泵在北京市补贴 1.2 万元的基础上提高到 2.6 万元；燃气取暖壁挂炉在市补贴 2200 元基础上提高到 2.2 万元；优质型煤在市财政补贴 200 元/吨的基础上提高到 530 元/吨；炉具更换根据采暖面积的不同，给予 1800 元至 3500 元的补贴；燃煤配送费由 25 元/吨提高到 40 元/吨；同时，增加农村居民用电、用气的补贴，对使用电取暖的居民，在享受峰谷电价补贴的基础上，给予 500 元补贴；对使用燃气取暖的居民，给予 500 元至 2000 元的补贴。强化监管，确保安全，建立联席会议制度。排出时间表，做到倒排工期，周有通报，月有报告；建立煤改电、煤改气农村居民户台账、档案，登记线路施工、配电设备、取暖设备采买等各项明细。同时，建立联席会制度，明确成员单位分工，对项目工程实施以及项目资金的预算、拨付、使用、管理实行全过程监管，形成"部门联动、政策集成、资金聚集、资源整合"的工作格局。

（宋阔魁）

【市领导检查房山区减煤换煤工作情况】 6 月 2 日，副市长林克庆到房山区视察减煤换煤工作推进情况。林克庆一行分别前往煤改气试点窦店镇河口村、煤改电试点琉璃河镇福兴村实地查看，并听取减煤换煤工作汇报。随后，林克庆一行到煤改电、煤改气试点的农户家中，查看了空气源热泵、蓄热式取暖器等供暖设备的使用，热切关心农户在改电、改气后，每季取暖费较烧煤时是否增加，屋里是否暖和等情况。

（宋阔魁）

【首次减煤换煤领导小组成员单位联席会议】 8月2日，房山区减煤换煤领导小组成员单位首次联席会议在区政府应急指挥大厅召开，区研究室、区财政局、区质监局等35家减煤换煤领导小组成员单位负责人参会。区农工委、区新农村办领导通报2016年农村地区减煤换煤重点工程进展情况，以及下一阶段主要工作。会议要求：要按照联席会议制度，每月召开一次；成员单位要按照职责分工，主动研究涉及减煤换煤工作的有关问题，随时上报工作情况；各成员单位之间要互通信息，相互配合，形成合力，充分发挥联席会议作用。会议一同下发《房山区2016年农村地区减煤换煤工作实施细则》《房山区农村地区减煤换煤领导小组成员单位联席会议制度》等相关文件。

（宋阔魁）

【煤改电、煤改气工作推进会】 9月6日，房山区煤改电、煤改气工作推进会召开，会上传达市领导关于减煤换煤工作的讲话精神，听取减煤换煤工作总体进展情况，并对房山区煤改电、煤改气工作做出要求。涉及煤改电及煤改气的14个乡镇行政正职参加会议。

（宋阔魁）

【推进减煤换煤工作】 9月12日，房山区召开减煤换煤工作推进会，23个乡镇、街道主管领导参加会议。会议分析房山区减煤换煤、清洁空气行动面临的形势，解读部分相关政策，要求各乡镇加大人员配备，及时跟进工作进展，提高效率，紧抓落实，按时完成各项工作。广泛宣传。从政治高度大力宣传减煤换煤、煤改电、煤改气的计划、意义、目的。加大政策宣传，此次减煤换煤、清洁空气行动政府惠民政策多、补贴力度大，要将政策宣传到每家每户。宣传设备选型方法，将不同类型设备的优缺点逐一展示，保证百姓选择科学合理的设备类型。组织机构到位，各乡镇、村建立包村、包户领导机制，做到村村有人负责，户户有人负责，按照工作量配备相应人员，不分节假日，随时负责相关工作。加强各项保障措施，各乡镇全过程服务到位，协调百姓与企业，做好准备工作与接洽工作。全力配合煤改电、煤改气工作，各乡镇要讲究方法，俯下身子，查明情况，倒排工期，及时解决问题，化解矛盾，确保10月20日完成各项工作。

（宋阔魁）

【市领导到房山区调研煤改清洁能源情况】 9月14日，市委常委、秘书长、副市长张工一行到房山区调研煤改清洁能源情况。区委书记曾赞荣，区委副书记、代区长陈清陪同。张工一行先后到窦店镇窦店村、拱辰街道吴店供热厂等地，实地察看房山区煤改清洁能源情况，随行听取相关情况汇报。张工对房山区煤改清洁能源工作中取得的成绩给予肯定，认为房山区任务明确、组织有力。

（宋阔魁）

【房山区与取暖设备供应企业签订购销合同】 9月18日，房山区政府采购中心、区新农村办分别与28家空气源热泵企业、4家煤炭企业、2家兰炭企业及6家炉具企业签订购销合同。至此，房山区煤改电工程进入入户施工和设备安装阶段。中标企业与乡镇对接采取划片的方式，每家企业本着安装至少700台的标准，3家至5家企业包 1 个乡镇，每个乡镇安排 1 个至 2 个备选企业，确保入户安装任务在取暖季到来之前完成。同时，为确保工程质量，采用 3 天一报告、7 天一汇总、10 天一调整的方式，统筹协调各企业工程进度，保证按时完成设计安装工作。

（宋阔魁）

【"煤改电"宣传服务周活动】 11 月 14 日，国网北京市电力公司在房山区青龙湖镇常乐寺村举行国家电网首都电力共产党员服务队"煤改电"服务站的揭牌仪式，标志着国网北京市电力公司"煤改电"宣传服务周活动在房山正式启动。该次活动从 11 月 14 日起至 18 日止，开展为期一周的"煤改电"宣传。2016 年，国网北京房山供电公司全面完成房山区 75 个村 3.2 万户的煤改清洁能源建设目标，全面服务保障全区"煤改电"用户冬季采暖用电安全。活动中，以分发宣传材料和现场咨询的形式向常乐寺村民进行煤改电的宣传。同时，还建议"煤改电"用户下载"掌上电力"APP 软件，绑定自己的客户编号后，可以准确了解用电情况，并网上购电，使村民做到用电心中有数，购电方便快捷。

（宋阔魁）

【"煤改电"应急演练】 11 月 16 日，为应对房山区"煤改电"村大面积断电故障，房山区减煤换煤办公室协同区电力应急指挥部、国网北京房山供电公司及阎村镇等单位，在阎村镇二合庄村首次开展 2016 年度冬季"煤改电"应急演练，全面考验房山区对"煤改电"村突发断电故障的反应速度及处置措施。该次演练活动采用桌面推演、实地抢修、数据传输等方式，通过故障报备、故障排查、发电车临时供电、线路抢修等环节，全面演示"煤改电"线路故障抢修的整个流程。供电公司负责全面协调，与抢修现场及时联系、果断处理，最短时间内完成故障抢修任务，保障"煤改电"用户采暖用电不受影响。

（宋阔魁）

【4 项措施助推减煤换煤工作】 2016 年，房山区实施农村地区"减煤换煤、清洁空气"行动，坚持城市化改造上楼一批、拆除违建减少一批、炊事气化解决一批、城市管网辐射一批、优质燃煤替代一批的"五个一批"的方式，全面落实"减煤换煤清洁空气"行动各项工程。在城乡结合部地区实施"煤改电""煤改气"工程实现"无煤化"，同时继续推进优质型煤替代，实现优质型煤全覆盖。筹集市、区资金，重点抓好"煤改电""煤改气"的"百村无煤化工程"。确定在农村 12 个乡镇 74 个村 38745 户实施"煤改电"工程，在 5 个乡镇 31 个村 1.5 万户实施"煤改气"，以逐步改善群众使用清洁能源取暖的需求。在半山区、山区确定液化气单体入户取暖试点，涉及宅院 200 多个，通过试点探索在不同地区因地制宜使用清洁能源取暖的新路径。为确保"减煤换煤、清洁空气"行动实施工作顺利完成，坚持以"整村推进、区域覆盖、因地制宜、分步实施"的工作原则，坚持组织保障到位、统筹协调到位、服务落实到位，政策宣传引导到位，4 项措施全力做好农村地区"减煤换煤、清洁空气"行动实施工作。一是精心谋划，强化管理，组织保障到位。为进一步做好"减煤换煤、清洁空气"行动实施工作，成立减煤换煤领导小组办公室专职此项工作。2016 年，区减煤换煤领导小组提早入手，制定并下发了"减煤换煤、清洁空气"行动实施方案等文件，并召开会议部署工作。为防止工作出现漏洞，制定工程管理细则、财务管理细则等措施，实行审计跟踪、安全监理，建立政府督查、效能监察，使工程项目开展、

资金使用、招投标等每个环节按照"依法、公正、公开、公平"原则开展工作。对于挪用、滞留、虚报、冒领、骗取财政专项资金等违法行为，发现一起，处理一起，绝不姑息。强有力的组织保障为减煤换煤工作开展保驾护航。二是精细摸排，狠抓落实，统筹协调到位。对全区所有涉及"减煤换煤、清洁空气"行动计划的村户实行拉网式排查，对农民用燃情况、取暖设备的选择等情况进行摸底，做到底数清、情况明、数字准，为改电、改气工程开展提供准确依据；与乡镇签订落实项目责任书，保证工程顺利实施；制定减煤换煤领导小组成员单位联席会议制度，研究解决全区减煤换煤工作中的重大问题，统筹协调相关部门职责分工，确保各项工作有人牵头，有人落实，有人监管，环环相扣，不留死角；加强与房山区新能源协会的联系，为新能源使用提供技术支撑。三是精准发力，加大补贴，服务落实到位。在原有相关政策基础上，房山区出台支持政策，在全市区县中补贴力度最大：加大"煤改电""煤改气"资金投入。在统一补贴的基础上，增加改电、改气入户线网改造和取暖设备的补贴。优质型煤替代。加大用煤和炉具补助力度。补贴政策减轻农民负担，有效地调动农村居民减煤换煤的积极性，推动劣质燃煤治理工作的开展，确保"煤改电""煤改气"改得起，用得上，不反弹，让农民得到实实在在的实惠。四是精益求精，创新思路，政策宣传到位。充分利用区内广电中心等各种媒体资源，制作专题片、设立专题板块，提高广大农户对减煤换煤工作的知晓率；以会代训，宣传政府对用电、用气的各项补贴政策，普及电、气取暖设施、设备以及燃煤炉具的使用技术；下户宣传，为村民进行煤改清洁能源产品选择知识普及，引导村民选择适合自己的取暖方案；与房山区

新能源协会密切配合，制作宣传材料下发基层单位。强有力的宣传指导为减煤换煤工作营造了良好的思想舆论环境。

（宋阔魁）

【3项制度保障减煤换煤工程开展】 房山区为做好"减煤换煤、清洁空气"行动计划实施工作，加强各部门间的协调配合，促进工作的制度化、规范化以及决策的民主化、科学化，制定了联席会议制度、周例会制度和督查制度，确保全区减煤换煤工程实施。一是建立房山区减煤换煤领导小组成员单位联席会议制度。35家成员单位按照职责分工，研究审议全区减煤换煤工作中的重点和难点问题，提出解决方案，建立长效工作机制，组织联合专项执法行动，预防、打击使用劣质燃煤等违法行为，维护环境安全。二是建立减煤换煤周例会制度。区减煤办与区供电公司、燃气公司加强信息沟通与交流，建立每周例会制度，及时解决减煤换煤工程在立杆、架线、管道铺设过程中遇到的占地、穿道、过林等难题，做到一事一议，确保各项工程的实施。三是建立督察制度。区督查室、区大气办、区发改委全程跟踪减煤换煤工程进度和政策制定，并组织劣质燃煤清理工作，确保政令畅通，合法合规开展各项工程。房山区被环保部列为"月调度"督查对象，通过各项督查，使办公室各项工作责任到人，做到事事有人承办、有人负责，提高工作效率，保障各组按规定依法办事。

（宋阔魁）

【搭建清洁能源设施管护平台】 为全力保障房山区农村地区"煤改电""煤改气"等新能源设施的安全稳定运行，房山区减煤换煤办委托房山区新农村能源技术综合服务站建立后期服务平台，全权负责取暖设备中标企业所有设备安装、调试及设备的维护、保养和排除故障等后期服务工作，5项措施

保障房山区农村居民取暖设备正常运行。一是强化质量把控。由12名专业技术人员组成的4个质量督查组，全程介入采暖设备安装、运行全过程质量监督和技术指导，发现问题及时与企业沟通进行整改和完善。二是建立服务热线。设立2部服务热线电话，由专人负责，24小时值守，接到报修和服务电话立即组织企业上门服务，及时解决问题。三是建立在线监测平台。与北京市计算中心合作，安装远程数据采集设备，对电、气取暖设备运行状况和运行效果实施抽样监测，对设备性能、每日运行情况、进回水温度、能耗情况、能效比等各项数据进行采集、分析、汇总。四是制定应急预案。与中标企业签订售后服务协议，明确责任，要求中标企业在接到用户或服务平台报障信息后，30分钟内做出回应，1小时内到达故障现场，4小时内完成故障排除。五是做好设备检测。委托北京市专业检测机构对设备质量、性能进行全面检测，确保设备质量。

（宋阔魁）

交通　邮电业

道路建设

【概况】 2016 年，房山公路分局承担新改建、提级改造，大修、预养、旧桥改造、交通综合治理 17 项，完成投资 31187 万元；中小修等养护完成投资 16657 万元；乡村公路建养完成投资 15153 万元。财政资金支付率 99.75%，路政案件处置信息化率 100%，许可卷、处罚卷合格率 100%，未发生甲方安全生产责任事故。全年实施工程项目 17 项，以建设"精品路、精品桥"为抓手，加强品质工程管理，良常路改建工程 3 个标段、107 国道大修 4 项工程获北京市市政基础设施竣工长城杯。成立技术委员会，召开会议 16 期，审查变更 156 项、设计方案 11 项，促进技术问题、工程变更的科学化、规范化、公开化。推进绿色公路建设，制定《泡沫沥青厂拌冷再生施工技术指南》。2016 年，回收废旧沥青材料 6 万吨，回收率 95%。循环利用旧材料 5.8 万吨，利用率 97%。温拌、再生沥青等节能环保材料使用率 100%。继续探索山区公路工程视频监控模式。大力推进房窑路、千榆路改建两项跨年工程，特别是千榆路工程，积极协调拆迁，在主汛期前完成 90% 以上的下挡墙施工目标，确保应急避险通道畅通，从根本上保证 2000 余名群众在 7 月 20 日特大暴雨时安全度汛。为缓解交通拥堵，着力推动黄良路与京周路路口交通综合治理、紫码路提级改造项目。完成 8 条路的大修任务，提高道路的通行能力。积极推进工程竣工验收，完成工程验收 5 项，全部取得优良等级，另有 3 项已申报验收。设立施工重点工序系列培训科目，先后分 4 期组织青年干部针对泡沫沥青冷再生摊铺等工序进行观摩交流，增强分局在实践中的战斗力，强力助推公路建设上台阶。全年完成道路中小修维护等养护资金 16657 万元。落实养护合同管理。细化作业标准，加强监督考核，完成养护事件 3828 件，24 小时修复率达到 100%，养护切块资金网上支付率 100%。对重要旅游路线、易积水路段实施中修工程。完成道路桥梁中修 13 项，干线公路一、二类桥梁比例 100%。开展县级以上公路生命安全防护工程，完成 15 条道路全线治理工作。完成"一带一路"国际红酒大会、北京国际长走大会等一系列区域重点活动的道路保障工作。全年完成乡村公路投资 15153 万元，其中大修 14 项，小修 24 项，安全生命防护工程 10 项，桥隧改造工程 4 项。实施蒲洼乡森水隧道加固工程，投资 770 万元改善山村出行条件；"7•20"暴雨后，迅速启动 30 项水毁修复工程，总投资 9520 万元，已完成 26 项。安全监管以安全生产标准化、安全检查常态化、安全监管精细化、安全管理信息化为抓手，逐步形成科学有效的安全应急管理体制。制定安全方案 18 项，召开安全会议 16 次，完善管理制度 15 项，修订应急预案 20 项，新增《安全生产"党政同责"规定》《安全生产工作约谈办法》。17 项工程在"平安工地"考核评价中达到优良等级。组织检查 123 次，发现的 102 项问题全部整改完毕。加强应急物资储备，成立 3 支防汛抢险队、21 个抢险小组，开展应急演练 4 次，备勤 70 次，备勤人员 21780 人次，为极端天气公路安全提供保障。全年完成路网外场设施建设工程 33 项、695 万元。严格路网运维管理，实现视频监控设备完好率 99.4%，情报板发布设备完好率 100%，气象监测设备完好率 100%；高度重视应急值守，及时处置突发事件。做好路政服务热线的接听及答复，全年接转热线来电 89 次、发布情报板信息 6610 条次、启动预警预案 45 次、发布预警信息 6400 余条次。路政管理坚持文明执法，热情服务，全年查处路政案件 912 件，录入率 100%，结案率 99.7%；实现零投诉，未发生行政复议和行政诉讼。全时全程参与房山区大型货车运输秩序整治专项行动，治超路检车辆 261978 辆次，做出行政处罚 37 件、处罚金额 46 万元；做出行政许可 38 件，收取补偿费 211 万元。拆除不规范非标 360 面，路域环境明显改善，为房山区的经济发展创造良好交通环境。

（孔令全）

【及时发现、紧急处置、确保交通安全】 7 月 19 日 11 时，房山公路分局巡视人员发现 108 国道 K120+600（蒲洼乡宝水村）处路侧山体出现滑坡迹象，并有进一步恶化趋势。经查看发现，塌方涉及路段长度约 90 米，高度约 40 米，不稳定山体约 4 万立方米，存在较大安全隐患。巡视人员及时上报，房山公路分局在山体上方及时设置滑动观测点位，安排人员 24 小时值守，调集抢险队伍现场备勤。20 日，邀请相关专家对现场进行勘察分析，结合山体变形观测情况，认为该处滑坡点山体下滑趋势明显，可能较短时间内发生大方量滑坡，严重危及公路通行安全，需尽快采取断路措施。鉴于以上情况，房山公路分局立即与区应急办、房山交通支队、区交通局、房山国土分局、蒲洼乡政府等相关部门沟通会商，及时对当地群众、沿线通行客货运车辆进行妥善安排，并于 16 时 30 分采取断路措施，逐步解锁防护网，降低滑坡体牵引重力。同时，充分利用网络、可变情报板等及时发布断路信息和交通导行方案，引导社会车辆绕行相邻六石路、十霞路、涞宝路等周边道路。21 日开始，滑坡体突然发生局部滑塌，方量约 4000 立方米，造成道路全幅阻断。同时，不稳定山体持续发生变化，滑坡体顶部裂缝由 1.5 米发展至 5 米，碎石不断滚落，整体滑塌的险情继续加大。22 日，市交通委、市路政局会同市防汛办、市规划国土委、房山区政府，赴现场勘查调研山体塌方情况，分析研究道路恢复措施，确定采用削方、卸载、支护、锚固综合治理的处置方案。24 日，房山公路分局果断采取水沉机械结合的方式进行削坡作业，配特殊长臂作业机械 1 辆、破碎锤 2

台、装载机 2 台，以及自卸车和水车。同时，修筑机械爬坡临时道路，并进行塌方清理、防护网解锁工作。9 月 5 日前，路侧不稳定山体已清理至路面，上部山体已经稳定，路面塌落土石方已经完成部分清运，于 9 月 6 日恢复道路通行。

（孔令全）

【房窑路大修工程】　房窑路为区级道路，技术等级为二、三级公路，设计时速 40—60 公里/小时，该次大修工程段落为 K10+300 至 K11+160、K16+700 至 K25+100，全长 9.26 公里。主要对道路路面进行翻修补强，对桥面进行加固处理，同时完善排水系统和附属设施。工程总投资 2273 万元。开工时间为 8 月 15 日，竣工时间为 11 月 15 日。该工程建设单位为北京市交通委员会路政局，管理单位为北京市交通委员会路政局房山公路分局，设计单位为华杰工程咨询有限公司，施工单位为汇通路桥建设集团有限公司，监理单位为中咨公路工程监理咨询有限公司，监督单位为北京市道路工程质量监督站。

（孔令全）

【石水路大修工程】　石水路为区级道路，全长 4.9 公里。技术等级为 K0+000 至 K2+253 为二级公路，路基宽 15 米、路面宽 12 米，设计时速 60 公里/小时，K2+253 至 K4+900 为三级公路，路基宽 9 米、路面宽 7 米，设计时速 40 公里/小时，该次大修工程铣刨旧路面，重建道路结构，同时完善排水系统和附属设施。工程总投资 1094 万元。开工时间为 8 月 19 日，竣工时间为 12 月 30 日。该工程建设单位为北京市交通委员会路政局，管理单位为北京市交通委员会路政局房山公路分局，设计单位为北京市市政专业设计院股份有限公司，施工单位为北京鑫实路桥建设有限公司，监理单位为北京仕邦工程监理有限责任公司，监督单位为北京市道路工程质量监督站。

（孔令全）

【108 国道地质灾害防治工程】　10 月 15 日，开工建设 108 国道地质灾害防治工程。108 国道为山区二级公路，路基宽 8.5 米，路面宽 7 米，双向两车道。该次地质灾害防治工程，起于 K77+270，至 K110+830，全长 33.56 公里。工程主要是清除危岩石、（SNS）岩石防护、挡碴墙和护面墙等。工程总投资 955.5 万元。竣工时间为 11 月 30 日。建设单位为北京市交通委员会路政局，管理单位为北京市交通委员会路政局房山公路分局，设计单位为北京国道通公路设计研究院股份有限公司，施工单位为北京路桥瑞通养护中心有限公司，监理单位为北京中城建建设监理有限公司，监督单位为北京市交通委员会路政局房山公路分局。

（孔令全）

【黄良路与京周路相交路口交通综合治理工程】　黄良路与京周路相交路口交通综合治理工程，该路口为 3 条路相交路口，东西为京周路，南侧为黄良路终点，北侧为大件路起点。因交通流量大，堵车现象严重，为缓解黄良路与京周路相交路口交通拥堵问题，故此对该路口进行改造。铲除黄良路道口两侧主辅路隔离带长 270 米，改造后，3 米（人行步道）+2.5 米（非机动车道）+3×3.5（机动车道）+1 米（中央护栏）+4×3.5（机动车道）+3 米（非机动车道）+3 米（人行步道）=37 米；进口 4 条车道，2 条左转车道，1 条直行车道，1 条直行加右转车道；出口 3 条车道，路口渠化段长 70 米（标线），渐变段长 30 米（标线）；路基、路面按原标准修复，新增非机护栏，完善交通标志、标线。工程总投资 363 万元。开工时间为 10 月 20 日，竣工时间为 12 月 20 日。该工程建设单位为北京市交通委员会路政局，管理单位为北京市交通委员会路政局房山公路分局，设计单位为北京市市政专业设计院股份有限公司，施工单位为北京鑫实路桥建设有限公司，监理单位为北京顺通公路交通技术咨询有限公司，监督单位为北京市交通委员会路政局房山公路分局。

（孔令全）

【路网情况】 2016年，推进路网外场设施建设进程，全年完成设备建设工程33项、695万元。严格路网运维管理，实现视频监控设备完好率99.4%，情报板发布设备完好率100%，气象监测设备完好率100%；高度重视应急值守，及时处置突发事件。做好路政服务热线的接听及答复，全年接转热线来电89次、发布情报板信息6610条次、启动预警预案45次、发布预警信息6400余条次。

（孔令全）

【路政执法情况】 全年，查处路政案件912件，录入率100%，结案率99.7%；全时全程参与房山区大型货车运输秩序整治专项行动，治超路检车辆261978辆次，做出行政处罚37件，处罚金额46万元；做出行政许可38件，收取补偿费211万元。拆除非公路标志360块。

（孔令全）

公路运输

【概况】 2016年，房山区交通运输工作以"一区一城一堡"建设为牵引，促成区域公交合作战略、稳步推进缓堵工作、加强运输行业日常监管、推动"京津冀"联合治超，着力完善现代综合交通运输体系。全区共有公交客运企业1家，运营线路53条，运营车辆497辆，线路总长度2160公里，共发车87.92万班次，行驶里程3525.52万公里，运送乘客5257万人次。出租汽车企业8家，个体出租16户，出租汽车4131辆（含电动出租车400辆），从业人员6970人，年客运量3382万人次（其中区域电动出租车400辆，运送乘客157万人次，行驶总里程1216万公里，载客率55%）。省际客运企业1家，车辆47辆，省际客运线路20条，线路长度14099公里，省际客运量30.69万人次。旅游客运企业3家，车辆96辆，从业人员105人。汽车租赁企业37家，备案车辆695辆。水运游船单位7户，船舶856条（非自航船845条，自航船11条）。普通货运企业4481户，货运车辆14480台；危险品运输企业36户，危运车辆1091台；机动车维修企业355户，其中一类40户，二类178户，三类137户。货运场站经营企业3家，总经营面积134029平方米，库房和堆场面积89029平方米。机动车综合性能检测站3家。绿色车队54家，车辆5363辆。所辖19处铁路监护道口，全年共接送火车64841列。地铁房山线客流3941万人次，日平均客流量10.77万人次，同比增长12.9%。

（刘玉东）

【大型货车运输秩序整治行动】 1月14日，房山区召开全区治超工作会暨大型货车运输秩序整治动员部署会，联合区交通局、区委政法委等30余家执法单位、乡镇等部门，成立大型货车运输秩序整治专项行动指挥部，开展对重点路段、地区存在的大型货运车辆（标载5吨以上的）超限超载、非法改装、道路遗撒、尾气超标、乱倒垃圾、乱停乱放等突出问题，开展联合执法、集中整治行动。专项行动建立月例会、周会商、日值班制度，全年召开例会 15 次，会商会 41 次，印发《专项行动简报》39 期。截至年底，检查货运车辆 227503 辆次，查处违法、违章车辆 1820 辆次（其中六轴百吨王 52 台），处罚超限 36 件次，拆解非法改装货车 107 起，共处罚大货车违法行为 62142 起，通过持续高压高效的治理实践，2016 年超限超载率从 2015 年的 4%降至 1.5%；道路日均违法运输车辆从年初的 2000 台次降至 150 辆次。

（刘玉东）

【西潞园小区四里停车位改造完成】 1 月，西潞园小区四里完成停车位改造，通过道路整体规划、车位新布局、道路修整、增加停车设施等工作，由改造前 90 个停车位增至 277 个停车位。

（刘玉东）

【房山区停车规划完成】 3 月，区交通局编制完成房山区停车规划，规划主要研究停车供给发展策略，引导停车需求良性发展；制定重点地区停车方案，发掘和利用停车资源；改善房山区重点区域停车环境，提升城市形象。

（刘玉东）

【新开 15 路公交专线】 4 月 1 日起，为应对房山区各级政府机关及相关部门实行公车改革，凯捷风公司开通 15 路公交专线（良乡大角—韩村河）。线路途经拱辰大街、长虹西路、京周路、房易路、岳李路，设良乡大角、地铁良乡南关站西、地铁苏庄站、阎村、房山客运站、周口店路口、大韩继、五侯路口、韩村河等站点，线路长度 33.7 公里，配车 1 台，日发班次 2 班，全程票价 10 元。

（刘玉东）

【房保两地联合治超】 6 月 8 日、7 月 12 日，房山区和保定市两次召开房保两地联合治超联席会，研讨联合执法工作，开展联合治超，制定《房山区、保定市联合治超专项行动方案》，确定每月 3 次至 4 次联合执法机制。11 月，向京津冀联合治超办公室申请协调房山区与河北省联合治超。全年共出动联合执法人员 4600 人次，执法车辆 1150 辆次，检查货运车辆 18402 辆次，查处违法、违章车辆 132 辆次（其中六轴百吨王 7 辆）。

（刘玉东）

【房山区"十三五"交通规划编制完成】 6 月，区交通局完成《房山区"十三五"时期交通体系建设与交通管理专项规划》编制工作。该规划总结房山区"十二五"时期交通发展成绩，分析"十三五"时期交通发展面临的形势，提出"十三五"时期交通发展的目标和指标，明确发展思路，确定发展重点和主要任务，并制定相关的保障措施。

（刘玉东）

【停车普查复核完成】 7 月 27 日开始，房山区开始停车普查复核工作，对 2015 年 10 月的第一次停车普查数据进行复核，该次停车普查工作，最新统计数据显示，全区车位总数 17.2 万个，夜间停车位 15.6 万个，居住区停车位缺口 4.1 万个。

（刘玉东）

【元武屯道口拆除】 8 月 4 日，房山公路分局拆除元武屯道口各种安全设备，解除监护。北京铁路局拆除房山区元武屯监护道口。

（刘玉东）

【篱笆房客运站委托经营管理协议签约】 8 月 8 日，区交通局与北京市公联交通枢纽建设管理有限公司签署篱笆房客运站（交通枢纽）委托经营管理协议。篱笆房客运站总建设用地面积 25067.04 平方米。总建筑面积 14122.93 平方米，其中地上建筑面积 5176.85 平方米，地下建筑面积 8946.08 平方米。公交车可驻车 42 辆，公交发车位 9 个，小汽车停车位 228 个（地上停车位 72 个，地下停车位 156 个），自行车位 350 个。

（刘玉东）

【房山道协完成协会与行政的社会化脱钩】
8 月 9 日，房山区道路运输协会召开三届六次理事会，会议研究确定关于房山区道路运输协会本届理事会的机构调整和换选。北京市道路运输协会、房山区交通局领导，房山区道路运输协会秘书长、副会长和各理事会成员参加。由于该届协会届期未满，人员变故以及政府部门不再派驻人员兼任协会职务等情况，经区交通局党组研究同意协会对部分保留编制进行重新选举，按照中办、国办印发《行业协会商会与行政机关脱钩总体方案》，房山道协借此参考市道协转型的经验，该次选举产生的人选在房山区道路运输协会会员企业中选出。会议选举产生会长、监事长、副秘书长、监事 4 名人选，经 40 余名代表表决，房山区良乡万达汽车服务集团董事长任国庆当选会长，其他职务相应选举完毕，确定协会新旧交接和工作延续，体现企业自主办会宗旨，把协会推向社会化、市场化的改革方向。

（刘玉东）

【长阳路西口公交站与原香小镇公交站合并】 自 8 月 27 日起，"长阳路西口"与"原香小镇"公交站合并，涉及的公交线路有环城 2 路、房 28 路、房 33 路、房 34 路、房 35 路、房 38 路、房 51 路，在长阳路西口上、下车的乘客可在原香小镇换乘公交线路。

（刘玉东）

【危险化学品安全专项整治】 8 月至 11 月，区交通局集中开展危险化学品运输安全专项整治工作，制定《房山区交通局关于深刻吸取天津港 "8·12" 特别重大事故教训集中开展危险化学品运输安全专项整治工作方案》，对全区危险化学品运输企业集中开展安全专项整治活动，共出动执法人员 240 余人次，重点对从业人员资质、车辆技术状况、车辆动态监控、危运车辆专用停车场地消防设施设备及随车装备配备情况、电子运单应用情况、安全生产标准化达标情况进行检查。

（刘玉东）

【落实北京市 "9·21" 治理超限超载违法行为专项行动】 9 月 21 日开始，房山区集中组织开展北京市 "9·21" 治理超限超载违法行为专项行动。6 个行动巡查执法组成员到各执法站点，通过展板、条幅、滚动电子屏以及发放宣传材料等形式对货车超限超载治理专项行动进行集中宣传。6 个巡查执法组集中上路执法，加强区内重点地区和路段的流动执法检查力度，形成高压震慑态势。各综检（治超）站从 21 日起实施 24 小时勤务制度，对大型货运车辆严格把控，做到 "逢车必检" "逢超必罚" "逢超必卸"，发挥站点 "卡喉" 作用。

（刘玉东）

【新开通专 119 路、专 120 路】 9 月 22 日起，新开快速直达专线 119 路，由黄辛庄开往富丰桥西，途经黄辛庄、长阳路口、长阳环岛南、长阳环岛东、篱笆房、军留庄、地铁长阳站、西营村、马厂村、六圈、丰茂路口西、海鹰路口、航丰路口、中核路口东、内环西路北口、富丰桥西，共 16 站。开通快速直达专线 120 路，由黄辛庄开往开发区交通服务中心，途经黄辛庄、长阳路口、长阳环岛南、长阳环岛东、篱笆房、军留庄、地铁长阳站、西营村、马厂村、亦庄桥南、贵园东里、新康家园、万源街西口、宏达工业园、经开创业园、宏达北路南口、地铁荣京东街站、隆盛工业园、开发区交通服务中心共 19 站。2 条线路均采取直达或大站快车的方式，刷市政交通一卡通乘车可优惠乘车，使用免票证件乘车无效。

（刘玉东）

【良乡第二停车场启用】 9月，良乡第二停车场正式启用，共提供252个车位，缓解华冠商圈交通拥堵以及停车问题。

（刘玉东）

【新开通专140路、专129路、专137路】 10月10日起，在工作日新开苏庄大街至六里桥东定制专线车140路，线路长度28.6公里，单程行驶90分钟，共设13站，执行单一票制，票价15元，现金支付，使用市政交通一卡通乘车有效（不享受折扣），免费乘车证件无效，无人售票。新开通快速直达专线129路，由黄辛庄开往辟才胡同，共设13站，在工作日早晚高峰运营，采取直达或大站快车的方式，刷市政交通一卡通乘车可优惠乘车，使用免票证件乘车无效。新开通快速直达专线137路，由黄辛庄开往辟才胡同，共设11站，线路在工作日早晚高峰运营，采取直达或大站快车的方式，刷市政交通一卡通乘车可优惠乘车，使用免票证件乘车无效。

（刘玉东）

【签署房山区域公交合作协议】 按照《区域交通发展战略合作协议》内容，各相关单位加强协调沟通，就资产、人员、补贴、运营线路等方面进行深入对接，经洽谈，突破双方分歧，基本达成一致意见后，于11月26日房山区政府、北京公交集团、八方达客运公司、凯捷风客运公司4方签署《房山区域公交合作协议》。

（刘玉东）

【涿19路支线开通至地铁篱笆房站】 11月，涿州客运企业新开通公交线路涿州19路支，首站由涿州火车站发车，途经房山区内琉陶路、老107国道、大窦路、京周路、京良路至末站篱笆房地铁站，线路全长58公里，线路站点79个，配置纯电动公交车20辆，全程运营时间80分钟，车辆发车间隔时间15分钟，日发车36班次。执行票制10公里以内票价2元，每增加5公里以内加价1元，最高票价13元。

（刘玉东）

【新开房13路支】 12月12日起，北京凯捷风公交客运有限公司开通房13路支线，由太平庄明慧嘉园至红煤厂客运站，设51站，全程42.7公里，执行票制10公里以内票价2元，每增加5公里以内加价1元，最高票价9元。

（刘玉东）

【新开房50路支】 12月16日起，北京凯捷风公交客运有限公司开通房50路支线，由万紫嘉园至黑古台台北站，全程10.3公里，设站13站，执行票制10公里以内票价2元，每增加5公里以内加价1元，最高票价3元。

（刘玉东）

【区内出租车更换三元催化剂】 12月，按照市运输局关于出租汽车更换三元催化器工作部署，房山区北京北方出租汽车有限责任公司、北京市北新汽车公司、北京市房山昊港出租汽车公司、北京万建出租汽车有限责任公司、北京兴运出租汽车有限责任公司、北京华旅出租汽车有限责任公司、北京银华出租汽车公司共更换三元催化器3266个。

（刘玉东）

【地铁房山线长阳站市政综合用房投入使用】 12月，地铁房山线长阳站市政综合用房投入使用。项目总用地面积约26727平方米，其中建设用地面积约15547平方米，代征道路用地面积约5365平方米，代征绿地面积约5815平方米项目总用地性质为市政公用设施用地。项目总建筑面积53094

平方米，主要建设内容为市政管理用房、地下停车场及配套设施等。

（刘玉东）

【新增备案停车场 33 处】 截至年底，房山区新增加备案停车场 33 处，新增车位 10867 个。其中：居住小区停车场增加 11 处，新增车位 6421 个；路外公共停车场增加 17 处，新增车位 3630 个；占道停车场增加 3 处，新增车位 420 个；P+R 停车场增加 2 处，新增车位 396 个。年内，房山区备案经营性停车场共计 207 家。其中，备案居住小区停车场 110 家，共有停车位 68224 个；备案路外停车场 82 家，共有停车位 10802 个；其他类 15 家，共有停车位 4622 个。

（刘玉东）

【房安出租公司新增电动出租车 200 辆】 年内，房安出租公司计划更新 100 辆、新增 200 辆电动出租车。7 月，房山交通局向市交通委运输局报送《关于 2016 年更新 100 辆、新增 200 辆纯电动出租的请示》；9 月，市运输局给予批复。11 月 28 日，下发车辆指标确认书；12 月 27 日，房安出租公司签订 200 辆电动车的购车合同；12 月 28 日，市运输局出具车辆牌照证明；12 月 31 日，办理完成 200 辆车的车辆登记手续。

（刘玉东）

【北京西南交通季刊创刊】 年内，为对行业运行情况、执法情况进行统计分析，并提供决策参考，房山区交通局编制出版《北京西南交通》（季刊）。截至年底，已编制出版 4 期。

（刘玉东）

【更新维护公交线路牌 2494 块】 年内，根据房山区内公交线路调整和站牌破损、丢失情况，累计更新 2494 块公交线路牌。更新的线路牌主要对区内和大公交调整的（房 11 路、12 路、29 路、31 路、38 路、大公交专 63 路、专 86 路、832 路、835 路、839 路、895 路、917 快、907 路、837 路、836 路、831 路、952 路）线路和新开的（房 13 支、房 50 支、房 58 路、专 140、专 119、专 120、专 129、专 137）线路进行更换。

（刘玉东）

【建成 109 个公交站亭】 年内，房山区建设完成 109 个公交站亭，主要分布为：长阳核心地区 29 个，拱辰街道、西潞街道各 1 个，良常路 7 个，京保路 10 个，房易路 3 个，京周路 31 个，周胜路 9 个，琉璃河镇 2 个，霞云岭、大安山、史家营共 16 个。

（刘玉东）

【轨道交通燕房线征收征地拆迁工作全部完成】 4 月底，轨道交通燕房线主线工程征收、拆迁工作全部完成，拆除建筑面积 16 万平方米，集体土地拆迁共计 202 户，国有土地征收共计 430 户，其中涉及 9 栋住宅楼，伐移树木 7.6 万棵，征收、拆迁资金 17.6 亿元。5 月，红线内施工场地已全部交付建设单位。

（郭立缦）

【轨道交通燕房线支线前期工作启动】 8 月，根据市重大办《2017 年轨道交通建设计划（征求意见稿）》，北京市轨道交通设计院开展燕房线支线前期研究工作，区内各相关部门积极配合，全力推进燕房线支线前期工作，完成资料收集、沿线控制点的调查分析、站位的布设及沿线的地上构筑物的拆迁量统计等相关工作。由主管区领导牵头，区住房城乡建设委、区轨道办、房山国土分局、房山规划分局、房山公路分局、城关街道、周口店镇等相关单位会同市建管公司对路由进行实地踏勘、方案比选研究，基本确定线由方案。

（郭立缦）

【轨道交通燕房线热滑试验】 12 月 28 日，北京市轨道交通建设管理有限公司组织燕房线正线东段热滑试验，实现燕房线年内动车调试的目标。

（郭立缦）

【20 辆纯电动公交车投入运营】 7 月 11 日起，北京凯捷风公交客运有限责任公司新增 20 辆纯电动公交车投入环城 2 路运营线路。

（隗功生）

邮 政

【概况】 2016 年，房山区全资费业务收入累计完成 14755.60 万元，完成年预算进度的 100.70%，同比增幅 9.70%；净利润实现 3949.42 万元，完成年预算进度的 119.66%，同比增幅 17.61%；成本费用累计完成 11219.14 万元，完成年预算进度的 96.03%，同比增幅 7.55%；代理金融业务收入累计完成 10492.31 万元，完成年预算进度的 101.47%，同比增幅 14.42%；包裹快递业务收入累计完成 614.14 万元，完成年预算进度的 90.05%，同比下降 33.91%；国内函件业务收入累计完成 1077.19 万元，完成年预算进度的 89.77%，同比增幅 7.38%；集邮业务收入累计完成 1100 万元，完成年预算进度的 100%，同比增幅 9.08%；报刊发行业务收入累计完成 750.81 万元，完成年预算进度的 119.56%，同比增幅 11.99%；代理和信息业务收入累计完成 274.74 万元，完成年预算进度的 86.40%，同比下降 4.18%；机要收入累计完成 5.67 万元，完成年预算进度的

567.22%，同比增幅 5.81%。

（张怡）

【《丙申年》生肖特种邮票首发式】 1 月 5 日，区邮政局在西潞邮政所举办《丙申年》生肖特种邮票首发仪式，区人大常委会原副主任、房山区集邮爱好者协会名誉会长段维鹏出席首发式并为《丙申年》生肖特种邮票揭幕。

（张怡）

【《中国古镇（二）》特种邮票首发式】 5 月 19 日，房山区邮政局联合市、区集邮协会，以"协同发展·共享绿色"为主题在房山工人俱乐部举办京津冀三地集邮巡回展览（北京房山站开幕）暨《中国古镇（二）》特种邮票首发式，房山区人大常委会原主任、房山区集邮爱好者协会名誉会长郭先英，房山区委宣传部领导出席首发式并为《中国古镇（二）》纪念邮票揭幕。

（张怡）

【为 2016 年春季北京国际长走大会提供驻会服务】 5 月，房山区邮政局为在房山区长沟镇举办的北京国际长走大会提供驻会服务，为长走大会设计制作认证物卡 1.7 万张。

（张怡）

【《文化遗产日》纪念邮票首发式】 6 月 11 日，在周口店遗址博物馆举办《文化遗产日》纪念邮票首发仪式，房山区委常委、副区长赵军出席首发式并为《文化遗产日》纪念邮票揭幕。

（张怡）

【云居寺"石经祈福"主题邮局设立】 7 月 22 日，在房山区云居寺举办"石经祈福"主题邮局开业仪式，启用"石经祈福"日戳，房山区委常委、副区长赵军出席开业仪式并为《石经祈福》主题邮局揭幕。

（张怡）

【《云居寺建寺 1400 周年》纪念明信片首发式】 8 月 7 日，在云居寺举办《云居寺建寺 1400 周年》纪念邮资明信片首发仪式，中国社会科学院世界宗教研究所研究员、房山石经与云居寺文化研究中心主任罗炤，房山历史文化旅游集聚区办公室主任路鹏，房山云居寺文物管理处主任王得军共同为《云居寺建寺 1400 周年》纪念明信片揭幕。

（张怡）

【为"一带一路"国际葡萄酒大赛提供驻会服务】 10 月 8 日至 13 日，在房山区青龙湖镇举办的"一带一路"国际葡萄酒大赛现场设立临时邮局提供驻会服务，启用葡萄酒大赛（临）日戳，设计制作大赛主题邮册 500 册。

（张怡）

【"金鸡台"临时邮局设立】 11 月 15 日至 2017 年 3 月 31 日，在房山区史家营乡金鸡台村设立"金鸡台"临时邮局，启用"金鸡台（临）"日戳。

（张怡）

【首届"邮衷感谢"集邮品鉴会】 12 月 2 日至 3 日，举办首届"邮衷感谢"集邮品鉴赏会，活动以生肖类、古典文学类、艺术鉴赏类的高端集邮文化产品销售为主，销售邮品 33 万余元。

（张怡）

【新建居民住宅楼房信报箱通邮】 2016 年对房山区新建的 97 栋共 7671 户居民住宅楼房的信报箱验收合格后进行通邮。

（张怡）

电 信

【防汛快速抢险】 自 7 月 19 日起，超过 55 小时的持续强降雨累计造成房山地区移动基站停电 176 处、退服信源 211 个、设备损毁 5 台；固网停电局所 18 个、光缆阻断 1 处，影响固网用户 689 户。房山联通防汛领导小组 19 日启动防汛应急预案，针对汛情及网络受损情况，制定抢修计划。24 日，受暴雨影响的固、移网络全部恢复通信。

（刘思洋）

【实施第五次宽带大提速工程】 6 月 30 日前，联通公司针对不同速率的宽带客户实施分批提速，提速后光纤客户接入最低速率为 20M，最高速率可达 200M。同时，针对移动用户适时下调流量标准资费，加大现有套餐所含流量，扩大"流量放心用"使用范围，推出创新无限流量产品，提升客户移动宽带使用感知。

（刘思洋）

【"互联网+"服务体验推广活动】 12 月 1 日、15 日、22 日，房山联通连续举办 3 场"互联网+"服务体验推广活动，共有 41 家政府客户、58 家重要企业客户参与活动。在推进地区信息化发展进程中，房山联通将持续以平台类及产业互联网为重点，在物联网、IDC、大数据、云计算等领域为客户提供一揽子信息化应用服务，为产业合作探索更为广阔的蓝海。

（刘思洋）

【加强通信基础设施建设】 年内，房山联通投资立项 7373.2 万元，新建 LTE 基站 534

个、U900 基站 75 个、4G 楼宇室分 514 栋。实施光纤补点建设，投资 1029 万元，覆盖用户 21206 户。

（刘思洋）

【推进"光进铜退"网络升级工程】　年内，房山联通完成长沟、窦店、房山 3 个端局机房标准化改造，完成局所整合 182 个，通过对设备资源进行调整，提升网络的承载能力。同时，对机架分布进行合理规划，压缩空间，降低空调负荷，实现节能减排，年节省电量 219.08 万千瓦时。全年完成存量铜缆用户光改 30029 户，实现 FTTH 占比 85%。

（刘思洋）

【完善燕山地区网络覆盖及服务转型】　年内，房山联通持续加大对燕山地区的移动网络建立力度，新建 4G 基站 14 个。根据燕化职工的使用需求，推出"燕山通"移动产品。通过与燕山电信事业部合作，统一产品、资费与服务标准，在光纤改造和网络割接升级后，迅速提升燕山地区互联网接入品质，使政企客户和百姓感受到更加丰富、高速、稳定、便捷的通信网络服务。

（刘思洋）

【重大活动通信保障】　年内，完成区第八次党代会、春季北京国际长走大会、中高考等 22 项政府及重要客户重保任务。

（刘思洋）

科学技术

综 述

2016 年，编制完成《房山区"十三五"时期科技发展规划》和《房山区"十三五"知识产权事业发展规划》。申报国家高新技术企业 105 家。全区专利授权量 943 件，技术合同成交额 3.3 亿元。众创空间建成和在建面积近 300 万平方米。双创项目超过 2000 个，北大创业训练营 10 余个项目首批入孵。青年创业园等 4 家双创平台被中关村认定为特色产业孵化平台。拨付科技创新专项资金 2000 万元，支持创新能力建设和科技成果转化、鼓励发明创造和专利运用、加强科技进步奖励等领域 107 个单位 873 个事项。2016 年，组织实施国家、市级各类科技计划课题 64 项，项目总投资 2.2 万元，争取科技经费支持 7677 万元。51 个区级项目实施立项，支持区级科技经费 1499.62 万元。与市科委共建首都科技条件平台房山工作站，与北京大学研发试验服务基地共建智汇城服务中心。开展科技政策法规宣讲培训，举办首都科技条件平台"百家实验室进千家企业"科技需求对接活动。年内，房山区琉璃河镇庄头村农机科普体验厅建设完成并投入使用。

（徐璐璐）

科技成果

【新型节能组合果蔬膨化干燥技术及装备集成示范通过验收】 3 月 17 日，北京凯达恒业农业技术开发有限公司承担的"新型节能组合果蔬膨化干燥技术及装备集成示范"子课题，通过科技部验收。完成新型果蔬变温压差膨化和低温真空油浴脱水等高效节能技术的研究和装备研制，建立新型果蔬变温压差膨化干燥和真空低温油浴生产线，实现自动化生产。产品的含油量从 10% 降到 3.7%，水分含量由 2.614% 下降到 2.610%，出成率 5.9：1，保质期 12 个月，节能 27%。课题的研究成果得到转化，2016

年产值 18930 万元，税收 623 万元，利润 283 万元。

（王文伟）

【18 项科技成果获奖】 4 月至 6 月，区科委开展房山区科学技术奖评审工作。经过评审，"车载用负介电各向异性液晶材料的研发与产业化""难降解有机工业废水深度净化回用系统""JM-1 电子雷管的研制与推广应用"3 个项目获一等奖，"赛木节能低碳整体房屋关键技术研究与应用""漏钠接收抑制盘的研制"等 6 个项目获二等奖，"温浴混匀技术在提升体外诊断试剂效能方面的研究与应用"等 9 个项目获三等奖。截至年底，共 18 项科技成果获房山区科学技术奖。

（张潇）

【新型果蔬脆片真空浸渍关键技术研究与示范项目通过验收】 8 月 5 日，由北京凯达恒业农业技术开发有限公司承担的国家星火计划"新型果蔬脆片真空浸渍关键技术研究与示范"项目，通过科技部验收。该项目建立 1 条自动化数控生产线，研发出 9 种新型果蔬脆片产品和 4 种天妇罗产品，年果蔬脆片生产增加 830 吨；项目优化 1 套多因素组合的生产方案，解决油脂过氧化值、酸价、水分、脆度、包装对产品品质和储存的影响。项目实施中建成果蔬加工示范基地 1 个，并在 3 家企业示范推广，年产值增加 4150 万元。带动 870 户农民参与果蔬种植，安置 87 名农民就业。

（王文伟）

【高含量微生物菌剂的研究与开发课题通过验收】 8 月 30 日，由北京航天恒丰科技股份有限公司承担的"高含量微生物菌剂的研究与开发"课题，通过市科委验收。通过试验，筛选出枯草芽孢杆菌、侧孢短芽孢杆菌菌种，确定高含量微生物菌剂发酵培养基的组成成分及配比，优化菌剂工业化生产

各环节参数，使枯草芽孢杆菌发酵水平达到 570 亿个/毫升、侧孢短芽孢杆菌达到 450 亿个/毫升，分别制定发酵工艺操作规程各 1 份。开发出枯草芽孢杆菌高浓度微生物制剂，产品活菌数≥1200 亿个/克，是现行微生物菌剂国家标准（GB 20287-2006）要求的 600 倍，实现生产成本降低 47.3%，且菌剂产品杂菌未检出。课题获发明专利 1 件，获农业部微生物菌剂产品登记证 1 个；建设高含量生物菌剂生产线 1 条；制定高含量微生物菌剂生产技术规程 1 份；用菌剂年产 24 万吨生物肥料。

（王文伟）

【面向热电厂低压反渗透膜净化中水工程技术研究课题通过验收】 10 月 24 日，由北京科泰兴达高新技术有限公司承担的重大科技成果转化落地培育专项"面向热电厂低压反渗透膜净化中水工程技术研究"课题，通过市科委验收。该课题将锡林浩特市污水净化厂部分出水深度净化后，供该市二电厂 2 台 30 万千瓦发电机组使用，形成预处理能力 2 万吨/天，反渗透产水量 5000 吨／天的示范工程，水质达到国家标准。

（王文伟）

【蛹虫草工厂化安全生产与系列产品开发课题通过验收】 12 月 29 日，由北京首诚农业发展有限公司、北京首诚航天农业生物科技有限公司共同承担的国家现代农业科技城成果惠民科技示范工程"蛹虫草工厂化安全生产与系列产品开发"课题，通过市科委验收。该课题完成蛹虫草野生菌种分离、退化菌种的杂交复壮等技术研究，完成柞蚕蛹虫草工厂化生产技术集成的研究，研制 2 种功能性食品复配柞蚕蛹虫草口服液、复配柞蚕蛹虫草片配方，编制柞蚕蛹虫草提取浓缩液等 5 种相关产品质量标准和技术规程，申报发明专利 2 件、实用新型专利 2 件。该

课题建成年产液体菌种 30 万瓶的蛹虫草液体菌种繁育中心、年产 20 吨的柞蚕蛹虫草工厂化安全生产示范基地、年产 20 吨的柞蚕蛹虫草提取液生产线和年产 100 吨的口服液、750 万粒咀嚼片的生产线，实现蛹虫草工厂化、标准化生产，2016 年度实现年产值 5980 万元，利税 570 余万元。带动 80 人就业。

（王文伟）

科技活动

【"创新谷""新金融创业港"获批"北京市众创空间"】 6 月 8 日，北京创新谷科技孵化器有限公司的"创新谷"和北京海聚博源科技孵化器有限公司"新金融创业港"被市科委、北京众创空间联盟评定为"北京市众创空间"。截至年底，房山区有"创新谷""三维六度""新金融创业港""优客工场""北大创业训练营"5 家平台被市科委认定为"北京市众创空间"。

（李晓明）

【促进首都科技资源开放服务现场会】 7 月 7 日，市科委在房山区良乡北京高校大学生创业园召开促进首都科技资源开放服务现场会。会上，市科委与北京大学签署《联合共建首都科技条件平台北京大学研发实验服务基地协议书》，与房山区签署《联合共建首都科技条件平台房山工作站协议书》；北京大学研发实验服务基地房山（智汇城）服务中心揭牌；良乡高教园区、北京大学、北京理工大学签署《良乡高教园区科技资源社会化开放共享三方合作协议书》；

北京大学和房山区小微企业代表签署《科技服务协议书》，北京大学创业训练营房山基地和入营企业代表北京金提征信服务有限公司签署《入孵协议书》。

（李晓明）

【"创新谷"获批国家级众创空间】 9 月 29 日，北京创新谷科技孵化器有限公司的"创新谷"获批国家级众创空间，该项目是房山区企业运营的第一家国字号众创空间，纳入国家级科技企业孵化器管理服务体系。

（李晓明）

【4 家机构被命名"北京市科普教育基地"】年内，"中粮智慧农场""上方山国家森林公园""首城航天现代农业体验园""生态岛"4 家机构，被市科委命名为"北京市科普教育基地"并授牌。截至年底，房山区有市级科普教育基地 18 家。

（张潇）

技术合同与专利管理

【技术合同成交总金额 3.3 亿元】 年内，全区认定登记各类技术合同 220 项，合同成交总金额 3.3 亿元。比 2015 年增长 10%。

（李鹏）

【专利申请量稳步增长】 年内，全区专利申请量 2367 件，比 2015 年增长 63.4%，其中发明专利 768 件、实用新型专利 1384 件、外观设计专利 215 件。全区专利授权量 943 件，其中发明专利 195 件、实用新型专利 634 件、外观设计专利 114 件。有效发明专利拥有量 1079 件。

（李鹏）

【首都科技条件平台房山工作站平稳运行】
年内，首都科技条件平台房山工作站建立知识产权、众创空间、高校科技资源社会化服务等8个科技服务示范点，形成"一个工作站+多个科技服务示范点"的"一站多点"工作体系。在首都科技条件平台"百进千"工作基础上，吸引高校优质服务资源落户房山。促成北京大学创业训练营房山基地落地运营，引进上百家科技型中小微企业落户房山，促成北京大学研发实验服务基地与高教园区管委会合作，成立北京大学研发实验服务基地房山（智汇城）服务中心，面向"双创"、小微企业提供分析测试服务。出版《科技创新政策法规选编》（第一卷）（第二卷），改版房山工作站网站，建立房山工作站微信群，采用"线上+线下"的运营模式，通过线上发布、科技政策法规、科技资源和有针对性的需求信息，定期组织对接、培训、沙龙等形式的线下活动，实现企业与平台的无缝对接。建立科技资源与需求对接的渠道，促进供需有效对接。全年新发展成员单位33家，累计222家，涉及电子信息、生物医药、现代农业、新材料、能源环保、装备制造等多个领域。与首都科技条件平台所属北京大学研发实验服务基地、北京师范大学研发实验服务基地、北京科技大学研发实验服务基地、首都科技条件平台金融领域中心联合开展"百进千""一对一"专场对接活动4场，促成企业与科研院所、高等学校间达成合作协议10项，总结案例5个。为区内5家企业落实35.5万元的首都科技创新券支持。

（李晓明）

教 育

学前教育

【概况】 2016年，房山区有托幼园所112所，其中教育部门办园43所，集体办园5所，其他部门办园3所，社会办园61所。园舍建筑面积289165平方米，占地面积517359平方米。离园幼儿6388人，入园幼儿8948人，在园幼儿27281人。全区幼儿园教职工4019人，其中专任教师2427人。学前三年儿童入园率98.8%。

（许振东）

【全国学前教育管理信息系统培训会召开】 7月5日至6日，区教委在信息中心举办全国学前教育管理信息系统培训会。全区99所幼儿园、教委学前科及教育信息中心相关工作人员参加培训。培训后生成机构基本信息和幼儿学籍档案，对学籍管理做好前期数据准备工作。

（许振东）

【幼儿教师教育活动展示获奖】 年内，市教委和北京教育科学研究院开展幼儿教育活动，房山区教委8名幼儿教师参加。经过市级初评、复评，房山区幼儿教师王云飞获特等奖，欧元元等2名教师获一等奖，袁慧颖等3名教师获二等奖，李艳辉等2名教师获三等奖。

（许振东）

基础教育

【概况】 2016年，房山区有小学108所，毕业6412人，招生8161人，在校生48907人，教职工3783人（其中专任教师3076人）。小学入学率100%，巩固率100%，毕业及格率100%。占地面积1488974平方米，校舍建筑面积528985平方米。普通中学47所，毕业5107人，招生5098人，在校生15637人（初中15637人、高中8967人），教职工3936人（其中专任教师3059人）占地面积1803355平方米，建筑面积811340平方米。

（许振东）

【"促进学生学科核心素养和关键能力发展的教学改进研究"项目启动】　1月25日，区教委与北京师范大学举行"促进学生学科核心素养和关键能力发展的教学改进研究"项目启动仪式。北师大学科教育团队、区教委、区教师进修学校、北京教科院、海淀、朝阳、丰台教研中心等领导和教师代表参加。

（许振东）

【举行协同发展签约仪式】　2月3日，区教委与察哈尔右翼中旗教育局举行协同发展签约仪式。房山区教委、房山二中、察哈尔右翼中旗旗委常委、旗政府、察右中旗教育局等领导出席仪式。双方签署合作协议。双方通过开展干部培训和相互挂职等形式，提升两地干部工作能力及水平，通过中小学生"手拉手"等形式的活动，推动两地学生开展交流。

（许振东）

【魏书生教育思想研究会启动】　2月21日，房山区举行魏书生教育思想研究会启动仪式。区教委、区教师进修学校、区各中学领导出席活动。会上，区教委为魏书生颁发房山区魏书生教育思想研究会名誉会长聘任证书，并为房山区魏书生教育思想研究会揭牌。韩村河中学代表以"做被您点燃的一盏明灯"为题作交流发言。

（许振东）

【青少年科技创新动员大会开幕】　3月21日，青少年科技创新动员大会暨2016年科技节开幕。科技节由区教委、区科委（区知识产权局）和区科协联合主办，以"创新成就梦想，科技引领未来"为主题，通过青少年科技创新动员大会、市区级科技示范校成果展示、百名小发明家成果展示、课外科技活动展示、高新科技企业产品展示体验、区内科技资源单位展示、科技教师论坛交流等

板块，集中展示房山区青少年科技创新教育成果。其间，3名学生与中细软移动互联科技有限公司签署青少年科技成果转化协议。区教委校外办与中细软移动互联科技有限公司签署战略合作协议，建立长期合作关系，为青少年开展发明创造搭建平台。

（许振东）

【刘永胜校长工作室培训活动】　3月25日，刘永胜校长工作室培训活动在琉璃河中心校召开。培训活动以工作坊的形式开展，主题为"今天如何助力教师专业发展"。区教委小教科相关人员及全区各小学校长、副校长等220余人参加。活动分为3个专场，围绕"什么是好老师""如何帮助教师克服职业倦怠""教师发展面临的挑战"开展专题研讨交流，刘永胜对各个场次进行点评和总结。

（许振东）

【中小学生2016年博物馆之春活动启动】　4月8日，北京市中小学生2016年博物馆之春活动启动仪式在西周燕都遗址博物馆举行。活动由市教委、市文物局主办，北京学生活动管理中心承办。市社会大课堂管理办公室、各区社会大课堂管理办公室、学校社会大课堂工作负责人、多家博物馆、资源单位的代表、房山窦店中心校学生代表等200余人参加。活动中，北京市中小学生社会大课堂管理办公室常务副主任介绍博物馆之春活动安排并发布环首都游学路线。西周燕都遗址博物馆馆长宣读市、区社会大课堂与京津冀三地博物馆联动倡议。

（许振东）

【良乡第五小学更名】　4月12日，区教委与首都师范大学举行教育合作签约仪式。市教委、首都师范大学、房山区委、房山区政府、房山区教委、拱辰街道办事处、区教师进修学校、首都师范大学附属房山中学、

良乡五小等领导出席会议。房山区良乡第五小学更名为首都师范大学附属房山小学。

（许振东）

【与北京教育科学研究院举行教育合作签约仪式】 4 月 15 日，区教委与北京教育科学研究院举行教育合作签约仪式。双方签署教育合作协议并为"北京教育科学研究院周口店中学"揭校牌。北京教育科学研究院、北京教育科学研究院基础教育教学研究中心、房山区委、区政府、区教委、周口店镇等领导及周口店中学师生及学生家长代表参加活动。

（许振东）

【校园足球联赛】 4 月 16 日，由区教委、区足球协会联合举办的 2016 年房山区校园足球联赛开赛。联赛于 5 月 22 日结束，分高中男子组、初中男子组、初中女子组、小学混合甲组、小学混合乙组和小学混合丙组 6 个组别，比赛分 8 个赛区，共 76 支队伍参赛。

（许振东）

【中小学学校文化建设示范校创建展示交流会】 4 月 26 日，北京市第三批中小学学校文化建设示范校创建展示交流会在房山区北潞园学校召开。活动由北京市教育委员会、北京教育学院联合主办，由北京市中小学学校文化建设示范校创建项目组、房山区教育委员会、房山区北潞园学校联合承办。活动以"生态涵养文化育人"为主题。通过"做心中有人的学校文化"——房山区校长论坛，北潞园学校 29 节三级课程展示、班级文化介绍、学生活动展示等版块，展示房山区学校文化建设成果。截至年底，房山区有 17 所中小学参加第三批评审。

（许振东）

【"最美"青年教师评选活动】 5 月 3 日，房山区"最美"青年教师表彰活动在北京四中房山学校举行。团市委、区委常委、区教委、团区委、区委教工委领导出席活动，区教育系统受表彰人员、优秀青年教师代表、部分学生和家长代表近 600 人参加。活动中，与会人员共同观看房山区"最美"青年教师事迹宣传片。与会领导为 12 位房山区"最美"青年教师和 18 位"优秀"青年教师颁奖，启动房山教育系统共青团官方网站、微信平台，并为"房山区青年教师课改先锋队"授旗。

（许振东）

【花样跳绳比赛获奖】 5 月 8 日，阳光体育 2016 年北京市中小学生花样跳绳比赛在东城区地坛体育馆闭幕，赛事由北京市学生活动管理中心主办，北京市地坛体育馆承办。全市 13 个区 82 支表队 1200 名中小学生参加比赛，房山区选派的长阳中心小学获二等奖、长育中心小学获三等奖。

（许振东）

【青少年演讲比赛】 5 月 9 日，房山区举办 2016 年青少年"五好小公民"主题教育活动"老师您好我的好老师"演讲比赛区级总决赛。活动以中心校和中学为单位，分小学、初中、高中 3 个组别，在全区各小学四、五年级，初中一、二年级，高中一、二年级学生中开展，全区 4000 多名中小学生参与。

（许振东）

【中小学生武术比赛】 5 月 15 日，2016 年中小学生武术比赛在良乡体育中心举办。赛事由区教委、区体育局联合主办，区武术协会承办，全区 31 所学校 353 名学生参加。经过角逐，葫芦垡中学、良乡四小分别获中学组团体第一名和小学组团体第一名。

（许振东）

【北京市中小学禁毒科普体验展启动】 5 月 25 日，由北京市禁毒教育基地和房山区教委联合主办的北京市中小学禁毒科普体验展暨房山区禁毒教育宣传月启动。市禁毒委员会、市公安局禁毒总队、共青团市委权益部、市禁毒教育基地管理中心、北京禁毒教育协会、北京禁毒志愿者总队、区禁毒委、区禁毒办、房山公安分局、区委教工委、共青团区委、区教委等领导，全区各中小学主管禁毒教育干部，部分中小学生及家长代表400余人参加。启动仪式上，与会人员观看禁毒教育宣传片。学生代表向全区青少年发出禁毒倡议并庄严宣誓。

（许振东）

【中小学生啦啦操比赛获奖】　6月12日，北京市中小学生啦啦操比赛在东城区地坛体育馆闭幕。赛事由北京市学生活动管理中心主办，北京市啦啦操协会和地坛体育馆承办。经过角逐，周口店中心校获小学混合组第一名，良乡五中获中学组第二名。

（许振东）

【"教育之声"合唱团参加中国文联慰问演出】　6月22日，为纪念中国共产党成立95周年，"没有共产党就没有新中国"中国文联文艺志愿服务团在堂上村举办慰问演出活动。活动由中国文联、市委宣传部主办，由中国文联文艺志愿服务中心、北京市文联、中共房山区委承办。活动中，区教育系统"教育之声"合唱团56名专业音乐教师及音乐爱好者参加演出。

（许振东）

【首届青少年国际象棋比赛】　6月26日，2016年房山区首届青少年国际象棋比赛在城关四小举行。赛事由区教委、区体育局主办，城关四小、区棋类协会承办，区国际象棋俱乐部、北京市棋盛爱心体育发展有限公司协办。全区部分学校的354名选手参赛。比赛采取瑞士制电脑编排5轮赛制。经过角逐，城关四小获团体冠军，城关二小获团体亚军，良乡二小、葫芦垡中心校并列获团体季军。城关三小、窦店中心小学、窦店二小、

坨里中心校沙窝小学获最佳组织奖。

（许振东）

【教育合作签约仪式】　6月29日，区教委与北京教育学院举行教育合作签约仪式。北京教育学院、房山区委、区教委、青龙湖镇、阎村镇、坨里中学校区、四〇一学校等领导出席仪式。签约仪式中，双方签署合作协议并为"北京教育学院房山实验学校"揭牌。

（许振东）

【首都师范大学附属房山小学挂牌】　9月5日，首都师范大学附属房山小学挂牌仪式举行。区政府、首都师范大学、首都师范大学初教院、首都师范大学小学教育协调发展中心、区教委、区政府教育督导室、拱辰街道办事处、区教师进修学校、拱辰街道教委领导，区校外办、首都师范大学附属房山中学、良乡第三幼儿园师生及部分家长代表参加挂牌仪式。活动中，与会领导为学校揭牌并授校旗，首都师范大学和首都师范大学附属房山小学教师代表为学生赠送图书并寄语。

（许振东）

【第32个教师节庆祝大会】　9月8日，房山区举行第32个教师节庆祝大会。会上，副区长曹蕾做大会工作报告。区委常委、常务副区长吴会杰宣布房山区教育之星、优秀校长、优秀教师、优秀德育工作者的评选结果，以及名师工作室专家和尊师重教代表的名单。区委书记曾赞荣代表区四大部门向受到表彰的先进集体和个人表示祝贺，向广大教育工作者和离退休老教师致以节日的问候和敬意，向长期以来关心支持房山教育事业发展的社会各界人士表示衷心的感谢。

（许振东）

【教育大厦启用】　9月13日，房山区召开房山教育大厦启用仪式。中国教育科学研究院、北京教育科学研究院、北京教育学院、北京教育考试院、首都师范大学、北京师范

大学、北京教科院基础教育教学研究中心、海淀区教委、海淀区教师进修学校、北京教育信息中心的有关领导，房山区委常委、常务副区长吴会杰出席活动。活动中，与会人员观看《梦想从这里起航》宣传片。房山教育大厦建筑面积40270平方米，有能同时容纳800人参会的报告厅，同时容纳300人就餐的餐厅。教学楼内有音乐、体育、美术等专用教室12部，培训教室9部，综合办公楼内有学科研修教室14部，并按层分设图书馆、阅览室、会议区、名师工作室等多个区域。

（许振东）

【"教育实践研究基地"揭牌仪式】 9月21日，首都师范大学初等教育学院与黄城根小学房山分校举行"教育实践研究基地"签约揭牌仪式。首都师范大学初等教育学院、区教委相关人员及黄城根小学房山分校全体师生参加活动。活动中，双方签订建立教育实践研究基地协议书，并向黄城根小学房山分校授牌。

（许振东）

【"迎国庆 庆重阳"健步走活动】 9月29日，区委教工委、区教委在长阳公园举行区老教育工作者2016年度"迎国庆 庆重阳"健步走活动。全区97个老教协会分会的1100余名老教育工作者参加。

（许振东）

【京西教育系统乒乓球邀请赛】 10月22日，京西教育系统乒乓球邀请赛在北方工业大学体育馆举办。海淀、丰台、房山等5个区的教委及北方工业大学、首都师范大学、北京教育学院等6所高校的14支代表队参赛。经过角逐，房山区教委2支代表队获冠、亚军。

（许振东）

【交通安全日宣传主题活动】 12月2日，房山交通支队、区交通安全委员会、区教委、西潞街道办事处在北京工商大学附属良乡小学，共同举办2016年房山区交通安全日宣传主题活动。活动以"社会协同治理，安全文明出行"为主题。活动中，房山交通支队宣传科向学校赠送交通安全魔法箱，与会领导向学生赠送交通安全反光贴。

（许振东）

【中小学生绑腿跑比赛】 年内，区教委在良乡中心校固村小学举办2016年房山区中小学生阳光伙伴绑腿跑比赛。赛事由区少年宫承办，19个学校228名学生参赛。经过角逐，良乡三中代表队和南召中心小学代表队分别获中学组和小学组冠军。

（许振东）

【"电靓京城 安全智能用电之星"知识竞赛】 年内，区教委、团区委与国家电网北京电力房山公司在阎村中心小学举办"电靓京城，安全智能用电之星"知识竞赛。阎村中心小学、青龙湖中心小学、南召中心小学、石楼中心小学、韩村河中心小学、长育中心小学6所学校学生参加。阎村中心小学代表队获第一名，南召中心小学、青龙湖中心小学获第二名，韩村河中心小学、石楼中心小学、长育中心小学获第三名。

（许振东）

【北京市传统校足球比赛获奖】 年内，2016年北京市传统校足球比赛在昌平区东小口中心小学闭幕。赛事由北京市学生活动管理中心主办，昌平区体育局承办。房山区选派阎村中心校后十三里小学代表队参赛。经过争夺，阎村中心校后十三里小学获小学女子甲组季军。

（许振东）

【小学教师公共必修课培训获奖】 年内，在北京教育学院召开的北京市"十二五"期间中小学教师公共必修课总结会中，区教师进修学校获北京市"十二五"期间中小学教师公共必修课培训先进单位。房山区教师李秀清、李文良、刘雅利、张宏梅、熊克云、李颂、马青山7名教师被评为北京市"十二五"期间中小学教师公共必修课培训优秀辅导教师。赵常索等4名教师的文章被选入《〈学科教育心理学〉精选优秀作业》,李荣萍等2名教师的文章被选入《〈教师职业理想与道德〉课程精选作业》。

(许振东)

【百姓宣讲评比获奖】 年内,由市委宣传部、首都精神文明办、中共北京市委讲师团共同组织的2015年度北京市百姓宣讲评比活动中,佛子庄乡中心园姜玉央、十渡镇幼儿园王佳被评为"北京市优秀宣讲员",良乡三小教师周生利撰写的《华丽转身的背后》被评为北京市"优秀微故事"。区委教工委被授予"优秀组织单位"称号,区委教工委政治处杨晶被评为"优秀组织工作者"。

(许振东)

【健美操锦标赛中获奖】 年内,在地坛体育馆举行的2015年北京市健美操锦标赛中,由区教委选派的房山城关小学、房山葫芦堡中学等6支中小学代表队获一等奖13个、二等奖8个、三等奖6个。

(许振东)

【百万青少年"迎冬奥"活动】 年内,区教委组织学生参加北京市百万青少年"迎冬奥"——冬奥小使者冰雪嘉年华活动。活动由市教委、市体育局和北京奥运城市发展促进会共同主办,由北京学生活动管理中心承办。房山区北京小学长阳分校的120名师生参加。

(许振东)

【中小学生冬季篮球赛】 年内,区教委、区体育局和区篮球协会联合主办2016年房山区"天天尚翔·米兰杯"中小学生冬季篮球赛,赛事由少年宫和良乡五中承办。篮球赛是首届冠军邀请赛,邀请2015年中小学夏季篮球赛中各组前4名的代表队参赛,共25个代表队。经过40场比赛角逐,城关小学获小学男子组冠军,琉璃河中心校获小学女子组冠军,良乡二中获初中男子组、女子组冠军,良乡中学获高中男子组冠军,实验中学获高中女子组冠军。

(许振东)

【国家学生体质健康标准测试】 年内,区教委在长沟中学举行2016年房山区《国家学生体质健康标准》测试。95个学校参与,测试学生1900名。测试仪器设备采用同方健康科技公司的科技产品,测试采用条形码扫描,智能操作,无线传输数据,数据真实有效。

(许振东)

职业与成人教育

【概况】 2016年,房山区有中等职业高中4所,毕业生229人,招生134人,在校学生655人。教职工209人,其中,专任教师124人。2016年,区成教中心与北京工业大学联合举办在职研究生班,46人参加学习。完善"团校共建"青年学习体系,开展房山青年实用人才培训项目。大专及以上学历教育招生878人,为全区经济社会发展输送专、本科毕业生1018人。开展妇女家庭教育、自闭症疗育师等各级各类社会培训1.63万人次。指导各乡镇、街道办事处组织开展第二批234所社区、村基层分校达标建设工作,开设以道德、文明、科学、文化、健康5大素养教育为主题的市民大讲堂155

场次，培训 1.6 万余人次。实施"文化驻乡""农艺入户"新型职业农民培育等多项惠农工程，完成农民各级各类培训 6.5 万余人次。举办学习型组织理论宣讲 20 场次；启动第六轮学习型组织先进单位和家庭的评估工作，评选出先进单位和家庭 171 个。完成各级各类考试 2.5 万余人次。

（许振东）

【新型职业农民培育工程培训班举办】 1月 8 日，房山区 2015 年新型职业农民培育工程培训班结束，集中培训 15 天，通过基础理论学习、实操训练和综合考核，全区 6 个乡镇的 100 余名全科农技员取得结业证书。

（王淑红）

【乡校家庭教育师资培训班开班】 4 月 26日，房山区乡校家庭教育师资培训班开班，北京市学习型城市研究中心邀请马成奎讲解国内外家庭教育现状、家庭教育的特殊作用及家庭教育与学校教育、社会教育的关系等知识。41 名乡校教师参加学习。

（王淑红）

【道德文明大讲堂活动】 4 月，社区教育部开展道德文明大讲堂活动，在城关街道、大石窝镇、大安山乡和北京环卫集团房山分公司等地开展健康养生、科普知识、国学知识、文明礼仪、法律法规等大讲堂 20 场，培训 1000 余人次。发放道德文明、环境保护及健康养生手册 700 余册。

（王淑红）

【老年大学实验班良乡镇教学点开班】 5月 27 日，社区教育部房山区老年大学实验班良乡镇教学点开班，设置书法、绘画、计算机及葫芦丝专业。截至年底，老年大学有13 个教学班 400 余名学员。

（王淑红）

【第四届职业技能大赛】 6 月，2016 年北京市第四届职业技能大赛保健按摩师初赛在区成教中心举行，大兴区、房山区、门头沟区共 81 人参赛（其中残疾人 78 名），分为理论考试和实操考试 2 个部分进行。

（王淑红）

【新型农民电子商务培训班举办】 7 月 6日至 8 日，房山区 2016 年新型农民电子商务培训班开班，农广校房山分校通过理论学习、现场教学和实际操作相结合的教学模式，对 113 名乡镇特色产业合作社负责人、种养殖大户等进行培训。

（王淑红）

【大阅读促进项目启动】 7 月 15 日，房山区大阅读促进项目启动会在区教委举行。区教委、中少成长文化发展有限责任公司等领导参加启动仪式。启动会上，介绍房山区大阅读促进项目内容，从校园阅读促进的背景、校园阅读促进的十大问题、教师阅读等方面进行例证与说明。北京四幼长阳分园、首师大附属房山小学、北京教科院周口店中学、房山职业学校等学校负责人进行交流互动，初步达成对项目预期目标的认同。

（许振东）

【首都职工素质建设工程技术工人职业培训项目启动】 9 月 23 日，房山区 2016 年首都职工素质建设工程技术工人职业培训项目启动。该项目由区成教中心与首都职工素质办、区总工会合作，针对 2016 年"一带一路"国际葡萄酒大赛主场馆熙海度假酒店员工开展的酒店管理专业培训，开设红酒文化、餐饮服务礼仪等课程，100 余名酒店员工参加培训。

（王淑红）

【成教学会葫芦丝巴乌专业委员会成立】 9 月 29 日，房山区成教学会葫芦丝巴乌专业委员会成立暨中国民族管弦乐学会房山考级培训基地揭牌，中国民族管弦乐学会，中国民族管弦乐学会葫芦丝巴乌专业委员会等领导出席活动。

（王淑红）

【第三届"职成杯"乒乓球赛】　12月22日至23日，房山区职成教系统第三届"职成杯"乒乓球赛在区成教中心举行。44支代表队195名教职工参赛。经过角逐，房山第二职业高中、房山职业学校分别获男、女团体第一名；佛子庄乡校张锁立、房山职业学校杜春华分别获男、女单打第一名。

（王淑红）

【纳税人学堂揭牌】　年内，区成教中心与区国税局、区地税局联合举办房山区纳税人学堂，为纳税人搭建继续教育平台，形成以初级班为主线（每月1期），特色班为引领（每季2~3期），实体讲堂与视频课堂相互支撑，互联网+微信平台的多样化培训服务新格局，实现社会培训资源的有机融合。区国税局、区地税局、区教委、区成教中心等领导共同为纳税人学堂揭牌。

（王淑红）

【服务新农村】　年内，农广校房山分校举办高等学历教育培训班，在籍生592人，开设"技能+基础"农民中专班，在籍生1354人。在16个乡镇开设农民文艺中专班，在籍生400人。开展民俗礼仪、舞蹈、国画等知识讲座，全年培训1.28万人次。实施"人才—合作社—产业"三点互动培养模式，开展农村实用人才培养项目培训283人。开展家庭阳台有机蔬菜种植系列培训800户2400余人次。采取淡季分段集中培训方式，培训民俗旅游户60人，开展各类职业技能培训900余人次。通过分类推进和多种授课方式开展残疾人青壮年扫盲活动，全年培训9287人次。

（王淑红）

高等教育

【概况】　2016年，良乡高教园区完成固定资产投资8.7亿元，超额完成区政府下达8亿元固定资产投资任务，园区18个项目征地任务全部完成，完成宅院拆迁1246个、拆迁企业109家。园区经营性用地上市建筑面积123.87万平方米，成交总金额98.53亿元。在园高校完工和开复工总建筑面积105万平方米，占在园高校规划总建筑面积的47.1%。建立园区第二个院士工作站，启动以园区为主体的院士专家服务中心建设。启动北京中科纳泰生物科技有限公司院士专家工作站建设。挖掘入园企业高端人才，充实区优秀人才信息库。以北京中科纳泰生物科技有限公司董事长、中科院百人计划人才胡志远为主体，由区委组织部审核通过并申报北京市第十二批海外高层次人才项目。同时将入园企业集聚的6名高层次人才充实到区优秀人才信息库中。引进中科院"百人计划"入选者胡志远，以及在纳米科学、基因组学等方面取得多项成果的科研团队。拥有自主知识产权的多肽纳米磁珠捕获和分离循环肿瘤细胞技术，暨"肿瘤捕手"项目落地园区转化，成立北京中科纳泰生物科技有限公司并投入运营。引进国家"青年千人计划"入选者王博。将其专利中的储氢储能新材料与新电池材料技术转化落地在园区，成立中能绿风（北京）科技有限公司并投入运营。良乡高教园区被中关村授予"中关村科技型企业创业孵化集聚区"。以毛大庆为团队负责人的运营机构为主体，与房山区人民政府共建优客工场，落户高教园区教育实习基地。全年举办沙龙、路演、展示、对接等各项主要活动 23 场，工位占有率 93%。以良乡高教园区综合服务中心为运营主体，房山区人民政府与北京市教委联合共建的北京高校大学生创业园，在园大学生创业团队 53 个，以北京智汇互联科技孵化有限公司为运营主体，高教园区管委会与工信部中国移动互联网产业孵化中心、中国通讯学会共建的中国移动互联网产业孵化基地，实现孵化项目 20 项，入驻团队或企业 20 余家。以北京校企合作促进会为运营机构，将良乡北关 5300 余平方米办公用房建设成为高校科技成果转化和国际技术转移转化基地。智汇城科技创业园示范基地，为入住企业提供一站式注册服务，引入企业 56 家。东旭光电科技产业园，引进光电产业民营领军企业东旭集团，以及研发军用光机电一体化专用仪器设备的和谐光路等军工企业，合作共建智汇城东旭光电产业园。健康管理产业园，入驻企业 2 个、研发机构 4 个。校企合作平台、科技条件平台、知识产权服务平台等十大平台建设高精尖产业承接、培育。为房山区引进、培育高精尖企业（科技创新企业、文化创意企业、高端服务企业）158 家（不包括 38 个大学生创业团队）。通过住建部、科技部等 8 部委评审，进入国家智慧城市建设第三批试点。主办"北京市房山区良乡高教园区智慧园区高峰论坛"，全国 200 余家企业、10 余所高校参与；与江苏省新沂市人民政府签订"双城双创战略合作协议"，成立联合办公室，就智慧城市建设经验交流、平台共享、人才输出、成果转化等事宜开展合作。启动健康管理大数据系统、智慧社区在线服务系统、知识产权在线服务系统的开发；完成光网全覆盖系统建设。

（蔡文静　肖明）

【天使空间——智汇城创新创业基金成立】1 月 18 日，北京校企合作促进会高峰论坛暨天使空间房山基地启动仪式、天使空间——智汇城创新创业基金成立仪式在北京高校大学生创业园（良乡园）举行。高教园区管委会、北京天使空间创业服务有限公司等领导参加。天使空间创投基金为优质的创业项目解决早期资金难题，整合产业链内外部资源，帮助创业项目快速成长。

（蔡文静　肖明）

【两岸人民服务协会青年学生北京参访活动】1 月 20 日，由国务院台湾办公室海峡两岸交流中心和《经济》杂志社共同主办，高教园区管委会与北京校企合作促进会承办的"两岸人民服务协会青年学生北京参访活动"在北京高校大学生创业园（良乡园）举行。

（蔡文静　肖明）

【智汇城科技创业园·优客工场派对活动】3 月 18 日，智汇城科技创业园·优客工场项目在智汇城科技创业园举办首次"比尔派对"活动。智汇城科技创业园、北京校企合作促进会及智汇城科技创业园、大学生创业园部分入驻企业参加活动。活动中，优客工场首席数据官讲解"共享经济"与"联合办公"的核心理念，阐述优客模式以及优客工场的整体服务与配套设施。

（蔡文静　肖明）

【中科纳泰院士工作站揭牌】12 月 16 日，由区政府主办，高教园区管委会、区科协联合会承办的中科纳泰院士工作站暨"国际 4P 健康高峰论坛"揭牌仪式在良乡高教园区举办。中科院国家纳米科学中心，房山区委，美国四院院士、人类基因组计划发起人、北京 4P 健康研究院等领导出席活动。仪式上，与会领导为中科纳泰院士工作站授牌，并为院士代表颁发聘书。

（蔡文静　肖明）

文化　文物

群众文化

【概况】　2016 年，区文化活动中心（房山文化馆、图书馆）投入使用。房山电影放映中心建设项目市规委项目控规批复。2016 年，成立创建首都公共文化服务示范区工作领导小组及办公室，制定《房山区公共文化服务体系建设联席会议议事规则》；对全区28 个乡镇（街道）综合文化中心实地调查摸底，制定下发《房山区文化委员会关于公共文化服务示范点建设的实施方案》，推出8 个区级示范点，包括 3 个乡镇（街道）、3 个行政村和 2 个社区。确定城关街道、霞云岭乡 2 个乡镇（街道）综合文化中心改造修缮项目；文化中心信息交互系统"世界之窗""中国之窗""房山文物""房山旅游"项目完工。举办新年音乐会、春节百姓大联欢、文化惠民公益行慰问演出、农历正月十五戏曲展演系列活动等。承办北京阅读季活动。开展第五届红叶节；推出"山货大集市""大

闹快活林"歌王争霸赛、"欢乐秋老虎"亲子农事体验、"手工酸枣汁"万人品尝等多项地域特色活动。举办"惠文化　惠生活"房山区戏剧节系列文化活动，组织原创剧目展演、精品剧目展演、非遗项目展演、京津冀文化交流等演出 40 场，打造"文化+其他行业"消费模式，与长阳万科半岛广场联合推出美食文化、电影周、亲子乐园等便民消费活动，服务人群 5 万余人次。开展纪念唐代诗人贾岛诞辰 1237 年房山区中老年书画精品展，展示书画作品 105 幅。组织开展首届房山区评剧票友大赛、第二届"西潞杯"曲艺大赛、首届京剧票友交流展示等活动。举办"半岛广场杯"第二届房山区少儿才艺大赛。2016 年，周末大舞台演出 27 场次；"金曲周末大家唱"演出 26 场；"戏曲周末大戏台"演出 24 场；"文化周末大课堂"23 场；"相声俱乐部"全年演出 50 场；"乡镇文化周末大舞台"240 场。全年演出 390 场，参与演员近 2.3 万人次，观众 35 万人。开展全民阅读系列活动 24 次，9756 人参加。开展第六届换书大集系列活动 6 次，5774 人参与，换书 8729 册。开展红读系列文化活动。与房山电视台合作制作《文化纪事》专题节目，播出 52 期。2016 年，组织"北

京市农村文艺演出星火工程" 1468 场、文化下乡演出 1110 场。组织北京节日乐艺术团等 76 支演出团队演出 50 场，观众 2.5 万人；组织北京市百姓周末大舞台演出 6 场，观众 3 万余人。全年办理联合读者卡 1909 个，接待读者总人次 17.9 万人，借阅人次 7.4 万人，借阅册次 22.9 万册。购置、编目新书 8 万种 30 万册；建成中心馆自助阅览室、窦店老年活动中心 2 个自助阅览室的图书加工、设备购置、阅览室改造工作。开展送书下乡工作，送书 109 次 9.3 万册。全年，电影中心 3 支流动放映队为社区、敬老院、学校等单位累计放映 2 万余场，观众 40 余万人。开展文化志愿服务 147 次，受众 1.2 万人次。年内，开展北京市基层文化组织员培训，全区 28 个乡镇、街道 100 名文化组织员参加；全年开展"百场公益讲座" 100 余场。采取点单式服务，开设主持、音响、舞蹈、声乐课，派出辅导教师 2000 人次；为老年人开设舞蹈班和声乐班，开课 40 周，培训 2400 人次。开展房山二小朗诵基地、孤山口小学朗诵基地、良乡三中朗诵基地等 7 个诗歌朗诵学会的培训工作，全年开设 224 次，学员 1.12 万人；房山区文学艺术学会开设文化艺术类教学班 62 个，培训学员 895 名，举办"六一"专场汇报演出 2 场，参与演出学员 196 人。

（孔德昕）

【北京春节民俗文化展】 1 月 29 日至 3 月 10 日，"说年道节——北京春节民俗文化展"在周口店遗址博物馆开展。展览分为"迎春•忙年""闹春•过年""别春•送年"等，展示"腊八、腊月二十三到除夕、大年初一、初五、正月十五、二月二"期间的各种节庆习俗；展出万年书、司命灶君神位挂牌、鲁班锁、年画、福禄寿三星印版、八仙花插以及笙、大镲、锣鼓等近 100 件清末民国时期的珍贵展品。

（孔德昕）

【第六届换书大集】 4 月 22 日，由区委宣传部、区文化委、区教委、区文联主办，区文化活动中心承办，良乡中心小学协办的房山区第六届换书大集开幕。活动以"分享阅读，交换快乐"为主题。3000 余名群众和学生参与，交换图书 4000 余册，作家现场签名赠书 700 余册。

（吴付云）

【电影周末场活动启动】 4 月 23 日，2016 年房山区"电影周末场"活动启动。每周五或周六晚在府前广场、北潞园社区、房山文化馆 3 个区级固定放映点和 23 个乡镇固定放映点同时放映优秀影片。

（张海鹏）

【国学与茗儒茶道公益讲堂开讲】 5 月 12 日，国学与茗儒茶道公益讲堂在良乡文庙开讲，活动由区委宣传部、区文化委主办，区文化活动中心、区文保所承办。良乡中学的 50 名中学生成为国学馆的第一批学员。每周四、六各两节课，分为国学与茶道两个班，同时开课。截至年底，开展活动 54 次，共 216 课时。

（黄河）

【区文化活动中心数字化服务平台建成】 5 月 12 日，区文化活动中心召开数字平台项目启动会。项目涵盖核心大数据、服务平台建设和文化服务 APP 程序开发等工作。8 月 20 日平台开始建设，12 月 15 日完成，历时 92 天，12 月 16 日进行公测。平台为群众提供场馆展示、图书远程借阅、活动预约、培训预约、网上报名、个人成果展示、文化动态资讯查询、线下线上联动等公共文化服务。

（周贺妍）

【家庭情景剧比赛】 5 月 19 日，区文化活动中心组织开展"书香溢我家"家庭情景剧比赛。全区13所中心校85名小学生参加。比赛以学生自编自导自演的形式,将亲子阅读、家庭阅读的画面展示出来。经过角逐,窦店中心校获第一名、北京小学长阳分校获第二名、坨里中心校获第三名。

（吴付云 鲁艳）

【建党95周年庆祝活动】 6月19日,"学党史、感党恩、跟党走"——房山区纪念中国共产党成立95周年庆祝活动在霞云岭乡堂上村党旗广场举行。曾赞荣、陈清、孙强、唐淑荣等区四大部门领导和全区各界党员干部学生群众代表2500人参加,共同诵读红色经典、追忆党的光辉历程、唱响红色主题。

（赵培霞）

【走进堂上村慰问演出】 6月22日,由中国文联和北京市委宣传部联合主办,中国文联文艺志愿服务中心、北京市文联、房山区委承办的"没有共产党就没有新中国"中国文联文艺志愿服务团文艺演出在堂上村举行。演出分为"党在我心中"和"美丽中国梦"2个篇章,于魁智、李胜素、殷秀梅、张也、刘和刚、黄豆豆、李菁等艺术家参加演出。

（赵培霞）

【歌曲《长城》获国家艺术基金资助项目】 7月6日,房山区北京燕都神韵演艺有限公司选送的原创歌曲《长城》（区文化活动中心于娜作曲,李向东、张晨等演唱）获国家艺术基金2016年度资助项目。项目资助金10万元,用于作品的修改提高和传播交流。

（谷慧英）

【国产数字电影放映活动】 7月1日至8月15日,区文化委组织全区451个固定影厅和30支流动放映队开展主题电影放映活动,放映《白毛女》《没有共产党就没有新中国》《第一书记》《杨善洲》《周恩来万隆之行》等影片2405场次,观众10万余人。

（张海鹏）

【"2016中国语文朗读评选活动"获奖】 8月11日至13日,在"2016中国语文朗读评选活动"的总决赛中,房山区选手获一等奖1名、二等奖2名、三等奖7名。房山区朗诵协会获"优秀组织机构奖"。

（黄莉）

【山梆子戏展演活动】 10月15日,"惠文化·惠生活"北京市文化惠民消费季暨第四届房山区戏剧节系列活动之山梆子戏展演举办,史家营乡"三水"山梆子剧团在杨林水村演出传统经典剧目《二进宫》《芦花记》,200余人观看。戏剧节活动期间,多部山梆子戏经典剧目在大安山、史家营、蒲洼3个乡6个村展演。

（黄莉）

【首都市民合唱周活动获奖】 10月27日,第三届"北京之声"首都市民合唱周闭幕式和颁奖音乐会在国家图书馆音乐厅举行。房山区文化活动中心海逸合唱团获中老年组金奖、年度示范组银奖,良乡四小合唱团获青少年组金奖,长阳中学太阳合唱团获青少年组银奖,房山五中"畅想"合唱团、阎村中心校合唱团获青少年组铜奖。区文化活动中心海逸合唱团指挥黄莉获"优秀辅导奖"。活动历时3个月,全市16个区（县）3万多名群众参与比赛、展演、交流、大师工作坊、指挥法大赛等系列活动。

（黄莉）

【《房山大南峪与词人顾太清》出版】 10月,顾太清诗词研究会研究成果丛书之《房山大南峪与词人顾太清》出版。该书旨在使社会和广大读者了解顾太清的生平,明确顾太清诗词在中国文学史中的影响和地位,使人们认识"大南峪——奕绘、顾太清园寝"

的文物价值及保护意义。

（韩瑾）

【京津冀百姓歌手大赛获奖】 11月10日，在北京文化艺术活动中心、天津市群众艺术馆、河北省群众艺术馆、北京市音乐家协会、密云文化委主办的第三届"我爱唱歌"——2016京津冀百姓歌手大赛决赛中，房山区获少儿组金奖2个、原创组银奖1个、青年组铜奖2个、中年组铜奖1个。区文化活动中心获优秀组织奖。

（周贺妍）

【广场舞大赛获奖】 11月12日，由市委宣传部、市文化局、北京电视台联合主办的2016"舞动北京"全民广场舞大赛总决赛在通州区文化馆落幕。经过角逐，区总工会冬之雪舞蹈队获亚军，区水务局舞蹈团、区文化活动中心舞蹈团获评委会奖和优秀团队奖。大赛历时5个月，近3万人参加。

（赵培霞）

【陈光歌曲集研讨会】 11月18日，由市文联、区委宣传部、文化部《音乐生活报》社主办，市音乐家协会、区文化委、区文联承办的《乡村百姓家》陈光歌曲集发布会暨研讨会在市文联举行。《乡村百姓家》收录陈光近几年创作的优秀原创作品。

（王新赛）

【首届京剧票友展示活动】 11月29日，由区文化委主办，阎村镇政府承办的"传承经典，弘扬国粹"房山区首届京剧票友展示活动在阎村镇举行。活动以现代京剧《光辉照儿永向前》开幕，展示《包龙图打坐在开封府》《打龙袍》《贵妃醉酒》等14个节目。

（朱立文）

【第三届戏曲票友大赛获奖】 11月，由市委宣传部、市文化局主办的2016"谁与争锋"第三届戏曲票友大赛决赛在丰台区文化馆闭幕。决赛分为京剧、评剧、河北梆子三组。房山区选手隗功芹获河北梆子组二等奖，隗功兰、杨栋获河北梆子组三等奖，胡松获京剧组三等奖，张啸伯、刘建国分别获评剧组、河北梆子组优秀奖，区文化活动中心获优秀组织奖。

（周贺妍）

【文化科技卫生"三下乡"活动】 12月27日，由市委宣传部、市文化局、市科委、市卫生计生委联合举办的，2017年北京市文化科技卫生"三下乡"集中示范活动在房山区窦店民族文化宫启动，活动包括文艺演出、医疗义诊、科技体验、法律咨询等现场服务。

（周贺妍）

【新年音乐会】 12月30日，2017年房山区新年音乐会在窦店民族文化宫举行，邀请北京交响乐团演出。音乐会在歌剧《卡门》序曲中开幕，演奏《二泉映月》《溜冰圆舞曲》《斯拉夫舞曲》第一号、《狩猎波尔卡》《瑶族舞曲》《艺术家的生涯圆舞》《快活波尔卡》《匈牙利舞曲》第五号、《北京喜讯到边寨》等国内外经典音乐。

（王新赛）

【文化活动中心试运行启动】 12月31日，区文化活动中心试运行启动仪式在中心广场举行。区文化活动中心图书服务部设有少儿借阅区、中文图书借阅区、报刊阅览区、电子书工坊、康复文献阅览室、政府信息查询中心等对外服务窗口，为读者提供纸质图书30万册、电子图书20万册、报纸120种、期刊800种。

（周贺妍）

文化市场

【概况】 2016 年，组织召开房山区 2016 年度出版物经营单位年检、换证工作会。129 家完成年检换证工作，年检通过 87 家，注销 5 家。对 14 家有线电视站、共用天线设计、安装单位进行审核换证工作，12 家单位审核通过。全年，受理现场行政指导场地 35 家次。受理行政许可事项 40 件，其中新设立的行政许可单位 17 家，受理变更项目审批 23 家。2016 年，房山区有互联网上网服务场所 53 家、上网服务场所筹建 5 家、歌舞娱乐场所 37 家、游艺娱乐场所 32 家、营业性演出场所 44 家、电影院经营单位 9 家、演出场所备案 2 家、印刷厂 51 家。与各类文化市场经营单位签订《2016 年度燃放烟花爆竹安全管理责任书》《2016 年度安全生产责任书》《2016 年度行业管理责任书》《2016 年广播电视安全播出和传输工作责任书》；推荐北京上影京周影院管理有限公司等 5 家单位参加标准化达标创建工作，47 家文化经营场所被评为标准化达标企业。开展"安全生产月"咨询日活动，发放宣传材料及宣传品 6300 份；组织消防演练活动，50 余家文化场所负责人参加；开展数字电影安全生产影片放映项目，放映 2000 余场，争取项目资金 28.5 万元。成立区文化委安全生产督查检查队；联合公安、工商行政管理、安监、消防等部门对印刷企业、网吧、歌舞、游艺等文化经营场所进行消防安全检查，检查经营单位 260 余家（次），出动检查人员 140 人次，发现 4 家经营单位消防通道、消防器材存在安全隐患，责令其限期整改。开展"净网""清源""护苗""净空"等专项检查行动，出动执法人员 1205 人次，检查场所 547 家次，处理群众投诉举报 69 单，行政处罚立案 43 起，结案 43 起；罚款 8.07 万元；联合区公安、工商行政管理等执法单位，取缔黑网吧 11 家、黑歌厅 3 家、非法兜售卫星电视广播地面接收设施 2 家、非法广播电台 2 家。

（吴兴振）

【取缔 1 家黑网吧】 3 月 17 日，区文化委联合房山公安分局、房山工商分局、阎村镇政府对阎村镇 1 家黑网吧进行取缔。网吧面积 20 余平方米，有 31 台电脑，属无《网络文化经营许可证》《企业法人营业执照》《网络安全审核证明》《消防验收合格证》的"四无"营业场所。

（吴兴振）

文化交流

【概况】 2016 年，举办京津冀文化市场管理"扫黄打非"联防协作工程座谈会暨战略协议签字仪式，北京、天津、河北"扫黄打非"办签署《京津冀文化市场管理"扫黄打非"联防协作工程战略合作协议书》，启动京津冀文化市场管理"扫黄打非"联防协作工程建设。编制《京冀拒马河工程》画册；协调区广电中心与河北省保定市文化执法大队拍摄"拒马河"工程实施以来所取得的工作成就专题电视片；参与《地域一体·文化一脉——京津冀历史文化展》，将唐幽州卢龙节度使刘济夫人的十二生肖彩绘描金墓志盖带到首都博物馆、天津博物馆、河北博物院进行展示；汇总并报送房山区优秀民间绘画作品，参加由北京文化艺术活动中心组织的庆祝建党95周年——京津冀民间绘画邀请展。年内，与区研究室合作，共同举办首期以"如何不辜负伟大的时代"为主题的青年论坛，共举办4期。

（董海鸥）

【黑龙江省现代公共文化服务体系构建专题培训班到房山区参观交流】 1月11日，由文化部人事司主办，中央文化管理干部学院承办的黑龙江省现代公共文化服务体系构建专题培训班一行40人到房山区参观交流。学员们到区文化馆观看文化活动专题展览、文化馆专题片，听取房山区公共文化服务体系建设情况介绍。就共同关心的公共文化服务体系构建问题进行座谈。

（董海鸥）

【木化石艺术雕刻展】 1月16日，由中华先进文化促进会和皇后台村委会等单位共同举办的"同怀家国情，共圆中国梦——郑文箴木化石艺术雕刻展"在韩村河镇皇后台村开展。展览以感受国家情怀、弘扬爱国主义、展现时代精神为主题，展出作品89件。

（景文艳）

【才艺大赛展演】 1月18日，青春志·兰韵情——2015房山区大、中、小学生十项才艺系列大赛展演在窦店民族文化宫举行。大赛由区委宣传部、区文化委、区教委联合主办，区文化活动中心、区教委校外教育办承办。展演歌舞、校园剧、器乐、曲艺表演、现场书画等节目。经初赛、复赛选拔，评选出一等奖66个、二等奖96个、三等奖153个、优秀组织奖36个。

（李向东）

【原创歌曲《长城》获奖】 1月21日，北京市第二十六届农民艺术节"乡村大舞台"总决赛暨颁奖晚会在北京农业职业学院举行。房山区选送的原创歌曲《长城》获一等奖。

（李向东）

【北京人遗址文物特展在杭州市开展】 1月22日，周口店遗址博物馆"'我'从远古走来——世界文化遗产：周口店北京人遗址文物特展"在浙江省杭州市中国江南水乡文化博物馆开展。展览由周口店遗址博物馆和中国江南水乡文化博物馆共同举办，展期2个月。展出"北京人"及山顶洞人头骨模型、复原像、史前动植物遗存等各类文物117件（组）。展览借助展板、标本、多媒体等手段，展示周口店遗址的发现发掘、远古人类生产生活等内容。展览期间，观众可通过触摸屏、"沙盘幻像"等科技展项，了解"北京人"制作石器、用火、狩猎以及山顶洞人捕鱼等情况，还可参与模型制作、钻木取火等科普活动，亲身体验远古人类的生活方式。

（孔德昕）

【意大利驻华使馆文化参赞一行到周口店遗址参观考察】 1月28日，意大利古生物学家及科普专家阿尔贝托·安吉拉、意大利驻华使馆文化参赞史芬娜、中国科学院古脊椎动物与古人类研究所副研究员张双权到周口店遗址参观考察。实地参观遗址化石地点、科普体验馆以及博物馆，听取关于周口店遗址的发现发掘、古人类体质特征等情况介绍。

（朱彤）

【文化惠民公益行文艺演出】 2月3日至4日，由区委宣传部、区文化委及有关乡镇、单位主办，区文化活动中心承办的"一区一城新征程——房山区2016年文化惠民公益行"，到良乡监狱、某部队、区国资委、窦店镇三街村举办文艺演出。

（李向东）

【北京人遗址文物特展在金华市开展】 3月20日至5月20日，周口店遗址博物馆《穿越七十万年——世界文化遗产：周口店北京人遗址文物特展》在金华市博物馆开展。展览由周口店遗址博物馆和金华市博物馆共同举办。展出"北京人"及山顶洞人头骨模型、复原像、史前动植物遗存等各类文物117件（组）。

（孔德昕）

【云居寺历史文化展开展】 7月1日至12月10日，由云居寺文物管理处举办的"敬畏千年 房山石经——北京房山云居寺历史文化展"分别在浙江大学、浙江理工大学、杭州中国美术学院象山校区开展。展览以云居寺千年刻经史为主线，通过"云居春秋""刻经伟业""物华天宝"3部分向观众展示千年刻经传奇以及石经宝库。

（吕晶晶）

【周口店遗址展在意大利米兰开展】 意大利时间7月3日，国际博物馆协会第24届全会在意大利米兰米科会展中心开幕。周口店遗址博物馆作为中国博物馆协会会员单位之一，参加大会并在米科中心举办《远古与时尚的相遇——"北京人"走进米兰·周口店遗址展》。

（朱彤）

【京津冀美术名家邀请展】 7月18日至31日，"文化协同，共画发展——京津冀美术名家邀请展"在房山区智慧长阳艺术馆开展。京津冀三地50余名画家参加，展出作品150幅。

（谷慧英）

【普洱茶马文化风情展】 7月20日至9月20日，展示普洱茶历史和茶马古道文化的《普洱岁月，茶马春秋——普洱茶马文化风情展》在周口店遗址博物馆举办。展览展示清代至民国时期历久弥珍的茶马文化实物和珍贵图片近300件（幅）。

（孔德昕）

文 物

【概况】 2016年，区文化委与周口店遗址博物馆合作开展"燕人始祖 九重圣地——北京镇江营遗址文物展"，展出陶器、石器、牙骨器等文物117件（套）。与琉璃河西周燕都遗址博物馆合作开展"鼎天鬲地——北京从这里开始"文物展，展出西周时期青铜器8件（套）。举办"燕人始祖九重圣地——北京镇江营遗址文物展"，展出镇江营遗址出土文物117件（套）。开展送文物知识进机关、进社区（乡村）、进校园、进部队等活动。举办以"传承华夏史篇·文保志愿先行"为主题的文物安全保护服务行动。举行第40个国际博物馆日文物普法宣传活动，发放文物保护法规合订本、文物普法知识宣传手册、房山文化纪事等各类书籍、光盘、手册、纪念品等宣传品600余份。举办文化遗产日宣传活动，发放各类宣传材料400余份。为70处区级文保单位制作统一标识牌。年内，推进2015年文物修缮项目实施，房山太和庄太平寺，永寿禅寺五期伽蓝殿，北窖娘娘庙钟鼓楼、中殿、配殿及桥，迎风坡老爷庙，庄公院后殿及配殿，广智禅寺大殿及院落、塔等7项文物修缮工程。争取区级资金，开展下寺村密檐塔、拒马河吊桥、琉璃河水泥碉堡等11项文物抢险修缮工程。配合市文研所对长沟镇黄元井村疑似清代古墓地块、河北镇磁家务村棚户区改造地块考古勘探。在西潞街道太平庄东里小区内热计量改造工程施工现场抢救发掘 1 处唐代墓葬，在大石窝镇一工地发现石碑 1 通。开展地下埋藏遗迹考古勘探，在黄元井村东一绿化用地内发现疑似盗窃古墓行为，确定此处有疑似清代古墓葬一座，现场留有盗洞、大量三合土和专业作案工具，现案件交由房山公安分局处理。配合市文研所对建设工地进行勘探发掘，完成渔儿沟村回迁安置房项目用地考古发掘工程，发现小型墓葬 5 座，清理出汉代古墓葬 1 座、隋朝古墓葬 3 座、现代墓葬 1 座，出土陶器、砖刻墓志、铁斧等文物 14 件；开展河北镇磁家务村水泥二厂棚户区改造项目用地考古勘探工程，经现场调查和查阅历史资料，确认此地疑似清代庄亲王的家族墓地，现场遗存有大量清代石构件。与全区 25 个乡镇、办事处（含燕山、新镇）和 7 家文保单位签订 2016 年度文物保护安全责任书；对 21 处市级以上文物保护单位进行巡查，对存在问题的单位进行督办整改；对辖区内的文保单位进行安全隐患大排查，巡视检查各级文保单位 300 余家次。对窦店镇普安屯村村民、太平庄东里小区居民发现文物立即上缴的行为予以奖励。2016 年，区政府批准区文化委确定的第四批区级非物质文化遗产名录，并予以公布，涵盖传统美术、传统技艺、传统舞蹈、传统体育、民俗 5 大类别，包括薛庄高跷会、葫芦垡高跷会、武当太极内（气）功拳术、雕漆、刘氏古法手工制香技艺、手工书画装裱技艺、尹氏粉条传统制作技艺、佛子庄乡二月二酬龙节，共 8 项。与北京河北梆子剧团专家合作成立项目研究小组，对房山区特有的小戏种，蒲洼乡芦子水村、东村、史家营乡柳林水村等地的山梆子戏进行唱腔、文武场、服装道具、表演等方面传统资料的搜集整理，并对团队进行专业辅导，向山区群众呈现《二进宫》《芦花计》《乾坤袋》《辕门斩子》《大登殿》5 部大戏和折子戏；与区教委校外艺术中心合作，推行非遗项目进校园活动，培养小中幡、小少林、小高跷、小狮子等一批批传承人，并召开全区非遗进校园工作会；文化遗产日期间，组织房山区国家项目参加第三届非遗大观园活动；组织制香、制垡、雕漆等项目参加燕山文化广场非遗手工展活动。

（吕晶晶）

【房山云居寺历史文化展】 3 月 5 日，由房山云居寺文物管理处与福建昙石山遗址博物馆联合举办的"中华文化奇迹——房山云居寺历史文化展"在昙石山遗址博物馆开幕。房山区委、福建省文物局等领导出席开幕式。展览分为云居春秋、刻经伟业、物华天宝 3 部分，透过实物、拓片、场景等，展示云居寺蕴藏文化、文明历史的"千年古刹"，展示千年刻经传奇以及石经宝库。

（吕晶晶）

【周口店遗址主题书画展开展】 3 月 31 日，"文明之光·圆梦'北京人'"周口店遗址主题书画展开展，首次以书画形式解读"北京人"。展览展示中国书法家协会、中国美术家协会以及全国各地书画艺术机构和书画爱好者近 100 幅优秀书画作品。

（朱彤）

【广智禅寺、北窖娘娘庙修缮工程启动】 4 月 27 日，区文化委启动广智禅寺和北窖娘娘庙修缮工程。组织北京市文物工程质量监督站、施工方、设计方、监理方进行施工前现场技术交底。交底后工程进场实施。

（赵金波）

【云居寺文物展开展】 5 月 13 日，房山石经刊刻与云居寺创建 1400 周年系列活动启动仪式暨"房山石经 云居宝藏"文物展在云居寺举行。活动由北京市文物局、房山区委、区政府共同举办。沈阳故宫博物院、北京市文物局、中国佛教协会、房山区政协等领导出席启动仪式。

（吕晶晶）

【房山石经佛教艺术音乐会】 5月21日，"敬畏千年 房山石经"佛教艺术音乐会在云居寺静琬广场举行。佛乐会分为《千年宏愿》《刻经伟业》《云居圣境》3个篇章，共16个节目，以云居寺1400年的沧桑巨变为主线，结合佛乐、禅乐、大型舞蹈、古典音乐以及音画融为一体。

（吕晶晶）

【玉器精品展开展】 5月27日至7月15日，"韫玉良缘——良渚文化玉器精品展"在周口店遗址博物馆开展。展览展示距今约5300～4300年左右良渚时期的代表性玉器131件（组）。

（朱彤）

【首届晒经节】 7月9日，首届晒经节活动在云居寺石经地宫举行。北京市文物局、房山区委、房山区政协等领导出席开幕式。开幕式上，云居寺文物管理处与北京大学考古文博学院签订《云居寺明代纸经、清代龙藏木经板保护协作意向书》。活动自7月9日起至7月11日结束，在石经地宫上方设有晒经棚，向大众近距离展示云居寺珍藏的"三绝"，即石经、纸经、木经。晒经节展出明代纸经600本，清代龙藏木经板300块，石经拓片60方共1400张。

（吕晶晶）

【发现1处古墓葬】 8月3日，区文化委根据群众举报线索，在西潞街道太平庄东里小区一施工现场发现1处古墓葬。经发掘，出土铜镜1件（已残）、三足白瓷半釉罐1件、白瓷荷叶小盘1件、白瓷小罐1件、白瓷小碗1件。初步判断为唐代墓葬。

（梁忠华）

【云居寺遗址保护规划启动】 8月7日，石经山整体考古调查暨大遗址保护规划启动，北京市文物局、中国邮政集团公司北京市邮票公司、房山区政协等领导出席仪式。石经山景区对公众试开放5大遗址，包括：千年古道1条、建筑遗址（上寺和曝经台遗址）2处、千年古塔2座、山间古井3口、藏经洞遗迹（其中雷音洞开放洞内遗址）9处。

（吕晶晶）

【云居寺举行笔会活动】 9月22日，"书佛画禅 抄写石经"大型笔会活动在云居寺静琬广场举办。河北、山西、江苏、河南、四川、辽宁、江西等地书画家、书画爱好者以及中小学生1400余人参加。书画家们以"敬畏千年 房山石经""坚韧不拔、锲而不舍、一丝不苟、默默奉献"房山石经精神等为主题进行创作。笔会邀请现场2位年长的书画家与2位年龄最小的书画爱好者共同写下"文化传承"4个字。

（吕晶晶）

【北京镇江营遗址文物展开展】 9月23日至12月31日，由区文化委、大石窝镇政府、周口店遗址博物馆共同举办的《燕人始祖·九重圣地——北京镇江营遗址文物展》在周口店遗址博物馆开展。展览展示在大石窝镇镇江营遗址出土的新石器时代直至商周时期的代表性文物117件（组）。

（朱彤）

【大石窝镇发现石碑1通】 12月，北京丰茂华建筑有限公司在大石窝镇一工地发现石碑1通。经核实，碑刻属于大石窝镇岩上村磨碑寺。碑首云纹，首无题字，碑身阳面可见"□□寺次朱镇山司空韵二首"，落款为"隆庆六年八月之吉，工部屯田司员外郎隗邦衡立"。由此可知碑身阳面正文记录的是明朝隆庆六年（1572年）时任工部屯田司员外郎的隗邦衡的诗词两首。碑首阴面题有"万古流芳"四字。碑身刻有"重建磨碑寺四乡□□碑记"，落款为"同治四年岁次已"，正文书写当时重建磨碑寺四乡筹款人员的姓名。

（金超）

广播电视　新闻
信息化建设

广播电视

【概况】　2016年，区广电中心在重大主题、重要活动、重点节日宣传报道中，采用多媒体联动报道，完成区第八次党代会、"两会"、2016"BRWSC"北京房山国际葡萄酒大赛、春季北京长走大会、建党95周年以及元旦、春节等传统节日的宣传报道。以生态建设、产业转型、城市转型为主题，推出《聚焦环保》《新常态 新转型 新发展》《住建新看点》等十多个挂牌专题节目。推出《闪光的平凡》《烈日下的坚守》《新房山人》《匠心筑梦》等系列报道和《有时候，我们该为爱掸掸灰》《反哺少年 孝心无价》《远离毒品 牵手幸福》等多部公益短片。创作《今日关注》《法治与生活》《新城故事》等栏目和《点滴捐献 再创生命精彩》《智慧农场点亮智慧人生》等节目，获国家、市级奖项。策划推出《学通房山》和广播栏目《欢乐群英会》《相声大会》教育类电视栏目，形成集时政、民生、教育、文化、法治、生活于一体的综合性版块。航拍制作的《大美房山》系列宣传片和《高端崛起》专题片，展现房山区人文、历史、经济、社会、文化发展。推出《四季诵读》专栏和互联网新闻视听节目《房山一周事》。开设微信平台微官网，与区教委、区旅游委、青龙湖镇等单位合作推出《"一带一路"青龙湖网络摄影大赛》《房山十大最美赏月地网络推选活动》《小小画笔关爱儿童成长绘画比赛》等10多项公益活动和评选比赛。9月，房山电视台现有栏目全部实现高清化制播。完成UPS供电系统改造项目，提高供电系统的安全性，降低安全播出风险。

（贾颖）

【《扬帆"十三五"》主题系列报道开播】　1月，区广电中心在《房山新闻》栏目策划推出主题系列报道《扬帆"十三五"》，对青龙湖森林公园、北京基金小镇、葡萄酒产业、文化创意产业、互联网金融安全产业、现代都市农业、引进承接高端等22项重点工作集中展示，节目围绕区委、区政府中心工作，聚焦转型发展新亮点，展现全区未来5年发展。

（贾颖）

【《以"零缺陷管理"为核心构建安全播出保障体系》获奖】 3月，区广电中心的《以"零缺陷管理"为核心构建安全播出保障体系》获第三十届北京市企业管理现代化创新成果二等奖。区广电中心在广电行业构建并运行基于"零缺陷管理"为核心，安全播出运维保障体系，提高单位管理水平。

（贾颖）

【2016春季北京国际长走大会报道】 5月9日，区广电中心围绕"绿色北京 基金小镇"主题，对"2016春季北京国际长走大会"活动宣传报道。其中，《房山新闻》栏目派出多路记者对活动宣传，并通过新闻链接介绍基金小镇相关情况和长走大会的特色亮点；《今日关注》栏目从活动主题、推介品牌、路线设计、慈善公益等方面展示房山区"生态宜居示范区"和基金小镇着力打造京津冀财富管理中心的形象。区广电中心记者在现场直播报道，并在节目中介绍旅游文化节系列支撑活动内容，主持人通过《汇生活》《新城故事》《音乐加甜点》等节目的微信公众号与听众进行互动。

（贾颖）

【广播电视公益广告专项扶持项目中获奖】 5月，经北京市新闻出版广电局组织的专家评审委员会审核，评选出2015—2016年北京市广播电视公益广告专项扶持项目的优秀作品和机构，区广电中心报送的作品和机构分别获二类优秀传播机构、电视类公益广告《有时候我们该为爱掸掸灰》获一类作品、广播类公益广告《践行孝道文化 弘扬传统美德》获二类作品、《我加入》和《打击侵权盗版 保护知识产权》获三类作品。

（贾颖）

【"2015创意在北京"活动中获奖】 5月，由首都互联网协会、北京视协网络视听节目服务行业分会共同主办的"2015创意在北京"网络视听节目与主题宣传创新推优活动中，区广电中心推送的专题片《难以忘却的记忆》编导王亚辉获优秀创新贡献人物——编剧奖，公益宣传片"一个人的邮路"获优秀宣传片三等奖。

（贾颖）

【北京市优秀广播电视节目评选中获奖】 6月，在北京市优秀广播电视节目评选中，区广电中心制作的电视节目《点滴捐献 再创生命精彩》和广播节目《智慧农场点亮智慧人生》《低头一族危害大 抬起头来更健康》分别获电视新闻类优秀作品和广播新闻类优秀作品。《新老年俗齐上阵 自办"村晚"过大年》和《走进不朽之歌——〈没有共产党就没有新中国〉》获播音主持类优秀作品。

（贾颖）

【《我在房山》专题节目开播】 6月，房山电视台《今日关注》栏目推出《我在房山》人物专题类板块。板块聚焦"新房山人"，反映"新房山人"在政策的支持下创新创业工作生活，体现各行业领域中新房山人所做出的贡献以及他们对房山的深厚感情。

（贾颖）

【建党九十五周年宣传报道】 7月1日，为纪念中国共产党建党95周年，房山电视台《房山新闻》栏目实时跟进，推出特别节目对先进基层党组织和优秀共产党员进行集中宣传报道；《今日关注》栏目推出《金色党徽》特别报道，挖掘身边的优秀党员、先进党支部、老党员的先进事迹、感人故事；《文化纪事》栏目采用解说词、主持人现场、专家采访、影视资料相结合的方式制作播出纪念建党95周年专题节目。

（贾颖）

【2016年北京长阳音乐节现场报道】 8月26日至28日，房山电视台、房山广播电

台、房山广电传媒网完成为期 3 天的 2016 北京长阳音乐节宣传报道。房山电视台多档栏目成立报道组，记者现场体验的方式，报道音乐节。房山广播电台以"我看到的、我听到的、我感受到的"音乐节现场连线，传递热烈氛围。房山广电传媒微信公众号开通"音乐节直播间"，方便粉丝互动关注。通过区广电中心官方微博发布音乐节的相关消息，对实况进行转载。

（贾颖）

【《烈日下的坚守》系列报道开播】　8月，房山电视台《房山新闻》栏目组建专门报道团队，以弘扬社会主义核心价值观为主题，推出《烈日下的坚守》系列报道。播出以园林养护工人、乡村医生、石化企业巡检员、交警、环卫工人、轨道交通建设者、农技员、供电工人职业形象为主的 8 期节目。

（贾颖）

【房山电视台实现高清化制播】　9月5日，房山电视台《房山新闻》栏目开启高清播出，标志着房山电视台现有栏目全部实现高清化制播。房山电视台实施电视制作播出系统高清化改造，完成更换高清拍摄设备、编辑制作系统安装与调试、演播厅录制与录音系统调整、制作与播出系统连接流程测试、设备使用培训等工作。实现所有栏目从前期拍摄、采集上载到编辑制作与播出的全高清化流程，房山电视台进入高清时代。

（贾颖）

【优秀网络视听节目征集评选活动获奖】9月，在"2016年北京市优秀网络视听节目征集评选"活动中，房山广电传媒网推选的《不朽的歌》《爷爷的演讲》获优秀原创网络电影短片，《有时候，我们该为爱掸掸灰》获优秀原创网络视听公益节目。房山广电传媒网获优秀组织推荐单位。

（贾颖）

【《清退疏解低端产业　加大环境综合整治》获奖】　9月，由中国电视艺术家协会举办的"2016 年中国农民艺术节暨第八届新农村电视艺术节"活动中，区广电中心报送的《清退疏解低端产业　加大环境综合整治》获优秀对农电视节目二等奖。作品以百姓视角，记录房山区在产业转型"退低引高"过程中的新亮点新成就。

（贾颖）

【《大山深处古民居》栏目获奖】　9月，在 2016 年中国电视艺术家协会举办的"第九届中国旅游电视周优秀电视节目推选"活动中，区广电中心选送的《大山深处古民居》栏目获旅游电视专题类好作品奖。

（贾颖）

【《学通房山》栏目开播】　10月，房山电视台首部记录区域教育改革发展的专题栏目《学通房山》开播。栏目由区广电中心与区教委共同策划，内容涉及教育直通车、学习之星、教育大家谈 3 板块内容，每期时长15~20 分钟，每周三晚20时21分在房山电视台无线频道播出。

（贾颖）

【两档品牌栏目获奖】　11月，房山电视台《今日关注》栏目、房山人民广播电台《新城故事》栏目获"全国广播电视民生影响力优秀品牌栏目"。《今日关注》和《新城故事》分别是区广电中心开设的电视、广播民生类栏目。

（贾颖）

【"两会"宣传报道】　12月18日至23日，房山电视台全方位、多角度报道"两会"。其中，《房山新闻》以消息、专栏、评论等形式，对代表委员、"两会"开幕式、重要会议日程、"两会"闭幕式等进行跟踪报道，播出相关新闻 34 条，首播时长 147 分钟，晚间重播386 分钟；《特别报道》设置《成就报道》《两会进行时》《报告关键词》《代表委员心语》4

大板块，对区"两会"进行报道，首播时长333分钟，晚间重播568分钟。新媒体平台以图片、文字和视频相结合的方式，对"两会"进行全面及时报道，房山广电传媒网刊发专栏6期、广播特别节目6期、电视新闻节目36条，微信公众号发布消息近20条，形成全媒体宣传格局。

（贾颖）

【八次党代会宣传报道】 12月，区八次党代会期间，房山电视台搭建《房山新闻》+《特别报道》的播出模式。《房山新闻》以消息、专栏、评论等形式，对大会各项议程进行全程跟踪报道。《特别报道》设置《成就性报道》《我在代会》《读报告 看发展》《新征程 代表说》4大板块，对党代会进行解读；房山人民广播电台通过《房山新闻》《FUNHILL时间》《生活广场》3档栏目，现场采录，将党代会声音传递给广大听众。

（贾颖）

【《爷爷的演讲》获奖】 12月，区广电中心选送的《爷爷的演讲》获"第四届亚洲微电影艺术节金海棠奖"好作品奖。30多个国家100多名国内外导演、艺术家、影视明星、制片人参与。亚洲微电影艺术节收到国内外应征微电影作品3258部。

（贾颖）

【《反哺少年 孝心无价》获奖】 12月，区广电中心报送的《反哺少年 孝心无价》获"2016年全国敬老养老助老公益广告作品"电视类三类作品奖。活动由国家新闻出版广电总局和全国老龄工作委员会联合主办，中国传媒大学全国公益广告创新基地承办。区广电中心是唯一一家与央视、湖南卫视、江苏卫视共获此类奖项的区（县）电视台。

（贾颖）

新 闻

【概况】 2016年，房山区新闻中心把握正确的舆论导向，履行好"围绕中心、服务大局"的基本职责，搭建舆论引导的新平台，不断探索和创新提高舆论引导力的新方式、新方法，推进纸质传统媒体与手机报等新媒体融合发展，提高新闻报道的质量，扩大宣传的覆盖面，为"一区一城"新房山建设，促进区域经济社会改革发展提供支持。截至年底，房山区新闻中心编辑出版《房山报》96期，发送手机彩信报312期、房山新闻网官方微信104期。

（张晶）

【北京房山国际葡萄酒大赛报道】 10月10日至12日，2016北京房山国际葡萄酒大赛在青龙湖畔国际葡萄酒博览园举办。区新闻中心采取《房山报》与《手机报》《房山报官方微信》《房山新闻网》等传统报纸与新媒体轮动，报道形式上采取动态新闻、视点新闻、特别关注专版、通讯、特写等相互配合。

（张晶）

【推出多组系列报道，展示全区转型发展】年内，区新闻中心在房山报一版开辟《落实新定位转型求突破迈好"十三五"开局第一步》《推进产业转型升级切实保障改善民生》等专栏，推出《推动生态宜居示范区闪耀京津冀 推动中关村南部创新城强势崛起——14家市级新闻媒体聚集房山发展》《"五个一"保姆式服务创业者——房山打造中关村南部创新城》《昔日"灰姑娘"如今"俏佳人"——房山打造生态宜居示范区》等120组系列报道，多角度、多侧面，展示全区转型发展，构建高精尖经济结构，推进"一区一城"建设取得的成果。

（张晶）

【棚户区改造报道工作】　年内，区新闻中心在房山报一版、三版推出《棚户区改造要把群众利益放首位》《城关街道创新政策推进棚户区改造拆迁》《大力推进棚改让民生工程更得民心》等消息、通讯、特写30余篇，对相关乡镇、部门在推进棚户区改造的进度、作法、成效等进行重点宣传。

（张晶）

【践行社会主义核心价值观报道】　年内，区新闻中心在房山报三版开设《身边好人》专栏，推出贾峪口村绿化山乡第一人杨秀敏、为山区经济发展献计出力的区政协常委王忆、辛勤耕耘甘于奉献育新苗的北师大良乡附中教师王健、为霞云岭乡庄户台村地质灾害成功避险做出重大贡献的群测群防员石利等50余位身体力行践行社会主义核心价值观的事迹，利用先进典型的示范引领作用，汇聚区域发展的正能量。

（张晶）

【房山石经刊刻与云居寺创建 1400 周年报道】　年内，区新闻中心对房山石经刊刻与云居寺创建1400周年纪念活动跟踪报道，在房山报一版、二版刊发《房山石经刊刻与云居寺创建 1400 周年系列活动启动》《梵音绕梁古云居——"敬畏千年房山石经"大型佛教艺术音乐会在云居寺举办》等20余篇消息，6月16日出版《敬畏千年房山石经——纪念房山石经刊刻与云居寺创建1400周年》专刊。

（张晶）

【减煤换煤清洁空气行动报道工作】　年内，区新闻中心对全区各乡镇、相关部门进行减煤换煤清洁空气的做法、措施、成效重点报道，推出《区委区政府召开会议全力推进"减煤换煤"》《北京市房山区人民政府关于严禁加工运输销售使用劣质燃煤的通告》等报道50余篇。

（张晶）

信息化建设

【概况】　2016 年，全区信息化工作在区委、区政府的领导下，围绕中心工作思路，推进各项工作。年内，努力推进全区政务信息化、社会信息化、经济信息化领域统筹协同发展，在"十三五"专项规划编制、支撑中关村南部（房山）科技创新城建设、信息化新增业务领域等方面取得一定成效，确保信息化支撑全区各项事业发展。区地税局营改增存量房交易和个人出租房委托代征增值税系统运行。"昊远隆基"企业微信公众号发布。

（高磊）

【"房山农经"微信公众号开通】　1 月 13 日，区经管站官方微信号"房山农经"开通。"房山农经"微信公众号是区经管站打造的新媒体宣传平台，立足"信息发布、政务服务、业务互动"的定位，发布经管部门服务农村经济发展、服务农民致富增收、深化农村改革、推进城乡一体化的相关信息。

（赵育嘉）

【农产品质量安全信息化监管平台建设项目】　3 月，区农业局启动农产品质量安全信息化监管平台建设项目，投入资金590万元，构建区级、乡镇和生产基地三级农产品质量安全信息化监管系统，实现三级信息数据的实时传输，农产品生产与流通全过程的监管，农产品质量安全监管数字化、信息化和便捷化。项目完成 37 家种植养殖基地和 30 家农资经营店的建设任务。

（郑宇）

【智能交通管控信息化建设】 3 月，房山交通支队在路口设备普查和交通管控系统梳理的基础上，制订完成《北京市房山区智能交通管控系统实施方案（代可行性研究报告）》。主要建设包括进行道路交通管理科技设施新建、升级改造与信息资源整合、构建智能交通综合管控平台。

（梁乙朝）

【办公网络带宽升级】 4 月 11 日，房山区实现良乡办公区、CSD 办公区办公网络带宽由 4 兆升级到 12 兆，阎村办公区、琉璃河办公区办公网络带宽由 4 兆升级到 8 兆，办公网络资源得到改善。

（王晶晶）

【在线查询工商登记信息资料系统运行】 4 月 22 日，工商登记信息资料查询系统在互联网地税局首页上线运行，实现税务部门对企业工商登记影像档案的在线查询、分卷浏览和导出下载等应用。

（王晶晶）

【视频资源共享助交通管控能力提升】 4 月，十渡、张坊地区 40 路房山公安分局的高清视频资源接到房山交通支队万宁交通大队指挥室，实现大队级的实时监控、动态部署警力，在旅游黄金季节的交通疏堵中发挥重要作用。房山交通支队指挥控制中心实现 107 路高清视频图像的接入，使支队指挥中心能掌控全区主要街道的交通动态。

（梁乙朝）

【开展信息员培训】 5 月 23 至 6 月 3 日，区经管站对 23 个乡镇 466 个村的信息员开展业务培训，内容包括北京市农村"三资"

监管平台和北京市低收入农户建档立卡信息系统的具体应用及操作。

（赵育嘉）

【高科技项目入驻窦店高端制造业基地】 6 月 1 日，北京锐视康科技发展有限公司高端医学影像设备研发、生产项目，入驻窦店高端制造业基地并举办签约仪式。

（李中华）

【第五次宽带大提速工程实施】 6 月 30 日，北京联通房山区分公司针对不同速率的宽带客户实施分批提速，提速后光纤客户接入最低速率 20M，最高速率 200M。针对移动用户适时下调流量标准资费，加大套餐所含流量，扩大"流量放心用"使用范围，推出创新无限流量产品，提升客户移动宽带使用感知。

（刘思洋）

【区企业发展服务中心成立】 7 月 8 日，北京中关村南部（房山）科技创新城企业发展服务中心（简称区企业发展服务中心）挂牌成立。为引导企业了解区域的政策信息和服务内容，对单位门户网站进行开发建设。网站栏目涵盖机构信息、投资环境、招商资源、政策法规、工作动态、服务企业、企业风采、综合行政服务大厅、企业服务专厅、党务公开、互动交流等栏目。

（卢娜）

【金税三期系统在房山地税局单轨上线】 8 月 8 日，金税三期系统在区地税局单轨上线。区地税局 12 个税务所均登陆金税三期系统，可正常受理业务。

（王晶晶）

【首个文创微信公众号创建】 8 月 18 日，房山区首个文创微信公众号"创意房山"注册上线。微信公众号以房山区文化创意产业为核心，服务房山区文创产业、文创企业、文创人才为主导，强化信息服务平台的功能定位，及时发布最新文创行业资讯、文创产业政策法规、文创企业园区重要活动等。

（李明丽）

【"房山农事通"开通】　11月24日，"房山农事通"手机 APP 开通仪式在中粮智慧农场举行，区领导曹蕾出席活动。

（苗雨晴）

【"互联网+"服务体验推广活动】　12月1日、15日、22日，北京联通房山区分公司携手园区、政府及重要企业客户，举办3场"互联网+"服务体验推广活动，41家政府客户、58家重要企业客户参与。北京联通房山区分公司以平台类及产业互联网为重点，在物联网、IDC、大数据、云计算等领域为客户提供信息化应用服务。

（刘思洋）

【智慧社区建设通过验收】　12月，房山区智慧社区建设通过市级单位的验收。年内新建智慧社区14个，升星32个。截至年底全区有智慧社区107个。

（杨爽）

【社会信用体系建设工作】　年内，区经济信息化委组织建立房山区社会信用体系建设联席会议制度，成立机构，制定《房山区社会信用体系建设工作方案》，向全区社会信用体系建设联席会议成员单位下发《北京市房山区行政许可和行政处罚等信用信息公示工作方案》《北京市房山区贯彻落实全国统一的信用信息共享交换平台建设工作座谈会精神任务分工》，聘请专业公司在房山区门户网站上开设《房山区社会信用体系建设》专栏，督促各成员单位在各自门户网站上建立相应的专栏，对社会信用体系建设情况进行及时公示，36个单位完成专栏建设。

（刘秀平）

【"中关村南部创新城"智慧园区信息化建设】　年内，推进"试点建设公共区域无

线网络覆盖"工作。在建设中，考虑创新创业主体建设环境、业务发展领域和信息化需求，在提供无线网络保障的基础上，助推高新产业、园区楼宇发展。建设完成北京基金小镇、互联网金融安全示范区、现代农业示范区、三维六度众创空间等 9 个重点园区、产业基地和创业空间，并通过区政府绩效考评。

（张瑜）

【信息化行政执法】　年内，房山区新增信息化行政执法工作，由区经信委、区信息中心共同开展，完成执法人员岗位培训，3人参加区行政执法考试并取得执法证。

（张瑜）

【政务网站（群）建设与管理】　年内，《房山信息网》网站月均浏览 626.41 万次、发布政务信息 7800 余条，为市政府门户网站《首都之窗》"区县热点"栏目报送信息 885 余条；完成全区各项重要会议、重大活动、终点事件的专题制作以及完成 2016 年部门预算和决算的网上公开工作；全区 68 个政府信息公开成员单位主动公开政府信息 10.11 万条；政务服务平台共公布的区级政府部门办事事项 3503 件，平台上事项申办 1.41 万件，办结 1.4 万件；政风行风热线平台受理各类群众来信 8.91 万件，回复群众提出的热点问题 8.63 万件。

（张瑜）

【区政府网站群系统改造】　年内，对区直各委办局、区直属事业单位、群团组织、乡镇门户网站实现统一出口、统一后台、统一防护、统一管理。将分散在不同服务器上的政府网站进行组织、分类和优化，按不同部门、单位，实现全区政府网站统一整合、统一部署、统一管理、统一维护，完成69家单位的迁移工作并上线运行。

（张瑜）

【门户网站建设】 年内，区国资委对门户网站进行改版，设立一级专栏 9 个，二级专栏 19 个，方便公众对区国资委的机构职能、法规文件、业务动态、企业风采等信息进行浏览查询。建立与国务院国资委网站、北京市国资委网站、首都之窗和房山信息网的链接，为公众提供便捷的浏览方式。

（李丹婷）

【通信基础设施建设】 年内，北京联通房山区分公司投资立项 7373.2 万元，新建 LTE 基站 534 个、U900 基站 75 个、4G 楼宇 514 栋。实施光纤补点建设，投资 1029 万元，覆盖用户 2.12 万户。

（刘思洋）

【"光进铜退"网络升级工程】 年内，北京联通房山区分公司完成长沟、窦店、房山 3 个端局机房标准化改造，完成局所整合 182 个，通过对设备资源调整，提升网络的承载能力。规划机架分布，压缩空间，降低空调负荷，实现节能减排，年节省电量 219.08 万千瓦时。全年完成存量铜缆用户光改 3 万户，实现 FTTH 占比 85%。

（刘思洋）

【燕山地区网络覆盖及服务转型】 年内，北京联通房山区分公司在燕山地区新建 4G 基站 14 个。推出"燕山通"移动产品。通过与燕山电信事业部的合作，统一产品、资费与服务标准。

（刘思洋）

【石花洞风景名胜区购票系统改造】 年内，石花洞风景名胜区管理处对石花洞旅游服务中心的线下购票系统改造，开发线上网站售票和微博微信运营推广平台，配合线下售票模式的改造，建立一个综合管理平台。平台采用计算机网络技术、通信技术、数据库技术、IC 卡等技术实现对景区的管理，形成一个完整、高效、可靠的工作环境。

（谢卫东）

【"三资"监管平台升级改造测试完成】 年内，北京市以房山区为试点对"三资"监管平台进行升级改造，通过制定方案、确定试点乡镇、组织培训、开展座谈、测试纠错等方式，11 月底完成"三资"监管平台升级改造的测试工作。

（赵育嘉）

卫生 体育

卫 生

【概况】 2016 年,全区医疗卫生机构总数 961 个,全区卫技人员 9653 人(含中央、市属医院),其中执业医师 3253 人(包括西医、中医、中西医结合),注册护士 3850 人。实有床位 6641 张。平均每千常住人口拥有卫技人员 8.8 人、执业(助理)医师 3.3 人、注册护士 3.5 人、实有床位 6.1 张。全年门诊 8934797 人次,急诊 529672 人次,出院 137011 人次,病床使用率 76.84%,平均住院日 12.5 日(不含精神专科医院),死亡率 1.01%,住院手术 28020 例。区疾病预防中心及卫生监督所业务用房工程竣工投入使用。良乡医院外科综合楼完成主体工程。投资 3567 万元完成 13 家社区卫生服务中心燃煤锅炉清洁能源改造任务,完成 23 个社区卫生服务站、42 个村卫生室清洁能源改造工程。完成 6 家社区卫生服务中心(站)维修改造工程,维修改造资金 460 万元,维修

改造面积 2856 平方米,屋面防水 7527 平方米。全年完成固定资产投资 12027 万元。

(闫春娟)

【群众满意的乡镇卫生院授牌仪式】 1 月 7 日,河北镇中心卫生院被评为"北京市群众满意的乡镇卫生院",并举行授牌仪式。

(任晓雅)

【区妇幼保健院安全用药筛查基地挂牌】 2 月 26 日,区妇幼保健院安全用药筛查基地挂牌,开展"嘉爱健康专项基金安全用药基因检测"项目,确保儿童用药安全。

(闫春娟)

【房山区中医医院分站揭牌】 3 月 11 日,"许心如名老中医工作室——房山区中医医院分站"揭牌。

(王玉玲)

【良乡医院开展首例鼓室成形术+听骨链重建术】 3 月,良乡医院耳鼻喉科开展鼓室成形术+听骨链重建术,该技术能有效地清除病灶,降低并发症的发生,在房山区尚属首例。

(翟艳明)

【区第一医院完成首例同期双侧胸腔镜手术】 3 月,区第一医院胸心血管外科成功完成房山区首例同期双侧胸腔镜手术。同期

手术即两个或两个以上手术一次解决。患者为 18 岁男性，双侧肺大疱合并气胸发作，经同期双侧胸腔镜微创手术后痊愈。

（赵跃峰）

【区第一医院完成首例玻璃体切割术】 5 月 16 日，区第一医院应用爱尔康乳——玻切一体机，完成首例玻璃体切割手术，患者术后良好。

（李娜）

【区第一医院完成首例肾结石输尿管软镜钬激光碎石术】 5 月 19 日，区第一医院泌尿外科完成房山区首例肾结石输尿管软镜钬激光碎石取石术。该项技术是一种微创手术，利用人体天然腔道，不做切口，适用于心脑血管疾病需要抗凝治疗的患者、开放手术或体外碎石禁忌的患者。

（崔克）

【区第一医院孙桂芸被评为"北京市优秀护士"】 5 月 26 日，北京护理工作者协会开展第四届"北京市优秀护士"评选表彰活动，区第一医院呼吸内科护士长孙桂芸被评为"北京市优秀护士"。

（刘艳华）

【区第一医院与海原县人民医院签订帮扶协议】 6 月 13 日，区第一医院与宁夏中卫市海原县人民医院签订《精准帮扶协议书》，依托区第一医院的医疗资源和管理经验对口支援海原县人民医院，通过管理、医护团队的进修培训学习、名医名师的传帮带，提升海原县医疗服务水平和管理能力。

（隗灵月）

【区第一医院获先进单位称号】 6 月，区第一医获"北京市药品不良反应日常监测工作先进单位"及"医疗器械不良事件日常监测工作先进单位"称号。在全区医疗机构中首次 2 项工作同时获奖。8 月，区第一医院获北京市医疗保险定点单位一等奖。获奖单位中三级医疗机构 8 家、二级医疗机构 5 家、一级医疗机构 47 家。

（周秋峰 李丽娟）

【区妇幼保健院获国家级、市级荣誉】 7 月，在北京市新生儿复苏技能竞赛活动中，区妇幼保健院分别获市级优秀奖、区级一等奖。2016 年，区妇幼保健院分别获国家级节约型公共机构示范单位、北京市妇女儿童工作先进集体、国家级和北京市级儿童早期综合发展示范基地、北京市示范孕妇学校、全国和北京市妇幼保健机构中医药服务全覆盖工程试点单位称号。

（闫春娟）

【孕期艾梅乙免费筛查】 7 月，区妇幼保健院实行对孕妇进行孕期艾梅乙免费筛查，预防母婴传播。

（闫春娟）

【区第一医院成功为 86 岁高龄患者行急诊 PCI 术】 8 月 23 日，区第一医院心内科为 1 名 86 岁高龄女性"急性心肌梗死"患者行急诊 PCI 治疗，刷新该院心血管中心"急性心肌梗死"患者行 PCI 治疗的高龄纪录。

（袁洪伟）

【对口支援签约仪式】 10 月 11 日，北京世纪坛医院对口支援良乡医院签约仪式在北京世纪坛医院举行。市卫生计生委、北京世纪坛医院、区卫生计生委、良乡医院等领导出席仪式。

（任晓雅）

【区第一医院完成首例腹膜透析置管术】 12 月 6 日，区第一医院完成首例腹膜透析置管术。患者诊断"慢性肾脏病 5 期"，药物治疗后病情反复。区第一医肾内科采取行腹膜透析置管术，肾内科与血管外科共同为患者行置管术，将腹膜透析管植入患者的腹腔。

（谭婧）

【良乡医院获"首都学雷锋志愿服务示范岗"称号】　12月22日，首都精神文明建设委员会开展第二批首都学雷锋志愿服务示范岗申报命名活动。活动中，良乡医院获"首都学雷锋志愿服务示范岗"称号。

（任晓雅）

【良乡医院被授予全国糖尿病健康教育管理认证单位称号】　2016年，良乡医院内分泌科被授予全国糖尿病健康教育管理认证单位称号，成为北京市糖尿病健康教育基地。

（王莉）

【妇女保健】　2016年，全区孕产妇人数9844人，系统管理率98.80%，住院分娩率100%，剖宫产率45.70%，孕产妇死亡率：40.23/10万，两癌筛查人数1.6万人，筛出乳腺癌人数8人，宫颈癌人数0人，婚前检查人数8114人，疾病检出率7.59%，婚检率43.42%。

（闫春娟）

【医疗人才引进】　年内，区级医院引进外埠硕士及以上学历毕业生22人，公开招聘医务人员38人，社区卫生机构公开招聘医务人员31人、非医学人员2人，公共卫生机构引进外埠硕士及以上学历毕业生3人、公开招聘医务人员4人。

（闫春娟）

【新型农村合作医疗】　年内，全区参合25.83万人，参合率97.7%。人均筹资1200元，其中个人缴费160元。筹资31055.76万元，其中市、区、乡三级财政补贴26999.80万元，个人缴纳4005.22万元，利息收入50.74万元。

（闫春娟）

【法定传染病】　年内，房山区法定传染病发病率582.89/10万，死亡率0.76/10万。甲乙类传染病发病率150.76/10万，死亡率0.76/10万。丙类传染病发病4520例，发病率432.12/10万。

（闫春娟）

【家庭医生式服务】　年内，全区成立社区卫生服务团队345个，与27.19万户54.83万人签订家庭医生式服务协议，签约率52.92%。与首都医科大学、北京卫生职业学院签订定向生协议43人，其中本科17人、大专26人。

（闫春娟）

体　育

【概况】　2016年，全民健身工作稳步推进，培养等级裁判员464名、社会体育指导员507名。全年共测试各类人群5700余名，举办科学健身项目推广活动1000余期，参与人数3万余人次。举办全民健身大讲堂30期，参与人数5000余人次。完成4个市级体育生活化达标社区申报和评定工作。更新全区全民健身设备246套。开展区级以上赛事活动30多项。以迎接2022年北京第二十四届冬奥会为契机，举办冬季运动项目（冰雪）推广活动。在北京市青少年锦标赛上获金牌41枚、银牌36枚、铜牌35枚，超额完成30枚金牌的任务目标。区门球运动协会老年门球队，代表北京市参加中国门球冠军赛获总决赛冠军，实现历史性的突破。全区体育项目经营单位连续12年安全生产无事故；体彩销量1.4亿元；基层乡镇举办各类群众体育赛事2000多项次。

（周梦）

【北京市体育舞蹈锦标赛中获奖】　1月2日，北京市体育舞蹈锦标赛在北京地坛体育馆举行。在标准舞B组的比赛中，房山区选派的房山区体育舞蹈官方代表队获第四名。

（周梦）

【北京市足协BFA春季体测】 3月6日，由北京市足协组织的BFA春季体测活动在北京先农坛体育场进行。区足协组织裁判员20余人首次参加市级体测，测试分2个部分，分为6×40米冲刺跑及4公里间歇跑。

（周梦）

【乒、羽、网运动项目推广活动】 3月至5月，区小球运动协会组织乒乓球、羽毛球、网球初级项目推广活动30场，全区20余所区直单位及乡镇、街道1000余人参加。

（周梦）

【中式台球业余排名赛】 4月24日，由中国体育彩票赞助的2016年房山区"体彩杯"中式台球业余排名赛开幕。活动分5个赛区，赛事5月开始，10月结束。中式台球赛事成为体育彩票冠名赞助的常规赛事。

（周梦）

【门球巡回赛开赛】 4月29日，"金梨杯2016年房山区门球巡回赛"在北京送变电公司花园巷公园开赛。燕山、房山、良乡3个门球分会的20支代表队200多名运动员、150多名门球爱好者参加。巡回赛设4站，采取循环赛方式。

（周梦）

【京津冀体育舞蹈公开赛】 5月2日，中国·房山2016第九届"长阳杯"京津冀体育舞蹈公开赛在良乡体育中心闭幕。武汉体育学院、山东体育学院、湖南农业大学、洛阳师范、北京莱恩堡葡萄酒庄旗下北京辅仁音乐学校、天津市体育舞蹈运动协会、天津市滨海新区体育舞蹈协会、天津大港、张家口体育舞蹈协会、北京市各相关单位、房山区各相关单位以及北京周边38家单位，900余人参加。比赛分拉丁舞、标准舞、舞厅舞。设有职业组、业余组、年龄组、专业院校组、青少年组、少儿组及舞厅舞组等183个项目。

（周梦）

【全民健身"健步榜"活动】 5月15日，由区体育局、区水务局、北京人遗址博物馆、房山区体育总会联合主办的2016年房山区全民健身"健步榜"活动启动仪式暨北京人健康马上跑在小清河畔万亩滨河公园举行。全市近2000名跑步爱好者参加。经过角逐，猛犸纵横队、猛犸韩村河中学队、房山体校队分获男子团体前三名。猛犸女神队、旅行与跑步队、401奔跑队分获女子团体前三名。Mrrunner、猛犸韩村河中学队、我是第一队分获混合团体前三名。

（周梦）

【第十一届全民健身运动会】 7月8日至8月3日，房山区第十一届全民健身运动会在良乡体育中心举行。市体育局领导，区委书记曾赞荣，区委副书记、代区长陈清，区政协主席唐淑荣出席开幕仪式。运动会设田径、篮球、乒乓球、羽毛球、门球、武术、山地越野、拔河、跳绳、健身操舞10个项目，分乡镇、区直机关、企业职工3个组。全区各乡镇、街道、机关企事业单位的89个团体代表队5618名体育健身爱好者参与。全民健身运动组委会设置"优秀组织奖""体育道德风尚奖""突出贡献奖"。

（周梦）

【科学健身运动项目推广活动】 8月7日，"房山区2016年科学健身运动项目推广活动启动仪式暨社会体育指导员时尚操舞技能交流展示活动"在良乡体育中心举行，全区500名运动爱好者参与技能交流展示。展示内容包括中华五行龙珠健身操、搏击表演、萨拉桑巴、瑜伽等10余个项目。

（周梦）

【第七届"长城杯"北京国际青少年足球邀请赛开赛】　8月18日至23日，第七届"长城杯"北京国际青少年足球邀请赛在房山区举行。西班牙、日本、韩国、中国4个国家的8支球队参赛。经过角逐，韩国尚州尚武俱乐部队获冠军，北京青年队获亚军，西班牙万达希望之星队获季军。

（周梦）

【《国家体育锻炼标准》《成人体质测定》测试工作启动】　9月20日，房山区《国家体育锻炼标准》《成人体质测定》测试工作在区青鸟健身中心启动。测试人员对330名群众进行测试。通过字向线条、立定跳远、座位体前屈、台阶试验、选择反应时等运动测试。专业测试人员收集测试数据，对被测者的人体形态、机能、素质等项目进行综合评价，分析测试结果并反馈给被测者，帮助他们更全面、更直观地了解自身健康状况，并对他们进行更加科学的健身指导。

（周梦）

【京津冀山地越野挑战赛开赛】　9月25日，2016年中国·房山世界地质公园京津冀山地越野挑战赛在张坊镇凯步锐石户外运动基地开赛。比赛项目有11公里越野障碍跑、2公里水上（皮划艇、轮胎救援游）。其中，11公里越野障碍跑途中运动员将完成翻斜坡墙、过绳索桥、穿涵洞、过泥塘、跨轮胎坑、荡绳索、穿越铁丝网、独木桥、轮胎救援游、皮划艇等障碍。全国31支队伍近300名运动员参赛。

（周梦）

【科学运动健身项目推广活动启动】　10月30日，房山区科学运动健身项目推广活动健身气功项目启动仪式在瑞雪春堂小区启动。启动仪式上，拱辰文体中心健身气功站、昊天健身广场健身气功站、行宫园社区健身气功站、瑞雪春堂健身气功站的89名气功爱好者展演健身气功八段锦项目。

（周梦）

【2名运动员参加里约奥运会】　年内，房山区输送的2名运动员参加第31届里约奥运会，马端斌获男子柔道66公斤级第9名，徐蕊获女子自由跤63公斤级第11名。房山区因此被授予"北京市奥运后备人才贡献单位"。

（周梦）

社会建设

综 述

【概况】 2016 年，区委社会工委加强社区基层服务型党组织建设，与区委组织部共同出台《关于加强社区服务型党组织建设的意见》，编写《房山区基层党组织建设制度和案例选编》，8 个社区党组织被评为区级基层服务型党组织建设示范点。选派 2016 年社区工作指导员，举办 2016 年社区党务干部培训班。成立大学生社工党员志愿者服务队，开展"爱心传递，共享书香"图书捐赠、"关爱残障儿童，播撒爱心阳光"等志愿活动。撰写《大学生社工党员参与社会治理的实践与思考》调研报告，被列为区级重点调研课题。加强"两新"组织党建工作体制机制创新。出台房山区《关于加强和改进"两新"组织党的建设工作的实施意见（试行）》，成立房山区加强"两新"组织党的建设办公室，建立房山区"两新"组织党建工作联席会议制度。完成 2015 年 13 个项目社区办公和服务用房装修工程审计定案，新建 20 个 "一刻钟社区服务圈"。新建 6 个社区规范化示范点。选取 10 个老旧小区作为自我服务管理新试点，创新服务管理模式。新建 11 个农村社会服务试点。2016 年，申报市级项目 100 个，总计申报资金 1425.81 万元。20 个项目获市级批复，支持资金 197.4 万元，22 个项目获区级批复，支持资金 300 万。采取"走出去，请进来"的办法研判全区网格化工作现状及未来发展方向，完成全区 14 个街（乡）平台标准化建设。以社会建设宣教中心为平台，完成 51 期（99 条）电视节目、30 条重大活动新闻报送、2 部专题短片拍摄制作工作。其中，《寻找最美社工》视频短片在 2016 年第四届"首都最美社工"表彰活动中，获"优秀宣传片"奖。

社区建设与管理

【开展"金猴献福迎新春"联欢活动】 1 月 25 日，西潞社区综合服务中心开展"金猴献福迎新春"联欢活动,《文化传承中国年》被房山电视台选入春节特别节目,在《今日关注》栏目播出。

(杨浩钧)

【"学雷锋"系列活动】 3月3日至4日,大学生社工党总支组织全区 139 名大学生社工党员开展"爱心传递,共享书香"图书捐赠活动。组织 6 个党支部部分党员到阎村镇国爱康复中心开展"关爱残障儿童,播撒爱心阳光"学雷锋系列活动。

(陈娅芬)

【学雷锋日志愿服务】 3月5日,区委社会工委组织房山区社工艺术团、房山区社工联合会、房山区春燕社工事务所、张坊金海中医医院、房山区建筑行业协会、西潞社区综合服务中心 6 家社会领域志愿服务组织到燕山文化广场参加"学雷锋日"主题宣传活动。

(任凯)

【"国际社工日"表彰活动】 3月14日,市委社会工委举办2016年"国际社工日"暨第四届"首都最美社工"表彰活动,大学生社会工作者白安琪被评为第四届"首都最美社工",李雪东被评为第四届"首都优秀社工"。

(孙帅)

【打工子弟学校志愿服务】 3月17日、23 日,区委社会工委与社工志愿服务队成员共同到打工子弟学校开展志愿服务活动,辅导学生们学习彩绘石头画。

(任凯)

【获市级试点奖励资金】 4月15日,房山区 2015 年 10 个市级"一刻钟社区服务圈"示范点、5 个市级社区规范化建设示范点、4 个市级老旧小区自我服务管理试点、8 个市级村级社会服务试点获市级奖励资金 195 万元。

(李娅)

【社会组织能力提升培训会】 5 月 17 日,区委社会工委召开社会组织能力提升培训会。邀请北京师范大学、朝阳区玖诚社工事务所为房山区市级项目承接社会组织,专业社工机构开展专题性能力提升培训,针对项目设计、实施以及 2015 年购买项目的结项前准备工作进行讲解。

(顾宇)

【清风社会工作事务所成立】 6 月 14 日,房山区清风社会工作事务所挂牌成立。清风社会工作事务所主要以山区青少年服务服务为主。

(王策)

【房山区时代家和社会工作事务所成立】 7 月 7 日,房山区时代家和社会工作事务所挂牌成立,时代家和社会工作事务所以西潞社区综合服务中心为依托,为周边 9 个社区提供服务。

(王策)

【兴燕惠迎社会工作事务所成立】 9 月 21日,兴燕惠迎社会工作事务所挂牌成立,该事务所主要以燕山地区的党建工作为主。

(王策)

【房山区春燕事务所长阳分站成立】 9 月,房山区春燕事务所长阳分站成立。主要负责开展长阳地区政府购买服务项目及组织开展社区心理服务,分站划分办公区与心理咨询活动区 2 个分区,有专职工作人员 3 名。

(班春燕)

【4 家单位签署"互联网+"社区便民服务项目】 10 月 18 日,区科协、小康之家社区服务中心、加州水郡服务中心、春燕事务所 4 家单位,签署 2016 年专项社会建设资金"互联网+"社区便民服务项目。

(杨浩钧)

【"北京社会公益汇"活动】 10 月 21 日,由市委社会工委、市社会建设办主办的第二届"北京社会公益汇"活动在北京农展馆举办，活动历时 3 天。房山社工艺术团"与爱同行·魔法课堂"项目获社会组织公益服务品牌银奖，房山建设培训学校"幸福维修进社区"项目获铜奖。

（杨攀）

【纪念红军长征胜利 80 周年知识运动会】 10 月 28 日，区委社会工委、社工志愿服务队共同举办"传承长征精神·重温红色记忆"纪念红军长征胜利 80 周年知识运动会暨 2016 年社工志愿服务队团队建设活动，120 人参与。

（任凯）

【"两新"组织党建工作者培训】 11 月 9 日至 10 日，区委组织部联合区委社会工委（区社会办）共同举办"房山区 2016 年非公企业党建工作者培训班"。区委社会工委直管两新组织党组织书记、非公企业党建指导员、党务工作者及乡镇（街道）推荐的非公企业党组织书记代表 180 人参加培训。

（陈希）

【"志愿家庭"行动计划启动】 12 月 5 日，由区志愿服务联合会、团区委、区委社会工委共同主办的 2016 年房山区"12·5"国际志愿者日西潞青年汇旗舰店开店暨"志愿家庭"行动计划启动仪式在西潞乐惠生活社区之家举办，社工志愿服务队 6 名志愿者担任活动礼仪。

（任凯）

【长阳镇嘉州水郡北区获"北京魅力社区"】 12 月 18 日，由市委社会工委、市社会办、市人力社保局主办，北京城市广播承办的第七届"北京魅力社区"评选表彰颁奖活动在首都图书馆剧场举行。长阳镇嘉州水郡北区社区获"北京魅力社区"单项奖称号。

（李娅）

【《南风燕鼎》杂志全年发放 1 万多册】 年内，区委社会工委与《南风燕鼎》杂志合作，在全区征集稿件，宣传社会领域志愿服务成果，定期将杂志向乡镇、街道发送，全年制作 6 期，发放 1 万多册，确保全区 1540 名专职社区工作者人手一册。

（白安琪）

社会工作队伍建设

【5 名成员获五星级志愿者称号】 1 月 28 日，社工志愿服务队推荐刘影、张晓雯、张蕾丹、张思、于洋参加北京市星级志愿者评选活动，5 名成员获"第二批首都五星级志愿者"称号。

（白安琪）

【社工团建活动】 7 月至 10 月，区社工联合会分别在北宫森林公园、南宫拓展训练基地开展主题为"心手相连·青春无限"和"社工之路·你我同行"团队建设活动，100 余名社工参加。

（刘新菊）

【社区党务干部培训班】 11 月 23 日至 24 日，房山区召开社区党务干部培训班。全区 133 名社区党组织书记（或专职副书记）、99 名社区工作指导员、120 名大学生社工党员参加培训。

（陈娅芬）

【社会工作者招录工作】 12 月，区委社会工委完成 2016 年第一批社会工作者招录工作。第一批招录社会工作者 90 名，其中全日制本科学历 70 人，社会工作相关专业全日制专科学历 20 人，平均年龄 26 岁。

（孙帅）

人力资源和社会保障

人力资源

【概况】　2016年，全区引进高层次人才、海外留学生和非北京籍毕业生265人。严格招录考试安全管理，组织各类考试2497场（次），招录公务员119人、公开招聘事业人员808人。推进职称评审改革，教育、卫生系统18人通过正高级评审；推进中关村高端领军人才职称评审直通车，八亿时空液晶科技股份有限公司姜天孟获教授级高级工程师资格。创新教育培训模式，举办优秀科级干部（浙江）培训班等班次，培训11819人次。做好军转安置、居住证办理等工作，全年接收安置、自主择业军转干部17人，新办工作居住证248个。

（李林松）

【大学生"村官"素质提升培训班】　1月16日，房山区开展大学生"村官"素质提升培训，共4期，课程结合全区形势和发展格局，利用清华大学高端的教育资源，为区内大学生"村官"定制学习内容。

（李林松）

【高校毕业生专场招聘会】　6月5日，由区委组织部、区人力社保局主办的"爱上房山"区域推介暨高校毕业生专场招聘会在兰花大会场馆举行。招聘会吸引以房山区内龙头企业、事业单位、新兴高端科技企业为主的50家企业，其中上市企业约占25%。招聘会提供500个以上职位，清华大学、北京大学、中国人民大学等30所高校1000名毕业生应聘。

（李林松）

【推进校企合作】　12月21日，北京林业大学与京林园林集团校企合作签订暨良乡镇环境艺术聚落区规划研讨会举行。北京林业大学、良乡镇及京林园林集团相关负责人分别介绍各自单位的情况，并就良乡镇环境艺术聚落区规划开展研讨。为推进"百校千才进房山"行动计划，吸引人才聚集，服务区内产业发展，区人力社保局组织京林园林集团、智慧柠檬等企业走进北京林业大学、北京工商大学等高校开展对接，建立实习实训平台。2016年，区人力社保局推动建立8个实习实训平台。

（李林松）

社会保障

【概况】 2016 年，全区城镇新增就业 1.74 万人，促进城乡劳动力就业 1.63 万人。其中就业困难人员实现就业 1.14 万人；实现创业 230 人，带动就业 1350 人，城镇登记失业率 3.57%。全年落实市、区就业资金 4.6 亿元，扶持就业 18 万人次，其中区级三项就业政策降低失业率 0.4 个百分点。出台《房山区社会公益性就业组织管理试行办法》，规范资金保障、人员安置和组织运营管理，认定社会公益性组织 24 家，托底安置就业 4200 余人。全年，举办招聘会 381 场，服务用人单位 2208 家，3 个重点板块企业吸纳就业 2.36 万余人。取消 18 个难以满足市场需求的工种，培训各类人员 1.6 万余人次，其中培训高技能人才 5309 人。针对低收入农户开展信息调查，摸清全区 1.3 万户低收入农户劳动者就业状况和帮扶需求。针对高校毕业生，实施"大学生就业促进计划"，严格落实未就业毕业生实名登记制度，就业率 97.4%，实现 19 名困难家庭大学生就业。

（李林松）

【社会保障情况】 2016 年，全区养老保障体系覆盖 60.9 万人，其中城镇职工基本养老保险 35 万人。医疗保险体系覆盖 48.2 万人，其中职工基本医疗保险 38.2 万人，参加失业、工伤、生育保险人数分别为 26.4 万人、24 万人、23 万人。社保基金运行总量 125.62 亿元。

（李林松）

【社保基础性改革】 年内，区人力社保局落实机关事业单位养老保险并轨改革，制定改革实施方案，组建综合业务科，推行综合柜员制，全区 485 家机关事业单位 3.73 万名职工顺利并轨。推进城镇居民基本医疗保险与新农合整合，按照"工作不断、队伍不乱、政策不变、待遇不减"的要求，制定整合交接方案，完成机构职能划转；筹集报销各类费用 3.5 亿元，与中国人保合作，开展"共保联办"，提高保障服务效率。围绕"放管服"，完成 1.2 万余家单位养老保险费率、失业保险费率、工伤保险费率调整，为企业减负 8571.6 万元。

（李林松）

【基金安全运行】 年内，区人力社保局与 103 家定点医疗机构续签协议，审核各类费用 38.4 亿元，拒付不合理费用 224.4 万元。制定《工伤保险待遇支付联审操作办法》，对 5 家工伤定点医疗机构每周进行跟踪检查。全区参加工伤保险单位比 2015 年增长 23%，在建建筑项目参保率 84.7%，超额完成考核目标。调查约谈违规参保 106 人次，催缴到账率 98%。

（李林松）

【征地转居安置管理】 年内，区人力社保局协同房山国土分局、区民政局、区财政局等部门，健全农转居人员安置费用测算制度及财政补贴制度，确保安置资金充足。2016 年，完成征地农转居安置指标 477 人，累计完成 32731 人，完成全部指标的 80.1%。

（李林松）

【和谐劳动关系构建取得新突破】 年内，房山区劳动合同签订率和续订率分别为 99.1%、95.8%，企业集体合同和工资集体协商签订率 96.7%；劳动争议仲裁结案率、调解率分别为 99.2%、54.8%，重点指标全部超额完成。

（李林松）

【加强"疏非控人"预防监管】 年内，区人力社保局加强对企业关闭裁员和搬迁等重大劳动关系调整的监控，排查企业921家，违规企业限期整改18家，协助立马水泥等4家企业疏解安置职工1087名，协助凯捷风等2家改制企业安置职工4000名。

（李林松）

【治理"拖欠工资"】 年内，区人力社保局实施不定期协商和联席会议制度，加强对工程款和农民工工资支付实时监控。推进"三个账户"管理，从工地源头抓起，规范建筑劳务用工。全年处理拖欠工资案件555件，涉及4302人，追回被拖欠工资6437万元。其中群体性突发事件14起，涉及2336人。

（李林松）

社会生活

民 政

【概况】 2016 年，房山区民政局争取各类资金 5.4 亿元，出台惠民政策 20 个。蝉联全国双拥模范区，获全国殡葬工作先进单位等称号。在区级社会福利中心建设上，采取 PPP 模式，投入 250 余万元，建立老龄餐车进社区绿色通道和以奖代补机制。采取政府购买服务方式，对全区 6000 户 10000 名困难人员开展精准普查，按照"一户一档"的要求，建立精准救助工作台账。建立房山区应急救助资金。创建"全国综合减灾示范社区" 2 个。新建佛子庄、燕山 2 个救灾储备分库。开展助医、助学等系列活动，发放慈善救助资金 487 万余元。开展困境儿童精准普查，实现一人一档，进行重点入户帮扶。引入专业社工组织，以西潞街道为试点，探索困境未成年人监测、发现、报告、帮扶机制。区财政投入 90 万元，为全区 0~3 周岁婴幼儿实施人身综合保险。建立儿童福利院

特殊儿童康复中心。加强烈士纪念设施保护。规范优抚资金管理，发放优待抚恤资金 4000 多万元。退役士兵安置纳入财政体制保障。出台《房山区街道社区管理体制改革实施方案》。完成燕山地区区划调整。出版《房山区政区地图册》和新版行政区划图。成立由主管区长牵头，民政、组织部、社会办 3 部门组成的社区减负工作机构，出台《社区工作事项准入办法》《社区协商意见》和《以德治村工作意见》，召开减负工作推进会。全区所有社区、行政村建立"社区议事厅"。完成第十届村委会换届选举。培育发展社会组织 37 家，退出 4 家。投资 9000 余万元，实施殡仪馆、静安墓园改扩建，完成殡仪馆火化设备升级改造。出台《房山区公益性公墓建设管理暂行办法》。创新见义勇为保障机制，建立见义勇为人员保障基金。全年销售福利彩票 1.25 亿元，超额完成全年任务。建立流浪乞讨救助工作联席会议制度，全年救助流浪乞讨人员 702 人。完成市人大常委会民族经济专题调研和全市少数民族经济工作现场会组织工作。按照"一村一册"和"一村一策"要求，对全区 15 个民族村和 10003 户 20930 名群众基本情况进行摸底调查，每户建立信息台账，扶

持项目 11 个，扶持资金 2000 万元。

（王鹏）

【社会救助】 1 月 1 日起，城乡低保标准统一调整为 800 元。全区有城乡低保 4443 户 7865 人，五保户 558 户 574 人。年内，教育救助 78 人，救助资金 34.39 万元，临时救助 477 户 1119 人，救助资金 240.23 万元。医疗救助 12304 人，救助资金 1307.15 万元。与团区委共同开展房山区生活困难家庭青少年精准帮扶工作，确定精准扶贫实践教育基地 5 家。开展《社会救助暂行办法》宣传普及活动，借助广播、报刊、网站、微信等媒体平台，开展社会救助政策宣传，印制各类社会救助知识宣传册 4 万册，将政策送村入户。全年组织社会救助工作人员政策培训 6 次。

（王鹏）

【清真食品进社区展卖活动】 1 月 19 日，房山区在窦店山水汇豪小区举行清真食品进社区展卖活动。窦店益生、卓宸、三江宏利、静真轩餐厅等 7 家清真企业参加展卖活动，展卖清真牛羊肉、清真鸭、熟食、清真糕点、主食、火锅调料等产品。

（王鹏）

【第十届村民委员会选举】 3 月 17 日，房山区第十届村民委员会选举工作开始，历时 3 个多月，至 6 月下旬结束。全区 459 个行政村，应参加第十届村委会选举村 455 个，实际完成选举村 455 个。其中一次选举成功 381 个村，占 83.7%；二次及以上选举成功 74 个村，占 16.3%。选举产生新一届村委会班子成员 1642 人，其中主任 455 人，副主任 64 人，委员 1123 人。

（王鹏）

【清明祭扫】 3 月 26 日至 4 月 4 日，历时 10 天，全区 7 个主要公墓接待祭扫群众 19 万人、机动车 5.6 万辆，投入工作人员 3828 人次。区内民政、公安、交通、消防、园林绿化、城管、广电等区直各有关单位及相关工作人员，落实职责，保证全区清明节群众祭扫活动安全、平稳进行。

（王鹏）

【社会捐助活动】 4 月 1 日至 5 月 30 日，房山区开展"春风送暖"社会捐助活动，为灾区、贫困地区群众以及房山区困难群众募集资金。活动接收社会捐款 75 万元。

（王鹏）

【殡葬工作】 5 月 1 日，房山区出台《房山区公益性公墓建设管理暂行办法》，加强全区公益性公墓和村级埋葬点的建设和管理，满足辖区内骨灰安置需求，推进生态节地殡葬。截至年底，房山区有公益性公墓 5 处、经营性公墓 1 处、殡仪馆 1 家，骨灰堂 8 处，村级埋葬点 304 处。

（王鹏）

【北京市少数民族乡村经济工作现场会】 5 月 19 日，北京市少数民族经济工作现场会在房山区召开。市委常委、市政府、市委、市民委、房山区领导出席会议。5 个民族乡 49 个有民族村的乡镇政府领导等 300 余人参会。与会人员分 3 组参观房山区窦店清真寺、窦店民族幼儿园、窦店车业集团、格瑞拓普生物科技有限公司、窦店民族文化宫 5 处场所运行情况。并观看《房山区少数民族经济发展巡礼（窦店篇）》宣传片。

（王鹏）

【民族宗教工作】 6 月 3 日，区民政局召开全区宗教工作会议，与各乡镇、街道及 11 个宗教活动场所签订"宗教活动场所安全责任书"。会同有关部门对 5 处非法宗教活动场所进行联合执法。调查全区基督教聚会点 85 个，掌控率 100%。天开寺为全区 60 名贫困学生资助学费 8 万元，邀请 30 多名孤寡老人到寺院吃素斋。接收市级宗教团体为全区少数民族村困难户捐款 35 万元。

（王鹏）

【燕山地区区划调整】 6 月 14 日，第 119 次市政府常务会议批准，市民政局下发《关于调整房山区燕山地区行政区划的批复》（京民划函〔2016〕268 号），同意房山区关于调整燕山地区行政区划的意见。具体内容：调整迎风街道辖区范围。将原迎风街道东沙河以东区域划归向阳街道，将原向阳街道燕中路以西区域划归迎风街道。调整向阳街道辖区范围。将原向阳街道燕中路以西区域划归迎风街道，将原迎风街道东沙河以东区域划归向阳街道，将原东风街道丁东路以西以南区域划归向阳街道。调整东风街道辖区范围。将原东风街道丁东路以西以南区域划归向阳街道。

（王鹏）

【贫困家庭医疗救助】 6 月 28 日，房山区出台《关于开展因病致贫家庭医疗救助有关问题的补充通知》，将 15 类大病以外的非低保低收入人员，在符合"灾难性卫生支出"的条件下，纳入医疗救助体系当中。

（王鹏）

【民族健身操舞大赛获奖】 7 月 2 日，房山区组织 6 支代表队参加北京市第十一届民族健身操舞大赛，其中北师大良乡附中代表队在规定套路比赛中获一等奖、燕山霓裳舞蹈队获自选套路一等奖、窦店村代表队获乡村组二等奖、燕山向阳街道、新镇原子能研究所代表队获三等奖。

（王鹏）

【穆斯林开斋节活动】 7 月 6 日是伊斯兰传统节日开斋节，区委书记曾赞荣、区委副书记代区长陈清、区人大常委会主任孙强分别到窦店镇窦店村、拱辰街道常庄村、周口店镇新街村 3 所清真寺慰问，向穆斯林群众致以节日的问候和祝福，并向 3 所清真寺各赠送慰问金 10 万元。

（王鹏）

【婴幼儿人身综合保险新闻发布会】 8 月 16 日，由国安国际保险经纪股份有限公司和中国人寿保险股份有限公司主办的"房山区婴幼儿人身综合保险项目"新闻发布会在中国人寿房山支公司举行。市民政局、区民政局、部分乡镇（街道）领导与市、区媒体 40 余人参加会议。房山区婴幼儿人身综合保险项目于 5 月 1 日实施，由政府全额资助保险费，按照市场化运作方式，由国安国际保险经纪股份有限公司设计方案、中国人寿保险股份有限公司承保，面向全体辖区内拥有房山区户籍、出生满 30 天至 3 岁的婴幼儿童，即出生日期在 2013 年 5 月 2 日（含）至 2016 年 4 月 2 日（含）间的婴幼儿。

（王鹏）

【社区服务项目实施】 9 月至 12 月，区社区服务中心依托区社区志愿者协会，在城关街道 3 个老旧社区实施"老少乐"应急救援便民及青少年辅导项目。12 月中旬，区社区服务中心依托区社区社会组织联合会，在拱辰街道文化路社区、宜春里社区启动并实施"2016 年度建立社区应急救援便民服务组织"项目。

（王鹏）

【精准帮扶实践教育基地授牌】 10 月 9 日，房山区召开生活困难家庭青少年精准帮扶工作部署会。团区委领导对《房山区生活困难家庭青少年精准帮扶工作的实施意见》进行解读，为房山区羿行残疾人服务协会、房山区尚大沃联福生态亲子农场、北京市京师社工事务所、房山区春燕社工事务所、房山区惠众社工事务所 5 家青少年精准帮扶实践教育基地授牌。

（王鹏）

【困难人员精准普查】 年内，区民政局开展困难人员精准普查"进百村、走千户、访万人"活动。聘请第三方对全区6000户低保低收入户进行走访，形成1个总报告（全区情况）和25个分报告（各乡镇、街道情况），为全区实施分类施策精准救助提供依据。

（王鹏）

【防灾减灾】 年内，区民政局开展防灾减灾主题活动2次，联合区气象局、区地震局、区应急办、房山消防支队等开展应急自救进校区、山区避险安置转移、消防进社区等演练，向社区居民发放《防灾减灾》《防火安全知识》等宣传手册2万份。在全区村、居委会设立灾害信息员690名。邀请专业人员对全区居民授课314堂，东风街道羊耳峪第二社区、星城街道第二社区被评为"全国综合减灾示范社区"。在良乡镇建立第二个区级救灾物资储备库，全区储备中心现存储救灾物资30余万件，折合资金4000万元。在佛子庄乡和燕山石化新建区级救灾储备中心分库。与商业保险公司合作，筹资156.9万元与保险公司签订人身伤害的保险协议，保障房山区应对灾害风险的能力。

（王鹏）

【军休工作】 年内，区民政局完成2名军休干部的接收安置。在全市军休系统"北京市军队离休退休干部服务管理星级评定"工作中，房山区按照评定标整理文书档案600余卷，医疗档案100余卷，照片档案10余册。军休一所被评为"三星级"军休所，军休二所被评为"四星级"军休所。军休二所离休干部刘雯清获首届十大"北京军休榜样"称号。

（王鹏）

【婚姻登记】 年内，区民政局办理结婚登记9067对，离婚登记5742对，补发婚姻登记证2992件，出具档案证明3447件，建立婚姻收养档案1812卷。为行动不便的老人、残疾人上门办理登记20对，登记合格率100%。

（王鹏）

【福利彩票销售管理】 年内，房山区新增福利彩票销售网点12家，对违规销售、销量低的12家福彩网点进行撤机处理。截至年底，全区有福利彩票销售网点88家，全年销售福利彩票1.25亿元。

（王鹏）

【超转人员服务管理】 年内，房山区接收超转人员355人，发放超转资金1.76亿元。做好征地超转管理信息系统信息录入、系统维护工作。走访慰问特殊超转人员2次，共计614人次，发放自采暖补贴1141户204.89万元，完善特殊超转人员动态信息档案。

（王鹏）

【福利企业发展】 年内，全区有福利企业35家，新增2家，退出6家，残疾职工603人，认定合格率100%。残疾人职工月均工资2256.98元。完成全区33家福利企业证书换发工作。举办残疾人专场招聘会4场，新安置残疾人就业71人。全区福利企业享受岗位补贴、社会保险补贴资金620.2万元，11家福利企业享受"北京市资助福利企业技术改造及发展项目"市级奖励资金93.5万元。

（王鹏）

【慈善事业发展】 年内，区民政局组织开展慈善活动16次。建成慈善超市中心店和3家乡镇分店。全年接收捐款450余万元、物品2万件。依托区儿童福利院建立爱心基地，搭建爱心平台，引导社会力量参与慈善事业，累计接收款物500余万元。接待爱心企业、人士1800余人次，发放慈善救助资金487万余元。

（王鹏）

【养老服务业发展】 年内，房山区颁发设立许可养老机构3家，增加床位509张。截至年底，全区有养老机构 47 家，养老床位 9779 张，超额完成养老床位建设 3 年行动计划的任务目标。全区平原地区和山区重点乡镇照料中心覆盖率 71%。6 家照料中心获建设工程补助金和配置设备补助金 1398 万元。全区 18 家养老机构被评定星级，其中一星 10 家，二星 8 家。组织 112 人参加护理员培训并取得结业证书，35 人获得护理员资格证书。组织各机构护理人员 73 人参加市民政局举办的养老护理员大赛。全区机构负责人持证率 96%，护理员持证率 90%。

（王鹏）

【流浪乞讨救助】 年内，房山区救助站接收流浪乞讨人员 702 人，其中女性 55 人、男性 647 人，未成年人 52 人，老年人 53 人，危重病 6 人，市级安置 3 人。

（王鹏）

【"96156"社区服务平台建设】 年内，"96156"社区服务网站后台录入信息 1.5 万条，信息量达标率 277%，社区服务系统咨询单 2705 张，服务单 950 张。社区大课堂开课 2277 节，受益居民 15 万余人，完成全年任务的 489%。

（王鹏）

【社区志愿服务】 年内，房山区举办志愿者骨干培训 3 期。开展扶老助困、山区关爱行、绿色环保、法律心理援助等特色服务活动，推行项目发布、工时记录及服务评价工作，推动志愿服务制度化、常态化。全区注册登记社区志愿者 5.7 万人，志愿者队伍 1298 支，全年通过首都社区志愿服务网发布项目 247 个。

（王鹏）

【社会组织建设】 年内，全区有注册登记的社会组织 406 家。应参检社会组织 323 家，参检率 90.1%。参加评估社会组织 70 家，累计社会组织评估率 83%。开展全区社会组织诚信创建活动，142 家社会组织签订诚信承诺书。对 2015 年度未参加年度检查的 12 家社会组织进行行政警告处罚，对群众举报的 3 家社会组织立案调查，并对 3 家"僵尸"社会组织进行撤销立案，随机对 25 家社会组织开展日常行政检查。

（王鹏）

【优抚安置双拥工作】 年内，房山区完成烈士纪念设施保护八大工程项目，建立以平西"一馆三园"、老帽山六壮士和王家台烈士陵园等为主体的红色爱国主义教育基地，年均接待各界群众 20 万人次。全年，接收退役士兵 332 人，其中选择自主就业（自谋职业）301 人，政府安排工作 31 人。发放自主就业一次性经济补助 1776 万元，待安置期间生活补助 0.64 万元。接收安置伤病残退役士兵 5 人。安置率 100%。蝉联"全国双拥模范城"称号。

（王鹏）

【见义勇为】 年内，房山区确认见义勇为人员 3 例 7 人，发放一次性奖励金 31.7 万元。发放见义勇为人员慰问金、生活补助金 57.2 万元。对全区见义勇为困难人员及家庭进行摸底调查和帮扶，为 15 人发放困难补助金 8.5 万元。

（王鹏）

老龄工作

【概况】 2016 年，全区有老年人口 16.5 万人，占户籍总人口的 20.3%。其中 80 岁以上高龄老人 1.7 万人，90 岁以上高龄老人 1129 人，100 以上高龄老人 8 人，空巢老人

3.6 万人，失能老年人 7000 人。建成农村幸福院 170 家，养老管理服务中心 42 家，托老所 5 家，发展基层老年人协会 8 家，助老志愿者队伍 80 余支，志愿者总数 2600 余人。命名 120 支房山区夕阳红文化先锋队。建成养老照料中心 14 家，阎村镇养老照料中心通过镇政府的协调帮助，在周边社区建立起 4 家连锁老年餐桌，服务周边老年人 1000 余人，居民近 5000 人。老龄餐车 20 辆，覆盖 20 个社区，服务老年人 3 万人，日均服务 4000 余人次。燕山地区老龄餐车进社区项目实现 4 个街道全覆盖，10 辆餐车布局完成；老龄餐车服务中心迎风分中心试营业，老龄餐车服务中心东风分中心建设完成，日均服务 1200 余人次，日均销售额 1.6 万余元。开展房山区 2016 年敬老月活动。以推出"弘扬传统美德，践行惠老行动"为主题，筹划推出真情关爱送温暖、老龄工作成果展示、房山敬老先锋评选命名、房山夕阳红老年文化先锋命名授旗、最美夕阳红房山老年人风采展示、原创老年题材文艺演出、敬老助老志愿服务、惠老政策宣传 8 项系列活动。

（崔小梅　陈向辉）

【评选 100 名北京市"孝星"】　7 月 4 日，区老龄办下发《关于开展 2016 年度北京市"孝星"暨"孝星榜样"命名活动的通知》，经过社会推荐、乡镇（街道）初选、区审核上报、市审批命名 4 个阶段，房山区评选出 100 名北京市"孝星"。

（崔小梅　陈向辉）

【"全国敬老先锋"活动】　7 月 19 日，区老龄办下发《关于做好全国敬老爱老助老评选推荐工作的通知》，经过社会推荐、乡镇（街道）初选、评选出全国"敬老文明号"推荐单位北京绿都果苑科技发展有限公司，全国"敬老爱老助老模范人物"推荐人物为孟广海、赵永河、闫帅。

（崔小梅　陈向辉）

【"老有所为"先进典型人物评选】　7 月 19 日，区老龄办下发《关于开展"老有所为"先进典型人物宣传活动的通知》，经过社会推荐、乡镇（街道）初选，评选出"老有所为"先进典型人物杨万俊、卢景辉。

（崔小梅　陈向辉）

【敬老月活动】　9 月 27 日，区老龄办在今日东方居家养老发服务站举行房山区 2016 年敬老月活动，市老龄办、区民政局、区老龄办、区委宣传部、燕山办事处、区老龄委领导出席，活动中，与会领导为房山区最美养老服务员、房山孝亲敬老先锋颁发证书，为房山区夕阳红文化先锋队授旗。

（崔小梅　陈向辉）

【老龄干部培训】　年内，区老龄办举办培训班 8 期，对乡镇（街道）主管领导、专职工作人员分批进行培训，累计培训人员 1800 余人次，印制下发学习资料 5 万余份。基层村（社区）利用市民学校、社区大课堂，开展学习教育 210 场次。

（崔小梅　陈向辉）

附：

北京市"孝星"

张利丽	冯连珍	安桂荣	张会萍	王海红
孟广海	冯进	陈海波	王小改	于环
贾海涛	张燕梅	郑春臧	王晓非	袁育民
祝锦辉	李元丽	陈晓星	曹学成	刘广香
平建军	王旭	田宝财	游来生	张桂冬
赵东升	肖悦	曹玉清	吉瑞萍	隗永利
卢景辉	张惠芳	史淑英	要淑芳	李学连
翟进兴	耿常凤	刘迪	吕兰英	蔡玲春
冯翠芝	刘立明	高玉华	李惠贤	孙爱琴
刘佳妮	陈淑敏	家玉海	王金华	刘淑英

王　立	王红霞	高大利	王振荣	付明清
王凤华	杨生敏	任国军	冯　玉	李爱华
董翠红	宋金霞	张庆银	王来萍	张永生
朱钢强	张　立	单丽君	蔡秀平	杨万俊
于金山	刘书珍	邢彦勤	郭爱军	窦永革
高利英	石　杰	黄　亮	王恒影	王瑞红
顾建成	刘剑楼	赵立欣	刘锁柱	李万新
吕宝丽	杨淑英	赵喜更	李玉丰	杨春芹
赵广敏	张雪艳	姜福荣	祁建新	王玉荣
王永胜	王文祥	张文祥	郑学慈	杨振军

北京市人民政府

2016 年

人口和计划生育

【概况】　2016 年，全区出生户籍人口 8667 人，政策内生育 8599 人，计划生育率 99.22%。

（任晓雅）

【突发中毒事件卫生应急演练】　9 月 29 日，由市卫生计生委主办，区卫生计生委承办的"2016 年北京市突发中毒事件卫生应急演练"在长阳举行。国家卫生计生委、市卫生计生委、房山区政府等领导出席演练活动。

（任晓雅）

群众生活

【居民人均可支配收入 33322 元】　据城乡住户抽样调查资料显示：2016 年房山区全体居民人均可支配收入 33322 元，比 2015 年增加 2666 元，增长 8.7%，高于全市增速 0.3 个百分点。在全市 16 区中，房山区全体居民人均可支配收入总量排名第 11 位，增速排名第二位。总量排名前三位的分别是：西城区 71863 元，海淀区 67022 元，东城区 66084 元。增速排名前三位的分别是：顺义区 9%、房山区 8.7%、通州区和昌平区并列 8.6%。

（孟凯）

【居民人均消费支出 2 万元】　2016 年，房山区居民人均消费支出 21918 元，比 2015 年增长 9.8%。按常住地分，城镇居民人均消费支出 25105 元，比 2015 年增长 10.4%；农村居民人均消费支出 15470 元，比 2015 年增长 8.2%。

（孟凯）

【居民"恩格尔系数"为 25.6%】　2016 年，房山区全体居民恩格尔系数为 25.6%，比 2015 年上升 0.2 个百分点。按常住地分，房山区城镇居民恩格尔系数 2016 年为 24.8%，比 2015 年上升 0.3 个百分点。房山区农村居民 2016 年恩格尔系数为 28.1%，比 2015 年下降 0.4 个百分点。

（蔡艳华）

【城镇、农村居民家庭百户拥有家用汽车比 2015 年增长 19.2%】　2016 年房山区城镇居民家庭百户拥有家用汽车 52.2 辆，比 2015 年增长 19.2%。房山区农村居民家庭百户拥有家用汽车 36 辆，比 2015 年增长 44.6%。城镇和农村居民家庭百户拥有家用汽车比 2015 年增长趋势一致。

（蔡艳华）

【农村居民百户拥有家用计算机比 2015 年增长 13%】　2016 年，房山区农村居民家庭百户拥有家用计算机 82 台，比 2015 年增长 13%。

（蔡艳华）

【城镇居民百户拥有家用计算机比 2015 年增长 0.8%】 2016 年,房山区城镇居民每百户拥有计算机为 97 台,比 2015 年增长 0.8%。

（蔡艳华）

【居民可支配收入增速居发展新区第二】 年内,房山区与通州区、顺义区、大兴区、昌平区 4 个城市发展新区相比,全体居民人均可支配收入增速排名第二。5 个城市发展新区全区居民人均可支配收入依次为:顺义区 30808 元,比 2015 年增长 9 %；房山区 33322 元,比 2015 年增长 8.7%；昌平区 38350 元,比 2015 年增长 8.6%；通州区 34097 元,比 2015 年增长 8.6%；大兴区 36718 元,比 2015 年增长 8.5%。

（孟凯）

【农村居民可支配收入增速居发展新区第二】 年内,房山区与通州区、顺义区、大兴区、昌平区 4 个城市发展新区相比,农村居民人均可支配收入增速排名与顺义区并列第二。5 个城市发展新区农村居民人均可支配收入依次为:大兴区 19555 元,比 2015 年增长 9.9%；房山区 20849 元,比 2015 年增长 8.8%；顺义区 24649 元,比 2015 年增长 8.8%；昌平区 21871 元,比 2015 年增长 8.7%；通州区 23538 元,比 2015 年增长 8.7%。

（孟凯）

【城镇居民可支配收入增速居发展新区第二】 年内,房山区与通州区、顺义区、大兴区、昌平区 4 个城市发展新区相比,城镇居民人均可支配收入增速排名第二。5 个城市发展新区城镇居民人均可支配收入依次为:顺义区 36448 元,比 2015 年增长 9.1%；房山区 39486 元,比 2015 年增长 8.7%；昌平区 42149 元,比 2015 年增长 8.6%；通州区 40845 元,比 2015 年增长 8.6%；大兴区 43932 元,比 2015 年增长 8.2%。

（孟凯）

乡镇街道概况

燕山办事处

【概况】　燕山办事处位于房山区中部，地处山麓地带。东南与城关街道办事处接壤，西接佛子庄乡与周口店镇，北邻河北镇，东北与青龙湖镇交界。境内地势西北高，东南低。有凤凰山、猴石山、西虎岭等5座山峰。有东沙河、丁家洼河、双泉河等5条河流。总面积40.8平方公里，辖社区居委会31个。办事处下辖49个单位，其中委、办、分局、公司45个，街道办事处4个。辖中央、市、区单位27个。2016年，辖区户籍人口78590人，登记人口110150人，常住人口91234人。有20个少数民族。年内，出生人口709人，出生率9.02‰；死亡人口273人，死亡率3.47‰。人口自然增长率5.55‰。

2016年，燕山办事处工委下辖基层党组织329个，发展中共党员52名，培训入党积极分子225名。全地区有中共党员7612名。

年内，成立"两学一做"协调小组，组织小微企业、个体工商户、专业市场党组织开展"亮身份、亮指责、亮承诺"活动。成立燕山工业区党委，调整实创家居等3家企业党组织。机关党委"惜时励志　青年晨讲"、正邦公司"灵魂检修"工程等党建品牌初评入围全国优秀党建案例，迎风街道"五味党课"党建品牌获北京市社会领域优秀党建品牌。完成地区17个二级党委换届选举。严格按照人选结构及程序要求，选举产生区党代表37名、区人大代表29名，推荐区政协委员23名。坚持好干部标准，实现干部调整常态化，全年调整干部7批次、172人次，调整班子成员31名。认真落实全面从严治党，逐级明确责任，完善考核机制，增强各级党组织"主体责任"意识。严明政治纪律和政治规矩，提升党员干部的"四种意识"。践行"四种形态"，坚持抓早抓小，建立健全相关制度，"红脸出汗"成为常态。严格落实中央八项规定，坚决纠正"四风"问题，全年"三公"经费支出比2015年下降52%。全年，25名党员、干部受党纪政纪处分。

2016年，燕山工委、办事处积极融入京津冀一体化发展，围绕服务燕房合作，坚持首善标准的总基调，政企合作。全年实现规模以上工业总产值509.7亿元，其中燕山石化实现 456.2 亿元。固定资产投资 15.2 亿元，其中燕山石化完成 11.6 亿元。实现区域税收 98.1 亿元。完成一般公共预算收入 10.26 亿元，比 2015 年增加 2.18 亿元，增长 37.3%。完成一般公共预算支出 11.31 亿元，比 2015 年增加 1.14 亿元，增长 11.3%，支出重点用于教育、社会保障和就业、医疗卫生等民生项目，占一般公共预算支出的 74.5%。地区拥有国家高新技术企业 20 家，中关村高新技术企业 24 家，北京市专利试点单位企业 7 家，北京市专利试点培育企业 4 家。企业专利及软件著作权总数 252 项。

辖区内有京原铁路、京港澳高速公路和京周公路。轨道交通燕房线燕山段进展顺利。实施西北环线建设前期工作。区域内设有 19 个公共自行车站点，300 辆公共自行车。铺设完成燕怡园内健康步道。有邮政局 1 所，电讯站 1 处。完成 10 辆老龄餐车布局，老龄餐车服务中心迎风、东风分中心开始营业，向阳、星城分中心完成选址。改造完成燕山养老院及星城街道养老照料中心。引入社会资本，推进民办养老机构发展，建成燕山乐老汇养老院，并设立东风街道养老照料中心。创新政府购买服务方式，在东风街道试点开展政府关爱特殊老年人项目。全年，办理老年人优待证（卡）3600 余张，发放各类养老补贴和慰问金 330 余万元。完成退出"小散乱污"无证无照企业 57 家。举办各类专场招聘会 10 场，187 家企业发布空岗信息 5025 条，现场报名 1705 人次，成功就业 149 人。

燕山地区有托幼园 7 所，均为北京市一级一类幼儿园。有幼儿 1806 人，教职工 187 人。小学 5 所，在校生 3245 人，教职工 283 人。中学 5 所（初中校 4 所、高中校 1 所），在校生 3194 人，教职工 417 人。特教班 2 个，在校生 38 人，残疾儿童入学率 81%。

燕山地区有影剧院，座席 1426 个；图书馆藏书 22 万册；有燕山文化广场、燕山文化馆、少年宫、工人文化宫、职工文化活动中心等文化活动场所。举办百姓大联欢、夏日文化广场暨第八届文化艺术节系列活动、纪念建党 95 周年和纪念红军长征胜利 80 周年系列文化活动。开展健身操舞、长走、登山等体育活动。体育设施有职工体育场、燕山体育馆及市级体育健身工程——燕山健身广场及东风、宏塔、星城 3 个社区健身广场等。燕山地区有医疗卫生机构 56 个，其中燕山医院为一级甲等医院，燕化职工医院为三级综合医院。社区卫生服务综合信息系统连入房山区社区卫生服务综合信息网络平台，实现健康档案信息房山区内共享。

辖区内有白水寺、凤凰亭、长春寺、摩崖造像等文物古迹。

（赵宏文　李雅蕾　杨星依　王晓平）

【第二届"燕山梦"创意小品大赛】 1 月 20 日，燕山工委宣传部在燕山影剧院举办第二届"燕山梦"创意小品大赛。《幸福在身边》《如此戒烟》并列获一等奖。新华网、千龙网、京工网等媒体参与报道。燕山地区各机关单位干部职工、地区居民 600 余人观看演出。

（赵宏文）

【依法查处违规企业】 2 月 25 日至 4 月 22 日，燕山食药监分局对北京水岸童年餐饮有限公司采购使用不符合食品安全标准的食品原料事件进行立案查处，罚款 5000 元。

（李卜）

【首届剪纸作品展】 4 月 12 日，由燕山文化活动中心、燕山残联、东风街道联合举办的"艺术点亮心灵　文化引领发展"燕山地区首届剪纸艺术作品展开幕。征集原创展览系列作品 53 幅、206 件，同时参展的还有国家级非物质文化遗产传承人徐阳及弟子的部分作品。

（赵宏文）

【危险化学品行业"飓风二号"专项行动】
5 月 5 日至 19 日，燕山工委、办事处联合北京燕山石油化工有限公司集中对辖区内危险化学品生产、经营、储存、运输工业气体、液氨使用等重点单位开展"飓风二号"专项执法检查行动。重点检查企业安全生产主体责任落实情况、现场作业安全管理情况、防汛应急管理情况等。检查企业 76 家，出动执法人员 216 人次，发现问题及隐患 73 处，下发《责令限期整改指令书》50 份，行政处罚 1 起，罚没金额 2 万元。

（韩健飞）

【夏日文化广场暨第八届文化艺术节开幕】
6 月 13 日，燕山地区夏日文化广场暨第八届文化艺术节开幕式在燕山文化广场举行。燕山地区干部、群众、企业代表及演职人员 1000 余人参加活动。

（郭璐 王君利）

【地区企业取得国际、国内标准】 7 月 21 日，2015 年度北京燕山石化高科技有限责任公司在新材料树脂领域成功制（修）定 2 项国际标准（ISO 19062、ISO 19063），获美国、日本等主要科技国家的认可以及国际 ISO 委员会的认定及发布；北京保利世达科技有限公司在新材料抛光研磨领域参与制定 2 项国内行业标准。

（李雅蕾）

【行政区划调整】 8 月，根据北京市民政局《关于调整房山区燕山地区行政区划的批复》（京民划函〔2016〕268 号），燕山工委、办事处启动燕山地区行政区划调整工作，涉及 3 个街道、7 个社区、1.1 万人、近 300 家企事业单位，区域面积 18.9 平方公里。11 月 30 日，迎风街道、向阳街道、东风街道签署《交接协议书》。迎风一里社区、凤

凰亭社区隶属迎风街道；宏塔社区、燕房路社区、燕东路社区和丁东路以西、以南区域隶属向阳街道。12 月 20 日，完成行政区划调整，迎风街道、向阳街道、东风街道相关社区和区域完成整体交接工作的检查验收，各相关单位完成工作总结和归档。

（丁敏）

【"五证合一、一照一码"改革】 9 月 27 日，燕山工商分局为北京慧佳润东物业有限公司发放燕山地区首张加载统一社会信用代码的营业执照。年内，发放新版执照 1608 个（含"三证合一"），占燕山地区企业总量的 63.91%。

（曹芳）

【第三次全国人口清查摸底】 10 月 17 日到 12 月 31 日，燕山地区开展第三次全国人口清查，进行人口清查摸底入户登记。完成 859 户、2074 个调查对象的入户登记、审核上报工作。

（韩健飞）

【2016 年档案行政执法检查】 11 月 21 日至 31 日，燕山档案馆依法对燕山地区各立档单位进行行政执法检，实地检查率 100%。各立档单位档案工作实现规范化管理。

（聂伟超）

【北京石油与化工产业技术联盟】 年内，燕山工委、办事处初步拟定产业联盟章程，确定 33 家企业作为产业联盟首批入盟单位。10 月，市民政局批复同意组建产业联盟。12 月 1 日，取得社会团体法人登记证书和印章。

（韩健飞）

【燃煤锅炉清洁能源改造】 年内，燕山地区完成 2016 年燃煤锅炉清洁能源改造。涉及 60 台燃煤锅炉，470.8 蒸吨。其中，北京燕山石油化工有限公司涉及 42 台燃煤锅炉，366 蒸吨；其他企事业单位涉及 18 台

燃煤锅炉，104.8蒸吨（"煤改气"17台、"煤改电"1台）。

（韩健飞）

【铺设污水管线】 年内，燕山地区铺设污水管线2324米，收纳燕山地区企业及居民生活污水400余吨。其中，化一南排段污水管线1105米；岗山段污水管线686米；高家坡段污水管线533米。

（韩健飞）

【建立PM$_{2.5}$监测站点】 年内，燕山地区建立PM$_{2.5}$简易监测装置20处，建立1处市级PM$_{2.5}$监测子站（东风地区内）。

（韩健飞）

【街面环境秩序综合整治】 年内，燕山地区在日常街面秩序整治中立案374起，罚款18.1万元，查处、训诫、规范各类违法行为3.1万余起。

（张薇）

2016年燕山地区街道基本情况

表2

街道名称	社区名称	党支部书记	居委会主任	户数（户）	人口（人）
东风街道	北里社区	贾知芳	贾知芳	1566	2687
	南里社区	许慧	许慧	1335	2618
	东里社区	李洪远	李洪远	971	2734
	羊耳峪里第一社区	勾洪武	勾洪武	1451	3033
	羊耳峪里第二社区	郝志刚	郝志刚	1578	3553
	羊耳峪北里社区	夏翠玲	夏翠玲	1387	2508
	羊耳峪西区社区	吕丽华	吕丽华	1396	3507
	木头岭社区	陈强	陈强	698	894
	东流水社区	隗功霞	隗功霞	384	980
迎风街道	高家坡社区	刘晓秋	刘晓秋	485	1089
	迎风西里社区	杜清林	杜清林	2521	4712
	四里社区	李丽	李丽	2060	3864
	五里社区	宋金娥	宋金娥	1276	2498
	六里社区	吴艳荣	吴艳荣	2345	4735
	杏花西里社区	郑文	郑文	1759	3492
	杏花东里社区	马琳	马琳	1591	3409
	杰辉苑社区	王玉改	王玉改	1313	3189
	一里社区	王晓雪	王晓雪	1139	2145
	凤凰亭社区	金丽	金丽	1849	2081
向阳街道	岗山社区	杨海云	杨海云	412	1148
	向阳里社区	刘秀影	刘秀影	2095	4514
	宏塔社区	陈玉红	陈玉红	1092	2454
	燕房路社区	戴蓉芳	戴蓉芳	204	453
	燕东路社区	沈庆伟	沈庆伟	3476	6843
星城街道	第一社区	杨喜梅	杨喜梅	941	2399

续表 2

街道名称	社区名称	党支部书记	居委会主任	户数（户）	人口（人）
星城街道	第二社区	姜 萍	姜 萍	1045	2363
	第三社区	张静珠	张静珠	888	2244
	第四社区	刘启明	刘启明	1184	2976
	第五社区	吴照龙	吴照龙	1553	3662
	第六社区	谢小华	谢小华	1429	3699
	第七社区	李立英	李立英	1893	4827

注：户数及人数由燕山发展改革委统计科提供，人口为常住人口数，其中燕东路包含富燕一区、二区筹备组数据，迎风西里包含幸福新村筹备组数据

城关街道办事处

【概况】 城关街道办事处东与阎村镇和窦店镇相接，西接周口店镇，南与石楼镇接壤，北临青龙湖镇。辖区总面积 51 平方公里。辖村民委员会 22 个、社区居委会 21 个。2016 年，城关街道办事处户籍户数 30943 户，其中农业户 6945 户、非农业户 23998 户。户籍总人口 71298 人，其中，男性 34995 人，女性 36303 人；农业人口 14749 人，非农业人口 56549 人。年内，出生人口 1127 人，出生率 15.81‰；死亡人口 352 人，死亡率 4.94‰；人口自然增长率 10.87‰。

城关街道办事处交通发达，北京至原平铁路经过西北隅，琉璃河至东流水的铁路支线纵贯南北，另有京昆高速、京周路、大件路、房琉路、长周路等主要公路穿境而过。轨道交通燕房线正在施工建设。境内有大石河、马刨泉河、东沙河、西沙河和丁家洼河 5 条河流。

年初，城关街道办事处工委下辖基层党

组织 77 个，其中党总支 5 个、党支部 72 个。年内，撤销交运公司、商业公司、复合肥厂和社区服务中心 4 个党支部，整建制转入社工委 1 个党支部，成立众投金服、海华丽 2 个党支部。年末，有基层党组织 74 个，中共党员 4559 名。全年，发展中共党员 18 名。年内，开展基层党建专项述职，落实党建工作领导责任。开展"树形党建"助推重点工程项目建设，获房山区优秀基层党建创新项目一等奖。完成第十届村委会选举。22 个行政村登记选民 36820 人，参加正式选举的选民 34124 人，参选率 93%。有 20 个村一次选举成功，有 2 个村通过另行选举选出新一届村委会成员。选出村委会成员 98 人、村民代表 863 人。新当选村委会成员中，连选连任 76 人，妇女成员 29 人，占村委会成员的 30%。完成城关街道第八届区人大代表选举。12 个选区有选民 57220 人，参加投票选举的有 55738 人，参选率 97.4%。选举出区人大代表 24 名。

2016 年，城关街道办事处税收完成 11.3 亿元，比 2015 年增长 15.7%；财政收入 3.5 亿元，比 2015 年降低 1.4%。固定资产投资完成 70.8 亿元，比 2015 年增长 217.1%。集体经济营业收入 5946 万元，农民人均所得 15607 元。全街道规模以上工业总产值 15.8

亿元，主营业务收入 16.9 亿元，利润总额 6678.3 万元。农村居民人均可支配收入 21598 元。

城关街道粮食播种面积 2927 亩，总产量 1127.7 吨。主要农作物播种面积和产量：小麦播种面积 588 亩，总产量 207.8 吨；玉米播种面积 2256 亩，总产量 855.3 吨。蔬菜播种面积 4299 亩，总产量 6400.2 吨。农业机械总动力 6540 千瓦。全年，生猪出栏 4259 头，存栏 5763 头；羊出栏 2446 只，存栏 2900 只；家禽出栏 0.58 万羽，存栏 5.57 万羽；鲜奶产量 417.9 吨；鲜蛋产量 463.3 吨。干果产量 8.8 吨，鲜果产量 299.4 吨。

2016 年，城关街道办事处启动中心区棚户区 8 个村改造土地开发项目预签协议工作，涉及宅基地 2138 宗、非宅 360 处。完成轨道交通燕房线城关街道辖区内的地上物拆除工作。完成 5 家单位的燃煤锅炉改造，拆除 8 台锅炉 119.5 蒸吨。完成 9 个村煤改电项目，总户数 5093 户，农户均实现电取暖。清退 245 家无证无照违法违规产业，其中无证无照餐饮产业 214 家、低端工业企业 17 家、非法再生资源回收产业 13 家、非法经营煤渣场 1 家。疏解外来人口 600 余人。

（杨爱平）

【城关中心区棚户区改造项目拆迁工作启动】 3 月 5 日，城关中心区棚户区改造项目拆迁工作启动，涉及燕房组团 3、5、6、9 共 4 个街区，10 个行政村（塔湾村、北关村、西街村、东街村、南关村、南街村、北市村、丁家洼村、洪寺村、迎风坡村，其中洪寺村、迎风坡村因确权问题未启动拆迁工作），规划总用地面积 232.95 公顷，涉及拆迁人口 16547 人。

（杨爱平）

【城关中心区棚户区改造项目回迁安置房开工建设】 9 月 29 日，城关街道办事处举行城关中心区棚户区改造项目回迁安置房开工仪式。城关中心区棚户区改造项目建设全面进入实质性实施阶段。

（杨爱平）

【"攻煤克霾"】 12 月 17 日，城关街道办事处针对辖区劣质燃煤使用情况进行全天候清查。联合区住房城乡建设委、区城管执法监察局、区综治办、区交通局等相关部门，针对企业停限产、工地扬尘管控、渣土车遗撒、机动车限行、露天烧烤、露天焚烧、违法使用经营性燃煤及劣质散煤等行为进行查处。

（杨爱平）

2016 年城关街道村（居）委会基本情况

表3

村（居）委会名称	党支部书记	村（居）委会主任	户数（户）	人口（人）	农民人均所得（元）
顾册村	崔金昌	胡宝利	1548	2860	11188
北市村	夏永红	夏永红	276	970	17123
东坟村	顾建成	顾建成	256	748	12433
定府辛庄村	于澎涛	于澎涛	259	791	10632
东瓜地村	刘玉清	王立成	221	609	12561
田各庄村	高国良	高志国	892	1928	11504
瓜市村	果伯英	果伯英	385	864	11712

续表 3-1

村（居）委会名称	党支部书记	村（居）委会主任	户数（户）	人口（人）	农民人均所得（元）
马各庄村	吴长海	赵会来	792	1276	19778
饶乐府村	魏建民	马涛	1718	3026	14639
丁家洼村	田成	张志波	893	1660	11644
羊头岗村	许长浩	许长浩	955	2360	11424
八十亩地村	张敏杰	石岩	291	764	10955
前朱各庄村	张伟峰	张云	480	1520	17052
后朱各庄村	张春启	陈冲	495	1498	18223
洪寺村	梁永亮	乔春兰	1020	2345	26012
塔湾村	项宇	项宇	186	438	128127
迎风坡村	卢海军	卢海军	343	761	11195
东街村	刘海波	刘海波	520	1600	11187
南街村	赵大伟	马连忠	589	1286	11236
南关村	陈彦雄	陈彦雄	688	1973	11287
西街村	马凤泉	李保堂	706	1576	11979
北关村	马凤利	马凤利	673	1226	14567
兴房东里社区	王冬梅	王冬梅	510	640	—
城东社区	穆红梅	穆红梅	2172	2980	—
北街社区	史岚	史岚	1069	1633	—
矿机社区	孙淑君	孙淑君	2251	4937	—
永兴达社区	杜贺红	杜贺红	1132	2548	—
化四社区	赵彦永	赵彦永	226	644	—
福星家园社区	付立娟	董伟	934	2798	—
府东里社区	王立先	王立先	426	458	—
永乐园社区	张立君	张立君	563	1607	—
万宁桥社区	吴海军	吴海军	1188	1535	—
北里社区	李士红	李士红	834	2093	—
南城社区	郑启春	郑启春	696	802	—
新东关社区	张海颖	张海颖	833	973	—
城北社区	李冬梅	李冬梅	643	1064	—
管道局社区	胡淑红	王林	412	926	—
南沿里社区	张鑫	张鑫	648	1020	—
永安西里社区	李春艳	李春艳	1022	1883	—
农林路社区	宇文晓茹	马凤娥	1455	2007	—
南里社区	姜雪杰	姜雪杰	712	1170	—

续表 3-2

村（居）委会名称	党支部书记	村（居）委会主任	户数（户）	人口（人）	农民人均所得（元）
大石河社区	姜雪静	姜雪静	115	251	—
永安家园社区	秦玉芬	王 东	764	2106	—

注：村委会数据来源于《北京市房山区统计年鉴（2017）》。户数，指长期（一年以上）居住在乡镇（不包括城关街道）行政管理区域内的住户，还包括居住在城关街道所辖行政村范围内的农村住户。人口，指乡村地区常住居民户数中的常住人口数，即经常在家或在家居住6个月以上，而且经济和生活与本户连成一体的人口

拱辰街道办事处

【概况】 拱辰街道办事处位于房山新城良乡组团的核心区，东至小清河，与长阳镇接壤；西至西潞大街，与西潞街道办事处接壤；南至刺猬河，与良乡镇接壤；北与青龙湖镇及丰台区相连。辖区总面积28平方公里，辖社区居委会26个、村民委员会20个。2016年，拱辰街道办事处户籍户数31665户，其中农业户1917户、非农业户29748户。户籍总人口73927人，其中，男性36471人，女性37456人；农业人口3679人，非农业人口70248人。外来人口38388人。年内，出生人口1229人，出生率16.62‰；死亡人口329人，死亡率4.45‰；人口自然增长率12.17‰。

2016年，拱辰街道办事处工委下辖基层党组织56个，有中共党员5340名。年内，发展中共党员30名，培训入党积极分子92名。年内，开展"两学一做"学习教育，坚持"三新标准"（瞄准首都国际一流和谐宜居新标准，践行拱辰首府新城建设新途径，打造房山京保石发展轴上新地标），按照"一把手亲自抓，抓班子，班子共同抓，抓执行"的要求，针对领导班子、党支部、非公企业"私人订制"个性化学习方案，按照时间表，做好问题清单。开展党员大会、领导干部讲党课、"理论家走基层"专家讲党课等活动。利用"互联网+触手可及"模式，拓宽基层党员学习渠道。

2016年，拱辰街道办事处财政收入5.4亿元，比2015年增长2.4%；税收完成16.3亿元，比2015年增长28.7%。固定资产投资完成88.9亿元，比2015年增长19.9%。集体经济营业收入5247.6万元，农民人均所得16305.3元。全街道规模以上工业总产值13043.2万元，主营业务收入13829.3万元，利润总额116.2万元。

全街道蔬菜播种面积226亩，总产量335.5吨。农业机械总动力273千瓦。全年，羊出栏226只，存栏205只；家禽出栏1.08万羽，存栏3.04万羽；鲜奶产量19.5吨；鲜蛋产量111.4吨；肉类总产量24.1吨。干鲜果产量73.5吨。2016年，造林43公顷，四旁植树1.2万株。

拱辰街道以第三产业为主，是房山区经济发展的核心地区，餐饮业、服务业、商贸业及建筑业占主体地位。辖区有绿地缤纷城、胜茂广场、华冠购物中心、苏宁生活广

场等面积在 1000 平方米以上大型商业单位近 40 家；必胜客、麦当劳、稻香村等连锁店 70 余家；中国银行、北京农村商业银行、工商银行等银行 10 余家；功德福、青年餐厅等面积在 500 平方米以上的餐饮单位 25 家；北方温泉会议中心、昊天假日酒店等大型会议中心、宾馆酒店 20 余家。

2016 年，拱辰街道办事处抢抓京津冀协同发展、非首都核心功能疏解等重大机遇，锁定"首府新城"的战略定位，以"业城融合、居业和谐、田园社区、时尚都市"为目标，推进产业转型、城市建设等重点工作。北京大学创业训练营房山基地、柠檬孵化器、中英科技创新孵化器、青创动力、光合文创、光合优创 6 个孵化器落户拱辰街道办事处，拓展拱辰的众创空间。全年，引进企业 123 家，其中包括 7 名国家"千人计划"海归专家，北京麻袋氪网络科技有限公司年销售额超 10 亿元。依托楼宇经济平台，引进企业 680 余家。完成中心区一至五街改造剩余经营性用地 3 号地、4 号地上市交易，建设用地面积 1.88 公顷，建筑规模 4.71 万平方米。完成轨道交通东羊庄站南区、北区 2 个项目一级开发手续，具备上市交易条件。全年，开发、建设地产项目 31 个，开复工总面积 246 万平方米。其中，地产开发项目 15 个，市政教育医药体育综合配套项目 16 个；房山教师进修学校、中国社科院党校、中医药大学良乡校区附属用房已基本完工投入或待投入使用，良乡医院扩建项目等工程正在施工。

全年，关闭退出禁止类企业 11 家，清理小散乱污企业 129 家，清退 23 家再生资源回收企业，升级改造限制类企业 36 家。拆除违法建设 11.7 万平方米，清理渣土 14.1 万立方米，拆除规范广告、牌匾 10005 平方米。采用接入市政供暖和安装取暖设备

2 种方式对辖区 17 个村和 5 个社区的 2767 户居民进行"煤改电"改造，安装空气源热泵 1243 户 1256 台，蓄能式电暖气 526 户 1608 台，户线改造 1769 户。同中国建筑科学研究院合作，实施政通路区域环境改造工程，引入海绵城市等城市建设理念，铺设慢行道，设计安装夜景照明系统。实施昊天大街和东护城河改造工程。实施南关西路和五街村商贸用房改造提升工程，建设主题牌楼，对建筑外立面进行统一设计、粉饰，打造特色精品商业街。实施"六对接"工程（技能对接、管理对接、岗位对接、服务对接、政策对接、资金对接），组织开展"绿地启航入住企业专场招聘洽谈会"和"民营企业拱辰专场招聘会"，帮助 1759 名失业人员实现就业。全年，为 3102 人办理新农合参保手续，为 1755 人办理城乡养老保险参保手续，为 534 名符合条件的"一老一小"办理参保手续。解决工资拖欠纠纷 16 起，涉及工资款 230.5 万元。

拱辰街道办事处交通条件便利，四通八达。辖区内有京港澳高速公路、南六环公路、京保公路和京广铁路，京周路、京良路、黄良路等市级公路 4 条，良坨路、东环路、长虹路等区级公路 20 余条；通往市区及周边区县的 952 路、616 路等公交线路 20 余条。地铁房山线在辖区设立 5 个站点。

2016 年，拱辰街道办事处发动各年龄段、各阶层群众参与公共文体活动。建设特色文体团队，打造精品文艺作品，实现特色拱辰文化的品牌化宣传。开展全民健身活动，完善"一刻钟健身圈"。组织"文化周末大舞台""电影放映"等文化活动。

辖区有中国社会科学院研究生院和北京中医药大学、北京工商大学、首都师范大学、北京理工大学、北京交通运输职业学院 5 所高校。有新华书店等大型书店 2 个，图

书销售网点 20 余个，基层图书室 42 个，专业体育场 1 个。辖区内有国家级文物保护单位良乡多宝佛塔，市级文物保护单位效劳台，一般级保留比较完整的文物古迹 13 处。

（吴思滨）

【北京大学创业训练营房山基地揭牌】 1月23日，北京大学创业训练营房山基地揭牌仪式在拱辰街道办事处举行。基地位于拱辰街道辖区，面积 2800 余平方米，设有孵化区、多媒体教室、多功能会议室、休闲交流区、企业加速器、专业服务区。同时，北大创业训练营海外学人特训班首期班在基地开班。该特训班吸引近 200 位海归创业者报名，70 余位创业者获线下学习资格。

（吴思滨）

【拱辰街道艺术团合唱队唱响国家大剧院】 2月3日，由首都文明办、北京市文化局和国家大剧院联合举办的"我爱北京——市民新春联欢会"在国家大剧院上演，拱辰街道办事处文化艺术团合唱队首次登上国家大剧院舞台，演唱开场曲《没有共产党就没有新中国》《映山红》。

（吴思滨）

【南广阳城村回迁房钥匙交接仪式】 6月30日，拱辰街道办事处举行南广阳城村回迁房钥匙交接仪式。南广阳城回迁安置房项目总建筑面积 36904.9 平方米，可安置 360户 613 人的回迁，实现全村整体回迁。

（吴思滨）

【B4 综合性商业金融服务业用地上市交易】 9月1日，北京龙建诚信房地产开发有限公司以 42000 万元取得拱辰街道 FS00-LX07-0097 地块 B4 综合性商业金融服务业用地国有建设用地使用权。该宗地位于拱辰街道办事处，东至规划公建混合住宅用地西红线，西至规划城隍庙街东红线，南至良乡中路北红线，北至规划二类居住用地南边线。建设用地 8466 平方米，建筑控制规模 21165 平方米。

（吴思滨）

【四季百福捐赠仪式】 9月6日，四季百福捐赠仪式在拱辰街道办事处房山区希望学校举办。活动由房山区妇联、拱辰街道办事处、广东四季爱心助学公益促进会、丽诗宣亚健康调理中心等单位联合举办，丽诗宣亚健康调理中心等企业的爱心人士捐赠 10 台电脑及 1000 多册图书，帮助学校建立"四季百福关爱书屋"及"四季百福关爱电脑教室"。

（吴思滨）

【渔儿沟棚户区改造项目奠基】 9月28日，拱辰街道办事处渔儿沟村棚户区改造项目举行奠基仪式。项目位于房山新城良乡组团第四街区，北京拱辰兴业房地产开发有限公司为开发主体。该项目东至村集体已建成区，西至良坨路，南至政通路，北至京港澳高速公路。项目占地 17 万平方米，规划总用地面积 17.38 万平方米。

（吴思滨）

【清理无证餐饮单位"反弹经营"】 11月10日起，拱辰街道办事处针对辖区内无证餐饮单位"复开""反弹经营"情况展开清理工作。重点对理工睿府、大学城、拱辰大街、瑞雪春堂、文化路、京保路、黄辛庄、长虹大街等地区突击检查，取缔"反弹经营""复开"无证餐饮单位 73 家，扣押物品 1000 余件。出动人员 125 人次，车辆 36 辆次。

（吴思滨）

【"讲述身边好党员的好故事"宣讲活动启动】 12月16日，拱辰街道办事处"讲述身边好党员的好故事"宣讲活动启动仪式在北关东路社区举行。街道辖区的 8 名宣讲员分别讲述自己身边好党员的先进事迹和感人故事。

（吴思滨）

【老旧小区改造】 年内，拱辰街道办事处推进老旧小区改造工作，选取宜春里、北京送变电公司、文化路、北关东路、昊天小区5个社区为试点开展"田园社区"建设。同中国建筑7417科学研究院、光合文创和京林集团合作，对小区环境进行改造。"田园社区"建设吸引人民日报社、新华社等10余家中央、市级媒体报道。

（吴思滨）

2016年拱辰街道办事处村（居）委会基本情况

表4

村（居）委会名称	党支部书记	村（居）委会主任	户数（户）	人口（人）	农民人均所得（元）
渔儿沟村	梁志全	梁志全	323	830	22361
梅花庄村	纪永顺	纪永顺	267	589	19100
二街村	李志铁	白振周	460	988	17287
四街村	苏春雨	苏春雨	350	876	13163
五街村	张立新	张志红	305	641	16842
东关村	彭志山	李长青	362	703	15149
纸房村	徐连祥	徐连祥	330	987	15744
常庄村	胡广霞	胡广霞	320	523	13600
东羊庄村	刘永军	刘海涛	481	1080	12611
梨村	刘彦平	刘彦平	606	1367	14784
吴店村	田瑞华	刘志国	322	747	13716
后店村	李振环	李振环	158	264	18810
南关村	许建强	许建强	256	530	18113
大南关村	马文君	马文君	155	286	17972
黄辛庄村	胡建华	闫文强	707	1861	12600
小西庄村	薛宝光	韩 雨	260	527	16982
辛瓜地村	辛士平	韩国庆	203	410	16512
南广阳城村	石印起	石印起	160	345	17710
于管营村	李 涛	—	600	1140	18771
徐庄村	李文利	—	285	638	14278
北关东路社区	史淑英	史淑英	1453	3805	—
拱辰大街社区	梁艳玲	梁艳玲	524	1392	—
宜春里社区	王淑文	王淑文	1067	2713	—
文化路社区	朴艳平	朴艳平	1128	2745	—
一街社区	李文平	李文平	1195	3287	—
一街第二社区	杨新平	杨新平	1253	3256	—
三街社区	李洪信	李洪信	608	1523	—
三街第二社区	王建华	王建华	846	2697	—

续表4

村（居）委会名称	党支部书记	村（居）委会主任	户数（户）	人口（人）	农民人均所得（元）
西北关社区	宋宏生	王向东	703	1865	—
行宫园社区	米玉英	米玉英	4067	10069	—
梅花庄社区	安少敏	安少敏	288	705	—
昊天小区社区	郭东艳	郭东艳	1139	3122	—
鸿顺园社区	张贤	史美丽	1325	3632	—
拱辰北大街社区	孔令雨	孔令雨	913	2277	—
飞机场社区	张海霞	张海霞	272	560	—
长虹北里社区	徐连贵	徐连贵	1121	3055	—
罗府街社区	马燕青	马燕青	225	523	—
北京电力设备总厂社区	张福生		3244	7238	—
北京电力建设公司社区	朱晓娇	王春青	772	1899	—
北京送变电公司社区	邓军兰	邓军兰	2643	5662	—
玉竹园社区	张和平	张和平	1186	3198	—
伟业嘉园社区	隗功汉	隗功汉	2755	6123	—
瑞雪春堂社区	于海玲	于海玲	3251	8552	—
邑尚佳苑社区	安立霞	—	1057	2874	—
绿地花都苑社区	罗玉洪	—	696	1695	—
翠林湾嘉园社区	朱军梅		971	2760	—

注：村委会数据来源于《北京市房山区统计年鉴（2017）》。户数，指长期（一年以上）居住在乡镇（不包括城关街道）行政管理区域内的住户，还包括居住在城关街道所辖行政村范围内的农村住户。人口，指乡村地区常住居民户数中的常住人口数，即经常在家或在家居住 6 个月以上，而且经济和生活与本户连成一体的人口

西潞街道办事处

【概况】 西潞街道办事处位于区政府西南部，是房山新城良乡组团的核心区。东至西潞大街，与拱辰街道办事处接壤；西至东沿村与阎村镇毗邻；南至夏庄村；北至安庄村西与青龙湖镇相接。辖区总面积 11 平方公里。辖村民委员会 5 个、社区居委会 14 个。2016 年，全街道户籍户数 13262 户，其中农业户 1488 户、非农业户 11774 户。户籍总人口 33134 人，其中，男性 16348 人，女性 16786 人；农业人口 2974 人，非农业人口 30160 人。年内，出生人口 556 人，出生率 16.78‰；死亡人口 93 人，死亡率 2.81‰；自然增长率 13.97‰。

2016 年，西潞街道工委下辖基层党组织 29 个，其中党委 2 个、党总支 11 个、党支部 16 个。年内，发展中共党员 18 名。街道有中共党员 2607 名。开展"两学一做"

学习教育，对基层党组织进行安排部署。召开专题会议，利用"两委"会、支部会、LED 显示屏等形式进行宣传，下发辖区党员《中国共产党章程》《中国共产党党员权利保障条例》《习近平总书记重要讲话选编》等 8 种学习材料 1.1 万余本。各基层党组织通过集中学习、个人自学、领导辅导、知识竞赛等形式组织学习党章党规和中共中央总书记习近平系列讲话精神，明确学习重点、制定学习计划，开展学习和座谈讨论。街道班子成员通过召开党员领导干部民主生活会、中心组学习会、讲党课、交流研讨、主题大讨论等方式带头学习。制订《西潞街道软弱涣散党组织整顿实施方案》，对固村党支部开展帮扶工作。通过"建、管、评"强化非公企业党建工作。完成村、社区党组织换届选举，选举产生党组织委员 77 名。开展党代表换届选举工作，选举产生出席房山区第八次党代会代表 10 名。与科级以上党员干部签订《严守换届纪律承诺书》。以"弘扬革命精神，缅怀革命先烈"为主题，开展西潞街道纪念中国共产党成立 95 周年系列庆祝活动。组织街道全体党员、入党积极分子开展共产党员献爱心，捐献 80911.6 元。向 7 名中华人民共和国成立前入党老党员和 31 名困难党员发放慰问金 17.2 万元。表彰街道 6 名优秀共产党员、2 名优秀党务工作者、4 个先进基层党组织。

2016 年，西潞街道财政收入 2.7 亿元，比 2015 年增长 26.2%；税收完成 7.2 亿元，比 2015 年增长 47.6%。固定资产投资完成 41516 万元，比 2015 年下降 53.2%。集体经济营业收入 2330.4 万元，农民人均所得 18791.4 元。全街道规模以上工业总产值 23557.8 万元，主营业务收入 24132 万元，利润总额 4527.5 万元。

西潞街道粮食播种面积 121 亩，粮食总产量 28.3 吨。蔬菜播种面积 413 亩，总产量 142.3 吨。干鲜果品总产量 17.5 吨。农业机械总动力 310 千瓦。全年，生猪出栏 1133 头，存栏 570 头；牛出栏 15 头；肉类总产量 87.6 吨。2016 年，四旁植树 0.5 万株，育苗面积 12.51 公顷。

西潞街道办事处结合首都"建设国际和谐宜居之都"功能定位和房山区打造京保石发展轴桥头堡的发展目标，确定"在全区率先全面实现城市化"的工作目标和"一城、两化、三改"的新思路，确立建设"时尚文化创意特色小镇"全新区域定位。西潞街道是房山区商贸业、餐饮业、服务业聚集地。辖区有北京星华蓝光置业有限公司、北京首发物流枢纽有限公司等注册企业 6181 家，注册资金 1000 万元以上 170 余家；有共创大厦等 4 座面积在 1000 平方米以上招商楼宇；有大南郊汽配城、中大瑞祥等重点市场 9 家。

2016 年，对北三村改造项目涉及的数据进行调查汇总，制定北三村产业定位，确定以"时尚文化创意"为发展思路。与珠江集团签订《北三村新型城镇化建设项目正式合作协议》。完成中大瑞祥、大南郊汽配城、华龙市场、佳世苑市场限制类企业市级升级改造验收准备工作，清退 5 家无证无照废旧物资回收企业。5 家有证有照再生资源回收企业与北京环卫集团合作，引进"互联网+"智能模式的再生资源回收企业，实行统一规范化管理。集中清理整治 129 家无证无照类企业商户，制定西潞街道新增产业的禁止和限制目录，完善集体土地新增企业办照程序。梳理汇总辖区内规模闲置资产。利用互联网平台开发运行企业信息普查系统，对辖区注册的 5000 余家企业走访登记，实现在线快捷搜索、分类查询统计、动态更新等功能。以店外经营、车辆乱停乱放、露天烧烤等为重点，开展重点大街、重点区域规范治理。清理违法占地800平方米，拆除违法建设635平方米。完成"减煤换煤"工作，置换优质型煤1084.2吨。制定"煤改电"工作计划，完成南上岗村251户的"煤改电"工作，安装空气源热泵246台、蓄能式电暖气5户15台。完成东沿村小学还建工程小学综合楼和教学楼主体建设。完成轨道交通燕房线拆迁工作。

西潞街道办事处重点文化设施"文化教育中心"建筑面积2000余平方米。北潞园社区和苏庄三里社区分别成立社区文联。有文化创意企业612家，注册资本7.03亿元。社区网格化管理，规范化建设全部达标，打造"一刻钟社区服务圈"，建立志愿服务时间银行，推出社区老年人餐车。开展以弘扬社会主义价值观为核心的素质教育，开展形式多样的文化活动。

西潞街道办事处交通便利。京港澳高速公路、京周路、西六环路穿境而过，地铁房山线在境内设站，616路、646路、901路等公交总站设在辖区内，833路、834路、835路、836路、839路、917路、952路、971路、993路等公交车站点众多，西潞大街、良乡西路、良坨路、翠柳大街等城市道路以及连村路网纵横交错，是房山区物流、客流中心。

境内有区级行政单位40余家。有北京师范大学良乡附属中学、北京工商大学附属中学、北京工商大学附属小学；街道所属的2所中学、4所小学和16所幼儿园，教职工1000多名，在校生1万多名（含幼儿）。卫生、医疗、养老设施齐全，有房山区妇幼保健院、房山区中医医院良乡分院、房山区老年病医院等大型医院5家；有德隆·睿颐大型养老服务中心1个，总建筑面积64680平方米。邮政局、电信局、银行、医院等配套设施完备。

（李振敏）

【"房山区2016年春风行动"专场招聘会】3月11日，西潞街道办事处举办"房山区2016年春风行动"专场招聘会。提供营销、管理、司机、会计、保洁员及护理员等55个工种500余个岗位，有金融、房地产、汽车、珠宝、科技、家政服务等30余家行业单位参加招聘。600余人应聘，经过用工单位和求职者的双向选择，现场有213名求职人员初步达成就业意向。

（李振敏）

【市民营企业大型招聘会】5月11日，2016年北京市民营企业招聘月大型招聘会在西潞街道办事处举行。有67家企业参加，涉及IT业、房地产、汽车维修等行业，提供网络技工、营销、装修、保洁、护理等1478个岗位。现场设立就业政策咨询、职业技能培训、创业培训、宣传材料及宣传品发放等窗口为求职者提供服务，292名求职人员与企业达成初步就业意向。

（李振敏）

【"五月鲜花"歌咏比赛】5月13日，西潞街道办事处举办纪念红军长征胜利80周年"五月鲜花"歌咏比赛。演唱《四渡赤水出奇兵》《红军不怕远征难》《毛主席的战士最听党的话》等歌曲。辖区内13支合唱队800人参加比赛。

（李振敏）

【陈式太极拳推广中心揭牌】5月18日，西潞街道办事处在北潞园社区举办陈式太极拳推广中心揭牌仪式。聘请陈氏太极拳第十代传人陈伯祥为武术协会顾问，聘请陈氏太极拳第十一代传人陈立州为武术协会总教练，并颁发聘书。

（李振敏）

【首届文化艺术节】 7月20日，西潞街道办事处在北潞园社区举办首届文化艺术节。活动以"美丽西潞我的家"为主题，设8项系列活动和1项文化展演活动，突出原创主题和地域特色，展示西潞街道办事处在经济发展、城市建设、社会建设、民生改善、环境提升、社会和谐等方面的巨变。

（李振敏）

【摄影书画文学作品大赛】 8月1日至10月底，西潞街道办事处和区摄影家协会、区书画家协会、区文联、区文明办等单位，联合举办"绿色西潞"摄影、书画、文学作品大赛。收到摄影作品600余幅、书画作品200余幅、文化作品200余篇。经过大赛组委会评选，有90幅摄影作品、112幅书画作品、68篇文学作品获奖。并编印出版《十年筑梦西潞畔》作品集。

（李振敏）

【苏庄三里"安馨之家"揭牌】 8月18日，西潞街道办事处苏庄三里社区"安馨之家"养老服务中心举行揭牌仪式。"安馨之家"面积200余平方米，安装各类硬件设施60余件，分休闲区、休息区和健康卫生区，提供日间照护、读书娱乐、健康休闲等方面的智能化服务。安馨之家的建立，传达"适老化"养老理念。

（李振敏）

【"庆重阳"民间艺术展】 10月9日，西潞街道办事处举办"庆重阳"民间艺术展演活动。来自基层的15支代表队参加太极拳比赛，展示空竹、腰鼓、太极扇等各自的传统绝活。区妇联、区文明办、区文化委、区体育局等单位领导参加活动。

（李振敏）

【"互联网+资源回收"垃圾分类】 10月底，西潞街道办事处与北京京房微环境管理有限公司合作，在苏庄一里、苏庄三里、夏庄等社区，以"互联网+资源回收"模式，实行垃圾智慧分类。"互联网+资源回收"项目，通过建立管理系统、官方网站、微信端口及回收员APP等，再给居民发放二维码和生态卡，为居民建立生态账户，提供用户查询、积分兑换、大件预约、教育资讯等功能，线上积分线下兑换。引导居民自觉实施垃圾智慧分类，实现生活垃圾无害化处理、资源回收再利用，逐步清退垃圾回收站。

（李振敏）

2016年西潞街道村（居）委会基本情况

表5

村（居）委会名称	党支部书记	村（居）委会主任	户数（户）	人口（人）	农民人均所得（元）
安庄村	段永强	段永强	320	818	17349
詹庄村	梁勇	梁勇	263	569	14177
固村	杨宝强	杨宝强	337	627	18041
南上岗村	龚长友	龚长友	310	613	17889
东沿村	李友	窦雅利	381	814	18829
月华社区	姜秋玲	姜秋玲	349	1706	—
夏庄社区	耿建光	耿建光	2052	4883	—
北潞园社区	孙福利	孙福利	3096	8462	—

续表 5

村（居）委会名称	党支部书记	村（居）委会主任	户数（户）	人口（人）	农民人均所得（元）
北潞春社区	孙福利	刘广华	2464	6583	—
西潞园社区	梁惠明	丁革新	3286	8918	—
金鸽园社区	龚长友	龚长友	836	2283	—
西路大街社区	路淑娥	路淑娥	916	2554	—
西潞东里社区	王 升	李燕霞	1062	2902	—
苏庄一里社区	赵学鹏	王海红	519	1530	—
苏庄二里社区	禹艳霞	禹艳霞	1092	3278	—
苏庄三里社区	邵雪松	邵雪松	1746	5339	—
海逸半岛社区	李秀兰	李秀兰	553	1506	—
太平庄西里社区	贺春芳	贺春来	1496	3914	—
太平庄东里社区	贺春芳	贺春芳	1134	4729	—

注：村委会数据来源于《北京市房山区统计年鉴（2017）》。户数，指长期（一年以上）居住在乡镇（不包括城关街道）行政管理区域内的住户，还包括居住在城关街道所辖行政村范围内的农村住户。人口，指乡村地区常住居民户数中的常住人口数，即经常在家或在家居住 6 个月以上，而且经济和生活与本户连成一体的人口

良乡镇

【概况】 良乡镇东与长阳镇接壤，西与阎村镇接壤，南临窦店镇，北至长虹路与拱辰街道办事处相接。全镇总面积 31 平方公里。辖 16 个村民委员会。2016 年，全镇户籍户数 9630 户，其中农业户 5750 户、非农业户 3880 户。户籍总人口 18530 人，其中，男性 9021 人，女性 9509 人；农业人口 12118 人，非农业人口 6412 人。年内，出生人口 406人，出生率 21.91‰；死亡人口 111 人，死亡率 5.99‰；人口自然增长率 15.92‰。

2016 年，良乡镇党委下辖基层党组织 43 个，包括 1 个党总支，42 个党支部。年内，发展中共党员 35 名，培训入党积极分子 68 名。全镇有中共党员 1165 名。完成"两委"换届选举。选举村委会主任 14 名，均为大专及以上学历；28 名委员中连选连任的 22 人。完成镇第十二次党代会选举，选举产生党代表 130 名，其中大专以上学历 74 名。开展专题教育活动，征求反映民生问题的意见和建议 115 条，采取解决措施 55 项，解决基层群众实际困难 30 件。开展"三严三实"专题教育，延伸到机关干部、村干部和企业负责人。查找出不严不实问题 65 条，征求群众反映最突出问题 26 条，制定整改措施 98 项。开展"两学一做"学习教育。发放党章、准则、条例等宣传材料 4600 余册，举办专题讲座 7 次。开展党员组织关系集中排查，排查出失联党员 43 人，恢复联系党员 21 人。开展党代会代表和党

员违纪违法情况排查，排查出违纪违法党员5人。开展党费收缴工作专项检查，全镇党员共补缴党费944858.8元。系统摸排全镇工商在册的非公有制企业2600余家，对136家规模实体企业登记建册。在全镇启动"联通"工程（联通民意渠道向民"索"需，联通办事通道解民"所"需，通过走访、座谈、问卷调查等方式，采取建立见面室、设立意见箱、搭建网上问政互动平台、开通手机互动短信、实行重大问题预约制度、党员干部联系户制度等措施）。镇机关党员干部与16个村的127户困难户结成帮扶对子，重点帮扶。征求各类意见建议756条，采取解决措施131项，解决基层群众实际困难264件。下拨党组织服务群众经费230万元，用于富庄村垃圾坑整治、鲁村雨污排放工程、黑古台村老旧浴池改造、西石羊村综合广场建设等涉及群众切身利益的民生工程建设16项。邀请北京市委党校教授作《深入学习党章增强党性修养》专题报告，组织全体机关干部集体观看《作风建设永远在路上》《镜鉴》《破碎》等教育警示片。治理机关"庸、懒、散"现象，开展"三起来"活动（学习起来，思考起来，行动起来）。开展"为官不为""为官乱为"问题专项治理。

2016年，全镇财政收入8258.2万元，比2015年下降36.1%；税收完成31612.3万元，比2015年下降21.9%。固定资产投资完成81521万元，比2015年增长104.3%。集体经济营业收入1926.3万元，农民人均所得15048元。全镇规模以上工业总产值13.5亿元，主营业务收入10.8亿元，利润总额299.3万元。

良乡镇粮食作物播种面积5750亩，总产量2426.1吨。主要农作物播种面积和产量：小麦播种面积2272亩，总产量792.7吨；玉米播种面积3478亩，总产量1633.4吨。蔬菜作物播种面积8242亩，总产量15033.5吨。农业机械总动力7407千瓦。全年，生猪出栏13744头，存栏2875头；羊出栏1732只，存栏970只；肉牛出栏4626头，存栏1153头；牛奶产量402.2吨；肉鸡出栏6.53万羽，存栏14.73万羽；鲜蛋产量2247.8吨。肉类总产量2391.3吨。干鲜果品总产量822吨。2016年，育苗40.2公顷。

良乡镇交通便利，六环路出口位于良乡镇域内。京广铁路、良常路、白杨东路、白杨西路、长周路纵贯全镇，房33路、房43路、房48路、房49路公交车穿境而过。有邮政所1所，电管站1所。镇内设电信支局1所，电信交换机总容量5000门，交换机实占总容量87%。农商银行分理处1所。镇内有企业100余家。其中，镇工业基地有梦幻三星涂装设备有限公司、北京考利特电气设备有限公司、企星冶金机电技术工程有限公司等14家1000万元以上企业。

2016年，良乡镇围绕"颐养小镇 健康良乡"功能定位，以"五个统筹"（规划统筹、资金统筹、基础设施统筹、产业统筹和文化特色统筹）新理念谋划推进特色小镇建设，推进统筹城乡新型城镇化良乡示范区项目。获批全市首个利用区域统筹构建城乡一体化，细化官羊新村村庄规划方案，开工建设安置房。

全年，清退低端产业230余家，疏解外来人口3000余人，拆除违法建设30万平方米。完成10个村4000余户"煤改电"工程，完成工业燃煤锅炉改造26蒸吨。填埋7处大型垃圾场，专项整治脏乱点。完成平原造林434.1亩，平原生态林841.8亩。整合良园、京林园林自然资源，举办"菊花彩叶展"活动，展出5万余株菊花。

全镇有中心幼儿园2所，入园儿童391人，教职工83人。小学3所，在校生1084

人，教职工 79 人。中学 1 所，教职工 52 人，在校生 287 人。镇社区成人职业学校 1 所，教职工 6 人。卫生院 1 所，病床 10 张。社区卫生服务站 3 所，村卫生室 16 所，卫生技术人员 36 人。全镇村级文体活动中心 16 个，村级数字影院 15 处，健身广场 21 处。

（刘鹏超）

【良乡成校财会中专班开班】 4 月 8 日，房山区农广校与良乡成校联合开办的财会中专班开班，有学员 24 名。

（刘鹏超）

【校园读书活动】 5 月 31 日，良乡镇举办"庆六一"暨第六届"阳光悦读 书润人生"校园读书展示汇报活动。全镇 3 所小学的学生分别展示由学生及教师编创的伴舞朗诵、快板、童话剧等 12 个节目。

（刘鹏超）

【菊花彩叶展活动】 9 月 27 日至 10 月 7 日，良乡镇在京林园林开展菊花彩叶展活动。展出近 100 个品种精品菊花和彩叶植物，活动以"后工作时代"为理念，以"颐养小镇，健康良乡"为主题，围绕菊花和文化两大元素，弘扬中国传统文化。展览期间，参观人数近万人次。

（刘鹏超）

【中心区回迁安置房建设项目奠基】 10 月 29 日，良乡镇举行中心区回迁安置房建设项目奠基仪式。项目总建筑面积 25 万平方米，可容纳 2000 余户。项目位于良乡镇邢家坞村。

（刘鹏超）

2016 年良乡镇村委会基本情况

表6

村委会名称	党支部书记	村委会主任	户数（户）	人口（人）	农民人均所得（元）
富庄村	徐长明	徐长明	448	703	21000
黑古台村	孙书敬	沙永闪	256	506	15221
鲁村	张 海	郭中银	340	740	15300
小营村	张 海	张 海	562	1140	14201
邢家坞村	吴建国	吴建国	650	1529	15860
刘丈村	魏 福	姜文启	323	736	12846
官道村	支秀文	支秀文	355	828	11171
南庄子村	田秀伟	田秀伟	156	351	28347
下禅坊村	王雪新	苏士林	242	550	13581
侯庄村	周洪林	王瑞平	250	570	11161
张谢村	屈 生	钱明楠	376	840	11167
江村	田 珍	李德路	631	1405	14804
东石羊村	王永立	王永立	349	826	20677
西石羊村	张红艳	王 松	239	576	15230
后石羊村	孟祥平	孟祥平	360	813	13419
南刘庄村	刘 俊	刘 俊	141	353	11164

注：村委会数据来源于《北京市房山区统计年鉴（2017）》。户数，指长期（一年以上）居住在乡镇（不包括城关街道）行政管理区域内的住户，还包括居住在城关街道所辖行政村范围内的农村住户。人口，指乡村地区常住居民户数中的常住人口数，即经常在家或在家居住 6 个月以上，而且经济和生活与本户连成一体的人口

周口店镇

【概况】 周口店镇东邻城关街道办事处，西与十渡镇、霞云岭乡相连，南连韩村河镇，北接燕山办事处。地形自西北向东南呈山地、丘陵、平原递次垂降分布，各占1/3。全镇总面积132平方公里。辖村民委员会24个、社区居委会5个。2016年，全镇户籍户数17481户，其中农业户8589户、非农业户8892户。户籍总人口37640人，其中，男性18863人，女性18777人；农业人口19454人，非农业人口18186人。年内，出生人口556人，出生率14.77‰；死亡人口247人，死亡率6.56‰；人口自然增长率8.21‰。

2016年，周口店镇党委下辖基层党组织37个，其中党总支7个、党支部30个。年内，发展中共党员30名，培训入党积极分子66名。全镇有中共党员2212名。开展"两学一做"学习教育，开展"传承劳模精神、争做优秀党员""十查十看，对标定位"等系列活动。完成第十届村委会换届选举，村党组织书记和村主任"一人兼"达62.5%。按照"一村一策"思路"对症下药"，3个软弱涣散党组织不断"好起来"。投入经费200余万元，改扩建村级党组织活动场所11个。在全区率先推行"村委会印章托管机制"，解决印章随意、违规使用等问题。利用周口店微博、微信公众号等新媒体，弘扬主旋律，传递正能量。把经常性的反腐倡廉教育作为党委中心组理论学习和支部党课的重要内容，通过举办廉政讲座、集中观看警示教育片等形式，加强教育引导。把全面从严治党落实到监督执纪问责中，严肃换届各项纪律，实现"零信访、零投诉"。"以案说纪"，用身边事教育身边人，并以问题为导向，制定12项机关财务管理制度，推行重点工作、重点工程行政监察办法，开展"一对一、面对面"提醒督查活动。

2016年，全镇税收完成6813.6万元，比2015年增长70.4%；财政收入2266.5万元，比2015年增长12.6%。固定资产投资完成12亿元，比2015年增长137.1%。集体经济营业收入1607.3万元，农民人均所得11827元。全镇规模以上工业总产值38395.8万元，主营业务收入78282.7万元，利润总额1144.4万元。全镇旅游接待81.11万人次，旅游综合收入5073.21万元。

周口店镇是房山区的粮食主产区之一。2016年，全镇粮食播种面积3715亩，总产量1104吨。主要农作物播种面积和产量：小麦播种面积286亩，总产量103吨。玉米播种面积2824亩，总产量862吨。生猪出栏41542头，存栏22991头；羊出栏3344只，存栏7535头。牛奶产量1013吨；鲜蛋产量296.8吨；肉类总产量3308.4吨；干鲜果品产量651.6吨。全年，造林164公顷，四旁植树2.8万株，育苗7.3公顷。

年内，周口店镇围绕"一区一城"新房山建设，实施"一城三带"发展战略，全面建设"世界文化旅游名镇"的发展思路和奋斗目标。从"高举水泥大旗、推着小车出灰、拉着镐车出煤"的传统模式，到加强城市带动、优化产业结构、发展支柱产业、打造文化品牌。开工建设周口店镇中心区02-0015地块A标段，项目建设用地125471平方米，总建筑面积232971平方米，包含住宅、限价商品房、商业用房、基础教育用房、停车场等。建设完成云峰寺回迁楼11栋。完成房易路、周张路、新黄路修建项目前期测绘等基础工作。完成黄山店村永久避险安置房。房山区京津风沙源治理二期工程（易地搬迁建设工程）黄山店村市政工程完成95%以上。与天恒集团、赛伯乐投资有限公司、上海锦展、广东东篱等企业，在城镇建设、旅游发展、1500亩产业基地建设、矿山修复等方面开展合作。推进农耕文化创新示范园、中医药文化小镇等项目。完成投资30万元的特普丽污水处理设施项目。

积极申请加入SUC"可持续发展国际示范城市、社区"，持续推进申办世界遗产大会工作。举办周口店・幽岚山第五届红叶节，改造民宿15座。完成周口店中医小镇项目概念性规划编制工作及"国家中医药旅游示范基地"申报工作。迎风峪沟和宝金山旅游基础设施建设项目取得初步设计概算批复。开发建设周口店九龙山景区，举办冰雪节、泥泞跑、光猪爬山节、水上嘉年华等特色活动，按照旅游景区AAA评定标准改造景区基础设施。完成永寿禅寺五期、庄公院二期修缮工程招投标。完成禁止类企业关闭退出。整治"小散乱污"企业34家，清退工业企业9家、再生资源回收企业4家、淘汰污染企业3家，清除非法储存罐区1处。制定周口店镇清洁空气行动方案，改造燃煤锅炉118蒸吨。配送优质型煤（兰炭）12040.8吨，为11个村供应燃煤炉具1058台。为南韩继村实施煤改电工程，安装278户取暖设备。完成京津风沙源治理工程荒山造林、困难地造林。完成太行山绿化人工造林1000亩、封山育林2000亩，新增林下经济建设900亩。

全镇有小学6所、中学2所，在校学生3290人，专职教师356人。有幼儿园、学前班6所。图书室、文化室29个，体育馆2个，体育健身场所29处。有镇中心卫生院1所、病床25张。有敬老院3所，在院人数168人。

周口店镇有丰富的历史文化底蕴，境内有世界自然与文化遗产"周口店北京人遗址"。有金陵、贾岛峪、红螺三险及庄公院、宝金山、棋盘山、云峰寺等名胜古迹22处。

（武林）

【庆"三八"暨最美特色家庭评比大会】 3月4日，周口店镇召开庆"三八"暨最美特色家庭评比大会。150户家庭获学习型家庭、孝老敬老家庭、教子有方家庭、勤劳致富家庭、节能环保家庭、平安家庭6个不同类型的最美特色家庭称号。区妇联、镇主要领导、各村及各社区妇联主任参加会议。

（武林）

【北京教育科学研究院周口店中学挂牌】4月15日，北京教育科学研究院周口店中学挂牌成立，双方签署共同办校协议。北京教育科学研究院利用优质资源，以"用心做教育，做心中有人的教育"为理念，把北京教育科学研究院周口店中学建设成为具有独特文化内涵的学校。北京教育科学研究院院长方中雄及副院长褚宏启、张军，房山区委副书记、区长陈清及区委常委、常务副区长吴会杰出席仪式。

（武林）

【央视《农广天地》到黄山店村拍摄】 6月24日至26日，中央电视台第7频道《农广天地》特别节目《乡村田园京郊记》栏目组到黄山店村拍摄节目。展示周口店镇独特的乡村魅力。该节目8月在中央电视台第7频道《农广天地》栏目播出。

（武林）

【首例碳汇造林项目减排量交易完成】 9月20日，周口店镇碳汇造林一期项目减排量在北京环境交易所完成交易。深圳招银国金投资有限公司向北京龙乡韵绿园林绿化工程有限公司购买第一监测期所产生并获北京市发展改革委预签发的 2530 吨二氧化碳森林碳汇。该项目是房山区园林绿化局于 2013 年 4 月在周口店镇 8 个行政村的垃圾遗弃地和石砾滩地上组织实施的平原造林项目，造林面积 307.03 公顷，采用国家发展改革委备案的碳汇造林项目方法学开发。依据《关于北京市在严格控制碳排放总量前提下开展碳排放权交易试点工作的决定》《北京市碳排放权交易管理办法（试行）》《北京市碳排放权抵消管理办法（试行）》，该项目通过北京市园林绿化局的初审、北京市发展改革委的专家评审及公示，在按流程向国家发展改革委申请 CCER 项目备案的同时，经北京市发展改革委预签发项目第一个监测期（即

2013 年 4 月 1 日至 2015 年 12 月 31 日）内的碳减排量为 2530 吨二氧化碳当量。北京龙乡韵绿园林绿化工程有限公司总经理陈浩生和招银国金投资有限公司董事总经理冀承出席本次交易的签约仪式。

（武林）

【周口店·幽岚山第五届红叶节】 10 月 13 日，房山区 2016 重阳节群众系列文化活动暨周口店·幽岚山第五届红叶节在黄山店村坡峰岭景区开幕。在红叶节期间，举办"红叶漫坡峰 秀美幽岚山"2016 年首届网络摄影大赛、"山货大集市""大闹快活林"歌王争霸赛等 10 余项红叶节系列活动。活动至 11 月 15 日结束，接待游客 27 万人次。

（武林）

2016 年周口店镇村（居）委会基本情况

表7

村（居）委会名称	党支部书记	村（居）委会主任	户数（户）	人口（人）	农民人均所得（元）
周口店村	常希良	常 仁	1409	3641	11611
周口村	许东哲	张国柱	720	1560	12487
大韩继村	高立洋	戴皓宇	746	2094	11170
辛庄村	张 其	张付生	270	681	11204
新街村	肖素青	岳建国	892	1881	12300
龙宝峪村	李 潮	李建海	100	257	8778
南韩继村	李东志	李东志	371	820	11180
瓦井村	王桂臣	王桂臣	751	2112	11164
云峰寺村	张秀兰	杜 水	209	619	11696
黄院村	杨志强	杨志强	339	807	11199
娄子水村	刘振河	刘振河	1562	3117	11199
拴马庄村	张永军	张永军	102	254	11192
黄山店村	张进刚	张进刚	330	1231	18147
黄元寺村	王怀有	王怀有	101	247	11591
泗马沟村	郑迪忠	郑迪忠	43	103	11184
长流水村	董立宝	董立宝	58	135	11711
葫芦棚村	耿海龙	耿海龙	66	205	11209
涞沥水村	张进华	张进奎	48	88	11170

续表7

村（居）委会名称	党支部书记	村（居）委会主任	户数（户）	人口（人）	农民人均所得（元）
北下寺村	杨 旺	杨 旺	73	182	11208
山口村	杨 硕	杨 硕	450	572	11171
官地村	杜 富	杜 富	60	133	11165
良各庄村	蔡城华	常士怀	521	917	11884
西庄村	陈卫东	杨卫东	198	538	11185
车厂村	张 舞	张 舞	295	862	13143
周口店社区		隗秀莉	1323	2771	—
长沟峪煤矿社区		张桂环	1316	3132	—
金巢社区		吴爱军	234	486	—
鑫山旷社区		高卫红	184	429	—
红光机械厂社区		陈培元	170	323	—

注：村委会数据来源于《北京市房山区统计年鉴（2017）》。户数，指长期（一年以上）居住在乡镇（不包括城关街道）行政管理区域内的住户，还包括居住在城关街道所辖行政村范围内的农村住户。人口，指乡村地区常住居民户数中的常住人口数，即经常在家或在家居住 6 个月以上，而且经济和生活与本户连成一体的人口

琉璃河镇

【概况】 琉璃河镇位于房山区东南部，东隔永定河与大兴区相连；西与韩村河镇相连，西北与石楼镇相连；南与河北省涿州市接壤；北与窦店镇为邻，东北与长阳镇毗邻。是房山区平原乡镇中面积最大、行政村最多的乡镇。京广铁路、京保路、京港澳高速公路贯穿全境。大石河、小清河、永定河流经镇域。全镇总面积 104 平方公里。辖村民委员会 47 个、社区居委会 5 个。2016 年，全镇户籍户数 28813 户，其中农业户 14892 户，非农业户 13921 户。户籍总人口 59759 人，其中，男性 30131 人，女性 29628 人；农业人口 33952 人，非农业人口 25807 人。年内，出生人口 991 人，出生率 16.58‰；死亡人口 349 人，死亡率 5.84‰；人口自然增长率 10.74‰。

2016 年，琉璃河镇党委下辖基层党组织 66 个，其中党总支 2 个、党支部 64 个。年内，发展中共党员 22 名，培训入党积极分子 130 名。全镇有中共党员 2819 名。完成村委会换届选举。选举产生"两委"干部 255 人，其中支委 154 人、村委 165 人、交叉任职 64 人。村党支部书记兼任村委会主任 22 人。25 个村委会主任连选连任。完成区、镇两级人大换届选举工作。选举产生区人大代表 20 名，镇人大代表 80 名。开展"两学一做"学习教育，发放《中国共产党章程》《习近平总书记系列重要讲话读本》《中国共产党廉洁自律准则》《中国共产党纪律处分条例》等 10 种图书 11602 本，发放《镜鉴》警示录光盘 50 个。开展爱国主义教育，

重温入党誓词。各基层党支部结合各自特点和需求开展"七一"活动59场。在全镇党员中开展"亮明身份、公开承诺、示范带头"活动，要求党员在上岗和参加集体活动时佩戴党徽，同时以党员户为单位，在门前置挂"共产党员户"标识牌。

2016年，全镇财政收入6042.5万元，比2015年下降4.9%；税收完成20374.9万元，比2015年增长19.5%。固定资产投资完成74671万元，比2015年增长39.1%。集体经济营业收入924.3万元，农民人均所得18299元。全镇规模以上工业总产值14.2亿元，主营业务收入14.2亿元，利润总额1394万元。

2016年，琉璃河镇粮食播种面积30386亩，粮食总产量11568.4吨。主要农作物播种面积和产量：小麦播种面积10595亩，总产量3672.3吨；玉米播种面积19368亩，总产量7384.7吨。蔬菜播种面积13755亩，总产量35148.2吨。全年，生猪出栏118177头，存栏63068头；羊出栏14643只，存栏7516只。牛奶产量15304.1吨；鲜蛋372.7吨；肉类产量11340.4吨。干鲜果品产量9244.7吨。

全镇有乡镇企业2808家，从业人员15585人。主要包括建筑、建材、食品、都市农业、餐饮服务和绿色健康产业等。主要企业有北京科泰兴达高新技术有限公司、北京燕都利民屠宰有限公司等。永正电器空气源热泵项目获国家知识产权局实用型专利证书。琉璃河劳保厂生产的盾牌安全帽，被劳动部评为全国劳动防护用品标准化技术委员会唯一监制产品。境内有国家大型企业——北京金隅琉水环保科技有限公司和都市农场——中粮智慧农场。

2016年，依托中粮智慧农场产业辐射带动作用，打造特色精品农业园区，其中

立教村高标准粮田、慧田、惠欣恒泰已纳入房山区"五田六园"中。依托中国北京农业生态谷产业发展优势，加速嘉民房山项目建设进度，与京东集团对接。启动镇中心区和生态谷项目区棚户区改造工程前期手续，涉及16个村2万余人。"燕都小镇"被纳入房山区特色小镇建设试点先行区。初步完成琉陶路（京港澳高速公路—良常路）道路工程拆改移方案，宅基地、非宅签约率分别为78.6%和87.9%。投资199万元，完成务滋村和窑上村小城镇基础设施建设项目。帮助10户农民完成危房新建翻建。改造完成水泥厂、窗纱厂老旧小区6栋楼。完成农宅抗震节能改造新建翻建536户、节能保温639户。完成古庄、祖村、庄头等6个村煤改电工作，改电总户数2567户。除8个煤改电村，其余村庄配送优质型煤3.1万余吨。完成企事业单位、生活采暖用锅炉改造153.2蒸吨。拆除各类违法建设和非法压占20余处，拆除面积16万余平方米。全年清退低端工业企业26家，清退再生物资回收27家。投入792万元，补贴新型农村合作医疗。全镇城镇居民养老保险、新型农村合作医疗参保、参合率100%。

琉璃河镇旅游休闲产业发展迅速，辖区内有贾河京白梨大家族主题公园、天香牡丹园等一批农业休闲产业。其中，琉璃河镇贾河京白梨大家族主题公园连续举办9届梨花文化周。

琉璃河境内有国家级文物保护单位西周燕都遗址和琉璃河大桥。市级文物保护单位琉璃河岫云观。

（徐晨）

【琉璃河湿地公园开工】 1月22日，琉璃河湿地公园项目开工建设。项目总投资21.75亿元，占地面积528公顷，分为4区

（科普保育区、滨水休闲区、水上活动区、田园风光区）16 景点。

（徐晨）

【琉璃河郁金香赏花会】 3 月 28 日，琉璃河郁金香赏花会在北京惠欣恒泰种植专业合作社开幕。活动期间展出郁金香、风信子、洋水仙等荷兰球根花卉 10 万余盆（株），同时设有锦鲤观赏、休闲采摘等活动，活动期间接待游客 2 万人次。

（徐晨）

【第九届梨花文化周】 4 月 3 日至 10 日，琉璃河镇第九届梨花文化周在贾河村京白梨大家族主题公园举办。活动以"赏千年古镇春色，品戏曲文化风采"为主题，邀请北京丑末寅初艺术团等参加戏曲和综艺专场演出。文化节期间，接待游客近 10 万人次。

（徐晨）

【学生综合素质实践活动开幕式】 4 月 6 日，学生综合素质实践活动开幕式在琉璃河镇举办。活动以"绿色琉河，梨花飞梦"为主题，表演高跷、中国鼓、快板、民乐、舞蹈、诵读、独唱、空竹、合唱等艺术类节目。琉璃河镇中小学及幼儿园的学生，部分教师和学生家长参加演出。

（徐晨）

【第四届群众舞蹈大赛】 4 月 8 日，琉璃河镇在万亩梨园举办第四届群众舞蹈大赛。以"舞动新燕都——乐享新生活"为主题，26 支队伍表演古典舞、现代舞、民族舞等多个舞种。评出最佳表演奖 1 名、一等奖 2 名、二等奖 3 名、三等奖 5 名。200 余人参加比赛。

（徐晨）

【第八届琉璃河牡丹文化节】 4 月 15 日至 5 月 15 日，第八届北京琉璃河牡丹文化节在琉璃河镇天香牡丹园举办。活动的主题为"花开富贵，福泽万家"。设有赏花游园、拓展训练、民俗表演等众多体验活动。接待游客 5 万人次。

（徐晨）

【"百人古曲联唱"培训班开班】 11 月 4 日，燕都古韵一镇一品"百人古曲联唱"培训班在琉璃河镇水泥厂社区市民学校开班。设有单弦、西河大鼓、京韵大鼓、河南坠子等课程，培训内容为唱腔艺术、表演艺术。培训班为期 2 个月。

（徐晨）

2016 年琉璃河镇村（居）委会基本情况

表8

村（居）委会名称	党支部书记	村（居）委会主任	户数（户）	人口（人）	农民人均所得（元）
二街村	王世忠	王世忠	671	1466	23717
三街村	张 华	邓建军	608	1400	18403
李庄村	刘占杰	刘占杰	840	2056	22947
白庄村	卢宝建	王 志	375	840	14834
杨户屯村	杨 环	孔三锤	113	408	12053
周庄村	王 仪	王 仪	374	810	21475
福兴村	侯中立	刘春红	168	599	12904
平各庄村	张国玉	朱立元	317	629	16740

续表 8-1

村（居）委会名称	党支部书记	村（居）委会主任	户数（户）	人口（人）	农民人均所得（元）
北洛村	宇文立伟	蔡宝军	289	690	19173
南洛村	吕 光	吕 光	531	1275	14826
古庄村	董军军	郭占勇	135	365	17123
祖村	相国旺	吴海生	400	1120	17959
北章村	王旭辉	王 立	304	704	15909
兴礼村	王 鹏	王 鹏	682	1440	23819
庄头村	魏 国	魏 国	474	1518	19335
立教村	范振宽	范振宽	676	1609	19770
董家林村	刘加永	姜永华	295	685	15781
刘李店村	那立民	那立民	298	637	15478
黄土坡村	曹 宏	曹 宏	146	344	12558
泂城村	刘 刚	孟祥辉	222	515	20446
务滋村	尹德荣	孙月兴	576	2377	21022
常舍村	王海山	赵 银	581	1292	13374
石村	刘海良	刘海良	340	756	18716
西地村	李文勇	李文勇	207	596	26912
东南召村	于永生	于永生	260	780	17256
西南召村	王立新	王 立	378	827	22043
东南吕村	梁 山	何志强	425	1005	15920
西南吕村	李光俊	李光俊	450	1033	13717
路村	鲁志梅	鲁志梅	576	1269	12977
保兴庄村	刘晓新	林顺利	210	468	12393
北白村	李 佑	李 飞	217	466	12060
南白村	成汝俊	张玉生	312	707	14059
薛庄村	李春城	孙 强	285	810	21290
八间房村	李东雷	谭云峰	92	200	12050
小陶村	周祖新	周祖新	110	400	17575
大陶村	纪立成	纪立成	315	681	13964
窑上村	郜德森	郜德森	475	1020	19117
万里村	侯克祥	侯克祥	335	1200	23750
任营村	任廷臣	王海峰	204	518	21235
肖场村	肖文义	褚少民	129	499	12084
赵营村	汪长海	汪长海	72	190	12684
贾河村	魏大明	魏大明	272	610	18000
鲍庄村	田国新	田 浩	280	920	20652

续表 8-2

村（居）委会名称	党支部书记	村（居）委会主任	户数（户）	人口（人）	农民人均所得（元）
辛庄村	张尽潮	韩金柏	210	470	14319
五间房村	陈海涛	陈海涛	130	310	12612
韩营村	孙国涛	孙国涛	239	669	16143
官庄村	郜呈玉	杨春华	313	954	21897
二街社区	赵建国	赵建国	619	1203	—
窗纱厂社区	王广权	朱凤英	146	340	—
金果林社区	薛淑兰	薛淑兰	179	383	—
建材学校社区	郑海成	郑海成	169	374	—
水泥厂社区	王德成	王德成	2261	5117	—

注：村委会数据来源于《北京市房山区统计年鉴（2017）》。户数，指长期（一年以上）居住在乡镇（不包括城关街道）行政管理区域内的住户，还包括居住在城关街道所辖行政村范围内的农村住户。人口，指乡村地区常住居民户数中的常住人口数，即经常在家或在家居住 6 个月以上，而且经济和生活与本户连成一体的人口

阎村镇

【概况】 阎村镇东与西潞街道办事处毗邻，西与城关街道办事处相邻，南接窦店镇，北与青龙湖镇接壤。全镇总面积 41.9 平方公里，辖村民委员会 22 个、社区居委会 4 个。2016 年，全镇户籍户数 20904 户，其中农业户 9118 户、非农业户 11786 户。户籍总人口 44098 人，其中，男性 22209 人，女性 21889 人；农业人口 19649 人，非农业人口 24449 人。年内，出生人口 759 人，出生率 17.21‰；死亡人口 227 人，死亡率 5.15‰；人口自然增长率 12.06‰。

2016 年，阎村镇党委下辖基层党组织 65 个，有中共党员 1737 名。年内，发展中共党员 24 名，培训入党积极分子 48 名。

2016 年，阎村镇围绕"为民务实清廉"主题，对准"四风"问题，完成车辆清理和办公用房整改，整治公款消费、公车私用、慵懒散等问题。聚焦"忠诚干净担当"主题，镇领导班子和全体机关、村、社区党员领导干部，深刻查摆个人"不严不实"的问题与基层反映强烈的突出问题，制定整改措施，形成严字当头、以实证严、务求实效的干事氛围。坚持从严治党，认真落实党风廉政建设党委主体责任和纪委监督责任。成立澎湃汽车贸易联合党支部为代表的非公企业党组织。

2016 年，阎村镇税收完成 4.59 亿元，比 2015 年增长 15.2%；财政收入 1.46 亿元，比 2015 年增长 13.2%。集体经济营业收入 1023.7 万元，农民人均所得 14960 元。固定资产投资完成 48.5 亿元，比 2015 年增长 339.6%。规模以上工业总产值 41.4 亿元，主营业务收入 49 亿元，利润总额 2087.7 万元。

全镇粮食播种面积 11102 亩，总产量 4174.1 吨。主要农作物播种面积和产量：小

麦播种面积 2376 亩，总产量 864.2 吨；玉米播种面积 8726 亩，总产量 3309.9 吨。蔬菜播种面积 1573 亩，总产量 4048.9 吨。全年，生猪出栏 9913 头，存栏 5045 头；羊出栏 3119 只，存栏 4638 只；肉牛出栏 27 头，存栏 254 头；家禽出栏 0.33 万羽；牛奶产量 304.7 吨；鲜蛋产量 380 吨；肉类总产量 846.6 吨。干鲜果品产量 347.3 吨。2016 年，育苗 43 公顷。

2016 年，海聚·博源创新产业园与易华录、海博智能、和君金创等 23 家国内外高端企业签订入园协议，成为基地企业转型升级的范例。完成园区整体绿化、道路铺装工作。物流基地实现项目引进建设与功能定位。实施总投资 60 亿元的联合国工业发展组织"知识经济国际创新示范区"超级蜂巢项目工程，中融安全印务生产基地、京煤集团总部基地项目相继开工。京周路两侧汽车商贸产业群成为京西南最大的汽车产业园，有奥迪、宝马等 11 家品牌 4S 店和 30 余家汽车综合店入驻，汽贸业零售额达到全镇社会消费品零售额的 92%。

2016 年，启动"动感阎村 绿色新城"信息化建设工程。全面实施精品绿化美化工程，建成"兴阎林""翠柳林"等城市园林绿化景观。完成京昆高速公路绿化工作，森林保有量达 7.13 平方公里。与首都环卫集团联合对镇域内垃圾进行专业化密闭运输，实现三级联动的长效机制。整顿取缔绿海集贸市场，规划建设绿缘购物中心。完成 17 个村 9000 余户煤改电工作。精品房地产天恒·乐活城竣工。天恒·乐墅 14 万平方米精品住宅楼项目进入装修阶段，天恒·乐 DO 项目主体结构封顶。南梨园 04 街区 1 号地项目前期工作有序推进。公租房项目进入摇号阶段。完成轨道交通燕房线拆迁工作。

2016 年，累计发放低保金 1100 余万元；发放各类抚恤金 800 余万元；成立全区首家残疾儿童干预中心；实施"国爱便民服务餐桌"便民工程；完成第十届村委会换届选举。获北京市"首都拥军优属拥政爱民模范单位"称号。

全镇有幼儿园 20 所（其中公办园 3 所、民办园 17 所），在园幼儿 1926 人，教职工 354 人。小学 6 所，在校生 2174 人，教职工 166 人。初中 2 所，在校生 425 人，教职工 92 人。流动人口小学 1 所，在校生 563 人，教职工 33 人。

（王苗）

【中融安全印务生产基地项目建设】 3 月 30 日，中融安全印务生产基地项目建设开工。该项目占地 6.67 万平方米，建筑面积 125227 平方米，投资 15 亿元。项目分 3 期建设。年底，完成建筑主体工程和施工临建、施工围墙、施工场地平整及土方工程。

（王苗）

【成人学校中西面点班开班】 10 月 26 日，阎村镇成人学校中西面点班开班，有学员 30 余名，指导教师为房山区中式面点企业首席技师王晓宁。

（王苗）

【全国第二期农村成人教育干部高级研修班】 10 月 26 日至 28 日，由全国农村成人教育专业委员会主办、阎村镇社区成人学校承办的全国第二期农村成人教育干部高级研修班开班。全国各地 60 余名成人学校校长参加培训。

（王苗）

【京煤集团总部基地项目建设】 11 月，京煤集团总部基地项目建设开工。该项目占地面积 4 万平方米，规划总建筑面积 61216 平方米，总投资 3.2 亿元。集办公、培训中心和芯片生产于一体。

（王苗）

【超级蜂巢（北京房山）国际创新示范区项目建设】 年内，超级蜂巢（北京房山）国际创新示范区项目建设完成固定资产投资43亿元，完成税收3300万元。该项目总占地16万平方米，总建筑面积42万平方米，总投资60亿元。是打造融知识经济、现代服务业发展、生态、智慧城市为一体的综合城市经济体。

（王茁）

【北京澎湃汽车主题公园落成】 年内，北京澎湃汽车主题公园落成。北京澎湃汽车主题公园前身是北京澎湃汽车城，是以高端品牌汽车4S店集群为主体，辅以精品二手车、酷车改装、F2汽车赛道以及其他辅助综合大型商业的综合园区。项目总体占地面积50万平方米，位于阎村镇，由京港澳（G4）高速公路、京周路、西六环路、大件路4条主干线环抱，西距西六环路300米，东距京港澳（G4）高速公路阎村出口200米。完成一期建设10万平方米；正在建设二期40万平方米。集汽车博览、汽车销售、后市场服务、文化旅游、休闲娱乐、物流等多功能于一体。配套汽车影院、房车营地、汽车主题餐厅、大型综合商业等设施。

（王茁）

【"阎村国爱餐桌"建成】 年内，"阎村国爱餐桌"建成并投入使用。投入资金175万元。"餐桌"采用国爱中心为运作主体，连锁经营的模式。形成以总部统一管理，辐射周边社区、村的服务方式。提供早、中、晚3餐及免费送餐服务。辐射周边居民5000人，其中老年人口约占30%。所有菜品、套餐凭老年卡、残疾卡均享受八折优惠。

（王茁）

2016年阎村镇村（居）委会基本情况

表9

村（居委会）名称	党支部书记	村（居）委会主任	户数（户）	人口（人）	农民人均所得（元）
大董村	范振荣	徐宝银	763	1791	12579
南梨园村	刘伟	赵春光	801	1715	11700
大十三里村	陈海坡	陈海坡	661	1070	26439
小董村	任义	肖洪高	374	1020	11686
大紫草坞村	冯进	李永生	418	1410	18405
后沿村	秦德生	赵玉萍	202	437	12000
张庄村	李克元	李克元	386	939	12396
小紫草坞村	马宁	刘东风	170	350	11342
元武屯村	昌宏新	刘红林	416	807	13225
西坟村	周兴	李延	227	540	12925
小十三里村	闫永利	闫永利	418	1000	11876
二合庄村	刘金牛	李长生	161	350	12894
后十三里村	黄士彬	黄士彬	305	766	27114
肖庄村	马志忠	马志忠	641	1662	22682
公主坟村	张玉鹏	张玉鹏	418	867	13091
前沿村	秦建民	杨建霞	267	533	12335

续表9

村（居委会）名称	党支部书记	村（居）委会主任	户数（户）	人口（人）	农民人均所得（元）
炒米店村	杨 军	陈国春	590	1361	11977
开古庄村	王庆军	郭志刚	542	1283	12500
北坊村	郑立民	杨金龙	642	2148	11623
吴庄村	郑立民	毕冠海	272	564	12115
南坊村	张志勇	李纳新	193	416	17406
焦庄村	李振江	唐建军	470	1055	17981
梨园东里社区	范海媛	张忠花	168	451	—
桥梁厂社区	—	宋艳杰	778	1213	—
消防器材厂社区	王自香	王自香	111	212	—
绿城社区	卢伟	卢伟	1750	5500	—

注：村委会数据来源于《北京市房山区统计年鉴（2017）》。户数，指长期（一年以上）居住在乡镇（不包括城关街道）行政管理区域内的住户，还包括居住在城关街道所辖行政村范围内的农村住户。人口，指乡村地区常住居民户数中的常住人口数，即经常在家或在家居住6个月以上，而且经济和生活与本户连成一体的人口

窦店镇

【概况】 窦店镇东邻小清河，西邻大石河，处于两河之间平原地带，分别与良乡镇、琉璃河镇、石楼镇、阎村镇接壤。镇域面积67平方公里。辖30个村民委员会、8个社区居委会。有汉、蒙古、回、藏、苗、彝、壮、朝鲜、满、黎等19个民族。2016年，全镇户籍户数24574户，其中农业户12019户、非农业户12555户。户籍总人口46277人，其中，男性22875人，女性23402人；农业人口24548人，非农业人口21729人。年内，出生人口905人，出生率19.56‰；死亡人口282人，死亡率6.09‰；人口自然增长率13.46‰。

2016年，窦店镇党委下辖基层党组织56个，其中党委1个、党总支5个、党支部50个。年内，发展中共党员33名，培训入党积极分子112名。全镇有中共党员2583名。成立"两学一做"学习教育领导小组，研究制定下发《"两学一做"学习教育实施方案》，提出总体要求，明确目标任务。实施"千名党员干部能力素质大提升"行动，制定基层党员干部教育培训计划，紧扣镇域发展实际，分批分类开展党员干部教育轮训。确立窦店村党委为创新方式讲党课示范点、京南嘉园社区党支部为专题学习讨论示范点、窦店中学党支部为立足岗位做贡献示范点、田家园村党支部为民主评议党员示范点、山水汇豪社区党支部为专题组织生活会示范点。投资50万元，分类分层分批开展为期4个月的"两委"干部素质提升工程。采取"走出去，请进来"的培训方式，通过领导领学、专家导学、能人助学、组织训学、实地教学、座

谈研讨等方式，累计培训 12 天，共 90 个学时，培训 280 余人。在全区率先完成第十届村民委员会换届选举，选举村委会委员 104 人。其中，党员 76 人，占 73%；女性委员 37 人，占 36%；大专以上学历 37 人，占 36%；55 岁以下 84 人，占 81%。2016 年，窦店镇入选住建部、国家发展改革委等 7 个部委联合评出的"全国重点镇"。窦店村被评为"中国少数民族特色村寨"。

2016 年，全镇税收完成 12.5 亿元，比 2015 年增长 29.4%；财政收入完成 4.19 亿元，比 2015 年增长 44%。固定资产投资完成 11.3 亿元。集体经济营业收入 100107.7 万元，农民人均所得 19432 元。全镇规模以上工业总产值 224.5 亿元，主营业务收入 42 亿元，利润总额 81085.4 万元。

全镇粮食播种面积 16616 亩，总产量 7198.0 吨。主要农作物播种面积和产量：小麦播种面积 6498 亩，总产量 2763.8 吨；玉米播种面积 10113 亩，总产量 4433.4 吨；蔬菜播种面积 12744 亩，总产量 35421.2 吨。农业机械总动力 14304 千瓦。全年，生猪出栏 25020 头，存栏 18552 头；羊出栏 8416 只，存栏 6590 只；肉牛出栏 570 头，存栏 2165 头；肉鸡出栏 148.32 万羽；牛奶产量 1878.6 吨。鲜蛋产量 1416.2 吨。肉类总产量 4533.2 吨。干鲜果品产量 2035.6 吨。2016 年，造林面积 10 公顷，四旁植树 2 万株，育苗面积 272.4 公顷。

窦店镇地势平坦，土壤肥沃，地下水资源丰富，电力充足，有丰富的地热资源。京广铁路、京石快客、京港澳高速公路、107 国道、长周路等贯穿全镇，并设有 5 个高速公路出入口，开通客运汽车线路 10 条，区、镇、村三级公路与国道交织成网。

2016 年，窦店镇清退低端产业 238 家。完成窦店中心区市政天然气管道铺设工程，铺设主管线 8994 米、支管线 3656 米。全镇 13 个住宅小区累计完成房地产开发总面积 323 万平方米，总投资约 67 亿元，配建保障性住房 430 套。发展设施农业，规范设施园区 5 家，新增市级标准化基地 13 家。投资 1.55 亿元，建成窦店肉牛现代工厂、标准化肉鸡养殖示范基地。筹措 3000 万元，建成标准农田 2 万亩。实施中心区环境提升工程，在主要道路安装路灯 483 盏，增加 54 栋地标性建筑景观照明。在窦大路、房窑路、锦绣路、107 国道窦店段商铺安装牌匾 362 块。通过国家卫生镇复审。燃煤锅炉清洁能源改造 47 台、178 蒸吨，组织实施 9 个村"煤改气"和 3 个村"煤改电"工程。

现代都市型农业形成"六园区一基地"的农业发展格局，即泰华芦村设施蔬菜千亩园、小清河设施种植千亩园、富恒农业休闲千亩园、窦店小麦籽种繁育千亩园、袁庄苗木花卉种植千亩园、北京高端制造业基地农业设施产业园和格瑞拓普工厂化食用菌生产基地。加工生产以高档花卉、高档果品、精品蔬菜、糯玉米、食用菌、猪牛羊、禽蛋奶等为主导的农副产品。

建成万科・幸福家社区养老中心等养老服务设施。8 个社区老龄流动餐车正式运行。改造完成 7 个村（社区）幸福院、30 个村托老所。投资 490 万元，完成对普安屯村、白草洼村、七里店村、芦村和田家园社区、金鑫苑社区大众健身设施，芦村、七里店村和田家园社区的文化活动场所的修缮改造。投资 3000 余万元，建设完成窦店第二小学附属楼、窦店中学环境改造、窦店中心幼儿园提升工程。启动交道幼儿园大高舍新址易地重建工程。城镇新增就业 314 人，城镇登记失业率控制在 4% 以内，成为全区唯一获"市级充分就业乡镇"称号的乡镇。举办专场招聘会 25 场，安置就业 750 人。解决拖欠农民工工资 263 人次、188 万元。发放弱势群体各类补助，安置残疾人就业 22 人。

镇内文物古迹众多，窦店土城轮廓清晰保持良好，有洪恩寺、清凉寺、东岳庙、关岳庙等各种寺庙、戏院遗迹 10 余处。

（赵雪）

【镇司法所被北京市司法局命名为 AAA 级规范化司法所】 2 月 24 日，窦店镇司法所被北京市司法局命名为 AAA 级规范化司法所。

（隗合亮）

【仇锁忠荣登中国好人榜】 3 月，窦店镇党委副书记、窦店村党委书记仇锁忠荣登中国好人榜"敬业奉献好人"榜首。

（张秀梅）

【首都儿科研究所附属儿童医院与北京首儿窦店儿童医院签署技术合作协议】 4 月 28 日，首都儿科研究所附属儿童医院与北京首儿窦店儿童医院签署技术合作协议。区政府副区长魏广勋、首都儿科研究所所长罗毅出席签字仪式。

（赵雪）

【窦店镇获"乡镇政府主体作用发挥一等奖"】 5 月 19 日，在北京市少数民族乡村经济工作现场会上，窦店镇被北京市民族事务委员会、北京市农村工作委员会、北京市财政局评为 2015 年北京市少数民族乡村经济发展"乡镇政府主体作用发挥一等奖"。

（姜建国）

2016 年窦店镇村（居）委会基本情况

表 10

村（居）委会名称	党支部书记	村（居）委会主任	户数（户）	人口（人）	农民人均所得（元）
窦店村	仇锁忠	苏永强	1419	3386	26520
芦村	陈浩	陈浩	1558	3334	16265
板桥村	王权	王权	225	456	17434
七里店村	郑红	高玉宝	369	810	18493
田家园村	田守斌	田德超	596	901	18213
望楚村	李云平	李春玲	410	1334	18295
于庄村	刘永全	刘永全	668	1502	19613
苏村	宗志祥	宗志祥	544	1240	19001
白草洼村	崔文明	石宝全	299	673	18084
西安庄村	野丽萍	野丽萍	182	413	17423
瓦窑头村	韩继强	李大兵	471	1125	18826
下坡店村	高建民	高建民	662	1368	17353
一街村	李启东	李启东	872	1092	18315
二街村	王财	丁福俊	926	1099	20282
三街村	史志华	王兵	418	837	18207
后街村	李淑香	刘广方	119	383	16318
大高舍村	李志强	李志庆	562	1306	19984
小高舍村	陈刚	晁洪旺	353	968	22376
丁各庄村	杨秀峰	宋立宁	303	814	19979

续表10

村（居）委会名称	党支部书记	村（居）委会主任	户数（户）	人口（人）	农民人均所得（元）
刘平庄村	杨　华	崔大龙	321	768	19809
袁庄村	支进生	支进生	296	642	17258
六股道村	杨保江	杨桂玲	157	410	19390
普安屯村	刘学满	白清生	413	890	18382
兴隆庄村	黄　微	黄　微	515	1035	16231
辛庄户村	魏焕仪	魏焕仪	155	405	19827
两间房村	魏占涛	魏占青	168	373	16407
前柳村	薛建华	薛建华	212	466	17596
陈家房村	袁会友	袁会友	136	298	17013
北柳村	林彩霞	张立军	315	654	22599
河口村	何丽君	吴长友	185	373	21313
田家园社区	韩玉梅	韩玉梅	2107	5395	—
窦店社区	陈绍明	王军增	2005	4071	—
金鑫苑社区	于金龙	于金龙	1414	3232	—
沁园春景社区	王清柱	高　旭	1098	2106	—
亚新社区	宋宝元	宋宝元	630	1650	—
山水汇豪社区	高建光	高建光	2645	7628	—
京南嘉园社区	马　斌	马　斌	1373	3616	—
于庄社区	赵金林	赵金林	1028	3800	—

注：村委会数据来源于《北京市房山区统计年鉴（2017）》。户数，指长期（一年以上）居住在乡镇（不包括城关街道）行政管理区域内的住户，还包括居住在城关街道所辖行政村范围内的农村住户。人口，指乡村地区常住居民户数中的常住人口数，即经常在家或在家居住 6 个月以上，而且经济和生活与本户连成一体的人口

石楼镇

【概况】　石楼镇东临窦店镇，西连韩村河镇、周口店镇，南接琉璃河镇，北衔燕房卫星城。大石河、周口店河、马刨泉河 3 条河流在境内蜿蜒穿绕。镇域内水源充足，水质良好。镇域总面积 48 平方公里，辖 12 个村民委员会村、1 个社区居民委员会。2016 年，全镇户籍户数 16887 户，其中农业户 9993 户、非农业户 6894 户。户籍总人口 30685 人，其中，男性 15462 人，女性 15223 人；农业人口 20848 人，非农业人口 9837 人。年内，出生人口 369 人，出生率 12.03‰；死亡人口 249 人，死亡率 8.11‰；自然增长率 3.91‰。镇域内有 15 个民族，少数民族以满族、回族居多。

2016 年，石楼镇党委下辖基层党组织 50 个，其中党总支 5 个、党支部 45 个。年内，发展中共党员 19 名。全镇有中共党员

1615 人。镇党委对全镇党风廉政建设和反腐败斗争各项工作细化分解到领导班子成员和各村（居）委会、各科室，明确到人，责任到人。结合实际有针对性的修改完善党风廉政建设责任书，镇党委书记、镇长分别与班子其他成员和各村党支部书记签订《石楼镇 2016 年党风廉政建设责任书》12 份，党政班子成员分别与分管科室签订《石楼镇 2016 年党风廉政建设责任书》20 份。召开石楼镇第十六届人民代表大会第一次会议，选举镇长 1 名、人大主席 1 名、副镇长 4 名。完成村委会的换届选举。全镇村委会选举产生新一届村委 54 名，其中村主任 12 名，副主任 5 名，委员 37 名。在春节、"七一"走访慰问中华人民共和国成立前入党老党员和困难党员。

2016 年，全镇税收完成 7312.2 万元，比 2015 年增长 34.2%；财政收入 1881.2 万元，比 2015 年增长 35.6%。集体经济营业收入 110.6 万元，农民人均所得 13633 元。固定资产投资完成 6300 万元。全镇规模以上工业总产值 92039.7 万元，主营业务收入 87823.4 万元，利润总额 6859.3 万元。

全镇粮食播种面积 15920 亩，总产量 7706.2 吨。主要农作物播种面积和产量：小麦播种面积 7348 亩，总产量 3172.9 吨；玉米播种面积 8572 亩，总产量 4533.3 吨。蔬菜播种面积 4180 亩，总产量 13470.5 吨。农业机械总动力 11632 千瓦。全年，生猪出栏 42941 头，存栏 26092 头；羊出栏 5884 只，存栏 5640 只；家禽出栏 0.51 万羽，存栏 3.12 万羽；鲜蛋产量 271.31 吨。肉类总产量 3415.9 吨。干鲜果品产量 160.7 吨。2016 年，造林 4 公顷，育苗 15.3 公顷。

2016 年，石楼镇按照"一区一城"新房山建设要求，紧紧围绕打造"京南绿宝石"、建设"一区一园"目标定位，产业结构持续优化调整。建设都市型现代农业，打造精品农业园区，提档升级草根堂、渔业创新园等农业园区。创新发展"互联网+"现代农业，落实光伏产业。完成 3 个村煤改电工作，6 个村庄实现优质型煤全覆盖。完成镇域内企事业单位、生活采暖用锅炉改造。环境整治，打造最美乡村建设。拆除各类违法建设和非法压占，实现违法占地违法建设动态"零增长"。围绕石楼绿宝石森林公园建设和周口店河道治理工程，改善镇域水文环境。做好平原造林养护工作，利用镇域 2 万余亩林木资源，打造京南绿色屏障。

全镇有 2 所中学，4 所完全小学，1 所中心园，2 所分园，1 所民办园，1 所成人学校。其中，中学有教职工 92 人，在校学生 422 人，学生毕业 170 人；小学有教职工 103 人，在校生 1128 人；幼儿园有教职工 78 人，在园幼儿 528 人；中小学幼儿园有区级骨干教师 20 人。成人教育学校有教师 7 人，开设 247 期课程，参加 6246 人次。有乡镇中心卫生院 1 所，卫生技术人员 59 人，病床 20 张，村卫生服务站 21 个，医疗人员 57 人，医疗保障网络辐射全镇。全年，电影放映 580 场，文艺团队演出 224 场。镇内有文化活动室 13 个，文化健身广场 30 个。

（石佳）

【"爱耳日"宣传活动】 3 月 3 日，石楼镇在社区成人职业学校举办"提高听力残疾预防与康复意识，确保儿童听力健康"的主题宣传活动。石楼镇卫生院医护人员为 50 余名残疾人及家属讲解耳科保健相关知识。

（郭静）

【"绿宝石"杯妇女趣味运动会】 3 月 4 日，石楼镇举办"绿宝石"杯妇女趣味运动会。设掷飞镖、跳绳、踢毽子、小保龄球、托球跑等 8 个项目。机关干部及各村妇女代

表 150 余人参加。

（谢娣）

【石楼中学与北京市广渠门中学合作办学签约仪式】 3 月 23 日，区教委与北京市广渠门中学教育集团教育合作签约仪式在石楼中学举行。石楼中学与广渠门中学开展城乡一体化合作办学。广渠门中学做好教师培养，提供教育服务。

（石佳）

【打击传销主题宣传活动】 7 月 5 日，石楼镇在铁路社区开展以"打击传销、防欺诈，创建和谐社区"的主题宣传活动。讲解传销的危害性，呼吁大家时刻保持清醒头脑，远离传销，拒绝传销，打击传销，建设平安社区。现场发放宣传手册 200 余份。

（宋金菊）

【"关爱老年人、中秋送健康"活动】 9 月 7 日，石楼镇举办"关爱老年人、中秋送健康"活动，邀请房山区第一医院骨科、神经内科、心内科、内分泌等科室主治医师，到双孝村为老年人开展健康知识讲座并进行义诊。有 80 名老年人参加活动。

（汤广航）

【编织艺术培训】 9 月 28 日，石楼镇在社区成人职业学校举办编织艺术培训。邀请房山区妇儿活动中心教师，为 50 余名妇女讲解成人披肩的钩织方法及技巧。

（谢娣）

2016 年石楼镇村（居）委会基本情况

表 11

村（居）委会名称	党支部书记	村（居）委会主任	户数（户）	人口（人）	农民人均所得（元）
吉羊村	张 虎	张 虎	2285	5033	13969
石楼村	王建华	王建华	2309	3666	13737
夏村	王志强	王志强	2265	3027	13531
二站村	李永刚	李永刚	1359	2298	12602
坨头村	宋建春	宋建春	1404	2207	13896
支楼村	李 强	任炳雷	1336	2186	13549
大次洛村	王希芹	王 平	1275	1962	13593
梨园店村	邱少阳	李洪明	1009	1858	13595
杨驸马庄村	方建强	方建强	882	1314	13592
双孝村	杜 伟	杜 伟	417	704	13721
襄驸马庄村	许哲满	许哲满	408	615	13920
双柳树村	潘月新	潘月新	367	593	13929
铁路社区	李亚宁	李亚宁	120	204	—

注：村委会数据来源于《北京市房山区统计年鉴（2017）》。户数，指长期（一年以上）居住在乡镇（不包括城关街道）行政管理区域内的住户，还包括居住在城关街道所辖行政村范围内的农村住户。人口，指乡村地区常住居民户数中的常住人口数，即经常在家或在家居住 6 个月以上，而且经济和生活与本户连成一体的人口

长阳镇

【概况】 长阳镇位于房山、丰台、大兴 3 个区交汇处，镇域总面积 76 平方公里。辖村民委员会 36 个、社区居委会 14 个。2016 年，全镇户籍户数 23437 户，其中农业户 6119 户、非农业户 17318 户。户籍总人口 52378 人，其中，男性 26451 人，女性 25927 人；农业人口 15687 人，非农业人口 36691 人。年内，出生人口 1844 人，出生率 35.21‰；死亡人口 162 人，死亡率 3.09‰；人口自然增长率 32.11‰。

2016 年，长阳镇党委下辖基层党组织 88 个，其中党总支 3 个、党支部 85 个。年内，发展中共党员 34 名，培训入党积极分子 49 名。全镇有中共党员 2485 名。开展党员组织关系集中排查工作，对全镇党组织和失联党员进行整顿，排查党员 2398 人。从全镇 2500 多家企业中排查出为员工缴纳社保企业 959 家，其中长期在本地经营企业 339 家，企业员工党员人数大于 3 人的 38 家，企业建立党组织的 21 家，具备建立党支部条件的企业 17 家。选派第一书记 7 人（市选派 4 人，区选派 3 人），分别下派杨庄子村、佛满村、军留庄村、长阳二村、保合庄村、西场村和夏场村。开展"两学一做"学习教育，成立长阳镇党委"两学一做"学习教育工作协调小组，制定长阳镇开展"两学一做"学习教育实施方案和学习计划。

2016 年，全镇财政收入 76539.2 万元，比 2015 年下降 5.8%；税收完成 244876.9 万元，比 2015 年增长 33.3%。固定资产投资完成 130.2 亿元，比 2015 年下降 9.5%。集体经济营业收入 420.9 万元，农民人均所得 22057 元。全镇规模以上工业总产值 16.7 亿元，主营业务收入 23.2 亿元，利润总额 28950.7 万元。

全镇粮食作物播种面积 4381 亩，总产量 1762.6 吨。主要农作物播种面积和产量：小麦播种面积 1122 亩，总产量 392.2 吨；玉米播种面积 3244 亩，总产量 1367.9 吨。蔬菜播种面积 9830 亩，总产量 19532.6 吨。农业机械总动力 6794 千瓦。全年，生猪出栏 4138 头，存栏 6207 头；羊出栏 3140 只，存栏 2158 只；家禽出栏 2.64 万羽，存栏 9 万羽；牛奶产量 17319.26 吨；鲜蛋产量 1259 吨；肉类总产量 426.9 吨。鲜果产量 6907.5 吨。2016 年，四旁植树 3 万株，育苗 25 公顷。

2016 年，长阳镇新增或规范提升商业便民网点 25 个。新增商务楼宇面积 20 万平方米，完成理工雷科等高端企业 5 家。通过政策引导和资金奖励等方式帮助企业改进生产模式，提高生产效率。京投港正式营业，奥特莱斯二期开工。出让水碾屯西侧地块，完成黄管屯棚改项目拆迁前工作，完成 06、07 街区规划，成立城市综合管理指挥中心。首家属地注册纳税的银行房山支行运营。建设完成三维六度科技文创产业园。智慧长阳文化产业基地授牌为房山区文化创意产业园区。订购优质型煤和兰炭 11514 吨。推进"煤改气"工程。开展农民住宅抗震节能改造工作。开展环境综合整治行动，清理主要道路两侧、进村路、联络线等区域。投资 106 万元，完成广阳大地有限公司和长水园艺生态园区扩建项目。投资 532.97 万元，完成房山区年产 70 万盆花卉种植基地扩建项目。投资 450.04 万元，完成长阳镇夏场村 800 亩葡萄种植基地扩建项目。投资 92.61

万元，完成夏场葡萄园设施自动化提升项目。投资 6455 万元，新建长 1688 米，宽 40 米的沿堤路项目。建成长 2597.55 米长阳现代产业服务区配套路网工程（独义组团）二期。建成高佃三村经济适用房项目市政基础设施应急改造工程。投资 406 万元，完成 12 个村老旧活动场地的修缮改造工作。长阳艺术团聘请专业教师，定期组织有针对性的艺术辅导，组织选派艺术团骨干成员定期到社区培训。举办 2016 北京·长阳武林大会、2016 北京·长阳全程热跑赛、2016 北京·长阳首届少儿才艺大赛。

2016 年，长阳镇城乡居民养老保险参保 7205 人。全镇有市区重点学校 1 所，区属中小学 11 所，在校生 7267 人，专职教师 619 人。有幼儿园、托儿所、学前班 5 个。图书馆、文化站 52 个，体育健身场所 1 处。有镇中心卫生院 1 所，病床 50 张。有敬老院、福利院 1 所，在院人数 192 人。民间文艺有公议庄五虎少林会、葫芦垡高跷会、传统手工制香、菊花白酒等。2016 年，长阳镇获北京市房山区 2016 年度交通安全优秀乡镇、首都学雷锋志愿服务岗称号。

（李雷）

【"恒源众泽花卉基地"被评为"首都巾帼现代农业科技示范基地"】 3 月 25 日，由市农委、市科委、市妇联组成的专家评审小组，对长阳镇"恒源众泽花卉基地"创业就业情况、科技含量和产值利润情况进行了解和验收，被评为"首都巾帼现代农业科技示范基地"。该公司位于长阳镇葫芦垡村，占地面积 13.33 公顷，总投资 6500 万元，解决村内 45 人就业。

（李雷）

【芭蕾雨·悦都成为全市首个运用"互联网+分类回收"试点】 5 月，长阳芭蕾雨·悦都社区与桑德回收联盟合作，设置 9 个回收箱，运用"互联网+分类回收"进行社区垃圾即时分类回收，借助线上 APP 和线下回收箱，引导和鼓励居民对书本、报纸、旧衣物、家店等可回收垃圾进行分类回收和定点投放，实现垃圾的减量化和资源化，社区垃圾分类进入"互联网+"领域。居民在手机下载 APP，注册获得个人专属二维码，通过垃圾分类指导系统，将垃圾分类打包并贴上专属二维码，定点投放到桑德回收箱；大件物品可使用 APP、微信预约上门回收服务。回收完成后获取积分可兑换各类生活用品、购物卡等，并享受免费送货上门服务。

（李雷）

【2016 年北京长阳音乐节】 8 月 26 日至 28 日，2016 年北京长阳音乐节举办。延续"北京范儿"主题，采取主舞台和电音舞台相结合的新方式，邀请 20 余支乐队和 10 余名音乐嘉宾，安装 8 个摄像头，设置 5 个停车场，每天安排 600 余名保安巡逻。音乐节期间，有 10 万余名观众及 10 余家媒体到场。

（李雷）

【长阳镇残疾人门球队获"京津冀"门球赛金奖】 9 月 27 日至 29 日，京津冀残疾人门球友谊赛在房山区体育场门球场举行。长阳镇门球队获"京津冀"门球赛的金奖。32 支代表队 220 多名运动员参加。

（李雷）

【长阳人民法庭揭牌仪式】 9 月 28 日，房山区人民法院长阳人民法庭举办揭牌仪式。该法庭位于首创奥特莱斯西侧，占地面积约 1000 平方米。

（李雷）

2016 年长阳镇村（居）委会基本情况

表 12

村（居）委会名称	党支部书记	村（居）委会主任	户数（户）	人口（人）	农民人均所得（元）
长阳一村	彭春华	彭春华	441	834	21798
长阳二村	王 海	刘海宏	512	899	21724
哑叭河村	王 海	王 海	403	779	21861
篱笆房村	宋振良	宋 涛	885	1719	21966
黄管屯村	彭 华	张金峰	220	574	20940
北广阳城村	郭永红	郭永红	189	469	21812
水碾屯一村	李春生	李艳辉	238	679	21992
水碾屯二村	金月庆	金月庆	265	686	22228
张家场村	王桂荣	王桂荣	419	753	22168
牛家场村	贺德余	贺德刚	108	295	19864
保合庄村	杜金秀	张新涛	130	387	22868
军留庄村	刘春喜	朱亚舟	365	728	23667
杨庄子村	杨文斌	张金友	203	981	22609
长营村	王永刚	杨跃华	398	706	22648
高岭村	朱金华	周希武	260	690	22449
马厂村	贾桂利	宋果齐	205	580	22741
稻田一村	朱清会	王 永	192	572	22027
稻田二村	朱清会	刘昆英	427	599	21969
稻田三村	朱清会	刘 高	72	225	20666
稻田四村	朱清会	刘国庆	126	385	22181
稻田五村	朱清会	米 月	152	547	21736
高佃一村	王立民	王立民	258	429	21818
高佃二村	王金矿	刘建华	145	281	22241
高佃三村	王 怡	王 怡	155	403	22332
高佃四村	王爱军	薛东来	269	500	22220
独义村	王胜齐	肖 磊	249	747	22436
大宁村	苏连刚	苏立文	486	1138	22841
温庄子村	刘金全	赵文义	62	240	21150
公议庄村	周长友	李国庆	476	1418	21776
西场村	王洪武	邢士峰	114	349	21919
朱岗子村	朱明浩	魏永祥	580	1598	21176
阎仙垡村	刘玉明	刘清树	462	1576	21973
葫芦垡村	刘玉国	方刚刚	660	1963	22450

续表12

村（居）委会名称	党支部书记	村（居）委会主任	户数（户）	人口（人）	农民人均所得（元）
夏场村	刘勇	高云彪	160	511	22307
佛满村	郭玉仓	王海	249	694	21426
赵庄村	刘洪	刘洪	158	546	21886
长阳社区	满捷	满捷	676	1014	—
碧桂园社区	朱红伟	李志远	1838	4436	—
长龙苑社区	鲍家祥	鲍家祥	939	2424	—
碧波园社区	赵怡	赵升杰	685	1393	—
加州水郡东区社区	徐乐	韩美英	743	1722	—
大宁山庄社区	石晶	高鹏飞	750	1669	—
嘉州水郡南区社区	柴广森	柴广森	3216	6658	—
嘉州水郡北区社区	曹春英	李雪东	4386	7670	—
徜祥集社区	贾振	贾振	1860	3248	—
馨然嘉园社区	李玲玲	王然	2363	5201	—
天泰新景社区	王玉敏	王晓燕	697	1547	—
半岛家园社区	张玉娟	刘寿萍	2505	4815	—
建邦嘉园社区	刘博	苏兴华	944	2339	—
熙景嘉园社区	马凤香	马凤香	283	534	—

注：村委会数据来源于《北京市房山区统计年鉴（2017）》。户数，指长期（一年以上）居住在乡镇（不包括城关街道）行政管理区域内的住户，还包括居住在城关街道所辖行政村范围内的农村住户。人口，指乡村地区常住居民户数中的常住人口数，即经常在家或在家居住 6 个月以上，而且经济和生活与本户连成一体的人口

河北镇

【概况】　河北镇位于北京西南房山区西北部浅山区，地处华北平原与太行山交界地带。地势西北高东南低，地势落差大，最高海拔1189 米，最低海拔 90.7 米。镇中心海拔 150米。东与青龙湖镇接壤，西与佛子庄乡毗邻，南与燕山石油化工总公司相连，北与门头沟区潭柘寺镇交界。镇域内河谷沟壑纵横，群峰耸立，有凤凰山、荞麦山、南大山、将军坨、朝阳洞山、半壁山等。山间沟谷交错、山泉丰沛，有主沟67 条，支沟710 条。大石河自西向东蜿蜒流经镇境中部，村庄多依山傍水，沿河谷沟域分布。镇域总面积90 平方公里，辖村民委员会 19 个、社区居委会 2个。2016 年，全镇户籍户数 11441 户，其中农业户 3670 户、非农业户 7771 户。户籍总人口 23247 人，其中，男性 11649 人，女性11598 人；农业人口 7161 人，非农业人口16086 人。年内，出生人口 345 人，出生率14.84‰；死亡人口 118 人，死亡率 5.08‰；

人口自然增长率 9.76‰。

2016 年，河北镇党委下辖基层党组织 38 个。年内，发展中共党员 6 名，培训入党积极分子 50 名。全镇有中共党员 1711 名。开展"两学一做"学习教育，组织召开学习教育动员部署会、情况汇报会、民主生活会、专题组织生活会等会议，开展学习研讨、讲党课、学党章党规和中共中央总书记习近平系列重要讲话精神，建立健全规章制度，查摆不足，严肃整改问题，明确责任清单。将"两学一做"学习教育与精准扶贫工作相结合。开展廉政风险防范管理，组织签订廉洁自律承诺书 44 份。完成第十届村民委员会换届选举，19 个行政村选出村委会成员 69 名，其中连选连任 50 人。组织"七一"共产党员献爱心捐款活动，机关各单位、基层党支部捐款 43092 元。春节及"七一"走访慰问老党员、困难群众 100 余人次。

2016 年，全镇税收完成 4120.7 万元，比 2015 年增长 61.6%；财政收入 1405.1 万元，比 2015 年增长 26.8%。固定资产投资完成 70637 万元，比 2015 年增长 407.5%。集体经济营业收入 576.3 万元，农民人均所得 11615 元。

全镇粮食播种面积 2771 亩，总产量 455.2 吨。玉米播种面积 1234 亩，总产量 169.3 吨。蔬菜播种面积 375 亩，总产量 359.9 吨。干鲜果品产量 1355.3 吨。全年，生猪出栏 3895 头，存栏 1669 头；羊出栏 1822 只，存栏 3947 只；肉鸡出栏 0.44 万羽，存栏 0.66 万羽；鲜蛋产量 29.7 吨。肉类总产量 337.5 吨。

2016 年，启动河北镇中心区棚户区改造 4300 套安置房建设，完成国有土地拆迁工作。完成文体综合楼改造工程和污水处理厂建设。实施 5000 亩小流域治理、黄土坡金银花农业基础设施建设、林下经济等工程。推动中国美丽谷建设步伐，打造石花洞旅游产业龙头，承接银狐洞景区，编制石花洞风景名胜区连泉峰游览区建设规划。完成 1 万亩森林健康经营、8000 亩封山育林、2000 亩低效林改造、2500 亩人工造林等林业项目。集中整治主干路两侧绿地，对 10 处点位进行绿化补植、边沟清理、护坡修补。清理无证无照非法类企业 230 家，整治区级环境脏乱点 20 余处、镇级自查环境脏乱点 50 余处。清理破旧及违规广告牌匾 65 块，收缴非法张贴和散发的小广告 1000 余张。开展清洁空气行动。加强日常巡查，提高露天焚烧、道路遗撒、施工扬尘等处理效率。落实各项奖励政策，免费就业技能培训 245 人，空岗信息采集 240 个。社区医疗网点实现全覆盖，发放各类救助资金 40.2 万元，发放慰问金 184.05 万元。举办新春花会会演，开展送文化下乡活动 60 余场。成立河北镇文联。开展"我们的价值观京华英雄"百姓宣讲、践行社会主义核心价值观等活动。开展学历教育、实用技术培训、职业资格培训等各类培训 4280 人次。

河北镇地理位置优越，地势平缓，交通发达。良陈铁路沿境而伸，108 国道穿境而过。京昆复线、阎东路、良三路、万窑路，交织在境内，村村通柏油路。833 路、948 路、13 路公交车由良乡、石景山、红煤厂直通镇域。

河北镇历史悠久，镇内名胜古迹较多，旅游资源丰富。国家级重点风景名胜区石花洞坐落境内，并与周边洞穴共同构成中国房山世界地质公园的溶洞观赏区。镇域内有 1 处国家级文物保护单位万佛堂孔水洞及塔，1 处市级文物保护单位铁瓦寺，3 处区级文物保护单位庄亲王墓石牌坊、万佛堂关帝庙和河北烈士碑亭，17 处历史遗迹。河北镇民间乡土文化丰富多彩，有河北村的高跷会、磁家务村的小车会、半壁店村的太平鼓等。河北镇的太平鼓和高跷 2 个项目入选房山区非物质文化遗产名录。

（刘芳园）

【中心卫生院获"群众满意的乡镇卫生院"2014—2015 年度国家级称号】 1 月 7 日，河北镇中心卫生院在 2016 年全国卫生计生工作会上获 2014—2015 年度"群众满意的乡镇卫生院"称号。国家卫计委于 2014 年 8 月在全国范围内启动建设"群众满意的乡镇卫生院"活动，根据"群众满意的乡镇卫生院"标准，经过逐级审核、现场抽查、公示等程序，遴选出 1300 家乡镇卫生院为"2014—2015 年度群众满意的乡镇卫生院"，北京仅有 4 家。

（刘芳园）

【《信访条例》宣传活动】 5 月 5 日，河北镇信访办和司法所联合开展"阳光信访、责任信访、法治信访"主题宣传活动。向居民发放《信访条例》、信访问答等宣传材料 1500 余份。

（刘芳园）

【首届北京石花洞—黄土坡七夕金银花文化旅游节】 8 月 9 日，河北镇在黄土坡村举办首届石花洞—黄土坡七夕金银花文化旅游节暨民俗旅游与金银花产业创新发展论坛。现场展示石花洞洞藏酒、黄土坡青石砚、金银花茶、金银花美容养颜露、厨房生态环保清洁用品、十字绣等 20 余个品种近百件旅游商品和民间手工艺品。10 余名书画家现场献艺，同时展出 30 余幅国内知名书画家的书画作品。

（刘芳园）

【河北镇棚户区改造项目】 9 月 26 日，河北镇棚户区改造项目安置房建设举行启动仪式。经过前期入户清登、确权公示、测绘评估、审计复核等相关程序，完成国有土地上房屋腾退签约工作。项目位于河北镇规划中心区，包括磁家务、半壁店、万佛堂、黄土坡 4 个村，以及双山水泥集团一厂、二厂和天维水泥厂 3 个区属企业，占地面积 169 万平方米。涉及村民和国有企业职工 3335 户 7300 多人。项目投资 53 亿元。建设安置房 37 万平方米。

（刘芳园）

【"全国科普日"宣传活动】 9 月 27 日，河北镇在中心小学举办"全国科普日"宣传活动。围绕"创新放飞梦想，科技引领未来"主题，向青少年普及科学知识，倡导科学方法，传播科学思想，弘扬科学精神，激发广大青少年儿童学科学、爱科学、用科学的热情。发放宣传资料 1000 余份，举办中小学生科普讲座、科学实验训 2 次，发放科普类图书 600 余册。

（刘芳园）

【河北镇文联成立】 11 月 1 日，河北镇文学艺术界联合会成立，有理事 30 名，会员 400 余人，设有作家协会、书画协会、摄影协会、歌舞协会、民间艺术协会 5 个协会。

（刘芳园）

【新华书店河北分店重张开业】 11 月 8 日，北京市房山新华书店河北分店重张开业，是房山区北部山区唯一一家书店。书店位于 108 国道河北镇路段，营业面积 100 平方米，有文学、少儿、教育等类图书近万种。

（刘芳园）

【非遗文化进校园】 11 月 10 日，河北镇开展"非遗文化进校园"活动，邀请河北镇高跷老艺人传授小学生学习高跷等非物质文化遗产，引导、鼓励和支持传承人开展传习活动，促进非物质文化遗产的传播。

（刘芳园）

2016 年河北镇村（居）委会基本情况

表 13

村（居）委会名称	党支部书记	村（居）委会主任	户数（户）	人口（人）	农民人均所得（元）
磁家务村	陈燕辉	陈燕辉	526	1539	11429
万佛堂村	杨来双	杨来双	350	770	11597
半壁店村	李长果	李长果	303	1000	14970
黄土坡村	杨振军	杨振军	400	770	11272
檀木港村	蒋东飞	郝天新	360	705	11262
东港村	王洪权	王洪权	166	277	11696
辛庄村	李成军	李成军	198	596	11291
三福村	梁密	梁密	320	718	11309
河东村	魏天杰	吕学田	420	800	11287
东庄子村	王广存	吕海丽	420	1500	11793
三十亩地村	王奎龙	赵文东	251	473	11253
李各庄村	段致龙	段致龙	600	1323	11232
河北村	刘卫全	安静军	200	800	11400
河南村	卢振宝	张金辉	279	970	11391
南道村	刘海林	刘凤国	168	221	11190
他窑村	王文军	王文军	111	417	11199
口儿村	杨宝民	段维文	365	818	11283
杏园村	赵守仁	潘红帅	250	560	11232
南车营村	孙永忠	谢艳辉	346	933	11254
房山矿社区	谢红英	谢红英	1123	2657	—
黄土坡军工路社区	彭玉锋	彭玉锋	136	251	—

注：村委会数据来源于《北京市房山区统计年鉴（2017）》。户数，指长期（一年以上）居住在乡镇（不包括城关街道）行政管理区域内的住户，还包括居住在城关街道所辖行政村范围内的农村住户。人口，指乡村地区常住居民户数中的常住人口数，即经常在家或在家居住 6 个月以上，而且经济和生活与本户连成一体的人口

长沟镇

【概况】 长沟镇东、南与河北省涿州市交界，西邻大石窝镇，北邻韩村河镇。镇域总面积 40 平方公里，平原、丘陵、山区各占 1/3。辖 18 个村民委员会和 1 个社区居委会。2016 年，全镇户籍户数 12778 户，其中农业户 6244 户、非农户 6534 户。户籍人口 27482 人，其中，男性 13586 人，女性 13896 人；农业人口 15057 人，非农业人口 12425 人。年内，出生人口 515 人，出生率 18.74‰；死亡人口 181 人，死亡率 6.59‰；人口自然生长率 12.15‰。

2016 年，长沟镇党委下辖基层党组织 36 个。年内，发展中共党员 22 名，培训入党积极分子 60 名。全镇有中共党员 1412 名。长沟镇开展"两学一做"专题教育，通过专题辅导、学习研讨、集中自学等形式，教育广大党员讲政治、有信念，讲规矩、有纪律。开展"千名支部书记讲党课""千名领导干部上讲台"、合格党支部建设规范大讨论、合格党员行为规范大讨论等主题活动，引导广大党员做讲道德、有品行，讲奉献、有作为的合格党员。结合纪念建党 95 周年，开展 "学党规、亮承诺、建泉乡、兴乐地"主题党日活动。通过演讲比赛、重温入党誓词、党员联签承诺、公演党课、党建知识大冲关等活动，提升党员参与全镇发展建设意识。结合"两学一做"学习教育，开展党员连心学做活动，各村建立有统一标识、有统一接待制度的党员连心室，建立党员连心台账，明确连心帮困重点。在基金小镇建设土地开发项目中，启动党员连心学做活动，创新基层党组织设置，成立党员联合党小组，将党员连心室建到拆迁指挥部。发动党员参与重点工作、重点项目建设，凝聚党员共识，形成组织合力，推进全镇重点项目。在新一届村委会成员中，选举产生村委会主任 18 名、副主任 2 名、委员 38 名，其中，14 名村主任连选连任，占村委会主任总数的 77.8%；村党支部书记兼任村委会主任的 10 人，占村委会主任总数的 55.6%。"两委"干部交叉任职的共 24 人，大专及以上学历的 16 人，高中、中专学历的 24 人。完成区、乡镇人大代表换届选举，选出区人大代表 9 人，镇人大代表 57 人。区人大代表连选连任 3 人，中共党员 7 人，女性代表 3 人，领导干部 1 人，基层一线 8 人，全部为大专以上学历。镇人大代表连选连任 25 人，中共党员 42 人，女性代表 24 人，少数民族 7 人，

非本市户口 1 人，研究生及以上学历 5 人，大学本科学历 14 人，大专及高职学历 14 人，中专、职高及高中学历 16 人，初中及以下学历 8 人。

2016 年，长沟镇税收完成 17697.2 万元，比 2015 年增长 82.5%；财政收入 6285 万元，比 2015 年增长 46%。固定资产投资完成 90309 万元，比 2015 年下降 74.5%。集体经济营业收入 417.8 万元，农民人均所得 17788 元。规模以上工业总产值 12833.3 万元，主营业务收入 12319 万元。农村居民人均可支配收入 20114 元。

全镇粮食作物播种面积 2770 亩，总产量 1359.6 吨。主要农作物播种面积和产量：稻谷播种面积 100 亩，总产量 38.4 吨；小麦播种面积 295 亩，总产量 102.3 吨；玉米播种面积 2244 亩，总产量 1157 吨。油料作物播种面积 25 亩，总产量 3.7 吨。蔬菜作物播种面积 1290 亩，总产量 3777.2 吨。农业机械总动力 7728 千瓦。全年，生猪出栏 24985 头，存栏 14018 头；羊出栏 4019 只，存栏 4828 只；肉牛出栏 51 头，存栏 656 头；牛奶产量 1435.1 吨；家禽出栏 17.2 万羽，存栏 5.44 万羽；禽蛋产量 121.6 吨；肉类总产量 2187.1 吨。干鲜果品总产量 496.4 吨。

2016 年，启动北京基金小镇暨长沟镇北部浅山区土地一级开发项目拆迁工作。涉及宅基地 1400 宗和部分非宅的拆迁，其中住宅拆迁面积 32.2 万平方米，非宅面积 11.5 万平方米。完成 986 户签约，拆除 873 户。完成投资 268.02 万元，农业排水设施建设项目；完成投资 46.01 万元，北甘池核桃园基础设施项目；完成投资 31.13 万元，北甘池一村一品项目；完成投资 18 万元，打造湿地花田工程；总投资 1017 万元，5000 亩生态小流域治理工程，完成投资 762.75 万

元。完成投资 60 万元，在长走沿线新建便民服务设施 6 处，对三座庵外环路破损路面进行大修，面积 1 万平方米。开展环境整治，处理建筑垃圾 4500 吨；北泉水河河道清淤 1500 米；云居寺路段铺设方砖 1360 平方米；东甘池大湖、西甘池大湖、东甘池公园做防护网 4000 延米；清理大街上不规范广告牌 120 块，彻底拆除责任区内的非法广告，安装统一制作的规范醒目的新广告牌匾；出资 700 万元，对云居寺路口、京昆高速公路六甲房出口进行绿化美化；完成沿线枯死树木的移除和补栽，沿途 3 万多株行道树的刷白工作。完成太和庄村 414 户煤改电工作，安装空气源热泵 408 户、蓄能式暖气 6 户。下发责令停止违法建设通知书 24 份、限期拆除通知书 29 份，其中违建动工初期停止施工 15 户，拆除 13 处。

全年，安置劳动力 439 人。农村合作医疗参保 11245 人，参保率 96%。城乡居民养老保险参保 6936 人，其中农村参保 5226 人。"一老一小"医疗参保累计 2427 人。

全镇有中心幼儿园 1 所，下属 3 所分园，入园儿童 687 人，教职工 82 人。中心小学 1 所，下属 3 所完全小学，在校生 1080 人，教职工 79 人；初中 1 所，教职工 76 人，在校生 301 人；镇社区卫生服务中心 1 所，病床 44 张。社区卫生服务站 5 所，村卫生室 41 所，卫生技术人员 62 人。全镇村级数字影院 19 处，益民书屋 19 处，文体活动广场 26 处，娱乐活动室 19 处。

（汪静）

【书画笔会活动】 9 月 28 日，长沟镇"2016笔墨丹青迎国庆书画展暨书画笔会活动"在长沟镇文体中心举行。书画展以庆祝国庆和纪念长征胜利为主题，歌颂中国共产党，歌颂祖国，歌颂人民生活，弘扬中华文化，弘扬传统国学，宣传正能量。展出书法、绘画作品等 55 幅。

（汪静）

【摄影比赛】 10 月 20 日，历时 1 年的"泉乡乐地 光影长沟"有奖摄影大赛结束。摄影大赛由长沟镇和房山区文学艺术界联合会、房山区摄影家协会联合举办，从春、夏、秋、冬四季展示长沟镇生态环境、美好生活和建设成果。收到社会各界摄影爱好者 38 人的 625 幅作品。

（汪静）

【长沟镇被评为第一批中国特色小镇】 10 月，根据《住房城乡建设部、国家发展改革委、财政部关于开展特色小镇培育工作的通知》，在各地推荐的基础上经专家复核，住房城乡建设部公布第一批中国特色小镇名单，房山区长沟镇被评为第一批中国特色小镇。

（汪静）

【北京市森林城镇建设项目】 11 月，长沟镇完成北京市森林城镇建设项目，种植樱花 1540 株、月季 44880 株、西府海棠 132 株、榆叶梅 88 株、地被菊 3926.6 平方米、五角枫 440 株。完成总工程量的 90%。北京市森林城镇建设项目总投资 100 万元，由市园林专项投资。

（汪静）

【国家泉水湿地公园提升工程】 12 月，长沟镇完成国家泉水湿地公园提升工程。绿化种植完成 97%，基础设施建设完成 90%。湿地公园改造提升工程自 2014 年开始，由市发展改革委投资 10029 万元，面积 4197 亩。

（汪静）

【北京基金小镇成果初显】 12 月底，北京基金小镇入驻 150 家基金企业机构，资产管理规模 2510 亿元。

（汪静）

2016 年长沟镇村（居）委会基本情况

表 14

村（居）委会名称	党支部书记	村（居）委会主任	户数（户）	人口（人）	农民人均所得（元）
东长沟村	王景森	王景森	325	951	17802
西长沟村	高雪强	刘文利	423	1013	18993
坟庄村	韩建华	周万宝	858	1928	18060
太和庄村	石 伟	石 伟	430	1148	17356
沿村	汪 才	张春雷	732	1965	18707
双磨村	赵祖清	赵祖清	529	1637	18399
南正村	隗合庆	宗自立	642	1814	17723
北正村	杨井林	杨井林	759	1715	18244
东良各村	王文军	梁浩杰	218	548	18302
南良各村	付志新	付志新	466	1149	16971
北良各村	马玉芝	田少涛	433	1261	16280
东甘池村	果树著	果树著	378	742	17035
西甘池村	曹海涛	曹海涛	601	1545	18291
南甘池村	刘 泉	刘 泉	169	440	16363
北甘池村	王德珍	王德珍	396	646	16718
六甲房村	李 强	李 强	410	1005	16975
三座庵村	陈友良	陈立文	318	614	15863
黄元井村	石 亮	石陆祥	411	1149	18598
西厢苑社区	朱永忠	朱永忠	523	1375	—

注：村委会数据来源于《北京市房山区统计年鉴（2017）》。户数，指长期（一年以上）居住在乡镇（不包括城关街道）行政管理区域内的住户，还包括居住在城关街道所辖行政村范围内的农村住户。人口，指乡村地区常住居民户数中的常住人口数，即经常在家或在家居住 6 个月以上，而且经济和生活与本户连成一体的人口

大石窝镇

【概况】 大石窝镇位于北京西南，东邻长沟镇，西连张坊镇，南接河北省涿州市、涞水县，北邻韩村河镇。自北向南呈狭长梯次分布，属山前暖区气候。镇域面积 96 平方公里，山地、丘陵、平原各占 1 / 3。辖村民委员会 24 个。有汉、蒙古、回、苗、彝、壮、朝鲜、满、侗、土家、黎、土、赫哲 13 个民族。2016 年，全镇户籍户数 21076 户，其中农业户 12971 户、非农业户 8105 户。户籍总人口 38964 人，其中，男性 19703 人，女性 19261 人；农业人口 27293 人，非农业人口 11671 人。年内，出生人口 630 人，出生率 16.17‰；死亡人口 279 人，死亡率 7.16‰；人口自然增长率 9.01‰。

2016 年，大石窝镇党委下辖基层党组织

35 个，包括 1 个党总支、34 个党支部。年内，发展中共党员 28 名，培训入党积极分子 69 名。全镇有中共党员 1788 名。依法完成新一届村民委员会换届选举。全镇选民 31052 人，参加投票选举 28872 人，参选率 93%。选出新一届村民委员会成员 80 人（男性 54 人，女性 26 人）。其中 15 个村的村民委员会主任连选连任。新一届村民委员会成员平均年龄 49 岁。35 岁以下 2 人，36～45 岁 20 人，46 岁以上 58 人。新一届村民委员会成员高中以上学历 57 人，占村委会成员总数的 71.25%。其中，大专及以上学历 22 人，占总数的 27.5%。24 名村民委员会主任，大专及以上学历 8 人。全部实现妇女委员专职专选，保证 24 个村每村有 1 名妇女进入村委会。开展"两学一做"系列活动，全镇各党支部开展集中学习 5000 余人次，开展主题研讨 1 次，支部书记围绕活动主题普遍讲党课 1 次。结合村内实际制定"一村一策"帮扶方案。通过"微党建"平台，拓宽基层党建宣传工作新渠道。认真开展党费补缴收缴专项整改工作，有 1106 名党员应补缴党费，补缴率 100%。严格党员发展程序，提高党员发展质量。年内，有 50 人递交入党申请书。改造提升便民服务大厅，机关干部挂牌亮身份，推行服务群众来访"首问负责制""全程服务制""党建工作问责制"等便民服务措施。脱产培训村"两委"干部。在石窝、半壁店 2 个村成立村级党委，成为全区唯一拥有 2 个村级党委的乡镇。坚持民主集中制，按照"集体领导、民主集中、个别酝酿、会议决定"的原则，规范决策程序，建立重大问题讨论决定的议事制度。完善领导干部落实党风廉政建设"一岗双责"工作机制，明确职责分工，层层签订廉政责任书。

2016 年，大石窝镇财政收入 2262.4 万元，比 2015 年增长 14.1%；税收完成 6968.3 万元，比 2015 年增长 16%。固定资产投资完成 36172 万元，比 2015 年下降 9.6%。集体经济营业收入 844.1 万元，农民人均所得 14485 元。全镇规模以上工业总产值 5959 万元，主营业务收入 5959 万元，利润总额 466.7 万元。

全镇粮食播种面积 10714 亩，总产量 3409.4 吨。主要农作物播种面积和产量：稻谷播种面积 40 亩，总产量 18 吨；小麦播种面积 787 亩，总产量 262.5 吨；玉米播种面积 9697 亩，总产量 3082.5 吨；蔬菜播种面积 2285 亩，总产量 8181.1 吨。农业机械总动力 17231 千瓦。全年，生猪出栏 11711 头，存栏 5279 头；羊出栏 7896 只，存栏 7084 只；肉牛出栏 27 头，存栏 118 头；肉鸡出栏 87.43 万羽，存栏 6.14 万羽；牛奶产量 64.9 吨；鲜蛋产量 78.6 吨；肉类总产量 2436.6 吨。干果产量 198.3 吨，鲜果产量 864.7 吨。全年，造林 51 公顷，四旁植树 2 万株，育苗 20 公顷。

2016 年，推进招商引资落地项目建设。云居寺文化景区项目土地一级开发征地手续通过市政府审批，同步完成考古勘探、线路迁改、临时水电等工程。完成美石谷一期项目。开工建设半壁店永久避险安置房。下庄永久避险安置房有 346 户村民搬入新居。引进北京亿建房地产开发有限公司与塔照村合作建设生态农业观光项目，完成紫藤长廊及环山健身步道建设。以"美丽乡村"建设为载体，建设基础设施。南水北调巡线路工程完成工程量的 90%。建设完成房易路核心街区（半壁店—石窝段）改造工程，完成石水路路面铺设。翻修、改造、升级农村街坊路 2 万平方米，农民住宅抗震节能改造 316 户。更换型煤炉具 1091 台，配送优质型煤 2.68 万吨，兰炭 430.94 吨。完成平原造林 168.9 亩，爆破造林 600 亩，低效林改造 2000 亩。完成南泉水河、拒马河治理工程。制定《查处违法建设管控办法》及《关于党员、干部"零违建"承诺公示制度》，镇政府与各村签订《土地资源保护管理责任书》。关闭高庄矿山，做好石材产业转型升级，引进顺宇农业有限公司，实施矿山地质公园旅游开发和发展光伏发电项目。建立汉白玉研究基地。完成 9 家有照再生物资回收企业和 28 家低端工业企业清退工作。办理医疗救助 35 人次，救助金额 11.07 万元。走访慰问优抚对象、农村困难户 536 户。开展烹饪师、面点、保管员等培训班 7 期，培训 180 余人次。有 2 支镇级文艺团队，13 支村级文艺团队，开展文艺演出 87 场，做到"月月有活动，周周有演出"。开展瑜伽培训、广场舞培训、最美家庭评选等活动。加强益民书屋建设，成为全区首个星级书屋全覆盖乡镇。在周口店遗址博物馆举办"北京镇江营遗址文物展"。

大石窝镇地理位置优越，交通便利。京原铁路、房易路穿境而过，京昆高速公路使大石窝镇迈入首都一小时经济圈。境内公路总里程 145.32 公里，836 路、917 路、房 12 路、房 16 路、房 18 路、房 31 路、房 41 路公交车可达良乡，市内，6 条线路公交车通往河北省涿州。有三岔公交客运中心 1 座，邮政局 1 所、变电站 1 座、程控电话 8000 门。

镇内有成人职业学校 1 所、中学 2 所、小学 4 所、中心幼儿园 6 所，在校中小学生 1580 人，教职工 183 人，入学率 100%。有中心卫生院 1 所，社区卫生服务站 10 个，医疗卫生人员 67 人，病床 22 张。农村新型合作医疗参保率 99.25%。城乡居民养老保险参保率均 99%。全镇文化活动场所 46 个，数字影院 23 个，全年巡回放映电影 1018 场。

境内文物古迹有国家级文物保护单位云居寺塔及石经，市级文物保护单位塔照照

塔、高庄御皇塔、蔡庄土城，区级文物保护单位镇江营遗址、镇江塔、岩上磨碑寺、高庄大白玉塘等。树龄在 300 年以上的一级保护古树古槐有 5 株。

（张萌）

【专家助力大石窝镇特色小镇建设】 5 月 28 日，大石窝镇召开特色小镇建设研讨会。邀请清华大学、北京大学、南开大学、北京师范大学、北京工业大学、中央财经大学等院校和国家文化产业研究中心、中国创意产业研究中心知名专家教授就大石窝镇特色小镇建设进行专题研讨。10 余名专家到云居寺、石雕艺术园及汉白玉艺术宫进行实地考察，为大石窝镇特色小镇建设建言献策。市文促中心、市委研究室、市发展改革委、区政府、镇党委等领导参加研讨会。

（张萌）

【市文物局领导到大石窝镇调研】 7 月 8 日，市文物局局长舒小峰到大石窝镇调研文物保护开展情况。舒小峰一行实地查看镇江营遗址、蔡庄土城遗址保护情况，指出：镇江营遗址及蔡庄土城有着非常重要的历史意义，文物的抢救性修复工作已经迫在眉睫。要进一步加强文物史料的挖掘完善工作，扎实开展保护工作，同时，要处理好文物遗址保护与当地群众生产生活的关系，让群众自觉参与到保护文物工作中，营造良好的文物保护氛围。要把抢救修复工作尽早落实到位。要将抢救性考古发掘与科研考古工作相结合，部门与地域之间要加强沟通协作，尽早制定并落实好相关工作方案。要处理好考古、研究、规划、宣传等方面的工作，统筹规划，全力确保遗址抢救修复工作顺利进行。

（张萌）

【大石窝镇汉白玉雕塑作品获奖】 8 月 26 日至 29 日，2016 年第二届贵州（安顺）国际石材博览会暨第二届全国石雕石刻设计

大赛在安顺市多彩万象旅游城（石头风情小镇）举办。主题为"以'石'为媒、合作共赢"。大石窝镇党委、政府组织企业、专业学校选送 14 件作品参赛。大石窝石雕艺术学校校长刘鹏作品《太师椅》获特邀金奖；石雕艺术学校学生杜富东、陈军龙作品《一叶一世界》《仕女系列之犹抱琵琶半遮面》获佳作奖；石雕艺术学校学生王杰、朱博文作品《坐着的女人》《曦之爱鹅》及顺发石雕厂高景辉作品《龙驹》获优秀奖；大石窝镇获优秀组织奖。全国石雕石刻设计大赛有全国各地的 240 多家单位参加，900 多件石雕石刻作品参展。

（张萌）

【大石窝镇第四次党员代表大会】 9 月 19 日，大石窝镇召开中国共产党第四次党员代表大会。会议听取并审议通过党委书记杨海峰代表中共大石窝镇第三届委员会所作的《抢抓新机遇 迈向新征程 奋力开创大石窝镇特色文化小镇建设新局面》的报告和中共大石窝镇第三届纪律检查委员会工作报告，选举产生中共大石窝镇第四届委员会委员 11 名，中共大石窝镇第四届纪律检查委员会委员 9 名，出席中共北京市房山区第八次党代会代表 9 名。全镇机关、村、企事业单位的 159 名党员代表参加会议。

（张萌）

2016 年大石窝镇村委会基本情况

表 15

村委会名称	党支部书记	村委会主任	户数（户）	人口（人）	农民人均所得（元）
王家磨村	郭志清	张泽明	222	610	9611
蔡庄村	王 剑	蔡建军	458	837	11701
下滩村	张彦青	蔡廷辉	400	890	13573
郑家磨村	高 璐	高 璐	140	385	17057
镇江营村	丁术明	郭永祥	586	1270	11735
土堤村	王仲海	王仲海	102	237	12194
塔照村	张大军	丁保彦	422	850	17247
南尚乐村	王占权	赵长春	952	2565	14693
北尚乐村	赵长辉	赵长辉	690	1455	13160
南河村	周少华	耿召希	481	1121	29536
广润庄村	王振存	田志军	750	2310	14489
惠南庄村	钱新明	王 华	925	2550	10294
辛庄村	武学俊	崔自水	658	1650	17521
半壁店村	高群生	高群生	1342	3049	12538
石窝村	高永军	续立辉	930	2010	12184
下营村	佟明宇	雷文树	213	490	17795
高庄村	高继金	高明福	642	1403	20236
岩上村	张宗国	张士军	332	812	18146

续表15

村委会名称	党支部书记	村委会主任	户数（户）	人口（人）	农民人均所得（元）
独树村	赵汉国	赵汉国	210	594	15597
前石门村	邢延平	邢延平	320	705	13262
后石门村	王学权	王文广	710	1369	11701
下庄村	任化云	任化云	336	1060	16386
三岔村	李国明	赵春雨	431	937	13019
水头村	宋占国	宋占国	262	654	11865

注：村委会数据来源于《北京市房山区统计年鉴（2017）》。户数，指长期（一年以上）居住在乡镇（不包括城关街道）行政管理区域内的住户，还包括居住在城关街道所辖行政村范围内的农村住户。人口，指乡村地区常住居民户数中的常住人口数，即经常在家或在家居住 6 个月以上，而且经济和生活与本户连成一体的人口

张坊镇

【概况】　张坊镇位于房山区西南拒马河畔。由东南至西北分别与大石窝镇、韩村河镇、霞云岭乡和十渡镇相毗邻，西南隔拒马河与河北省涞水县相望。镇域面积 130 平方公里，山区、丘陵、平原各占 1/3。辖 15 个村民委员会。2016 年，全镇户籍户数 12196户，其中农业户 7374 户，非农业户 4822 户。户籍总人口 22245 人，其中，男性 11243 人，女性 11002 人；农业人口 15221 人，非农业人口 7024 人。年内，出生人口 384 人，出生率 17.26‰；死亡人口 169 人，死亡率 7.6‰；人口自然增长率 9.67‰。

2016 年，张坊镇党委下辖基层党组织27 个，其中党总支 1 个、党支部 26 个。年内，发展中共党员 29 名，培训入党积极分子 54 名。全镇有中共党员 1198 名。完成村委会、镇党委、镇人大、镇政府换届选举。开展学习型党组织、学习型行政村等创建活动；开展乡镇党代表任期制工作；完善"八站三组一室一会服务体系"，以张坊、东关上等 4 个示范点为突破口，整合"两委"干部、包村科所长、司法所所长、管片民警、农业技术员等相关人员，形成一站式工作模式。结合"素质提升年"，有机融合"两学一做"专题教育，分镇班子，镇、村两级干部队伍，党员队伍和广大群众 4 个层面，通过举办知识竞赛，定期邀请专家、上级领导围绕中共中央总书记习近平重要讲话精神和党章、条例、准则以及相关业务知识，组织不同形式的学习教育，举办各类培训 70余次。落实党风廉政建设和反腐败斗争党委主体责任、纪委监督责任。主动公开政府信息 8 条、动态信息 200 余条。定期向人大代表报告工作，营造"风清气正、人民满意"的从政环境。

2016 年，全镇财政收入 1903.1 万元，比 2015 年增长 43.3%；税收完成 6502.2 万元，比 2015 年增长 17.6%。固定资产投资完成 30702 万元，比 2015 年增长 81%。集

体经济营业收入 26632 万元，农民人均所得 13344 元。

全镇粮食播种面积 10077 亩，总产量 3078.7 吨。主要农作物播种面积和产量：小麦播种面积 353 亩，总产量 125.7 吨；玉米播种面积 9361 亩，总产量 2747.6 吨。蔬菜播种面积 599 亩，总产量 876.4 吨。农业机械总动力 520 千瓦。全年，生猪出栏 5771 头，存栏 5499 头；羊出栏 9573 只，存栏 15180 只；家禽出栏 4.32 万羽，存栏 5.71 万羽；牛奶产量 17.5 吨；鲜蛋产量 123.8 吨；肉类总产量 641.3 吨。干鲜果品产量 3271.1 吨。2016 年，造林 447 公顷，四旁植树 3.6 万株，育苗 13.2 公顷。

2016 年，张坊镇和华夏幸福基业合作推进全域新型城镇化，由华夏幸福基业投资 8000 万元，治理拒马河河道，提升拒马河滨河公园景观。投资 2200 余万元，开工建设张坊镇规划展馆。中心区棚户区改造项目完成棚改区域入户调查及测绘评估工作。推动"吃、住、行、游、购、娱"旅游发展旧 6 要素向"商、养、学、闲、情、奇"新 6 要素转变，全年接待游客 153 万人次，实现旅游综合收入 1.5 亿元。引进龙熙堡、年度、丹世红等 6 家酒庄，种植酿酒葡萄 5000 余亩，累计完成投资 1.6 亿元，形成具有山地风情的葡萄种植区和酒庄酒产区。由市、区、镇三级累计投入资金 2 亿元，以"建设一条观光路、打造 5 个景观节点、实现多处梯田花海"为主要内容，整合全镇葡萄酒产业资源优势，新建道路 3.8 万平方米，绿化美化 62 万平方米，提高酒庄葡萄酒产区的知名度。

在府前街东侧新建金色球菊产业园 1 处。启动穆家口村闲置农宅升级改造和北京国际赛车谷项目前期准备工作。完成太行山绿化工程三期、京津风沙源治理 6700 亩，低效林改造 2000 亩，退耕还林验收合格 4100 亩，全镇森林覆盖率、林木绿化率分别达 42.9% 和 63.3%。完成大峪沟小流域扫尾工程，启动张坊镇生态清洁小流域项目，恢复路面 5600 平方米，绿化美化 1300 平方米。清退各类低端产业 68 家，腾退土地 2.2 万平方米，疏解外来人口 196 人。对涞宝路、房易路两侧开展环境综合整治，拆私搭乱建 107 处。利用广播、横幅、宣传车，发放各类宣传材料 4000 余份，开展土地法律法规宣教活动。更换节能炉具 1200 台、优质燃煤 1.3 万吨，在北白岱、史各庄新建太阳能光伏发电站 2 处，安装太阳能路灯 100 盏。东关上、广录庄 2 个村通过美丽乡村验收。

开展市民大讲堂、新型农民等各类讲座培训 50 余场，培训人数 1.5 万余人。成立张坊镇文联，举办北京慈善义工协会养老专业委员会暨文化部人民书画院仙栖谷分院成立授牌仪式。配合市、区完成 2016 年中国房山世界地质公园京津冀越野障碍跑挑战赛。修缮完成北白岱中山寺、郭士红烈士墓。完成广录庄、西白岱、大峪沟 3 个村文化大院修缮项目的主体建设。开展"科普之春""云科普"等主题宣传和讲座活动。在全镇范围内开展"百名干部搞调研""好婆婆、好媳妇"、文明张坊人等主题活动。全年报送各类消息新闻 350 余条，专题报道 20 余次，制作《张坊镇五年工作巡礼》等 8 部宣传片。投资 2.6 亿元，建成千榆路 14.4 公里，解决山区 2500 余人的出行问题。培训下岗失业人员 2500 人次，发布各类用工信息 10 余期，举办 1 次张坊镇民营企业专场招聘会，实现新增就业 400 余人，城镇登记失业率控制在 4% 以下。发放低保金、救济金、老龄和残疾人补贴 500 余万元。

镇域内有北京农村商业银行、电信局、邮政局各 1 个。境内公路里程 72 公里，自来水用户 12170 户。

全镇有中心幼儿园 3 所。小学 4 所，在校生 643 人，教职工 72 人；中学 1 所，在校生 226 人，教职工 57 人；成人学校 1 所，教职工 4 人。社区卫生服务中心 1 所，病床 28 张，村卫生室 22 所，卫生技术人员 65 人。村级数字影院 15 处、文体活动中心 15 处，健身广场 16 处。

（陆冰清）

【医疗绿色通道签约仪式】 1 月 22 日，中国人民解放军第 309 医院与仙栖谷养老院医疗绿色通道签约仪式在张坊镇政府举行。仙栖谷养老院与中国人民解放军第 309 医院建立转诊机制，仙栖谷养老院、张坊地区的老人到中国人民解放军 309 医院就医享受绿色通道。中国人民解放军第 309 医院定期派专家到张坊镇开展义诊和讲座。

（陆冰清）

【"新春送法下乡"宣传活动】 1 月 27 日，张坊镇利用张坊传统大集，开展"新春送法下乡"宣传活动。向群众发放法制春联以及法制宣传材料 4500 份，悬挂横幅 5 条，展出展板 30 块。

（陆冰清）

【文化部人民书画院仙栖谷分院成立】 4 月 26 日，北京慈善义工协会养老专业委员会暨文化部人民书画院仙栖谷分院成立揭牌仪式在张坊镇政府举行。书画院和仙栖谷养老院联合，形成"文化养老"，开创养老机构发展新方式。市委社会工委、市文联、房山区委、房山区委社会工委、文化部人民书画院艺术创作院等相关领导 300 余人参加活动。

（陆冰清）

【张坊镇文学艺术界联合会成立】 5 月 19 日，张坊镇文学艺术界联合会成立大会在镇政府举行。选举产生以镇党委书记为主席的

第一届理事会。市文联、区文联、区委宣传部、区文明办、区广电中心、区文化委、区体育局、镇政府全体机关干部、各村代表、重点企业负责人及各文艺团体负责人 300 余人参加活动。

（陆冰清）

【越野障碍跑挑战赛】 9 月 25 日，2016 年中国房山世界地质公园京津冀越野障碍跑挑战赛在张坊镇四渡景区凯步锐石户外运动基地举办。赛事以越野障碍跑、水上项目等运动形式展现。全国的 31 支队伍 300 余名运动员参与比赛。

（陆冰清）

【"一带一路"葡萄酒大赛精品路线完工】 9 月，张坊镇"一带一路"葡萄酒大赛精品路线打造项目全部完工，投入资金 2000 万元，累计完成新建道路 3.8 万平方米，绿化美化面积 62 万平方米，5 处景观节点铺装面积 8000 平方米，新修步道 2000 米，同时建设完成花海梯田 300 亩、景观水系治理 5 万平方米、路灯安装及线路拆改移 6 公里。

（陆冰清）

【欢乐周末亲子行活动】 10 月 22 日，张坊镇组织"关爱贫困儿童"欢乐周末亲子行活动。让小朋友们了解植物生长过程，动手体验自制水果罐头和相框，参加拔河比赛等。有低保户贫困家庭及机关 20 余名适龄儿童家庭 50 余人参加活动。

（陆冰清）

【健康长走活动】 10 月 29 日，"红酒飘香，悦动张坊"健康长走活动在张坊镇"一带一路"葡萄酒大道举办。长走路线以广录庄村口为起点，终点设在镇政府东侧的文体中心，全长 7 公里，途径七彩金塔、花海梯田、玻璃观景台、"丝路金桥" 4 个节点，经由观光大道回到终点。镇全体机关干部、各行政村"两委"班子成员等 200 余人参加

长走活动。

（陆冰清）

【金色球菊产业园项目启动】 年内，张坊镇启动金色球菊产业园项目。金色球菊产业园位于府前街东侧，项目包括新修地堰682米、水渠405米、1.5米宽石子路405米，栽植球菊15万株。

（陆冰清）

【残疾人老年合唱队组建】 年内，张坊镇南白岱职康站举办主题为"唱响新生活——组建残疾人老年合唱队丰富服务对象文化生活项目"启动仪式。演出独唱、小合唱、大合唱、乐器独奏、集体舞等10余个节目。残疾人及残疾人亲友50余人参加活动。

（陆冰清）

2016 年张坊镇村委会基本情况

表 16

村委会名称	党支部书记	村委会主任	户数（户）	人口（人）	农民人均所得（元）
广录庄村	穆启林	董艳玲	626	1437	12254
南白岱村	吕志德	王洪涛	885	2099	13063
西白岱村	郭荣华	郭荣华	900	2081	15740
史各庄村	郭淑元	李玉安	271	627	12424
张坊村	李志来	李志来	1271	2791	15499
片上村	白翔宇	王金顺	405	914	12768
下寺村	姜铁牛	姜强子	252	633	10300
大峪沟村	苏秀武	苏秀武	630	1351	12760
北白岱村	贾忠慧	贾忠慧	546	1258	12877
蔡家口村	蔡仕林	蔡仕林	286	617	12220
东关上村	龚进忠	龚进忠	450	1137	12277
三合庄村	胡爱武	隗永昆	255	582	12079
瓦沟村	穆希泉	穆希泉	278	699	10000
千河口村	张玉虎	张玉虎	178	388	13144
穆家口村	刘富山	刘富山	157	352	15113

注：村委会数据来源于《北京市房山区统计年鉴（2017）》。户数，指长期（一年以上）居住在乡镇（不包括城关街道）行政管理区域内的住户，还包括居住在城关街道所辖行政村范围内的农村住户。人口，指乡村地区常住居民户数中的常住人口数，即经常在家或在家居住 6 个月以上，而且经济和生活与本户连成一体的人口

十渡镇

【概况】 十渡镇位于房山区西南,东与张坊镇为邻,西、南与河北省涞水县接壤,北与蒲洼乡、霞云岭乡为邻。十渡镇处于太行山深山区,地势西北高,东南低,最高处海拔 1245.8 米,最低处海拔 90 余米。自然风景以独特的喀斯特地貌称绝,是华北地区最大的岩溶峰林大峡谷。山奇水秀,谷壁峭立,峰林叠翠,石美洞幽。拒马河流经镇域。景区内有 48 家大型宾馆、培训中心,其中星级宾馆 10 家。有蹦极、攀岩等 36 个旅游项目,18 处水面娱乐中心,10 个集吃住游于一体的自然景区,12 处地质奇观。有民俗旅游村 15 个,其中市级民俗村 7 个;民俗户 658 户,其中市级民俗户 399 户,从事旅游业的农户占总农户的 75%。2016 年,通过中国房山世界地质公园再评估及国家卫生镇复审(2016—2018 年)。镇域总面积 208 平方公里,辖村民委员会 21 个。2016 年,全镇户籍户数 6511 户,其中农业户 3948 户、非农业户 2563 户。户籍总人口 11406 人,其中,男性 5742 人,女性 5664 人;农业人口 7813 人,非农业人口 3593 人。年内,出生人口 173 人,出生率 15.17‰;死亡人口 133 人,死亡率 11.66‰;人口自然增长率 3.51‰。

2016 年,十渡镇党委下辖基层党支部 26 个。年内,发展中共党员 13 名,培训入党积极分子 45 名。全镇有中共党员 1170 名。镇党委在抓好"两学一做"学习教育规定动作的基础上,与"党心温暖千万家,千万群众跟党走"等自选动作有机结合,提高党员意识、政治意识和服务意识。开展"亮户践诺先锋行"活动,对党员民俗户进行挂牌,亮身份树形象,强化党员意识,发挥先进模范作用。完成党委、政府、人大、村民委员会换届选举。建立机关干部绩效考核体系,开展科级干部竞争上岗。认真开展党委中心组理论学习,完善党委议事制度和"三重一大"实施细则,坚持集体领导与分工负责相结合,做到按章办事。健全党政领导包村、包重点项目责任制。严格执行中央八项规定,厉行勤俭节约,严控"三公"经费支出。创建"精品民俗"试点,探索"党支部+民俗户+合作社+协会"发展模式,统一标准、提升品质,推进民俗村旅游专业合作社建设,实现乡村民俗旅游新发展。履行党委第一责任,签订"一岗双责"责任书 52 份。

2016 年,全镇财政收入 996.3 万元,比 2015 年下降 34.8%;税收完成 3681 万元,比 2015 年增长 67.3%。固定资产投资完成 9785 万元,比 2015 年下降 31%。集体经济营业收入 66544.9 万元,农民人均所得 11504 元。全年,接待游客 313 万人次,旅游收入 6.5 亿元,比 2015 年增长 3.67%。

全镇粮食播种面积 5941 亩,总产量 782.2 吨。主要农作物播种面积和产量:稻谷播种面积 20 亩,总产量 8 吨;玉米播种面积 4741 亩,总产量 649 吨。蔬菜播种面积 355 亩,总产量 562.9 吨。农业机械总动力 2139 千瓦。全年,生猪出栏 879 头,存栏 1091 头;羊出栏 4692 只,存栏 10198 只;家禽出栏 0.25 万羽,存栏 2.22 万羽;鲜蛋产量 76 吨;肉类总产量 146.5 吨。干果产量 35.6 吨,鲜果产量 603.9 吨。2016 年,造林 260 公顷,四旁植树 0.3 万株。

2016 年,十渡镇继续开展"清洁家园·美丽十渡"行动,每月 10 日为固定活动日,全年，出动人员 1.2 万人次，车辆 6000 余辆次，清理生活垃圾 7000 余吨，清理建筑垃圾、渣土 8 万吨，清理不规范广告牌匾 300 块，拾捡白色垃圾 40 公斤；清除堆物堆料 780 处，清理水面漂浮物 30 处，粉刷外立面 5 万平方米。制定《十渡镇农村环境卫生综合整治工作网格化管理实施方案》《十渡镇生态环境整治工作实施方案》《十渡镇生态环境整治工作任务分解表》。全域内实施禁牧，打击河道私挖盗采、电鱼、捕鱼等违法行为，开展鸟类保护执法检查，保护区域内的黑鹳，发放宣传资料 5000 余份。开展"减煤换煤"，置换劣质煤 3446 吨，配送型煤 4452.5 吨，更换燃煤炉具 1079 台。

年内，建设房山区国家生态保护与建设示范区生态环境，实施造林工程 3900 亩、低效林改造工程 1000 亩，栽植苗木 30 万余株，抚育树木 5 万株。完成森林抚育工程 7000 亩和封山育林工程 2000 亩。建设道路挡土墙 800 米，村庄美化 3360 平方米，道路绿化 1020 米，完成碎石步道建设 7500 米，引水渠整治 1500 米。完成卫片的核实、整改，拆除违法建设 10 宗 4974 平方米。整治旅游市场秩序，成立 30 人的保安队伍，采取日常监管和派出所、城管、食药等部门联合执法相结合的方式，针对"黑导""黑车""黑马"进行专项整治。联合主要景点和 15 个沿河村委会签署专项治理"黑导票提"三方协议，制定景点、民俗户票务三联单，规范优惠票销售渠道。以西关上村为试点，投资 1412.56 万元实施生态环境建设。涞宝路至红井路联络线工程完成 85%。投资 2332 万元建设北京水产科学研究院鲟鱼实验中心项目，签订新华联集团框架合作协议。有 64 户民俗户加入九渡民俗专业合作社，推进七渡村合作社试点。开发低空旅游项目与观光小火车项目。开拓夜间及秋冬季项目，举办"十渡多彩生活音乐周"活动。开展农民住房新建翻建，改造完成 94 户。更换太阳能路灯 192 盏。建设东太平 22 千瓦光伏电站。发放蜂箱 200 套、巢蜜盒 3000 个。

十渡镇与房山职业学校、房山农广校、房山电大分校合作，开设旅游中专班、计生干部中专班、农林经济管理大专班，组织其他各类培训 700 余人次。全镇有文艺社团组织 24 个，其中镇级文艺团队 1 支、村级艺术团队 21 支、企业艺术团队 2 支。举办健身舞蹈展示大赛，组织村级演出 42 场次，镇级演出 6 场次。投资 300 万元实施西河村、七渡村健身广场修缮项目。升级改造 7 个村级图书室，配备图书室展柜 23 套，补充图书 2300 册，音像资料 575 张。开展困难家庭、低收入家庭、优抚对象、残疾人救助帮扶活动，发放各类津贴、补助 177.8 万元，发放各类残疾人辅具 125 件，开展残疾人实用技术培训 2 期。为 430 位 80 岁以上的老年人提供居家养老服务，发放高龄津贴 47.5 万元。城乡居民养老保险 3372 人，续保率 99.96%。新型农村合作医疗参合 6633 人，参合率 96%。

十渡镇有寄宿制中心小学 1 所，教职工 33 人，教学班 12 个，在校生 332 人，其中住宿生 248 人。有中心幼儿园 1 所，中心园分园 2 所，教职工 19 人，教学班 7 个，入园儿童 185 人；获北京市第三届"辛勤育苗"学前教育工作先进集体奖。有镇成人学校 1 所，教职工 6 人。有社区卫生服务中心 1 个，社区卫生服务站 4 个。有 15 个村卫生室和 4 个健康促进室。全镇有 21 个村图书室，书籍 168305 册。

（田晓阳）

【减煤换煤工作部署】 1 月 8 日，十渡镇召开减煤换煤工作部署动员会。成立减煤换煤工作领导小组，镇党委书记任组长，各村支部书记直接负责。印发《致村民的一封信》，包村干部下村，详细摸排各村村民用煤换煤情况，登记造册。在市、区财政补贴政策的基础上，对村民用煤 1 吨再补贴 85 元，新型炉具再补贴 10%，烟煤换新型煤 1 吨换 1 吨。各村责成专人在村口设卡，防止游商入村，对烟煤游商进行阻拦，禁止烟煤进村。

（田晓阳）

【综艺汇演】 3 月 4 日，十渡镇举办"弘扬传统文化、培育文明新风"综艺汇演活动。表演有诵读、小品、川剧、快板等。区委宣传部、区文明办、区妇联、区文化委、镇全体机关干部、各村"两委"干部、各村文体计生专干、妇女主任、各双管单位负责人、旅游企业负责人等 300 余人参加活动。

（田晓阳）

【"爱鸟人家"授牌仪式】 4 月 26 日，2016 年"爱鸟周""保护野生动物宣传月"暨"爱鸟人家"授牌仪式在十渡镇举行。北京市野生动物保护管理站站长王民中为"爱鸟人家"主人蔡丰永一家授予"爱鸟人家"牌匾。十渡镇领导、各村村民代表及十渡地区观鸟摄鸟爱好者参加活动。

（田晓阳）

【新华联集团考察十渡投资环境】 5 月 26 日，新华联集团到十渡考察投资环境。实地察看六渡村沟域环境，听取十渡镇对沟域规划中的想法及项目介绍，新华联集团对十渡镇六渡村沟域的优美环境给予高度赞赏，表示会进一步合作。

（田晓阳）

【防汛演习】 6 月 8 日，十渡镇在笔架山庄组织防汛演习，技术人员讲解拒马河流域的防汛预案。镇、村两级干部熟悉预案内容，明白启动预案的条件和程序、如何发布信息，该如何避、如何抢、如何转移等实战要求。拒马河流域防汛分指挥部总指挥及区财政局、区旅游委、十渡镇、大石窝镇、长沟镇、蒲洼乡、张坊镇等 16 个分指挥部成员单位参加活动。

（田晓阳）

【党员民俗户挂牌仪式】 7 月 1 日，十渡镇举行"亮户践诺先锋行"党员民俗户挂牌仪式，为全镇 28 户党员民俗户授牌，发挥党员的先锋模范作用。

（田晓阳）

【防汛救灾】 7 月 20 日，房山区发布暴雨红色预警信号，拒马河流域防汛分指挥部总指挥及分指挥部成员指导防汛救灾工作。先后察看五合村、六渡村等地质灾害隐患重点，了解村里雨情监测、应急值守、避险安置预案等相关工作，解决六渡村雨水倒灌问题。十渡镇从 19 日 10 时至 20 日 20 时平均降雨量为 231.3 毫米，转移险户 36 户 76 人，转移游客 6800 人，关闭所有旅游景点，对镇域内 7 座漫水桥进行交通管控，在危险路段有专人把守。

（田晓阳）

【"助残助老"爱心趣味运动会】 7 月 28 日，十渡镇召开"助残助老"爱心趣味运动会。设跳绳、拔河、趣味运动等 7 个项目。20 支代表队 150 余人参加活动，西石门村代表队获第一名。

（田晓阳）

【十渡镇文学艺术界联合会成立】 9 月 1 日，十渡镇成立文学艺术界联合会。召开十渡镇文学艺术界联合会第一届理事会第一次会议，选举产生第一届理事会。十渡镇文学艺术界联合会第一届理事会有理事 30 人，下设作家协会、书画协会、音乐舞蹈协会、曲艺协会、摄影协会 5 个分会。市文联、区文联、区文明办、区广电中心、区文化委等领导和镇机关干部、各村支部书记、各村文体专干、企事业单位负责人、十渡镇文学艺术爱好者100余人参加大会。

（田晓阳）

【北京鑫岩户外运动体验基地开业典礼】 9月20日，北京鑫岩户外运动体验基地开业典礼在十渡镇普渡山庄举办。户外运动主要为飞拉达（飞拉达为户外天然岩壁运动，包含高空攀岩内容）。十渡飞拉达全长524米，其中岩壁线路266米，最高点距地面64米。

（田晓阳）

【十渡风景区"十一"假日旅游暨AAAA级景区复评工作会】 9月22日，十渡镇召开十渡风景区"十一"假日旅游暨AAAA级景区复评工作会。部署"十一"黄金周环境秩序工作与AAAA级景区复评工作，成立"十一"假日旅游工作小组与十渡风景名胜区AAAA级旅游景区复核迎检工作指挥部，对安全生产工作、景区治安维稳、社会面防控工作进行安排。十渡镇科级以上机关干部，沿河村支部书记、村委会主任，宾馆、企业负责人参加会议。

（田晓阳）

【房山区第三届稻作文化节】 10月23日，房山区第三届稻作文化节系列农耕体验活动在十渡镇西河村举办。60个家庭200余人体验割水稻、手工打谷脱粒、拔萝卜、摘柿子等活动。

（田晓阳）

2016年十渡镇村委会基本情况

表17

村委会名称	党支部书记	村委会主任	户数（户）	人口（人）	农民人均所得（元）
九渡村	刘玉金	刘玉金	169	381	12900
西庄村	赵喜更	赵喜更	222	465	12279
西河村	杨永江	杨永江	138	282	12304
七渡村	隗合祥	隗合祥	118	215	12883
前头港村	刘秀华	刘秀华	23	70	12428
西关上村	李勇	李勇	140	259	11969
六渡村	穆希民	穆希民	237	442	12287
五合村	蔡成全	蔡成全	92	170	11982
八渡村	刘玉怀	刘玉怀	109	241	12323
北石门村	穆希文	穆希文	194	302	11456
平峪村	晋有文	蔡丰满	663	1419	12536
新村	齐怀忠	曹树元	42	81	12098
西石门村	李廷立	李廷立	300	580	11275
马安村	王有山	王有山	255	463	8250
十渡村	晋明华	隗功连	594	1135	13251
卧龙村	齐树苍	崔祥亮	277	600	7700
西太平村	李玉丰	李玉丰	169	338	8402
东太平村	齐文广	齐文广	95	194	7293

续表17

村委会名称	党支部书记	村委会主任	户数（户）	人口（人）	农民人均所得（元）
六合村	王永术	王永术	75	152	11842
王老铺村	陨合祥	穆启甫	90	134	11791
栗元厂村	陨合龙	陨合龙	49	77	11428

注：村委会数据来源于《北京市房山区统计年鉴（2017）》。户数，指长期（一年以上）居住在乡镇（不包括城关街道）行政管理区域内的住户，还包括居住在城关街道所辖行政村范围内的农村住户。人口，指乡村地区常住居民户数中的常住人口数，即经常在家或在家居住6个月以上，而且经济和生活与本户连成一体的人口

青龙湖镇

【概况】　青龙湖镇位于北京西南部，东与丰台区接壤，东南与西潞街道为邻，西与河北镇接壤，西南与城关街道、东风街道相连，南与阎村镇、新镇相连，北邻门头沟区。镇域总面积91平方公里，其中水域面积4平方公里，蓄水量2900万立方米，辖村民委员会32个、社区居委会2个。2016年，全镇户籍户数23088户，其中农业户12375户、非农业户10713户。户籍总人口44102人，其中，男性22029人、女性22073人；农业人口25720人、非农业人口18382人。年内，出生人口890人，出生率20.18‰；死亡人口246人，死亡率5.58‰；人口自然增长率14.6‰。

2016年，青龙湖镇党委下辖基层党组织52个，其中党总支3个、党支部49个。年内，发展中共党员23名，培训入党积极分子35名。全镇有中共党员2377名。年内，召开青龙湖镇第五届人民代表大会。

67名新一届镇人大代表出席会议。选举青龙湖镇新一届人大、政府组成人员。完成全镇32个行政村的村委会换届选举。选举产生村委会成员114名，新一届村委会成员中党员89人，村党支部书记、村主任"一肩挑"15人，村"两委"交叉任职的59人；村委会主任是党员的30人，开展"两学一做"学习教育，营造干事创业氛围。累计发放学习图书1万余册，建立基层示范党支部5个，举办机关干部、村"两委"干部专题辅导班，分片组织基层党员集中学习4次。全镇行政村、社区党组织全部按要求召开"两学一做"学习教育动员会、制定计划，结合组织生活会分别进行合格党支部建设规范和合格党员行为规范大讨论活动。牵头组织召开新一届"两委"干部培训班，邀请专家学者、业务部门骨干为"两委"班子讲授中共中央总书记习近平系列讲话精神、京津冀协同发展理论，以及具体业务知识。

2016年，全镇完成税收13744.1万元，比2015年增长28.2%；财政收入5104.6万元，比2015年增长23%。固定资产投资完成13.1亿元，比2015年增长52.1%。集体经济营业收入27045.7万元，农民人均所得12584元。农村居民人均可支配收入20752

元，比 2015 年增长 9.5%。规模以上工业总产值 52570.7 万元，主营业务收入 51299.8 万元。

全镇粮食播种面积 5990 亩，粮食总产量 1973.8 吨。主要农作物播种面积及产量：小麦播种面积 226 亩，总产量 93.9 吨；玉米播种面积 5645 亩，总产量 1788 吨。蔬菜播种面积 3127 亩，总产量 6741.9 吨。全年，生猪出栏 37505 头，存栏 27364 头；羊出栏 3290 只，存栏 4538 只；牛出栏 143 头，存栏 652 头；家禽出栏 8.94 万羽，存栏 10.55 万羽；牛奶产量 1232.6 吨，鲜蛋产量 818.9 吨；干果产量 31.6 吨；鲜果总产量 996.5 吨。完成平原造林 42.3 亩，栽植苗木 1903 株；实施低效林改造工程 1000 亩，补植树木 7600 株；完成北车营封山育林 2000 亩，补植树木 2000 株。

2016 年，青龙湖森林公园二期工程建设面积 483.33 公顷，完成边界确认和种植区块及一、二、三级道路放线工程，整地面积 90.60 公顷。开展"减煤换煤、清洁空气"行动，在西石府、常乐寺等 13 个村实施"煤改电"，在未实施"煤改电""煤改气"的村更换优质型煤，实现优质型煤全覆盖，安装空气源热泵 3755 户 3755 台，蓄热电暖气 924 户 2944 台；配送优质型煤 9294 吨、兰炭 1936 吨。

青龙湖镇有 11 家酒庄，年产优质葡萄酒 28 万瓶，有 4 款红酒在北京房山国际葡萄酒大赛中获银奖。中信国安家庭生态休闲农场开工建设，北库一期项目初步建成，建成熙海国际酒店和西海绿洲国际休闲旅游度假区。为 2016 北京房山国际葡萄酒大赛，修建 6000 多平方米、展示全球 40 多个产区 100 个酒庄的葡萄酒博览园，完成道路绿化 30 万平方米，栽植乔木及花灌木 130 余万株，整治大赛周边环境及道路。完成总投资

2500 万元，建设青龙湖集中供水厂厂区建筑面积 1132.1 平方米，进入供水自动化设备调试阶段。北京市南水北调配套工程房山良乡水厂项目，完成大苑村厂区地上物拆迁、土地流转、超转及劳动力安置等各项工作，面积 12.47 公顷，完成主体工程 50%。完成青龙湖镇污水厂地上物清理拆除工作。2016 年，全镇抗震节能改造 1023 户，新建房屋 98 户。"煤改电" 510 户。实施水峪村精准扶贫光伏发电项目和焦各庄村、崇各庄村基础设施提升改造工程，安装太阳能路灯近 500 盏，监控摄像头 60 个。2016 年，城乡劳动力实现就业 841 人；城乡"困难"劳动力实现就业 659 人。建立青龙湖镇慈善大病救助基金，组建社区"康乐家园"特色志愿者服务队。开展送文化下乡、周末大舞台活动 53 场，组织各类文体活动 520 场。全镇学校、幼儿园全部达到市级标准。开展全科农技员、农家院经理等自主培训，培训人次 1770 人次。

全镇有 2 所中心小学，下辖 5 所完全小学；有 2 所中学；有社区成人职业学校 1 所；新型市民文明学校 34 所；有 2 所中心幼儿园，下辖分园 4 所；有民办园 4 所。中小学有学生 2900 余名，在园幼儿 1060 名。教职工 508 名。全镇村级文化站 34 个，文化活动广场 35 处，数字影院 31 个，农村益民书屋 34 个，文化共享工程服务站点 33 个，村级兼职文体专干 34 人。

（鲍威弘）

【"书香青龙湖"全民阅读活动】 4 月 21 日，青龙湖镇举办"书香青龙湖"全民阅读活动启动仪式。北京人天书店捐赠价值 14 万元图书。区文化委、区教委、青龙湖镇、北京人天书店有限公司等领导出席启动仪式。

（刘晓睿）

【"起航杯"赛艇友谊赛】 4月25日，清华大学经管学院和北京大学光华管理学院在青龙湖举办"起航杯"赛艇友谊赛。有3支各由9人组成的队伍参赛。

（刘晓睿）

【青龙湖镇残疾人乒乓球比赛】 5月11日，青龙湖镇在温馨家园举办第三届残疾人乒乓球比赛。有23个代表队45名运动员参加比赛。比赛决出获奖人员12名，其中男子8名、女子4名。

（刘晓睿）

【2016年残疾人就业专场招聘会】 6月16日，青龙湖镇举办2016年房山区青龙湖镇福利企业残疾人就业专场招聘。北京市鑫宏鹏职业有限公司、北京康宇器材有限公司、北京市香香唯一食品厂、北京御生堂保健食品有限分公司等9家用人单位提供质检化验员、库管员、普工、勤杂工、保洁员、服务员、操作工、话务员、门卫等58个岗位，200多名残疾人应聘，达成就业意向有47人。

（刘晓睿）

【计生知识竞赛】 7月14日，青龙湖镇举办"贯彻计生条例，构建健康青龙湖"知识竞赛决赛。经过提前预赛，有12支代表队36人进入决赛。比赛按照小组积分模式进行，分为必答题、抢答题、风险题3个环节。青龙湖镇卫生院获一等奖，上万村、北四位村分别获二等奖，坨里、马家沟等5个村获三等奖。

（刘晓睿）

2016年青龙湖镇村（居）委会基本情况

表18

村（居）委会名称	党支部书记	村（居）委会主任	户数（户）	人口（人）	农民人均所得（元）
晓幼营村	项振军	项振军	535	1322	12594
西石府村	孟学民	陈 武	238	550	12138
常乐寺村	高 富	孟祥福	223	430	12302
北四位村	张德水	张德水	431	1031	12318
南四位村	赵维军	赵维军	300	779	13093
焦各庄村	屈桂英	屈桂英	520	1047	12817
小苑上村	刘 瑞	刘 瑞	159	522	12298
青龙头村	范立民	王美侠	72	150	14433
崇各庄村	王凯军	韩士增	300	912	12587
豆各庄村	穆启华	张立军	1207	2475	15311
庙耳岗村	朱仲志	朱仲志	168	403	15434
辛庄村	吴束	王 振	227	908	13322
芦上坟村	刘 振	刘建华	181	504	12799
大苑村	白金志	白金志	557	2261	12811
北刘庄村	曹福霖	曹福霖	252	710	12873
大马村	刘 新	刘 新	271	616	13819
小马村	毕振海	毕振海	121	267	12940
果各庄村	石文迎	石文迎	424	1124	12407

续表18

村（居）委会名称	党支部书记	村（居）委会主任	户数（户）	人口（人）	农民人均所得（元）
西庄户村	陈广权	梁小君	245	540	12444
岗上村	郜 俊	吴宝贵	267	939	11357
坨里村	王立勇	金建国	1079	2080	12102
上万村	赵燕鸣	杨国华	1325	3801	11515
北车营村	翟瑞生	陈瑞坡	907	2935	11607
辛开口村	孙晓华	孙晓华	362	1024	12138
漫水河村	张 宝	武玉红	140	313	13009
南观村	索 海	张德田	220	729	12057
口头村	顾成林	高兴红	452	1287	12463
沙窝村	丁友利	徐金萍	520	1952	12218
大苑上村	王福奎	管金山	347	912	12138
马家沟村	陈静	韩宝国	409	740	13470
水峪村	赵燕鸣	赵燕鸣	334	728	12087
石梯村	武春明	武春明	128	321	14672
京煤集团化工厂社区	吕宝丽	吕宝丽	470	1085	—
京强水泥厂社区	肖红梅	肖红梅	37	79	—

注：村委会数据来源于《北京市房山区统计年鉴（2017）》。户数，指长期（一年以上）居住在乡镇（不包括城关街道）行政管理区域内的住户，还包括居住在城关街道所辖行政村范围内的农村住户。人口，指乡村地区常住居民户数中的常住人口数，即经常在家或在家居住 6 个月以上，而且经济和生活与本户连成一体的人口

韩村河镇

【概况】 韩村河镇位于房山区西南部，地势西北高东南低，依次为山区、丘陵、平原，各占 1/3。东与琉璃河镇为邻，西与霞云岭乡、大石窝镇和张坊镇相接，南与长沟镇和河北省东仙坡交界，北与石楼镇和周口店镇接壤。镇域总面积 112 平方公里。辖村民委员会 27 个、社区居委会 1 个。2016 年，全镇户籍户数 18920 户，其中农业户 11170 户、非农业户 7750 户。户籍总人口 41313 人，其中男性 20891 人、女性 20422 人；农业人口 26623 人、非农业人口 14690 人。年内，出生人口 774 人，出生率 18.74‰；死亡人口 225 人，死亡率 5.45‰；人口自然增长率 13.29‰。

2016 年，韩村河镇党委下辖基层党组织 43 个，其中党总支 2 个、党支部 41 个。年内，发展中共党员 20 名，培训入党积极分子 45 名。全镇有中共党员 2107 名。开展"两学一做"专题教育活动，认真梳理存在问题，对全镇党员干部"四风"问题进行整改。完成区、镇党代表换届选举工作。完成

27个村的村委会换届选举。加大软弱涣散村的整治力度。对东南章、二龙岗等村派驻第一书记。持续开展机关干部"一帮一"活动。落实《党风廉政建设责任制》《廉政准则》，提升干部队伍素质，规范从政行为。

2016年，全镇税收完成2.19亿元，比2015年下降38.1%；财政收入0.77亿元，比2015年下降43.3%。固定资产投资完成1.5亿元，比2015下降46.1%。集体经济营业总收入25.25亿元，农民人均所得12459元。乡镇企业总收入33.41亿元。全镇有镇办企业6家，村办企业5家，私营个体1322家。

全镇粮食播种面积18604亩，总产量7071.3吨。主要农作物播种面积和产量：小麦播种面积5624亩，总产量1968.6吨；玉米播种面积12266亩，总产量4499.2吨。蔬菜作物播种面积1771亩，总产量3187.8吨。干鲜果品总产量542.4吨。生猪出栏27637头，存栏20134头；羊出栏3838只，存栏6645只；家禽出栏2.69万羽；禽蛋产量360.6吨。鲜奶产量202.2吨。2016年，造林140公顷，四旁植树6.5万株，育苗100.6公顷。

2016年，韩村河镇围绕"国际生态旅游休闲名镇"发展定位，加快产业转型升级和功能疏解承接。做好北京韩村河服装产业园区"腾笼换鸟"的服务工作。建设"天开花海"景区，增加种植规模和品种数量。有机融合尚大·沃联福亲子农庄、龙门生态园、金冠果业等旅游业态实现和亲子教育、佛教体验等文化服务，成为旅游新热点。举办龙门生态园和韩村河村2个庙会。实施樱桃种植及养心茶基础设施建设项目。完成圣水绿洲农林生态园及薯香苑农业观光有限公司特色新业态——"采摘篱园"项目申报工作。加强罗家峪、圣水峪、上中院、下中院等重点景区周边村民俗旅游管理，提升市级民俗户旅游接待和服务水平。加快新农居建设，

增强龙门新村手续办理力度，促进农民就地城市化、就业非农化。加强同河北省近邻地区合作关系，推动农业技术、基础设施等合作对接，实现优势互补。推进龙门口村设施农业及光伏建设工程。完成抗震节能及外墙保温等工作。落实与北京韩建集团战略合作框架协议内容，成立专项小组，协调有关部门，办理前期手续，推进01、03街区城市化建设水平。完成牤牛河、挟括河综合治理。启动北京健康绿道建设工程，南水北调巡线路即将竣工。完成天开村北岩矿区的绿化治理工作。完成平原造林补植补造工程，补植树木5500株。开展山区造林及农村垃圾分类。实施京昆高速沿线绿化美化工程。完成5个村的"煤改电"及燃煤锅炉改造等工作。为东营村、潘庄村、郑庄村等6个村2148户，安装空气源热泵1545台、蓄能式电暖气603台，为皇后台村、岳各庄村、天开村等19个村订购型煤11520.51吨、兰炭244.495吨。投资320万元，购置镇文体活动中心内置设备。启动天开小学、五侯中心小学等工程建设。解决曹章、孤山口小学校舍保温问题。

全镇有中学2所、小学6所，中小学生在校生2076人，入学率100%。有镇级卫生院1所，社区卫生服务中心1所，社区卫生服务站14个，村级卫生室24个，医疗服务人员134人。

全镇有文物古迹26处。其中，市级文物保护单位有上方山诸寺及云水洞、天开村元代应公长老寿塔、孤山口村明代周吉祥塔、皇后台村清代伊桑阿墓。区级文物保护单位有曹章村汉代陶井、天开村天开塔。一般级文物共20处。

（胡学谦）

【北京龙门生态园(天开寺)春节庙会】 2月8日至22日（农历正月初一到十五），韩

村河镇北京龙门生态园（天开寺）举行春节庙会。庙会以"猴年新气象，金猴闹新春"为主题，有祈福法会、狮子老虎争相卖萌的马戏表演、异域风情的俄罗斯演艺和地方美食及小商品，每到整点，现场派发红包。

（胡学谦）

【房山区未成年人"云呵护"工程】 3月22日，房山区未成年人"云呵护"工程推进会在韩村河镇尚大沃联福亲子农场举办。房山区未成年人"云呵护"工程是市级政府购买项目，在区委社会工委、区妇联、团区委等单位协作下，连续3年获得资金等方面支持，成为房山区市级购买项目中的亮点品牌。针对区内农村地区、中小学、外来务工子弟学校开展"云呵护"服务项目。

（胡学谦）

【整治露天烧烤】 7月11日，韩村河镇组织城管、食药所、综治办、派出所等部门联合开展整治露天烧烤夜查行动。重点对未经审批没有固定门店进行露天烧烤、炉具外放烧烤、没有使用环保炉具或对原有炉具进行无油烟改造、未经镇城管部门审批在店前摆放餐桌经营等违章行为进行取缔，查处烧烤摊8家，烤炉8个、桌椅3套。

（胡学谦）

【北京龙门慈善基金会2016年捐资助学仪式】 8月25日，北京龙门慈善基金会在韩村河镇龙门生态园内举行2016年助学金发放仪式。为2016年受助学子102人发放助学金39.2万元。

（胡学谦）

【北京国际青年营房山营地开营】 10月18号，北京国际青年营房山分营在韩村河镇龙门生态园开营。房山区委、北京市体育局、团市委领导出席开营仪式。团区委、区教委、韩村河镇领导以及来自清华附中丰台学校的200名中学生参加活动。

（胡学谦）

【杜绝使用劣质燃煤】 11月22日至23日，韩村河镇组织减煤办、城管、综治办等部门联合对赵各庄商业街、岳各庄大街等商户燃煤情况开展突击检查。重点对商户取暖情况及煤火使用进行检查，倡导使用优质型煤、电、天然气等清洁能源，与商户签订《杜绝劣质燃煤使用承诺书》。出动工作人员50余人次，检查商户185家，查处劣质燃煤运输车辆1辆，收缴劣质燃煤4.5吨，发放宣传材料200余份。

（胡学谦）

2016年韩村河镇村（居）委会基本情况

表19

村（居）委会名称	党支部书记	村（居）委会主任	户数（户）	人口（人）	农民人均所得（元）
韩村河村	张桂平	张桂平	787	1906	23000
五侯村	王永生	邓立新	885	2112	11193
小次洛村	王联合	王联合	179	413	11261
东南章村	卜飞飞	王栋	308	743	12627
西南章村	崔哲	崔哲	210	470	12382
西东村	王学武	胡茂伟	605	1475	12677
潘庄村	高立洪	史立国	293	725	11724
郑庄村	杜永贵	白茂	282	678	11238

续表9

村（居）委会名称	党支部书记	村（居）委会主任	户数（户）	人口（人）	农民人均所得（元）
崇义村	李 振	鲁永东	331	716	11452
曹章村	赵定来	曹海涛	762	2083	11713
七贤村	左树梅	左树梅	328	1018	11561
东营村	刘进根	纪春红	379	945	11160
西营村	张清全	张清全	310	718	11239
赵各庄村	冯 亮	冯 亮	310	663	11374
岳各庄村	赵 生	李 银	486	920	13043
二龙岗村	罗志国	韩建民	255	576	13852
龙门口村	付志强	赵国庆	175	500	11180
天开村	吗洪水	张海江	692	1834	12290
皇后台村	崔文波	崔慧蕾	136	327	11278
东周各庄村	刘克宝	刘永月	264	605	11161
西周各庄村	王宏雅	王宏雅	405	890	12067
尤家坟村	尤西森	李 铁	980	2133	11692
下中院村	安富强	刘万成	310	1070	11252
上中院村	国二水	纪兴华	268	698	11461
圣水峪村	许玉有	臧海龙	412	1299	11362
罗家峪村	隗有志	霍士新	422	1160	11706
孤山口村	金艳红	金艳红	824	2250	11165
大自然新城社区	周 月	周 月	363	2019	—

注：村委会数据来源于《北京市房山区统计年鉴（2017）》。户数，指长期（一年以上）居住在乡镇（不包括城关街道）行政管理区域内的住户，还包括居住在城关街道所辖行政村范围内的农村住户。人口，指乡村地区常住居民户数中的常住人口数，即经常在家或在家居住 6 个月以上，而且经济和生活与本户连成一体的人口

霞云岭乡

【概况】　霞云岭乡位于房山区西部山区，大石河上游，地势西北高、东南低，最高处白草畔五指峰海拔 2035 米。东与南窖乡、周口店镇、韩村河镇相连，西南与蒲洼乡、十渡镇和张坊镇接壤，北与史家营乡、佛子庄乡相邻，西北与河北省涞水县和门头沟区毗邻。主要地貌类型为石灰岩山地，峰峦延绵、沟壑纵横。典型山地气候，年平均气温 10.8℃，常年盛行东南风。山高林密，全乡生态环境良好，林木覆盖率 78.4%。是房山区主要野生动物栖居地之一，境内有狼、獾、野猪、狍子及豹子等野生动物，拥有亚洲食鱼蝙蝠大足耳蝠研发与保护基地。108 国道贯穿全乡，境内全长 44 公里。乡域面积 220 平方公里。辖 15 个村民委员会。2016 年，

全乡户籍户数 5727 户，其中农业户 3891 户、非农业户 1836 户。户籍总人口 10685 人，其中，男性 5409 人，女性 5276 人；农业人口 7811 人，非农业人口 2874 人。年内，出生人口 179 人，出生率 16.75‰；死亡人口 125 人，死亡率 11.7‰；人口自然增长率 5.05‰。

2016 年，霞云岭乡党委下辖基层党组织 20 个。年内，发展中共党员 14 名，培训入党积极分子 32 名。全乡有中共党员 963 名。完成 15 个村的换届选举，登记选民 9094 人，选举产生第十届村民委员会委员 53 人，其中主任 15 名、副主任 1 名、专职妇女委员 15 名、其他委员 22 名。各村村委会至少有 1 名党员；村委会委员大专以上学历 21 人；妇女村委 17 名，比上届提高 2%。完成区人大选举委员会关于换届选举工作的安排部署，选举产生区人大代表 4 名。召开"两学一做"学习教育启动大会。在全乡党员中开展"学党章党规、学系列讲话、做合格党员"学习教育，推动学习教育从"关键少数"向全体党员拓展、从集中性教育活动向经常性教育延伸。深化党风廉政建设主体责任，多措并举抓纪律、强作风。成立党风廉政建设领导小组，坚持"一把手"负责制。制定《党风廉政建设和反腐败工作主要任务分工》，健全纪委监督、班子成员齐抓共管的工作机制。乡党委与各村党支部、主管领导与各科室负责人分别签订《党风廉政建设责任书》，一级抓一级，层层传导压力，级级落实责任。制定《中共霞云岭乡 2016 年党风廉政建设和反腐败工作要点》，严格监管执行《中共霞云岭乡纪检监察约谈制度》《党风政风监督员管理办法》等制度。按照约谈条件和要求，适时对中层干部进行约谈。严格执行党员干部婚丧喜庆事宜报备制度，并将报告情况存入个人廉政档案，作为考核、奖惩、选拔、任用干部的依据。

2016 年，霞云岭乡税收完成 621.6 万元，比 2015 年增长 30%；财政收入 214.9 万元，比 2015 年增长 15.5%。固定资产投资完成 5672 万元，比 2015 年增长 9.1%。集体经济营业收入 10.4 万元，农民人均所得 10629 元。农林牧渔业总产值 3077.3 万元。全乡粮食播种面积 3536 亩，总产量 459.6 吨。玉米播种面积 2284 亩，总产量 300.8 吨。蔬菜播种面积 269 亩，总产量 209.3 吨。经济作物黄芩种植面积 3904 亩。全年，生猪出栏 1748 头，存栏 838 头；羊出栏 5403 只，存栏 10388 只；家禽出栏 600 羽，存栏 6800 羽；鲜蛋产量 30.8 吨。干鲜果品产量 319.1 吨。2016 年，造林 493.3 公顷，四旁植树 2.5 万株，育苗 10.2 公顷。

2016 年，霞云岭乡立足首都生态涵养发展区功能定位，依托国家级红色旅游经典景区和国家森林公园资源，坚持首都标准，全面清退疏解低端产业、加大环境综合整治，发展红色文化创意产业和生态休闲旅游产业，有《没有共产党就没有新中国》市级爱国主义教育基地纪念馆、王家台烈士陵园、上石堡村"房（山）良（乡）联合县第一个农村党支部"纪念馆等红色景点，是红色旅游经典景区。

在红色文化发展中，建成 960 平方米全国最大金属质党旗，建设 8000 平方米红歌文化主题广场，塑造 19.21 米高的中华民族擎天柱，制作"时代红歌号角"雕塑、"中国梦"石刻、《没有共产党就没有新中国》歌词背后的故事群雕，改造提升《没有共产党就没有新中国》纪念馆展陈。承办 2016 年北京党史宣传月启动仪式暨"学党史、感党恩、跟党走"房山区纪念中国共产党成立 95 周年庆祝活动、中国文联文艺志愿服务团"没有共产党就没有新中国"大型慰问演出活动、"唱支山歌给党听"——纪念建党

95 周年音乐会等大型主题文艺演出活动。全年接待游客 18.72 万人次，旅游综合收入 832.6 万元。成功抗击"7·20"暴雨灾害和"8·5"山体滑坡事件。完成京津风沙源治理及太行山绿化工程 7400 亩，栽植苗木 54.76 万株；完成低效林补植项目建设 1000 亩；实施 1 万亩健康林经营工程；实施庄户台鱼骨寺小流域 6 平方公里治理工程；实施 2.5 万亩小流域综合治理工程；打造 36 公里长的景观大道，建设 9 个景观节点，建成 2000 余亩水面环境。对上石堡村、北直河村、庄户台村、霞云岭村 2015 年度北京市"美丽乡村"进行验收，提升村庄品牌竞争实力。与北京环卫集团房山有限公司签订垃圾密闭化运输合作协议，以市场化手段实现乡域内生活垃圾"日产日清"，并外运消纳。在全乡范围内开展环境整治"百日会战"行动，对 108 国道、大石河河道两侧的违章建筑、私搭乱建、车辆乱停乱放等进行整治，累计出动人员 850 余人次，车辆 100 余辆次，整治脏乱点 53 处，全面清理陈年垃圾。完成 10 个村的劣质燃煤置换，置换劣质燃煤 147.6 吨，安装炉具 700 余台。修缮改造堂上村健身活动中心、乡综合文化活动中心、上石堡村大众健身广场，打造 4000 平方米的综合性户外广场、1000 平方米体育健身场馆、1200 平方米综合性群众活动中心。全年，放映数字电影 690 场次，参加"一带一路"国际葡萄酒全民广场舞海选活动；组织"春意盎然云岭美，激情绽放山水情"登山比赛等。

霞云岭乡有中心幼儿园 1 所，分园 1 所，入园儿童 52 人，教职工 8 人；小学 1 所，在校生 177 人，教职工 27 人；成人职业教育学校 1 所，教职工 6 人。卫生院 1 所，医技人员 26 人，返聘专家 1 人，病床 20 张，社区卫生服务站 2 个，村卫生室 14 个，乡村医生 23 人。村文化活动室 15 个，文化广场 15 个，益民书屋 15 个，村级数字影院 16 个，篮球场 5 个，文艺团队 4 支。

（李征）

【中国文联文艺志愿服务团到堂上村演出】6 月 22 日，为庆祝中国共产党成立 95 周年，中国文联文艺志愿服务团到房山区霞云岭乡堂上村慰问演出。此次活动由中国文学艺术界联合会、中共北京市委宣传部主办，中国文联文艺志愿服务中心、北京市文学艺术界联合会及中共北京市房山区委联合承办。演出由 21 个节目组成，以合唱《没有共产党就没有新中国》开头，结尾合唱《光荣与梦想》。中国文联、北京市委宣传部、北京市文联、房山区主要领导及各乡镇代表参加。参加演出人员和工作人员 2500 余人。

（李征）

【庄户台村避险"8·5"山体滑坡】 8 月 2 日，庄户台村群防员石广利发现山体滑落几块山石，山体有裂纹。向村委会、乡政府报告，乡领导观测后向房山国土分局报告。8 月 3 日，市国土部门的专家团队到现场踏勘并做出地质灾害预警，霞云岭乡下达撤离指令，疏散村民和游客 40 人，拉起警戒线封锁现场，保安 24 小时值守。8 月 5 日 5 时许，山体发生滑坡，近万立方米山石垮塌下来。由于发现及时、处置得当，成功避免山体滑坡造成的地质灾害。

（孙佳炜）

【中央民族大学音乐学院与霞云岭小学举办专场演出】 11 月 30 日，中央民族大学音乐学院研究生与霞云岭中心小学学生手拉手专场音乐活动在霞云岭中心小学综合楼举行。中央民族大学音乐学院研究生为霞云岭小学师生表演一场音乐会。校合唱团的学生参与中央民族大学音乐学院研究生演职人员共同演唱《爱我中华》。中央民族大学音乐学院研究生为霞云岭中心小学的学生现场举办"红歌演唱大课堂"。

（刘山萌）

2016 年霞云岭乡村委会基本情况

表 20

村委会名称	党支部书记	村委会主任	户数（户）	人口（人）	农民人均所得（元）
堂上村	杨斌	杨斌	403	983	11857
大地港村	梁甫忠	任正财	190	435	11183
龙门台村	张进兵	张进兵	170	326	11490
四马台村	张德建	张德建	346	983	13922
庄户台村	任全顺	任全顺	600	1250	11168
王家台村	杨进松	杨进松	274	669	9242
石板台村	陈文坡	陈文坡	348	630	7595
四合村	田建海	孙贵华	219	610	8409
霞云岭村	杨万书	杨万书	550	1121	11177
三流水村	刘建华	杨忠田	123	336	9613
大草岭村	王庆伶	王庆伶	291	291	6460
上石堡村	郑迪先	郑迪先	164	487	7544
北直河村	解春平	解春平	49	100	11200
下石堡村	李建国	李建国	498	1279	11164
银水村	陈宏金	陈宏金	168	473	11162

注：村委会数据来源于《北京市房山区统计年鉴（2017）》。户数，指长期（一年以上）居住在乡镇（不包括城关街道）行政管理区域内的住户，还包括居住在城关街道所辖行政村范围内的农村住户。人口，指乡村地区常住居民户数中的常住人口数，即经常在家或在家居住 6 个月以上，而且经济和生活与本户连成一体的人口

南窖乡

【概况】 南窖乡位于房山西北部深山区，山体呈东北、西南走向，连绵完整，岭谷相间排列分明。通过红南路与108国道相连，东、北与佛子庄乡相连，西与霞云岭乡接壤，南与周口店镇交界。乡域总面积 40 平方公里。辖 8 个村民委员会，其中南安村和三合村因地处采空区，于 1998 年分别整建制搬迁到良乡镇南上岗村和于管营村，隶属于南窖乡管理。2016 年，全乡户籍户数 3163 户，其中农业户 1370 户、非农业户 1793 户。户籍总人口 6556 人，其中，男性 3351 人，女性 3205 人；农业人口 2658 人，非农业人口 3898 人。年内，出生人口 102 人，出生率 15.56‰；死亡人口 62 人，死亡率 9.46‰；人口自然增长率 6.1‰。农村合作医疗参保

率80%。城乡居民养老保险续保率100%。

2016年，南窖乡党委下辖基层党组织13个。年内，发展中共党员7名，培训入党积极分子5名。全乡有中共党员702名，其中农村中共党员589名。乡党委坚持"围绕中心抓党建，抓好党建促发展"的思路，发挥党建工作引领作用。结合"两学一做"学习教育，召开民主生活会，请专家、党员干部讲党课等，结合山区转型发展、古村落保护等重点工程，采取集体研讨的方式，将理论学习与实际工作有机结合。依托服务型党组织建设、软弱涣散基层党组织整顿帮扶，深化基层党建创新，树立杨万俊服务队先进典型，实施"榜样示范联动机制"项目，建设南窖乡身边的榜样党员教育基地。成立杨万俊精神宣讲团，利用南窖政务网、南窖官方微博、微信等新媒体，弘扬正能量。按照"精心组织、缜密工作、严格程序、依法选举"的原则，完成南窖乡第十届村委会换届选举工作。开展"同读一本书 人人上讲台"学习交流活动。

2016年，全乡税收完成628.7万元，比2015年增长43.3%；财政收入147.1万元，比2015年增长15.5%。集体经济营业收入3万元，农民人均所得10023元。固定资产投资完成6584万元，比2015年增长26.6%。

全乡粮食播种面积712亩，总产量104.8吨。主要农作物播种面积和产量：玉米播种面积210亩，总产量12.9吨；谷子播种面积125亩，总产量3.8吨。蔬菜播种面积130亩，总产量20吨。全年，生猪出栏640头，存栏325头；羊出栏1316只，存栏1813只；家禽出栏0.09万羽，存栏0.25万羽；鲜蛋产量11.1吨；肉类总产量72.1吨。干鲜果品产量96.5吨。2016年，造林153.3公顷，四旁植树2万株。

2016年，南窖乡为山区转型发展投资1.2亿元，实施金杏湾红酒庄园项目，种植葡萄300亩，建设生产车间、配套附属用房、葡萄酒文化苑。其产品"祥莱堡干红葡萄酒2013"在2016年"BRWSC"国际葡萄酒大赛中获银奖。投资900万元，实施草本咖啡基地建设项目，种植草本咖啡700亩，建设3800平方米的综合展厅、500平方米的厂房、培训中心等附属设施，引进咖啡粉生产线1条。投资2000万元，实施花港村九九桃王采摘基地项目和南窖村樱桃种植园项目，发展特色林果产业。整合良乡板栗、黄嘴杏等资源，实现"一村一品"。

2016年，南窖乡抓住国家发展文化事业的重要战略机遇期，发展文化产业，加快推进传统村落保护工作，争取到市级传统村落保护利用试点。聘请北京建工建筑设计院编制《水峪村保护修缮实施方案》。投资1469万元，完成水峪村旅游公共服务设施提升改造项目。研究制定《关于切实加强传统村落保护发展的意见》等相关制度，与水峪、南窖2个村签订文物保护责任书，成立南窖乡水峪村保护发展工作领导小组，协助水峪村修订村规民约。南窖村入选第四批"中国传统村落名录"，编制完成南窖村保护发展规划，是2016年北京市唯一推荐的候选村，申报第七批中国历史文化名村。配合区文化委完成南窖村仁义局文物修缮工程。2016年，全乡接待游客48875人次，实现旅游综合收入408万元。

南窖乡有区级公路11公里，乡级公路37公里。8个行政村全部安装有线电视，网络覆盖全乡。有深水井14眼、大口井7眼，保障群众生产生活用水。8个村均有文化中心、数字影院，有文艺表演团队3个。2016年，组织观看各类教育影片350场，组织、参与各类文化体育活动38场。

南窖乡有中心幼儿园1所，入学儿童

46 人，教职工 13 人。寄宿制中心小学 1 所，软、硬件全部达标，实现规模办学的要求，在校生 132 人，教职工 22 人，升学率 100%。有成人教育职业学校 1 所，专任教师 5 人，兼职教师 60 人，全年培训 6346 人次。幼教、小教、成教规范化建设水平均达到市级和市级更高标准。乡中心卫生院 1 所，医务人员 23 人，村级卫生室 11 个，社区卫生服务站 3 个，卫生服务中心 1 个，实现全乡医疗设施全覆盖。

（王娜微　胡新荣）

【全民读书活动启动仪式】　4 月 22 日，南窖乡举办 2016 年全民读书活动启动仪式。活动口号：让书籍点亮人生，让知识成就未来。小学生代表朗诵《少年中国说》《我骄傲我是中国人》，村民代表表演三句半《读书乐》等多个节目。制定《南窖乡 2016 全民读书活动工作方案》，设定每日读书时、每周读书日，实现阅读活动全民化、常态化、成果化。

（胡新荣）

【文物及传统村落保护工作会】　5 月 12 日，南窖乡召开文物及传统村落保护工作会。学习中共中央总书记习近平关于保护生态环境的重要指示精神，宣读南窖乡《历史文化名村、传统村落保护管理暂行办法》，与南窖村和水峪村签订《房山区南窖乡 2016 年度文物及传统村落保护责任书》。要求：要把文物保护提到南窖乡发展前途命运的高度，南窖乡的发展和未来都要立足于生态和文化，加强属地责任和主体责任，要把文物保护工作要求落到实处，切实做好文物保护工作，为南窖乡"首都独具'文化+'特色文创小乡"建设奠定坚实基础。

（胡新荣）

【北京市青年建筑创意设计大赛】　9 月 2 日，北京市青年建筑创意设计大赛在南窖乡启动。大赛由市规划委员会、市国土资源管理委员会、市农村工作委员会和房山区人民政府联合主办，面向全市青年规划师征集水峪传统村落保护利用设计方案，包括传统民居及院落改造设计、空间环境设计等内容，以提高水峪传统村落的宣传推介水平和保护利用水平。北京市各个建筑设计单位、高等院校的 80 余名青年规划师参加。10 月 15 日，经过初赛遴选，有 12 个设计团队入围复赛，评选出金奖 1 名、银奖 2 名、铜奖 3 名。

（胡新荣）

【市名城委到南窖乡调研】　10 月 19 日，北京市名城委办公室常务副主任邱跃就文物修缮工程方案到南窖乡调研。原故宫博物院总工程师、国家文物局专家王时伟，清华大学建筑学院党委书记、教授边兰春，市古代建筑设计研究所所长马炳坚，原房山规划局总工程师钱增福，北京史研究会理事、当代北京史研究会理事、杨亦武，区文化委，房山规划分局组成专家评审组。专家评审组现场踏勘水峪村杨家大院、南窖村古戏楼，听取《南窖乡水峪村杨家大院文物修缮工程设计方案》《南窖乡南窖村古戏楼文物修缮工程设计方案》汇报，审阅设计图纸，并就杨家大院和戏楼的修缮提出意见和建议。专家指出：南窖乡域内具有鲜明的文化特色，要加强对传统文化的调查研究和深入挖掘整理。要对拟修复的建筑原制式、规模形式、做法形式进行梳理，为下一步保护提供有力依据。专家还指出文物修复中要避免破坏性修复，执行最小干预原则，老旧构件尽量利用。要尊重历史、保持风貌，保持原材料、原工艺做法。同时也要注重局部文化特色的设计。

（胡新荣）

【南窖村列入第四批中国传统村落名录】12 月 9 日，南窖乡南窖村列入由住房城乡建设部、文化部、国家文物局、财政部、国土资源部、农业部和国家旅游局公布的第四批中国传统村落名录。南窖村距今已有600多年历史,曾因周边有煤炭产业而兴盛,以煤炭和生活物资交易为主。村里现存1.2公里长古商业街,两侧有义和祥、马鞍铺、轿子铺、果子铺、客栈等30多家老旧商铺,附近有玄帝庙和古戏楼,保存有150套1000多间古老民居,民间流传灯笼会。古民居、古商业街、古庙和民间花会构成南窖村独特的历史文化景观。

（胡新荣）

【春季造林】 南窖乡春季造林涉及太行山三期工程和京津风沙源治理工程。太行山三期工程涉及人工造林500亩,封山育林1000亩。京津风沙源治理工程涉及荒山造林1000亩,困难造林800亩,低效林改造1000亩。

年内,整地刨坑2300亩,架设饮水管线7779米,修临时蓄水池7座,作业道路8250米,栽植黄栌、元宝枫、油松、侧柏、山杏、山桃、核桃等7万余株。

（胡新荣）

【金杏湾红酒庄园建设项目】 南窖乡金杏湾红酒庄园项目占地总面积120万平方米,总投资2.5亿元,分3期。种植葡萄1400亩,建设生产车间、配套附属用房3040.8平方米,建设葡萄酒文化苑30468平方米,包括酒窖、酒堡、会展中心和独立休闲区,建设道路、配套水利、供电、停车场、污水处理站、环卫设施等配套设施。年内,累计投入1.2亿元,种植葡萄300亩,建设主酒堡、接待用房、酒窖、生产车间等6000余平方米,新修整梯田400亩。

（胡新荣）

2016年南窖乡村委会基本情况

表21

村委会名称	党支部书记	村委会主任	户数（户）	人口（人）	农民人均所得（元）
南窖村	范宝存	范宝存	1244	1953	9589
水峪村	王庆波	王庆波	261	644	9406
花港村	刘尚旺	刘尚旺	160	314	8187
中窖村	李 顺	李 顺	153	336	11229
南安村	景桂林	景桂林	398	923	11071
三合村	付成树	付成树	194	445	11125
北安村	孔祥春	孔祥春	424	860	9950
大西沟村	冯华水	冯华水	56	103	10223

注:村委会数据来源于《北京市房山区统计年鉴(2017)》。户数,指长期(一年以上)居住在乡镇(不包括城关街道)行政管理区域内的住户,还包括居住在城关街道所辖行政村范围内的农村住户。人口,指乡村地区常住居民户数中的常住人口数,即经常在家或在家居住6个月以上,而且经济和生活与本户连成一体的人口

佛子庄乡

【概况】　佛子庄乡地处房山区北部山区，东与河北镇交界，西邻霞云岭乡、史家营乡、大安山乡，南连燕山办事处、周口店镇和南窖乡，北与门头沟区接壤。108 国道贯穿全乡达 25 公里，交通便利。乡域总面积 117 平方公里。辖村民委员会 18 个。2016 年，全乡户籍户数 7503 户，其中农业户 3692 户、非农业户 3811 户。户籍总人口 15189 人，其中，男性 7705 人，女性 7484 人；农业人口 7387 人，非农业人口 7802 人。年内，出生人口 205 人，出生率 13.5‰；死亡人口 108 人，死亡率 7.11‰；人口自然增长率 6.39‰。

2016 年，佛子庄乡党委下辖基层党组织 27 个，包括 2 个党总支、25 个党支部。发展中共党员 12 名，培训入党积极分子 47 名。全乡有中共党员 1081 名。年内，开展"两学一做"学习教育，成立领导小组，制定学习教育计划，明确责任人，通过主要领导领学、集中学习、机关干部宣讲、分组研讨、主题党日、开设网站专栏、微信学习群等形式开展有针对性的、形式多样的学习教育。累计发放各类学习材料 5000 多册。开展各类党日活动 20 次，参加党员 1000 多人次。建立党员志愿服务队 24 支、乡级 6 支、村级 18 支，队员 204 名，党员先锋岗共有 8 个。完成第十届村委会换届选举工作，选举产生村委会成员 59 名。完成村民代表、村民小组长、村务监督委员会和妇代会推选工作。完成第七次乡党代会代表选举工作，选举产生乡党代表 103 名。完成区、乡两级人大代表选举工作，选举产生区人大代表 5 名、乡人大代表 52 名。

2016 年，全乡税收完成 628.7 万元，比 2015 年增长 43.3%；财政收入 147.1 万元，比 2015 年增长 15.5%。固定资产投资完成 6750 万元，比 2015 年下降 34.7%。集体经济营业收入 321.5 万元，农民人均所得 12923 元。

全乡粮食作物播种面积 3001 亩，总产量 272.2 吨。主要农作物播种面积和产量：玉米播种面积 2190 亩，总产量 115.9 吨；谷子播种面积 294 亩，总产量 12 吨。蔬菜作物播种面积 112 亩，总产量 47.4 吨。干鲜果品总产量 224.8 吨。全年，生猪出栏 2934 头，存栏 1944 头；羊出栏 4769 只，存栏 8178 只；家禽出栏 0.58 万羽，存栏 1.32 万羽；鲜蛋产量 63.9 吨；肉类总产量 311.2 吨。蜂产品产量 23.8 吨。2016 年，造林 400 公顷，四旁植树 2.6 万株，育苗 2 公顷。

2016 年，佛子庄乡确定打造"宜居宜业魅力佛子庄"的新目标。坚定度假休闲旅游产业定位，盘活现有资源，培育个性化、定制式休闲度假产品，相继开工建设循环经济产业园、"亲水第三空间"、英水沟域闲置房改造试点项目，英水起步区"那山趣""梦咖啡"和 9 个休闲度假小院投入运营。在银狐洞景区建成大鲵（娃娃鱼）科普馆，推出娃娃鱼领养等特色项目。中英水北台民俗村被评为北京市"旅游新业态——养生山吧"；佛子庄村的乾坤富和、时光漫步、分水岭 3 个农家院被评为"北京市四星级民俗旅游户"。新建下英水凤凰山、上英水天柱峰、西安天寿峰等登山健身步道。完成 6000 亩春季造林工程，栽种绿植 44 万余株。实施陈家台村核桃基地基础设施工程。争取市园林绿化局支持，启动大石河湿地保护区项目，建设完善湿地保护管理系统和智能监测系统。结合循环经济产业园建设，完成 5000 亩生态清洁小流域治理。清理区域内生活垃圾 7000 多吨，佛子庄村获"房山区最美乡村"称号。完成 3.5 蒸吨燃煤锅炉改造，开展减煤换煤 2608 吨。

开展"星火工程"、文化周末大舞台等演出活动 100 多场次，打响"天梦之乡"群众文化品牌。创新传统民间花会等"非遗"文化保护传承模式，举办黑龙关"二月二酬龙节"、上英水真武庙庙会活动，"二月二酬龙节"入选房山区第四批非遗名录；开展狮子会非遗进校园工程。推介古琴斫琴等本土人才的传统文化工艺。乡综合文化中心建成并完成设备调试，已投入使用。加强对红色遗址的保护利用，修缮长操房良联合县政府旧址。完成第二批 7 个村市民文明校建设及验收工作。全乡参加城乡居民养老保险 3392 人，城镇低保户 35 户 68 人，农村低保户 130 户 225 人，参加农村新型合作医疗 5824 人。

佛子庄乡有中心幼儿园 1 所，分园 3 所，入园儿童 102 人，教职工 20 人；中心小学 1 所，教师 57 人，在校生 280 人。社区卫生服务中心 1 个，医生 38 人，病床 14 张，村级卫生服务站 5 个。全乡有全民健身体育设施 18 处。

（马志江　佟柳青）

【房山循环经济产业园开工】　1 月 16 日，房山区政府在佛子庄乡举行房山区循环经济产业园项目开工启动仪式。循环经济产业园项目是区政府与北京环卫集团合作建设的民生工程，位于陈家坟沟域，占地面积 300 亩，计划总投资 20 亿元。一期工程建设日处理生活垃圾 1000 吨，配套相应的焚烧炉烟气净化系统、余热利用系统、炉渣综合利用、发电及污水处理等，解决房山地区生活垃圾消纳难题。

（马志江）

【"天梦之乡佛子庄"微信公众平台开通】　3 月 14 日，"天梦之乡"微信公众平台（微信号 fozizhuang）正式开通运行。该微信公众号包括"天梦印象""圆梦空间""梦享生活"三大板块，发布关于佛子庄乡历史文化、自然生态、旅游景点、特色资源、魅力乡村、淳朴民风等方面的文字、图片、视频等信息，旨在让市民领略"天梦之乡"的"梦享"空间、百年乡愁乡韵、特色农副产品及美食，讲述"与佛最有缘山乡"的精美故事，神游佛子庄的天赐美景，分享当地人民群众的幸福新生活。

（马志江）

【春季造林项目】　5 月，佛子庄乡完成春季造林项目，面积 6000 亩，总投资 2914 万元，涉及 11 个村，栽植油松、侧柏、黄栌、元宝枫、山杏、核桃等树种 44 万余株。

（马志江）

【佛子庄中心幼儿园参加全国乡土教材研讨】　6 月 11 日至 12 日，佛子庄中心园负责人应邀参加在四川阿坝藏族自治州茂县举办的"第四届全国乡土教材研讨会"。佛子庄乡中心幼儿园做成果汇报。大会展出 200 多套全国各地乡土教材，其中有佛子庄中心园的 2 本教材。全国 19 个省市的领导专家、教育界人士 300 多人参加。

（马志江）

【应对"7·20"强降雨】　7 月 19 日 7 时至 20 日 18 时 55 分，佛子庄地区发生强降雨，降雨量 301 毫米。佛子庄乡采取乡干部包村、村干部包户、党员包群众、单位包职工、教师包学生、景区包游客等措施，转移 106 户 383 人。

（马志江）

【2016 年高考助学奖励】　8 月 26 日，佛子庄乡召开 2016 年高考助学奖励。对 59 名高考升入本科的优秀学生进行助学奖励，每

人发放 1000 元助学金。

（马志江）

【"二月二酬龙节"入选房山区非物质文化遗产名录】　"十一"前夕，房山区第四批区级非物质文化遗产名录公布，佛子庄乡黑龙关"二月二酬龙节"入选房山区非物质文化遗产名录。至此，佛子庄乡有 6 个传统民俗文化项目入选市、区级非物质文化遗产名录。入选市级非物质文化遗产名录的有北窖狮子会；入选区级非物质文化遗产名录的有北窖大鼓会、银音会、吵子会、灯花会。

（马志江）

2016 年佛子庄乡村委会基本情况

表 22

村委会名称	党支部书记	村委会主任	户数（户）	人口（人）	农民人均所得（元）
陈家台村	杨玉林	杨玉林	986	2445	11200
东班各庄村	安合章	安合章	214	518	9573
西班各庄村	佟建武	崔军虎	320	1267	11193
陈家坟村	张友武	张友武	420	864	35500
北峪村	王桂军	王桂军	272	470	36840
黑龙关村	郭忠坡	郭忠坡	171	656	9884
佛子庄村	姜来军	姜来军	492	1227	9628
下英水村	李志喜	李志喜	242	505	11796
中英水村	韩双喜	韩双喜	117	302	11599
上英水村	赵玉才	赵玉才	260	560	11257
查儿村		安海泉	146	357	11694
西安村	于金龙	于金龙	141	346	11456
北窖村	孔令明	刘尚全	581	2035	11180
红煤厂村	朱仕宝	燕爱国	215	527	9419
长操村	李宏国	陈天宝	725	1340	9577
山川村	隗永新	隗永臣	151	291	9567
贾峪口村	刘天俊	李海燕	163	498	9172
石板房村	隗功才	史正元	155	318	9776

注：村委会数据来源于《北京市房山区统计年鉴（2017）》。户数，指长期（一年以上）居住在乡镇（不包括城关街道）行政管理区域内的住户，还包括居住在城关街道所辖行政村范围内的农村住户。人口，指乡村地区常住居民户数中的常住人口数，即经常在家或在家居住 6 个月以上，而且经济和生活与本户连成一体的人口

大安山乡

【概况】　大安山乡位于房山区西北部深山区百花山中山地带，属太行山余脉，大石河流域。东、南两面与佛子庄乡为邻，西有大塌梁与史家营乡接壤，北有老龙窝、寺上梁、大寒岭与门头沟区交界。乡域总面积70平方公里（含大安山矿18平方公里）。辖村民委员会8个、社区居委会1个。2016年，全乡户籍户数4099户，其中农业户1048户，非农业户3051户。户籍总人口9043人，其中，男性4779人，女性4264人；农业人口1924人，非农业人口7119人。年内，出生人口113人，出生率12.5‰；死亡人口81人，死亡率8.96‰；人口自然增长率3.54‰。

2016年，大安山乡党委下辖基层党组织16个，包括2个党总支、14个党支部。年内，发展中共党员9名，培训入党积极分子18名。全乡有中共党员711名。年内，乡党委落实全面从严治党要求，开展"两学一做"学习教育。以支部为单位，开展组织学习教育。乡机关党支部组织集体学习8次，乡党委理论中心组开展专题学习8次、交流研讨活动3次，乡机关党支部组织全体党员开展"抄党章、学党规、守党纪"活动，撰写学习体会65篇。成立山外流动党员活动站，将近百名基层流动党员纳入到正常的组织生活中，搭建党员教育管理的新平台。履行主体责任和纪委监督责任，完善党风廉政建设的组织领导体制和责任体系。开展"为官不为""为官乱为"

问题专项治理和整治和查处侵害群众利益不正之风和腐败问题专项治理工作，抓住敏感节点开展"四风"问题的专项检查，及时督察整改存在的问题，切实把全面从严治党的要求落到实处。完成第十届村委会换届选举。严格落实"五不能、七不宜"和换届纪律"九严禁"，杜绝拉票贿选，营造风清气正的换届环境，依法选举产生新一届28名村委会成员。

2016年，全乡税收完成1369.8万元，比2015年增长0.5%；财政收入1070.5元，比2015年下降5.1%。固定资产投资完成1805万元，比2015年下降67.2%。集体经济营业收入22.5万元，农民人均所得10592元。

2016年，全乡粮食播种面积1284亩，总产量80.4吨。主要农作物播种面积和产量：玉米播种面积286亩，总产量42.6吨；谷子播种面积101亩，总产量7吨。蔬菜播种面积670亩，总产量64.4吨。农业机械总动力414千瓦。全年，生猪出栏534头，存栏217头；羊出栏1390只，存栏954只；鲜蛋产量2.8吨；肉类总产量76.1吨。干鲜果品产量37.5吨。2016年，造林366.7公顷，育苗4公顷。

大安山乡乡地形地貌复杂，地势起伏，山势陡峻，西高东低，境内海拔最高点老龙窝1645.8米，最低海拔点274.6米，相对高差1371.2米，无霜期180天左右，常年降雨量550毫米左右，年平均气温11℃。乡内主要公路是红大路，乡政府距108国道15公里。有村级公路8条，总长度28公里。

2016年，推进"樵涧峰越野运动公园"规划建设。配合铭泰公司完成投资300万元的《樵涧峰越野运动公园景观设计方案》编制工作，改造国际赛道2公里、新建山门2处、增设移动厕所、垃圾桶、指路牌等。建设实施"樵涧峰越野运动公园"绿色走廊。完成峪壶峰登山步道二期建设工程，建成游客接待中心、2358米木栈道、8493米特色登山步道和玻璃栈道等设施。峪壶峰登山步道试运营期间游客近2万人。实施军红路沿线绿化美化和景观建设工程，完成京津风沙源人工造林工程、太行山绿化工程、低效林改造工程、森林健康经营工程、封山育林工程、宝地洼村10公里河道绿化美化工程共1.6万余亩，栽植多类苗木42.2万余株。完成西苑村、寺尚煤矿、永春煤矿3个清洁空气治理项目，治理面积1800亩，栽植树木10万余株。完成"减煤换煤"任务。完成龙头沟地质环境、大北河不稳定斜坡地质灾害二期及寺尚村后台地质灾害崩塌点的治理工作，砌筑整修挡墙约4022平方米，整理可利用土地190余亩。

2016年，发放城乡低保、五保金、医疗救助资金163万元；发放优抚金、征地超转人员生活补助、残疾人生活补助、高龄津贴共计176万元；元旦、春节期间走访慰问困难户490余户，发放救灾物资3000余件、救助资金11.8万元；申报发放困难家庭供暖补贴、清洁能源补贴和残疾人生活津贴38万元。新型农村合作医疗参合率保持100%。申报灵活就业保险补贴78件，办理就业登记118人，农村劳动力实现转移就业20人。完成3个低收入村457户低收入农户1054人的精准识别及建档立卡和申报任务。完善大安山乡综合文化服务中心的基础设施建设。组建50人的大安山乡威风锣鼓队，完成房山区"传承文化瑰宝·弘扬传统文化"山梆子戏展演活动，组织开展两场山梆子戏进校园活动，编写山梆子戏教材，传承和发扬山乡传统文化。完成大安山村、瞧煤涧村一事一议财政奖补

项目，投资283万元，新修排水沟1625米；完成5个村29户3000平方米农宅节能改造工程。新增、更换太阳能路灯80盏；完成水峪村太阳能发电设备的安装工程；实施寺尚路后期路面降高、修补铺油工作和永红矿路1.7公里路肩道牙工程；组织完成瞧煤涧村市、区两级美丽乡村试点村的验收工作。

全乡有小学2所，在校生280人，专职教师42人。幼儿园2所，在校生110人，教职工21人。成人学校1所，教职工4人。卫生院1所，执业和助理医师16人，病床30张。乡、村两级文化广场10个，体育综合场馆2所，篮球场12座，篮球队3支，秧歌队9个，山梆子剧团1个，村级数字影院8个。2016年，完成星火工程、文化下乡、周末大舞台等各类演出50多场，播放数字电影386场。举办广场舞、健身操培训13期、开展科学健身项目推广活动15次，开展各类讲座、活动、培训30余场。

（郑娇）

【威风锣鼓队成立】 4月19日，大安山乡组建30人的威风锣鼓队，邀请山西省非物质文化遗产威风锣鼓专家，举办为期20天的威风锣鼓培训班。

（郑娇）

【峪壶峰二期工程】 4月，峪壶峰登山步道二期工程开工建设，新建景区大门、游客服务中心、玻璃栈道、观景平台、铁索吊桥、1.5米宽木栈道2358米、1.5米宽特色登山步道8493米、登山步道护栏3654米。9月18日，工程完工，向游客开放。

（郑娇）

【流动党员活动站揭牌】 6月22日，大安山乡流动党员活动站在区社工委党群活动中心举行挂牌仪式。活动站为方便在外生活、务工的党员参加组织生活，接受教育管

理。仪式上，区委组织部领导向大安山乡流动党员代表发放《流动党员活动证》及"两学一做"学习材料。大安山乡各基层党支部书记、委员，退休老干部党员及流动党员代表100余人参加。

（郑娇）

【摄影知识讲座】 7月23日，大安山乡成人学校、大安山乡市民文明中心校联合区成教中心，在大安山乡成人学校举办为期3天的"摄影知识"讲座。教育专干和其他摄影爱好者24人参加培训。

（郑娇）

【技能培训】 8月4日，大安山乡在乡机关礼堂开展手工编织培训活动，邀请房山区妇女儿童中心人员为乡手工编织爱好者授课。全乡47名妇女参加培训。

（郑娇）

【与中国传媒大学连心共建】 10月10日，大安山乡与中国传媒大学马克思主义学院携手"小爱也温暖公益基金"开展连心共建红色活动。中国传媒大学马克思主义学院师生为孩子发放"小爱快乐包"。活动后，到学生家中走访，为孩子送上"小爱基金"。

（郑娇）

【山梆子戏进校园活动】 10月12日，大安山乡举行"传承传统文化，培养戏曲新人"山梆子戏进校园活动启动仪式。戏剧团的老艺人们给教师、学生们表演经典曲目《乾坤带》。全校120余名师生参加活动。

（郑娇）

【第四届残疾人趣味运动会】 12月22日，大安山乡举办第四节残疾人趣味运动会。运动会以趣味性为主，设有定点投掷、闻声击瓶、趣味保龄球等10个项目。全乡48名残疾人运动员参加比赛。

（郑娇）

【国家全山地运动度假公园品牌建设】 年内，大安山乡推进国家全山地运动度假公园基础设施建设。建设峪壶峰登山步道二期工程和大北河河道治理工程；建设完成大安山山庄和3处特色精品农家院；实施红大路沿线绿化美化工程，建设园林景观，打造樵涧峰越野公园绿色走廊，营造靓丽山乡环境；与北京铭泰旅游发展有限公司通过媒体对大安山进行全方位宣传推介，进行"全山地"品牌宣传。

（郑娇）

2016年大安山乡村（居）委会基本情况

表23

村（居）委会名称	党支部书记	村（居）委会主任	户数（户）	人口（人）	农民人均所得（元）
大安山村	王罡	王罡	731	1551	11590
西苑村	张文利	张文利	478	1333	9432
寺尚村	杨清雷	杨清雷	204	490	9216
赵亩地村	王悦堂	赵国健	109	229	11375
瞧煤涧村	张春勇	杨爱星	467	1169	11076
宝地洼村	杨作建	杨作建	281	644	11156
中山村	杨文利	杨文利	147	393	12094
水峪村	张振铎	张振铎	197	593	8861

表 23

村（居）委会名称	党支部书记	村（居）委会主任	户数（户）	人口（人）	农民人均所得（元）
大安山乡煤矿社区	杨爱华	张申顺	1126	2765	—

注：村委会数据来源于《北京市房山区统计年鉴（2017）》。户数，指长期（一年以上）居住在乡镇（不包括城关街道）行政管理区域内的住户，还包括居住在城关街道所辖行政村范围内的农村住户。人口，指乡村地区常住居民户数中的常住人口数，即经常在家或在家居住 6 个月以上，而且经济和生活与本户连成一体的人口

史家营乡

【概况】 史家营乡位于北京西南、房山区西北部山区，西、北与门头沟区接壤，东邻大安山乡和佛子庄乡，南接霞云岭乡。乡域总面积 110 平方公里。辖村民委员会 12 个。全乡地处太行山系百花山脉东南麓，地势西高东低，境内山峦起伏，沟壑纵横，山体走向为东北—西南，山峰高度一般在 500 至 800 米之间，属低山地貌，是大石河北支源头。最高处海拔 1991.8 米，最低处海拔 359 米。2016 年，全乡户籍户数 5914 户，其中农业户 3927 户、非农业户 1987 户。户籍总人口 11782 人，其中男性 5818 人，女性 5964 人；农业人口 8428 人、非农业人口 3354 人。年内，出生人口 197 人，出生率 16.72‰；死亡人口 68 人，死亡率 5.77‰；人口自然增长率 10.95‰。

2016 年，史家营乡党委下辖基层党组织 16 个，其中党委 1 个、党支部 15 个。年内，发展中共党员 12 名，培训入党积极分子 68 名。全乡有中共党员 1024 名。完成村委会换届选举，选举产生班子成员 88 人。

召开史家营乡第十四次党员代表大会，选举产生乡党代表 101 名，出席区党代会代表 5 名。召开史家营乡第十六届人代会，选举出人大主席和政府乡长、副乡长。开展"两学一做"学习教育。制定学习计划，发放相关学习材料。开设《史家营乡"两学一做"学习教育专刊》。成立山外党员活动站，解决山外流动党员参与学习活动不便难题。利用党员远程教育网、党员教育平台，激励党员自学教育。落实党建主体责任，坚持书记抓、抓书记，层层分解任务，推行领导包村制度，解决党员干部"庸、懒、散"问题。

2016 年，全乡税收完成 757.6 万元，比 2015 年增长 43.4%；财政收入 208.5 万元，比 2015 年增长 20.1%。固定资产投资完成 4200 万元，比 2015 年下降 58.2%。集体经济营业收入 1719.8 万元，农民人均所得 10274 元。

全乡粮食作物播种面积 2983 亩，总产量 111.7 吨。主要农作物播种面积和产量：谷物播种面积 1331 亩，总产量 85 吨。豆类播种面积 1654 亩，总产量 26.7 吨 。全年，生猪出栏 415 头，存栏 824 头；羊出栏 1116 只，存栏 5005 只；鲜蛋产量 0.1 吨；肉类总产量 46.8 吨。干果产量 108.9 吨，鲜果产量 62.2 吨。2016 年，造林 5.3 公顷，四旁植树 0.3 万株。

2016 年，接待旅游人数 9.6 万人，旅

游综合收入 496 万元。完成圣莲山景区 AAAA 级复核、圣辉山庄 AAA 级酒店复核工作。提升改造完成百花山景区、史家营乡游客服务中心。完成房山地质公园两园区（圣莲山、百花山）以及枣园矿山公园的地质调研，并通过中国房山世界地质公园圣莲山、百花山园区的评估验收。继续推进"百花山大锅台"项目，打造特色餐饮品牌，新申请的"百花山大锅台"加盟经营户有 5 家，安装大锅台 17 台。新兴山庄被评为"全国金牌农家乐"。完成白草畔路和贾金路改造提升工程。完成百瑞谷景区建设项目主体工程。启动青林台峡谷部落村建设项目。建设完成百花山风景区休闲观光旅游服务设施。完成造林工程、森林健康经营项目、低效林改造、围栏封育项目等 1.38 万亩。清退无证无照类低端产业 2 家。完成元阳水、柳林水、青林台、史家营段治理河道工程，以及乡域内 5 个行政村，共计 5900 亩的史家营乡小流域治理项目。完成青林台村路翻修工程，曹家坊村、秋林铺村、莲花庵村村路大修工程。

开展居家安养、儿童康复助学、基本辅助器具适配、无障碍改造等项目。发放高龄津贴 1.11 万元，为养老助残卡充值 23.71 万元。开展"精准扶贫"，建立档案，实现一户一册。全年，开展送戏下乡演出 32 场，放映数字电影 570 余场，更新 6 个行政村的体育健身设施。组织村民参加北京市全民健身广场舞大赛。

全乡有中心幼儿园 1 所，入园儿童 32 人，教职工 10 人；小学 1 所，在校生 134 人，教职工 25 人，升学率 100%；成人教育职业学校 1 所，专、兼职教师 6 人。卫生院 1 所，医务人员 31 人（不含村医），村级卫生室 15 个，社区卫生服务站 3 个。全乡有文化中心 11 个（含村文化室 10 个）、数字影院 13 处、文艺表演团队 5 个。全年组织观看各类教育影片 570 场（数字电影放映任务），参与各类文化体育活动 160 场。

（史晓娇）

【游客服务中心开业】 5 月 1 日，史家营旅游服务中心开业。史家营旅游服务中心位于房山区史家营乡北京百花山景区、百瑞谷景区和北京圣莲山景区之间核心位置。该中心集游客服务中心、旅游咨询中心、农优产品展销中心等多功能为一体。有停车场 3500 平方米、星级卫生间、50 米长大型水幕景观，有容纳 350 人同时就餐的大型餐厅，并推出"百花山大锅台"特色餐饮品牌，有 400 平方米的旅游咨询中心。与北京利民恒华农业科技有限公司合作，推出"皇城货郎"特色商品。

（李胜芃）

【风情节活动】 6 月 22 日，百花山风情节暨农历五月十八传统庙会开幕。活动主题为"消夏避暑 亲近蓝天"。有歌唱、杂技等节目。风情节期间，举办百花山传统庙会、民俗文艺汇演、赏花摄影等活动。还有赏丁香花、观云海、看日出等系列活动。百花山景区是国家 AAA 级景区，海拔高度 1991 米，有花、路、云、光、寺五大景观，被誉为"京郊生态名山，人类绿色家园"。

（李胜芃）

2016 年史家营乡村委会基本情况

表 24

村委会名称	党支部书记	村委会主任	户数（户）	人口（人）	农民人均所得（元）
秋林铺村	任全生	任全生	829	1761	9500
莲花庵村	任正财	任正财	423	1300	11769
曹家坊村	石明军	张进宝	201	451	11308
史家营村	张文国	史天真	384	755	11682
金鸡台村	刘增会	张永红	1114	2325	11419
大村涧村	姜青山	史天悦	230	664	11445
青土涧村	张进铜	张文革	279	768	11210
青林台村	杜成珍	任正前	194	375	8480
杨林水村	马 贺	张德宝	624	1170	7521
柳林水村	史文美	杨冬明	420	810	8407
元阳水村	刘振红	刘振海	221	457	7111
西岳台村	于 华	于克茂	322	649	11171

注：村委会数据来源于《北京市房山区统计年鉴（2017）》。户数，指长期（一年以上）居住在乡镇（不包括城关街道）行政管理区域内的住户，还包括居住在城关街道所辖行政村范围内的农村住户。人口，指乡村地区常住居民户数中的常住人口数，即经常在家或在家居住 6 个月以上，而且经济和生活与本户连成一体的人口

蒲洼乡

【概况】　蒲洼乡位于房山区西南部深山区，东邻霞云岭乡堂上村，南与十渡镇相连，西、北与河北省涞水县接壤。地势西北高东南低，四周群山林立，海拔在 405~1870 米之间，素有北京的"小西藏"之称。为市级自然保护区。乡域总面积 63 平方公里。辖 8 个村民委员会。2016 年，全乡户籍户数 2507 户，其中农业户 1660 户、非农业户 847 户。户籍总人口 4486 人，其中，男性 2205 人，女性 2281 人；农业人口 3290 人，非农业人口 1196 人。年内，出生人口 39 人，出生率 8.69‰；死亡人口 29 人，死亡率 6.46‰；人口自然增长率 2.23‰。

2016 年，蒲洼乡党委下辖基层党组织 11 个。年内，发展中共党员 9 名，培训入党积极分子 20 名。全乡有中共党员 498 名。完成"两学一做"学习教育活动前期党组织关系排查工作。"两学一做"学习教育活动期间开展学习、宣传、建立示范点等各项工作。与各村签订党风廉政建设责任书，与党员代表签订党员廉洁自律承诺书。完成全乡党员 2008 年 4 月至 2016 年 6 月的党费补交工作。组织全乡党员干部学习《中国共产党章程》《习近平系列讲话重要精神》等，累计开展学习 80 次 24560 人次参加。完成 2 批 47 名

困难党员帮扶资金的申请及入库工作。完成中华人民共和国成立前入党老党员阶段统计工作及生活补贴发放自查工作。组织观看《镜鉴》严肃换届纪律专题片，发放宣传海报和宣传折页，约谈部分乡村干部。完成第十届村民委员会换届选举。完成党委换届，妇女代表比例 22.3%，高中及以上学历占比59.2%，基层一线代表占比 68.9%。

2016 年，全乡财政收入 144.7 万元，比2015 年增长 12.5%；税收完成 467.3 万元，比 2015 年增长 81.6%。固定资产投资完成2000 万元，比 2015 年下降 61.7%。集体经济营业收入 13 万元，农民人均所得 8309 元。

全乡粮食播种面积 1895 亩，总产量 124.8吨。主要农作物播种面积和产量：玉米播种面积 1210 亩，总产量 96.3 吨；谷子播种面积97 亩，总产量 5.1 吨。蔬菜播种面积 582 亩，总产量 267.3 吨。全年，生猪存栏 301 头，存栏 476 头；羊出栏 1492 只，存栏 9970 只；肉鸡出栏 0.26 万羽，存栏 1.14 万羽；鲜蛋产量 12 吨；干鲜果品产量 123.3 吨。2016 年，造林 233.3 公顷，四旁植树 1.6 万株。

2016 年，蒲洼乡按照"生态休闲，山顶氧吧高端度假区"建设目标，坚持"生态立乡、旅游强乡、绿色富民"的发展思路，完成太行山三期、京津风沙源治理、抵效林改造等涉及 6 个村的造林任务 3500 亩，开展封山育林 4000 亩，共栽植各类苗木 25.9万株。完成自然保护区生态保护与管理、森林健康经营、退耕还林、林木病虫害防治、森林防火、防汛各项工作。完成 2015 年 3个村的 5000 亩小流域治理项目扫尾工程和东村、森水村小流域治理工程的前期手续办理，完成排水沟、蓄水池、养护路等相关工程。推进空气清洁计划和煤改电各项工作。完成凳子沟、宝水林云山 9.8 公里旅游健身步道建设。完成森水景观农业项目的前期立

项工作和成人学校风雨球场项目的前期手续办理，对 3 个旅游景区配套公厕进行改造。引进投资单位三方合作，改造提升花台21 栋小木屋和招待所。完成鱼斗泉小枣，东村菊花、海棠，宝水黄芩基地节水灌溉项目和雨洪利用工程。规范提升全乡民俗旅游，培训星级民俗户，开展旅游接待、食品安全等 4 个批次 31 户培训。对有意办理民俗户营业执照的 92 户农户进行走访审核，网上审核 49 户。年内，东村获"北京市最美乡村"称号，宝水村列入第四批"中国传统村落名录"，议合村、森水村通过"美丽乡村"验收达标。2016 年，全乡接待游客1.6 万余人，旅游收入 136 万元。

全年，清理区、乡两级卫生脏乱点 32处。精准扶贫，出台《蒲洼乡关于低收入村、低收入户增收帮扶工作报告》，对低收入村、低收入户进行"一村一策、一户一方"分类帮扶。完成鱼斗泉路面加宽、蒲洼村道路硬化两个"一事一议"工程。更换清洁型煤900 余吨，安装炉具 52 台，完成全乡 370户抗震节能改造鉴定筹备工作和第二批山区人口迁移前期调查工作。建设蒲洼村级温馨家园。完善乡文化站、电子图书阅览室设施建设和 4 个村级文化大院内部设施建设。全年，开展文艺下乡、周末大舞台、戏曲文化节等系列文化活动 30 余场。开展民俗旅游服务、中华蜂养殖技术等系列农村实用人才培训 11 期 360 余人次。

蒲洼乡有中心幼儿园 1 所，幼儿班 3 个，入园儿童 13 人，入园率 100%。寄宿制中心小学 1 所，在校生 51 人，入学率 100%，巩固率 100%。卫生院 1 所，医务人员 8 人，卫生覆盖率 100%。村级文化大院 2 处，安装体育健身器材 2 套，数字影院 7 处，邮政所 1 个。

（王旭春）

【蒲洼高山嬉雪乐园开业】 1月1日，蒲洼高山嬉雪乐园开业。嬉雪乐园占地面积5000平方米，位于蒲洼乡东村花台景区内，海拔1200米。雪场内有雪地摩托、雪地坦克、雪橇、气垫船等，有滑雪道100米。当地美食有全羊宴、全驴宴，可在当地民俗户家中或花台招待所住宿。

（王旭春）

【蒲洼梯田酒店项目合作签约仪式】 3月18日，蒲洼旅游开发有限公司与北京欧标园林景观有限公司举办蒲洼梯田酒店项目合作签约仪式。蒲洼梯田酒店项目按照盘活资产、引进市场资源、互利共赢原则，整合花台景区的招待所、小木屋等资源，升级改造，打造成精品特色乡村酒店。蒲洼乡主要负责人及北京欧标园林景观有限公司负责人出席签约仪式。

（王旭春）

【蒲洼中心小学与海军某部队开展"六一"共建活动】 5月31日，蒲洼中心小学与海军某部队开展"六一"共建活动。海军部队领导授予蒲洼中心小学"海军蒲洼少年军校"校旗，为学生捐赠校服、照片等。蒲洼乡和部队主要领导出席活动。

（王旭春）

【北京农科院与东村连心共建活动】 7月12日，北京农科院植物保护环境保护研究所与蒲洼乡东村党支部开展连心共建活动。北京农科院为蒲洼乡东村送去食用菌栽培技术等方面的书籍，在食用菌新品种引进、土壤测量等技术方面实现科技帮扶，共同发展。北京市农科院与蒲洼乡东村有10年共建关系，在东村食用菌种植基地的新品种引进、种植技术方面给予支持。

（王旭春）

【"法律服务村居行"知识培训】 8月16日，蒲洼乡开展"法律服务村居行"常用法律知识培训活动。邀请北京元辅律师事务所律师就继承法做专题培训。全乡8个村村干部参加培训。

（王旭春）

【法制宣传日宣传活动】 11月30日，蒲洼乡组织开展以"知晓宪法权利，明晰维权途径"为主题的法制宣传日活动。向村民发放《中华人民共和国宪法》《中华人民共和国食品安全法》等相关法律法规宣传册400多册、法制宣传品500多份，悬挂条幅2条，现场解答法律咨询20余人次。

（王旭春）

2016年蒲洼乡村委会基本情况

表25

村委会名称	党支部书记	村委会主任	户数（户）	人口（人）	农民人均所得（元）
议合村	隗合银	刘殿华	89	176	8948
蒲洼村	隗永忠	隗永忠	401	786	8715
富合村	蔡月	蔡月	45	90	7611
森水村	郑明满	郑明满	66	124	8508
宝水村	杨生柱	杨生柱	311	611	8510
东村	孙广亮	孙广亮	308	760	8368
芦子水村	隗合站	隗合站	340	750	8040

续表25

村委会名称	党支部书记	村委会主任	户数（户）	人口（人）	农民人均所得（元）
鱼斗泉村	任全才	任合民	115	250	6880

注：村委会数据来源于《北京市房山区统计年鉴（2017）》。户数，指长期（一年以上）居住在乡镇（不包括城关街道）行政管理区域内的住户，还包括居住在城关街道所辖行政村范围内的农村住户。人口，指乡村地区常住居民户数中的常住人口数，即经常在家或在家居住6个月以上，而且经济和生活与本户连成一体的人口

新镇街道办事处

【概况】　新镇街道办事处地处房山区东部，东、南、西与阎村镇接壤，北邻青龙湖镇。辖区面积1.72平方公里，由中国原子能科学研究院工作区、生活区和千禧家园小区组成。设有2个社区居委会，268个居民小组。辖区总人口近万人，其中常住人口约1万人，60岁以上老年人2786人，占总人口的27.5%，有12个少数民族，城镇化率100%。

2016年，新镇街道工委下辖3个党支部。发展中共党员2名，培训入党积极分子6名。全街道有中共党员213名。完成中共北京市房山区第八次代表大会代表选举，选举出房山区人大代表3名。开展优秀共产党员评选，授予10人为新镇街道办事处2013—2014年度优秀共产党员称号。开展6次理论中心组学习，发放学习材料800余册。利用基层党组织服务群众经费，在东平街、千禧家园主干道和社区居民楼间安装休闲座椅68把。围绕"做合格党员"，开展"亮明党员身份"走进一线基层活动。开展广大党员重温入党誓词活动。开展陪聊小组走进空巢老人家庭，免费理发小组走进重症、偏瘫及行动不便家庭义务理发等各项便民服务。

全年，办理医疗保险参保94人，续保656人，为27名参保人员手工报销药费9.7万元。为1514名老年人办理北京通。为29名高龄老人发放津贴3.1万元。开展80岁老人养老助残卡制卡推送工作，全年制卡102张，充值71.22万元。年内，新镇街道办事处获"首都全民义务植树先进单位"称号，原新街社区党组织获首都"五好社区党组织"称号。

新镇街道办事处依托中国原子能科学研究院，人文资源丰富。辖区内有中国原子能科学研究院、核工业研究生部、中国核工业科技馆、工商银行、邮政储蓄所、中国电信局、新华书店、北京核工业四〇一医院、房山四〇一学校、幼儿园、同年华养老院、核都汇隆商贸有限公司等十几个驻镇单位。建有综合文体活动中心馆1个，建筑面积5000平方米，馆内可开展文艺演出、羽毛球、篮球、排球、电影播放等活动，辖区内还建有人工草坪足球场、网球场、门球场、灯光球场和健身广场等文化设施。

（高冬玥）

【便民服务活动】　3月5日，新镇街道办事处开展计划生育教育、交通安全知识、民防知识教育、流动人口与出租房屋管理、人

大代表现场咨询、社会保障与低保待遇咨询等活动。现场免费发放计生用品 300 余份，宣传材料、宣传品 3500 余份。

（高冬玥）

【庆祝建党 95 周年文艺演出】 6 月 29 日，新镇街道办事处举办"唱支山歌给党听——纪念中国共产党诞辰 95 周年暨优秀共产党员表彰"文艺晚会。对评选出的 10 名新镇街道办事处 2015-2016 年度优秀共产党员进行表彰。中国原子能科学院领导、房山区文化委等领导出行活动，1000 多名社区居民观看演出。

（高冬玥）

【社区广场健身舞表演】 年内，新镇街道办事处举办社区广场健身舞展示活动。2 个社区 15 支队伍参加表演。活动中对评选出的 20 户"五好文明家庭"进行表彰。500 多名居民观看展示。

（高冬玥）

【为民办实事】 年内，新镇街道办事处利用党组织服务群众专项经费 21 万元，打造 2 个社区"一园一街"便民工程。即：打造东平街主干道，安装乘凉避暑座椅；打造原新街街心花园，安装果皮箱、遮阳棚、围套长椅等设施供居民休闲纳凉。

（高冬玥）

2016 年新镇街道社区居委会基本情况

表 26

居委会名称	党支部书记	居委会主任	户数（户）	人口（人）
东平街居委会	张立红	张立红	1171	3903
原新街居委会	赵建国	赵建国	2526	4266

注：数据由新镇街道办事处提供

主要组织机构及领导名录

2016 年房山区主要组织机构全称及简称对照表

区委机构

表27

全　称	简　称
（一）工作机构	
中共北京市房山区纪律检查委员会机关	区纪委
中共北京市房山区纪律检查委员会办公室	区纪委办公室
中共北京市房山区纪律检查委员会党风政风监督室	区纪委党风政风监督室
中共北京市房山区纪律检查委员会宣传部	区纪委宣传部
中共北京市房山区纪律检查委员会信访室（挂房山区人民政府举报中心牌子，与区行政投诉中心合署办公）	区纪委信访室
中共北京市房山区纪律检查委员会案件监督管理室	区纪委案件监督管理室
中共北京市房山区纪律检查委员会案件审理室	区纪委案件审理室
中共北京市房山区纪律检查委员会组织部	区纪委组织部
中共北京市房山区纪律检查委员会研究室	区纪委研究室
中共北京市房山区纪律检查委员会第一纪检监察室	区纪委第一纪检监察室
中共北京市房山区纪律检查委员会第二纪检监察室	区纪委第二纪检监察室
中共北京市房山区纪律检查委员会第三纪检监察室	区纪委第三纪检监察室
中共北京市房山区委员会办公室	区委办公室

续表 27-1

全　　称	简　　称
中共北京市房山区委员会组织部	区委组织部
中共北京市房山区委员会宣传部	区委宣传部
北京市房山区精神文明建设委员会办公室（挂靠中共北京市房山区委员会宣传部）	区文明办
北京（房山）历史文化旅游集聚区规划建设管理办公室（政府工作机构，不占机构数，挂靠区委宣传部）	集聚区办
中共北京市房山区委员会统一战线工作部（挂中共北京市房山区委员会台湾工作办公室、北京市房山区人民政府台湾事务办公室牌子，与中共北京市房山区委员会统一战线工作部合署办公）	区委统战部（区台办）
中共北京市房山区委员会政法委员会（2月，北京市房山区社会管理综合治理委员会办公室更名为北京市房山区社会治安综合治理委员会办公室，与中共北京市房山区委员会政法委员会合署办公）	区委政法委（区综治办）
北京市房山区维护稳定工作领导小组办公室（设在中共北京市房山区委员会政法委员会）	区维稳办
北京市房山区流动人口和出租房屋管理委员会办公室（与北京市房山社会治安综合治理委员会办公室合署办公）	区流动人口和出租房屋管委办
中共北京市房山区委员会北京市房山区人民政府研究室（加挂中共北京市房山区委全面深化改革领导小组办公室牌子）	区研究室（区委改革办）
北京市房山区机构编制委员会办公室	区编办
中共北京市房山区委员会区直属机关工作委员会	区直机关工委
中共北京市房山区委社会工作委员会（与北京市房山区社会建设工作办公室一个机构，两块牌子）	区委社会工委
（二）部门管理机构	
中共北京市房山区委员会老干部局（由区委组织部管理）	区委老干部局
中共北京市房山区委员会保密委员会办公室（由区委办公室管理，挂北京市房山区国家保密局牌子）	区委保密办（区保密局）
（三）与区政府部门合署办公机构	
中共北京市房山区委员会教育工作委员会（与区教委合署办公）	区委教工委
中共北京市房山区委员会农村工作委员会（与区农委合署办公）	区委农工委
中共北京市房山区委员会卫生和计划生育工作委员会	区委卫生计生工委
（四）派出机构	
中共北京市房山区委员会燕山工作委员会（副局级） 中共北京市房山区委员会燕山工委纪律检查委员会机关 中共北京市房山区委员会燕山工作委员会办公室	区委燕山工委 燕山工委纪委 燕山工委办公室

续表27-2

全　称	简　称
中共北京市房山区委员会燕山工作委员会组织部	燕山工委组织部
中共北京市房山区委员会燕山工作委员会宣传部	燕山工委宣传部
中共北京市房山区委员会燕山工作委员会政法办公室（2月，燕山社会管理综合治理办公室更名为燕山社会治安综合治理办公室）	燕山工委政法办公室（燕山综治办）

房山区人民代表大会常务委员会工作机构

表28

全　称	简　称
北京市房山区人大常委会机关	区人大机关
区人大常委会办公室	区人大办
区人大常委会研究室	区人大研究室
区人大常委会代表联络室（市人大代表联络处）	区人大代表室
区人大常委会财政经济工作委员会	区人大财经委
区人大常委会城市建设与环境保护工作委员会	区人大城建环保委
区人大常委会内务司法工作委员会	区人大内司委
区人大常委会教科文卫工作委员会	区人大教科文卫委
区人大常委会农村工作委员会	区人大农村委
区人大常委会信访室	区人大信访室

区政府机构

表29

全　称	简　称
（一）工作部门	
北京市房山区人民政府办公室（挂北京市房山区人民政府外事侨务办公室、北京市房山区应急委员会办公室设在区政府办公室、房山区应急指挥中心牌子；9月，挂北京市房山区人民政府绩效考核管理办公室牌子）	区政府办公室（区政府外事侨务办、区应急办、区应急指挥中心、区政府绩效办公室）
北京市房山区发展和改革委员会	区发展改革委
北京市房山区教育委员会	区教委
北京市房山区人民政府教育督导室（由区教委代管）	区政府教育督导室
北京市房山区科学技术委员会（挂北京市房山区知识产权局牌子）	区科委（区知识产权局）
北京市房山区经济和信息化委员会（挂中关村科技园区房山园管理委员会牌子）	区经济信息化委（中关村房山园管委会）
北京市房山区监察局（与区纪委机关合署办公，区行政投诉中心设在区监察局。区预防腐败局与区纪委、区监察局合署办	区监察局（区行政投诉中心、区预防腐败局）

续表 29-1

全　　称	简　　称
公，列入区政府工作部门序列）	
北京市房山区民政局（挂北京市房山区民族宗教事务委员会牌子）	区民政局（区民族宗教委）
北京市房山区司法局	区司法局
北京市房山区财政局	区财政局
北京市房山区人力资源和社会保障局（对外可使用北京市房山区公务员局名义开展工作）	区人力社保局
北京市房山区住房和城乡建设委员会（挂北京市房山区人民政府住房保障和改革办公室、北京市房山区人民政府房屋征收办公室牌子）	区住房城乡建设委（区政府房改办、区政府房屋征收办）
北京市房山区环境保护局	区环保局
北京市房山区市政市容管理委员会（挂北京市房山区城乡环境建设委员会办公室牌子）	区市政市容委（区环境建设办）
北京市房山区交通局	区交通局
北京市房山区农村工作委员会	区农委
北京市房山区水务局	区水务局
北京市房山区商务委员会（挂北京市房山区粮食局牌子）	区商务委（区粮食局）
北京市房山区文化委员会	区文化委
北京市房山区卫生和计划生育委员会	区卫生计生委
北京市房山区审计局	区审计局
北京市房山区社会建设工作办公室（与区委社会工委一个机构，两块牌子，不计入区政府机构个数）	区社会办
北京市房山区安全生产监督管理局	区安全监管局
北京市房山区体育局	区体育局
北京市房山区统计局	区统计局
北京市房山区农业局（挂北京市房山区动物卫生监督管理局牌子）	区农业局（区动物卫生监督局）
北京市房山区园林绿化局（挂北京市房山区绿化委员会办公室牌子）	区园林绿化局（区绿化办）
北京市房山区旅游发展委员会	区旅游委
北京市房山区人民政府法制办公室	区法制办
中共北京市房山区委北京市房山区人民政府信访办公室	区信访办
北京市房山区人民政府国有资产监督管理委员会	区国资委
北京市房山区民防局	区民防局
北京市房山区城市管理综合行政执法监察局	区城管执法监察局
北京市房山区金融工作办公室	区金融办
（二）市垂直管理部门	
北京市公安局房山分局	房山公安分局
北京市房山区地方税务局	区地税局
北京市工商行政管理局房山分局	房山工商分局
北京市房山区质量技术监督局	区质监局

续表 29-2

全　称	简　称
北京市房山区食品药品监督管理局（北京市房山区人民政府食品安全监督协调办公室）	区食品药品监管局（区食品安全办公室）
北京市国土资源局房山分局	房山国土分局
北京市规划委员会房山分局	房山规划分局
北京市地税局燕山分局	燕山地税分局
北京市工商行政管理局燕山分局	燕山工商分局
北京市质量技术监督局燕山分局	燕山质监分局
（三）派出机构	
北京市房山区人民政府燕山办事处	燕山办事处
燕山办事处办公室（燕山工委办事处信访办公室，挂房山区燕山地区突发公共事件应急委员会办公室牌子）	
燕山办事处发展和改革委员会（挂燕山安全生产监督管理分局、粮食办公室牌子）	
燕山办事处经济和信息化委员会	
燕山办事处教育委员会	
燕山办事处监察分局（与燕山纪律检查委员会机关合署办公）	
燕山办事处民政分局（挂燕山社会建设工作办公室牌子）	
燕山办事处财政分局	
燕山办事处人力资源和社会保障分局	
燕山办事处住房和城市建设委员会（挂政府住房保障和改革办公室牌子）	
燕山市政市容和交通管理委员会（挂燕山城市环境建设委员会办公室、燕山园林绿化分局牌子）	
燕山文化卫生和计划生育委员会	
燕山办事处审计分局	
北京市房山区人民政府整顿和规范矿产资源开发秩序工作办公室（挂靠北京市国土资源局房山分局）	区整规办
北京市房山区良乡高教园区管理委员会	高教园区管委会
北京高端制造业（房山）基地管理委员会	高端制造业基地管委会
北京石化新材料科技产业基地管理委员会	石化新材料基地管委会
北京房山中央休闲购物区长阳核心区管理委员会	中央休闲购物区管委会
北京现代农业示范区房山园管理委员会	现代农业示范区管委会
北京西南良乡物流基地管理委员会	良乡物流基地管委会

政协北京市房山区委员会工作机构

表 30

全　称	简　称
中国人民政治协商会议北京市房山区委员会机关	区政协机关
中国人民政治协商会议北京市房山区委员会机关办公室	区政协办

续表 30

全　称	简　称
中国人民政治协商会议北京市房山区委员会机关研究室	区政协研究室
中国人民政治协商会议北京市房山区委员会专委会工作一室	区政协专委一室
中国人民政治协商会议北京市房山区委员会专委会工作二室	区政协专委二室
中国人民政治协商会议北京市房山区委员会专委会工作三室	区政协专委三室
中国人民政治协商会议北京市房山区委员会专委会工作四室	区政协专委四室
中国人民政治协商会议北京市房山区委员会专委会工作五室	区政协专委五室
中国人民政治协商会议北京市房山区委员会专委会工作六室	区政协专委六室

市区双管单位

表 31

全　称	简　称
北京市房山区气象局	区气象局
北京市交通委员会路政局房山公路分局	房山公路分局
中国邮政集团公司北京市房山区分公司	邮政房山区分公司
北京市公安局公安交通管理局房山支队	房山交通支队
北京市房山区国家税务局	区国税局
中国人民解放军北京市房山区人民武装部	区人武部

人民检察院与人民法院

表 32

全　称	简　称
北京市房山区人民检察院	区检察院
北京市房山区人民法院	区法院

街道（地区）办事处及乡镇

表 33

全　称	简　称
北京市房山区人民政府城关街道办事处	城关街道办事处
北京市房山区人民政府拱辰街道办事处	拱辰街道办事处
北京市房山区人民政府西潞街道办事处	西潞街道办事处
北京市房山区人民政府良乡地区办事处（北京市房山区良乡镇人民政府）	良乡地区办事处（良乡镇）
北京市房山区人民政府周口店地区办事处（北京市房山区周口店镇人民政府）	周口店地区办事处（周口店镇）

续表 33

全　称	简　称
北京市房山区人民政府琉璃河地区办事处（北京市房山区琉璃河镇人民政府）	琉璃河地区办事处（琉璃河镇）
北京市房山区阎村镇人民政府	阎村镇
北京市房山区窦店镇人民政府	窦店镇
北京市房山区石楼镇人民政府	石楼镇
北京市房山区长阳镇人民政府	长阳镇
北京市房山区河北镇人民政府	河北镇
北京市房山区长沟镇人民政府	长沟镇
北京市房山区大石窝镇人民政府	大石窝镇
北京市房山区张坊镇人民政府	张坊镇
北京市房山区十渡镇人民政府	十渡镇
北京市房山区青龙湖镇人民政府	青龙湖镇
北京市房山区韩村河镇人民政府	韩村河镇
北京市房山区霞云岭乡人民政府	霞云岭乡
北京市房山区南窖乡人民政府	南窖乡
北京市房山区佛子庄乡人民政府	佛子庄乡
北京市房山区大安山乡人民政府	大安山乡
北京市房山区史家营乡人民政府	史家营乡
北京市房山区蒲洼乡人民政府	蒲洼乡
北京市房山区人民政府新镇街道办事处	新镇街道办事处

部分事业单位

表 34

全　称	简　称
中共北京市房山区委党校（北京市房山区行政学院）	区委党校（区行政学院）
中共北京市房山区委党史资料征集办公室（北京市房山区方志编纂委员会办公室）	区史志办
北京市房山区农村合作经济经营管理站	区经管站
北京市房山区老龄工作办公室	区老龄办
北京理工大学房山分校	理工大房山分校
北京市房山区档案局（北京市房山区档案馆）	区档案局（区档案馆）
房山云居寺文物管理处	云居寺文物管理处
北京市房山区上方山国家森林公园管理处	上方山管理处
北京市房山区工业园区建设管理委员会办公室	区园区办
北京市房山区石花洞风景名胜区管理处	石花洞管理处
北京市房山区信息中心	区信息中心
北京市房山区地震局	区地震局
北京市房山区机关事务服务中心	区机关服务中心

续表 34

全　称	简　称
北京宏达永顺市场经营服务中心	区市场中心
北京市房山区燃气开发中心（北京房山燃气开发集团有限公司）	区燃气中心（房山燃气集团）
北京中关村南部（房山）科技创新城企业发展服务中心［12月组建，挂北京市房山区投资促进局牌子，北京市房山区综合行政服务中心与北京中关村南部（房山）科技创新城企业发展服务中心合署办公］	区企业发展服务中心（区投资促进局）（区综合行政服务中心）
北京市房山区成人教育中心	区成教中心
北京市房山区广播电视中心	区广电中心
北京市房山区种植业服务中心（北京市房山区农机服务中心）	区种植业服务中心（区农机中心）
北京市房山区养殖业服务中心	区养殖中心
北京西南良乡物流基地管理委员会办公室	良乡物流基地管委办
周口店北京人遗址博物馆（周口店北京人遗址管理处）	周口店遗址博物馆（周口店北京人遗址管理处）
北京市房山区林果科技服务中心	区林果科技服务中心
北京市房山世界地质公园管理处	地质公园管理处
北京市房山区山区人口迁移办公室	区山区人口迁移办
北京市房山区燕山成人教育中心	燕山成教中心
北京市房山区燕山体育运动中心	燕山体育运动中心
北京市燕山市场服务中心	燕山市场服务中心
北京市房山区燕山交通管理中心	燕山交通管理中心
北京市房山区燕山东流水管理委员会	燕山东流水管委
北京市房山区燕山文化活动中心	燕山文化活动中心
北京市房山区蒲洼自然保护区管理处	蒲洼自然保护区管理处
北京市房山区房屋征收事务中心	区房屋征收事务中心
北京市房山区经济社会发展研究中心	区经济社会发展研究中心
北京市房山区葡萄种植及葡萄酒产业促进中心	区红酒办
北京市房山区社会保险事业管理中心（由北京市房山区人力资源和社会保障局管理）	区社会保险事业管理中心
北京市房山区住房保障事务中心	区住房保障事务中心
北京市房山区文化活动中心（挂北京市房山区文化馆、北京市房山区图书馆牌子）	区文化活动中心
北京市房山区人力资源公共服务中心	区人力资源服务中心
北京市房山区金融产业服务中心（3月成立，区金融局所属副处级事业单位）	区金融产业服务中心

群众团体

表 35

全　称	简　称
北京市房山区总工会	区总工会
中国共产主义青年团北京市房山区委员会	团区委
北京市房山区妇女联合会	区妇联
北京市房山区科学技术协会	区科协
北京市房山区工商业联合会	区工商联
北京市房山区文学艺术界联合会	区文联
北京市房山区残疾人联合会	区残联
北京市房山区红十字会	区红十字会

部分企业单位

表 36

全　称	简　称
北京房建投资集团有限责任公司	房建投资公司
北京房建建筑股份有限公司	房建股份公司
北京韩建集团有限公司	韩建集团
北京龙建集团有限公司	龙建集团
北京市房山城建集团有限公司	城建集团
北京昊远隆基房地产开发总公司	昊远隆基总公司
北京市食品公司房山区分公司	区食品公司
北京市房山区供销合作总社	区供销总社
北京京房国鑫物资有限责任公司	区京房国鑫公司
北京市房山区旅游实业开发公司	区旅游开发公司
北京市房山区商贸有限公司	区商贸公司
北京市房山区烟草专卖局（北京市房山烟草公司）	区烟草专卖局（房山烟草公司）
北京市房山区对外贸易公司	区外贸公司
北京市房山区工业总公司	区工业总公司
华北电网有限公司北京电力公司房山供电公司	房山供电公司
北京市煤炭总公司房山区公司	区煤炭公司
中国农业发展银行北京市房山区支行	农发行房山支行
中国建设银行北京市房山区支行	建行房山支行
中国工商银行北京市房山支行	工行房山支行
北京农村商业银行房山支行	农商行房山支行
中国农业银行北京市房山区支行	农行房山支行

续表 36

全　　称	简　　称
中国邮政储蓄银行有限责任公司北京房山区支行	邮储银行房山支行
中国人寿保险公司北京市房山区支公司	寿保房山支公司
中国人民财产保险股份有限公司北京市房山支公司	人保财险房山支公司
北京人投资发展公司	北京人投资发展公司
北京市房山区燕山烟草专卖分局	燕山烟草专卖分局
中国联合网络通信有限公司北京市房山区分公司	北京联通房山区分公司
北京良乡经济开发区实业总公司	良实开公司
北京房开控股集团有限公司	房开控股集团

2016 年房山区领导名录

中共房山区第七届委员会

书　记　刘伟（2月免）
　　　　曾赞荣（2月任）
副书记　曾赞荣（2月免）
　　　　陈清（4月任）
　　　　李江（满族）
常　委　赵佳琛（女）
　　　　鹿进宝（9月免）
　　　　高云峰
　　　　赵军
　　　　吴会杰
　　　　郝恭平
　　　　于波
　　　　吕守军
　　　　刘兵（9月任）
　　　　王明哲（9月任）

中共房山区第八届委员会

（12月9日，中共房山区第八届委员会第一次全体会议选举产生）

书　记　曾赞荣
副书记　陈清
　　　　李江（满族）
常　委　高云峰
　　　　吴会杰
　　　　刘兵
　　　　于波
　　　　曹蕾（女）

　　　　魏广勋
　　　　王明哲

中共房山区第七届纪律检查委员会

书　记　高云峰
副书记　李学
　　　　汤连成
　　　　栗桂平（女）
常　委　张志友
　　　　王文路
　　　　杨琼（女，布依族）
　　　　张红梅（女）
　　　　赵俊安

中共房山区第八届纪律检查委员会

（12月9日，中共房山区第八届纪律检查委员会第一次全体会议选举产生）

书　记　高云峰
副书记　韩继华
　　　　汤连成
　　　　栗桂平（女）
常　委　张红梅（女）
　　　　赵俊安
　　　　张卫民
　　　　陈宁（女）
　　　　张会东（女）

区纪委办公室

主　任　张会东（女）

区纪委组织部

部　长　李艳（女）

区纪委宣传部

部　长　胡鹏程

区纪委研究室

主　任　李金光

区纪委党风政风监督室

主　任　张卫民

区纪委案件监督管理室

主　任　陈宁（女）

区纪委信访室

主　任　张红梅（女）

区纪委第一纪检监察室

主　任　韩金盈

区纪委第二纪检监察室

主　任　高国栋

区纪委案件审理室

主　任　张涛

区纪委联合派驻纪检组

组　　长	许广宝
成　　员	顾春生
	任全伶（女）

区委办公室

主　　任	齐文东
常务副主任	王化占
副主任	李立奎
	卢晓利
	宋春福（兼）
	毕　胜（兼，10月免）
区委督查室主任	毕　胜（10月免）

区委组织部

部　　长	于　波
常务副部长	王　耕
副部长	高晓坤
	梁义国
	史　建（兼，女）
	穆建山（兼）

区委宣传部

部　　长	赵佳琛（女，12月免）
	曹　蕾（女，12月任）
常务副部长	曹燕杰
副部长	康宝和（兼）
	路建华（兼）
	李春晖（女）
	路　鹏（6月免）
	郝金英（女，12月任）

区文明办

主　　任	康宝和
副主任	刘丽杰（女，12月免）
	孙桂华（女，回族）

集聚区办

主　　任	杨海峰（4月免）
	路　鹏（7月任）
副主任	丁学工

区委统战部

部　　长	吕守军（12月免）
	王明哲（12月任）
常务副部长	王文洪（12月免）
	于　平（女，12月任）
副部长	焦启超（兼）
	曹进国

区委台湾工作办公室

主　　任	陈志华

区委政法委

书　　记	李　江（兼，满族，12月免）
	魏广勋（12月任）
副书记	韩士军
	王心松（女，蒙古族）
	杨四奇（兼）
	赵书国
	孙　术
政治部主任	康　华

区综治办

主　　任	韩士军
副主任	孔令红（女）

区维稳办

主　　任	孙　术（兼）

区流动人口和出租房屋管委办

主　　任	赵书国（兼）

区研究室

（区委改革办）

主　　任	宋春福
副主任	王建星
	李鹏飞
	温志超

区编办

主　　任	邓思博
副主任	刘德志
	刘秀莉（女）

区直机关工委

书　　记	赵磊明
副书记	王忠胜（4月免）
	张丽红（女）
	金树森（4月任）
纪工委书记	许泊龙

区委社会工委

（区社会办）

工委书记	于瑞林
副书记	黄凤才
纪工委书记	白宝琦（女，满族）
主　　任	于瑞林
副主任	郭凤岭
	张桂冬（女）

区委老干部局

局　　长	史　建（女）
副局长	王玉仓
	王雪梅（女，满族）

区委保密办

（区保密局）

主　　任	朱立增

区第七届人民代表大会常务委员会

主　　任　孙强

副 主 任　刘欣国
　　　　　　刘顺林
　　　　　　郭志族
　　　　　　苗宗启
　　　　　　王淑红（女，不驻会）

委　　员　王英开
　　　　　　王心松（女，蒙古族）
　　　　　　毕武强
　　　　　　祝庆忠
　　　　　　孙玉成
　　　　　　邢东升
　　　　　　齐树水
　　　　　　丁淑艳（女）
　　　　　　马小兰（女）
　　　　　　王耕
　　　　　　王媛（女）
　　　　　　邓军兰（女）
　　　　　　樊宗军
　　　　　　刘增会
　　　　　　许世臣
　　　　　　张兵
　　　　　　张立英（女）
　　　　　　郝凤霞（女）
　　　　　　王红英（女）
　　　　　　高武军

区第八届人民代表大会常务委员会

（12 月 23 日，房山区第八届人民代表大会第一次会议选举产生）

主　　任　孙强

副 主 任　赵军
　　　　　　郭志族

　　　　　　任正宽
　　　　　　孔庆远
　　　　　　周蕾（女，不驻会）

委　　员　王英开
　　　　　　冯长立
　　　　　　毕武强
　　　　　　李素明
　　　　　　张劲楠
　　　　　　杜国栓
　　　　　　刘殿学
　　　　　　陈东明
　　　　　　张永强
　　　　　　李彦山
　　　　　　王建国
　　　　　　胡巧坤（女）
　　　　　　隗永成
　　　　　　丁淑艳（女）
　　　　　　马小兰（女）
　　　　　　仇锁忠（回族）
　　　　　　邓军兰（女）
　　　　　　史建（女）
　　　　　　刘增会
　　　　　　张志觅（女）
　　　　　　张兵
　　　　　　张莉华（女）
　　　　　　武宏
　　　　　　周一晨
　　　　　　周晓满（女）
　　　　　　郝凤霞（女）
　　　　　　晏利平
　　　　　　傅春江
　　　　　　魏建民（女）

区人大办

主　　任　王英开

副 主 任　贯艳杰（女，10 月免）

信访室主任　韩玉平（女）

区人大研究室

主　　任　陈东明

副 主 任　佟国荣（女，8 月任）

区人大代表室

主　　任　冯长利

副 主 任　谈素芬（女）

区人大财经委

主　　任　毕武强

副 主 任　张永强

区人大城建环保委

主　　任　祝庆忠（10 月免）
　　　　　　李素明（10 月任）

副 主 任　李素明（10 月免）
　　　　　　李彦山（10 月任）

区人大内司委

主　　任　孙玉成（5 月免）
　　　　　　张劲楠（10 月任）

副 主 任　王建国

区人大教科文卫委

主　　任　邢东升（10 月免）
　　　　　　杜国栓（10 月任）

副 主 任　胡巧坤（女，10 月任）

区人大农村委

主　　任　齐树水（10 月免）
　　　　　　刘殿学（10 月任）

副 主 任　隗永成

第七届房山区人民政府

区　　长　曾赞荣（4 月免）
　　　　　　陈清（4 月代，12 月任）

副 区 长　吴会杰

　　　　　卢国懿（10月免）

　　　　　曹　蕾（女）

　　　　　刘胜国

　　　　　刘　兵（10月任）

　　　　　李宝虎（10月任）

　　　　　翟　东（兼）

　　　　　赵　军

　　　　　魏广勋

第八届房山区人民政府

（12月23日，房山区第八届人民
代表大会第一次会议选举产生）

区　　　长　陈　清

副 区 长　吴会杰

　　　　　刘　兵

　　　　　李宝虎

　　　　　齐文东

　　　　　陈广利

　　　　　廖春迎（女，壮族）

　　　　　于吉顺

区政府办公室

（3月，成立党组）

党 组 书 记　王永年（10月任）

主　　　任　王永年

副 主 任　陈志华

　　　　　曲　肃（女）

　　　　　许文武

　　　　　唐瀛洲

督查室主任　孟　芳（女）

区政府外事侨务办

（设在区政府办）

主　　　任　陈志华

区政府台湾事务办公室

主　　　任　陈志华

区应急办

（区应急指挥中心）

（设在区政府办）

主　　　任　李占强

区发展改革委

党 组 书 记　朱耀春

副 书 记　李光明

纪检组组长　周晓光

主　　　任　李光明

副 主 任　韩志刚

　　　　　杨晓梅（女）

　　　　　周宝东

　　　　　于舒元（女，蒙古族）

区物价检查所

所　　　长　郭顺永

区金融办

主　　　任　刘金辉

区教委

工 委 书 记　杜成喜

副 书 记　顾成强

纪工委书记　李美华（女）

主　　　任　顾成强

副 主 任　杨凤娟（女）

　　　　　武玉章

　　　　　刘立钦（女）

　　　　　王华明

区政府教育督导室

副 主 任　王洪满

区科委

党 组 书 记　冀显江

主　　　任　冀显江

副 主 任　李宝泉

　　　　　王批修

　　　　　李　娜（女，9月免）

区经济信息化委

（中关村房山园管委会）

党 组 书 记　赵永祥（4月免）

　　　　　于吉顺（4月任）

副 书 记　冉照华

纪检组组长　冉照华

主　　　任　赵永祥（4月免）

　　　　　于吉顺（4月任）

副 主 任　栗国清

　　　　　邱　刚

　　　　　李学红

　　　　　褚潇炜

区监察局

局　　　长　李　学

副 局 长　王文路

　　　　　赵俊安

　　　　　魏建华

区行政投诉中心

（设在区监察局）

主　　　任　李　学

副 主 任　张红梅（女）

区预防腐败局

局　　　长　汤连成（兼）

区民政局

党 组 书 记　隗有清

纪检组组长　徐志刚
局　　　长　王占勇
副 局 长　邢景旺
　　　　　　杨　勇（9月免）
　　　　　　王广生
　　　　　　高　倩（女）

区民族宗教委

主　　　任　王占勇（兼）
副 主 任　刘凤梅（女，回族）

区司法局

党组书记　杜鹏飞
局　　　长　陆大勇
副 局 长　王晓光（女）
　　　　　　王　媛（女）
　　　　　　董　辉
　　　　　　肖红云（女）

区财政局

党组书记　孟令金
副 书 记　董凤山
纪检组组长　赵连生
局　　　长　董凤山
副 局 长　孟令金
　　　　　　刘学军
　　　　　　张　利
　　　　　　舒　展

区人力资源和社会保障局

党组副书记　穆建山
纪检组组长　万传斌（6月免）
局　　　长　穆建山
副 局 长　白秀国
　　　　　　晋合荣（女）
　　　　　　卢　祥
　　　　　　赖晓润

彭　菲（女）

区住房城乡建设委

（区政府房改办）
（区政府房屋征收办）

党组书记　陈　水
副 书 记　胡玉富
纪检组组长　赵冬梅（女）
主　　　任　胡玉富
副 主 任　绳有兴
　　　　　　柳　旻
　　　　　　张劲楠（11月免）
　　　　　　郭　安
　　　　　　苏震宇
　　　　　　刘晓光（11月任）

区环保局

副 书 记　顾金锁
纪检组组长　李　静（女）
局　　　长　顾金锁
副 局 长　李建新
　　　　　　胡玉江
　　　　　　孙爱华（女）

区市政市容委

党组书记　李爱军（4月任）
副 书 记　任正宽（4月免）
　　　　　　王长存
纪检组组长　赵育英（女，10月免）
主　　　任　任正宽（4月免）
　　　　　　李爱军（4月任）
副 主 任　石银山（满族）
　　　　　　杨学忠
　　　　　　王长存

区环境建设办

（设在区市政市容委）

主　　　任　任正宽（兼）
副 主 任　刘建党（6月免）
　　　　　　赵育英（女，11月任）

区交通局

（3月，撤销党委，成立党组）

党组书记　陈剑波（10月任）
党委副书记　陈剑波（10月免）
　　　　　　张晋敏（女，9月免）
纪委书记　王素敏（女）
局　　　长　陈剑波
副 局 长　付建华
　　　　　　高　峰
　　　　　　王晓军（女）

区农委

工委书记　郭志明（10月免）
副 书 记　刘宝忠
　　　　　　郭秀妍（女）
纪工委书记　郭秀妍（女）
主　　　任　刘宝忠
副 主 任　朱文生
　　　　　　焦迎彦（女）
　　　　　　毛宝东
　　　　　　高海军（兼）

区水务局

党组书记　李骏雄
副 书 记　陈硕林
　　　　　　杨　晓（9月免）
纪检组组长　张凤保
局　　　长　陈硕林
副 局 长　高福金（12月免）
　　　　　　杨　晓（12月任）

郭宝东

王庆军

区商务委

（区粮食局）

党组书记　豆宝才（4月任）

副 书 记　张福志（4月免）

纪检组组长　张　健

主　　任　张福志（4月免）

　　　　　豆宝才（4月任）

副 主 任　冯万利

　　　　　王　倩（女）

　　　　　苑星林

粮食局局长　张福志（4月免）

　　　　　豆宝才（4月任）

区文化委

党组书记　胡淑苹（女）

纪检组组长　刘利英

主　　任　胡淑苹（女）

副 主 任　郝金英（女，12月免）

　　　　　刘开平

　　　　　韩民东

区卫生计生委

党委书记　吴卫星

副 书 记　杨冬立

　　　　　李秀梅（女）

纪委书记　穆甫元（8月免）

主　　任　杨冬立

副 主 任　杜国栓（11月免）

　　　　　张金兵

　　　　　邱珍国

　　　　　张文艳（女）

　　　　　郑红蕾（女）

区审计局

党组书记　陈建民（10月任）

纪检组组长　姜品英（女）

局　　长　马俊怀

副 局 长　李　亮

　　　　　范江梅（女）

　　　　　刘志勇

　　　　　陦永强

区安全监管局

党组书记　周德运（满族）

副 书 记　张海生

纪检组组长　孙晓东

局　　长　张海生

副 局 长　刘继承（11月免）

　　　　　李劲松

　　　　　高保光

　　　　　郑　雷（11月任）

区体育局

党组书记　刘贵生

副 书 记　杨建坡

局　　长　杨建坡

副 局 长　金永男（朝鲜族）

　　　　　胡洁莹（女）

　　　　　王翠美（女）

区统计局

党组副书记　李立新

纪检组组长　刘守东（6月免）

局　　长　李立新

副 局 长　史毓龙

　　　　　祖春荣（女）

　　　　　耿会琰（女）

　　　　　乔　茹（女）

国家统计局房山调查队

队　　长　左志国

房山区经济社会调查队

副 队 长　刘磐生

　　　　　申　杰（女）

区农业局

（区动物卫生监督局）

党组书记　吴宝祥（8月去世）

副 书 记　高海军

纪检组组长　马　莉（女）

局　　长　高海军

副 局 长　付凤生

　　　　　邓更喜

　　　　　杨文淑（女，兼）

　　　　　郑迪飞（11月任）

区园林绿化局

（区绿化办）

党组书记　朱　凯（满族）

副 书 记　孔庆远（4月免）

　　　　　张福志（4月任）

　　　　　孙建华（9月免）

　　　　　张　雷

纪检组组长　张凯军

局　　长　孔庆远（4月免）

　　　　　张福志（4月任）

副 局 长　张　雷

　　　　　张文玉

　　　　　梁丽芳（女）

森林公安处处长　丁景韬

区绿化办

主　　任　孙建华（9月免）

　　　　　张福志（11月任）

副 主 任　何庶民

区旅游委

党 组 书 记　李更宇
副 书 记　朱仕生
纪检组组长　刘新宇
主　　　任　朱仕生
副 主 任　高建波（兼）
　　　　　　王晓燕（女）
　　　　　　杨进宇
　　　　　　赵　圳（女）

区法制办

（3月，成立党组）

党 组 书 记　王学峰（10月任）
主　　　任　王学峰
副 主 任　李彩柱
　　　　　　金　玲（女）

区信访办

党 组 书 记　刘守祥
纪检组组长　鲁彩霞（女）
主　　　任　刘守祥
副 主 任　毛彦林（12月免）
　　　　　　陈振林

区国资委

党 委 书 记　柴林峰
副 书 记　苏秀春
纪 委 书 记　谭德茂
主　　　任　苏秀春
副 主 任　郭尽辉（12月免）
　　　　　　孙　飞
　　　　　　陈硕宝

区民防局

（3月，成立党组）

党 组 书 记　陈兴柱（10月任）
局　　　长　陈兴柱
副 局 长　王守礼
　　　　　　任全起

区城管执法监察局

（3月，撤销党委，成立党组）

党委副书记　李爱军（4月免）
党组副书记　安保良（4月任）
纪 委 书 记　张立杰
局　　　长　李爱军（4月免）
　　　　　　安保良（4月任）
副 局 长　李东喜
　　　　　　江　涛
　　　　　　王立华
　　　　　　赵　梅（女）

房山公安分局

党 委 书 记　鹿进宝（10月免）
　　　　　　李宝虎（10月任）
副 书 记　李宝虎（10月免）
纪 委 书 记　刘国纲（兼，11月免）
　　　　　　刘国庆（11月任）
政　　　委　李宝虎（9月免）
局　　　长　鹿进宝（9月免）
　　　　　　李宝虎（9月任）
副 局 长　刘国纲
　　　　　　闫　伟（7月免）
　　　　　　夏仲民
　　　　　　胡海渊（7月任）
　　　　　　王宗元
　　　　　　王国颖
　　　　　　成伟光
　　　　　　魏元泰

政治处主任　胡海渊（7月免）
　　　　　　孙大鹏（8月任）

区地税局

党 组 书 记　马　强（5月免）
　　　　　　钱丽换（女，7月任）
纪检组组长　张松岭
局　　　长　马　强（5月免）
　　　　　　钱丽换（女，7月任）
副 局 长　钱丽换（女,5月任7月免）
　　　　　　谭巨科（10月免）
　　　　　　王忠悟（2月免）
　　　　　　安永刚（2月免）
　　　　　　刘建辉（7月任）
　　　　　　徐永利
　　　　　　雒　轶

房山工商分局

党 组 书 记　张玉河
纪检组组长　颜　岩（女）
局　　　长　张玉河
副 局 长　刘国武
　　　　　　赵建海
　　　　　　张景山

区质监局

党 组 书 记　董树萍（女）
纪检组组长　唐文韬（12月免）
　　　　　　戴英华（女,12月任）
局　　　长　董树萍（女）
副 局 长　田承山
　　　　　　殷翠霞（女）
　　　　　　徐铁波

区食品药品监管局

党 组 书 记　曹长安
副 书 记　李力君

纪检组组长　文　魁
局　　　长　曹长安
副 局 长　李力君
　　　　　孙红利（女）
　　　　　赵冬梅（女）
　　　　　韦海涛
稽查大队队长　陈立伟（女）

区食品安全办公室

（设在区食品药品监管局）

主　　　任　曹长安（兼）

房山国土分局

党 组 书 记　周同伟
副 书 记　李泽田
纪检组组长　李泽田（兼）
局　　　长　于英虎
副 局 长　周振国
　　　　　鲁永来
　　　　　石广欣（女）
　　　　　王景岗
　　　　　周同伟
　　　　　王慧文

区整规办

主　　　任　于英虎
副 主 任　鲁永来

房山规划分局

党 组 书 记　徐咏梅（女）
纪检组组长　杨　仲
局　　　长　徐咏梅（女，9月任）
副 局 长　徐咏梅（女，9月免）
　　　　　崔立新
　　　　　何剑枫
　　　　　相国强

高教园区管委会

党 组 书 记　蔡本睿（10月任）
主　　　任　魏广勋（兼）
常务副主任　蔡本睿
副 主 任　刘桂华
　　　　　吴家顺（6月免）
　　　　　孟庆新（女）

高端制造业基地管委会

党 组 书 记　李进伟（10月任）
主　　　任　周文海（2月免）
　　　　　赵　军（兼，2月任）
副 主 任　杨　巍
　　　　　董新华
　　　　　蔡禄鹏

石化新材料基地管委会

党 组 书 记　杜金全（10月任）
主　　　任　杜金全
副 主 任　张　英
　　　　　朱必强

中央休闲购物区管委会

党 组 书 记　黄　莹（女，10月任）
主　　　任　魏广勋（兼）
常务副主任　杨增会（6月免）
　　　　　黄　莹（女，7月任）
副 主 任　黄　莹（女，7月免）
　　　　　马金燕（女）
　　　　　梁甫东（9月免）

现代农业示范区管委会

党 组 书 记　张战鹏（10月任）
主　　　任　苗宗启（兼，3月免）
　　　　　吕守军（兼，3月任）
常务副主任　张战鹏

副 主 任　闫伟群（9月免）
　　　　　李学文（6月任）
　　　　　付建文（11月免）
　　　　　周　鹏（11月任）
　　　　　朱金良

政协房山区第七届委员会

主　　　席　唐淑荣（女）
常务副主席　高维魁
副 主 席　李惠英（女，彝族）
　　　　　周文海
　　　　　任振秋
　　　　　赵润东（不驻会）
　　　　　肖　武（女，不驻会）
秘 书 长　游来清
常　　　委　丁长海（回族）
　　　　　于　平（女）
　　　　　万金峰
　　　　　马向丽（女）
　　　　　王　忆（女）
　　　　　王金恒
　　　　　王文洪
　　　　　孔凡生
　　　　　石　福
　　　　　卢　宁
　　　　　刘长安
　　　　　刘文礼
　　　　　刘军超（女）
　　　　　刘希广
　　　　　刘清生
　　　　　许兆雄
　　　　　孙　威
　　　　　孙志强
　　　　　孙宇辉
　　　　　肖希鹏
　　　　　张　磊（女，蒙古族）
　　　　　张文占

张海波　　　　　　　王忠朝　　　　　　　焦启超
杨树德　　　　　　　王金恒　　　　　　　释延佛
陈　亮（满族）　　　王建民　　　　　　　褚潇炜
陈玉珍（女）　　　　王晓伟　　　　　　　廖承涛
陈海忠　　　　　　　邓展渤（满族）　　　魏淑凤（女）
金永男（朝鲜族）　　史长义
苗　松　　　　　　　刘长安　　　　**区政协办**
赵庶吏（女）　　　　刘凤梅（女，回族）
骆金萍（女）　　　　刘兆亮　　　主　任　于　平（女，12月免）
贾　斌　　　　　　　刘清生　　　副主任　董永娟（女，10月免）
耿纪民　　　　　　　许兆雄　　　　　　　　邱鸿伟（10月任）
徐　蔚（女）　　　　孙宇辉
高　明（女）　　　　孙志强　　　　**区政协研究室**
高建荣（女）　　　　孙振芳
高良洁　　　　　　　李春晖（女）　主　任　王金恒（10月免）
黄俩迷（回族）　　　李鹏飞　　　　　　　　李鹏飞（10月任）
蒋小钢　　　　　　　杨广泽（蒙古族）副主任　邱鸿伟（10月免）
韩晓明（女）　　　　肖正权　　　　　　　　郑明果（10月任）
程美生　　　　　　　吴海涛
释延佛　　　　　　　吴雪峰　　　　**区政协专委一室**
廖承涛　　　　　　　张桂学（女）
廖春迎（女，壮族）　张海波　　　主　任　陈海忠
　　　　　　　　　　陈　亮（满族）副主任　辛艳茜（女）
政协房山区第八届委员会　陈玉珍（女）
（12月21日，政协房山区第八　陈晓燕（女）　**区政协专委二室**
届委员会第一次会议选举产生）陈海忠
　　　　　　　　　　赵洪生　　　主　任　杨树德（10月免）
主　席　赵佳琛（女）　赵庶吏（女）　　　　王怀栓（10月任）
常务副主席　吕守军　郝文书　　　副主任　林晓燕（女）
副主席　刘胜国　　　骆金萍（女）
　　　　赵永祥　　　袁泽路　　　　**区政协专委三室**
　　　　谢宝元（不驻会）徐　蔚（女）
　　　　刘　琼（女，不驻会）郭宗凯　主　任　刘清生
　　　　王　擎（女，不驻会）郭艳红（女）副主任　栗景鸿（8月免）
秘书长　王文洪　　　梁义国　　　　　　　董永娟（女，10月任）
常　委　于　平（女）　梁丽芳（女）
　　　　王　媛（女）　韩晓明（女）　**区政协专委四室**
　　　　王怀栓　　　　　　　　　　主　任　韩晓明（女）
　　　　　　　　　　　　　　　　　副主任　隗合军

区政协专委五室

主　任　刘文礼（1月免）

王金恒（10月任）

区政协专委六室

主　　任　骆金萍（女）

区气象局

党组书记　冯永芳（女）

局　　　长　冯永芳（女）

副 局 长　卓连根

　　　　　李　颖（女）

房山公路分局

党委书记　孙　波

副 书 记　焦怀军

局　　　长　孙　波

副 局 长　焦怀军

　　　　　张德欣（11月免）

　　　　　刘京民

　　　　　周　围（12月任）

邮政房山区分公司

党委书记　张余海

局　　　长　张余海

副 局 长　霍　虹（满族）

房山交通支队

党委书记　肖伟明

副 书 记　王志宽（4月任）

纪委书记　王志宽（4月任）

政　　　委　王志宽（4月任）

支 队 长　肖伟明

副支队长　曹　椿

　　　　　朱军勇（1月免）

　　　　　李呈河

　　　　　魏志新（2月任）

区国税局

党组书记　王献民

纪检组组长　李东生

局　　　长　王献民

副 局 长　刘建辉

　　　　　陈　军

　　　　　张志民

　　　　　董金柱

稽查局局长　王　钧（12月任）

区人武部

党委书记　杜汉明

副 书 记　郝恭平

政　　　委　杜汉明

部　　　长　郝恭平

副 部 长　王庆文

　　　　　庄　杰

区人民检察院

党组书记　孙玲玲（女）

副 书 记　南德杭

纪检组组长　孙　忠

检 察 长　孙玲玲（女）

副检察长　南德杭

　　　　　张　凯

　　　　　高建荣（女）

　　　　　方　洁（女，10月免）

　　　　　王建明

政治处主任　顾建军

反贪局局长　张广新

区人民法院

党组书记　邵明艳（女）

副 书 记　王军武

纪检组组长　方希存

院　　　长　邵明艳（女）

副 院 长　王军武

　　　　　佟　淑（女）

　　　　　廖春迎（女，壮族）

　　　　　高贺亮

政治处主任　沈　波

执行局局长　宋　平

燕山工委

工委书记　翟　东

副 书 记　王明哲（12月免）

　　　　　李光明（12月任）

　　　　　张志友

　　　　　韩　强

燕山纪委

书　　　记　张志友（12月免）

副 书 记　葛　干

　　　　　杨红宇（女）

燕山工委办公室

主　　任　于会永

燕山工委组织部

部　　　长　晏利平

燕山工委宣传部

部　　　长　于　勇

燕山人民武装部

部　　　长　张会生（布依族）

燕山直属机关党委

党委书记　金树森（4月免）

　　　　　王忠胜（4月任）

燕山工委政法办
（综治办、流管办）

主　任　张　巍

燕山工会

主　席　朱海良（满族）

燕山团工委

书　记　迟凯峰

燕山妇联

主　席　吴雅静（女）

人大燕山工委

主　任　张志平（10月免）
　　　　董金萍（女，10月任）

燕山办事处

主　任　王明哲（11月免）
　　　　李光明（11月任）
副主任　樊勇勇
　　　　王大利
　　　　黄文胜
　　　　吴雪峰
　　　　付建军

燕山办事处办公室
（信访办、应急办）

主　任　李　鑫

燕山监察分局

局　长　葛　干

燕山发展改革委
（安全监管分局）
（粮食办）

书　记　岳忠文
主　任　薛金国（满族）

燕山经信委

主　任　毕春鹏

燕山人力社保分局

局　长　赵　东

燕山住房城市建设委
（办事处房改办）

主　任　赵长永

燕山财政分局

书　记　王智红（女）
局　长　李希敬

燕山审计分局

局　长　夏　辉

燕山文卫计生委

党委书记　虎国金（彝族，10月任）
主　任　韩德柱（蒙古族，11月任）

燕山文化活动中心

主　任　张炳霞（女）

燕山市政市容和交通委

主　任　郝卫兵（6月任）

燕山教委

党委书记　李守业（4月免）
主　任　曾　辉

燕山教育督导室

主　任　张凤玲（女）

燕山成教中心

主　任　车丽梅（女）

燕山民政分局
（社会办）

局　长　杨　龙

燕山体育运动中心

主　任　李国利

燕山工业区管委会

党委书记　郎峰兵
主　任　樊勇勇（兼）
常务副主任　郎峰兵

燕山市场服务中心

主　任　宋宏伟

燕山城管监察分局

书　记　朱运德
局　长　胡建明

燕山残联

理事长　赵学东

燕山交通管理中心

主　任　王　涛（6月任）

迎风街道

工委书记　李忠健
副书记　王　芳（女）
　　　　邓国红（女，4月免）
　　　　周京良（4月任）

纪委书记　邓国红（女，4月免）
　　　　　周京良（4月任）
主　　任　王　芳（女）
副主任　周　健
　　　　　田东华（女）
　　　　　米　涛（回族）

东风街道

工委书记　钟觉辉
副书记　黄晓龙（10月免）
　　　　　胜　利（蒙古族，10月任）
　　　　　周京良（4月免）
　　　　　王金红（女，4月任）
纪委书记　周京良（4月免）
　　　　　王金红（女，4月任）
主　　任　黄晓龙（11月免）
　　　　　胜　利（蒙古族，11月任）
副主任　程　林（女）
　　　　　王　军
　　　　　李志江

向阳街道

工委书记　韩　玲（女）
副书记　陆志庆
　　　　　王金红（女，4月免）
　　　　　高　威（4月任）
纪委书记　王金红（女，4月免）
　　　　　高　威（4月任）
主　　任　陆志庆
副主任　路晓银（女）
　　　　　高　威（4月免）
　　　　　张　鲁
　　　　　李广海（4月任）

星城街道

工委书记　董金萍（女，10月免）
　　　　　张荣波（10月任）

副书记　张荣波（10月免）
　　　　　黄晓龙（10月任）
　　　　　刘玉增（满族，10月免）
　　　　　蔡文丽（女，10月任）
纪委书记　刘玉增（满族，10月免）
　　　　　蔡文丽（女，10月任）
主　　任　张荣波（11月免）
　　　　　黄晓龙（11月任）
副主任　胜　利（蒙古族，11月免）
　　　　　冯　杰
　　　　　谢微微（女，满族）
　　　　　清　河（蒙古族，11月任）

燕山国税局

党组书记　田小华（9月免）
副书记　张福伟（8月任）
纪检组长　丁　林
局　　长　田小华（兼，9月免）
副局长　赵振华（7月免）
　　　　　张长青
　　　　　张　波
　　　　　丁　林

燕山地税分局

党组书记　张亚平
副书记　田贵远
局　　长　乔　游（12月任）
副局长　钱丽换（5月免）
　　　　　乔　游（5月任）
　　　　　田贵远
　　　　　安庆宪
　　　　　李广生
　　　　　吴　芳（女）

燕山工商分局

党组书记　张　新
纪检组长　李利勇

局　　长　张　新（兼）
副局长　王胜伟
　　　　　张晓勇

燕山质监分局

党组书记　田宝林
纪检组长　戴英华（女，12月免）
　　　　　唐文韬（12月任）
局　　长　田宝林
副局长　王义立

燕山食品药品监管分局

局　　长　李　君
副局长　李蕴红（女）
　　　　　龚士刚

城关街道办事处

工委书记　陈广利
副书记　郭泽峰（8月免）
　　　　　赵金龙（8月任）
人大街工委主任　王华先（4月免）
　　　　　　　　郭泽峰（10月任）
副主任　于腊梅（女，8月免）
纪工委书记　张春杰（8月免）
　　　　　李新宇（8月任）
组织部长　李九红（女）
宣传部长　杜金松（1月任）
武装部长　申希森
主　　任　高武军
副主任　陈君英（女）
　　　　　张立印
　　　　　赵金龙（9月免）
　　　　　赵丽杰（女，9月免）
　　　　　陶丽冰（女）
　　　　　李　志（9月免）
　　　　　王雄越（9月任）
　　　　　张　雷（9月任）

王洪昭（9月任）

拱辰街道办事处

工 委 书 记　马春雷
副 书 记　米忠诚
　　　　　苗　松
人大街工委主任　马春雷（8月免）
　　　　　栗景鸿（10月任）
副 主 任　赵振东（8月免）
纪工委书记　李志全（女）
武 装 部 长　宋宏生
组 织 部 长　周　湛
宣 传 部 长　杨　琳（女，8月任）
主 　 任　米忠诚
常务副主任　朱大海
副 主 任　李　岩（9月免）
　　　　　祁向东
　　　　　徐振安
　　　　　胡巧坤（女，9月免）
　　　　　赵丽杰（女，9月任）
　　　　　薛宝立（9月任）
　　　　　张新宝（9月任）

西潞街道办事处

工 委 书 记　李　军
副 书 记　周海杰（8月免）
　　　　　王新华（8月任）
人大街工委主任　刘殿学（8月免）
　　　　　周海杰（10月任）
副 主 任　赵福英（女，8月免）
纪工委书记　许树河（8月免）
　　　　　穆甫元（8月任）
组 织 部 长　杨静文（女，达斡尔族，4月免）
　　　　　解美玲（女，6月任）
宣 传 部 长　张广人（8月免）
　　　　　郝　爽（8月任）
武 装 部 长　洪　磊

主 　 任　肖　丹（女）
副 主 任　陈广生（9月免）
　　　　　王海艳（女）
　　　　　王新华（9月免）
　　　　　刘近伏
　　　　　李　文
　　　　　张广人（9月任）
　　　　　王淑红（女，9月任）

良乡地区办事处
（良乡镇）

工 委 书 记　耿纪民
副 书 记　任国强
　　　　　王　珊（女，8月免）
　　　　　王大宝（8月任）
纪工委书记　梁文飞
组 织 部 长　王大宝（8月免）
　　　　　张立敏（女，8月任）
宣 传 部 长　崔旭东（8月免）
　　　　　郭　璐（8月任）
武 装 部 长　王宝海（9月免）
　　　　　赵春来（9月任）
主 　 任　任国强
副 主 任　赵春来（9月免）
　　　　　郑迪飞（9月免）
　　　　　刘海雨
　　　　　曾佼佼（女）
　　　　　张　艳（女）
　　　　　崔旭东（9月任）
　　　　　杨玉波（9月任）
党 委 书 记　耿纪民
副 书 记　任国强
　　　　　王　珊（女，8月免）
　　　　　王大宝（8月任）
人 大 主 席　王　珊（女）
副 主 席　晋淑婷（女，7月免）
纪 委 书 记　梁文飞

镇 　 长　任国强
副 镇 长　赵春来（9月免）
　　　　　郑迪飞（9月免）
　　　　　刘海雨
　　　　　曾佼佼（女）
　　　　　张　艳（女）
　　　　　崔旭东（11月任）
　　　　　杨玉波（11月任）

周口店地区办事处
（周口店镇）

工 委 书 记　方玉祥（满族）
副 书 记　许志华（8月免）
　　　　　张福利（8月任）
　　　　　杨兆军（8月免）
　　　　　李　娜（女，8月任）
纪工委书记　蔡丰春（8月免）
　　　　　何福文（8月任）
组 织 部 长　孙立武
宣 传 部 长　张淑娟（女，8月免）
　　　　　秦　辉（女，8月任）
武 装 部 长　董立宝（9月免）
　　　　　王拥军（9月任）
主 　 任　许志华（9月免）
　　　　　张福利（9月任）
副 主 任　张　平
　　　　　于广海（满族）
　　　　　王拥军（9月免）
　　　　　王海鹏
　　　　　曾雪东（女，9月免）
　　　　　董立宝（9月任）
　　　　　张淑娟（女，9月任）
党 委 书 记　方玉祥（满族）
副 书 记　许志华（8月免）
　　　　　张福利（8月任）
　　　　　杨兆军（8月免）
　　　　　李　娜（女，8月任）

人大主席　方玉祥（满族，8月免）
　　　　　杨兆军（11月任）
副 主 席　刘志富（8月免）
纪委书记　蔡丰春（8月免）
　　　　　何福文（8月任）
镇　　长　许志华（8月免）
　　　　　张福利（11月任）
副 镇 长　王拥军（8月免）
　　　　　张　平
　　　　　于广海（满族）
　　　　　曾雪东（女，8月免）
　　　　　王海鹏
　　　　　董立宝（11月任）
　　　　　张淑娟（女，11月任）

琉璃河地区办事处
（琉璃河镇）

工委书记　陈立新
副 书 记　王红娟（女，8月免）
　　　　　赵金颂（8月任）
纪工委书记　徐建国（8月免）
　　　　　张春霞（女，8月任）
组织部长　郭立婷（女）
宣传部长　齐广涛（8月免）
　　　　　于建伟（8月任）
武装部长　郑　涛（9月免）
　　　　　赵连合（9月任）
主　　任　周有成
副 主 任　闫淑会（女，9月免）
　　　　　王雄越（9月免）
　　　　　张　辉
　　　　　赵金颂（9月免）
　　　　　张秀娟（女）
　　　　　赵立明（9月任）
　　　　　郑　涛（9月任）
　　　　　王大勇（9月任）
党委书记　陈立新

副 书 记　王红娟（女，8月免）
　　　　　赵金颂（8月任）
人大主席　陈立新（8月免）
　　　　　王红娟（女，11月任）
副 主 席　赵连合（8月免）
纪委书记　徐建国（8月免）
　　　　　张春霞（女，8月任）
镇　　长　周有成
副 镇 长　闫淑会（女，8月免）
　　　　　王雄越（8月免）
　　　　　张　辉
　　　　　赵金颂（8月免）
　　　　　张秀娟（女）
　　　　　王大勇（11月任）
　　　　　郑　涛（11月任）
　　　　　赵立明（11月任）

阎村镇

党委书记　张　杰（1月任）
副 书 记　张　杰（1月免）
　　　　　栗鹏程（4月任）
　　　　　倪　旺
人大主席　李春秋
纪委书记　蔡小会
组织部长　陈　雯（女）
宣传部长　乔　治（8月免）
　　　　　温兴善（8月任）
武装部长　李向录（兼，9月免）
　　　　　刘守建（9月任）
镇　　长　张　杰（1月免）
　　　　　栗鹏程（11月任）
副 镇 长　李向录（8月免）
　　　　　马海鸥（女）
　　　　　陈　静（女）
　　　　　郭寒松（11月任）
　　　　　王海涛（11月任）
　　　　　董　刚（11月任）

窦店镇

党委书记　李进伟
副 书 记　宋爱茹（女，5月免）
　　　　　李冠华（8月任）
　　　　　陈天三（8月免）
　　　　　杨　勇（8月任）
　　　　　仉锁忠（兼，回族）
　　　　　蔡禄鹏（兼）
人大主席　刘文杰（8月免）
　　　　　任景全（11月任）
副 主 席　杜福山（8月免）
纪委书记　崔艳霞（女）
组织部长　王晓艳（女）
宣传部长　赵永新（8月免）
　　　　　隗晨光（8月任）
武装部长　邢瑞贤
镇　　长　宋爱茹（女，6月免）
　　　　　李冠华（11月任）
副 镇 长　白玉珍（女，满族）
　　　　　李　超
　　　　　王永刚
　　　　　张小飞
　　　　　赵振宇

石楼镇

党委书记　樊会来
副 书 记　刘荣秀（女）
　　　　　余　涛（回族）
人大主席　樊会来（8月免）
　　　　　贯艳杰（女，11月任）
副 主 席　杨俊霞（女，8月免）
纪委书记　潘　军（8月免）
　　　　　张德林（8月任）
组织部长　张　俊（女）
宣传部长　王学通
武装部长　高玉光（4月免）

徐　鹏（9月任）

镇　　　长　刘荣秀（女）

副 镇 长　郑　雷（8月免）

　　　　　赵立明（8月免）

　　　　　隗功晋

　　　　　李　岩

　　　　　潘　军（11月任）

　　　　　魏建青（女，11月任）

长阳镇

党 委 书 记　慈建民

副 书 记　王永民

　　　　　栗鹏程（4月免）

　　　　　刘建党（6月任）

人 大 主 席　游良民（4月免）

　　　　　杨增会（11月任）

纪 委 书 记　任景全（8月免）

　　　　　苏小艳（女，8月任）

组 织 部 长　苏小艳（女，8月任）

　　　　　刘　想（8月任）

宣 传 部 长　商　伟（6月免）

　　　　　马志芳（女，6月任）

武 装 部 长　吴　永

镇　　　长　王永民

副 镇 长　杨永青（女）

　　　　　张　瑞

　　　　　薛宝立（8月免）

　　　　　刘文静（女）

　　　　　李　梅（女，11月任）

　　　　　梁甫东（11月任）

河北镇

党 委 书 记　胡建光

副 书 记　翟凤航

　　　　　郑明存（兼）

　　　　　许海峰（12月免）

人 大 主 席　胡建光（8月免）

付海滨（女，11月任）

副 主 席　陈长卫（8月免）

纪 委 书 记　侯景义（8月免）

　　　　　杨冀昆（8月任）

组 织 部 长　宋志杨

宣 传 部 长　王　军（女，8月免）

　　　　　张　台（女，8月任）

武 装 部 长　王桂永

镇　　　长　翟凤航

副 镇 长　付海滨（女，8月免）

　　　　　任建新（女）

　　　　　隗功路

　　　　　穆艳军

　　　　　侯景义（11月任）

　　　　　李　梅（女，11月任）

长沟镇

党 委 书 记　臧金凤（女）

副 书 记　高运华

　　　　　张　鹏（8月免）

　　　　　闫伟群（8月任）

人 大 主 席　臧金凤（女，8月免）

　　　　　张　鹏（11月任）

纪 委 书 记　张德林（8月免）

　　　　　刘文利（8月任）

组 织 部 长　隗功博

宣 传 部 长　李　杰

武 装 部 长　王海涛（兼，9月免）

　　　　　王亚楼（9月任）

镇　　　长　高运华

副 镇 长　王海涛（8月免）

　　　　　林建强

　　　　　石宝军（女，8月免）

　　　　　程秀阁

　　　　　赵金霞（女，11月任）

　　　　　靳　勃（11月任）

　　　　　窦建彬（11月任）

大石窝镇

党 委 书 记　安保良（4月免）

　　　　　杨海峰（4月任）

副 书 记　薛满德（4月免）

　　　　　朱华俊

　　　　　石宝军（女，8月任）

人 大 主 席　安保良（4月免）

　　　　　崔凤香（女，11月任）

副 主 席　杨兆宝（8月免）

纪 委 书 记　于云飞（8月免）

　　　　　项　磊（8月任）

组 织 部 长　赵　岩（女）

宣 传 部 长　隗玉香（女，8月免）

　　　　　鲁　佳（8月任）

武 装 部 长　孙卫东（9月免）

　　　　　杨兆宝（9月任）

镇　　　长　薛满德（4月免）

　　　　　朱华俊（11月任）

副 镇 长　姜洪国（8月免）

　　　　　魏建青（女，8月免）

　　　　　宿建军

　　　　　张爱国

　　　　　高　谱（7月免）

　　　　　孙卫东（11月任）

　　　　　郑桂彬（女，11月任）

张坊镇

党 委 书 记　樊宗军

副 书 记　游向荣（女）

　　　　　戴　兵（8月免）

　　　　　王福顺（8月任）

人 大 主 席　戴　兵

副 主 席　隗永启（6月免）

纪 委 书 记　李新宇（8月免）

　　　　　吴兴振（8月任）

组 织 部 长　王海红（女）

宣 传 部 长　刘丽华（女，8月免）
　　　　　　翟佳林（8月任）
武 装 部 长　丁瑞良（6月免）
　　　　　　罗得利（9月任）
镇　　　长　游向荣（女）
副 镇 长　王福顺（8月免）
　　　　　　穆晓利
　　　　　　李学文（6月免）
　　　　　　李六五（白族）
　　　　　　刘丽华（女，11月任）
　　　　　　任国立（11月任）

十渡镇

党 委 书 记　刘　金
副 书 记　许金涛（6月免）
　　　　　　魏　然（回族）
　　　　　　姜洪国（8月任）
人 大 主 席　刘　金（8月免）
　　　　　　隗合宇（11月任）
副 主 席　董立新（8月免）
纪 委 书 记　隗合宇（8月免）
　　　　　　肖英刚（8月任）
组 织 部 长　刘国庆
宣 传 部 长　杨秀华（女，8月免）
　　　　　　韩海漫（女，8月任）
武 装 部 长　王伟雄
镇　　　长　许金涛（6月免）
　　　　　　魏　然（回族，11月任）
副 镇 长　隗秀芝（女，8月免）
　　　　　　任国立（8月免）
　　　　　　崔冬蕾
　　　　　　杨秀华（女，11月任）
　　　　　　赵永新（11月任）
　　　　　　董立新（11月任）

青龙湖镇

党 委 书 记　刘松华

副 书 记　王春年
　　　　　　刘　维（8月免）
　　　　　　仇立民（8月任）
人 大 主 席　刘松华（8月免）
　　　　　　刘　维（8月任）
副 主 席　穆启华（8月免）
纪 委 书 记　沙建东（回族，8月免）
　　　　　　荣维俊（8月任）
组 织 部 长　张长华（女，8月免）
　　　　　　夏建飞（8月任）
宣 传 部 长　沈长全（8月免）
　　　　　　郑之敏（8月任）
武 装 部 长　沈进中
镇　　　长　王春年
副 镇 长　王淑红（女，8月免）
　　　　　　隗永龙（8月免）
　　　　　　荣维俊（8月免）
　　　　　　刘雪松
　　　　　　靳　勃（8月免）
　　　　　　邢海英（女，11月任）
　　　　　　乔　治（11月任）
　　　　　　沈长全（11月任）
　　　　　　隗功文（11月任）

韩村河镇

党 委 书 记　豆宝才（4月免）
　　　　　　薛满德（4月任）
副 书 记　邵志杰（满族）
　　　　　　崔凤香（女，8月免）
　　　　　　纪艳杰（女，8月任）
人 大 主 席　刘殿新
纪 委 书 记　何福文（8月免）
　　　　　　徐建国（8月任）
组 织 部 长　刘　敏（女）
宣 传 部 长　史春彦（女）
武 装 部 长　王学武
镇　　　长　邵志杰（满族）

副 镇 长　王学普（8月免）
　　　　　　纪艳杰（女，8月免）
　　　　　　谢朝阳
　　　　　　陈壮志
　　　　　　梁明义
　　　　　　刘桂清（女，回族，11月任）
　　　　　　隗秀芝（女，11月任）

霞云岭乡

党 委 书 记　李雪生
副 书 记　张福利（8月免）
　　　　　　杨叶辉
　　　　　　于云飞（8月任）
人 大 主 席　李雪生（8月免）
　　　　　　王怀财（9月任）
副 主 席　王桂华（8月免）
纪 委 书 记　隗功新
组 织 部 长　李　斌（8月免）
　　　　　　张东秀（女，8月任）
宣 传 部 长　孙佳炜
武 装 部 长　隗功文（兼，9月免）
　　　　　　任正军（兼，9月任）
乡　　　长　张福利（8月免）
　　　　　　杨叶辉（9月任）
副 乡 长　隗功文（8月免）
　　　　　　郑杰东（女）
　　　　　　任正军
　　　　　　王爱军
　　　　　　李　斌（9月任）

南窖乡

党 委 书 记　刘永纪
副 书 记　张喜利
　　　　　　马永庆
人 大 主 席　刘天坤（8月免）
　　　　　　张长华（女，11月任）
组 织 部 长　董永云（女，8月免）

刘　杰（女，8月任）

宣传部长　杨　威（8月免）

　　　　　王娜微（女，8月任）

武装部长　白玉明（9月任）

乡　　长　张喜利

副乡长　刘桂清（女，回族，8月免）

　　　　白玉明（满族）

　　　　郭　伟

　　　　王　军（女，11月任）

　　　　杨　威（11月任）

佛子庄乡

党委书记　杨生军

副书记　薛全英

　　　　靳　畅（女）

人大主席　谭　斌（女）

纪委书记　于德才（8月免）

　　　　董永云（女，8月任）

组织部长　李　辉

宣传部长　张春霞（女，8月免）

　　　　曹　帆（8月任）

武装部长　张宝义（兼）

乡　　长　薛全英

副乡长　张宝义

　　　　曹立全（8月免）

　　　　王久岚（女）

　　　　隗合忠

　　　　邱炳旺（11月任）

大安山乡

党委书记　韩继华

副书记　隗合庆

　　　　白玉呈（8月免）

　　　　琚云鹏（8月任）

人大主席　王怀栓（8月免）

纪委书记　王志强

组织部长　刘殿普

宣传部长　李艳平（女，8月免）

　　　　张　卫（女，8月任）

武装部长　琚云鹏（兼，9月免）

　　　　张东光（兼，9月任）

乡　　长　隗合庆

副乡长　邢海英（女，8月免）

　　　　张东光

　　　　琚云鹏（8月免）

　　　　郝　爽（8月免）

　　　　齐广涛（11月任）

　　　　李艳平（女，11月任）

　　　　张　健（11月任）

史家营乡

党委书记　钱新宇

副书记　孙建国

　　　　陈峰岩（4月任）

人大主席　钱新宇（8月免）

　　　　马良宁（11月任）

副主席　陈宏歧（8月免）

纪委书记　姚　凯

组织部长　刘欣欣（女）

宣传部长　董永利（8月免）

　　　　蔡培森（8月任）

武装部长　马良宁（兼，9月免）

　　　　王丙禄（兼，9月任）

乡　　长　陈峰岩（11月任）

副乡长　马良宁（8月免）

　　　　王丙禄

　　　　郑桂彬（女，8月免）

　　　　毛玉营

　　　　刘东娜（女，11月任）

　　　　李会华（11月任）

蒲洼乡

党委书记　于吉顺（4月免）

　　　　许金涛（6月任）

副书记　刘　芳（女）

　　　　陈峰岩（4月免）

　　　　蔡丰春（8月任）

人大主席　于吉顺（4月免）

　　　　陈天三（11月任）

副主席　梁明臣（8月免）

纪委书记　刘文利（8月免）

　　　　杨　镝（8月任）

组织部长　郭　璐（女）

宣传部长　任正杰（女）

武装部长　于立华（兼，女，9月免）

　　　　冯茂高（兼，9月任）

乡　　长　刘　芳（女）

副乡长　于立华（女，8月免）

　　　　王怀财（8月免）

　　　　冯茂高

　　　　隗合勇

　　　　何建良（11月任）

　　　　陈丽娟（女，11月任）

新镇街道办事处

工委书记　王广健

副书记　苑小利（女）

纪工委书记　苑小利（女）

主　　任　王广健

副主任　苑小利（女）

　　　　魏连和

区委党校

党委书记　张海鹏

校　　长　李　江（兼，满族）

常务副校长　张海鹏

副校长　冯后钊

　　　　张海红（女）

　　　　刘秀英（女）

区行政学院

院　　　长　吴会杰（兼）
常务副院长　张海鹏
副　院　长　冯后钊
　　　　　　张海红（女）
　　　　　　刘秀英（女）

区史志办

主　　　任　李桂清（女）
副　主　任　贾　昉（女）
　　　　　　孟友龙

区经管站

党　组　书　记　王和群
站　　　长　王和群
副　站　长　万士芸（女）
　　　　　　赵修建
　　　　　　白永红

区老龄办

主　　　任　王占勇（兼）
副　主　任　崔小梅（女）

理工大学房山分校

党　委　书　记　刘卫军
纪　委　书　记　何雪红（女）
校　　　长　曹　蕾（女，兼）
常务副校长　刘卫军
副　校　长　沙文军
　　　　　　李　军

区档案局

党　组　书　记　张志元
局　　　长　张志元
副　局　长　李德玉
　　　　　　李书会（女）

区档案馆

馆　　　长　张志元
副　馆　长　李德玉
　　　　　　李书会（女）

云居寺文物管理处

主　　　任　薛满德（兼，5月免）
　　　　　　王得军（6月任）
常务副主任　王得军（6月免）

上方山管理处

主　　　任　朱仕学

区园区办

主　　　任　赵永祥（兼，4月免）
副　主　任　邢文利
　　　　　　庞永宁
　　　　　　栗国清（兼）
　　　　　　万金峰
　　　　　　叶　强（9月任）

石花洞风景名胜区管理处

主　　　任　郑明存
副　主　任　段洪伍
　　　　　　陈淑玉（女，11月免）

区信息中心

主　　　任　邱　刚（兼）

区地震局

（3月，成立党组）

党　组　书　记　张国胜（10月任）
局　　　长　张国胜
副　局　长　刘秀春
　　　　　　刘殿来

区机关服务中心

党总支书记　武素梅（女）
副　书　记　陈慧明
主　　　任　陈慧明
副　主　任　崔殿新
　　　　　　刘学锋
　　　　　　赵富鹏

区市场中心

主　　　任　余自强
副　主　任　常　征
　　　　　　李宝林

区燃气中心

主　　　任　于明振
常务副主任　姜永利
副　主　任　李淑丽（女）
　　　　　　刘化山
　　　　　　张茂银

房山燃气开发集团有限公司

董　事　长　于明振
总　经　理　姜永利
副　总　经　理　李淑丽（女）
　　　　　　张茂银
　　　　　　衡　薇（女）
　　　　　　彭小冬（3月任）

区投资促进局

（区综合行政服务中心）

党　组　书　记　李晓梅（女，6月免）
局　　　长　李晓梅（女，6月免）
副　局　长　罗月华（女，6月免）
　　　　　　曹长虹（6月免）

区企业发展服务中心

（6月成立，挂区投资促进局牌子）

（区综合行政服务中心）

党组书记　宋爱茹（女，6月任）
主　　任　宋爱茹（女，6月任）
副 主 任　吴家顺（6月任）
　　　　　李海燕（女，11月任）

区成教中心

党委书记　顾成强
主　　任　顾成强
副 主 任　闫立成
　　　　　陈　亮（满族）
　　　　　顾春森

区广电中心

（3月，撤销党委，成立党组）

党组书记　路建华（10月任）
党委书记　吕井财（10月免）
副 书 记　路建华
　　　　　于海军
纪委书记　于海军
主　　任　路建华
副 主 任　朱惠强
　　　　　马　琳（女）
　　　　　武　宏

区种植业服务中心

（3月，撤销党委，成立党组）

党组书记　杨文淑（女，10月任）
副 书 记　王希武
主　　任　杨文淑（女）
副 主 任　仉立民（回族，9月免）
　　　　　王武装
　　　　　李玉军

区养殖中心

（3月，撤销党委）

党委书记　吴宝祥（8月去世）
副 书 记　高海军（10月免）
主　　任　高海军
副 主 任　付凤生（兼）
　　　　　王　宾
　　　　　宁　立

良乡物流基地管委办

主　　任　柳铁良（兼，4月免）
副 主 任　张　杰（兼）
　　　　　李向录（兼）
　　　　　王京文

周口店北京人遗址博物馆

馆　　长　董翠平（女）
副 馆 长　穆云涛（女）
　　　　　隗建华（女）

周口店北京人遗址管理处

主　　任　董翠平（女）
副 主 任　穆云涛（女）
　　　　　隗建华（女）

区林果科技服务中心

主　　任　孔庆远（兼，4月免）
　　　　　张福志（4月任，11月免）
　　　　　田文东（11月任）
副 主 任　田文东（11月免）
　　　　　燕学理
　　　　　顾志亮（12月免）
　　　　　王锦泰（11月任）

区新闻中心

主　　任　曹燕杰（兼）

总 编 辑　朱德水

区学习办

常务副主任　顾成强

区考试中心

主　　任　隗永博

房山世界地质公园管理处

（3月，成立党组）

党组书记　高建坡（10月任）
主　　任　高建波
副 主 任　梁志辉

区山区人口迁移办

主　　任　张天更
副 主 任　张　澄（女）
　　　　　刘学工

区房屋征收事务中心

主　　任　徐宗学

区总工会

党组书记　董瑞臣
主　　席　董瑞臣
副 主 席　李建坡
　　　　　隗合红
　　　　　臧艳芳（女）
　　　　　李金花（女，不驻会）
　　　　　曹文琳（女，不驻会）

团区委

党组书记　李冠华（8月免）
书　　记　李冠华（8月免）
副 书 记　陈　鑫（12月免）
　　　　　吕言飞（1月任）

区妇联

党组书记　王红英（女）
主　　席　王红英（女）
副 主 席　赵建英（女）
　　　　　顾淑莲（女）

区科协

党组书记　张艳珍（女）
副 书 记　董世民
主　　席　张艳珍（女，5月免）
　　　　　孙宝国（5月任）
常务副主席　张艳珍（女，5月任）
副 主 席　董世民
　　　　　张　志

区工商联

党组书记　焦启超
主　　席　孙志强
副 主 席　刘　询

区文联

党组书记　赵佳琛（女，12月免）
　　　　　曹　蕾（女，12月任）
主　　席　史长义
副 主 席　刘月辉（女）

区红十字会

党组书记　王文久
会　　长　翟　东（兼）
常务副会长　蔡　国

区残联

党组书记　隗福状
副 书 记　赵东升
理 事 长　赵东升
副理事长　隗福状（兼）

王秀芬（女）

房建投资集团有限公司

党委书记　王　会
副 书 记　王锦华（女）
纪委书记　马万明
董 事 长　王　会
总 经 理　王　会
常务副总经理　马万明
副总经理　张　明
　　　　　常一清（女）

房建建筑股份有限公司

董 事 长　王　会
副董事长　杨　增
总 经 理　武　卫
副总经理　杨春雷

韩建集团

党委书记　田广良
副 书 记　田艳伟
　　　　　田春山
董 事 长　田广良
总 经 理　田　兴
副总经理　田国杰
　　　　　李德奎
　　　　　郑晏文
　　　　　金立平（女，满族）
　　　　　张桂平（女）
　　　　　田玉涛
　　　　　季小柱

龙建集团

党委书记　许贺伟
副 书 记　孟兆海
　　　　　王文军
纪委书记　孟兆海（兼）

董 事 长　许世臣（8月免）
　　　　　许贺伟（8月任）
总 经 理　许贺伟（兼）
常务副总经理　孟兆海
　　　　　王文军
副总经理　张志清
　　　　　赵凤春

城建集团

党委书记　王新成
副 书 记　王宗奎
董 事 长　王新成
副董事长　王宗奎
总 经 理　王宗奎
副总经理　安玉栋
　　　　　董瑞峰
　　　　　陈　刚
　　　　　蔡丰民

北京昊远隆基房地产开发总公司

党委书记　张　宝（4月免）
　　　　　李丹彤（8月任）
副 书 记　李丹彤（8月免）
纪委书记　王　刚（3月免）
　　　　　李云光（3月任）
总 经 理　李丹彤
副总经理　王　刚
　　　　　曹洪涛
　　　　　张志明
　　　　　曹志强
　　　　　郭长泉

区食品公司

经　　理　白　俊

区供销总社

党委书记 解春华
副 书 记 栗桂君（7月免）
纪委书记 解春华（4月免）
　　　　 齐朝永（4月任）
主　　 任 解春华（9月任）
副 主 任 解春华（9月免）
　　　　 张　建
　　　　 朱仕武
　　　　 陈东旭
　　　　 张　雷

北京京房国鑫物资
有限责任公司

董 事 长 梅雪峰
总 经 理 梅雪峰（兼）
副 经 理 吴卫东
　　　　 隗合新

区旅游开发公司

经　　 理 胡永生

区商贸有限公司

党委书记 张增慧
纪委书记 张东猛
董 事 长 马士杰
副董事长 常月光
　　　　 安春祥
总 经 理 安春祥
副总经理 张增慧

区烟草专卖局
（房山烟草公司）

经　　 理 姚琴声（女）
副 经 理 李　晋（8月免）
　　　　 宋忠慧（10月任）

局　　 长 姚琴声（女）
副 局 长 刘　旭

区外贸公司

经　　 理 豆长红（女）
副 经 理 马云鹏

区工业总公司

党委书记 姜　希（女）
副 书 记 赵卫民
纪委书记 宋九雷
董 事 长 赵卫民
总 经 理 赵卫民
副总经理 王明辉
　　　　 王景罡
　　　　 宋九雷

房山供电公司

党委书记 吕　彬
纪委书记 邱立志
经　　 理 李　铮（1月免）
　　　　 李　臻（1月任）
副 经 理 岳　辉
　　　　 曹增新
　　　　 王大为

区煤炭公司

经　　 理 张文刚
副 经 理 褚建刚
　　　　 于　飞

农发行房山支行

行　　 长 倪卫平
副 行 长 付德荣（女）

建行房山支行

党委书记 李永超

行　　 长 李永超
副 行 长 孙　红（女）
　　　　 张德利
　　　　 翁武风

工行房山支行

党委书记 王　凯
纪委书记 李崇一
行　　 长 王　凯
副 行 长 李　鸥（女）
　　　　 刘　健

农商行房山支行

党委书记 张秀杰
纪委书记 高立新
行　　 长 张秀杰
副 行 长 高立新
　　　　 张　洁（女）
　　　　 赵明永
　　　　 朱明革

农行房山支行

党委书记 王荣熙（3月免）
　　　　 姜春勇（朝鲜族，3月任）
行　　 长 王荣熙（3月免）
副 行 长 唐益民
　　　　 王　勇
　　　　 陈东燕（女，12月免）
　　　　 张元明（12月免）

邮储银行房山支行

行　　 长 彭清宇
副 行 长 穆希号
　　　　 闫　霞（女）

寿保房山支公司

经　　 理 李　锋

副　经　理　杨惠文

人保财险房山支公司

经　　　理　刘　辉
副　经　理　李　杰
　　　　　　赵连宇

北京人投资发展公司

经　　　理　刘学东
副　经　理　续雅君（女）
　　　　　　王玉刚

北京联通房山区分公司

党　委　书　记　郑德琪
副　书　记　张友军
纪　委　书　记　张友军（兼）
总　经　理　郑德琪
副　总　经　理　张友军
　　　　　　李长文
　　　　　　梁兴生
　　　　　　王振东（12月任）

良实开公司

党　委　书　记　齐彦军
副　书　记　史　军
纪　委　书　记　王晓祎（女，11月免）
　　　　　　朱继颖（11月任）
总　经　理　齐彦军
副　总　经　理　史　军
　　　　　　胡丽玲（女）
　　　　　　田春芳（女）
　　　　　　刘　涛

房开控股集团有限公司

党　委　书　记　于明振
副　书　记　王义泊
　　　　　　许丽华（女）
纪　委　书　记　许丽华（女）
董　事　长　于明振
总　经　理　王义泊
副　总　经　理　许丽华（女）
　　　　　　张宗春
　　　　　　马长涛

房山沪农商村镇银行

董　事　长　乐强毅
行　　　长　刘　勇
副　行　长　刘　波

区葡萄种植及葡萄酒产业促进中心

主　　　任　王险峰
副　主　任　赵　印

凯捷风公交客运有限公司

党　委　书　记　佟海山
副　书　记　赵永刚
纪　委　书　记　赵永刚（兼）
总　经　理　佟海山
常务副总经理　赵永刚
副　总　经　理　田守禄
　　　　　　常　山
　　　　　　刘砚平
　　　　　　段　飞
　　　　　　张雪莲（女）

附　录

2016 年房山区部分市级以上先进集体（单位）一览表

表37

获奖单位	奖项名称	颁奖单位	获奖时间
房山区水土保持监督管理站	中国水土保持学会科学技术奖	中国水土保持学会	1月
区信访办	2011—2015 年北京市信访工作先进集体	中共北京市委、北京市人民政府	2月
北京韩建集团有限公司	全国优秀施工企业	中国施工企业管理协会	3月
房山交通支队	2015 年全国交通运输行政执法评议考核优秀单位	交通运输部	3月
区水务局	南水北调东中线一期工程建成通水先进集体	人力社保部、国务院南调办	4月
北京飞航吉达航空科技有限公司（注塑车间）	全国工人先锋号	中华全国总工会	4月
区民防局	全国人民防空先进单位	国家人民防空办公室	5月
区文化活动中心	优秀组织奖	北京市文化局、北京文化艺术活动中心、北京音乐家协会	6月
区水务局	北京水务科学技术奖	北京水利学会	6月
区水务局	北京水务科学技术奖（房山区水土保持预防监督管理系统的开发与应用三等奖）	北京水利学会	6月

续表 37-1

获奖单位	奖项名称	颁奖单位	获奖时间
区水务局	北京市房山区农业水价综合改革试点项目二等奖	北京水利学会	6 月
区水务局	基于地表水Ⅲ类水体的高品质再生水处理关键技术及在良乡污水处理厂（二期）工程中的示范应用科学技术奖	北京水利学会	6 月
北京龙建集体有限公司	2015 年度全国"安康杯"竞赛优胜单位	中华全国总工会、国家安全生产监督管理总局	6 月
房山区	北京市双拥模范城	全国双拥工作领导小组、民政部、中央军委政治工作部	7 月
房山区	全国双拥模范城	全国双拥工作领导小组、民政部、中央军委政治工作部	7 月
房山区	2011—2015 年全国法制宣传教育先进区县	中华人民共和国司法部、中国共产党中央宣传部	7 月
北京市房山城建集团有限公司	"守合同重信用"企业	国家工商行政管理总局	7 月
房山区大石窝镇	第二届全国石雕石刻设计大赛优秀组织奖	全国石雕石刻设计大赛组委会	8 月
房山法院厉莉爱心团队	全国优秀巾帼志愿服务队	中国志愿者联合会、全国妇联宣传部	9 月
区文化活动中心舞蹈团	团体金奖	中国文化馆、北京文化艺术活动中心	9 月
北京韩建集团有限公司	全国建筑业先进企业	中国建筑业协会	10 月
区民政局	全国殡葬工作先进集体	民政部	12 月
区人力资源和社会保障局	2014—2016 年度优质服务窗口	人力资源和社会保障部	2016 年
区人力资源和社会保障局	首都拥军优属拥政爱民模范单位	中共北京市委、北京市人民政府	2016 年
房山区窦店镇	国家卫生镇	全国爱国卫生运动委员会	2016 年

2016年房山区部分市级以上先进个人一览表

表38

姓名	奖项名称	颁奖单位	获奖时间
连春祥	全国法院先进个人	最高人民法院	1月
陈振林 李红江	2011—2015年北京市信访工作先进个人	中共北京市委、北京市人民政府	2月
成梦琳	全国法院网络宣传优秀作品奖	最高人民法院	2月
姚震	"中国好人榜"	首都精神文明建设委员会	3月
李京徽	2014—2015年度全国森林防火工作先进个人	国家森林防火指挥部、国家林业局	3月
赵大伟	全国五一劳动奖章	中华全国总工会	4月
李艳梅 连春祥	北京市"优秀共产党员"	中共北京市委员会	6月
于占成 王笠	北京水务科学技术一等奖	北京水利学会	6月
王笠 郑淑红 曹生群 于占成	北京水务科学技术二等奖	北京水利学会	6月
曹生群 王晓英 郭旭	北京水务科学技术三等奖	北京水利学会	6月
于占成 曹生群 王晓英 王玉	房山区2015—2016年度科学技术二等奖	房山区人民政府	6月
曹生群 王晓英	实用新型专利证书	中华人民共和国知识产权局	8月
田广良	2016年度全国优秀施工企业家	中国施工企业管理协会	9月
田广良	全国建筑业先进工作者	中国建筑业协会	10月
于占成 郑淑红	2014—2016年度北京市农业技术推广二等奖	北京市农委、市人力社保局	12月
臧涛	2014—2016年度北京市农业技术推广三等奖	北京市农委、市人力社保局	12月

2016 年房山区公开或内部出版的部分书刊目录

表 39

书名	编著者	出版社	公开或内部出版	出版时间
《云水诗说》	云水诗社编辑委员会	—	内部	1 月
《云水诗抄》	云水诗社编辑委员会	—	内部	1 月
《房山云居寺画册》	区史志办	方志出版社	公开	1 月
《仉振亮画册》	仉振亮编委会	中外名流出版社	公开	1 月
《游遍房山一册通》	区旅游委	—	内部	2 月
《房山法院 2015 年度案例评析汇编》	区法院	—	内部	3 月
《乡村百姓家——陈光歌曲集》	陈 光	人民音乐出版社	公开	4 月
《北京房山年鉴（2015）》	北京市房山区地方志编纂委员会	线装书局	公开	4 月
《房山农民画》	《房山农民画》编辑部	中外名流出版社	公开	7 月
《圣水诗草》	姜玉卉	中外名流出版社	公开	8 月
《房山大南峪与词人顾太清》	王永年 史长义 胡淑苹	北京燕山出版社	公开	10 月
房山区《条例》宣传自创文艺作品集（第二集）	区老龄办	—	内部	10 月
《房山保定旅游指南之房山》	房山区旅游委、保定市旅游委	—	内部	10 月
《创新政府管理方式加强事中事后监管——房山区加强事中事后监管典型经验汇编》	区编办、区审改办	—	内部	11 月
《云居周讯综合刊》	云居寺文物管理处	—	内部	12 月

续表39

书名	编著者	出版社	公开或内部出版	出版时间
《小炒诗歌》	黄长江	白山出版社	公开	12 月
《家乡的红枣树》	范金生	北京燕山出版社	公开	12 月
《天平》	区法院	—	内部	季刊
《房山检察》第 32 至 35 期	区检察院	—	内部	季刊
《燕都杂志》第 70 至 75 期	区文联	—	内部	季刊
《北京人》	周口店北京人遗址管理处	—	内部	2016 年
《故宫博物院藏精品选·铜镜》	单霁翔 董翠平	故宫出版社	公开	2016 年
《周口店遗址精品选》	董翠平	故宫出版社	公开	2016 年

2016 年房山区部分作品获奖情况一览表

表40

作品名称	作者	奖项名称	主办单位	获奖时间
微电影《姐妹情深》	房山法院	第 12 届全国法制动漫、微电影（微电影类）作品大赛二等奖	司法部、国家互联网信息办公室、全国普法办公室	2 月
微电影《法官日记》	房山法院	第 12 届全国法制动漫、微电影（微电影类）作品大赛优秀作品奖	司法部、国家互联网信息办公室、全国普法办公室	2 月
微电影《姐妹情深》	房山法院	全国法院新闻宣传优秀作品奖	最高人民法院	2 月
《难以忘却的回忆》	王亚辉	"2015 创意在北京"网络视听节目与主题宣传创新推优活动优秀创新贡献人物——编剧奖	首都互联网协会北京电视艺术家协会	5 月
《李斯特帕格尼尼练习曲》	李佳琼	"飞扬的旋律"京津沪渝四直辖市钢琴大赛金奖	天津市群众艺术馆、北京群众艺术馆、上海市群众艺术馆、重庆市群众艺术馆	6 月

续表 40-1

作品名称	作者	奖项名称	主办单位	获奖时间
《我的深情为你守候》	黄莉	第二届北京市中老年声乐比赛中年组金奖	北京市文学艺术界联合会、北京音乐家协会、北京文化艺术活动中心	6月
《清退疏散低端产业 加大环境综合整治》	区广电中心	第八届新农村电视艺术节年度"优秀对农电视作品"二等奖	中国电视艺术家协会	9月
《大山深处古居民》	区广电中心	第九届中国旅游电视周旅游电视专题类好作品奖	中国电视艺术家协会	9月
《关于环保税的国际借鉴和立法建议》	李伟	北京税收法制建设研究会2016年征文评比活动一等奖	北京税收法制建设研究会	11月
《推进信息管税 助力税收治理现代化》	杨文景	北京税收法制建设研究会2016年征文评比活动优秀奖	北京税收法制建设研究会	11月
《爷爷的演讲》	区广电中心	"第四届亚洲微电影艺术节金海棠奖"好作品奖	中国电视艺术家协会	11月
《新城故事》	陶枫 张佳佳 詹捷 王小原 王磊 魏婷婷	"第四届全国广播电视民生影响力调查"广播民生新闻类10强品牌栏目称号	中国广播电影电视社会组织联合会	11月
《今日关注》	宋晓方 都琳 呼军齐 史建聪 卢志丹 孟梅	"第四届全国广播电视民生影响力调查"电视民生新闻类10强品牌栏目称号	中国广播电影电视社会组织联合会	11月
《水产养殖精准用药方法推广应用》	王宾	北京市农业技术推广奖一等奖	北京市人民政府	12月
《水产物联网技术示范与推广》	宁立	北京市农业技术推广奖三等奖	北京市人民政府	12月

续表 40-2

作品名称	作者	奖项名称	主办单位	获奖时间
《北京风情》	毋舒杰	北京首届全民时尚舞蹈大赛民俗民间类成人组金奖	北京舞蹈家协会 北京市昌平区文化委员会	12 月
《北京风情》	房山区文化活动中心舞蹈团	北京首届全民时尚舞蹈大赛"最具传承精神奖"	北京舞蹈家协会 北京市昌平区文化委员会	12 月
《北京人》	新北京组合	北京市第 27 届农民艺术节"乡村大舞台"歌舞类二等奖	北京市农民艺术节指导委员会	12 月
《交流》	刘 强	入选"影像北京纪念长征胜利 80 周年书法美术摄影作品展"	北京文化艺术活动中心、北京美术家协会、北京书法家协会、北京摄影家协会	12 月
《赞歌胜地》	龙海滨	入选"影像北京纪念长征胜利 80 周年书法美术摄影作品展"	北京文化艺术活动中心、北京美术家协会、北京书法家协会、北京摄影家协会	12 月
《胜地赞歌》	刘 强	"影像北京"纪念长征胜利 80 周年书法美术摄影作品展一等奖	北京文化艺术活动中心、北京美术家协会、北京书法家协会、北京摄影家协会	12 月

2016 年房山区在市级以上刊物发表的部分作品一览表

表 41

发表刊物	文章题目	作者	发表时间
《中国交通报》	保障道路畅通，治尾气污染——北京房山整治大型货车运输秩序	张 新 曾亮来	3 月
《中国标准化》海外版	因地制宜，推进房山区农业标准化	房山区质监局	9 月
《税收研究资料》	完善股权转让个人所得税征管研究	房山区地税局	11 月

续表 41-1

发表刊物	文章题目	作者	发表时间
《审判前沿》	盗窃犯罪中文物等级和文物价值的审查与认定——李某甲等人盗窃案相关法律问题研究	陈艳飞	2016 年
《审判前沿》	融资租赁合同中的承租人能否成为保险诈骗罪的犯罪主体——刘某保险诈骗案相关法律问题分析	陈艳飞 白月涛	2016 年
《审判前沿》	家庭承包模式下经营权人死后所获承包收益能否被继承——史某诉某村经济合作社土地承包经营权纠纷相关案法律问题分析	孙静波	2016 年
《审判前沿》	终止的外观设计专利可视为美术作品受著作权保护——特普丽公司诉广州和畅公司侵害著作权案相关法律问题分析	马晓琴	2016 年
《审判前沿》	公路遗撒类案件相关法律问题分析——某保险公司诉某公路发展公司保险人代位求偿权纠纷案相关法律问题分析	厉 莉	2016 年
《北京审判》	食品安全法惩罚性赔偿条款适用之调查研究	孟 阳	2016 年
《法律适用》	《论程序性从宽处罚——认罪认罚从宽处罚的第三条路径探索》	陈艳飞 白月涛	2016 年
《中国法院 2016 年度案例》	农村房屋买卖合同的效力认定——徐淑珍诉李宝山房屋买卖合同案	武 婧	2016 年
《中国法院 2016 年度案例》	集资房转让协议是否有效——付景泉诉刘东梅经济适用房转让合同案	万会兵	2016 年
《中国法院 2016 年度案例》	建设工程规划行政许可中原告的诉权问题——李凌子诉北京市规划委员会建设工程规划行政许可案	李金平 李 静	2016 年
《中国法院 2016 年度案例》	"发包人付款后，总包人再向分包人付款"条款的效力——长城融资浙江公司诉路桥分公司、中铁建工集团建设工程分包合同案	周 桓	2016 年
《中国法院 2016 年度案例》	子女一次性支付大额赡养费后是否应继续支付赡养费——赵某诉赵甲等赡养案	赵 玲	2016 年
《中国法院 2016 年度案例》	劳务派遣法律关系中用人单位发生变更而用工单位未发生变化新的用人单位是否要与劳动者重新签订劳动合同——刘晶晶诉北京慧峰劳务信息咨询有限公司、北京凯捷风公交客运有限责任公司劳动争议案	孟 瑞	2016 年

续表 41-2

发表刊物	文章题目	作者	发表时间
《中国法院 2016 年度案例》	补充赔偿责任在第三人侵权案件中的适用——韩某诉刘某等生命权、健康权、身体权案	王 永	2016 年
《中国法院 2016 年度案例》	超过追诉时效的认定——曹某生抢劫案	陈艳飞	2016 年
《中国法院 2016 年度案例》	在押已决犯犯新罪但未办理强制措施手续时的刑期起算——付国进故意伤害案	陈艳飞	2016 年
《中国法院 2016 年度案例》	网络团购平台的侵权责任——北京江边城外餐饮管理有限公司诉北京拉手网络技术有限公司侵害商标权案	阮小英	2016 年
《地球杂志》	《浅谈史前遗址博物馆的陈列展览形式以周口店遗址博物馆新馆为例》	霍晓琦	2016 年

2016 年度评审的各系统获高级技术职称部分人员一览表

表 42

姓名	职称名称	评审时间	姓名	职称名称	评审时间
曹生群	高级工程师	8 月	郑淑红	高级工程师	8 月
谌丽斌	高级工程师	8 月	曹 宁	高级工程师	9 月
李 敏	高级工程师	9 月	骆秋玲	高级经济师	9 月
王德运	高级教师	9 月	刘红梅	高级教师	9 月
邢景松	高级教师	9 月	贺金波	高级教师	9 月
李立娜	高级教师	9 月	张宏伟	高级教师	9 月
赵良玉	高级教师	9 月	胡 松	高级教师	9 月
王继芳	高级教师	9 月	陈翠萍	高级教师	9 月
刘莲香	高级教师	9 月	毛爱华	高级教师	9 月
吕言丽	高级教师	9 月	闻少华	高级教师	9 月
王英华	高级教师	9 月	黄宝忠	高级教师	9 月
隗红杰	高级教师	9 月	张永平	高级教师	9 月
焦 东	高级教师	9 月	赵淑芹	高级教师	9 月
李冬梅	高级教师	9 月	顾会功	高级教师	9 月
仲艳伟	高级教师	9 月	丁爱兵	高级教师	9 月

续表 42-1

姓名	职称名称	评审时间	姓名	职称名称	评审时间
黄振新	高级教师	9 月	史凤霞	高级教师	9 月
周美闪	高级教师	9 月	李冬彦	高级教师	9 月
李会荣	高级教师	9 月	崔淑霞	高级教师	9 月
曲妍	高级教师	9 月	尤军	高级教师	9 月
刘瑞岩	高级教师	9 月	时书明	高级教师	9 月
王伟	高级教师	9 月	王学舫	高级教师	9 月
段连军	高级教师	9 月	尹春彦	高级教师	9 月
吴桂菊	高级教师	9 月	王东芳	高级教师	9 月
孙雪娜	高级教师	9 月	王桂文	高级教师	9 月
王春清	高级教师	9 月	王翠波	高级教师	9 月
高新颖	高级教师	9 月	唐淑英	高级教师	9 月
刘雪松	高级教师	9 月	秦淑玲	高级教师	9 月
李震	高级教师	9 月	刘艳红	高级教师	9 月
陈艳挥	高级教师	9 月	何强	高级教师	9 月
王秋荣	高级教师	9 月	胡翠娥	高级教师	9 月
段秀芹	高级教师	9 月	陆晓燕	高级教师	9 月
王新芳	高级教师	9 月	张文苹	高级教师	9 月
邬龙梅	高级教师	9 月	孙玉梅	高级教师	9 月
李丽辉	高级教师	9 月	孙艳梅	高级教师	9 月
王海燕	高级教师	9 月	朱俊芳	高级教师	9 月
吴金平	高级教师	9 月	谢维珍	高级教师	9 月
胡彩虹	高级教师	9 月	李玉伟	高级教师	9 月
张江萍	高级教师	9 月	梁陆平	高级教师	9 月
顾方元	高级教师	9 月	王丙权	高级教师	9 月
张燕平	高级教师	9 月	马雄英	高级教师	9 月
史瑞琴	高级教师	9 月	杜淑平	高级教师	9 月
王青	高级教师	9 月	曹育竹	高级教师	9 月
王红杰	高级教师	9 月	高秀	高级教师	9 月
邓迎春	高级教师	9 月	聂革新	高级教师	9 月
刘春萍	高级教师	9 月	孙丽英	高级教师	9 月
侯栋	高级教师	9 月	付影	高级教师	9 月

续表 42-2

姓名	职称名称	评审时间	姓名	职称名称	评审时间
郭长娜	高级教师	9月	林振修	高级教师	9月
冯春婷	高级教师	9月	张立新	高级教师	9月
侯翠红	高级教师	9月	王晓玲	高级教师	9月
李翠平	高级教师	9月	张志慧	高级教师	9月
郑明静	高级教师	9月	蒲德强	高级教师	9月
杨建侠	高级教师	9月	张金红	高级教师	9月
张翅燕	高级教师	9月	高春艳	高级教师	9月
张丽娟	高级教师	9月	张金玉	高级教师	9月
郝建荣	高级教师	9月	彭爱英	高级教师	9月
王小平	高级教师	9月	陈宏如	高级教师	9月
安金燕	高级教师	9月	孙立军	高级教师	9月
刘伯永	高级教师	9月	赵志忠	高级教师	9月
刘美娟	高级教师	9月	刘红松	高级教师	9月
孙爱雄	高级教师	9月	史美荣	高级教师	9月
高玉水	高级教师	9月	王鞠花	高级教师	9月
张冬辉	高级教师	9月	王泽龙	高级教师	9月
常 丹	高级教师	9月	王迎春	高级教师	9月
高立荣	高级教师	9月	王 建	高级教师	9月
胡伟琴	高级教师	9月	陈永生	高级教师	9月
张丽娜	高级教师	9月	马俊影	高级教师	9月
崔艳清	高级教师	9月	朱敬茹	高级教师	9月
刘立红	高级教师	9月	冯 东	高级教师	9月
张斌斌	高级教师	9月	焦红青	高级教师	9月
李 霞	高级教师	9月	刘宝贵	高级教师	9月
刘 丹	高级教师	9月	池 伟	高级教师	9月
闫金芳	高级教师	9月	赵金凤	高级教师	9月
李君田	高级教师	9月	王会梅	高级教师	9月
孙文良	高级教师	9月	张海鑫	高级教师	9月
郭立民	高级教师	9月	隗永涛	高级教师	9月
周立军	高级教师	9月	柳 亮	高级教师	9月
宋海燕	高级教师	9月	石福勤	高级教师	9月

续表 42-3

姓名	职称名称	评审时间	姓名	职称名称	评审时间
郭凤辉	高级教师	9 月	赵东刚	高级教师	9 月
霍桂兰	高级教师	9 月	张艳冬	高级教师	9 月
张 颖	高级教师	9 月	张海兰	高级教师	9 月
赵乾坤	高级教师	9 月	杨红霞	高级教师	9 月
鲁亚静	高级教师	9 月	高 锋	高级教师	9 月
景海娟	高级教师	9 月	于瑞萍	高级教师	9 月
赵 芳	高级教师	9 月	邢秀丽	高级教师	9 月
岳丽红	高级教师	9 月	鲁文爽	高级教师	9 月
李增翠	高级教师	9 月	陆建兵	高级教师	9 月
朱晓娜	高级教师	9 月	杨莉莉	高级教师	9 月
聂革会	高级教师	9 月	刘 伟	高级教师	9 月
刘海秀	高级教师	9 月	刘春红	高级教师	9 月
张桂金	高级教师	9 月	郑迪明	高级教师	9 月
张 东	高级教师	9 月	张继宁	高级教师	9 月
王艳书	高级教师	9 月	杨立丽	高级教师	9 月
刘 菊	高级教师	9 月	刘红玲	高级教师	9 月
卢桂云	高级教师	9 月	肖建华	高级教师	9 月
李功修	高级教师	9 月	迟红霞	高级教师	9 月
张全喜	高级教师	9 月	范大维	高级教师	9 月
陈红艳	高级教师	9 月	张忠亮	高级教师	9 月
张海兰	高级教师	9 月	董雪梅	高级教师	9 月
曲淑英	高级教师	9 月	王晓芳	高级教师	9 月
宋 丽	高级教师	9 月	高善亭	高级教师	9 月
任 隽	高级教师	9 月	何新霞	高级教师	9 月
王永涛	高级教师	9 月	李国荣	高级教师	9 月
袁慧颖	高级教师	9 月	白俊玲	高级教师	9 月
陈 静	高级教师	9 月	周铁梅	高级教师	9 月
万春颜	高级教师	9 月	孙卫国	高级教师	9 月
佟学文	高级教师	9 月	曹建娥	高级教师	9 月
冯建军	高级教师	9 月	崔玉红	高级教师	9 月
高金凤	高级教师	9 月	魏惠萍	高级教师	9 月

续表 42-4

姓名	职称名称	评审时间	姓名	职称名称	评审时间
孔令柱	高级教师	9月	罗 强	高级教师	9月
管志庆	高级教师	9月	蒋 楠	高级教师	9月
姚凤霞	高级教师	9月	杜桂红	高级教师	9月
刘永成	高级教师	9月	王玉环	高级教师	9月
杜文奎	高级教师	9月	杨 毅	高级教师	9月
郝继红	高级教师	9月	赵玉新	高级教师	9月
李惠民	高级教师	9月	王俊满	高级教师	9月
胡光玉	高级教师	9月	杨 蓓	高级教师	9月
于永旺	高级教师	9月	张丽娜	高级教师	9月
梁一凡	高级教师	9月	佟云红	高级教师	9月
王朝辉	高级教师	9月	张兰波	高级教师	9月
赵献平	高级教师	9月	任万勋	高级教师	9月
毛 媛	高级教师	9月	王晓玲	高级教师	9月
成瑞琪	高级教师	9月	邓艳春	高级教师	9月
王玉桥	高级教师	9月	康 玲	高级教师	9月
惠雪莲	高级教师	9月	隗永服	高级教师	9月
李莉萍	高级教师	9月	白桂云	高级教师	9月
张淑珍	高级教师	9月	蔡廷飙	高级教师	9月
卢景和	高级教师	9月	杨爱荣	高级教师	9月
李晶莹	高级教师	9月	李春英	高级教师	9月
姜 泓	高级教师	9月	郭普林	高级教师	9月
童晓红	高级教师	9月	张晓军	高级教师	9月
潘 政	高级教师	9月	孙秀娟	高级教师	9月
谢 冰	高级教师	9月	尚万江	高级教师	9月
邢永来	高级教师	9月	张进梅	主任医师	10月
陈晓杰	主任医师	11月	李秀兰	主任医师	11月
丛云海	主任医师	11月	王丽静	主任医师	11月
谢宝元	主任医师	11月	梁明苏	主任医师	11月
颜玉君	主任医师	11月	朱振云	主任医师	11月
王子军	主任医师	11月	付旭彦	主任医师	11月
程丽娟	主任技师	11月	张立华	副主任医师	10月

续表 42-5

姓名	职称名称	评审时间	姓名	职称名称	评审时间
杨永富	副主任医师	10月	刘晓芬	副主任医师	10月
王月森	副主任医师	10月	李爱军	副主任医师	10月
高春兰	副主任医师	10月	张学新	副主任医师	10月
李玉福	副主任医师	10月	于全民	副主任医师	10月
郭建丽	副主任医师	10月	付俊梅	副主任医师	10月
郑淑媛	副主任医师	10月	孙志新	副主任医师	11月
王海梅	副主任医师	11月	马飞	副主任医师	11月
高新颖	副主任医师	11月	李贺莉	副主任医师	11月
赵珊	副主任医师	11月	匡大鹏	副主任医师	11月
鲍利改	副主任医师	11月	王福科	副主任医师	11月
王海燕	副主任医师	11月	傅春江	副主任医师	11月
马海蓉	副主任医师	11月	李金霞	副主任医师	11月
田星宇	副主任医师	11月	郝静	副主任医师	11月
冯建东	副主任医师	11月	黄宝良	副主任医师	11月
张士芹	副主任医师	11月	郑书菊	副主任技师	11月
王伟静	副主任技师	11月	王春茶	副主任护师	11月
白杨	副主任护师	11月	王慧	副主任护师	11月
周秀华	副主任护师	11月	常红	副主任护师	11月
于爱武	副主任护师	11月			

经济社会主要指标概况（2012—2016 年）

表 43

项目	单位	2012 年	2013 年	2014 年	2015 年	2016 年
基本情况						
街道、镇、乡数	个	28	28	28	28	28
街道	个	8	8	8	8	8
镇	个	14	14	14	14	14
乡	个	6	6	6	6	6
村民委员会	个	461	459	459	459	459
社区居委会	个	123	124	130	133	145
常住人口	万人	98.6	101.0	103.6	104.6	109.6
常住外来人口	万人	22.8	24.6	26.7	27.4	28
户籍人口	人	779526	786401	793857	799354	812810
#非农业	人	437330	451448	464963	474456	488766
男	人	391200	394620	398089	400794	407644
女	人	388326	391781	395768	398560	405166
地区生产总值	亿元	454.5	487.3	524.6	565.7	606.6
第一产业	亿元	15.6	17.2	18.3	14.2	13.7
第二产业	亿元	278.3	282.0	309.8	325.6	336.0
第三产业	亿元	160.6	188.1	196.5	225.8	256.9
财税、金融						
财政收入	亿元	74.8	192.3	135.2	109.4	93.7
一般公共预算收入	亿元	40.0	45.1	45.6	50.2	53.7
财政支出	亿元	152.4	287.8	252.6	252.8	298.0
各项税收	亿元	172.9	176.9	202.6	242.9	235.7
区级税收	亿元	37.5	40.9	41.8	46.0	46.5
人民币各项存款余额	亿元	976.2	1120.3	1199.6	1288.9	1416.9
城乡居民储蓄余额	亿元	536.1	598.1	650.5	684.3	749.4
各项贷款余额	亿元	251.4	309.2	368.6	342.1	343.7
农业						
乡村从业人员	人	296088	302870	312485	310069	327810
农林牧渔业总产值	亿元	46.4	50.6	52.5	40.2	38.2
农业产值	亿元	16.8	16.9	17.2	17.3	18.0

续表 43-1

项目	单位	2012 年	2013 年	2014 年	2015 年	2016 年
林业产值	亿元	7.9	12.2	13.8	6.8	5.4
牧业产值	亿元	19.0	19.5	19.2	14.1	12.6
渔业产值	亿元	1.5	0.7	0.9	0.7	0.7
农林牧渔服务业产值	亿元	1.2	1.3	1.3	1.3	1.3
粮食产量	吨	128837.8	98649.1	71073.4	62231.8	56379.1
蔬菜及食用菌产量	吨	169814.4	164158.2	166404.2	167139.5	155057.0
干鲜果品产量	吨	62589.4	52274.7	50321.2	46479.0	29936.7
出栏猪	头	401595	433499	432212	414974	379817
出栏牛	头	10820	9415	10549	11947	7440
出栏羊	只	84613	87710	84988	88259	93566
禽蛋产量	吨	11766.2	10973.5	10437.7	8123.9	8548.9
淡水鱼产量	吨	2060.0	2944.4	3503.5	3510.0	3211.0
工业						
工业企业单位数	个	2329	2328	2526	2536	3702
规模以上	个	169	170	176	172	163
规格以上工业总产值	亿元	1019.9	970.7	1164.7	833.0	751.2
规格以上工业主营业 务收入	亿元	1041.3	1001.2	1083.9	865.4	783.5
规格以上工业利润 总额	亿元	−1.1	−25.8	5.1	28.9	23.6
建筑业						
建筑业总产值	亿元	294.0	329.0	364.6	346.3	349.5
房屋施工面积	万平方米	2470.1	3276.8	3417.0	3648.2	3642.8
房屋竣工面积	万平方米	319.6	612.6	723.3	572.8	690.4
固定资产投资						
全社会固定资产投资（按项目建设地）	亿元	490.1	493.7	505.8	532.3	536.9
城镇固定资产投资	亿元	390.5	350.0	401.2	390.7	386.9
农村固定资产投资	亿元	99.6	143.7	104.6	141.6	150.0
房地产业						
房地产开发投资	亿元	181.9	183.3	269.1	269.2	259.6
商品房销售面积	万平方米	138.9	185.0	161.4	165.7	180.5

续表 43-2

项目	单位	2012 年	2013 年	2014 年	2015 年	2016 年
商品房销售额	亿元	162.1	265.1	229.0	255.9	371.3
批发和零售业、住宿和餐饮业						
社会消费品零售总额	亿元	170.2	190.7	211.8	230.2	248.5
#限额以上企业	亿元	126.0	134.2	144.2	153.3	160.2
外经、外贸、旅游						
进出口总额	亿美元	7.0	7.0	6.6	9.1	6.8
进口额	亿美元	3.9	4.0	3.2	4.0	4.1
出口额	亿美元	3.1	3.0	3.4	5.1	2.7
实际利用外资	万美元	7998.0	1014.0	1367.0	275.0	4074.0
A 级及以上旅游区（点）						
接待旅游人数	万人次	171.4	252.0	279.7	361.3	355.0
A 级及以上旅游区（点）						
营业收入	万元	10668.1	13872.0	13211.5	15753.5	15293.9
教育						
学校数						
小学	个	108	109	106	108	108
初中阶段学校	个	32	32	32	32	36
高中阶段学校	个	24	24	24	24	19
在校学生						
小学	人	41979	44787	46563	48192	48907
初中阶段学校	人	19298	18800	18291	16679	15637
高中阶段学校	人	43364	61867	36626	23952	21503
文化						
公共图书馆	个	2	2	2	2	2
公共图书馆总藏数	万册、万件	96.5	98.5	100.5	116.0	125.2
艺术表演场所	个	4	4	4	4	5
区级以上重点文物保护单位	处	68	91	91	91	91
卫生						
卫生机构数	个	998	1025	978	954	961
#医院	个	31	36	37	37	38
社区卫生服务中心	个	22	22	23	23	24
床位数	张	6034	5864	6173	6359	6641
#医院	张	5451	5323	5585	5771	6062

续表 43-3

项目	单位	2012 年	2013 年	2014 年	2015 年	2016 年
社区卫生服务中心	张	583	541	588	588	579
卫生技术人员	人	8023	8976	8808	9212	9653
#执业医师	人	2634	2799	2902	3091	3253
生态环境						
年末实有绿地面积	万平方米	4267.7	4326.0	7796.8	7934.5	7984.7
绿化覆盖率	%	46.1	46.7	48.1	48.8	49.1
人均公园绿地面积	平方米/人	13.72	14.18	14.58	15.48	15.17
人民生活						
全区居民人均可支配收入	元	23480	26019	28084	30656	33322
全区居民人均消费支出	元	17009	18108	18659	19955	21918
城镇居民人均可支配收入	元	27829	30472	33276	36317	39486
城镇居民人均消费支出	元	19637	20619	21423	22742	25105
农村居民人均可支配收入	元	14173	15775	17542	19161	20849
农村居民人均消费支出	元	11386	12331	13046	14294	15470

注：1.地区生产总值按现价计算，2016 年数据为初步核实数。

2.2011 年起，规模以上工业统计口径由年主营业务收入 500 万元及以上调整为 2000 万元及以上。

3.2011 年起，固定资产投资起点由 50 万元调整至 500 万元。

房山一日

表 44

项　目	单位	2016 年	2015 年
每天创造的财富			
规模以上工业总产值（当年价格）	万元	20523.9	22823.0
建筑业总产值	万元	9549.6	9488.3
财政收入	万元	2559.9	2996.7
各项税收	万元	6440.6	6653.6
粮食产量	吨	154.0	170.5
蔬菜及食用菌产量	吨	423.7	457.9
出栏猪	头	1138	1137
出栏牛	头	20	33
出栏羊	只	256	242
每天收入与消费量			
全区居民人均可支配收入	元	91	84
城镇居民人均可支配收入	元	108	99
农村居民人均可支配收入	元	57	52
在岗职工平均工资	元	240	211
社会消费品零售总额	万元	6790.9	6307.8
每天其他活动			
全社会固定资产投资	万元	14669.3	14583.1
进出口总额	万美元	185.8	249.3
A 级及以上旅游区（点）接待人数	万人次	1.0	1.0
报刊流转额	万元	6.4	6.8
邮政函件出口量	万件	2.2	1.8
每天人口和婚姻变动			
出生人口	人	38	18
死亡人口	人	12	12
登记结婚对数	对	25	25
登记离婚对数	对	16	10

注：1.出生人口不含流动人口。

2.2016 年按 366 天计算，2015 年按 365 天计算。

3.登记离婚对数来源于房山区民政局，不含法院判离数。